"대법원보다 더 높은 최고법정은 양심의 법정이다."

― 모한다스 K. 간디

인도 헌법의 형성사

ⓒ 강경선, 2014

초판 1쇄 펴낸날 | 2014년 1월 20일
초판 2쇄 펴낸날 | 2014년 7월 15일

지은이 | 강경선
펴낸이 | 조남철
펴낸곳 | 한국방송통신대학교출판문화원
　　　　110-500 서울특별시 종로구 이화장길 54
　　　　전화 02-3668-4765
　　　　팩스 02-741-4570
　　　　http://press.knou.ac.kr
　　　　출판등록 1982년 6월 7일 제1-491호

편집 | 이지수·이기남
편집 디자인 | 토틀컴
표지 디자인 | 예진디자인
인쇄 | 동양인쇄(주)

ISBN 978-89-20-01266-2 93360

값 25,000원

인도 헌법의
형성사

강경선 지음

에피스테메
EPISTEME

머리말

1996년 인도를 처음 본 이후 17년 만에 인도헌법에 관한 책을 쓰게 되었다. 돌이켜 보면 그저 인도를 잊지 않기 위해서 한 해에 한 편 정도의 인도관련 논문이나 인도학회에서의 발표를 꾸준히 이어 온 덕분에 이 책이 나올 수 있게 되었다. 훨씬 폭넓은 역사와 사회과학과 인문학의 지식을 토대로 한 인도헌법사를 소개했어야 하는데 그런 수준에는 한참 모자란 것을 절감하고 있다. 법학자로서 나름대로 역사와 인문학적 지식을 넓혀 보려고 노력한 것은 사실이지만 여전히 부끄럽기만 하다.

그러나 인도헌법사를 쓰는 데에는 다음과 같은 어려움이 있었음을 알아주면 좋겠다. 우선 인도를 알아야 하고, 그 역사를 알아야 하며, 또 헌법을 알아야 하는데, 그 세 가지 과정이 필자에게는 결코 만만한 작업이 아니었다는 점이다.

인도를 안다고 말할 만큼은 되었다. 우리나라에서 흔히 '백두에서 한라까지'라는 말이 한반도 전체를 가리키듯이, 인도에서는 'From Leh to Kanyakumari'라는 말이 있는데, 인도에 있으면서 이 두 곳을 다 가 보았으니 인도의 많은 곳을 다녀 본 셈이다.

그 다음은 인도역사를 알아야 했다. 인도의 근대역사는 영국역사를 빼고는 알 수가 없다. 그래서 영국역사를 함께 알아야 했다. 영국이 세계사 속에 등장하는 과정은 로마를 이어 이슬람시대를 지나 서유럽의 부흥기를 배경으로 하고 있다. 선발 서양국가였던 스페인과 포르투갈에 이어 동시대 경쟁국가였던 프랑스와 네덜란드와의 관계의 맥락 속에서 영국의 근대사를 이해할 수 있었다. 이 모든 것을 뚫고 영국은 근대 이후 최강의 국가가 되었고, 팍스 브리타니카 시대를 열었다.

영국사를 들여다본 것은 헌법 공부를 심화시켰다. 마그나카르타, 청교도혁명과 권리장전의 사건을 두루 돌아보다 보니 헌정사뿐만 아니라 헌법의 형성 그 자체를 깊이 깨닫게 되었다.

이렇게 인도는 법학자인 나에게 행운을 가져다준 나라이다. 인도의 복잡다양한 사물을 이해하려다 보니 많은 것을 깨닫게 되었던 것이다. 나에게 인도로 가는 길은 세계로 가는 길이 되었다. 마치 콜럼버스가 인도를 향하여 항해하다가 뜻하지 않은 신세계를 만났던 것과 같은 그런 느낌이 든다. 한국인으로서 '인도를 통하여' 세계를 바라다보는 것은 대단히 넓고 다채롭다.

서양사를 통해서 보면 근대 이후 유럽은 세계를 두 개의 인도로 파악하였다. 동인도(East Indies)와 서인도(West Indies)이다. 동인도가 구대륙이었다고 하면 서인도는 신대륙이었다. 두 개의 인도를 통해서 유럽은 엄청난 부를 획득했다. 당시 유럽의 대표국가가 영국이었고, 런던에 가면 지금도 동인도부두와 서인도부두가 남아 있다. 인도는 영국의 동인도회사에 의해 침탈당하면서 마침내 영국의 식민지가 되었다. 약 400년간 영국과의 긴 조우 기간 중에 인도는 서구화되었다. 영국의 법제가 인도에 지속적으로 전파되었으며, 그로 인해 인도는 영국법(common law) 계통의 국가가 되었다. 그러나 영국과는 달리 인도는 확실하게 성문 헌법전을 보유하고 있다. 약 3년 동안의 헌법제정기에 인도인들은 세계 각국의 헌법전을 검토하고 그것을 답습하는 방식을 취했다. 우리나라의 제헌국회와는 대비되는, 대단히 열정적이고 학구적인 태도로 헌법제정에 임하였다. 또한 인도는 제2차 세계대전 이후 강대국으로부터 독립한 제3세계 국가 중 하나이지만, 독립 이후 한 번도 군사 쿠데타를 겪지 않았던 국가로 남아 있다. 뿐만 아니라, 영국과 같은 의원내각제 정부형태이면서도 한 번도 정변을 겪지 않았다는 대단한 기록을 남기고 있다. 인도가 좀 더 생활수준이 윤택해지기만 한다면 인도의 정치와 헌법은 많은 국가에서 눈여겨보고 평가하게 될 대상이 되리라고 생각한다.

이처럼 가치 있는 인도헌법에 관한 소개서를 내놓게 되었다. 정확하게는 『인도헌법의 형성사』이다. 그렇기 때문에 앞으로 현행 인도헌법에 관한 해설서도 내어야 할 판이다. 그런데 이는 보통 큰 작업이 아니라서 결코 혼자 감당할 수 없는 일이다. 바라건대 이번 이 책을 통해서 인도헌법에 관심을 갖는 연구자들이 많이 나타나서 분야별로 나누어 협력해 나간다면, 아무리 방대한 인도헌법이라도 어느 정도는 소화해 낼 수 있지 않을까 생각한다.

이 책이 나오기까지 수고해 주신 많은 분들께 감사의 말씀을 드린다.

2014. 1. 강경선

차 례

제1장   동인도회사와 인도의 근대법제 형성과정 __ 15

　1. 들어가며 __ 17

　2. 동인도회사의 활동 개요 __ 18

　　1. 무역회사로서의 동인도회사(1600~1772) __ 18

　　2. 동인도회사의 인도지배(1773~1858) __ 22

　3. 동인도회사의 확장과 인도법제의 근대화 과정 __ 24

　　1. 개 관 __ 24

　　2. 동인도회사의 지배구조와 권한 __ 26

　　3. 수라트 상관(商館) __ 29

　　4. 마드라스의 재판조직(1639~1726) __ 33

　　5. 봄베이의 법원(1668~1726) __ 37

　　6. 캘커타의 법원 __ 38

　4. 사회개혁과 법전편찬 __ 46

　　1. 형사법 __ 47

　　2. 민 법 __ 48

　　3. 법전편찬(codification) __ 48

　　4. 1833년의 특허장과 법전편찬위원회 __ 49

　5. 법률가 양성 __ 51

　6. 헌법의 시작 __ 52

　7. 끝내며 : 사법적 과제 __ 54

제2장   식민시대의 인도정부 __ 57

　1. 들어가며 __ 59

2. 「인도참사원법」의 제정 __ 62

　1. 1858년의 「인도정부법」 __ 62

　2. 1861년의 「인도참사원법」 __ 64

　3. 1892년의 「인도참사원법」 __ 66

3. 「1909년 인도참사원법」 __ 69

　1. 「인도참사원법」의 내용 __ 71

　2. 「인도참사원법」에 대한 평가 __ 75

　3. 「1919년 인도정부법」 __ 78

제3장　「1935년 인도정부법」 __ 93

1. 출현과정 __ 95

　1. 사이먼위원회 __ 96

　2. 네루위원회 보고서와 제1차 시민불복종운동 __ 97

　3. 원탁회의와 제2차 시민불복종운동 __ 103

2. 「1935년 인도정부법」의 특징 __ 108

3. 「1935년 인도정부법」에서의 통치구조 __ 114

　1. 영국정부 __ 115

　2. 연방정부 __ 115

　3. 주정부(Provincial Government) __ 123

4. 「1935년 인도정부법」에 있어서의 인도연방제의 문제점 __ 129

5. 1935년 이후의 헌법 발전 __ 136

　1. 크립스 사절단 __ 137

　2. 내각사절단 __ 140

　3. 「인도독립법」의 출현 __ 142

　4. 인도토후국의 문제 __ 144

제4장　인도의 제헌의회와 민주성 원칙 __ 151

1. 문제의 제기 __ 153

2. 인도헌법제정은 자주독립적이었는가? __ 154

3. 제헌의회의 구성과정 __ 156

　1. 인민의사의 결집 __ 156

2. 국민회의와 이슬람연맹 __ 157

3. 제헌의원의 선출과정 __ 161

4. 제헌의회의 소집 __ 161

4. 국민회의와 제헌의회의 관계 및 활동 __ 165

1. 제헌의회에서의 국민회의의 의의 __ 165

2. 구성원의 성향 __ 165

3. 정당정책의 다양성 __ 166

4. 소수집단의 대표 __ 167

5. 사회주의자의 대표성 문제 __ 169

5. 제헌의회 지도자들의 다양성과 민주성 __ 173

1. 지도자들의 민주적 운영 __ 173

2. 국민회의의 토론조직 __ 176

6. 끝내며 __ 178

제5장 국가 및 헌법의 방향 논쟁 __ 181

1. 들어가며 __ 183

2. 국부들의 정치사상 __ 185

1. 간디의 헌법사상 __ 185

2. 암베드카르의 헌법사상 __ 191

3. 네루의 헌법사상 __ 197

3. 국가와 헌법의 방향 __ 202

1. 헌법채택과정 __ 205

2. 제헌의회의 이념 __ 209

3. 제헌의회의 출범 __ 213

제6장 인도독립을 전후로 한 토후국들의 통합과정 __ 221

1. 인도와 통일 __ 223

2. 동인도회사 시대의 토후국 __ 224

3. 식민시대의 토후국 __ 229

1. 개 관 __ 229

2. 독립까지의 토후국들의 지위 __ 229

4. 독립과정에서 토후국의 문제 __ 235

    1. 토후국의 양상 __ 235

    2. 토후국의 인도연방으로의 통합과 편입 __ 236

제7장　법률가로서의 간디 __ 241

1. 들어가며 __ 243

2. 유학과 변호사 시작 __ 246

3. 첫 소송사건 __ 250

4. 다다 압둘라 사건(소송해결방법으로서의 중재) __ 252

5. 부정직한 의뢰인, 유죄인에 대한 변호 거부 __ 257

6. 법조윤리 __ 263

7. 헌법운동으로서의 사티아그라하 __ 266

8. 끝내며 : 남겨진 과제 __ 272

제8장　네루와 인도헌법 __ 277

1. 인도독립 당시의 상황 __ 279

2. 네루의 '목적결의' __ 282

    1. 네루의 '목적결의' 선언 __ 282

    2. 네루와 헌법제정에서의 강조점 __ 286

3. 네루의 생애와 세계관의 형성 __ 288

    1. 초기 생애 __ 289

    2. 정치활동 기간 __ 290

4. 네루의 세계관 __ 293

5. 네루와 사법부 __ 297

6. 네루와 언어문제 __ 299

7. 네루와 연방제도, 세속주의 __ 302

제9장　사르다르 파텔과 인도의 독립 __ 307

1. 들어가며 __ 309

2. 초기운동 시기 __ 310

    1. 구자라트의 농민운동 __ 310

2. 대중운동 __ 313

3. 생애와 사회적 성장 __ 315

4. 힌두문화와 파텔 __ 317

3. 영국의 지배전략과 파텔의 대응 __ 319

1. 상업적 이해관계 __ 320

2. 문화적 지배 __ 320

3. 정치적 편입 __ 321

4. 식민지 엘리트 활용 __ 322

4. 인도의 통일 __ 324

1. 영령 인도와 인도토후국 __ 324

2. 인도 토후국들의 통일 __ 326

3. 유기적 연대의 사회건설 __ 327

4. 인도의 통일과 국민회의당 __ 329

5. 끝내며 __ 332

제10장   인도헌법의 개정사와 특징 및 주요내용 __ 335

1. 인도헌법 개정사 요약 __ 337

2. 인도헌법의 특징과 주요 내용 __ 349

1. 인도헌법의 특징 __ 349

2. 주요 내용 __ 353

제11장   인도 연방제의 특징과 쟁점 __ 367

1. 연방제의 개념정의 및 형성조건, 그리고 인도의 연방제 __ 369

1. 연방제의 개념정의와 인도의 연방제 __ 371

2. 연방제의 채택조건과 인도의 연방제 __ 389

2. 인도 연방제의 형성과정 __ 395

1. 독립 이전 인도에서의 연방제론의 전개 __ 395

2. 헌법제정과정 __ 403

3. 헌법제정 이후 인도에서의 연방제와 관련한 쟁점 __ 417

1. 중앙과 주의 관계 __ 417

2. 정당정치와 연방제 __ 423

3. 재정관계 __ 430

4. 연방제의 성공을 위한 조건 __ 433

4. 끝내며 __ 435

   1. 연방제도의 전제조건으로서의 민주주의 __ 435

   2. 연방제도의 전제조건으로서의 입헌주의 __ 437

   3. 연방제의 확립을 통한 국민통합 __ 441

제12장   인도헌법 개정방식의 특징 __ 449

1. 들어가며 __ 451

2. 준연성헌법의 국가 __ 453

3. 헌법개정의 주요 내용 __ 456

4. 인도헌법의 개헌방식 __ 459

   1. 일반법률절차에 의한 개헌(완전한 연성헌법) __ 459

   2. 헌법 제368조에 의한 개헌(의회의 헌법개정권과 그 절차) __ 461

5. 개헌법률의 성격 __ 462

   1. 일반법률과 개헌법률과의 차이 __ 462

   2. 골라크 나트(Golak Nath) 판결 __ 464

   3. 케사바난드(Kesavanand) 판결 __ 466

   4. 미네르바 직물공장(Minerva Mills) 판결 __ 467

6. 헌법의 핵심사항(기본 구조) __ 468

7. 평 가 __ 472

8. 헌법개정사를 통해서 본 인도헌법의 향후 과제 __ 476

제13장   인도 판차야트의 헌법적 지위 __ 481

1. 들어가며 __ 483

2. 판차야트제 도입의 연혁 __ 486

   1. 영국지배 시기의 지방자치제도 __ 486

   2. 1919년과 1935년의 「인도정부법」 __ 488

   3. 판차야트와 간디 __ 491

   4. 헌법제정회의와 판차야트 __ 495

3. 국가정책의 지도원리로서의 판차야트 __ 497

4. 독립 이후의 판차야트 발달과정 __ 500

　1. 개 관 __ 500

　2. 제1세대 판차야트 __ 501

　3. 제2세대 판차야트 __ 503

5. 제73차 개헌법률의 내용 __ 508

　1. 용 어 __ 508

　2. 그람 사바(Gram Sahha) __ 509

　3. 판차야트의 조직, 권한, 활동 등 __ 509

　4. 소수자에 대한 의석유보 __ 511

　5. 판차야트의 존속, 임기 __ 514

　6. 판차야트의 권한 __ 515

　7. 판차야트의 재정 __ 516

　8. 판차야트의 선거 등 __ 517

6. 개헌 이후의 상황 __ 518

7. 끝내며 __ 519

『인도헌법의 형성사』─참고문헌 __ 523

찾아보기 __ 533

제 1 장

동인도회사와
인도의 근대법제
형성과정

I·N·D·I·A

* 이 책의 제1장은 대외경제정책연구원(KIEP)의 전략지역심층연구 논문집1, 『인도』(2011. 12)에 게재된
   필자의 글을 연구원의 허락을 얻어 약간 수정하여 전재한 것입니다.

1
들어가며

　현행 인도헌법을 연구하다 보면, 이것이 1947년 이후에 처음으로 완전히 새롭게 제정된 것이 아니었음을 알 수 있다. 현행 헌법은 이전의 「1935년 인도정부법」(The Government of India Act)으로, 그것은 다시 「1919년 인도정부법」으로 소급해서 연결되어 있음을 알게 된다. 이렇게 징검다리를 밟고 계속 추적해 올라가다 보면 1857년의 세포이 항쟁이라는 큰 분수령을 만나게 되고, 다시 그것을 넘어가면 1600년 이후 인도에 진출한 영국의 동인도회사(East India Company)가 인도와 접촉하면서 인도헌법에 지속적으로 영향을 미쳤다는 것을 알 수 있다. 인도라는 거대한 아(亞)대륙이 영국과 같은 작은 나라의 지배를 받게 된 계기가 바로 상업회사인 동인도회사였다는 것을 생각하면 참으로 실소를 금할 수 없다. 동시에 자본의 지배력이 얼마나 큰 것인가도 통감하게 된다.

　이 장에서는 동인도회사의 성립과 인도 진출 이후 인도에서의 활동과정을 설명하되, 주로 법적인 관점에서 살펴보고자 한다. 특히 동인도회사를 통해 영국의 법제가 인도에 이식되어 인도의 근대법제가 형성되게 된 과정에 역점을 두고자 한다.

동인도회사의 활동 개요

1. 무역회사로서의 동인도회사(1600~1772)

영국은 1588년 스페인의 무적함대를 격파함으로써 서서히 세계의 패자(覇者) 지위를 차지하기 시작하였다. 스페인, 포르투갈, 네덜란드는 세계적 경쟁에서 이미 영국보다 한발 앞서 있었다. 영국의 동인도회사도 네덜란드의 뒤를 이은 것이었다.

　●네덜란드에서는 1595년에서 1602년에 이르는 기간에 아시아와 무역을 하는 회사가 14개나 설립되었다. 이런 상황을 타개하기 위해 요한 반 올덴바르네벨트(1547~1619)의 주선으로 여러 회사가 통합되어 1602년 3월 합동동인도회사(VOC)가 세워졌다. 이 회사는 약 1년 전에 발족한 영국 동인도회사에 비해 10배 이상의 자본금을 모은 세계 최초의 주식회사로서, 주주의 책임이 유한책임제였다는 점에서 근대적 성격의 회사였다. 프랑스 동인도회사는 1664년 8월 루이 14세의 특허장을 얻어 정식으로 발족했다.

1600년에 상업회사로서 설립된 영국 동인도회사는 처음에는 경제적인 통상관계를 개척하는 것이 목적이었고, 정치적 권력을 획득할 수 있는 처지는 아니었다. 이 사업을 용이하게 하기 위해 일단의 상인들은 회사를 설립하고, 이에 관해 1600년 12월 31일에 국왕 엘리자베스 1세로부터 특허장(charter)을 받았다.

　●이 회사의 정식 명칭은 'The Governor and Company of Merchants of London Trading into the East Indies'였으며, 약칭으로 'The East India Company'가 사용되었

다. 여기서 동인도(East Indies)란 대서양 동쪽 구대륙을 말한다. 주요 무역지역은 인도, 인도네시아, 말레이 제도를 포함하는 아시아 동남부지역이었지만, 후에는 중국까지 진출했다. 서인도(West Indies)가 카리브해의 서인도 제도를 포함해 신대륙지역을 가리키는 것과 대조된다. 영국의 동인도회사는 처음에 개별항해식 회사형태였기 때문에 강력한 네덜란드 동인도회사에 미치지 못했다. 그 후 몇 회의 항해를 묶는 합본식 회사로 운영되기도 했다. 크롬웰은 1657년 특허장을 갱신하여 회사를 영속적인 조직으로 재출발시켰다. 1665년에야 사원의 유한책임제가 확립되어 근대적 주식회사의 특징을 갖추게 되었다. 1698년에는 새로운 동인도회사가 하나 더 설립되어 신구 회사가 병립하다가 1709년에는 합동 동인도회사가 되어 1858년까지 존속했다. 그래서 이 시점을 진정한 동인도회사의 시작으로 보기도 한다.

특허장에 따르면, 회사는 동양과의 독점적 교역권을 획득하였고, 회사의 안전을 위해 제한된 해군력을 보유할 수 있으며, 회사의 운영과 직원에 대한 법제정 권한을 부여받았다. 그러나 이러한 통상관계는 영국이 차례로 인도에서 경쟁국가를 물리치면서 정치적 식민지배의 물적 기반을 확충하는 쪽으로 중심이 이동하였다.

 • 영국 상인들은 애당초 네덜란드와의 경쟁을 뚫고, 아시아의 향료와 후추를 유럽에 공급하고자 하였다. 당시 이의 주 공급원은 인도네시아였다. 인도에 온 영국인들은 인도의 항구에서 엄청난 양의 견직, 모직물이 거래되는 것을 보고 매력을 느꼈다. 그리하여 이 직물과 인도네시아에서 가져온 향료와의 교환이 시작되었고, 직물을 유럽에 직접 판매하기도 하였다. 1608년 세 번째 인도항해의 목적지는 서해안의 수라트(Surat)였다. 무굴제국의 중요한 항구였던 수라트에 처음으로 영국의 상관이 세워졌고 영구무역 거래지역이 되었다. 영국의 상인들은 이곳에 기반을 두고 북인도의 아그라, 델리, 라호르 등으로 진출하였으며, 무굴황제의 궁궐로 들어가 무굴제국 수공업자들의 진귀한 물품들을 상품으로 만들었다. 영국은 인도네시아로 가기 쉬운 항구를 개발했는데 1639년 허가를 받은 마드라스가 그 예이다. 1690년에는 후글리(Hughly) 강 마을에 큰 대리점의 설립허가를 받았는데, 이곳이 뒤에 캘커타가 된다. 봄베이는 1668년 찰스 2세가 포르투갈 거주지역이었던 이곳을 동인도회사에 넘겨줌으로써 영국의 서해안 근거지가 되었다(Oxford University, 1990, pp. 16~25).

회사는 1613년에 무굴황제 자한기르(Jahangir, 1605~1627)의 허락에 따라 수라트에 최초의 상관(商館)을 두었다. 무굴황제의 칙령에 따라 동인도회사 소속 직원들 사이의 분쟁은 회사의 법원이 행했고, 영국인들은 자신들의 종교를 믿으며, 영국법에 입각한 회사운영도 가능하게 되었다. 시간이 지나면서 회사는 다시 마드라스, 봄베이 및 캘커타에 차례대로 상관을 설치하였다.[1] 초기에 영국인은 자신의 활동을 통상에 국한시켰고, 인도인의 내정에는 개입하지 않았다.

18세기 초엽에는 이미 영국이 인도와의 교역량에서 포르투갈이나 네덜란드를 앞지르고 있었다. 프랑스 세력은 처음에는 영국보다 컸지만, 1740년대에 이르면서 영국에 뒤지고 있었다. 그러나 영국의 경제규모에 비추어 볼 때 영국의 인도에 대한 관심은 크지 않았다. 단지 동아시아의 주요 수출 거점이었던 벵골(Bengal) 지역과 코로만델(Coromandel) 해변의 마드라스 지역에 대한 통제력 확보가 필요했다. 이런 필요성은 결국 무력충돌로 귀결되었다.

벵골 지역 회사의 군사령관이었던 클라이브(Lord Clive)는 1757년 플라시(Plassey) 전투에서 벵골의 태수 시라즈우드다울라(Siraj-ud-Daulah)와 프랑스 군대를 패퇴시켰으며, 이 승리로 인도에서의 통치기초를 마련하게 되었다. 클라이브는 델리에 있는 무굴황제의 주권을 승인하고, 1765년에 벵골, 비하르(Bihar) 및 오리사(Orissa)의 징세권(Diwani)을 얻어 냈다. 뒤이어 헤이스팅스(Warren Hastings)가 캘커타에 와서 회사의 정치권력을 더욱 강화시켰다.

이러한 추세 속에서 동인도회사는 상업회사를 넘어 인도지배의 첨병으로서의 성격을 띠기 시작했다. 회사가 인도 내에서 입법, 사법, 집행에 관한 일정 부분의 권력을 행사하기 시작한 것이다.[2] 그런데 이즈음에 회사의 부패가 시작되었다. 회사는 직원을 채용하면서 헐값의 급료를 지불하는 대신, 그들에게 사적 거래를 허용함으로써 공과 사의 구분이 불분명해졌다. 회사의 총재와 참사원을 포함해서 전 직원이 이런 악습에 젖어들었다. 직원들은 공권력의 남용과 부정부패로 모은 재산을 마련하여 영국으로 돌아갔다.

---

1) 오늘날에는 각각 첸나이, 뭄바이, 콜카타로 바뀌었지만, 이 책에서는 당시 부르던 영국식 이름으로 표기하기로 한다.
2) Mahendra P. Singh, 2003, p. A-2.

• 이렇게 인도에서 큰 돈을 벌어 귀국한 영국인 부자를 가리켜 네이봅(nabob)이라고 불렀다. 무허가 상인으로 출발해서 1710년에는 대지주가 되어, 국회의원에 몇 번 당선된 토머스 피트와 같은 사람이 대표적이다. 특히 플라시 전투가 끝난 뒤 회사가 징세권을 획득하고 나서부터 네이봅이 많이 출현했다. 로버트 클라이브, 헤이스팅스도 네이봅이 되어, 정치가 폭스(Fox)나 에드먼드 버크(E. Burke)로부터 많은 탄핵을 받았다. 이들은 벵골단이라고 부르는 압력단체가 되었는데, 1783년 11월 의회에는 벵골단의 의원이 31명이나 되었다. 영국의 하원의원 선출은 소선거구제였는데 때로는 유권자들이 불과 수십 명밖에 되지 않는 곳도 상당수 있었다. 네이봅은 이 선거구의 사람들을 매수한 것이다. 이를 부패선거구라고 불렀다(아사다 미노루, 2004, 214~215쪽; 조길태, 2004, 69~72쪽).

그 결과 벵골 지역의 주민들은 외부로부터의 엄청난 수탈에 의해 도탄에 빠졌고, 부유했던 이 지방은 최대의 빈곤과 기아 지역으로 변해 버렸다. 회사직원들이 엄청난 착복과 축재를 하는 동안 회사의 재정상태는 파산지경에 이르렀다. 그 결과 회사는 1772년에 영국 정부에 융자를 요청하게 되었다. 노스(Lord North)는 회사의 현황 파악을 위해 의회조사위원회를 구성하고 조사했다. 결론은 회사를 본국 의회의 통제 하에 두어야 한다는 것이었다. 이렇게 하여 제정된 법이 1773년의 「(인도통치)규제법」(The Regulating Act)이다. 종전과 달리 이제 영국정부가 회사의 인도경영에 처음으로 통제를 가하기 시작한 것이다. 이 법과 함께 인도에 처음으로 총독제도가 도입되었다.

• 노스의 「규제법」은 회사의 재정적 곤란을 타개하기 위해 140만 파운드를 영국정부가 융자하는 한편 정부가 회사에 대해 통제를 가했다. 그 내용은 다음과 같다. 첫째, 이제 한 명의 총독과 네 명의 참사위원을 임명한다. 둘째, 모든 영토의 취득과 벵골, 비하르 및 오리사의 민사 및 군사 행정은 물론 세금에 대한 관리는 총독과 참사위원회에 위임한다. 셋째, 총독과 참사위원회는 마드라스, 봄베이의 행정을 감독하고 통제할 권한이 있으며, 만일 이들 지역의 위원회가 벵골의 총독과 참사위원회의 동의 없이 인도의 토후들과 개전 및 선전포고를 하거나 또는 평화조약을 체결하거나 협상하는 것은 위법한 것이다. 물론 예외적 상황은 있다. 넷째, 총독과 참사위원은 각각 벵골의 윌리엄 요새에 도착한 시점으로부터 5년 동안 재임한다. 1774~1785년까지 초대총독으로 헤이스팅스가 부임했다(이에 관한 자세한 설명은 조길태, 2004, 27~72쪽, 81~82쪽 참조).

2. 동인도회사의 인도지배(1773~1858)

「규제법」은 회사에 대한 영국의회의 최초의 주요한 개입이었다. 이제까지 회사가 누렸던 '사실상의 주권'을 본국 정부가 회수한 입법이었다. 이 법에 의해 인도 내에서 여러 상관들을 관리할 수 있는 중앙행정제가 들어섰고, 캘커타에 대법원이 설치되었다. 이후 「규제법」의 결함을 보완하기 위해 1784년의 「피트법」(Pitt's India Act)과 1793년과 1813년, 1833년의 「특허법」(The Charter Acts)이 제정되었다.[3] 특히 1833년의 「특허법」은 영국의 인도지배사 중에서 나타난 최초의 헌법제정 작업으로 기록된다. 총독(Governor-General)과 구별되는 입법부로서의 참사원(Council)을 처음 분리시켰기 때문이다.

> • 이것은 집행부와 의회의 분화를 의미한다. 이 당시의 시대배경을 보면, 산업혁명을 계기로 이루어진 영국의 면공업발달은 인도무역에 대한 자유로운 참가를 요구하는 목소리를 높여 갔다. 동인도회사의 독점에 대한 반대요구가 나온 것이다. 1793년의 특허장 갱신 때부터 시작된 요구로 마침내 1813년에 동인도회사의 인도무역독점의 폐지, 1833년에는 중국시장까지 포함한 독점의 완전 폐지에 이른다. 상업자본가의 힘보다 산업자본가의 힘이 더욱 강해진 것을 반영하고 있다(아사다 미노루, 2004, 210~212쪽; 조길태, 2004, 25~27쪽).

회사는 플라시 전투 후 인도의 통치기관으로 변모하여, 우선 벵골 지방을 회사의 관할영토로 삼고, 그 후 여러 지역에 진출하여 남인도의 마이소르(Mysore), 중부인도의 마라타 동맹, 서북인도의 시크교도의 권력을 차례로 타도하면서 지배영역을 확장해 갔다. 그리하여 19세기 중엽까지 전 인도를 석권하기에 이르렀다. 이와 함께 인도인들의 반발과 저항도 함께 고조되었다. 인도에서 비로소 초기 민족주의가 싹트기 시작한 것이다. 민족주의의 성립은 인도를 봉건시대로부터 근대시대로 인도하게 된

---

3) 「피트법」은 「규제법」의 결함을 보완하기 위해 제정되었는데, 이로써 동인도회사에 대한 영국정부의 실질적 지배권이 확보되고, 총독의 권한도 강화되었으며, 봄베이와 마드라스 관구에 대해 전쟁과 외교 그리고 조세와 관련한 사항에서 철저히 복종하도록 했다.

다. 저항의 정점은 1857년의 세포이 항쟁이었다.

　　● 영국의 용병인 세포이(Sepoy)가 일으켰던 봉기를 영국에서는 인도폭동(Indian Mutiny), 세포이 반란(Sepoy Rebellion), 인도반란(Indian Revolt) 등으로 표현하지만, 인도인들은 이것을 최초의 독립전쟁(The First War of Independence)으로 기록한다. 이 사건을 계기로 인도의 근대 민족주의가 형성된 측면을 강조한 것이다(Kashyap, 1947, pp. 10~17).

　이와 함께 무굴제국이 붕괴했고, 동인도회사의 시대도 종지부를 찍었다. 항쟁진압을 위해 막대한 군사와 전비를 투입한 영국정부는 1859년 7월에 이르러서야 진압을 한 다음, 이 사건에 대한 책임을 물어 동인도회사를 영구히 해산하고 영국의 직할통치체제로 인도를 다스리고자 했다.

　　● 1858년 8월에 「인도통치법」을 통해 인도 전역에서의 동인도회사 통치권을 박탈하였다. 그렇지만 동인도회사는 1877년에야 청산되었다. 그 사이에 1명의 대표와 5명의 이사, 1명의 서기가 남아 1874년까지 주주에 대한 배당금지불 등의 잔무를 처리했다. 동인도회사의 소멸은 곧 산업자본가의 완전한 승리를 뜻한다(아사다 미노루, 2004, 231~232쪽).

　1877년 영국은 인도를 영국령으로 편입하여 빅토리아 여왕의 통치 아래 통합한다는 선언을 하기에 이른다. 대영제국으로서의 일원이 된 것이다.

3
동인도회사의 확장과
인도법제의 근대화 과정

1. 개 관

인도 근대 법제사는 1600년부터 시작된다. 인도의 근대 법제사에 관한 주요 저작도 동인도회사와 인도의 조우 시점부터 다루고 있다. 법제사 저자이기도 한 자인(M.P. Jain, 1996)이나 싱(M.P. Singh, 1996)이 그 예이다. 어떤 이는 "현대 인도헌법의 맹아는 바로 동인도회사의 정관(statute)이다."라고 말하기도 한다.

현재의 인도법제는 분명 영국의 인도지배 이전 시기, 즉 힌두왕조나 이슬람왕조 시대의 법제도와 뚜렷한 단절을 가지고 있기 때문에 영국의 동인도회사가 설립되어 인도에 진출한 시점을 근대 인도법의 시작으로 보는 것은 무리가 없다.

영국은 지배 초기부터 법의 중요성을 인식하고 발달시킨 나라로 유명하다. 유럽 대륙의 많은 나라들이 로마법의 영향을 받은 것과 달리 영국은 독자적으로 보통법(common law)을 발전시켜 '법의 지배'(rule of law) 원칙을 세계적으로 널리 전파시킨 법의 국가라 할 수 있다. 영국의 모든 공사 간의 행위들은 철저히 법적 기초를 가지고 움직였다. 그러나 정작 동인도회사가 인도에 도착한 시기는 1600년대 초기였다. 이 당시만 하더라도 영국은 코크(Edward Coke)가 제임스 1세에 대항하여 법의 지배의 정신을 확고히 선언하기 전이고, 또한 명예혁명과 권리장전이 있었던 1688~1689년 보다도 훨씬 이전 시대였기 때문에, 이 당시는 영국에서조차 법의 지배 원칙이나 의회주권을 비롯한 민주주의와 인권보장이 아직 확립되지 않았다. 그래서 영국법의 인도 이식은 근대 법정신이 충분히 뿌리내리지도 않은 그런 상태에서 시작되었다고 말할 수 있다. 물론 1700년대 이후에는 상황이 많이 달라졌다. 청교도혁명과 미국의 독립전쟁, 프랑스 시민혁명을 거치면서 유럽이 근대국가로서의 자유화와 민주화 과정을 거쳤기 때문에 그런 영향이 인도에도 직·간접적으로 전파될 여지는 많았다고 말할 수 있다.

　　• 가깝게는 동인도회사 지배구조의 민주적 결정방식이 인도인들에게 영향을 주었을 것이다. 큰 관점에서는 영국 사회의 상황이 인도에 있는 영국인들의 문화로 반영되었다. 그래서 중상주의 초기 당시의 회사와 산업자본주의 시대의 회사는 그 모습을 달리할 수밖에 없게 된다. 영국에서 어떤 정파가 집권하느냐에 따라 대인도정책이 변화했다는 것을 연구하는 것도 흥미로운 일이다. 예컨대, 보수당(Tory)이 집권하면 인도에 대한 강압정책이 실시되고, 자유당(Whig)이 집권하면 식민 지역에 대한 상대적으로 완화된 통치, 즉 보편적 국민교육의 실시나 언론자유의 확대, 인종차별의 폐지 등 진보정책이 채택되었던 것을 알게 된다. 20세기에 들어와서도 노동당이 집권할 때는 인도의 독립에 대한 긍정적 신호를 주었거나(1923년의 맥도널드 내각), 또 1947년의 애틀리 내각과 같이 독립을 결정했던 것이다.

이렇듯 법의 초창기 시절 인도에 온 동인도회사는 본국과 단절되어 '(영국)법의 공백상태'에서 업무를 진행했다. '법의 공백상태'란 첫째, 행정과 사법 등을 진행시키는 데 절대적으로 요청되는 법전이나 판례 등 법체계가 존재하지 않고, 둘째, 법을 배우고 잘 이해하는 전문법률가가 없으며, 셋째, 법을 현실 분쟁사건에서 적용해야 할 법원이 없고, 넷째, 법률 전문가를 양성할 교육기관도 존재하지 않았던 상태를 말한다. 이렇듯 법의 완전한 공백상태에서 회사는 초기의 법상황을 보냈다.

이하에서는 인도에서 회사가 어떻게 분쟁사건을 해결해 갔는가를 법원, 법체계, 법률가, 법학교육기관 등을 중심으로 살펴보고자 한다. 그에 앞서 동인도회사 자체의 법적 지배구조는 어떠했는지부터 알아보기로 한다.

2. 동인도회사의 지배구조와 권한

(1) 지배구조

(가) 초기의 특허장

1600년 여왕의 특허장은 회사의 정관 및 권한과 특권을 규정하고 있었다. 이 회사는 15년간 존속하기로 했는데, 만약 사업이 성공적이라고 판단되지 않으면, 국왕은 2년의 사전 고지기간을 주고 그 허가를 철회할 수 있도록 하였다. 이 회사는 희망봉 동쪽에서부터 마젤란 해협까지 배타적 무역권을 부여받았다. 그 결과 인도, 아시아, 아프리카, 아메리카가 이 지역에 포함되었다. 이 관할구역에서는 영국의 다른 어떤 회사도 동인도회사의 허락 없이는 상거래를 수행할 수 없게 되었다. 이를 위반하는 경우, 상품과 선박은 몰수되고 위반한 사람은 무기한 투옥이나 기타의 형에 처할 수 있게 되었다.

회사의 운영사항은 민주적 원칙에 입각해서 처리되었다. 즉, 회원 전체가 총회를 구성하고 이는 매년 24명의 이사회를 선출하였다. 총재와 지배인은 1년의 임기에 재임이 가능하였다. 총회는 이들 중 누구라도 기대 이하의 행위를 한 경우에는 임기 전이라도 소환할 수 있고, 잔여임기를 위한 새 인원을 선출하도록 했다.

(나) 1661년의 특허장

1661년 특허장은 회사로 하여금 정착과정에서의 재판권 행사와 관련하여 광범위한 권한을 부여함으로써 인도에서의 사법제도 발전에 큰 영향을 미치게 되었다. 회사는 영국의 국무회의(Council of State)에 간청하여 인도의 총재와 이사회가 관할지역 내에 거주하는 모든 영국인들을 복종시키고 지배할 수 있는 집행권과 영국법을 위반할 경우 이에 대한 처벌권을 요구했다. 결국 1661년 4월 3일, 찰스 2세로부터 인도 내의 상관에서 총재와 이사회는 회사구성원이나 혹은 그 지역에 사는 사람들 모두를 포함한 민·형사상의 재판권을 부여받았다. 총재나 이사회가 없는 지역의 위반자는 그런 직책이 있는 지역이나 영국 본국으로 보내어 그 처벌을 받도록 하였다.

1600년의 특허장과 달리 1661년의 것은 상관의 총재나 이사회에 광범위한 사법권을 부여하였다. 앞의 경우는 회사의 직원에 대한 경우로만 처벌권이 국한되고 사형권은 없었는데, 후자의 경우는 회사직원에 국한되지 않고 회사정주구역 내의 모든 사람들을 관할하였다. 물론 사형집행권도 보유하였다. 이제 정주구역 내의 인도인들에 대해서까지 재판권을 가졌다. 다시 말해 1661년의 특허장은 회사의 지역적 관할권을 인정하는 의미를 가지게 되었다.

　•　그러나 실제 상황에서는 이 특허장은 별로 효력을 발휘하지 못했다. 마드라스의 경우만 하더라도 1665년 어센시아 도즈(Ascentia Dawes) 부인의 살인사건이 발생했을 때, 그곳에는 대리인만 있었기 때문에 본국에 조회를 해야 할 판이었다. 아직 총재와 참사원이 존재하지 않았기 때문에 재판을 할 수가 없었던 것이다. 이를 타개하기 위해 마드라스를 관구로 격상시켰고, 그래서 신임 총재와 참사원에서 재판을 했다. 도즈 부인은 전문법률가가 없다는 이유로 무죄 방면되었다. 전문법률가를 보내달라는 요청을 회사본부에 여러 차례 했지만 허사였다. 그래서 1678년부터 총재와 참사원은 일주일에 두 번씩 법정을 열되 12명의 배심원을 두기로 했다. 이것은 인도 최초의 배심제도로 알려져 있다. 이후 법정은 고등법원(High Court of Judicature)이라고 불리었으며, 촐트리 법원(Choultry Court)의 항소심도 맡았다(M. P. Singh, 1996, pp. 5~6).

다시 정리하면, 첫째, 이제 상관의 집행부였던 총재와 이사회가 사법권까지 가지게 되었다는 것이다. 둘째, 사법권은 영국법을 준거로 하였다. 이렇게 해서 영국인들은 특권을 가진 셈이었고, 안전장치를 확실히 갖추었다. 이미 1600년의 특허장에서도 회사의 규정은 영국법을 위반해서는 안 된다고 한 바 있었다. 이런 규정은 영국인들에게는 유리하게 되었지만, 인도인들은 그 반대였다. 많은 인도인들이 영국법 예하에 놓이게 되었고, 인도의 고유한 법, 관습 등의 적용이 배제된 것이다.[4]

---

4) M. P. Jain, 1996, p. 7.

(2) 법적 권한

(가) 입법권

특허장은 회사의 총회가 회사경영과 종업원, 무역통상의 개선 및 유지를 위해 법, 명령, 정관을 제정할 수 있도록 하였다. 이를 위하여 회사는 징역과 벌금 등 형벌권까지 보유하게 되었다. 물론 법과 형벌권 행사는 합리적이어야 하며, 영국법과 규정, 관습에 반하지 않아야만 했다.

회사에 부여된 입법권은 범위와 성격에서 제한적이었다. 처벌에서도 사형은 제외되었다. 그래서 중죄범에 대처할 수 없었으며, 그런 점에서 법집행의 어려움이 있었다.

회사법은 영국법에 위반해서는 안 되었고, 영국법 원리를 준수할 수밖에 없었다. 애당초 특허장에서는 회사 이외에 상관과 지역적 관할권에 대한 예상을 하지 않고 있었다. 그런 점에서 동인도회사는 처음에는 정치적 권력행사를 전혀 상정하지 않고 오로지 순수한 상업적 목적만을 가지고 출발했던 것이 분명하다. 그러나 회사는 점차 교류하면서 발생하는 지역과의 마찰을 다루어야만 했다.

이렇듯 동인도회사에 부여된 제한된 입법권은 영국 내의 회사에 부여된 권한과 거의 동일한 것이었다. 1621년 수라트에 상관을 세울 당시의 정관을 보아도 이로부터 크게 벗어나 있지 않았다. 바로 이 작은 입법이 오늘날 현대 인도법의 맹아가 된 것이다.[5]

(나) 국왕의 위임

긴 항해 중에 발생하는 여러 중죄들을 다스리는 데 당시의 입법권이 가진 불충분한 점을 절감했던 회사는 군주로부터 특권을 얻어냈다. 각 선박의 선장들이 이제 살인행위, 폭동 등의 죄인을 처형하고, 기타 중죄를 다스릴 수 있는 권한을 확보한 것이었다. 1601년 1월 24일 엘리자베스 여왕의 명령에 의해서 랭카스터 선장이 이 권한을 행사하게 되었다. 그 첫 재판은 1616년 2월 28일에 열렸다.

---

5) Ilbert, 1915, p. 10, 재인용: M. P. Jain, 1996, p. 6.

• 수라트에 정박 중인 찰스호 선상에서 선장 임석 하에 재판이 열렸다. 렐링턴(G. Lellington)이 수라트 인근에서 영국인을 살해한 이 사건에서 피고인은 범행을 자백하였고, 사형에 처해졌다. 인도지역에서 열린 최초의 재판이었다(Kaye, 1853, p. 66, 재인용 : M. P. Jain, 1996, p. 6).

1615년 12월 14일 제임스 1세는 개별 항해 단위로 허가했던 관례를 폐지하고, 회사에 대해 일반적 권한을 부여해 선장이 그 권한을 행사할 수 있도록 했다. 다만, 사형에 해당하는 범죄, 예컨대 고의적 살해행위와 폭동의 경우에는 12명의 직원으로 구성된 배심단이 심사하도록 했다. 그 후 인도 내에 다수의 회사가 설치되고 그와 동등한 권한이 필요하게 되자, 1623년 2월 4일 제임스 1세는 회사 내의 영국인들 사이에서 중대 범죄가 발생했을 경우에 같은 방식으로 처리하도록 권한을 부여했다. 이제 공해상(at high seas)이나 인도지역에서 저질러진 살인, 폭동, 기타 중죄는 동일하게 배심에 의한 재판을 행할 수 있게 된 것이다. 이에 따라 회사는 이를 집행하기 위해 무장할 권한까지 가지게 되었다.

3. 수라트 상관(商館)

(1) 개 관

자한기르 통치 당시에 인도에 왔던 동인도회사는 여러 상품들의 수출입을 효과적으로 처리하기 위한 상관(factory)을 설치할 필요가 있었다. 이 상관은 물건의 보관창고와 직원들의 사무실, 주택 등으로 구성되었다. 이런 상관들이 점차로 확대되어 인도 내에서의 영국제국이 커진 것이다. 상관은 지역이 되었고, 지역이 제국이 되었던 것이다.

수라트는 그 당시 이미 인구가 많은 큰 도시였고, 많은 이슬람 순례자들이 이용하던 국제항구였기 때문에 상관으로 선택될 만한 좋은 조건을 갖추고 있었다. 이곳 수라트에는 이미 포르투갈의 상관이 있었던 까닭에 영국과 포르투갈 사이에는 반목이 형성되었다. 마침내 양국 간에 해전이 벌어졌고, 영국이 해전에서 승리하였다. 1612년 영국은 현지 무굴제국 총독의 허락을 받아 상관을 건설하였다.

영국은 현지 총독을 제치고 무굴제국의 황제와 직접 연결을 시도하였다. 제임스 1세는 토머스 로(Thomas Roe)를 대사로 보내 황제를 알현케 했는데, 황제는 1615년 칙령(firman)을 발해 영국에 공장부설과 무역권, 그리고 자신들의 종교에 따른 생활 및 법준행을 허락하였다. 영국인들 상호 간의 분쟁은 회사총재의 권한에 맡겨졌으며, 영국인과 인도인들 간의 분쟁은 현지 인도관청에서 처리되었다. 수라트의 경우 무굴 총독과 카지(kazi)라 불리는 재판관이 이를 처리하였는데, 이들은 영국인들에게 신속한 재판을 제공하여 최대한 보호하고자 노력했다.

1687년까지 수라트는 인도 내 동인도회사의 중심지였다. 수라트의 최고책임자가 인도 내 모든 회사의 최고수장을 겸하였는데, 나중에는 다른 지역에도 관구(Presidency)가 설치되었다. 1687년 총재와 이사회는 수라트에서 봄베이로 옮겼다. 이제 봄베이, 마드라스, 캘커타가 회사의 대표적 관구가 되었다. 회사가 취득한 도시(town)와 그 외곽지역(mofussil)이 관구를 구성하였다. 이제 관구도시와 외곽지역으로 회사의 영역이 결정되었다.

수라트에서 시행되었던 행정과 사법체계는 역사적 의미를 남겼다. 법과 재판과 관련해서 볼 때, 수라트의 영국인들은 영국법과 인도법 두 가지 법체계의 지배를 받았다. 영국인들은 무굴제국의 허가 아래 그곳에 거주하고 있었기 때문에 보통 인도의 법과 법원을 따르는 것이 원칙이었다. 하지만 영국인들은 인도의 법이 속인법(personal law)이자 종교법이었기 때문에 이를 따르기가 곤란하였다. 속인법이란 각자의 종교에 따라 해당 종교법을 준거법으로 해서 재판을 받는 것을 말한다. 당시 인도에는 속지법(territorial law) 개념이 발달하지 않았다. 재산상속, 상속 등에 관한 속지법적 통일법이 없었다.

• 인도에는 아직도 통일민법전(Uniform Civil Code)이 존재하지 않는다. 민법전은 적어도 근대 국가가 갖추어야 할 기본적인 법전이라고 할 수 있는데, 여전히 종교공동체주의(communalism)가 만연하여 이들을 상위에서 묶는 모든 국민들에 대한 공통 기준으로서의 민법전이 존재하지 않는 것이다. 헌법 제44조는 '국가정책 지도원리'의 하

나로서 "국가는 전국에 걸친 통일민법전 마련을 위해 진력해야 한다."고 규정하고 있다 (M. P. Singh, 2003, p. 308).

민사법은 힌두법이나 이슬람법이었고, 형사법은 이슬람법이었다. 이슬람 황제는 영국법을 준거법으로 해야겠다는 영국인들의 요청을 거부할 수가 없었다. 영국인들은 이렇듯 그들이 거주하는 지역에서 항상 영국법을 준거법으로 하였으며, 이것이 뒷날 인도의 법체계에 큰 영향을 미쳤다.

무굴의 칙령은 인도인과 영국인 사이의 거래상 분쟁은 수라트 인도법정과 법에 의할 것을 요구하였다. 무굴왕국도 자신의 신민을 보호하기 위해 허가장에 이런 조건을 붙였던 것이다. 그러나 현지 법원의 실태는 매우 열악한 상황이라서 부패와 수뢰가 심하였다.

● 당시 한 여행가의 기술을 보면, "당시 이슬람 법관은 그에게 잘 대접해 주는 사람에게 시혜를 베풀었다. 뇌물 공여자에게 승소판결을 해 주는데, 법관은 소송가액의 25%를 그 대가로 받았다."라는 내용이 있다. 한 위조동전을 제작한 대장장이에 대한 형사재판의 이야기를 보자. "대장장이는 머리와 턱수염이 깎이고, 그 머리에는 우수꽝스런 모자를 씌우고, 말 위에 거꾸로 앉혀 놓고는 북을 두드렸다. 감옥에 보내진 다음에 그의 손목은 잘렸고, 총독 재임기간 내내 거기에 처박아 두었다." 이렇게 비인간적이고 가혹한 형벌이 행해지고 있었다.

영국의 법상황과 현격히 달랐기 때문에 영국인들은 인도법정에 서기가 두려웠고 이를 거부하였으며, 가능한 한 인도법정을 피하고자 했다.

(2) 무굴의 사법조직

무굴제국 전성기에 벵골의 자민다르는 토지세를 거두면서 그 지역의 법과 질서를 관리하였다. 특별한 사법권은 없었다. 전국에 산재해 있던 카지(kazi) 법원은 민·형사 사건을 다루었다. 사르카르(sarkar)와 파르가나(parganah)라고 불리는 작은 구역(district), 시(city), 그리고 큰 마을(village)에는 카지가 있었다. 마을의 판차야트도 활발히 기능하였다.

> ● 판차야트는 마을 주민들로 선출된 5명의 부락회의이다. 경제적 자립은 물론 입법, 행정, 사법권을 행사하는 자치조직으로 이해되는 이것은 인도에서 '자연법'과 동격의 존재로 인식된다(강경선, 2009).

큰 범죄가 아닌 한 여기에서 온갖 종류의 범죄들이 다루어졌다. 판차야트는 마을 사람들의 눈과 여론이 있었기 때문에 비교적 공정한 재판을 진행하였다. 소송당사자나 증인들도 조그만 동네에서 서로 잘 아는 터였기 때문에 쉽게 거짓말을 할 수가 없었다. 판차야트의 결정에 불복하는 경우 사르카르(sarkar)의 카지에 상소하였고, 그 위로는 수바(subah, province)의 카지에 상소할 수 있었다. 전반적으로 사법제도는 단순하였고, 판차야트의 재판으로 인하여 카지재판은 드물게 열렸고, 민사사건의 경우 힌두들은 그들의 원로나 브라만들에 의하여 해결을 보았기 때문에 카지재판은 빈번히 활용되지 않았다. 무굴제국은 힌두들의 재판을 그들 방식에 맡겼다. 때문에 무굴제국에서의 사법제도는 별로 발달하지 않았고, 지력이 있고 야심만만했던 청년들은 오히려 다른 분야로 진출하였다.

무굴제국이 쇠퇴하면서 벵골의 태수 즉 나와브(Nawab)의 권위가 약해지고, 카지의 직위 또한 침체하였는데, 빈자리는 오랫동안 충원되지 않았다. 그 직책을 강렬히 원하는 사람에게 임시로 맡기는 일이 빈번하였다. 이러면서 법에는 일자무식꾼인 부정직한 사람들이 자리를 차지하고 부정이 판을 쳤다.

> ● 카지는 돈에 의해 정의가 부정의로, 부정의가 정의로 둔갑하고 있다는 당시의 기록이 남아 있다. 재판관은 소송가액의 4분의 1을 가로채거나, 당사자로부터 일정한 사례를 받았다. 한쪽에서는 뇌물로, 한쪽에서는 사례로 금품을 제공하였던 것이다.

정상적인 법원이 작동하지 않는 상황에서 시골에서는 자민다르가 사법권을 행사해 줄 것을 기대하는 것이 당연하였다. 물론 자민다르도 자의적인 재판을 하기 일쑤였다. 1773년 영국 하원이 파견했던 비밀위원회가 제출한 보고서에는 이 당시의 암

울한 모습을 묘사하고 있다.

민사재판의 최상급 법원이자 토지세 부과는 디완(Diwan)이 하는 것이었다. 그러나 시간이 흐르면서, 디완이 직접 맡지 않고, 부책임자였던 Datoga-i-Adalat Diwani가 그 일을 맡았다. 이론상으로 보면 나와브는 형사사건과 토지와 상속을 제외한 재산관계 소송을 전담하였다. 나와브와 디완의 부책임자들의 재판 관할사항은 불투명하여, 사람들은 많이 헤매고, 선택적으로 행해졌다. 그 외에도 도시에는 사법을 행하는 관리가 있었다. 카지는 재산상속, 승계, 혼인을 담당하였고, 전문법률가라 할 수 있는 무프티(mufti)는 법에 대한 설명으로 카지를 도왔다. 무프티는 재판을 직접 하지는 않았다. 포즈다르(fozdar)는 중죄를 다스리는 경찰관이었다. 코트왈(kotwal)은 경범을 처리하는 경찰이었고, 모타시브(mohtassib)는 주취, 주류판매, 도량형 사기를 다스렸다. 사법의 외관은 존재하였으되 실체는 형편없었다. 법의 예측가능성, 확실성이 보장되지 않았다. 또한 법전이 없었다. 경전인 코란이 법원(法源)이지만, 법원으로서 너무나 불확실한 것이 많아서 법관의 재량판단으로 인도할 가능성이 컸다.[6)]

4. 마드라스의 재판조직(1639~1726)

(1) 대리인과 참사원

마드라스는 1639년 프란시스 데이가 힌두 왕으로부터 동해안 해변마을 일부를 할애받아 시작되었다. 여기에 요새시설을 갖춘 상관을 짓고 '세인트 조지(St. George)성'이라고 명명하였다. 힌두 왕은 이 성의 인근마을인 마드라스파트남(Madraspatnam)에 대한 통치까지 동인도회사에 맡겼다. 그곳에 거주하는 인도인들은 회사 영역에 들어와서 무역과 상업시설을 보고 큰 흥미를 가졌다. 그러면서 이 조그만 마을이 점차 커지기 시작했다. 성 밖의 마을이었던 마드라스파트남은 인도인들이 집중 거주했

---

6) M. P. Jain, 1996, pp. 31~34.

기 때문에 '검은 마을'(Black Town)이라 불리었고, 성 안은 영국인과 유럽인들이 거주했기 때문에 '흰 마을'(White Town)이라고 불리었다. 이 두 마을이 합쳐져 마드라스가 된 것이다.

당시 마드라스의 책임자는 대리인이었다. 그리고 참사원(Council)이 그를 도왔다. 흰 마을 거주민의 사건에 대해서는 대리인과 참사원이 재판을 담당했지만, 중대한 범죄가 발생한 경우 이에 대한 판단이 어려워 본사에 조회를 하거나 범죄피의자를 본국에 송환시켜 해결했다.

> • 대리인은 법률지식이 없었던 관계로 형사재판을 맡기를 주저했다. 중대한 사건의 경우 본사에 조회를 했는데, 문제는 통신이 너무 지체된다는 점이었다. 1678년 1월 31일의 한 사건에서 영국인을 살해한 한 영국인은 재판도 받지 못한 채 무작정 31개월을 열악한 환경에서 감금당한 예가 있다.

이 문제를 해결하기 위해 마드라스를 관구의 지위로 격상시켜 총재와 참사원을 두고 재판을 하게 된 것은 위에서 기술한 바와 같다.

(2) 촐트리 법원(Choultry Court)

인도인이 거주하는 검은 마을에는 아디가르(Adigar)로 알려진 촌장이 주재하는 법정이 열렸는데, 이를 촐트리 법원이라고 불렀다. 1652년에는 부정직한 아디가르를 파직시킨 다음 두 명의 동인도회사 직원을 투입시켜 재판을 담당하게 한 예가 있다. 촐트리 법원은 단지 경미한 민사와 형사사건만 취급하였다.

> • 민사사건의 경우 2파고다(pagodas) 이하의 사건을 취급했고, 형사사건의 경우 벌금, 징역과 채찍 등과 같은 경미한 것들만 다뤘다. 촐트리 법원은 그 후 시장법원이 출현하면서 퇴화했다(M. P. Singh, 1996, p. 8).

중대한 사건에 관한 처리방식은 잘 알려져 있지 않다.

• 검은 마을에서 인도인에 의한 살인사건이 발생한 경우, 마드라스의 대리인은 지방 라자(왕)에게 그 사실을 알려 해결방법을 구했다. 본국의 특허장에는 살인사건을 처리할 권한이 부여되어 있지 않았기 때문이다. 그 경우 지방 군주는 항상 회사에게 그 처리를 일임했다. 이렇게 해서 현지 인도인들의 마음이 불편하지 않도록 노력했다.

검은 마을에 대한 정해진 규칙과 절차는 없었으며, 절차와 처벌은 사건마다 달랐다. 이 당시만 하더라도 재판의 체계성과 규칙성은 전무했다고 할 수 있다.

(3) 해사법원(海事法院, Admiralty Court)

동인도회사는 독점적 무역회사였다. 그래서 특권을 받지 못한 무수한 상인들에게 시기와 질투의 대상이었다. 실제로 많은 상인들은 불법적으로 무역을 행함으로써 동인도회사에 손해를 끼쳤다. 여기에 공해상의 해적들도 가세했다. 1683년 8월 9일 찰스 2세는 이에 대처할 수 있는 법원을 설치하는 권한을 회사에 부여했다. 이 법원은 '민법에 학식 있는' 1인과 상인 2인으로 구성되었다. 1686년에는 제임스 2세도 다시 한 번 이와 관련한 특허를 내렸다. 영국의 보통법은 해사와 관련해서는 별로 발달한 바가 없다. 또한 해사사건은 국제법적 성격도 띠고 있었다. 로마법과 관련지어 연구되어야 할 분야였다. 마드라스에는 1686년 7월 10일 해사법원이 설치되었다. 해사법원장에게는 특별히 법무실장(Judge-Advocate)이란 명칭이 부여되었다. 첫 법원장은 존 비그스(Sir John Biggs)였는데 민법에 조예가 깊은 사람이었다. 그가 부임하자 총재와 참사원은 재판에서 물러났다. 전문법률가가 오면서 해사법원은 해사 관계 재판에만 국한하지 않고 일반 사건까지 많이 취급하게 되었다. 그렇지만 사람을 중심으로 구성된 법원이었던 한계 때문에 비그스가 사망한 이후 무대책으로 일관하다가 점차 쇠퇴해 버렸다.[7]

---

7) M. P. Jain, 1996, pp. 15~16.

(4) 시장법원(Mayor's Court)

1687년 12월 30일 회사가 자체적으로 발령한 특허에 의해 마드라스 자치시의회 (Corporation)가 창설되었다. 자치시의 목적은 첫째, 지방정부를 대표하며, 둘째, 지방세를 부과하고, 셋째, 민간인들 사이에 자주 발생하는 소소한 분쟁들에 대한 신속한 결정을 위한 권한보유였다. 동시에 시장법원도 설치되었다. 이 당시 영국에서는 자치시의회에 사법권을 부여하는 것이 관례였다. 런던자치시에도 시장법원이 있었다. 회사는 의도적으로 왕의 특허를 피하고 회사 자체에 의한 시장법원을 두었다. 왕의 임명을 받는 경우 불필요한 거만함이 초래되는 것을 방지하기 위해서였다. 1688년 9월 29일 자치시의회가 출범했다. 의회는 시장(Mayor)을 비롯해 12명의 부시장 (Aldermen), 60~120명의 시민의원(Burgesses)들로 구성되었다. 시장은 참사원의 당연직 위원이었고, 부시장 중에서 3명이 참사원 위원이 되었다. 시장의 임기는 1년이고, 계속 재임이 가능했다. 부시장과 시의원들이 시장을 선출했다. 국적과 종교는 다양하게 개방되었다.

> • 특허장 자체가 정한 제1차 부시장의 구성을 보면, 영국인 3명, 힌두 3명, 프랑스인 1명, 포르투갈인 2명, 유대인 및 아르메니아인 3명으로 되어 있었다. 또한 특허장은 29명의 시의원을 지명하고 나머지는 시장과 부시장이 선발하도록 했다. 60명의 의원 중 30명은 다양한 카스트 출신을 대표하고 있었다. 물론 최종 결재권한은 총재와 참사원이 보유했다.

이렇게 시작된 시장법원은 성공사례로 받아들여져 1726년의 법원개혁 당시에 캘커타를 중심으로 관구 전체로 확산시키기로 결정했다. 다만 그때부터 달라진 것은 시장법원이 영국국왕의 권위에 기초를 두게 된 점이다.[8]

---

8) M. P. Jain, 1996, pp. 16~21.

5. 봄베이의 법원(1668~1726)

봄베이섬을 차지한 최초의 유럽인은 포르투갈인들이었다(1534). 1661년 포르투갈 왕 알폰수스 6세는 그의 누이가 영국의 찰스 2세와 결혼한 것을 기념해 이 섬을 기증했다. 봄베이는 당시 인구 1만 명에 불과한 아주 작은 가난한 어촌이었다. 찰스 2세는 1668년 특허장을 통해 이를 동인도회사에 거의 무상으로 이전하였다. 이와 함께 찰스 2세는 회사에게 봄베이에 대한 전권행사를 회사에 일임했다. 입법권은 물론 사법권도 포함되었다. 재판은 가급적 영국법에 부합되도록 이성적으로 판단하라고 했다. 봄베이는 이렇듯 처음부터 회사의 지역적 주권을 인정한 데서 출발했다.

그러나 초기에는 여전히 수라트의 총재가 봄베이의 총재를 겸했다. 봄베이에서 최초로 사법조직을 구축한 사람은 수라트의 총재였던 제럴드(Gerald Aungier)였다. 1670년에 최초의 사법제도가 마련되었다. 이미 1세기 전부터 지배해 왔던 포르투갈인들의 법과 관습이 여전히 남아 있었다.

1684년에 해사법원이 설치되었으며, 영국에서 민사법을 배운 존(John) 박사가 법무실장으로 부임했다. 해사법원은 해사소송 이외에도 민사, 형사사건까지를 모두 취급했다. 당시 차일드 총독과의 알력으로 말미암아 해사사건에만 제한되는 일도 벌어졌다.

1718년에는 법원장과 9명의 법관으로 구성된 법원이 조직되었다. 4명의 법관은 인도인이었다. 마드라스의 시장법원 구성에서 영향을 받은 것이다. 4개의 섬을 대표한 인도법관이었는데 영국인 법관과 차별을 받았다.

재판상황은 여전히 열악했다. 특히 형사사건에서의 고문을 동반한 강제수사, 전문증거(hearsay evidence)의 적용 등 악습이 상존했다. 1726년의 새로운 법원이 들어설 때까지 이런 상황이 지속되었다.[9]

> ● 이 시기에 유명한 한 형사사건(라마 사건)이 있었다. 라마 카마티(Rama Kamati)는 부자이고 영향력 있는 힌두였다. 그런데 어느 날 해적두목과 내통한다는 이유로 기

───────

9) 봄베이 법원에 대한 소개는 M. P. Jain, 1966, pp. 22~30 참조.

소되었다. 그와 관련한 증거는 없었다. 그러나 어느 무희가 진술한 전문증거를 채택하는가 하면, 그의 하인을 고문해서 그의 주인에게 불리한 증언을 진술시키거나 위조편지를 만들어 결국 그를 유죄자로 만들어 처형하였다. 그의 많은 재산은 회사에 몰수되었다. 라나가 죽은 후에 그의 무죄가 밝혀졌는데, 이것은 당시 총독이 개입된 음모의 결과였다고 한다(M. P. Jain, 1996, p. 29).

6. 캘커타의 법원

(1) 자민다르 재판(1660~1726)

1690년 8월 24일 영국인 차노크(Job Charnock)가 후글리(Hughly) 강둑의 수타나티(Sutanati)에 상륙하여 그의 지휘 하에 캘커타 도시가 세워졌다. 우선 윌리엄 요새(Fort William)라는 이름의 상관이 건설되었다. 이미 1668년 회사는 캘커타, 수타나티, 고빈푸르(Govindpur) 등 세 지역의 자민다리(zamindari) 지위를 얻어 아우랑제브의 손자이고 벵골의 태수였던 Azimush-Shan 왕자로부터 매년 1195루피의 공조(revenue)를 받을 수 있었다.

1699년 12월, 캘커타는 관구가 되었고, 총재와 참사원은 그 지역의 자민다리를 얻어서 이 지역의 인도인들에게 형사, 민사, 징세에 관한 사법권을 행사했다. 이것은 회사가 무굴제국 행정기구의 한 부문으로 편입되어 활동했다는 것으로 법적·헌법적 의미를 가진다. 형사재판은 약식절차로 배심없이 진행되었다. 형벌의 종류는 채찍, 벌금, 쇠사슬 차고 노역, 징역, 거주지역으로부터 추방, 사형 등이었다.

> • "향후 3개월 동안 매주 금요일마다 101번의 채찍을 맞는다."는 예가 남아 있다. 사형은 교수형이 아니라 채찍을 쳐서 사망하게 하는 것이었다. 그것은 이슬람교도들이 교수형을 불명예스럽게 생각했기 때문이다.

사형은 총재와 참사원의 확인을 거친 후에 집행되었다.

• 인도의 경우 사형은 나와브의 허가를 받고 시행하도록 되어 있었다. 하지만 캘커타의 자민다르 법원에서는 이것이 나와브가 아닌 총재와 참사원의 확인사항이었다. 캘커타 회사는 처음부터 무굴제국의 통치권 일부를 우월적으로 행사했던 것이다(M. P. Jain, 1996, p. 33).

자민다르 법원은 인도인뿐만 아니라 경범죄를 행한 영국인들에 대해서도 재판을 하였다. 영국인의 중죄는 1661년의 특허장에 따라 총재나 참사원의 결정에 맡겨졌다. 이때는 배심도 필요하였다. 자민다르는 인도인들의 민사재판이나, 유럽인이 원고이고 인도인이 피고가 되는 민사재판의 경우를 다루었다. 재판은 관습법과 관행에 의거하였으며, 법이 없는 경우에는 법관의 재량에 맡겼다. 물론 자민다르는 스스로 판단하지 않고 중재에 맡기기도 하였다. 영국인의 소액 민사사건은 자민다르 재판으로 다루었으나, 큰 민사사건의 경우 총재와 이사회에 회부되었다. 그리고 세금납부를 하지 않은 경우에도 자민다르가 판결하였다. 물론 자민다르의 결정에 불복하는 경우 상급심은 총재와 이사회 소관이었다. 이렇듯 일반 자민다르의 상급심이 나와브였던 것과 비교해 볼 때 캘커타의 자민다르 기능은 나와브의 지배를 벗어나 있었고, 총재와 이사회의 결정을 상급 결정기관으로 하고 있었다. 당시 캘커타의 사법제도는 아주 초보적인 것이었다. 이런 정황은 1726년까지 지속되었다. 캘커타의 사법권은 자민다르의 지위에서 비롯되었는데, 이후에는 재판권이 영국국왕의 특허장으로부터 도출되었다.[10]

(2) 1726년의 특허장 : 법원의 통일성 확보

1726년 조지 1세가 회사에 발령한 특허장은 세 개 관구에서 사법제도 발전에 새로운 장을 열었다. 그 이전에는 세 개의 관구에서 각각 별도로 재판제도가 발달하였지만, 이제는 통일성을 기해야 한다는 지침이 내린 것이다. 동시에 민·형사재판권은 회사로부터가 아니라 영국국왕으로부터 그 권위를 부여받는 왕립법원이 보유하였

---

10) J. P. Jain, 1996, pp. 31~34.

다. 회사가 종전까지 취했던 정책 즉 현지에서 재판관을 임용해 온 입장을 수정해야
만 했다. 이제까지의 모호했던 법원의 지위를 명료화했다. 이제 인도에서의 재판과
영국에서의 재판이 갖는 권위가 동일하게 되었다. 또한 이 특허장에서는 인도 내 법
원의 항소심을 영국의 추밀원(Privy Council)이 담당함으로써 인도와 영국의 법체계
가 연결되었다.

> • 군주(King)는 사법에 관한 대권(prerogative)을 가지는데, 이를 도와줄 위원회가
> 국왕참사원(King-in Council)이다. 그리고 왕이 참석하지 않아도 이런 권한을 행사하는
> 기관이 추밀원(the Privy Council)이었다. 군주의 대권은 식민지역에 대해서도 효력을
> 가졌기 때문에 인도에서의 최종 사법권한은 추밀원에 있었다고 할 수 있다.

영국법의 수입과 인도사회에 대한 영향력이 본격화되는 교량이 구축된 것이다. 추
밀원은 인도법의 결함을 검토해서 영국법 원리로 보완해 나갔다. 그 결과 영국법이
어느 정도 인도에 적응과정을 거치자 1833년부터 인도 법체계의 정비작업으로 나아
갔다. 또한 특허장은 관구별 입법부를 구성하여 지방의 필요에 부응한 입법활동을
개시하도록 했다. 이렇게 해서 특허장과 함께 영국법이 모든 관구에 공통적으로 적
용되는 개시일을 맞이한 것이다.

(3) 시장법원(Mayor's Court)

특허장은 이미 마드라스에서 성공을 거둔 시장법원을 세 개의 관구 전체에 확대하
기로 했다. 시장법원의 시행과 구체적인 내용은 앞의 마드라스 법원에서 본 것과 대
동소이하다고 할 수 있다.

(4) 법원의 결함과 그 보충

1726년의 특허장은 '사법헌장'(Judicial Charter)이라 부를 만하다. 그러나 이것은
여전히 과거의 문제점을 그대로 존치시킬 수밖에 없는 한계도 보였다. 즉, 첫째, 재

판이 여전히 비전문가 법관에 의할 수밖에 없다는 것과, 둘째, 행정과 사법이 분리되지 않아 행정부에 치우친 경향이 농후했다는 것이다.[11] 그리고 지속적인 문제점은 법관들이 민·형사재판 모두에서 영국법에 대한 깊은 이해가 없고 전문성이 결여되어 있었다는 것이다.

> • 도드웰(Dodwell)은 이 당시의 법조풍경을 다음과 같이 씁쓸하게 묘사했다. "영국의 법체계는 평생 걸려도 통달하기 힘든 그런 것임에 틀림없다. 보통은 그것을 알지 못하는 사람들에 의해서 법의 행사가 이루어질 수밖에 없다. 그래서 현실에서는 영국법에 대한 지식을 조금만 알아도 그것만으로도 다른 사람들을 설득할 수 있는 자유로운 문이 열렸던 것이다(M. P. Jain, 1996, p. 52).

영국법에 대한 지식의 원천은 회사가 제공하는 특허장과 법률자료집, 또한 변호사들이 재판의 경험담을 모은 회고담이 전부였다. 법률가들이라고 해 봐야 전혀 법률 연수를 받지 않은 사람들이었다. 1772년 영국하원은 동인도회사를 정밀 검토하기 위한 비밀조사위원회(Committee of Secrecy)를 구성했다. 이 위원회는 7번째 검토보고서에서 캘커타 법원조직의 문제점을 지적했다. 이 조사를 기초로 1774년 캘커타에 대법원이 세워졌고 이전의 법원조직은 이제 대법원 아래로 편입되었다. 새 대법원은 행정부와 회사로부터 독립되었으며, 영국법에 조예를 가진 법관들로 충원되었다. 이를 통해서 직원들에 의한 재판에 내재한 문제점 즉 회사의 이해관계에 얽힐 수밖에 없었던 한계로부터 해방되게 되었다.[12] 이를 필두로 마드라스와 봄베이에도 대법원이 설치되었다. 초기의 전통적인 법원을 지나 시장법원의 중간 역할을 통과한 후 대법원 설치와 함께 인도는 이제 전문적인 법원시대에 들어섰다.

---

11) M. P. Jain, 1996, p. 35.
12) M. P. Jain, 1996, p. 54.

(5) 아달라트의 시작

(가) 개 관

아달라트(Adalat)란 법원(court)을 뜻한다. 18세기 중엽까지 회사는 3개의 관구만을 지배하고 있었다. 그리고 관구 도시(Presidency Town)에는 각각 일정한 형태의 사법기구가 존재했다. 그러나 회사의 세력이 확장되면서 인근 외곽지역(mofussil)까지 통치력을 행사하게 되었고 여기에도 행정체계와 재판제도의 도입이 요청되었다. 이것을 특별히 아달라트라고 부른다. 인도인들을 대상으로 한다는 점에서 아달라트는 도시의 법원과 많이 달랐다. 1772년에 벵골, 비하르, 오리사 지방의 아달라트가 시작되었다. 이것이 점차 발달하면서 변모해 나갔다. 봄베이와 마드라스의 외곽지역에도 아달라트가 개설되었으나 벵골의 사례가 선도적 모델이 되었다.[13]

(나) 벵골의 아달라트

1757년 플라시(Plassy) 전투 후 동인도회사는 벵골에서 정치적 권력까지 쥐게 되었다. 그러나 영국의회의 간섭과 프랑스나 포르투갈의 악의와 질투를 막기 위해 회사는 스스로 법적인(de-jure) 정치권력자임을 선언하지 않고 명목적인 나와브로 남았다. 1765년 회사는 돈을 지불하고 무굴황제로부터 벵골, 비하르, 오리사에 대한 디완의 자격(Diwani)을 얻었다. 행정상 목적으로 무굴황제는 수바(Subah)로 구역을 나누었다. 각 수바는 수바다르(Subahdar) 혹은 나와브가 통치를 하였는데, 그는 군대를 거느리고 법과 질서와 안전을 책임졌다. 그 다음으로 혹은 그와 비슷한 정도의 것이 디완(Diwan)이었다. 그는 조세를 거두고 군대에 보수를 지급하는 책임자였다. 수바다르나 나짐(Nazim)이 행정과 형사상의 재판을 담당한 데 비해서 디완은 민사와 조세사건에 관한 재판을 책임졌다.

디완으로서의 회사는 1769년까지 아무런 조치를 취한 바 없었다. 1769년에 회사는 영국인을 각 구역에 감독관으로 임명하여 징세를 맡기고, 자민다르나 다른 징세

---

13) M. P. Jain, 1996, p. 55.

관들의 압제로부터 개인 농민(ryots)을 보호하였다. 그러나 이들 감독관이 개인 농민들에 대한 혹독한 압박을 일일이 챙기는 것은 역부족이었다. 특히 1769~1770년의 대기근 당시에 관리들의 가렴주구는 더욱 횡행하여 개인 농민들은 괴멸하였고, 범죄인으로 전락하거나 혹은 기세자[속세를 떠난 사람들, 즉 힌두의 산야시(Sanyasi), 이슬람의 파키르(Fakir)] 등이 되었다. 대체로 무법천지의 사회가 된 것이다. 이런 분위기에서 1771년 회사는 이중통치의 한계를 깨닫고 결연한 선언을 하기에 이른다.

> • 영국은 벵골 지역을 사실상 통치하면서도 주민의 반감을 사지 않기 위해 위에서 지휘 감독만 하고 실무는 인도인에게 맡긴 통치방식을 취했다. 특히 형사사건은 원주민의 감정을 자극할 위험성이 크기 때문에 인도인이 다스리도록 계획했다. 이 같은 이중통치가 오히려 난맥상을 보인 것이다.

이제 회사는 수바의 디완으로 선언하였고, 수바에 대한 직접적인 행정권을 담당하기에 이른다. 헤이스팅스는 자민다르와 다른 폭정세리들의 압제로부터 개인 농민들을 보호한다는 것을 이유로 이런 지위를 확보하기에 이른다.

벵골, 비하르, 오리사가 여러 구역으로 세분화되면서 각 구역마다 사법조직이 배치되었다. 1772년에 많은 현지 법원(Mofussil Adalat)이 개원했다.

> • 벵골 지역 지방법원들의 종류에는 우선 제1심법원으로서 Mofussil Faujdari Adalat, Mofussil Diwani Adalat가 있고, 항소심으로는 Sadar Nizamat Adalat, Sadar Diwani Adalat가 있었다.

이렇게 해서 1772년, 1774년, 1780년의 사법개혁은 계속되었다. 영국인들로 채워졌던 징세관들을 인도인들로 교체하고 인도인들이 디와나가 되어 구역의 재판관으로 활동하게 했다. 헤이스팅스는 1780년의 개혁에서 징세업무와 재판업무를 분리하기로 하였다. 이전부터 재판업무를 구역별로 맡겨도 그들은 행정과 징세업무를 더 중시하여 재판업무는 소홀히 하고 법률담당자들에게 일임한 까닭에 일에 혼선이 빚어졌기 때문이다.

아달라트는 영국의 지배영역 확장과 비례해서 변화해 나갔다. 회사의 지배하에 있었던 아달라트와 영국국왕에 의해 설치된 대법원 사이에는 법률적 불일치가 지속되었는데, 영국의 지배가 더욱 확대·강화되면서 영국법이 인도 사회 깊숙이 침투해 들어가, 영국법을 적용하는 법원들과 인도법을 적용하는 아달라트와의 통합의 계기를 맞게 된다. 그 산물이 고등법원(High Court)의 출현이다(1861). 아달라트의 발달이 곧 오늘날 인도법원의 모습으로 연결된다.

(6) 대법원의 설치

1773년의 「(인도통치)규제법」에 따른 대법원의 설치는 인도법제사에 한 획을 긋는 일이었다. 위에서 보았듯이 벵골 지역에서 일정한 통치권을 보유했던 회사는 그 부정부패가 극에 달해 본국 정부의 규제가 불가피해졌다. 그 결과가 「규제법」이었다. 이 법은 회사의 정관을 수정하여 회사를 영국정부와 의회의 통제 아래 두었다. 20년에 한 번씩 새로운 입법을 통해 회사는 국왕과 의회의 엄격한 조사와 감시를 받게 되었다. 회사의 임원규정이 전면 쇄신되었고, 캘커타 통치기구도 일신했다. 1774년 초대총독으로 헤이스팅스가 임명되었다.

• 그 결과 그동안 총재(Governor and Council)로 되어 있던 조직을 총독(Governor-General and Council)으로 바꾸었고, 4명의 참사위원(councillor)으로 구성하였다. 결정은 다수결로 하고, 가부동수의 경우에는 총독이 캐스팅보트를 쥐었으며, 총독이 없는 경우에는 최연장자인 위원이 대신했다. 헤이스팅스는 재임 초기에 예하 주에 대한 지배권을 거의 행사하지 못했다. 참사위원회에서는 다수결에 따랐는데, 그의 결정권이 수적으로 압도당했기 때문이다. 그는 '인도의 총독'이라기보다 아직 '벵골의 총독'에 머물렀다(조길태, 2004, 82~83쪽).

이렇게 회사 대신 영국정부의 지배력이 강화되면서 모든 조직과 운영이 종전에 비해 현저히 정교화되고 변화속도 또한 빨라졌다. 같은 해에 대법원도 설치되었다. 국왕은 대법원장과 3명의 배석법관을 임명하며, 법관 자격은 5년 이상 변호사(barrister)

활동경력을 요했다.

  • 이들은 영국이나 아일랜드에서 5년 이상 경력이 있는 변호사로 임명한다. 영국
  왕으로부터 임명되고, 임기는 없다. 대법원장은 연 8000파운드, 배석법관은 회사로부터
  6000파운드의 봉급을 받았다.

관할사항은 민사, 형사, 해사, 교회법 사건이었다. 형사재판의 경우 대법원은 고등
형사재판소의 역할을 하고, 감옥관리권을 보유했으며, 영국인으로 구성되는 대배심,
소배심을 운영하도록 했다. 지역적·인적 관할에 대해서도 규정했다. 국왕에 의한
법관 임명권제는 법관이 회사나 직원이 관련된 사건이라도 독립해서 공정히 재판을
할 수 있게끔 했다.

종전까지 행정권의 지배하에 있었던 법원이 이제는 독립되었을 뿐만 아니라, 더
나아가 행정부를 지배할 정도까지 변했다. 행정행위에 대한 재판개념이 인도에 도입
되기에 이르렀다. 전통사회에서는 군주의 충성스런 심복으로 구성된 행정부의 권력
이 강할 수밖에 없다. 그런데 근대의 산물이라고 할 수 있는 사법부의 행정부에 대한
우위는 사실상 전통적 권력을 붕괴시킬 수 있는 강력한 현상이었을 것이다. 그렇기
때문에 행정부의 반발과 적대감도 비등해지고 알력관계가 생기는 것은 당연했다.
1781년 법원의 권력이 다소 축소되면서 결과적으로 양자 간 수평관계로 귀결되었다.

이런 모습이 마드라스와 봄베이에도 전파되었다. 마드라스와 봄베이에서는 1753년
특허장에 따라 잘해 오다가, 규모의 확장으로 인하여 1797년 국왕의 허락을 얻어 기
록관 법원(Recorder's Court)을 설치하게 되었다. 하지만 이것은 곧 폐지되고, 1800년
부터는 마찬가지로 대법원(Supreme Court)으로 대치되었다.

이런 개혁조치는 문제가 많았다. 회사는 대법원 설치로 인하여 디완으로서의 역
할수행이 지장을 받는다고 하면서 영국왕에게 개선을 청하였다. 그리하여 1781년
조정법이 제정되었다. 제2대 총독 콘월리스(Cornwallis)는 이전처럼 세수와 재판업
무를 통합하기로 하였다. 아달라트 제도에 대해서도 많은 개혁을 하였다. 그는 2차
에 걸쳐 총독을 지냈는데, 두 번째 임기 중 인도에서 사망하였다. 1813년에는 헤이

스팅스가 다시 총독이 되어, 많은 법조개혁을 진행시켰다. 이후에도 인도법제의 개혁은 더욱 가속화되었다.[14]

4
사회개혁과 법전편찬

이미 말한 바와 같이 법제개혁을 위해서는 법원조직, 법체계, 법관양성소, 법학교육제도 등이 동시에 요청되는 것이다. 이렇듯 영국정부의 영향력이 활발해지면서 일정한 시점부터는 인도사회의 개혁이 진행되었다.

벤팅크(Bentinck) 총독(1828~1835 재임)은 많은 개혁을 행했다. 1829년 순장제도(sati)를 철폐하였는데, 이것은 1813년 동인도회사의 특허장을 개정한 직후의 일이다. 역사학자인 매콜리(Macaulay)는 벤팅크 통치기간의 마지막 시절에 법전을 편찬하였으며, 영어교육을 시작하였다.

영국의 법제에 비해서 전통적인 인도법제는 대단히 취약했다. 물론 고대의 인도법은 대단히 발달했지만, 이슬람 통치기간 중 토착법은 발달하지 않았다. 외부의 환경변화에 거의 부응하지 않았고, 이슬람법 자체가 미흡하였다. 형사법과 증거법의 경우 비논리적이고 내용이 빈약해서 복잡다양한 새로운 사회의 사안에 대처할 수가 없었다.

힌두들은 대부분의 민사사건에서 자신들의 법을 따랐고, 이슬람인들 또한 그러하

---

14) 대법원 설치와 그 내용에 대해서는 M. P. Jain, 1996, p. 66 이하 제8장 참조.

였다. 다만, 범죄와 절차와 증거법만큼은 이슬람법에 따랐다. 영국은 이러한 법의 후진성에 대해 처음에는 크게 관여하지 않았다. 그러나 점차 입법이나 판결을 통하여 개선해나갔다. 물론 종교법에 해당하는 것을 제외한 영역에서의 일이다. 회사 참사원의 규정제정(regulation)을 통해서, 또 1833년 이후에는 입법(legislation)을 통해서 이런 법 개선을 도모하였다.

1. 형사법

1772년 아달라트 제도가 도입한 이후에도 무굴의 형사법은 그대로 유지되었다. 물론 결함이 많은 것이었다. 헤이스팅스는 이에 대해서 별반 한 일이 없고, 콘월리스가 다음과 같은 개정을 하였다. ① 1790년 고의(intention)를 범죄판단에 산입하였다. 이에 따라 이슬람법에 없었던 고의에 의한 살인과 과실살인을 구별하였다. ② 친족이 살인자를 용서하는 제도도 없앴다. ③ 사지절단형을 없애고 징역이나 벌금으로 대체하였다. 순회재판을 하여 유족이 처벌을 원하지 않는 경우에도 형벌을 엄히 다스렸다. ④ 1797년 이슬람의 속죄금제도를 없앴다. 그리고 벌금을 물릴 경우 그것은 국고로 들어가게 하고 피해자의 유족에게 가는 것을 폐지하였다. ⑤ 1802년 규정에 의하여 유아살해도 사형까지 당할 수 있는 범죄로 분류하였다.

1803년에는 재량에 의한 형벌제도도 바꾸어 우선 강도는 무조건 처벌하였다. 1817년에는 간통죄의 경우에도 이슬람법에 의하면 4명의 목격자가 필요하던 것을 자백과 증언, 정황증거 등을 채택하도록 바꾸었다. 그리고 일반 범죄는 30대의 가죽채찍으로 처벌하고, 중죄인 경우에는 7년 징역에 처할 수 있도록 하였다. 1832년에는 규정으로 이슬람법의 적용을 받지 않도록 하였다. 이런 벵골의 변화는 다른 지역에도 파급되었다.

다만, 봄베이의 경우는 애당초 이슬람법뿐만 아니라 영국법, 힌두법도 함께 효력이 있었기 때문에 사정이 달라 1827년 제정된 엘핀스턴의 규정이 기준이 되었다. 여기에서는 1860년 인도형법전이 제정되면서 무굴의 형사법이 폐지되었다.

2. 민법

(1) 관구지역(presidency)

1726년 현재 제정된 영국의 보통법과 제정법, 그리고 특별히 인도에 대해서는 적용이 제외된 영국법들이 이곳에 적용되었다. 물론 인도의 사정을 감안하도록 하였다. 힌두와 이슬람의 경우 상속, 토지상속, 임대, 계약들에 대해서 그들의 법을 준거하도록 하였고, 힌두와 이슬람 이외의 사람에게는 영국법을 적용하였다.

(2) 외곽지역(mofussil)

영국법이 불투명한 가운데 적용되었고, 다만 힌두와 이슬람의 경우는 각자의 법에 따르도록 하는 모습을 띠었다.

3. 법전편찬(codification)[15]

건실한 사법부가 되려면 두 가지 조건을 갖추어야 한다. 첫째, 단순하고 질서정연한 절차를 따르면서도 잘 짜여진 목표와 잘 작동하는 법원조직을 갖추는 것, 둘째, 명확하고 쉽게 인식될 수 있는 통일된 법체계를 갖추는 것이다. 첫째 조건이 결여되면, 법관의 변덕, 재량, 선악 관념에 따라 재판을 하기 때문에 담당법관의 마음대로 재판이 행해질 것이다. 또한 법이 없는 재판은 우발적이고, 일관성이 없고, 불확실하게 된다. 법은 재판에서의 통일성과 확실성을 부여하며, 재판이 법관의 개인적인 동기와 착오에 의해 오염되지 않도록 하는 원천이기도 하다.[16]

그런데 인도에서는 오랫동안 법원설치에만 노력했지, 법체계를 구축하는 데는 소

---

15) 법전편찬운동에 대해서는 M. P. Singh, 1996, pp. 115~123. 및 M. P. Jain, 1996, pp. 461~514 참조.
16) M. P. Jain, 1996, p. 3.

홀했다. 법의 흠결이 많았던 것이다. 의식적인 법전화 작업은 영국에서 1832년 벤담(J. Bentham)과 제임스 밀(James Mill)의 주장에 따른 개혁이 진행됨에 따라 법전편찬과 입법이 활발히 전개되면서 시작되었다. 특히 벤담은 '보통법'(common law)을 신랄하게 비판하면서 의회 제정법을 통한 법의 개혁, 현대화를 주창한 인물로 유명하다. 영국에서도 의회에 의한 법제정이 급속히 많아지던 시기였다. 1833년부터는 법원이 아닌 입법부에서 법을 제정하였다. 세 개의 관구지역에는 영국법이 적용되었지만 외곽지역에는 속지법이 아닌 속인법이 적용되었다. 이곳에서의 영국법은 강제적 사항으로서가 아니라 판사가 보기에 그것이 '정의, 평등, 선량한 양심'에 기초한 원리라고 인정되는 한에서만 적용되었다. 영국법원리가 인도의 지방에 서서히 스며들었다. 이런 절차는 추밀원의 활동에 의해서 더욱 박차가 가해졌다. 그렇지만 법체계는 법전화 절차를 통해서만 발달되었다. 법전편찬의 결과 법의 속지적 성격이 강화되었으며 동시에 관구와 지방 사이의 격차도 좁혀지고 법은 점차 보편화되었다. 1833년 매콜리(Macaulay)와 제임스 밀에 의해 인도에서의 입법을 골자로 하는 특허장이 의회에서 통과되었다.

● 특히 매콜리는 "인도에서의 종교와 민족과 카스트의 차이에서 오는 감정을 중시하여야 한다. 이런 감정을 상하지 않게 하면서 서로 다른 법제도들을 동화시켜나갈 수 있어야 한다고 본다. 우리는 절대 성급한 개혁을 해서는 안 된다. 그들에게 충격을 주어 우리에게 편견을 가지게 하지 않도록 하는 것이 중요하다. '그래서 할 수 있으면 통일성을 갖추고, 또 할 수 있으면 다양성을 존중하면서 법에서의 확실성을 얻어내는 것이 나의 주장이다."라고 하였다.

4. 1833년의 특허장과 법전편찬위원회

이것을 랭킨(Rankin)은 인도 법제사의 물꼬에 비유한다. 이 법에서는 캘커타에 총독과 4명으로 구성된 입법위원회(Legislative Council)를 설치하도록 하고 있다. 회사 내에 인도 전 지역에 대한 입법권을 부여하였다. 그리하여 마드라스와 봄베이의 입법권이 박탈되었다.

(1) 제1차 법전편찬위원회(Law Commission)의 설치(1835)

1835년 제1차 법전편찬위원회가 개최되었고, 매콜리가 위원장이 되었다. 부과된 임무는 형법제정과 앵글로인디언(Anglo-Indian)의 법적 지위, 그리고 절차법과 상소제도를 정하는 입법이었다. 제1차 위원회의 보고서는 현지 집행부의 반대로 사실상 무산되었으나, 다만 1850년 「카스트 장애철폐법」(Caste Disablities Removal Act)이 제정되었다. 이것은 힌두나 이슬람을 떠난 경우 상속권을 인정할 수 없다는 종교법을 더 이상 인정하지 않는다는 내용이었다.

(2) 제2차 법전편찬위원회(1853)

제2차 위원회에서는 인도에 민사에 관한 실체법이 요청되며, 영국법이 그 법의 기초가 되어야 한다는 것, 그러나 힌두와 이슬람에 대한 속인법은 법전화하지 않으며 다른 민족과 지역에 대한 예외적인 법은 필요하다는 것을 합의하였다. 그 결과 제정된 법으로 「민사소송법」(1859), 「형법」(1860), 「형사소송법」(1861), 「시효법」 등이 있다. 그리고 제2차 위원회에서는 영국 내에서의 이원화된 재판구조 즉 대법원과 아달라트를 하나로 묶어 고등법원(High Courts)을 캘커타, 마드라스, 봄베이에 두는 것을 제안하기도 하였다(1861).

(3) 제3차 법전편찬위원회(1861)

「회사법」(1866), 「약관법」(the General Clauses Act, 1868), 「지위승계법」(1865), 「이혼법」(1869), 「계약법」(1872), 「증거법」(1872)이 제정되었다.

(4) 제4차 법전편찬위원회(1879)

「민사소송법」과 「형사소송법」의 개정(1882), 「트러스트법」(1881), 「재산양도법」 (1881) 등의 제정이 있었다.

5
법률가 양성

캘커타에 대법원이 설치될 때까지는 법조인에 대한 명확한 규정이 없었다. 1774년의 특허장 제11장은 대법원이 적당하다고 생각되는 변호사, 법률가들의 승인, 채용 등과 합리적 이유가 있는 경우 그들을 해제할 수 있는 권한을 가진다는 것을 규정했다. 누구도 당사자를 위한 변론행위를 대법원에서 할 수 없다. 다만, 영국과 아일랜드 변호사와 영국과 스코틀랜드의 변호인단 소속원만이 가능하며, 따라서 인도인들은 법원에서 이런 일이 허용되지 않았다. 봄베이와 마드라스에서도 비슷한 규정이 제정되었고, 마찬가지로 인도인들은 배제되었다.

모푸실(외곽지역)에서의 회사 법원의 지위는 달랐다. 회사 법원이 인수받기 이전부터 지방에서 일을 했던 '지방 변호사들'(vakil, vakeel)이라 불리는 인도인 변호사들이 계속 일을 했다. 이들과 관련한 어떤 소속집단이나 규정이나 강령은 존재하지 않았다. 콘월리스 총독이 1793년 규칙 제7장에서 사다르 디와니 아달라트(Sadar Diwani Adalat)가 벵골, 비하르, 오리사에서의 회사법원에서 활동할 변호사들을 위촉하는 것과 그 수수료를 결정할 수 있도록 했다. 이 규정에 따르면 오로지 힌두와 이슬람들만이 자격을 가졌다. 변호인들은 1814년의 벵골 규칙 제27조에 의거, 중재자로서의 행위 혹은 법률적 의견을 부여하는 권한을 가졌다. 그 후 1833년 벵골 규칙은 변호인의 자격에서 국적이나 종교의 제한을 철폐했다.

　1846년에 「법조인법」(the Legal Practioners Act)은 사다르 아달라트(Sadar Adalat)가 좋은 성격의 인물과 충분히 자격을 갖춘 사람들을 변호사로 인증할 수 있도록 했다. 그리고 이들은 법정에 나와 고객과 수수료에 관한 협의를 가질 수 있도록 했다. 이어 1855년의 법조인법은 변호사들에게 동인도회사의 법원이라면 어디든지 활동할 수 있도록 했다.[17]

6

헌법의 시작

　동인도회사의 시대가 끝나고 영국정부에 의한 직접통치가 시작된 1858년 이후 「인도에서의 좋은 정부를 위한 법」(The Act for the Good Government of India)이 제정되어 인도는 영국왕의 이름으로 인도국무장관(Secretary of State for India)의 통치를 받게 되었다. 곧바로 1861년에 「인도참사원법」(The Indian Councils Act)이 제정되었으며, 1877년에는 영령 인도제국이 성립한다. 이때 1885년에 창립된 국민회의는 1889년부터 1891년까지 회기에서 인도인 대표자가 '선출' 되지 않는다면 통치를 받을 수 없다는 결의를 하였다. 이에 대한 법적 표현이 1892년 개정된 「인도참사원법」

---

17) M. P. Singh, 1996, pp. 153~161.

이다. 이 법은 1909년에 개정이 있었다. 그 사이에 아가 칸(Aga Khan)이 영국총독에게 요청해서 1906년 10월 '이슬람연맹'(Muslim League)이 탄생하였다. 이슬람들은 단지 숫자로서만 아니라 영국보다 1세기 전부터 인도를 점령하였으며, 정치적 중요성이나 대영제국의 방위를 위해서도 기여한 가치가 크므로 의석에서의 배려가 반드시 있어야 한다는 요구를 한 것이다. 이에 대해 민토(Minto) 총독은 그 보장을 약속하였다. 이런 확약은 1909년의 「인도정부법」(the Government Act of India)에 반영되었다. 즉, 선거는 지역구뿐만 아니라 계급이나 이익단체 및 다른 단체들의 대표자도 포함한다는 내용을 담은 것이다. 이슬람 단체에 대해 별도의 대표자를 배정한 것인데, 이것은 국민회의를 견제하기 위함이었다.

1909년의 법은 인도에서 처음 선거제를 채택한 것으로 의미가 있다. 임명이 아닌 선거에 의해 참사원 의원이 되는 길을 열어 놓은 것이다. 그러나 이 법은 제한·차별·간접 선거였다는 점에서 문제가 많았다. 중앙입법부에서는 일정한 소득을 가진 토지소유자들만이 투표권을 획득하였다. 예컨대, 마드라스에서는 최소한 고정수입이 연 15,000루피이거나 토지수입이 10,000루피여야 했다. 벵골에서는 라자(왕) 또는 나와브의 지위를 가진 자, 그리고 중앙 주에서는 명예공무원직을 보유한 자만이 지주선거구에서 선거권을 향유하였다. 이슬람교도와 힌두교도 간에도 영국에 우호적인 이슬람교도들은 연간 수입이 3,000루피 정도면 선거권을 획득한 반면, 힌두교도들은 1라크(lakh, 10만 루피)의 수입이 있는 경우에도 거부되는 등의 차별이 있었다.

이런 변화는 계속해서 1919년과 1935년의 「인도정부법」으로 이어져 독립 이후 현대헌법으로 계승되었다.

7

끝내며 : 사법적 과제

인도의 독립은 자연히 사법부의 구조에 변화를 초래했다. 특히 추밀원 대신 대법원이 최상급 법원으로 자리 잡았다. 독립 후에도 사법부의 조직은 이전과 별반 달라지지 않았다. 영국이 남긴 최상의 작품이 바로 법원조직이라고 말할 수 있다. 성층조직으로서의 법원이 전국적으로 확대되었으며, 하급법원과 상급법원으로 나누어진 심급제가 생겼다. 대법원은 최상의 사법적 기준을 만들어 공통적인 법을 전국적으로 확산시켰다. 소송비용도 문제였다. 법원의 재판은 비용이 많이 들었다. 이것은 헤이스팅스 시절 이후부터 계속된 문제였다. 콘윌리스 당시 시정의 노력은 있었지만, 가난한 사람들은 그들의 권리를 위한 소송이 불가능했다. 또한 법의 개혁과 현대화의 과제 그리고 새로운 사회조건과의 일치를 위한 노력이 필요했는데, 이것에 대해서는 법전편찬위원회가 1956년 이후 지대한 노력을 했다.

또 하나 특별히 언급할 사항이 있다. 그것은 본질적인 문제제기로서, 민중재판을 어떻게 부활시키느냐 하는 것이었다. 1861년 법원 재구성법 이후, 사법은 영국의 보통법을 이해하는 전문법률가에 의한 재판이 원칙이었다. 영국법관이 인도법원에 투입된 결과 지방법원의 풍경이 완전히 바뀌었다. 종전에 존재했던 민중들에 의한 재판 같은 것이 의미를 상실하게 되었다. 그것은 서구식 문명의 전파와 함께 변화된 것이기도 했다. 즉, 중앙정부에 의한 촌락 지배, 민사와 형사법원에서 당사자주의 재판 실시로 인하여 종전에 없던 새로운 제도가 도입된 점, 통신수단의 발달, 영국식 교육의 발전, 경찰조직, 농촌에서 도시로의 인구유입, 영국식 교육의 결과 개인주의적 정신 강화, 개인주의적 이해관계가 증가하면서 공동체정신이 이완되기 시작한 점 등이 민중법원의 쇠퇴를 가져왔다.

영국식 법원의 확대와 함께 법의 형식화가 초래되었다. 영국인들은 지배자와 피지배자의 개념을 뚜렷이 구별해 놓았으며, 지방인들에 대한 우월의식을 가졌다. 그래서 영국인들은 지방법에 복종하지 않았으며, 지방인들을 구속하는 법을 초월해 있었다.

인도가 대영제국의 일부로 편입되고, 재판제도가 영국식으로 정비되었다. 영국식 법체계가 도입되면서 재판절차는 형식성이 대단히 강조되었다. 법이 요구하는 형식에 부합해야 재판이 열리고, 재판에서 승리하기 위한 재판상 기술이 요구되었다. 직접적인 결과는 가난한 사람들은 법원 근처에도 갈 수 없을 정도가 되었고, 부유한 사람들만이 재판에 대한 접근권을 가지게 되었다는 것이다. 다른 한편 영국은 19세기 초에 인도 내 지방자치제도의 시행 차원에서 민중법원의 부활을 시도했다.

그 자신이 변호사이기도 했던 간디(Mahatma Gandhi)는 이미 인도인들에게 영국의 사법제도를 그대로 모방하는 것은 매우 위험한 것이라고 경고한 바 있다. 그것은 매우 번거롭고 장시간이 걸리는 문제가 있으므로, 인도는 보다 간단하고 효과적인 사법제도를 마련함으로써 재판의 지연과 비용, 복잡성을 피하도록 해야 한다고 했다. 그는 국내식 사법제도 혹은 민중법원(Lok Adalat)을 만들어 가난한 소송인들이 그가 사는 마을을 벗어나지 않고 시간도 소비하지 않도록 해야 한다고 했다. 그런 법원은 단순하고 저렴하며, 동시에 훨씬 정의로울 것이라고 본 것이다. 많은 민사나 형사사건은 동네 사람들 사이에서는 공공연한 비밀로 다 알려진 사실이기 때문에 재판에서 사기나 협잡이 이루어질 수 없을 것이라고 보았다.[18]

---

18) M. P. Singh, pp. 36~37.

참고문헌

- 강경선, "인도헌법의 형성과정", 『방송대 논문집』 제26집. 한국방송통신대학교, 1998.
- ──────, "인도 판차야트의 헌법적 지위", 『방송대 논문집』 제47집, 한국방송통신대학교, 2009.
- 신윤길, 『영국동인도회사연구』, 서원, 1996.
- 아사다 미노루 지음, 이하준 옮김, 『동인도회사』, 파피에, 2004.
- 앙드레 모로아 지음, 신용석 옮김, 『영국사』, 기린원, 1997.
- 조길태, 『영국의 인도통치정』, 민음사, 2004.
- C. H. Philips, *The East India Company 1784~1834*, Oxford University Press, 1961.
- Ilbert, *Government of India*, Clarendon Press, 1915.
- Kaye, *Administration of the East India Company*, London, R. Bentley, 1853.
- M. P. Jain, *Outlines of Indian Legal History,* 5th ed., Wadhwa & Company Nagpur, 1996.
- M. P. Singh, *Outlines of Indian Legal and Constitutional History*, Universal Law Publishing Co., 1996.
- ──────, *V. N. Shukla's Constitution of India,* 9th ed., Eastern Book Company, 2003.
- Nick Robins, *The Corporation that Changed the World*, Orient Longman, 2006.
- Oxford University, *An Illustrated History of Modern India 1600~1947*, Oxford University Press, 1990.
- R. M. Unger, *Law in Modern Society*, The Free Press, 1976.
- Subhash C. Kashyap, *Our Constitution*, National Book Trust, 1947.
- Sunil Deshta, *Lok Adalats In India*, Deep & Deep Publications, 1995.

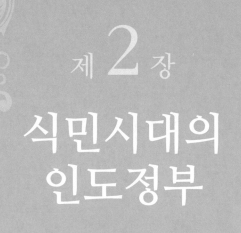

제 2 장

식민시대의
인도정부

I·N·D·I·A

1
들어가며

1857년의 난을 영국 사람들은 세포이의 반란, 폭동으로 호칭하는 반면, 인도 사람들은 영국에 대항한 최초의 독립전쟁으로 평가한다.

• 영국의 용병인 세포이(Sepoy)가 일으켰던 봉기를 영국에서는 인도폭동(Indian Mutiny), 혹은 대폭동(The great Mutiny), 세포이 반란(Sepoy Rebellion, Indian Revolt) 등으로 표현한다. 그러나 인도인들은 이것을 최초의 인도독립전쟁(The First War of Independence)으로 기록한다. 최근에 가장 많이 쓰이는 표현은 'Rebellion'으로 계획적인 혁명과 단순봉기의 중간 정도로 잡고 있다는 느낌이 든다. 실제로 이 사건을 계기로 영국의 대인도 지배정책도 달라지고 인도사회의 근대화가 현저히 진행되었다. 인도인들의 민족주의가 형성되기 시작한 것이다(Subhash C. Kashyap, *Our Constitution*, National Book Trust, 1947, pp. 10~17; Marx & Engels, *The First Indian War of Independence*, 1857~1859, Moscow : Progress Publishers, 1988; Christopher Hibbert, *The Great Mutiny: India 1857*, Penguin Books, 1980).

이를 계기로 인도인들의 민족적 정체성(national identity)이 결집되고 향후 민족주의와 통일국가로 나아가는 초석이 된 것은 분명하다. 인도인들에게 이렇게 큰 의미가 있었던 만큼 영국의 인도에 대한 지배형식도 전면적으로 변화하지 않을 수 없는 사건이었다. 그런 면에서 이 세포이 항쟁은 인도 근대사에 한 획을 긋는 분수령이라고 할 만하다. 종전의 동인도회사에 의한 인도침략과 지배 방식은 종지부를 찍고 이제부터는 영국정부가 직접 통치하기에 이르렀다.

• 영국 동인도회사는 1600년 출범했으나, 인도에서는 1707년 아우랑제브 사후 주권 부재의 사회에서 생존을 위한 투쟁이 시작되었다. 영국은 결국 플라시에서 프랑스와의 결전을 통해 포르투갈, 네덜란드를 이어 인도에서의 승기를 잡았다(1757). 그리고 정확히 100년 뒤 세포이 항쟁을 맞아 회사는 폐지되었고(1858), 영국정부에 인수되었다. 몇 년 동안의 청산기간을 거친 후 1877년 회사는 인도제국의 성립과 함께 완전히 정리되었다. 동인도회사는 중상주의를 대표하는 당대 최대의 주식회사였고, 산업자본주의 시대가 오면서 퇴조한 것으로 볼 수 있다(Chaturvedi, 2009, p. 22; 아사다 미노루, 2004, p. 232).

1858년부터 인도는 영국국왕의 이름으로 통치를 받았으며, 1876년에는 빅토리아 여왕이 인도의 황제로 즉위했다.

• 즉위에 즈음한 여왕의 포고령(Proclamation)의 내용은 두 가지 방향이었다. 하나는 인도의 전통과 관습을 존중하겠다는 것이고, 다른 하나는 서구식 개선을 하겠다는 것이다. 상호 모순되는 내용이지만 향후 영국의 인도통치의 입장이었던 것은 분명하다. 세계에 많은 식민지를 가졌던 영국이 제국의 황제로서 직접 친정(親政)을 한 나라는 인도가 유일하다고 한다. 인도에 대해 마치 자국을 통치하듯이 했던 영국이 전혀 토양이 달랐던 인도에서 어떻게 인도사회를 다스렸는가 하는 점과 동시에 인도인들이 이에 대해서 어떻게 대처했는가가 주목해야 할 사항이다.

이전부터도 영국정부는 한편으로는 동인도회사의 활동을 통제하는 노력을, 다른 한편으로는 인도행정력을 강화시키는 노력을 기울여 왔다. 1773년의 「규제법」(the Regulationg Act)은 영국의회가 회사를 규율하기 위한 최초의 성문법이었다. 회사가 가진 정치·행정적 책임을 인정하고 이를 통제하기 위해 인도에 총독제를 도입하는 법이었다.

• Subahsh C. Kashyap, *Our Constitution*, 2007, p. 12. 동인도회사가 인도의 경영권을 행사하면서 회사 직원의 사무역이 만연해지고 그러면서 회사보다는 개인의 소득만 증대되는 문제점이 초래되었다. 이에 따라 영국의회는 동인도회사에 대한 일정한 조치를 행하지 않을 수 없었고, 그 결과로 나온 조처가 규제법의 제정이었다. 영국정부도 일정 정도 회사의 일에 관여하기 시작한 것이다. 1773년의 「규제법」은 한마디

로 총독정치를 실시하기 위해 규정한 법이었다. 이 법에 따라 1명의 총독과 4명의 참사위원을 두었다. 봄베이, 마드라스, 캘커타를 중심으로 하는 세 개의 관구(presidency)는 이제 뱅골 총독 예하에 놓이게 되었다. 이것은 영국정부가 인도에 대한 통치를 하게 되는 제1차적인 거보였다고 말할 수 있다(조길태, 『인도사』, 2003, 305쪽).

1784년의 「피트법」(Pitt's India Act)은 동인도회사는 무역과 상업만을 전담하고, 영국이 획득한 소유지역에 대한 정치문제에 대해서는 영국정부가 임명하는 6명의 통제위원회(Board of Control)가 관할한다는 것과 본국에 인도관계국(Department of India Affairs)을 설치한다는 법이었다.

> • 「피트법」은 동인도회사법인데, 영국의회에서 초대 헤이스팅스에 대한 7년간의 탄핵재판(결과는 무혐의) 이후 회사에 대한 보다 철저한 통제를 위해 총독의 권한을 강화시키는 내용으로 1773년 규제법을 보강한 법이다. 이쯤 되면 동인도회사는 상업적인 집단으로서보다는 영국정부의 정치적 예속기관으로 존재하게 되었다고 볼 수 있다 (Kashyap, 앞의 책, p. 12; 조길태, 앞의 책, pp. 315~316).

1793년과 1813년에는 20년간 회사의 특허를 갱신하는 「특허법」(The Charter Act) 개정이 있었다. 1813년의 「특허법」은 회사의 독점적 지위를 해소하는 내용을 포함하고 있었다. 1833년의 「특허법」은 영국이 인도식민통치를 위한 최초의 헌법제정이라고 할 만한 내용을 담았다(Kashap, 2007, p. 13). 집행부와 구별되는 참사원이 설치되어 영령 지역에서 입법부 역할을 하기 시작한 것이다. 총독과 집행부를 '인도정부'라 부르고, 참사원을 '인도참사원'으로 인식하기 시작한 것이다. 3명의 참사위원외에 입법위원이 추가되었다. 최후의 「특허법」이었던 1853년의 「개정특허법」은 특히 입법부를 강화하기 위한 개정작업이었다. 6명의 입법전문위원(Legislative Councillors)이 추가되어 참사위원은 총 12명이 되었다. 여기에는 총독, 사령관, 4개지역대표(마드라스, 봄베이, 캘커타, 아그라) 등이 포함되었다. 이 법 제23항에는 참사원의 권한은 반드시 참사원회의의 결정에 따라야 할 것을 규정하고 있었다(Kashyap, 2007, pp. 13~14).

2

「인도참사원법」의 제정

1. 1858년의 「인도정부법」

1858년 「인도에서의 좋은 정부를 위한 법」(인도정부법, The Act for the Good Government of India)이 제정되어 종래의 동인도회사가 지배하였던 지역이 이제 영국왕의 이름으로 인도국무장관(Principal Secretary of State for India)을 통하여 통치받게 되었다. 이제 인도에서의 행정, 재정을 포함한 모든 권력은 인도국무장관으로 집중되었다. 인도 현지에서는 총독(Governor-General)이 최고직책이었다. 총독은 동시에 인도에서의 군주 대리인(Viceroy of India) 지위를 겸하게 되었다. 두 관직은 한 사람이 수행하였다. 행정을 집행하는 업무는 총독의 지위로서 하고, 인도제국을 통치하는 경우에는 영국군주의 대리인 자격으로 한다는 의미가 담겨 있었다. 이렇게 해서 인도에는 4단계의 관료위계가 형성되었다. 정점에는 인도국무장관(과 참사원)이 있었고, 그는 영국의회에 대해서 책임을 졌다. 다음 단계는 총독(과 참사원)이 있고, 다음 단계는 주(州)에 해당하는 주지사(Governors), 부지사(Lieutenant-Governors), 판무관(Chief Commissioners) 등이 있었다. 맨 아랫단계는 군(郡) 단위 지방의 회계관 겸 군수(Collector-Magistrate), 부판무관(Deputy Commissioner) 등이 자리하고 있었다. 이 모든 구조가 중앙집권적이고, 튼튼한 철제 사다리 같은 엄격한 위계구조를 하고 있었다(Chaturvedi, 2009, pp. 32~33).

인도국무장관은 "인도 정부와 재정수입에 관련한 모든 행위에 대한 총감독, 지시, 통제를 한다." 이 일을 위해 장관은 인도관련 전문가로 구성되는 참사원의 조력을 받도록 했다. 참사원은 본래 장관에 대한 견제기능을 하도록 되어 있었는데 조만간에 참사위원 모두가 권력기관화되었다.

> • 초기에 인도국무장관이 해야 할 중요 과제는 동인도회사를 정부의 일로 이관하는 일이었는데, 이 과정에서 회사중역들의 간섭을 얼마나 막아 내느냐 하는 일이었다. 장관의 정치적·행정적 수완이 달려 있는 문제였다. 또한 장관은 결정에 앞서 먼저 참사원에게 자문을 구해야 했다. 물론 장관은 참사원의 의견을 거부할 수 있었다. 다만 예산에 대해서는 참사원의 과반수에 따라야만 했다. 독립성이 강했던 초기 참사원은 많은 사안에서 예산이 결부되었다는 평계로 장관의 활동을 제약했다. 장관은 결국 입법에 의해서 참사원을 약화시켰다. 위원을 장관이 임명했고, 위원수와 임기도 줄여 나갔다. 1907년에는 인도인 2명이 위원으로 참가하였다(R. J. Moore, 1999, pp. 422~425).

그 결과 장관을 통제할 수 있는 유일한 기관은 의회뿐이었다. 의회가 더 높은 위치에 있는 것이 사실이지만 현실을 보면 의회가 인도국무장관에게 전면적 위임을 한 뒤 방치상태로 두었기 때문에 결국 장관의 권한이 절대적이었다. 영국에 근거하면서 인도에 대한 대강의 지식뿐만 아니라 세세한 내용까지 간섭하고 지시하는 그런 모양이었다.

인도 내에서의 최고 지위는 총독이었다. 「1833년법」 이래 벵골의 총독은 휘하에 마드라스, 봄베이 관구를 두고 있었다. 특히 재정분야에서 중앙의 권력은 막강했고, 지방 차원의 재량은 전무할 정도였다. 입법권에서도 마찬가지였다. 중앙과 지방 사이의 권한 분할은 전혀 없었다. 모든 것이 상부의 지시로 일관되게 집행되었다. 지방의 입법안은 중앙 총독의 동의를 얻지 않고는 법제화가 될 길이 없었다. 행정분야도 마찬가지였다. 지방의 관직이 상부의 수족 역할만 하던 당시의 병폐는 다음과 같다.

① 토착적인 지방자치(예컨대, 마을 판차야트)가 완전 무력화되었다.

② 인종, 문화, 언어 등의 특징을 전혀 고려하지 않은 채 지방을 구획하였다.

③ 조세, 공공비용 특히 군사비가 현저히 증가하였다.

④ 국가 형성 차원에서 시행되는 교육, 공중보건, 관개시설, 협동조합 등이 과중할 정도로 실시되었다.

⑤ 지역산업을 무시한 경제정책은 빈곤과 전염병, 기근을 초래하게 되었다.

⑥ 개인의 언론과 출판과 거주이전의 자유에 대한 강제로 인하여 정치적 활동에
  대한 제약이 극심하였다.

이런 문제점들은 많은 인도인들이 공감하고 있었을 뿐 아니라, 지배자였던 영국인
들도 감지하고 있었다. 이런 문제들을 해소하는 길은 두 개의 원칙, 즉 지방분권과
민주화였다(Chaturvedi, pp. 35~36).

2. 1861년의 「인도참사원법」

이제까지의 규제법이 인도통치에서 중앙집권화에 목표를 두었다고 한다면, 1861년
의 「인도참사원법」(Indian Councils Act)은 지방분권화를 향한 첫 법규라고 할 수 있
다. 여기에는 마드라스와 봄베이의 참사원을 복원하여 상실되었던 입법권을 회복시
킨다는 내용을 담았다. 다른 지방도 새로운 참사원을 설치하고 입법권을 행사하도록
했다. 그런데 문제는 입법참사원 활동을 강하게 제한했다는 것이다. 즉, 모든 입법을
일일이 중앙과 지방 총독의 승인을 얻도록 한 것이다. 그 결과 총독이 입법부의 수장
이기도 했다. 또한 이제까지 지방의 참사원이 보유했던 행정부에 대한 관여권한을
일체 배제시킴으로써 결점을 제거했다. 영국은 세포이 항쟁을 교훈삼아 인도인들의
참여기회를 열기 시작했다. 참사원의 위원에 추가적으로 6~12명의 인도인을 임명하
도록 한 것이다(그중 절반 이상은 비공직자로). 이 참사원은 '제국 입법원'(Imperial
Legislative Council)으로 알려졌다. 물론 권한은 전혀 없었다. 예산이나 재정, 기타 중
요한 법안 등에 대한 토론이 정부의 사전 허락 없이는 전혀 이루어지지 않았다. 행정
행위에 대해서도 토론할 수 없었다. 그런 점에서 볼 때 이것은 전혀 의회의 초기 모
습조차 갖추고 있지 않았다. 1892년 현재 일 년에 개최한 회의일수가 평균 25일에 불
과했다. 개방은 했지만 내용으로 보면 민주적이라고 할 수는 없었다. 임명된 인도인
은 주로 토후국 군주나 디완 혹은 대지주, 은퇴한 고관들이었다. 그래도 중립적 지성

인이라 할 만한 인사들이 포함되었다. 이것은 대단한 시도였고 새로운 변화의 시작이었다(Chaturvedi, pp. 37~38). 참사원 인원의 확대를 통하여 총독이 인도인 대표와도 협의할 수 있는 기회가 마련되었고, 참사원의 입법권을 분산시켜 봄베이와 마드라스 정부까지 확산시켰다는 점에서 헌정사적 의미가 있는 법이었다. 그러나 현실은 총독의 권한만 강력했을 뿐 나머지는 실효를 거두지 못하였다. 이에 따라 인도인의 불만은 고조되었다. 첫째는 인도인들의 대표자 수가 적었다는 점이다. 1862년부터 1892년까지 30년 동안 여기에 참여했던 인도인의 수는 45명이었다. 모두 지명되어 들어간 경우였다. 둘째는 실제적 역할이 미흡했다는 것이다. 참가한 위원들은 그저 상부의 지시에 따라 결정에 따르는 방식이었다. 예컨대, 영어도 불가능한 위원이 총독만 바라보고 있다가, 총독이 손을 들면 따라서 같이 손을 들고, 아니면 그대로 있었던 정도였다. 그들에게는 '허울만 좋고, 사익만 챙기는 사람들'이라는 혹평이 가해졌다. 그리고 이들의 표결은 인도인들의 의견을 전혀 대변하지 못한다는 강한 비판을 받았다. 다만, 국민운동본부는 당위적으로는 인도가 자치정부를 해야 한다는 것에 목표를 두었지만, 영국정부와의 정면충돌을 피하기 위해 그 대안제시를 삼갔다. 1892년까지 그들은 다만 현재의 입법원 확대와 개혁만을 요구했다. 즉, 그들은 선출위원으로 인도인들을 다수 참여시켜야 하며, 입법원의 기능 또한 예산과 일상의 행정에 대한 관여와 질의도 해야 한다고 요구한 것이다.

한편 영국정부는 인도인들과는 다른 생각을 가지고 있었다. 인도정부는 1858년 이전과 다름없이 외래의 전제정부였다. 1861년 인도참사원법안을 발의한 인도장관이었던 찰스 우드(Charles Wood, 1859~1866 재임)는 "지배종족이 타종족을 통치할 때, 가장 완화된 정부형태는 전제정이라는 것을 오랜 경험이 말해 준다."라고 말한 바 있다. '본국에서 통제하는 전제정'(a despotism controlled from home), 이것이 1947년 인도가 독립하기까지 인도통치의 기본형태로 보아 무방할 것이다(Rai, 2007, p. 113).

• 찰스 우드는 인도 통제위원회 위원장을 역임하였다(1853~1855). 장관이 된 후 그는 엘긴(Elgin) 인도총독에게 편지를 쓴다. "인도에서의 상황을 볼 때 가장 적당한 유일한 정부형태는 '본국에서 통제하는 전제정'이다."라는 내용이었다.

그렇지만 작게 보면 이런 태도는 1892년 참사원법에서 꺾이는 모습을 보여 주었다. 영국의 일방통행이 허락되지 않을 정도로 인도인들의 참여에 대한 요구가 커진 까닭이다.

3. 1892년의 「인도참사원법」

1877년에 새로이 영령 인도제국이 성립하였고, 인도는 주권을 상실하였다. 이 시기는 영국의 식민지배가 완성된 동시에 인도인의 독립운동이 전국적인 차원에서 시작된 시기이기도 하다. 특히 혁명적인 활동은 전 세계에 걸쳐서 계속되었고, 그러한 파장은 인도에서도 감지될 수 있었다. 이런 분위기에서 '인도국민회의'(Indian National Congress)가 출현하게 된다(1885). 영국인 퇴직관료 흄(Allan Octavian Hume)의 주도로 성립한 국민회의는 인도인의 반영감정을 완화시키기 위한 장치로 시작되었다. 그런 점에서 친영(親英) 단체로서 성격을 띠고 있었다. 이러한 국민회의를 인도독립을 위한 국민전선(National Front)으로 강화한 인물은 고칼레(Gokhale)였다. 따라서 영국은 정세변화를 주시하고, 혁명분자들의 요구를 비켜 나가는 동시에 온건파들을 인도정부에 어느 정도 참여시켜 협조와 우호라는 기만적인 정부형태를 마련하고자 하였다.

> • 흄(Allan Octavian Hume, 1829~1912) : 인도국민회의의 아버지라 불리며, 인도 공무원단의 일원이었고, 1870년부터 1879년까지 인도정부의 장관을 역임하였다. 그는 열정적인 사회개혁가였고, 인도인에 대하여 그릇된 편견을 갖지 않는 의식 있는 영국인이었으며, 인도에 대한 영국의 합리적 정책을 지지하였다. 그는 영국의 인도정책을 비판하였기 때문에 1882년에 공직에서 강제로 물러났으며, 3년 후에 인도국민회의를 창설하였다. 국민회의는 이와 같이 의식 있는 영국인의 주도로 탄생하였기 때문에, 본질적으로 친영단체에 머물렀다. 따라서 보다 철저한 인도인인 고칼레에 의해서 인도적인 단체로 탈바꿈될 수밖에 없었다(R. C. Agarwal, *Constitutional Development and National Movement of India(Freedom Movement, Acts and Indian Constitution)*, S. Chand & Company Ltd., 1996, pp. 357~358).

그 사이에 캘커타, 마드라스, 봄베이에 대학이 설치되어 고등교육이 시작되었고, 이는 인도인들의 대표자를 육성하는 교육의 기회를 확대하는 기반이 되었다. 그리고 참사원의 개혁이 있었는데, 그 법적 표현이 「1892년 인도참사원법」(The Indian Councils Act)이었다. 이러한 법적 정비를 통하여 영국은 명실공히 인도의 지배자가 되었다. 당시 인도 차관이었던 커즌(Lord Curzon)은 「인도참사원법」에 대해 "1858년 영국군주에 의한 통치가 시작된 이래 인도정부의 기반확대와 기능확장, 그리고 능력 있는 상층부 인도인들이 인도통치에 참여할 수 있는 기회를 가능한 한 열어 주고자 한 법"이라고 평가했다(Chaturvedi, pp. 38~39).

그렇지만 국민회의는 1892년의 참사원법에 대해 대단히 불만족스러워했다. 그들은 비관리출신 위원을 과반수로 하고, 선출직으로 하되, 예산에 대한 표결도 행할 수 있어야 하며, 그래서 공공재정에 참여할 수 있도록 해야 한다고 주장하였다. 그들은 '대표 없이 과세 없다.'(no taxation without representation)를 외치기 시작한 것이었다.

  • '대표 없이 과세 없다.'는 주장은 영국 민주주의 역사에서 일찍이 '대헌장'(마그나 카르타)에서 확인된 헌법적 명제였다. 그 후 아메리카 식민지가 영국에서 독립을 선언할 당시에도 식민지 대표들은 바로 이 명제를 구호로 외치면서 영국의 부당한 세금에 맞서 싸웠던 것이다. 흥미로운 것은 식민지의 이런 주장에 대해 영국의회의 일부 의원들이 동조했다는 것이다. 그만큼 영국의 전통에서 중시되는 명제였다.

점차적으로 그들은 요구수위를 높여 갔다. 1904년에는 나오로지(Naoroji)가, 1905년에는 고칼레가 캐나다나 오스트레일리아의 경우와 마찬가지로 인도도 자치정부로 바꿔 줄 것을 요구하였다. 1892년 법의 윤곽을 잡았던 더퍼린(Dufferin) 총독이나 그 밖의 다른 영국 정치인, 행정가들은 국민회의 지도자들을 입법원으로 많이 끌어들여 고조된 정치적 열기를 식히자는 생각을 갖게 되었다. 그들은 누구보다도 입법원이라는 곳이 말만 많을 뿐이지 실속이나 실권이 있는 곳이 아니라는 것을 잘 알고 있었다. 행정부도 이쪽에 전혀 귀를 기울이지 않는다는 것도 잘 알고 있었다. 이런 가운데 국민회의 지도자들도 상당수 입법원에 참여할 기회가 생겼다. 그들은 입법원을 자신들의 정치적 소신을 펴고 이를 대중에게 확산시키는 장소로 활용하였다. 그들이 발언한 내용은 즉각 신문을 통해 상세히 대중들에게 전달되었고 대중들 또한 입법원의 활동에 대한 관심이 높아졌다. 국민회의 지도자들은 한 번씩은 이곳을 거쳐 갔다. 입법원과 관련해 현저한 활동업적을 남긴 사람은 메타(Pherozeshah Mehta)와 고칼레였다.

• 메타는 1860년대에 런던에서 나오로지의 영향을 받고 공부한 사람으로, 귀국 후 봄베이에서 운동단체를 만들고, 인도국민회의에도 참여한 인물이다. 대단히 강한 성격의 소유자로 국민회의에서도 독재자라 할 정도로 강한 소신을 펼쳤던 사람이다. 고칼레는 틸라코, 나오로지, 두트, 메타와 같은 강한 어조의 웅변가는 아니었다. 인도경제학을 공부한 고칼레는 입법원에서 행한 예산 관련 발언으로 국민들의 영웅이 되었다. 그는 예산안의 문제점을 설명함으로써 입법원을 대중들을 위한 공개 대학강좌 장소로 바꿔 놓았다. 고칼레로 인해서 정부는 본국정부에 재정전문가를 파견해줄 것을 요청할 정도였다. 그는 대중들로부터 '재야의 지도자'(leader of the opposition)란 칭호를 받았다. 간디도 그를 자신의 정치적 은사로 불렀으며, 고칼레와는 대립적 입장에 서 있던 틸라코도 그의 장례식에서는 "인도의 다이아몬드, 마하라슈트라의 보석, 노동자의 왕자가 여기에 영면하였다. 그를 보고 그를 칭송하자."고 말할 정도였다.

1892년 참사원법에 대한 비판 중의 하나는 위원의 선출방식이었다. 선거의 원칙이 필요하다는 주장이 제기되었고, 그 결과 다음과 같은 타협안이 마련되었다. 즉, 정부는 위원 지명에 앞서서 대표성을 가진 일정한 기관들, 예컨대 시위원회, 구위원회, 대학, 상공회의소, 지주들의 의견과 추천을 받도록 하자는 의견이었다. 물론 결정은 인도정부와 인도장관이 하는 것이었다.

이 참사원법은 입법기능상의 변화를 포함해 약간의 변화가 있었다. '제국과 지방의 입법원'(Imperial and Provincial Legislative Councils)의 위원수가 종전의 6명에서 10명, 혹은 16명까지 늘었다. 이들 중 일부는 시위원회나 구위원회 등에서 간접선거 방식으로 선출될 수 있도록 했다. 그러나 관리들의 과반수는 유지되었다. 위원들에게는 연례예산을 심의할 권한이 주어졌다. 하지만 수정 동의권은 없었다. 질문권도 주어졌으나, 부수질문이나 대답에 대한 추가질문은 허용되지 않았다. 이렇게 '개혁된' 참사원은 1909년 임기까지 연평균 13일의 회합을 가졌고, 비관리 인도위원은 24명

중 5명만 참석하는 저조한 실적을 남겼지만, 이것은 인도 의원내각제의 시작이었다.[1]

3
「1909년 인도참사원법」

커즌 총독 정부의 문제점은 관료주의 통치방식에 있었다. 자치정부를 요구하는 인도국민의 소요를 진정시키기 위하여 새로운 개혁안이 영국의회에서 통과되었다. 이것은 인도장관과 인도총독 각각의 이름을 따서 '몰레이-민토 개혁안'(Morley-Minto Reforms)이라고 불렸다.

> • 몰레이는 하원에서 인도정부의 개혁방향은 "효율성과 정치적 타협 두 가지를 충족시킬 수 있어야 한다."고 보고하였다. 이에 따라 인도의 중앙집권제의 문제점을 시정하기 위한 왕립위원회(Royal Commission)가 구성되었다(Chaturvedi, pp. 39~40).

이 두 사람은 모두 영국의 자유당 소속 의원이었다. 1905~1914년까지 집권기간 중 자유당은 커즌 총독 당시에 벌어졌던 인도정부와 인도인들 사이의 간격을 좁히는 데 주력하였다(R. J. Moore, p. 422).

> • 커즌은 빅토리아 여왕의 마지막 총독이었다. 커즌은 재임 시 인도에 필요하다고 생각하는 사회 전 분야에 대한 개혁을 단행하였다. 다만, 서양식 정치개혁은 인도에서

---

1) Rai, 2007, p. 48.

는 시기상조라고 파악하였다. 이어지는 자유당 집권 시에 몰레이-민토는 커즌에 대한 인도인들의 불만을 반영하여 헌법적 개혁에 주력하였다. 그러나 민토조차도 인도에 서양식 정부형태를 도입하는 것은 아직 적합하지 않다고 보았다(R. J. Moore, p. 438).

새로운 개혁을 위해 설치된 왕립위원회의 활동목표는 중앙집권제를 탈피하고 분권화(decentralization)를 시행하는 데 있었다. 물론 이 위원회는 인도장관과 총독의 권한과 활동에 대해서는 언급하지 않았다. 단지, 주 차원의 분권화에만 관심을 집중하였다. 다른 말로 표현하면 '헌법적 분권화'나 '정치적 자치'라는 차원에서가 아니라 '행정적 분권화'에 중점을 둔 것이라 하겠다(Chaturvedi, p. 40). 그렇지만 이런 개혁은 인도의 헌법적·정치적 틀에 큰 영향을 미쳤다. 위원회는 다음과 같은 네 가지 주안점을 고려한 개혁이 되어야 한다고 건의했다.

① 광활한 인도 아대륙에서 단일한 본부만으로 행정을 하는 것은 곤란하다.

② 많은 주들이 다양한 민족, 언어, 전통, 경제적 이해구조를 가지고 있다는 것을 감안해야 한다.

③ 각 주와 지방이 책임의식을 가질 수 있도록 만드는 것이 바람직하다.

④ 행정강화와 아울러 민중에 대한 공공교육의 중요성이 강조되어야 한다.

이와 같은 위원회의 보고서가 1908년 의회에 제출된 결과 1909년의 개혁법이 통과되었다.

'몰레이-민토 개혁'에 대하여 "분위기는 완전히 의회주의적인 것이라고 할 수는 없었지만 변화는 눈에 띄었다."[2]라는 평가도 있다. 집행평의회의 구성 및 권력에 있어서는 과거와 별반 다르지 않았지만, 「1909년 인도참사원법」은 그 결점에도 불구하고 1892년의 법보다는 진전된 것이었다. 이 개혁에서 취해진 중요한 조치는 입법참사원에 대표제적인 요소를 증가시킨 것, 입법참사원의 권한을 확장시킨 것, 중앙과 주의회에 의원수를 늘린 것이었다.[3] 또한 이슬람의 의석수를 별도로 배정한 최초의

---

2) W. H. Morris Jones, *Parliament in India*, 1957, p. 50.

3) A. B. Keith, *A Constitutional History of India* 1600~1935, 1937, p. 229; R. C. Agarwal, 앞의 책, p. 180.

법이기도 하다. 관구의 회사들(Presidency Corporations), 상공회의소(Chambers of Commerce), 대학, 자민다르가 각각 대표자 선출 단위라는 규정도 두었다. 이 법도 간접선거에 머물기는 했지만, 의원내각제적인 정부형태를 보다 많이 도입한 법이라 볼 수 있다.

1. 「인도참사원법」의 내용

(1) 참사원의 확장

이 법은 중앙참사원 및 주참사원을 확대시켰다. 총독의 행정참사원에서 중앙입법부라 할 수 있는 '제국입법참사원'(Imperial Legislative Council) 의원의 수가 16명에서 60명으로 증가하였다. 주 차원에서의 입법참사원 의원 정수는 마드라스, 봄베이, 벵골이 20명에서 50명으로, 연합주(United Province)는 15명에서 50명으로 늘었다.

(2) 중앙입법부의 구성

총독의 제국입법참사원은 4개의 범주로 구성되었다. 4개의 범주는 ① 당연직 의원, ② 임명직 관료, ③ 임명직 비관료, ④ 선출직 의원 등이다. 따라서 비선출직 의원이 다수를 차지하였다. 총독과 집행참사관들은 최고행정부의 구성원이기 때문에 중앙입법부의 의원직을 보유하였다. 그들은 당연직 의원으로 불렸다. 임명직 관료들은 입법부에서 지명된 공무원들이었다. 임명직 비관료의원은 정부가 입법의원으로 지명하는 사람들이다. 선출직 의원은 상공업계, 시당국, 구위원회와 지주에 의하여 선출되었다.

「1912년법」(「1909년법」의 개정법)에 따라 중앙입법부의 의원정수는 69명으로 상향 조정되었으며, 69명 중에서 37명이 관료였고, 5명은 임명직 비관료, 27명이 선출직 의원이었다. 27명 중에서 5명은 이슬람교도가, 6명은 힌두교 지주가, 1명은 이슬람교 지주가, 그리고 벵골 상공계와 봄베이 상공계가 각각 1명씩을 선출하였으며, 나머지

13명은 주입법참사원이 선출하였다. 이들의 임기는 3년이었다. 「1909년법」은 정부 법안의 통과에서 야기되는 어려움을 피하기 위하여 관료의원을 다수로 유지하였다.

(3) 주입법부의 구성

주입법부에서는 공무원이 다수를 차지하지 못하였다. 그러나 입법부를 다수의 선출직 의원이 장악한 것으로 볼 수도 없다. 왜냐하면 관료의원과 임명직 비관료의원의 총수가 여전히 선출직 의원의 수보다 많았기 때문이다. 이들은 정부의 모든 시책을 지지하는 강력한 친정부 블록을 형성하였다. 따라서 주정부는 입법과정에 있어서 거의 아무런 저항 없이 자신의 정책을 관철시킬 수 있었다. 그러나 해를 거듭하면서 주에서는 최초로 비관료출신 의원수가 관료의원의 수를 넘어섰다. 민간인이 다수가 된 것이다. 이것은 민주주의적 의회의 초기 모습을 실현했다는 의미를 가진다. 물론 이들의 결정력이 중앙권력을 능가할 수 없었다는 현실적 한계는 존재하였다 (Chaturvedi, pp. 41~42).

(4) 종교공동체별 선거제도의 도입

새로운 법의 가장 불행한 특징은 종교공동체별 선거구제도(communal electorate)를 도입한 점이다. 이미 몰레이-민토 개혁안에서 선거는 가급적 인도인들이 원하는 것이 되도록 하되, 인도의 현상황을 볼 때 지역단위만으로는 부족하고, 계급과 이해관계에 따른 대표자 선출법이 필요하다고 보았다. 바로 이런 기준에 따라 종교공동체별 선거제를 도입한 것이다. 이 법은 인구비례에 비추어 볼 때 이슬람에 매우 우호적인 대표제도를 채택한 것이었다. 이러한 시도는 물론 이슬람 공동체의 정치적 비중을 고려한 것이라는 변명 하에 이루어졌다. 분리대표제는 또한 기업계, 대학, 상업계, 지주층에 대해서도 인정되었다. 이는 인도의 내분을 가속화시키는 역할을 하게 된다.

• 1857년 세포이 항쟁 전후에 영국인들은 이슬람교도를 좋아하지 않았다. 당시의 지배층이 이슬람교도들이었고, 또 세포이 항쟁의 중심이 이슬람교도였기 때문이다. 그런데 피해의식은 이슬람교도도 마찬가지였다. 지배자였던 자신들이 지금은 모든 분야에서 힌두에게 다 빼앗겼다는 좌절감마저 가지고 있었다. 이것이 이슬람교도들에게 일정한 자각의식을 가져다주었다. 이슬람교도 중에 사예드 아메드 칸(Syed Ahmed Khan)이란 사람이 있었다. 그는 세포이 중대 요원이었는데, 항쟁 이후에도 이슬람교도들이 얼마나 영국군주에게 충성을 보이는가를 확신시켜주고자 노력했다. 그는 힌두나 토후왕들의 후원까지 받아가며 1877년 무하마드 대학(Mohammedan Anglo-Oriental College; M. A. O.)을 세웠으며, 이슬람도 힌두와 마찬가지로 영국의 지배에 참여할 기회를 얻을 수 있기를 간절히 바라는 방향으로 대학을 운영했다. 그 결과 영국정부로부터도 큰 지원을 받게 되었으며, 이런 배경에서 칸은 영국의 대변인 역할을 하였다. 그는 1887년 12월 28일 러크나우에서 개최된 인도국민회의를 '불필요한 소동'이라 비난하면서 "이슬람교도가 거기에 가입하면 그에게는 재앙이 될 것"이라고 말했다. 장래에도 이슬람은 힌두의 지배하에 들어가서는 안 된다고 확언했다. 반힌두운동의 기조가 잡힌 것이다. 그 후 칸은 파키스탄의 국부 중 한 사람이 되었다. 진나(Jinnah)도 칸의 노선을 따른 것이라 볼 수 있다. 한편 영국정부는 무하마드 대학 총장(영국인)의 적극적 활동을 통해 이슬람과 유대를 맺게 되었고, 국민회의를 견제할 수 있는 기반이 마련되었다. 영국은 이른바 분할통치(devide and rule) 방식을 채택할 수 있게 되었다. 종교공동체별 불화가 시작되었고, 1905년 벵골의 동서 분리도 그 선상에서 이루어졌다. 민토는 측근을 시켜 이슬람들로 하여금 별도의 선거구를 요구하라고 사주한 뒤 그 요구를 승인했다. 이렇게 해서 이슬람전국연합(The Muslim All India Confederacy)을 거쳐 1906년 12월 30일에 이슬람연맹(Muslim League)이 출범하게 되었다(V. D. Kulshreshtha, 1995, pp. 317~319). 벵골의 분리는 힌두와 이슬람의 이반의 시작이었을 뿐만 아니라 힌두 내에서도 국민회의 온건파와 급진파의 분리를 가져왔고, 급진파의 격렬한 대영 투쟁은 정치적 권리를 제한하는 억압적 법과 강제조치를 불러왔다(R.J.Moore, 1999, pp.435~ 439).

(5) 입법참사원의 기능 확대

입법참사원은 「1909년법」 이전까지는 집행부의 입법을 보조하기 위한 입법단체, 보다 정확하게 말하면 자문단체에 불과하였다. 「1892년 인도참사원법」은 집행부에서 예산을 최종적으로 확정한 이후에만 의원들에게 예산에 대한 토론권을 부여하였다. 의원들은 예산항목 중에서 어떤 것도 수정제안을 할 수 없었다.

「1909년법」은 집행부에서 예산을 최종적으로 확정되기 전에도 예산안에 대한 토론권과 수정제의권을 의원들에게 부여하였다. 의원들은 지방단체에 대한 대부, 보조금, 조세 등에 관한 문제에 대하여 보충질의를 할 수 있고, 결의를 제안할 수 있었다. 그러나 이러한 제안이 가결된 경우에도 정부는 그 제안에 구속되지 않는다. 군사적·정치적 문제, 주정부 문제, 외국과 인도와의 관계, 그리고 심리 중인 문제는 의제에서 배제되었다. 입법부에서 외교관계와 미결인 인도의 국사문제를 제외한 다른 문제에 대하여 질의와 보충질의를 할 수 있다. 입법참사원의 의장은 공익을 위해서 또는 주참사원에서 제기된 문제라는 점을 이유로 언제든지 질의 및 의결을 거절할 수 있다. 간단히 말하면 입법부는 토론권을 보유하기는 했지만 정부에 대하여 영향력을 행사할 수 있는 처지가 아니었다.

(6) 행정참사원의 확대

「1909년법」 아래에서 봄베이와 마드라스의 행정참사원 구성인원은 4명으로 증가하였다. 총독(Governor-General-in-Council)은 인도장관의 동의를 얻어 벵골 주 및 부지사 주(Lieutenant-Governor's Provinces)의 행정참사원을 구성할 수 있었다. 이 법의 다른 중요한 특징은 인도인을 행정참사원으로 임명하는 것이다. 몰레이는 1907년 이미 2명의 인도인을 참사원의 구성원으로 임명하였고, 신하(Sinha)를 총독행정참사원의 법률임원으로 지명하였다.

(7) 선거제도

「1909년법」은 처음으로 선거제를 채택하여 공무원이 아닌 자 중에서 참사원의 의원이 되게 하였다. 총독은 선거제 원리를 활성화하는 상세한 규칙을 제정할 수 있었다. 물론 총독이 고안한 제도는 매우 제한적이고 차별적인 선거권이었다. 서방국가들조차도 아직 제한선거시대를 탈피하지 못한 때이긴 했지만(*영국의 경우 1919년에 보통선거시대를 맞이하였다.), 인도 선거제도는 다음과 같은 납득하기 곤란한 불합리성이 지적되었다.

"중앙입법부에서는 일정한 소득을 가진 토지소유자들만이 투표권을 획득하였다. 마드라스에서는 최소 고정수입이 연간 15,000루피이거나 토지수입이 10,000루피여야 한다. 뱅골에서는 라자(Raja) 또는 나와브(Nawab)의 지위를 가진 자, 그리고 중앙주에서는 명예공무원직을 보유한 자만이 지주선거구(Landlord's Constituency)에서 선거권을 향유하였다. 또한 이슬람과 힌두 간의 차별도 현저했다. 영국에 우호적인 이슬람들은 연간수입이 3,000루피 정도면 선거권을 보유하였는데, 힌두들은 1라크의 수입을 갖는 경우에도 선거권이 거부되었다(R. C. Agarwal, p. 175)."

대표를 선출하는 데 있어서 유권자들은 계급, 종교공동체, 이해관계에 기초하여 분리되었다. 더구나 선거자격은 주마다 상이하였다. 또한 중앙입법부에서는 일반유권자, 특별유권자, 계급유권자, 이슬람 유권자로 구분되었고, 주입법부에서는 유권자들이 3분되었다.

2. 「인도참사원법」에 대한 평가

「1909년법」은 비록 입법부의 지위 확대에 상당한 진전을 가져왔지만 자치정부 확보라는 인도인들의 요구에는 미흡했다. 일단 점화된 인도의 정치운동을 잠재울 수는 없었다. 이 법은 중간파들의 협조를 끌어낸다는 목적에 비추어 보더라도 매우 불충분한 것이었다.

(1) 불평등취급

이 법은 이슬람과 지주들을 지나치게 우대하였다. 그리하여 국민회의는 당연히 이 법에 불신을 표명하였고, 중간파들조차 환멸을 느꼈다. 이 법은 본질적으로 민족주의자들을 붕괴시키고, 종교공동체적 및 반동적 세력을 끌어들임으로써 일체감과 연대를 파괴시키는 것으로 파악하였기 때문이다.

(2) 왜곡된 헌정구조

「1909년법」은 독재와 입헌주의를 결합함으로써 이른바 입헌적 독재를 가능하게 하였다. 총독과 주지사의 권력을 중심에 놓았기 때문에 이 법이 인도인의 헌법으로 생각되기에는 지나치게 영국의 이익을 대변하였고, 정상적인 의미에서 의회주의적인 정부형태와는 거리가 있었다. 주정부이든 중앙정부이든 인도국무성의 권력에 종속되어 있었기 때문에 자율성이 주어지지 않았다. 이 법은 인도인의 주요 요구사항인 책임 있는 정부를 제공할 수 없었다.

(3) 종교공동체별 선거제도

이 법은 종교공동체별 선거제도를 도입함으로써 인도인의 일체성을 파괴하고, 종교공동체 상호 간에 적대와 불신을 심어 놓았다. 따라서 인도에서 진정한 대표기관을 창설한다는 취지는 거의 무시되고, 인도에서의 대의기구를 왜곡과 작동불능상태로 만들었다. 이러한 선거제도를 통하여 인도독립운동의 진영도 매우 분열적인 모습으로 전개되었다. 다스(M. N. Das)는 "커즌 총독이 사악한 종교공동체의식에 불을 당겼고, 몰레이-민토 개혁이 이를 훨씬 구체화시켜 그 독이 인도 전역으로 확산하기에 이르렀다."고 말했다(M. N. Das *India under Morley and Minto*, 1964, p. 242).

> • 커즌은 1905년 10월 부총독 예하에 놓인 광활한 벵골 주를 두 개의 주로 분리시켰다. 서부 벵골은 그대로 벵골 주로 남았고, 새로운 동부 벵골은 아삼 지방까지 합쳐 동벵골 및 아삼 주(Eastern Bengal and Assam)가 되었다. 종교를 근거로 한 이 지역분리는 종교분리주의를 심화시켰고 마침내 파키스탄으로 분리되기에 이르렀다. 이 시기에 또 다른 지역 구획이 있었다. 1911년 조지 5세가 인도제국의 황제로 델리에 와서 회견을 한 적이 있었다. 이때 향후 수도는 델리로 이전한다는 것과 새로운 행정구역(비하르, 오리사 등)의 창설에 대한 계획을 발표하였다. 이것은 「1912년법」에서 반영되었다(Chaturvedi, pp. 147~158).

(4) 간접선거

　입법활동을 위한 의원들의 상당수가 간접선거에 의하여 선출됨으로써 선거제도가 안고 있는 대표제적인 장점은 간접선거에 의하여 상쇄되었다. 또한 선거권은 일부에 제한되었기 때문에 국민은 정치적 책임감을 느끼고 행동할 수 없는 처지였다. 예를 들어, 중앙입법부의 유권자수는 650명이었고, 주입법부의 선거권자는 350명에 그쳤으니 진정한 대표기관의 구성은 불가능한 것이었다.

(5) 친영국적 의회

　의회는 중앙입법부에서는 임명직 공무원이 다수를 차지하였기 때문에 의회는 정부와 영국의 이익을 대변하는 기관에 지나지 않았으며, 주입법부에서도 비록 비공무원이 다수를 이루기는 하였지만 공무원과 임명직 비공무원을 상대할 수 있는 처지가 되지 못했다. 따라서 의회는 인도인의 이익을 대변하는 기관이라기보다는 전체적으로 총독과 영국의 이익을 대변하는 장식적인 성격을 갖게 되었다.

(6) 너무 작은 입법부 권력

　참사원의 규모는 확대되었지만 그 기능과 권한은 종전의 참사원과 별로 다르지 않았다. 참사원은 입법기구가 아니었기 때문에 그들에게 정상적인 의결기구와 같은 역할을 기대할 수 없었다. 실제로 입법부의 결정조차도 총독과 주지사를 구속하지 못하였기 때문에 의회는 총독의 자문기구에 불과하였다. '몰레이−민토 개혁'은 인도의 독립을 목표로 한 개혁이 아니었고, 의회를 실질적인 입법기관으로 만들려는 의도도 전혀 없었다(V. D. Kulshreshtha, p. 325).

　인도에서 혁명적 반영운동을 잠재우고, 중간파를 인도정부에 끌어들이려는 영국의 속셈을 인도인들이 간파하였다. 「인도참사원법」은 인도인의 열망을 담지 못한 장식적인 것이었고, 실제로 운영된다고 하더라도 전혀 부질없는 법에 지나지 않았다.

자치정부를 목표로 하는 인도인의 운동에 의하여 이 법은 통과된 지 10여 년 만에 「인도정부법」이라는 조금 더 짜임새 있는 헌법으로 이어졌다.

3. 「1919년 인도정부법」

「1909년 인도참사원법」은 독립을 향한 인도인의 열망을 충족시킬 수 없었다. 캘커타에서 델리로 수도를 이전시키는 상징적인 시도들이 있었지만, 인도정부는 대체로 인도인의 소망을 억압하는 여러 법률들을 통과시켰다. 「인도언론법」(The Indian Press Act of 1910), 「1913년법」(The Act of 1913), 「인도방위법」(The Defence of India Act, 1915)은 그 대표적인 조치들이었다.

제1차 세계대전은 영국 정치인들의 전망을 바꾸어 놓았다. 영국 정부는 제1차 세계대전에서 인도인의 전폭적인 협력을 기대하였다. 이에 부응하여 인도인들은 무려 150만의 군대와 3억 파운드의 군사비를 제공함으로써 영국의 전쟁수행에 적극 협력하였다. 그러나 전후 영국은 인도의 장래에 대하여 협조적인 태도로 나오지 않았다. 제1차 세계대전 직후 전 세계적으로 혁명운동이 왕성하게 일어나자, 영국은 인도에서 폭력적인 반영(反英)활동을 엄금하기 위한 정책을 폈고, 그것이 유명한 「롤럿법」 (Rowlatt Act)으로 등장하였다.

> • 「롤럿법」의 정식명칭은 「무정부활동 및 혁명활동진압법」(Anarchial and Revolutionary Crime Act, 1919)이다. 이는 전시에 제정된 「인도방위법」(1915)의 후속법이라고 할 수 있으며, 이 법에 따라 인도정부는 언론을 통제하고, 정치적 반대자를 재판도 없이 장기간 억류할 수 있는 무제한적 권력을 획득하였다. 영국군대는 이 법에 반대하는 대중을 학살하는 만행을 저질렀다(1919년의 암리차르 대학살). 간디는 「롤럿법」에 반대하여 '비타협운동'(Non-Cooperation Movement)을 주도함으로써 고칼레 이후 인도의 정치지도자로 급부상하였다. 따라서 유화책으로 제시된 「1919년 인도정부법」은 인도인들에게 볼썽사나운 것에 지나지 않았다.

이러한 강공책 외에 영국은 나름대로 유화책을 구상하였다. 즉, 인도인에게 정치적 권력을 부여하는 몇 가지 장치들을 마련하고자 하였다. 이러한 맥락에서 1917년 8월 20일 당시 인도국무장관(SSI)이었던 몬터규(Montagu)는 하원에서 다음과 같이 발언하였다.

> • "영국정부의 정책 — 여기에 또한 인도정부의 정책도 완전히 일치되어야 하는데 — 은 대영제국의 통합적 영토의 일부인 인도에서 책임정부를 진보적으로 실현시키기 위하여 행정의 모든 영역에서 인도인을 점차적으로 조직하는 정책이며, 자주적인 제도를 점진적으로 개발하는 정책이다. 영국정부는 이러한 방향에서 가능한 한 빨리 실질적인 조치를 취하기로 결정하였으며, 어떠한 조치를 취해야 할 것인가를 고려하기 전에 가장 중요한 선결 요건은 영국과 인도 당국 간의 자유롭고 격의 없는 의견교환이라고 생각한다. 따라서 영국정부는 국왕의 동의하에 본인이 인도 총독 및 정부와 이 문제들을 토론하고, 지역정부들의 견해를 총독과 함께 숙고하고, 그와 함께 대표단체와 기타 인물들의 의견을 수렴하기 위하여 총독의 인도방문초청을 수용해야 한다고 결정하였다. 본인은 이 정책이 점진적인 단계를 통해서만 성취될 수 있다고 말하고 싶다. 인도국민의 복지와 진보에 대하여 책임을 지고 있는 영국정부와 인도정부는 시대의 법관이자 모든 진보의 척도여야 하며, …. 적당한 때에 의회에 제출하게 될 제안을 공개적으로 토론할 수 있는 많은 기회가 주어져야 한다."[4]

이러한 역사적 선언 후 몬터규는 당시의 인도총독 첼름스퍼드(Lord Chelmsford)와 함께 인도를 여행하고, 인도의 정치적인 문제를 연구한 후 1918년에 '몬터규-첼름스퍼드 보고서'(Montagu-Chelmsford Report 또는 Montford Report)로 알려진 보고서를 제출하였다. 이 보고서에 기초하여 법안이 의회에 제출되었으며, 상하양원합동위원회(Select Joint Committee)를 통과하고 왕의 승인을 받은 후 「1919년 인도정부법」(The Government of India Act, 1919)으로 출현하였다. 이 보고서는 종래의 「인도정부법」을 '약간 손질한 것 이상으로 중요한 것'이었다.[5] 그것은 인도에 서구적인 대의제도의 도입을 의미하는 것이었다.

---

4) Archbold, *Outlines of Indian Constitutional History*, 1926, p. 168.
5) Archbold, 같은 곳에서 인용.

(1) 「인도정부법」의 원칙

이 법안의 일반원칙은 다음의 네 가지로 간추릴 수 있다.[6]

첫째, 가능한 한 지방정부에서 완전한 국민적 통제가 이루어져야 한다.

둘째, 주정부는 어느 정도로 국민대표자에게 책임을 지며, 주정부들은 중앙정부로부터 대체로 독립되어야 한다.

셋째, 입법참사원은 확대되어야 하고, 그 안에서 국민대표자와 그 영향력은 존재해야 한다.

넷째, 주에 대한 의회와 인도국무장관의 통제는 완화되어야 한다.

이 법은 인도 최초의 포괄적인 헌법문서라고 할 수 있다. 이 법의 전문은 앞서 인용한 몬터규의 정책 표명을 재확인하면서 특히 자치정부를 향한 1단계 조치로서 토후들에 대한 최대한의 자율을 강조하였다. 이것은 인도장관과 중앙정부 및 주정부의 권한과 지위들에 관하여 헌법상의 상당한 변화를 초래하였다. 모든 신민(臣民)을 중앙정부의 신민과 주정부의 신민으로 분류함으로써 토후들에게도 자율성을 부여하였다(같은 법 제45조 A항).

연방은 여전히 총독 중심의 체제에 지나지 않았다. 그러나 지방에는 다소간 책임정부의 이념이 도입되었고, 이를 헌법적으로 관철시키는 수단은 쌍두정(dyarchy/diarchy)이었다.

> • 영어의 dyarchy는 그리스어 di-arche에서 유래한 것이다. 어원적으로 새기면 쌍두정, 이원지배, 이분(二分)지배를 의미한다. 여기에서는 쌍두정이라는 용어로 통일한다. 그러나 쌍두정은 어감상 이질적인 두 세력이 독자적으로 지배한다는 오해를 야기할 수 있어 문제이다. 왜냐하면 총독과 주지사는 최고의 권력자이고, 단지 집행부문에서 주지사의 권한행사방식만 이원화되어 있기 때문이다. 쌍두정은 원탁회의(The Round

---

6) Archbold, p. 168 이하. 비슷하게는 Gupta & Sarkar, *Overview of Indian Legal and Constitutional History*, 1982, p. 243.

Table)의 기획자이며 편집인인 라이오넬 커티스(Lionel Curtis)의 고안이었다(Smith, *The Oxford History of India*, 제3판, 1958, p. 787). 이와 같은 쌍두정 방식은 일찍이 플라시 전투(1757) 이후 영국이 인도에 대한 무역활동 외에도 인도경영에 참여권을 가지면서부터 시작된 방식이기도 하다. 당시 벵골의 지사가 된 클라이브(Robert Clive)는 벵골 지방을 원주민 대리인을 통하여 다스렸다. 즉, 인도인 세무관을 통솔하기 위하여 영국인 감독관이 임명되었지만 모든 실무적인 행정은 인도인 관리를 통해 처리되었다.[7] 이것은 후일 영국의 전형적인 식민지 지배방식이 되었는데, 스페인이 남미에서 보여 주었던 바와 같이 강제와 파괴, 학살에 의한 식민지 지배방식과 대조되는 것이기도 했다.

쌍두정의 의미는 영국인 대표와 인도인 대표가 권력을 공유한다는 것을 의미한다.[8] 지방 차원에서 시작된 자치정부는 이제 주에까지 확대되었고, 여기에서 이양원칙(principle of devolution)이 중요한 역할을 하였다. 이양원칙은 주정부에 보다 넓은 재량영역을 부여하고, 중앙집중주의(centralism)와 연방주의(federalism) 사이에서 어느 것이 좋은가에 대하여 아직 의견이 정립되지 않은 상황에서 중간노선을 따르는 것이었다.

> • Smith, 1958, p. 787. 인도에서 최초의 연방제도는 「1773년 규제법」에서 포트윌리엄 관구에 총독과 참사원을 두고 여기서 나머지 관구에 대한 법령도 제정하기 시작한다는 데서 찾을 수 있다. 나머지 관구가 벵골의 관구 예하에 놓이고 대법원과 최고참사원이 규정되었다(Kulshreshtha, 1995, p. 309).

주의 자치를 활성화하기 위해서는 관할사항을 분명히 하는 것이 전제이다. 관할사항의 분류는 이양원칙에 의하여 이루어졌다. 관할사항은 중앙사항(central subjects)과 주의 관할사항(provincial subjects)으로 구분되었다. 전 인도의 이해관계를 가지며 인도 전체에 대하여 통일적 규율이 요구되는 사항은 중앙사항이며, 중앙사항 목록(Central List)은 47개 사항을 포함하고 있었는데, 그중 중요한 것은 국방, 외교, 특허권 및 저작권, 주조 및 통화, 통신, 통상 및 조선, 면화 및 소금 소비세, 소득세, 공공부채 등이었

---

7) 조길태, 2003, 300쪽.
8) Gupta & Sarker, 1982, p. 242.

다. 지방적 이해관계를 지닌 사항은 주의 관할사항으로 분류되었으며, 주의 관할사항 목록(provincial list)은 50개 사항을 포함하고 있었는데, 그중 대표적인 것은 지방자치, 공중보건, 의료행정, 교육, 공공사업, 수도 및 관개, 기아 구제, 삼림, 치안 등이었다.[9]

(2) 통치구조

중앙정부의 입법부는 양원제로 구성되고, 집행부는 총독의 1인 독재체제였으며, 주정부의 입법부는 단원제인 입법참사원으로 이루어지고, 집행부는 주지사를 정점으로 한 쌍두정을 도입하였다.

(가) 영국정부

새로운 법 아래에서 행정사항은 유보사항과 이전사항으로 구분되었다. 유보사항은 총독이 집행하였으며, 이전사항은 인도인 장관들의 책임에 속하였다. 장관들은 의회에 대하여 책임을 졌기 때문에 이전사항의 집행에 관해서 인도국무장관의 권한을 한정하는 것이 필요하게 되었다.

그리하여 이 법은 인도국무장관에게 필요한 범위 내에서 규칙과 규율을 제정할 권한을 부여하였다. 국무장관이 제정한 규칙은 다음과 같은 목적을 실현하는 데에 집중되었다. ① 제국의 이익을 보호하는 것, ② 주 사이의 분쟁거리를 결정하는 것, ③ 총독에게 부과된 권한의 행사와 의무의 이행을 법률을 통하여 확보하는 것, ④ 고등판무관, 공무원, 융자에 관련한 자신의 권한행사를 확보하는 것, ⑤ 중앙관할사항의 집행을 보장하는 것 등이다. 국무장관은 전체적으로 인도정부에 대하여 통제력을 장악하고 있었지만, 이전사항에 대해서는 통제력이 상당히 완화되었다고 할 수 있다.

---

9) C. Ilbert & Meston, *The new constitution of India*, 1923, p. 189; M. Gwyer & A. Appadorai, *Speeches and Documents on the Indian Constitution* 1921~1947, 제1권, p. 53.

(나) 중앙정부

1) 집행부

집행권은 총독(Governor-General)에게 부여되었는데, 총독은 매우 독특한 성격을 지니고 있었다. 총독은 영국총리의 추천으로 국왕이 5년 임기로 임명하였다. 총독은 자신의 직무를 집행참사원(Executive Council)의 자문을 받아 수행하였다. 총독은 인도의 적절한 지배에 관해서 영국의회에 대하여 개인적으로 책임을 지기 때문에 포괄적인 권력을 부여받았다.

「1919년 인도정부법」은 중앙집행참사원의 지위와 권한에 있어서 근본적인 변화를 시도하지 않았다. 총독의 무제약적이고 전제적인 권력은 전과 동일하였다. 총독은 국무장관을 통하여 영국의회에 책임을 졌으며, 중앙입법부는 그를 통제할 수 있는 권한이 거의 없었다. 인도의 모든 행정에 대한 감독과 지시의 권한은 총독과 집행참사원에게 부여되었다. 총독은 집행참사원의 결정을 따르도록 요구되었지만, 그는 결코 참사원을 두려워하지 않았다. 총독은 어쨌든 집행부 전체를 형성시켰다. 참사원 내에서 총독의 우월적 지위는 그가 인도에서 영국왕의 대표자라는 점, 참사관(Councillor)의 임명에 있어서 강력한 발언권을 행사하였다는 점, 그리고 참사관의 업무 수행에 관한 법령을 발할 수 있었다는 점에 근거한 것이다.

2) 입법부

'인도의회'(the Indian Legislature)로 알려진 입법부는 양원, 즉 연방참사원과 입법의회로 구성되었다. 물론 총독의 입법에 관한 권한은 양원을 능가하였다.

i) 총독의 입법권

「1919년 인도정부법」이 영국의회를 모델로 삼지 않았다는 것은 당연하다. 의회에서 통과된 모든 법안과 결의에 대하여 총독은 최종적인 결정권을 가졌다. 그는 집행부의 수장일 뿐만 아니라 입법부의 권한에 대해서도 무제한의 권력을 보유하였다. 그는 의회를 소집하고, 해산시킬 수도 있었다. 총독은 의회를 통과한 법에 대해서도 동의를 유보하거나 재의를 요구함으로써 그 자신이 동의하지 않는 것은 어떤 것도 유효한 법이 될 수 없었다. 예를 들어, 공채, 종교, 군사 등과 같은 문제들에 대한 입법은 총독의 사전재가가 있는 경우에만 각 원에 제출할 수 있었다.

> ● 다음 문제와 관련해서는 총독(Governor-General)의 사전재가가 필요하였다. ① 인도의 공공부채와 세입·세출에 관한 문제, ② 인도인의 종교에 관한 법률, ③ 영국인의 임금에 관한 법률, ④ 육해공군에 관한 법률, ⑤ 중앙주를 규율하는 법 또는 중앙입법부에 유보된 것으로 선언된 지방사항, ⑥ 「1919년 인도정부법」을 개정하는 법 또는 영국의회를 통과한 인도관련법, ⑦ 총독에게 부여된 권한에 영향을 미치는 법.

총독은 법안이 영령 인도(British India)의 안녕에 영향을 미친다는 것을 확인하는 경우에는 어떠한 법안의 진행도 방지할 수 있으며, 영령 인도의 안녕에 영향을 미치는 법안인 경우에는 입법부가 거절한 때에도 이를 통과시킬 수 있었다(동법 제67조).[10]

유사하게 재정적인 문제에 있어서도 예산은 입법부에 제출되고, 입법부는 어떠한 요구나 승인에 대해서도 동의하거나 거절하는 권한을 가지고 있었지만 총독은 필요한 경우에는 의회가 삭감한 부분도 원상회복시킬 수 있었다. 더욱이 총독의 추천이 없으면 어떠한 공용수용의 제안도 불가능하였다. 그리고 어떤 세출항목들은 의회의 동의 대상에서 배제되었다(동법 제67조 A항). 법이 되기 위해서는 모든 법안이 총독의 동의를 필요로 하였으며, 총독은 동의하거나 유보할 수 있었다. 또한 총독은 국왕의 동의를 조건으로 법안의 통과를 보류시킬 수 있었다(동법 제68조).

총독은 비상사태의 경우에는 포고령(Ordinance)을 통하여 법률을 발할 수 있었다. 총독이 제정한 법은 오로지 영국의회와 국왕에 의해서 통제될 뿐이었다. 총독의 무소불위의 권력은 입법부를 장식품으로 만들고, 결국 인도의회는 주권적인 입법기관이라고 부를 수 없는 초라한 것이 되었다.

ii) 의회의 구성

「1919년 인도정부법」은 과거 단원제로 구성된 제국입법참사원(Imperial Legislative

---

10) 이런 방식으로 총독이 제정한 대표적인 법이 1923년의 「인도토후보호법」(The Princes Protection Act)과 1925년의 「재정법」(Finance Bill)이다.

Council) 대신에 중앙에 양원을 설치했다. 상원격인 연방참사원의 의원정수는 60명이었고, 하원격인 입법의회(Legislative Assembly)는 145명의 의원으로 구성되었다. 그리하여 전체 의원 수는 「1909년법」에 규정된 68명의 3배에 가까운 205명으로 증원되었다. 양원은 모두 선출직 의원이 다수를 차지하였다.

  • 상원의원 중에서 33인은 선출직 의원이었고, 27명은 임명직 의원이었다. 27명의 임명직 의원 중에서 17명은 공무원 출신이었다. 33명의 선출직 의원 중에서 16명은 비이슬람, 11명은 이슬람교도, 1명은 시크교도, 2명은 비공동체 출신, 3명은 유럽인이었다. 145명의 하원의원 중에서 41명이 임명직 의원이었고, 나머지는 선출직 의원이었다. 선출직 의석은 인구비례에 따라 주에 배정되었으며, 주에 배정된 의석은 다시 종교공동체와 계급에 따라 배정되었다. 선출직 의원의 구성은 이슬람교도 30명, 시크교도 2명, 지주 7명, 인도상업계 대표 4명, 일반 52명이었다. 임명직 의원 중에서 26명은 공무원 출신이었다.

이로써 인도의회사에서 처음으로 대표제의 성격이 보다 우위에 서게 되었다. 상원의 임기는 5년이었다. 상원은 본질적으로 보수적인 성격을 지녔다. 자본가, 사업계, 지주들의 모임이었고, 상원의원 투표권을 가진 자는 단지 17,000명에 불과하였으며, 여성은 선거권도, 피선자격도 없었다. 피선자격은 재산요건과 과거 경력이 고려되었다. 상원의장은 총독이 지명하였다. 하원의 임기는 3년이었고, 하원의원은 「1909년법」과는 달리 직접선거되었다.

iii) 의회의 권한

상원의 권한도 하원과 거의 대등하였고, 양원 간 의견이 충돌하는 경우에는 합동위원회(Joint Committee), 양원총회(Joint Conference, Joint Sitting) 등을 통하여 결정하였다. 총회의 경우에는 하원이 숫자적 우위를 차지하였다. 의회의 권한은 기본적으로 입법에 관한 권한이다. 그러나 중앙의회의 입법권은 자주적이고, 최종적인 것이 못 되었다. 인도지배에 대하여 영국의회가 제정한 법은 전혀 개정할 수 없는 처지였고, 총독의 권한에서 나타났듯이 총독은 의회가 통과시킨 법률에 대해서도 이를 저지시킬 수 있었다. 또한 일정한 입법사항은 처음부터 총독의 재가를 받은 경우에만 의회에 상정할 수 있었다. 의회는 결국 영국지배의 겉치레에 불과하였다.

재정에 관한 문제에서도 의회는 거의 통제권을 보유하지 못했다. 예산은 총독이 작성하고, 의회에 상정되기는 하지만 예산항목은 처음부터 표결가능항목(Votable Items)과 표결불가항목(Non-votable Items)으로 구분되었다. 표결불가항목은 전체예산의 거의 60%에 육박하였는데, 이에 대하여 의회는 토론만 할 뿐 결정권은 전혀 없었다. 의회는 표결가능 항목에 대해서는 지출을 거부 혹은 삭감할 수 있었는데, 이것도 매우 허약한 것이었다. 총독은 삭감 혹은 거부된 부분을 원상회복시킬 수 있었기 때문이다. 종합컨대 집행부는 입법부에 대하여 책임을 지지 않을 뿐만 아니라 의회를 무시할 수 있었고, 의회의 결정을 전복시킬 수 있었다. 1919년에 창설된 중앙입법부는 주권적인 입법단체는 아니었다.

(다) 주정부

「1919년 인도정부법」에서 인도연방 및 인도독립과 관련하여 중요한 부분은 바로 주자치제도이다. 주정부 차원에서 책임정치를 부분적으로 도입하려는 시도는 긍정적인 것이지만 다음과 같은 문제를 짚어 보아야 한다.

첫째, 「인도정부법」에는 집행부의 집단책임이 존재하지 않았다. 주지사의 국왕에 대한 책임만이 존재하며, 전체 집행부의 국왕에 대한 책임이나 국민에 의해 선출된 대표자에 대한 책임은 존재하지 않았다. 따라서 책임정치는 공연한 겉치레였다.

둘째, 재정문제는 부지사(Let-Governor)의 통제하에 있었으며, 지출항목은 장관의 수중에 있었다. 재정문제에 관한 조정과 협상이 없는 경우에는 어떠한 부처도 효율적으로 운영될 수 없었다.

셋째, 공무원은 국왕이 원하는 동안 자신의 직책을 보유하며, 장관의 통제를 받지 않았다. 공무원은 주지사와 직접적으로 대화하였으며, 장관을 경유하지도 않았다. 이러한 방식은 행정에서 비효율성을 낳았다.

넷째, 많은 경우에 유보사항과 이전사항 간의 명확한 경계선을 그을 수 없었으며, 사항이 어느 범주에 속하는지를 판단하는 데 있어서 장관들과 총재의 참사원 간에 논쟁이 빈번히 일어났다.

다섯째, 장관은 주지사가 원하는 동안 자신의 직책을 유지하였다. 본질적으로 의회의 신임에 의존하지 않기 때문에 국민대표자들보다는 주지사에 대하여 더 신경을 써야 했다.

마지막으로, 강력한 정당체제가 없었기 때문에 장관은 정책전망에 의해서가 아니라 사회의 집단이익을 대표한다는 고려에서 선택되었다.

주자치의 이념에 발맞추어 벵골, 봄베이, 마드라스, 아삼, 비하르, 오리사, 펀자브, 연합주의 주의 성격은 '주지사관할주(Governor's Province)'로 선언되었으며, 나머지 지역은 버마의 경우에서처럼 부지사(Let-Governor) 아래에, 델리 등의 경우에는 판무관(Chief Commissioner) 아래에 있었다. 자치의 이념은 총독주에서 실현되었지만, 다른 지역에서는 중앙의 직접통제 아래에 남겨졌다.

1) 주집행부

주집행부는 주지사, 장관, 집행참사원(Executive Council)으로 구성되었다. 주집행부에 새로이 쌍두정이 도입되었는데, 쌍두정은 관할사항과 책임방식의 차이를 전제로 한다. 주에 할당된 입법사항을 유보사항(reserved subjects)과 이전사항(transferred subjects)으로 구분하고,[11] 유보사항은 집행참사원의 협조로 부지사(Let-Governor)가 집행하며, 이전사항은 장관의 보좌를 받아 주지사가 집행한다. 유보사항 목록(reserved list)에는 경찰, 토지재정수입, 사법, 수도 및 운하, 기아구제, 신문통제, 기채, 삼림 등 36개 사항이 속하며, 이전사항 목록(transferred list)에는 지방자치, 공중보건, 위생, 의료, 도로·교량·철도 등의 공공사업, 어업, 소비세, 기술교육, 농업 등의 20개 사항이 포함되어 있다.[12]

주지사와 참사관은 영국의 왕에 의하여 임명되었다. 참사관의 수는 4명을 넘지 못하며, 그중 1명은 최소한 12년간 인도에서 영국의 공무원으로 일한 자여야 했다. 인도인을 참사관으로 임명할 수 있는지에 대해서 「1919년 인도정부법」은 언급하지 않

---

11) Gwyer & Appadoria, 1957, p. 15.
12) C. Ilbert & Meston, 1923, p. 192 이하.

았지만 주지사들이 참사관의 절반을 인도인으로 임명하는 관례를 발전시켰다. 집행참사원(Executive Council)에서의 다수결정은 주지사를 구속하지만 결정이 본질적으로 주의 안녕과 이익에 영향을 미치는 경우라면 주지사는 다수결정을 번복할 수 있었다. 참사관은 의회의 통제로부터 벗어나 있으며 주지사의 참모에 불과한 것이었다.

장관의 직책은 거의 전적으로 주지사의 의사에 달려 있었다. 주지사는 장관의 임명권자이며, 장관으로 임명되기 위해서는 의원직을 보유해야 했다. 따라서 장관 임명 후 6개월 이내에 의원자격을 구비하지 못하면 장관직을 사퇴해야 했다. 주지사는 장관의 자문을 따르며, 다만 충분한 이유가 있는 경우에 주지사는 장관의 자문에 따르지 않아도 되었다. 의회는 업무수행을 성실히 하지 않는 장관의 급료를 삭감함으로써 장관을 통제하였고, 나아가 장관에 대한 불신임을 표현함으로써 장관을 해임시킬 수 있었다. 주지사는 의회에서 다수의 지지자를 확보할 수 있는 장관을 임명해야 했으며, 따라서 장관은 의회와 주지사 양쪽에 대하여 책임을 지게 되었다.[13)]

2) 주입법부

주입법부는 입법참사원(Legislative Council)이었다. 중앙입법부와는 달리 주입법부는 단원제였다. 입법참사원은 선출직 의원과 임명직 의원으로 구성되었으며, 중앙입법부와 마찬가지로 대표제의 성격이 한층 강화되었다. 입법참사원의 의원정수도 현저하게 확대되었으며, 최소한 70%는 선출직 의원이었다. 또한 의원 중에서 공무원은 20% 이하로 제한되었다. 마드라스, 봄베이, 뱅골, 연합주와 같은 핵심적인 주의 입법참사원의 의원정수는 100명을 넘었다(마드라스 118, 봄베이 111, 뱅골 125). 참사원 의원들은 별도의 공동체 또는 대학, 지주층, 상공업계층과 이익집단에 기초한 유권자들에 의하여 선출되었다. 참사원 의원들은 고정된 비율에 따라 다양한 공동체를 대표하였다.

● 일반선거구에서 선거할 수 있는 자격은 다음과 같다. ① 21세, ② 일정기간의 거주요건, ③ 일정한 가치를 지닌 주택의 소유, ④ 일정한 액수의 도시세, 소득, 여타 조세

---

13) R. C. Agarwal, 1996, p. 207.

의 납부실적 또는 군인연금 수령사실.

입법참사원의 임기는 3년이고, 주지사는 참사원을 조기에 해산시킬 수 있었으며, 1년 정도 임기를 연장시킬 수 있었다(동법 제72조 B항). 참사원의 의장은 주지사가 임명하였으며, 나중에는 참사원 스스로 의장을 선출하였다.

입법참사원은 수많은 주관할사항에 대하여 의회로서의 역할을 했다. 중앙문제에 대한 중앙입법부의 경우와 마찬가지로 주관할사항에 대한 법안을 심사할 권한을 가졌다. 그러나 입법참사원은 주지사의 통제를 받기 때문에 자주적인 입법기관이라고 할 수 없는 실정이었다. 입법참사원은 재정에 대해서도 일정한 통제권을 보유하기는 하지만 중앙입법부와 유사한 제한을 받고 있었다. 예를 들어 어떤 조치는 총독의 사전재가를 요구했다(동법 제80조 A항). 법안이 유보사항에 속하고, 주지사의 직무를 이행하는 데 본질적인 것이라면 주지사는 입법부에 의하여 거부된 법안도 통과시킬 수 있었다. 총재는 법안이 주의 안녕과 안전에 영향을 미치는 경우에는 법안의 통과를 저지할 수 있었다. 주지사의 직무를 이행하는 데 본질적인 것이라면 주지사는 입법참사원이 거부 또는 삭감한 예산항목을 복원시킬 수 있었다. 입법부에서 통과된 법률이라 하더라도 주지사 및 총독이 동의하지 않는 경우에는 법으로서의 효력을 가질 수 없었다. 주지사는 총독의 재고를 유보조건으로 하여 법안을 보류할 수도 있었다(동법 제82조). 마지막으로 주지사 및 총독이 동의한 법률에 대해서는 국왕만 거부할 수 있었다. 그리하여 중앙정부에서와 마찬가지로 주정부에서도 입법부가 집행부의 막강한 권력에 복종하고, 그것은 결국 자치의 부인을 뜻하였다.

인도국민은 어찌 되었든 '몬터규–첼름스퍼드 제안'을 받아들였다. 그러나 그것이 이행되기도 전에 잘리안왈라 공원(Jallianwala Bagh)에서 일어난 비극적인 '암리차르 대학살'(Amritsar Massacre) 및 '터키 평화조약'의 발표 등으로 인하여 1920년 1월 1일부터 시행할 예정이었던 「1919년 인도정부법」이 발표된 시점의 상황은 전혀 다르게 돌아갔다. 국민회의는 주선거를 거부하였고, 스와라지당(Swaraj Party)은 일부 지역에서는 다수당이 되었음에도 장관직을 수용하지 않았다. 결과적으로 의회에서 많은 지지를 받지 못한 사람들이 장관으로 임명되었다. 이러한 요소들은 쌍두정의 약점과 결합하여 「1919년 인도정부법」의 완전한 실패를 야기하였다. 따라서 이 법 시행 후 곧장 정부는 새로운 개혁을 추구하지 않을 수 없었으며, 그것은 최종적으로 「1935년 인도정부법」으로 귀결되었다.

(3) 「1919년 인도정부법」에 대한 평가

쌍두정은 실패로 판명났다. 알렉산더 무디먼(Alexander Muddiman)이 지도하는 12인 위원회는 쌍두정의 효과적인 운영을 위하여 이원지배의 실태를 조사하였다. 거기에서 지적된 쌍두정의 단점은 다음과 같다.[14]

첫째, 관할사항 ─ 유보사항과 이전사항 ─ 의 경계선이 명확하지 않다. 이러한 불명확성은 간섭기회를 증대시키며, 갈등하는 경우 주지사는 중재자로서 행동해야 하며, 유보사항을 편들게 되었다.

둘째, 정부가 원활하게 운영되기 위해서는 장관과 집행참사원 사이에서 정책공조가 이루어져야 하는데도, 주도권을 가진 주지사는 이러한 문제에 관심이 없었다.

> ● 무디먼 보고서의 다수의견은 이러한 결함을 제거해야 한다고 보았지만, 소수의견은 정부가 양분된 것이 바로 현행헌법의 본질적인 결함이라고 주장하였다(인용은 Gupta & Sarker, 1982, p. 249).

셋째, 장관들은 정당제도의 기초 위에서 의회를 통해 임명되지 않았기 때문에 협동책임의 원리는 확보될 수 없었다. 협동책임이 존재하지 않았기 때문에 개별 장관의 목적은 장관직을 유지하는 것뿐이었다. 따라서 장관들은 주지사에게 아첨과 아부로 일관하였다.

넷째, 주지사의 권력은 절대적이었다. 주지사는 장관을 재량으로 임명하였고, 언제든지 해임하였다. 주지사는 이전사항에 대하여 절대적인 권력을 보유하였고, 총독과 인도국무장관의 통제도 계속되었기 때문에 각료의 책임은 뿌리부터 흔들렸다.

---

14) Gupta & Sarka, p. 249 이하; 보다 상세한 것은 R. C. Agarwal, pp. 210~216.

다섯째, 부서의 공무원들은 장관을 경유하지 않고 주지사에게 직접 접근할 수 있었다. 장관은 공무원들이 자신과 무관하게 총독에게 영향력을 행사한다고 느끼기 시작하였으며, 장관의 책임감도 그만큼 줄어들었다.

여섯째, 재무국(Finance Department)은 집행참사원의 참사관들이 장악했으며, 재무국은 나아가 정책을 통제하였다. 장관이 국민의 복지프로그램에 적합한 기금을 요구할 때 이러한 요구는 받아들여지지 않았다. 이러한 연유로 정부에서 장관의 지위는 매우 열등한 것이었다.

일곱째, 장관은 공무원을 통해 정책을 집행해야만 했다. 그런데 공무원의 최상층, 즉 인도공무원단(Indian Civil Service)을 영국에 있는 인도국무장관이 채용하였기에, 장관은 이러한 공직자들에 대하여 어떠한 통제권도 누리지 못하였다. 이들은 장관에 대해서 충성을 표하지 않았으며, 도전적인 태도로 장관을 모욕하기까지 하였다.

여덟째, 대부분의 주입법부에서 압도적인 다수를 점하고 있었던 인도의 최대 정당인 인도국민회의는 쌍두정에 대하여 반대하였고, 그 대표자들은 입각하지 않았다. 따라서 장관은 소수정파 또는 무소속정파로부터 임명되었고, 그들은 입법부의 불신임에 노심초사하지 않을 수 없었다.

> • 비타협운동의 퇴조분위기 속에 국민회의는 참사원에 참여하자는 입장과 그에 반대하는 입장으로 분열되었다. 참여파들은 다스(C. R. Das)와 모틸랄 네루의 지도하에 단결하였다. 국민회의는 격론 끝에 입법부에 참여하되 협조하지 않고, 헌법을 붕괴시키도록 노력한다는 전제하에서 스와라지당(Swaraj Party)의 강령에 동의하였다(R. C. Agarwal, p. 214).

결론적으로 쌍두정체제는 인도에서 실패했다. 행정당국은 「1919년 인도정부법」이 예정하고 있는 인도인의 정부행정참여를 결코 허락하지 않았다. 그 법은 국민의 대표자들에게 권력을 실질적으로 이양하지 않았다. 인도인의 선거 거부와 자치운동으로 인하여 「1919년 인도정부법」도 파행상태를 면치 못하였다.

참고문헌

- 아사다 미노루 지음, 이하준 옮김, 『동인도회사』, 파피에, 2004.

- 조길태, 『인도사』, 민음사, 2003.

- A. B. Keith, *A Constitutional History of India 1600~1935*, Methuen & Co., Ltd., 1937.

- Archbold, *Outlines of Indian Constitutional History*, P. S. King & Son, 1926.

- Archna Chaturvedi, *A Constitutional History of India*, Ajay Verma, 2009.

- C. Ilbert & Meston, *The new constitution of India*, University Press, 1923.

- Gupta & Sarkar, *Overview of Indian Legal and Constitutional History*, Surjeet Publications, 1982.

- M. Gwyer and A. Appadorai, *Speeches and Documents on the Indian Constitution 1921~1947*, Vol. 1, Oxford University Press, 1957.

- M. P. Singh, *Outlines of Indian Legal and Constitutional History*, Universal Law Publishing Co., 1996.

- M. Rama Jois, *Legal and Constitutional History of India*, Universal Law Publishing Co., 2012.

- R. C. Agarwal, *Constitutional Development and National Movement of India(Freedom Movement, Acts and Indian Constitution)*, S. Chand & Company Ltd., 1996.

- Rai, *Indian Political System*, Sunrise Publications, 2007.

- Robin J. Moore, *Imperial India, 1858~1914*, The Oxford History of the British Empire, Oxford, 1999.

- V. A. Smith, *The Oxford History of India*, Oxford University Press, 1958.

- Subhash C. Kashyap, *Our Constitution*, National Book Trust, 1994.

- ———, *Our Constitution*, National Book Trust, 2007.

- V. D. Kulshreshtha, *Landmarks In Indian Legal and Constututional History*, Eastern Book Company, 1995.

- W. H. Morris Jones, *Parliament in India*, University of Pennsylvania Press, 1957.

제 3 장
「1935년 인도정부법」

I · N · D · I · A

1

출현과정

「1919년 인도정부법」에 대한 불만족과 인도인의 비협조로 말미암아 1924년 알렉산더 무디먼을 위원장으로 하는 '개혁조사위원회'(Reforms Enquiry Committee)가 발족하였다. 이 위원회의 목적은 「1919년 인도정부법」을 효율적으로 작동시키기 위한 방안을 강구하는 것이었다.

1925년 위원회의 다수는 이 법을 공정하게 심사하기 위하여 보고서를 제출하였고, 소수는 이 법의 체제가 본질적으로 결함을 가지고 있으므로 왕직할위원회(Royal Commission)가 구성되어 헌법개혁에 착수해야 한다고 주장하였다. 처음에 정부는 소수의 입장에 동의하지 않았으나 결국 1927년 11월 6일에 이에 동조하였다.

1927년 정부는 '사이먼위원회'(Simon Commission)라 불리는 왕직할위원회를 구성하였다. 사이먼위원회는 1930년에 보고서를 제출하였는데, 그 보고서에서 위원회는 연방헌법도, 책임정부도 제안하지 않았다. 위원회는 이러한 문제들을 인도토후들이 연방으로 통합될 때까지 국민들 사이에서 논의되어야 할 문제로 남겨 두었다. 그 동안에 연방정부 및 책임정부에 대한 요구는 '네루위원회 보고서'(Nehru Committee Report)에서 보다 본격적으로 개진되었으며, 인도의 토후들마저도 연방에 기꺼이 참여하려는 의향을 보여 주었다.

네루위원회 보고서는 인도헌정사에서 인도인의 손에 의하여 작성된 최초의 연방제 구상을 담고 있었다. 헌법개혁을 논의하기 위하여 3회에 걸쳐 원탁회의가 런던에서 개최되었는데, 처음 두 차례의 회의는 실패하였고 마지막 제3차 회의에서 약간의 합의가 이루어졌다. 그 결과 202개 항에 이르는 백서(White Paper)가 발간되었다. 백서의 내용은 첫째, 자치주를 바탕으로 한 연방을 설치하는 것, 둘째, 중앙과 주에서 책임정부를 수립하는 것이었다. 백서에 관한 논쟁이 야기되었고, 이를 해결하기 위하여 린리스고(Linlithgow) 후작을 의장으로 하는 양원합동위원회가 구성되었다.

그 결실로 1934년 11월 위원회의 권고에 따라 「1935년 인도정부법」(Government of India Act)이 영국의회를 통과하였고, 1935년 8월 2일에 왕의 재가를 얻었다. 이 법은 현행 헌법의 모태로 평가되고 있다. 거기에서 이미 인도의 정치적 복잡성을 반영하는 인도연방의 기본구상이 처음으로 법제화되었기 때문이다.[1] 그러나 이 법이 인도인의 소망에 부합하는 연방제 국가를 수용했다고 보기는 곤란하다. 거기에는 분할통치(divide and rule)라는 제국주의적 책략이 짙게 깔려 있었기 때문이다. 이 법에 대하여 대다수 인도인들이 반대하였고, 그리하여 이 법에 따라 실제로 운용된 부분은 주에 관한 것과 법원에 관한 것에 불과하였다. 그리고 제2차 세계대전의 발발로 상당한 정도 법의 운용이 파행상태를 면치 못하였다. 이 절에서는 「1935년 인도정부법」이 제정되게 된 경위 및 그 법의 실태를 연방제와 관련된 사항을 중심으로 논의하고자 한다.

1. 사이먼위원회

「1919년 인도정부법」은 이 법이 통과된 지 10년 후에 인도 정부체제의 운영과 대의제도의 발전을 조사하여 인도에서 책임정부의 확장, 수정 또는 제한을 가하기 위하여 위원회를 구성하도록 예정되어 있었다. 이러한 예정에 따라 영국정부는 존 사이먼(영국 자유당원)을 위원장으로 하는 '사이먼위원회'를 구성하였으나, 불행하게도 인도인은 여기에 한 명도 포함되지 않았다. 영국인들은 일부 인도인이 참여하게 되면 다른 인도인의 이익을 대변하지 못한다는 변명을 늘어놓았다. 그렇기 때문에 이

---

1) G. N. Joshi, *The Constitution of India*, 3th ed., London, 1954, p. 26.

에 대하여 인도의 모든 정당들이 이 위원회를 거부하였다.[2] 위원회는 1930년 6월 24일에 보고서를 제출하였으며, 그 보고서의 핵심 내용은 다음과 같았다.

① 쌍두정은 주에서는 폐지되어야 하고, 주에서 책임정부를 창조해야 한다.

② 행정의 원활한 운영 및 소수집단의 이익을 보호하기 위해서 총독과 주지사에게 단순한 포괄적인 권한을 부여해야 한다.

③ 선거권을 확장해야 하며, 소수집단에게 특별대표를 인정해야 한다.

④ 중앙집행부는 의회의 통제를 받지 않아야 한다.

⑤ 영국의 군대는 인도의 국방을 위해서 주둔해야 한다.

⑥ 중앙입법부는 총독주와 가입을 희망하는 토후국의 대표로 구성되어야 한다.

⑦ 버마와 인도는 분리되어야 한다.

⑧ 주입법부의 규모는 확대되어야 한다.

⑨ 인도국무장관과의 관계에서 인도평의회는 계속되어야 한다.

⑩ 새로운 헌법이 제안되어야 한다.

사이먼위원회가 중앙에 권고한 정부형태는 책임정부가 아니라 여전히 무책임하고, 독재적이고, 융통성 없는 중앙집행부에 불과하였다. 위원회 보고서는 인도연방의 가능성을 어느 정도 시사하고 있었지만 인도인을 한 명도 참가시키지 않은 것에서 명백히 드러나듯이 인도독립을 향한 인도인의 의사를 고려하지 않고, 자치령에 대하여 전혀 언급하고 있지 않았다. 그것은 인도독립을 향한 민족운동의 큰 흐름이 성장하고 있다는 것을 반영하지 못한 30년 전쯤의 헌법적 처방이었다고 하겠다.

2. 네루위원회 보고서와 제1차 시민불복종운동

인도의 모든 정당들은 모틸랄 네루를 의장으로 하는 위원회를 구성하여, 인도인의 관점에서 영국정부가 어떠한 조치를 취해야 하는가를 권고하고자 하였다.

---

2) R. C. Agarwal, 1996, p. 236.

• 모틸랄 네루(Motilal Nehru, 1861~1931)는 유명한 자와할랄 네루의 아버지이자 연합주의 변호사였다. 변호사 활동을 통한 그의 수입은 엄청났고, 그래서 왕과 같은 호화판 생활을 하였다. 그는 1906년 인도국민회의와 관계를 맺었다. 그의 초기 정치적 입장은 매우 온건하였으나 펀자브의 계엄령, 잘리안왈라 공원에서의 학살, 애니 베산트 부인의 체포, 아들인 자와할랄 네루의 영향으로 그는 마침내 급진주의자가 되었다. 그는 잘리안왈라 공원에서의 학살을 보고하기 위하여 국민회의 조사위원회의 일원이 되었다. 그 위원회의 다른 성원은 간디, 다스(1870~1925), 후크, 티아브 등이었고, 모틸랄 네루는 1919년 암리차르 국민회의 회기의 의장이 되었다. 그는 비타협운동 기간에 체포되어 감옥 신세를 지게 되었고, 석방 후에 다스와 협력하여 스와라지당을 만들었으며, 중앙입법회의(Central Legislative Assembly)에 참여하여 스와라지 그룹의 지도자가 되었다. 무소속의원들의 협조를 얻어 그는 정부에 여러 차례 패배를 안겨 주었으며, 정부의 정책을 혹독하게 비판하고, 인도의 독립을 열정적으로 요구하였다. 1928년 '사이먼위원회'에 대한 반대시위에서 주도적인 역할을 했고, 나중에 자유인도헌법을 초안하기 위한 제정당연석회의(All Parties Conference)를 소집하였다. 여기에서 구성된 헌법기초위원회가 만들어 낸 것이 그 유명한 '네루위원회 보고서'이다. 그는 중앙입법회의의 의원직을 포기하고, 간디가 시작한 시민불복종운동에 참여하였다(R. C. Agarwal, 1996, p. 377; J. Adams & P. Whitehead, *The Dynasty, The Nehru-Gandhi Story*, 1997).

• 사이먼위원회 보고서가 낳은 초안을 반대하기 위하여 제정당연석회의(All parties Committee)가 1928년 델리에서 개최되었다. 국민회의가 주도한 이 회의에는 29개의 정당이 참여하였다. 사전조율을 거친 후에 연석회의는 1928년 5월 19일 봄베이에서 회합을 개최하였고, 헌법을 기초하기 위하여 모틸랄 네루를 위원장으로 하는 분과위원회를 지명하였다. 스리 수바스 보세, 사프루, 시후아이브 쿠에레슈, 사르다르 만갈 싱, 프라단이 위원회에 참여하였다.

네루위원회의 권고안은 다수 인도인의 정치적 견해를 대변한 것이었고, 인도연방에 대한 원칙적인 입장이 피력된 것이었다. 실제로 이 권고안은 독립 후 인도헌법의 기초로 재수용되었다. 네루위원회 보고서의 주요 사항은 다음과 같다.

① 자치령과 독립정부 : 위원회의 다수는 자치령(Dominion Status)을 선호하였고, 소수파는 완전독립을 지지하였다. 그리하여 단기적 목표로 자치령을, 장기적으로는 완전한 독립을 지지하는 타협안으로 정리되었다.

② 주권과 인권 : 보고서는 주권은 인민에게 속하고 주권은 대표자를 통하여 헌법

에 따라 행사된다고 언급하였고, 개인에게 자유를 보장하기 위하여 19개의 기
본권을 헌법에 성문화시킬 것을 제안하였다. 그러한 기본권 중에서 대표적인
것은 남녀의 권리평등, 신앙의 자유 등이다.

③ 중앙의회 : 인도의 의회는 영국왕, 상원(Senate), 하원(House of Representatives)
으로 구성되어야 한다. 상원은 주입법부에 의하여 선출된 200명의 의원으로 구
성되며, 각 주는 인구비례에 따라 상원의원을 선출한다. 하원은 성인참정권에
기초하여 직접 선출된 500명의 의원으로 구성된다. 하원의 임기는 5년이며, 외
교문제에 대하여 의회는 다른 자치령들과 동일한 권리를 가져야 한다.

④ 중앙집행부 : 보고서는 국왕이 자신의 대표자인 총독을 통해서 자신의 권력을
행사할 수 있는 최고의 집행기구임을 수용하였다. 그러나 또한 총독은 헌법과
의회 입법에 완전히 일치하여 행동할 것을 요구하였다. 그리고 총독의 집행부
는 인도의회에 집단적으로 책임을 지는 총리와 6인의 장관으로 구성되어야 한
다고 명시하였다.

⑤ 대법원 : 보고서는 헌법해석의 책무와 주 사이의 분쟁을 해결하는 책무를 지는
인도 대법원의 설치를 주장하였고, 아울러 이러한 대법원의 결정에 대하여 추
밀원(Privy Council)에 상고할 수 없도록 권고하였다.

⑥ 주자치와 잔여권한 : 위원회는 인도연방에 대한 비전을 제시하였다. 위원회는
가능한 많은 자치를 주에 부여해야 한다는 점을 강조하였다. 관할사항은 중앙
사항(Central Lists)과 주사항(Provincial Lists)으로 구분하고, 잔여권한(Residuary
Powers)은 중앙에 귀속되어야 한다는 입장을 취했다. 또한 주입법부는 단원제
로 구성되어야 한다는 입장을 취하였다.

⑦ 종교공동체별 선거제도의 거부 : 보고서는 인도에서 종교공동체 간의 문제가
있다는 점을 인정하였고, 자유 인도만이 이 문제를 만족스럽게 해결할 수 있다
고 주장하였다. 또한 인도에서 영국적인 요소들이 지역적 긴장을 야기하고 있
다고 주장하였다. 보고서는 또한 국교가 없는 세속국가의 수립을 옹호했고, 소
수파인 종교공동체에 문화적 자율성 및 그 보호장치를 마련해야 한다고 시사했
지만 종교공동체별 선거구(communal electorate)는 거부하였다. 대신에 위원회

는 통합선거구(Joint electorate)를 제시하고 일정한 의석할당제로 대체하였다.

⑧ 인도토후국(Princely States) : 보고서는 인도의회는 인도토후국에 대해서 종래 인도정부와 동일한 권리를 보유하고, 동일한 의무를 부담한다고 규정하였다. 인도토후국과 의회 간의 갈등이 발생하는 경우에 총독은 대법원에 중재를 회부할 권리를 가졌다.

네루위원회 보고서는 1928년 8월 러크나우(Lucknow)에서 열린 '제정당 연석회의'에서 만장일치로 수용되었지만, 구체적인 내용을 심사할 즈음에는 어려움에 봉착하였다.[3] 네루위원회 보고서에 대하여 이슬람연맹은 세 가지의 입장으로 갈렸다. 아자드(Maulana Azad), 칸(Hakim Ajmal Khan), 안사리(Dr. Ansari)와 다른 민족주의자 이슬람교도들은 보고서를 원안대로 수용하고자 한 반면에, 샤피(Mohammed Shafi)는 이를 거부하였고, 진나(Muhammad Ali Jinnah)가 이끄는 제3그룹은 보고서에 대응하여 14개항을 제시하였다.

• 아자드(1888~1958)는 국민회의와 운명을 같이한, 즉 분파적 공동체의 이익이 아니라 민족적 대의에 따라 움직인 몇 안 되는 이슬람 중의 한 사람이었다. 아자드의 부친이 1857년 이후 아랍의 메카(Mecca)로 이주하였기 때문에 그는 1888년 그곳에서 태어났다. 그는 셰이크 자말우드딘(sheikh Jamal-ud-din)이라는 위대한 신학자의 후손이었다. 그의 어머니는 메디나(Medina)의 이슬람 율법가(Mufti)의 딸이었고, 오로지 아랍어만을 구사할 수 있었다. 그는 메디나와 메카에서 어린 시절을 보냈으며, 부친의 집은 배움의 전당이었다. 아버지에게서 조기교육을 받고, 카이로의 알 아자드(Al-Azad) 대학에서 공부하였다. 그 후 아버지를 따라 다시 1907년에 캘커타에 정착하였다. 그는 15세에 『진리의 소리』(Lisan-ul-Sidq)라는 잡지를 발행하여 높은 평가를 받았으며, 기타 많은 저술을 남겼다. 또한 그는 『알 힐랄』(Al Hilal)이라는 주간지를 창간하여 정치적 입장을 나타내기 시작하였다. 이슬람의 혁신을 강조하고, 분리주의에 반대하면서 외세로부터 독

---

3) 국민회의 내부에서도 의견이 나뉘었다. 자와할랄 네루와 수바스 보세를 중심으로 한 소장파들은 완전독립을 주창하였고, 모틸랄 네루가 이끄는 원로그룹은 보고서를 수용하고자 하였다. 그러나 보고서가 통과될 수 있을지는 매우 의문스러운 상황으로 이어졌고, 이즈음 간디가 모틸랄 네루를 극적으로 도움으로써 캘커타 국민회의 최후통첩으로 통과되었다. 간디는 완전독립을 지지하지만, 당시 상황에서는 완전한 자치령안도 반대하지 않는다는 유연한 입장을 취하였다.

립하기 위하여 이슬람과 국민회의가 단결해야 한다고 역설하였다. 1921년에 간디를 만나고, 1923년과 1940년에 국민회의의 의장으로 선출되었으며, 1946년에 국민회의 의장직을 네루에게 물려주었다. 그의 정치적 입장은 힌두문화와 이슬람문화의 융합이었고, 공통된 민족성을 강조하였다. 그는 전체적으로 해외에서 성장한 사람의 애국주의적 심정에 기초하여 인도의 통합을 지지한 국민회의에 기울어졌다(R. C. Agarwal, 1996, pp.379~391 참조).

　　• 진나의 14개 항은 전 인도 이슬람연맹의 회의가 1929년 3월 델리에서 개최되기 전에 작성되었다. 이슬람연맹은 14개의 항목이 인도헌법에 수용되지 않는 한 장래의 인도헌법을 인도의 이슬람들은 수용하지 않겠다고 결의하였다. 진나의 14개항은 다음과 같다. ① 인도헌법은 연방제여야 하며, 잔여권한은 주에 할당되어야 한다. ② 모든 주는 통일적인 자율성을 보유해야 한다. ③ 국가의 입법부와 선거기관은 각 주에서 다수자를 소수자로 또는 동수로 감축시키지 않고 소수자의 적절하고 효과적인 대표 원리에 근거하여 구성되어야 한다. ④ 중앙의회 의석의 최소한 3분의 1은 이슬람의 몫이어야 한다. ⑤ 종교적 공동체의 기초 위에서 분리선거구(separate electorate)는 존속되어야 하나, 공동체는 스스로 분리선거구 대신 통합선거구를 채택할 수 있다. ⑥ 영토의 재획정은 펀자브, 벵골, 북서국경주에서 이슬람의 다수성에 영향을 미쳐서는 안 된다. ⑦ 신념, 신앙, 의식, 선전, 결사 및 교육의 자유는 소수자 공동체를 포함하여 인도의 모든 공동체에 보장되어야 한다. ⑧ 공동체 구성원의 4분의 3이 법안, 결의 또는 그 일부가 당해 공동체의 이해관계에 악영향을 미친다는 이유로 당해 법안 또는 결의를 반대하는 경우에는 입법부에서 통과되어서는 안 된다. ⑨ 신드(Sind) 지역은 봄베이 관구(Bombay Presidency)로부터 분리되어야 한다. ⑩ 북서국경주와 발루치스탄은 개혁의 관점에서 차별적으로 취급되어서는 안 된다. ⑪ 효율성의 요청을 적절하게 고려하여 모든 서비스의 조직에서 이슬람들에게 적절한 몫이 주어져야 한다. ⑫ 이슬람의 문화는 이슬람의 교육, 언어, 종교, 법률의 발전을 위하여 보호되어야 하고, 이슬람 자선단체는 국가와 자치단체가 제공하는 원조에서 적절한 몫을 확보해야 한다. ⑬ 3분의 1의 이슬람 장관이 중앙정부 및 지방정부에 입각해야 한다. ⑭ 헌법은 연방을 구성하는 주의 동의가 없는 경우에는 중앙입법부에 의하여 개정되어서는 안 된다.

　　네루위원회 보고서는 인도연방정부의 수립을 위한 분위기를 형성시켰다. 인도국민회의당은 인도인의 수중에 권력을 완전히 이양한 전인도연방(All India Federation)을 선호하였고, 인도를 자치령으로 승인해야 한다는 주장은 연례회의에서 공식선언문과 결의를 통해 분명하게 표현되었다. 여론은 연방을 수립하자는 방향에서 거의 만장일치를 이루었다. 인도토후들도 또한 인도연방을 수립하자는 입장을 지지하였다. 토후들은 실제로 영국정부와 정치적 대리인들에게 최고권을 인정하는 것에 불만을 표하였다. 토후들의 행동은 제한적이었다. 그들은 주의 내정에 관한 한 외부의 영향으로부터 완전하게 독립하는 것을 목표로 하였다. 그래서 그들은 전인도연방이라는 구호를 추종하였다.

한편 1929년 5월에 실시된 총선거 후 노동당(Labor Party)의 램지 맥도널드(Ramsay Macdonald)가 총리가 되었다. 노동당은 하원의석의 절대다수를 획득하지 못하였기 때문에 자유당과 연합함으로써 정부를 구성할 수 있었다. 맥도널드는 당시에 영연방 노동당회의에서 인도에 자치령의 지위를 부여하겠다고 선언하였다.[4] 맥도널드는 인도총독 어윈(Lord Irwin)을 본국으로 초청하여 인도의 장래를 숙의하였다. 어윈은 인도로 귀환한 후 1929년 10월 31일에 영국정부의 의도는 인도와 영국의 관계에 드리워진 불신을 제거하기 위하여 인도의 각계각층의 의견을 수렴하고 인도를 자치령으로 바꾸려는 것이라고 선언하였다. 인도인들은 총독의 선언에 만족하였고, 모든 정당들은 자치령헌법(Dominion Constitution)을 제정하는 데 협력할 것을 약속하였다.

그러나 영국정부의 선언에는 자치령의 일정이 전혀 나타나 있지 않았으며, 인도의 지도자들은 영국의 정치적 의도를 의심하기에 이르렀다. 영국 하원에서의 토론과정에서 보수당(Conservatives)과 자유당(Liberals)은 인도에 자치령의 지위를 부여하려는 것에 반대하였다. 인도국민회의는 마침내 1929년 라호르(Lahore)에서 완전독립결의(Complete Independence Resolution)를 통과시켰다(1929년 12월 31일). 국민회의는 1930년 1월 26일을 '완전 자치의 날'(Purna Swaraj Day)로 선포하였다.[5] 영국은 이미 네루 위원회 보고서를 일언지하에 거절하였고, 인도의 지도자들은 영국을 추방하기 위하여 보다 선동적인 언어를 구사하였다. 이러한 난국을 타개하기 위하여 간디는

---

4) "나는 수년 아니 몇 개월 이내에 다른 인종이 영연방 안에서 동등한 자로서 존중받게 될 자치령이 영연방에 추가되기를 희망한다." 인용은 R. C. Agarwal, p. 243.

5) 이 날을 기념하기 위하여 독립 이후 제정된 인도헌법도 1950년 1월 26일에 맞추어 시행되었고, 건국일(Republic day)로 기념하고 있다.

영국정부에 몇 가지 제안을 하였지만 어떠한 반응도 나오지 않았다.

이에 인도민중은 전면적인 제1차 시민불복종과 소금 사티아그라하(Salt Satyagraha) 를 개시하였다(1930~1931).

> • 당시 영국은 소금 전매를 통하여 이익을 얻고자 하였기 때문에 인도인의 소금 제 조를 금하였다. 소금 사티아그라하는 영국의 소금법(Salt Laws)에 대한 위반운동이자 영국지배에 대한 저항이었다. 간디는 사바르마티 아슈람에서 해변까지 200마일을 24일 에 걸쳐 도보로 행진하였다. 이러한 시위는 전국적인 시민불복종운동의 도화선이 되었 다. 시민불복종의 강령은 ① 소금법의 위반, ② 학교 출석 거부, 공무원의 근무 거부, ③ 술, 아편, 외국산품 취급점에 대한 피케팅, ④ 직물의 소각, ⑤ 납세 거부 등을 포함하였 다. 물론 영국정부는 경찰력을 동원하여 무자비한 탄압과 투옥으로 일관하였다.

영국정부는 인도인의 운동을 통제하기 위하여 억압수단을 사용하였다. 마하트마 간디를 포함하여 국민회의 지도자들은 대부분 투옥되었다. 반면에 진나(Jinah)가 이 끄는 인도의 이슬람들은 이러한 운동을 지지하지 않았다. 그는 시민불복종운동은 인 도의 이슬람들을 힌두 마하사바의 종속물로 만들 것이라고 판단하였기 때문이다.[6]

3. 원탁회의와 제2차 시민불복종운동

전국적인 반영운동이 일어나자 영국은 다시 유화적인 조치의 일환으로 원탁회의 를 런던에서 소집하였다. '제1차 원탁회의'(First Round Table Conference)는 억압 분 위기 하에서 시작되었다.

> • '제1차 원탁회의'는 89명의 위원 중에서 57명은 총독주에서, 16명은 인도토후국 에서 파견되었고, 나머지는 영국정당의 대표자들이었다. 원탁회의는 영국총리 맥도널 드가 주재하였다. 총독주의 대표들은 힌두교도, 이슬람교도, 불가촉천민, 지주와 노동

---

6) R. C. Agarwal, p. 247.

자를 포함하여 혼합적인 성격을 지녔으나 국민회의는 그 지도자들이 전부 감옥에 있었기 때문에 원탁회의에 참여하지 못하였다(R. C. Agarwal, p. 247).

영국총리 맥도널드는 전인도연방을 제안하였고, 주에는 소수집단을 보호하기 위하여 주지사에게 특별권력을 부여한다는 전제하에 책임정부의 도입을, 중앙에는 특별권력을 보유한 총독을 중심으로 쌍두정의 도입을 제안하였다.[7] 인도 대표들은 주에 자율을 부여하자는 생각을 환영하였고, 자치령의 지위를 인정하라고 영국정부를 설득하였다. 어쨌든 대표자들은 맥도널드의 제안에 대체로 동의하였다.

그러나 종교공동체 간 문제(Communal Problem)는 해결될 수 없었다. 진나는 14개 항의 수용을 요구하고 분리대표제도를 옹호하였다. 암베드카르도 이슬람교도들과 보조를 맞추어 지정카스트(Scheduled Castes)를 위한 분리선거구제도를 옹호하였다. 힌두교도들은 소수집단에 대한 의석을 할당한다는 조건 아래 통합선거구제도를 지지하였다. 합의의 실패로 제1차 원탁회의는 성공을 거두지 못하였다. 제1차 원탁회의는 국민회의라는 인도의 최대 정파를 배제하고 진행되었기 때문에 결코 바람직한 결과를 낳을 수 없었다는 인식하에 영국정부는 우호와 협력의 분위기를 연출하고자 했으며, 간디의 석방을 명하였다. 간디 석방 후에 시민불복종운동은 철회되었다. 총독 어윈은 간디와 일련의 대화를 가졌고, 마침내 간디-어윈 협약(Gandhi-Irwin Pact)이 체결되었다. 이 협약에 따라 시민불복종은 철회되었고, 영국정부는 폭력범죄를 저지르지 않은 모든 정치범들을 석방하였다.

> • 1931년 5월 5일에 체결된 간디와 어윈의 협약에 따라 영국정부는 ① 정치활동가를 처벌하기 위한 포고령과 계류 중인 소송을 철회하고, ② 폭력범죄를 저지른 자를 제외하고 모든 정치범을 석방하고, ③ 해안으로부터 일정 거리 이내에 거주하는 사람들에게 세금을 부과하지 않고 소금을 제조하는 것을 허용하고, ④ 술, 외국산품, 아편을 취급하는 점포에 대하여 평화로운 피케팅을 허용하고, ⑤ 시민불복종운동과 관련하여 몰수한 재산을 반환하고, ⑥ 토지공과금 대신에 몰수한 동산 및 부동산을 반환하는 것에 동의하였다. 국민회의를 대신하여 간디는 ① 시민불복종운동을 중단하고, ② 경찰의 과잉

---

7) Gupta & Sarka, 1982, p. 254.

조치에 대한 조사를 압박하지 않고, ③ 원탁회의에 국민회의가 참여하도록 조치를 취하고, ④ 모든 보이콧 계획을 철회하는 것에 동의하였다. 이러한 협약은 인도독립이라는 시민불복종운동의 목표에 비추어 보면 매우 타협적인 것이었기 때문에 반대하는 분위기가 우세하였고, 국민회의 소장파들은 "간디 타도"를 외치는 지경에 이르렀다(R. C. Agarwal, p. 258 이하).

제2차 원탁회의가 열리기 전 1930년 10월 총선거에서 이제 보수당 정부가 승리하였으며, 보수당 정부는 인도독립에 결사적으로 반대하였다. 따라서 새로 부임한 윌링던(Willingdon)은 국민회의를 분쇄하고자 하였고, 간디-어윈 협약을 완전히 무시하였다. 간디는 인도국민회의의 유일한 대표자로서 제2차 원탁회의에 참석하였다. 인도토후들은 파티알라의 마하라자(Maharaja, 토후)의 지도하에 연방(Federation)의 이념을 변경하고, 연합(Conferderation)을 원하였다. 그러나 일부 인도토후들은 연방을 확고하게 지지하였다. 영국정부의 대변인인 새뮤얼 호어(Samuel Hoare)는 원탁회의는 제헌의회가 아니라고 선언하였다. 간디는 완전자치(Purna Swaraj)를 요구하였고, 영국정부는 중앙에 부분적으로 책임정부를 도입하자는 입장이었다. 종교공동체 간의 문제에 있어서도 간디는 국민회의가 전인도를 대변한다는 입장에 섰으나, 영국정부는 이슬람교도와 소수집단을 이용하여 국민회의에 대항하게 만들었다. 회의는 실패로 끝났다.

원탁회의에서 철수한 후 간디는 다음과 같이 말했다. "나는 빈손으로 돌아왔다. 그러나 나는 내게 맡겨진 깃발의 명예를 떨어뜨리거나 결코 타협하지 않았다는 사실에 감사할 따름이다." 이후 보수당정부와 총독 윌링던은 무단통치를 행사하였다. 이에 인도 전역에서 제2차 시민불복종운동(1932~1934)이 전개되었다. 간디와 국민회의 의장인 사르다르 파텔(Sardar Patel) 등 국민회의 지도자들은 무차별적으로 체포되었다. 국민회의 자체는 불법단체로 규정되어 금지되었으며, 국민회의와 연계조직의 재산은 몰수되었다.[8]

---

8) 시민불복종운동이 폭력으로 치닫게 되자 간디는 1934년 4월에 이 운동을 완전히 철회하였다. 간디의 이 결정에 네루, 수바스 보세, B. G. 파텔은 동의하지 않았다.

• 사르다르 파텔(Sardar Patel, 1875~1950) : 파텔은 구자라트(Gujarat) 출신이며, 매우 유능한 변호사였다. 그는 간디의 인품과 강령에 매료되어 1918년 정계에 입문하였다. 바르돌디(Bardoldi)에서 농민 사티아그라하(Satyagraha)를 성공적으로 완수하였던 1930년에 그의 역동적인 지도력을 입증하였다. 간디는 그의 대중적인 지도력을 높이 평가하여 그의 이름에 '사르다르'를 부여하였다. 국민회의는 1931년에 그를 의장으로 선출하였다. 1937년에 국민회의 선거운동을 지휘하였고, 11개 주 중 무려 7개 주에서 국민회의 내각을 형성함으로써 그의 명성은 더욱 높아졌다. 그는 장관의 직무수행을 감독하는 의회위원회(Parliamentary Board)의 의장으로 선출되었다. 1942년 '인도철수운동'(Quit India Movement)에 적극적으로 참여함으로써 3년간 옥고를 치렀으며, 1945년 석방된 후에 임시정부(Interim Government)에서 국민회의를 대표하였고, 1946년에는 부총리로 선출되었다. 그는 인도가 독립할 당시에 이슬람연맹의 이탈과 파키스탄의 분리를 저지하기 위하여 노력하였지만 실패로 귀결되었다. 그의 탁월한 정치적 지도력이 발휘된 것은 토후국의 통합이었다. 영국은 「인도독립법」에서 보듯이 인도가 사분오열되는 것을 방치하였다. 인도토후국들도 나름대로 주권국가를 선포할 기세였는데, 파텔은 탁월한 협상기술과 전략으로 대부분의 인도토후국을 민주적인 정부형태로, 더구나 피를 흘리지 않고 통합시키는 데 성공하였다. 그래서 그는 오늘날에도 '정치적인 천재'로 불리고 있다(R. C. Agarwal, pp. 377~378).

제2차 원탁회의 막바지에 인도에서 선거구 문제와 관련하여 중요한 조치가 예상되었다. 그것은 종교공동체 간의 문제였는데, 인도인들은 이 문제에 대하여 여전히 합의를 도출할 수 없었다. 그리하여 맥도널드는 '종교공동체별 의석배분 결정서' (Communal Award)를 마련하였고, 이에 따라 분리선거구제도가 종교적·사회적 및 지역적 기초 위에서 창조되었다. 이슬람교도, 앵글로인디언(Anglo-Indians), 인도기독교도, 시크교도, 유럽인, 억압계급에 대하여 입법부에서 고정의석이 부여되었다.

• '종교공동체별 의석배분 결정서'의 주요 내용은 다음과 같다. ① 이 결정서의 적용범위는 주의회에서 다양한 공동체에 의석을 배분하는 것에 관련된다. 따라서 중앙의회에 대해서는 관련이 없다. ② 결정서는 이슬람교도, 시크교도, 인도기독교도, 앵글로인디언, 여성의 선거구분리제도를 채택하였다. ③ 노동, 상업, 산업, 지주와 대학에 분리선거구와 고정의석이 마련되었다. ④ 불가촉천민은 소수파로 인정되며, 선거권이 인정된다. ⑤ 이슬람교도가 다수인 주에서 힌두교도는 힌두교도가 다수인 주에서의 이슬람교도와 동일한 권리를 보유한다. ⑥ 펀자브에서의 시크교도 그리고 벵골에서의 유럽인

에 대해서는 가중대표제가 인정된다. 이러한 조치에 대해서 다음과 같은 비판이 제기되었다. 첫째, 불가촉천민을 분리함으로써 힌두교도를 분열시키고 약화시키려는 의도를 지니고 있다. 둘째, 이 결정서는 힌두교도에게는 불리하고, 이슬람교도들에게는 유리한 것이었다. 셋째, 이 결정서는 인도를 분열시키고, 공동체들 상호 간에 적대적인 관계를 촉진시켰다. 넷째, 전 인구의 0.1%에 해당하는 유럽인이 10%의 의석을 차지하였다. 다섯째, 이 결정서는 민주주의 정신에도 반하고, 분리주의와 종교적인 악의를 고취하고, '파키스탄의 이념'을 탄생시켰다. 마지막으로, 이러한 배분결정서는 시대착오적이다. 종교, 성, 카스트와 같은 이념에 기초하여 분리선거구제도를 채택한 곳은 어디에도 없었다(R. C. Agarwal, p. 254 이하).

'종교공동체별 의석배분 결정서'는 인도사회를 종교별, 인종별, 성별, 지역별로 분열시키는 것을 획책하고, 시대착오적이며 반민주적인 지배 발상에 기인한 것이었다. 따라서 간디는 이를 철회시키고 인도의 민족주의운동을 다시 결집시키고자 특유의 죽음을 불사하는 금식(fast)에 들어갔다. 결국 간디는 인도의 지도자들을 다시 한번 단결시켰다. 특히 불가촉천민의 대변자 암베드카르는 계속해서 분리선거구제도를 지지하였다. 결국 암베드카르와 간디 사이의 푸나 협약(Poona Pact)이 체결됨으로써 간디의 단식은 끝났고, 영국정부도 푸나 협약을 지지하였다.

• 푸나 협약의 내용은 다음과 같다. ① 의석배분 결정서상 주의회에서 지정카스트에게 인정된 의석수를 2배로 상향하고 대신에 통합선거구에 동의한다. 의석배분 결정서상의 71석보다 2배 많은 148석의 의석이 보장되었다. ② 하층계급의 구성원은 일반선거인명부에 등재하고, 이들은 단기투표로 지정의석당 4인의 후보자를 선정하고, 합동선거인들이 그중에서 1인을 선출한다. ③ 중앙의회 의석의 약 20%는 불가촉천민에게 할당된다. ④ 지방기구 및 공무에 불가촉천민도 적절한 대표를 파견한다. ⑤ 불가촉천민의 문맹률을 감소시키기 위하여 재정적인 지원을 약속한다.

제3차 원탁회의(Third Round Table Conference 1932)는 구성상으로 대단히 문제가 있었다. 여전히 시민불복종운동이 계속되고, 영국의 철권통치가 계속되는 동안에 인도인의 의사를 대변할 수 있는 인물을 영국정부가 초청하리라는 것은 상상할 수 없는 일이었다. 영국정부는 1932년 12월 24일 영국정부에 고분고분한 46명의 대표를 초대하였다. 국민회의와 힌두 마하사바가 초대되지 않은 것은 당연하였다. 또한 노동당도 자신의 지명자를 영국정부가 수용하지 않자 원탁회의에서 철수하였다. 이와 같이 정부정책에 대한 '예스맨'들로 구성된 제3차 원탁회의는 영국정부의 의사를 결과물로 그대로 발표하였다. 영국정부의 구상은 '백서'(White Paper)에 담겨졌다.

백서는 3차례에 걸친 원탁회의의 결정과 토론에 기초하여 마련되었다. 물론 이 보고서는 너무나 반동적이어서 국민회의와 진보세력들이 전면적으로 거부하였다. 특히 이 보고서는 인도 내정에 대한 총독의 권한과 영국의회의 권한을 전혀 감소시키지 않았다. 전면적인 불신을 받게 되자 영국정부는 이 보고서를 꼼꼼히 심사하기 위하여 양원합동위원회를 지명하였다. 그러나 보수당이 절대다수를 차지하고 있었던 위원회는 인도독립에 명백히 반대하였기 때문에 인도인에 대한 유화적인 결정들을 보고서에서 아예 삭제함으로써 더욱 개악시켰다.[9]

어쨌든 3차례의 원탁회의, 백서, 양원합동위원회의 보고서에 기초한 법안이 의회에 제출되었다. 영국의회는 이 법안을 통과시켰고, 1935년 8월 2일에 왕이 이에 승인하였다. 그것이 곧 「1935년 인도정부법」이 되었다.

2

「1935년 인도정부법」의 특징

"「1935년 인도정부법」이 목표로 삼았던 연방제도는 아마도 연방제도의 역사에서

---

9) 예를 들어 연방하원은 '백서'에 직접선거로 규정하였으나, 위원회는 이를 간접선거로 바꾸었다.

알려진 바 가장 복잡한 것이었다."[10] 「1935년 인도정부법」은 매우 길고 세세하게 규정되었다. 그것은 무려 478개 조문과 18개 부칙으로 구성되었다. 이 법은 동법에 규정한 대로 총선거가 실시된 1936년에는 부분적으로, 1937년 4월에는 전체적으로 시행되었다.

그러나 이 법은 정치적으로 각성된 인도인의 감정과 욕구를 반영하지도 않고, 인도를 자치령으로 한다는 데 대한 어떠한 보장도 제시하지 않았기 때문에 매우 실망스러운 것이었다. 이 새로운 헌법은 인도인의 기본적 권리에 관해서는 일언반구도 담고 있지 않았고, 인도에 대한 영국의 지배를 영속화하였다. 이러한 단점에도 불구하고, 이 법은 매우 의미심장한 것이었다. 「1919년 인도정부법」에 이어 이 법은 인도에서 자치정부를 향한 이정표를 만든 셈이다.[11] 중앙정부의 입법부와 집행부에 관해서는 이 법이 시행되지 못하였다.

주와 관련해서 이 법은 1937년 4월에 효력을 발생하였다. 1937년에 주의회를 위한 선거가 실시되었고, 몇몇 주에서 국민회의가 다수를 형성하였다. 그러나 국민회의는 주지사의 불간섭에 대한 인도국무장관과 총독의 확약이 이루어진 경우에만 11개 주에서 8개 주에 각료로 참여하였다. 국민회의 각료들은 제2차 세계대전이 발발한 1939년 말까지 활동하였다. 인도정부가 일방적으로 대독선전포고를 한 이후 국민회의 각료들은 사퇴하였고, 주행정은 주지사가 담당하였다. 그 2년 동안 각료들은 연대책임의 원칙에 따라 행동하는 성숙함을 충분히 보여 주었다. 그들은 매우 유연하게 일을 처리하였기 때문에 각료를 해임하거나 주지사의 법안을 거부하는 문제는 전혀 없었다. 이 법의 주요 특징은 영령 인도와 인도토후국을 포괄하는 연방을 구성한다는 점, 주에서 자치를 도입한 점, 부분적으로 책임정부를 도입한 점, 중앙에 쌍두정을 도입한 점 등이다.

---

10) M. V. Pylee, *An Inrtoduction to the Constitution of India*, 1995, p. 78.
11) J. N. Pandey, *The Constitutional Law of India*, Allahabad, 1969, p. 11.

(1) 전인도연방

이 법은 영령 인도와 인도토후국을 포괄하는 전인도연방을 규정하였다. 연방의 구성단위는 11개 주, 6개 판무관주(Chief Commissioner's Provinces) 및 연방에 가입하기를 원하는 모든 토후국이었다. 토후국은 연방 가입 여부를 자유롭게 결정하였다. 가입 시점에서 토후국의 지배자는 가입문서에 서명을 해야 했으며, 그가 연방정부에 얼마만큼 복종할 것인지를 결정하게 하였다. 모든 구성단위는 내정에 있어서는 자율을 향유하였으며, 이 법은 연방정부와 구성단위의 분쟁을 해결하기 위하여 연방법원(Federal Court)의 설치를 규정하였다.

(2) 주자치

「1935년 인도정부법」의 또 다른 특징은 주자치의 시작을 의미한다는 것이었다. 이는 「1919년 인도정부법」보다는 분명히 진일보한 것이었다. 주는 처음으로 민주적 정부형태를 갖게 되었고, 쌍두정체제나 '이전사항'(transferred subjects)과 '유보사항'(reserved subjects)의 구분도 폐지되었다. 모든 사항이 장관들의 책임사항으로 이관되었다. 주사항에 대한 중앙의 관여도 명시적으로 감소되었지만, 이것이 「1935년 인도정부법」이 주에서 말 그대로 완전한 책임정부를 설치하였다는 것을 의미하지는 않는다. 장관들은 소관부처를 운용하는 데 있어서 절대적으로 자유로운 것은 아니었다. 주지사는 비록 자주 행사하지는 않았지만 압도적인 권력을 보유하고 있었다.

(3) 중앙의 쌍두정

「1935년 인도정부법」은 주 차원에서 쌍두정을 폐지하고, 중앙에 쌍두정을 도입하였다. 연방사항(federal subjects)은 여전히 유보사항과 이전사항으로 구분되었다. 유보사항은 국방, 외교, 교회 문제, 종족지역을 포함하였고, 총독은 이를 자신이 임명한 3인의 참사관의 도움을 통해 처리하였다. 이전사항을 처리하기 위해 총독은 10인이하의 내각(Council of Ministers)을 임명할 수 있었다. 내각은 의회의 신뢰를 얻는 자들로 구성되게 되었다. 총독은 또한 내각에 인도토후국뿐만 아니라 소수집단 공동체의 대표자들도 포함시킬 수 있었다. 내각은 집단적으로 연방의회에 책임을 지도록 되었다. 그러나 총독은 유보사항과 이전사항을 전적으로 관장하고 있었다. 총독은 참사관과 내각의 협력과 공동작업을 장려하고 그에 대하여 책임을 지도록 하였다.

(4) 소수집단 보호규정

이 법의 또 다른 특징은 소수집단을 위한 정교한 보장과 보호장치에 관한 규정이다. 그러한 규정을 두게 된 이유는 다수파 공동체의 지배로부터 소수자들이 보호를 필요로 하였다는 점이다. 그러나 민족주의자들은 이러한 주장에 설득될 수 없었다. 그들은 이러한 보호규정이 단지 총독과 지사에게 내각과 의원들을 압도하도록 하기 위한 술책에 지나지 않는다는 점을 알고 있었다. 또한 실제로 보호규정은 장관들의 권한을 결정적으로 축소시키는 결과를 가져왔다.

(5) 영국의회의 최고성

이 법은 엄격한 법이어서, 연방의회든 주의회든 법을 수정하거나 추가할 수 없었다. 영국정부만이 그것을 변경시킬 권한을 가지고 있었다. 인도의회는 고작해야 영국정부에 결의서를 제출함으로써 헌법개정을 간청할 수 있었다. 새로운 헌법은 결코 인도의 헌법이 아니라 영국의회가 인도에 부과한 명령에 지나지 않는다고 해야 할 것이다.

(6) 연방법원

이 법은 또한 구성단위들 간 그리고 구성단위와 연방정부 간의 분쟁을 해결하기 위하여 연방법원의 설치를 규정하였다. 연방법원의 기능 가운데 하나는 논쟁이 되는 헌법조항을 해석하는 것이었다. 이런 면에서 연방법원은 연방제의 그것과 흡사하였다. 그러나 연방법원은 최종심이 아니었으며, 경우에 따라서 추밀원에 상고할 수 있었다.

(7) 의회의 확대 및 참정권의 확장

다른 또 하나의 중요 사항은 참정권의 확대이다. 전체 인구의 약 10%가 투표권을 얻게 되었다. 이 법은 지역선거인제도를 유지하고 나아가 이를 확대하였다. 이는 인도에서의 일체감에 대한 고도로 계산된 일격이었다. 연방참사원의 정원은 260명으로, 입법의회의 정원은 375명으로 확대·개편되었다. 연방의회와 11개 주의회 중에서 7개 의회가 양원제를 채택하였다.

(8) 관할사항의 분류

「1935년 인도정부법」에서는 관할사항이 3종류로 구분되었다. 연방 입법사항 목록(Federal List)은 59개, 주 입법사항 목록은 54개, 경합사항 목록은 36개이다(동법 제6부 참조). 전 인도의 이해와 관련되고 통일적인 처리가 요구되는 사항은 연방사항이며, 그 예로는 군대, 통화, 우정, 철도, 중앙서비스, 외교, 무선사업, 관세 등이 있다. 연방사항에 대하여는 연방의회만이 법률을 제정할 수 있었다. 주로 지역적 이해에 관련된 사항은 주사항이며, 주의회가 그에 관하여 입법권을 보유하였다. 주사항으로는 치안, 교육, 지방자치, 보건, 토지수입, 삼림, 광산과 어업 등이 있다. 경합사항 목록은 주로 주의 이해와 관련이 있지만 전국에 걸쳐 통일적인 처리가 요구되는 사항이다. 이 법은 연방의회와 지방의회에 그러한 사항에 대한 입법권을 동시에 부여하였다. 그러나 법이 충돌하는 경우에는 연방법이 우선하도록 하였다. 헌법의 기초자들은 가능한 한 완벽하게 관할사항 목록을 마련하였다. 그러나 여전히 미해결의 권한사항이 있을 수 있었다. 인도대표자들은 이러한 잔여권한(residuary powers)을 연방의회가 행사할 것인지 아니면 주의회가 행사할 것인지에 대하여 결정할 수 없었다. 이러한 갈등을 해결하기 위하여 헌법은 총독에게 목록에 포함되지 않은 사항에 대한 입법권을 자신의 판단으로 중앙 또는 주에 배정하도록 규정하였다.

(9) 전문

새로운 헌법은 인도의 감정에 대한 영국의 태도에 있어서 종전과 다른 어떠한 변화도 없었기 때문에 새로운 전문이 추가되지 않았다. 그러나 영국정부가 인도에 자치령의 지위를 부여하겠다는 약속을 통하여 인도인을 무마하고자 하였기 때문에 「1919년 인도정부법」의 전문이 「1935년 인도정부법」에 답습되었다.

(10) 인도참사원의 폐지

인도인들은 항상 인도참사원(India Council)에 대하여 비판적이었다. 이렇게 된 데에는 여러 가지 이유가 있었다. 새로운 법은 인도참사원을 폐지하고, 인도국무장관에 의하여 3인 이상 6인 이하의 자문관(Advisor)을 임명하도록 규정하였다. 주자치가 도입됨에 따라 이전사항에 대한 인도국무장관의 통제권은 현저하게 감소되었다. 그러나 총독과 주지사의 재량권에 대한 국무장관의 통제권은 변경되지 않았다.

(11) 종교공동체별 선거제도의 유지

종교공동체별 선거제도는 국민의 관심사가 아니었지만, 민족주의의 성장세를 누그러뜨리기 위하여 「1935년 인도정부법」은 이 제도를 유지하고, 나아가 확대시켰다. 이 법은 하층계급에 대해서도 선거권을 확대시켰다. 이슬람교도들은 비록 영령인도 전체 인구의 3분의 1이 안 되었지만 연방의회에서 $33\frac{1}{3}$의 의석을 차지하게 되었다. 노동자와 여성들도 그들이 요구하지는 않았지만 분할대표를 가질 수 있게 되었다.

(12) 버마, 베라르, 아덴

다른 중요한 특징은 버마가 인도로부터 분리되고, 아덴은 영국식민청에 복속된 점이다. 베라르는 하이데라바드 주의 일부였지만 행정상 중앙주(Central Provinces)에 합병되었다.

3

「1935년 인도정부법」에서의 통치구조

우리가 연방제를 논의할 때 무엇을 연방제의 핵심기준으로 삼을 것인지는 문제이지만, 다음과 같이 세 가지 기준을 거론하는 것은 공통적인 것 같다. 즉, ① 중앙과 지방 간 권력의 정확한 분할, ② 헌법의 최고성, ③ 연방법원의 특수한 지위 등이 그것이다.[12] 「1935년 인도정부법」도 이러한 세 가지 요소를 모두 포함하고 있었다.

이 점과 관련해서 「1935년 인도정부법」의 주요 특징을 다음과 같이 요약할 수 있다. 관할사항은 분명하게 연방사항과 지방사항으로 구별되었다. 헌법은 신성하고, 엄격하며 최고의 규범이 되었다. 헌법을 해석하게 될 연방법원의 설치도 규정하였다. 이제 인도연방은 이러한 세 가지 요건을 충족시키고 있는 셈이다. 여기에서 「1935년 인도정부법」에서의 권력구조를 개관하고, 다음 항에서 인도연방제의 문제점을 지적하기로 한다.

---

12) G. N. Joshi, *The Constitution of India, London*, 1954, p. 26.

1. 영국정부

「1919년 인도정부법」 아래에서는 인도국무장관이 인도의 전체행정에 대하여 감독, 지시, 통제의 권력을 보유하고 행사하였다. 총독과 주지사들은 국무장관에게 복종하지 않으면 안 되었다.

그러나 「1935년 인도정부법」은 이러한 상태를 상당히 바꾸어 놓았다. 그리고 이법은 지방자치의 도입을 예정하였는데, 이는 주행정에 대한 장관들의 부분적인 통제를 의미하였다. 마찬가지로 중앙에 쌍두정을 도입하는 것은 일정한 행정부문을 장관에게 이전한다는 것을 의미하였다. 그리하여 총독과 주지사는 장관의 자문에 따라 일정 정도 행정을 운영하지 않으면 안 되었다. 따라서 인도국무장관의 권한은 완화되거나 감소되지 않을 수 없었다.

그러나 인도국무장관은 국왕의 공무원을 통해 인도행정부의 중요한 모든 부문을 지속적으로 관리하였다. 유보사항에 대한 통제 외에도 국무장관은 공공역무와 관련해 많은 권력을 보유하였다. 국무장관은 인도경찰, 관개부(Irrigation Department), 문관청(Civil Services)에 소속공무원을 임명하였다. 국무장관은 또한 인도관련 업무에 있어서 국왕의 헌법자문관이 되었다. 국왕에게 제출된 법안 또는 심지어 총독이 동의한 법안조차도 국무장관의 자문을 거쳐 국왕이 처리하였다(동법 12조).

2. 연방정부

중앙정부와 관련한 법규정이 실현되지는 않았지만, 다음과 같은 내용이었다.

(1) 집행부(The Executive)

인도연방의 집행권은 총독이 영국왕을 대리하여 자신의 재량으로 직접 행사하거나 참사관과 장관들의 보좌를 받아 행사하였다. 이에 따라 연방정부는 총독, 참사관,

내각으로 구성되었다. 일종의 쌍두정이 중앙에 도입되었다.

(가) 총독

총독은 인도연방에서 매우 독특한 지위를 차지하였다. 그는 집행부의 수장으로 머물지 않고, 입법과 사법의 권한에도 본질적인 역할을 하였다. 총독은 두 가지 다른 권원으로 총독주와 인도토후국을 위해 활동해야 하였다. 즉, 총독주와 관련해서는 총독이며, 인도토후국과 관련해서는 왕의 대표자였다. 인도토후국에 대한 국왕의 최고권은 연방정부를 통해서가 아니라 왕의 대표자인 총독을 통해서 직접 행사되었던 것이다. 영국왕은 영국총리의 추천을 받아 5년 임기로 총독을 임명하였다. 헌법은 총독에게 광범위한 권한을 부여하였다. 총독이 행사하는 권한은 재량권력(discretionary powers), 개인적 판단(individual judgement)으로 시행하는 권력, 장관의 보좌를 받아 시행하는 권력으로 분류된다.

1) 유보사항

재량권력은 인도정부법에서 유보부처(Reserved Departments)의 권한으로 분류되고 있으며, 이는 인도행정에서 매우 중요한 사항들을 거의 망라하였다. 재량사항은 유보사항을 의미하였으며, 국방, 외교, 부족지역, 교회사건 등에 있어서 총독은 자신의 재량에 따라 행동하였다(동법 11조). 이러한 사항을 집행하는 데 있어서 총독은 인도연방의회의 통제를 받지 않으며, 오로지 인도국무장관에 대하여 책임을 졌다. 총독은 재량사항을 처리할 때에도 장관과의 협의를 거쳐야 할 의무가 없었으며, 재량권력을 행사할 때에는 자문관을 임명할 수 있었다. 따라서 총독의 재량권력은 장관의 권력에 대한 중대한 제약을 의미하였다. 총독은 명실상부한 행정부의 수장이었고, 장관을 임면(任免)하고, 내각회의를 주재하며, 참사관을 지명하고, 재정고문과 참모, 준비은행의 총재와 부총재 및 여타 고위 공직자를 임면하는 권한도 총독의 재량권력에 속하였다(동법 152조). 이러한 재량권력은 집행권에만 국한되지 않았다.

2) 특별책임사항

인도정부법은 행정의 원활한 수행을 위하여 총독의 특별한 책임사항(special

responsibilities)을 규정하였다(동법 12조). 즉, ① 인도 전체 또는 일부의 치안에 대한 중대한 위협의 방지, ② 공공역무의 정당한 이익보호, ③ 소수집단의 이익보장, ④ 재정상의 안정과 연방정부의 신용보호, ⑤ 영국 또는 버마로부터 수입되는 물품에 대한 차별방지, ⑥ 집행조치의 영역에서 상업적 차별방지, ⑦ 토후국과 왕의 권리보호, ⑧ 총독이 자신의 재량으로 또는 개인적인 판단으로 시행하는 문제와 관련하여 자신의 기능에 대한 적절한 면책의 확보 등이다.

총독은 이러한 특별책임사항에 대해서는 개인적 판단권을 행사할 수 있었다. 총독은 이러한 문제에 대하여 장관들과 상의해야 하지만 장관의 자문에 구속되지 않았다. 총독의 특별책임사항은 장관의 권한에 대한 중대한 제한을 의미하기 때문에 인도의 지도자들은 이 법을 명확하게 반대하였다. 특별책임사항은 보기에 따라서는 행정의 전 영역을 포괄하는 것이었는데, 이는 정치권력을 인도인에게 이전시킨다는 주장의 취지를 무색하게 만들었다. 총독은 실제로 연방제의 주인이 되었다.

3) 이전사항

「1935년 인도정부법」은 중앙에 쌍두정의 도입을 시사하고 있다. 이 법은 중앙사항(Central Subjects)을 유보사항과 이전사항으로 구별하였으며, 국방, 외교, 부족지역, 교회의 문제는 유보사항으로 취급하고, 나머지 사항은 장관에게 이전하였다. 유보사항을 처리하는 경우 총독은 자신의 재량에 따랐으며, 이전사항도 장관의 보좌를 받으면서 감독하였다. 특별책임사항에 속하는 문제에 대해서는 총독도 장관의 자문을 무시할 수 있었다.

(나) 참사관

「1935년 인도정부법」은 유보사항을 통할하는 데 있어서 총독을 보좌하는 기관으로 집행참사원(Executive Council)을 규정하였다. 참사관의 정수는 3명 이상 6명 이하이며, 연방의회의 전직의원 중에서 국왕이 임명하였다. 그들은 양원에 출석할 수 있지만 표결권은 없었다. 의회는 그들을 해임할 권한은 없었고, 질의권을 가졌으며, 참사관은 의회에 대하여 책임을 지지 않았다. 그들은 직접 총독의 지휘를 받고, 총독에 대해서만 책임을 졌으며, 자신들은 자문기능만을 수행했다(동법 제11조).

(다) 내각

이전사항을 집행하는 데 있어서 총독은 내각의 보좌를 받았다. 헌법상 총독은 내각의 임면권(任免權)을 가지고 있었다. 장관은 연방입법부에 대하여 책임을 졌다. 총독에게 발부된 교시지침(Instrument of Instruction)에는 총독이 의회 다수당 지도자들의 조언에 따라 장관을 임명하도록 하였다. 또한 장관은 어느 원에 속하든 의원이어야 했다. 임명 시에 의원이 아닌 장관은 6개월 이내에 의원이 되어야 하고, 임기의 종료와 함께 사직해야 했다(동법 제10조 제2항). 지침은 총독으로 하여금 장관들의 책임의식을 고취하도록 하였으며, 내각에 대해서는 어느 정도 책임정치를 구현하도록 했다고 할 수 있다. 한편 총독은 내각의 의장이었고, 의견이 불일치하는 경우에는 자신이 결정권을 행사하였다(동법 9조).

(2) 입법부

연방입법부는 ① 총독에 의하여 대표되는 국왕, ② 연방참사원, ③ 연방의회로 구성되었는데, 여기에서도 총독의 권한은 막강하였다.

(가) 총독의 입법권

총독은 집행에 관한 권한 이외에 입법에 대해서도 결정적인 권한을 가졌다. 총독은 하원을 소집하거나 해산할 수 있었고, 정부업무의 원활한 추진을 위해 규칙(Rule)을 제정할 수 있었으며, 법안과 관련하여 의회에 교서(Message)를 보낼 수 있었고, 법안의 통과를 유보하거나 전적으로 거절할 수도 있었다. 일정한 유형의 법안은 의회에서 발의되기 전에 총독의 사전재가가 요구되기도 하였고, 총독은 법안 통과에 국왕의 동의라는 유보를 달기도 하였다. 총독은 실제로 법률을 만들 수 있었는데, 이는 '총독의 법률'(Governor-General's Act)이라고 불렸다(동법 44조). 총독법률은 연방입법부의 동의 여부와 관계없이 유효하였으며, 총독은 재량권을 행사하기 위하여 명령

(Ordinance)을 발하기도 하였다.

총독의 명령은 공포 시에 연방입법부가 회기 중인가 아닌가에 따라 두 가지 유형으로 구분되었다. 입법부가 회기 중이 아닌 경우에 비상사태(Emergency)의 요건을 충족시키는 명령은 법률과 같은 효력을 지녔으며, 입법부가 개회된 경우에는 이를 다시 제출하도록 하였다. 이 명령은 양원에서 6주 이내에 동의를 얻지 못한 경우에는 효력을 상실하게 하였다(동법 42조). 회기 중인 경우에 비상사태의 요건을 구비한 명령을 발한 경우에는 6개월 동안 유효하며, 다른 명령을 통해 다시 6개월간 효력을 연장할 수 있었다(동법 43조). 또한 인도정부법은 인도정부가 정부법에 따라 정상적으로 운영될 수 없는 경우에는 총독이 비상사태를 선포할 수 있도록 하였다. 비상사태를 선포함으로써 총독은 헌법을 정지시키고, 입법부와 집행부의 권한을 장악하게 되었다(동법 45조). 그러나 이 경우에도 사법부의 권한에는 관여하지 못하였다. 비상사태의 선포는 영국의회에 제출되어야 하고, 6개월 동안 유효하며, 의회가 승인한 경우에는 추가적으로 12개월간 효력을 지속하지만, 어떠한 경우에도 3년을 초과할 수 없다고 규정하였다.

(나) 의회의 구성

연방참사원(상원)의 의석은 총독주의 대표자 156명과 인도토후국의 대표자 104명 이하로 구성된 260명이었다. 인도토후국의 참사원의원은 다른 나라에서와는 달리 불평등대표였다. 토후국의 중요성에 따라 상원의원을 5명, 3명 또는 2명 파견하기로 규정되었다. 또한 토후국의 상원의원은 국민이 선출하지 않고, 통치자가 지명한다. 반면에 총독주의 156개 상원의석 중 150석은 지역구에서 직접 선출되고, 나머지 6석은 여성, 소수집단, 하위카스트에서 총독이 지명한다. 연방의회(하원)는 인도토후국의 통치자가 지명한 125명 이하의 인도토후국 대표자와 주의회가 선출한 총독주의 대표자 250명으로 구성된 375명이었다.

> • 총독주의 대표자 250명은 일반(불가촉천민계급 9명 포함) 105명, 시크교도 6명, 이슬람교도 82명, 앵글로인디언 4명, 유럽인 8명, 인도기독교도 8명, 산업 11명, 자민다

르 7명, 노동 10명, 여성 9명으로 구성되었다(동법 제18조 및 부칙 제1조).

연방참사원은 매년 총 의원의 3분의 1이 교체되는 상설의회였다. 연방의회의 정상적인 입법기간은 조기해산되는 경우를 제외하고는 5년이었다. 인도토후국에서는 연방참사원과 마찬가지로 연방의회의원도 통치자가 지명한 인물로 구성되었다. 총독주에서는 의석이 인구비례에 따라 배분되어야 하는데도, 전 인구의 70%를 차지하는 힌두교도에게 50%의 의석만이 인정되었다. 그러므로 소수집단은 언제나 힌두교도들을 반대하는 데 있어서 정부와 협조하도록 예정되어 있었다. 또한 인도정부법은 연방의회의원을 주의회의 하원이 간접 선출하도록 해 놓았다. 상원인 연방참사원은 직접 선출되는 데 비하여 하원인 연방의회가 간접 선출된다는 것은 세계 어느 연방보다는 이채로운 측면이다. 이러한 구성방식은 영국의 지배에 봉사하도록 절묘하게 설계된 것이었다.

(다) 의회의 권한

연방입법부는 연방사항 목록과 경합사항 목록에 속하는 모든 사항에 대하여 법률을 제정할 수 있다. 또한 인도의 안전을 위협하는 비상사태인 경우 또는 두 개 이상의 주에서 요구하는 경우에는 연방입법부가 주관할사항에 대해서도 입법할 수 있다. 인도토후국에 대한 연방입법부의 권위는 가입문서에 정해진 바에 의한다. 제출된 법안은 양원을 통과하고 총독이 동의하는 경우에만 법률이 된다. 법안에 대하여 양원이 의견을 달리하는 경우에 총독은 상하 양원의 합동회의를 요구하고, 다수결에 따라 결정한다. 이 경우 하원이 숫자상의 우위를 가진다고 할 수 있다.

하원은 상원보다 집행참사원(Executive Council)에 대하여 효과적인 통제권을 보유하였다. 또한 하원만이 내각에 대하여 불신임권을 가졌으며, 내각을 해임할 수 있었다. 그러나 참사관들은 양원의 통제 밖에 놓여 있었다. 양원의 의원들은 행정에 관한 질의권을 가졌으며, 장관이나 참사관은 질의에 답변해야 했다. 법안은 어느 원에서든지 발의될 수 있고, 총독의 동의를 얻어야 했다. 총독의 동의 여부는 그의 재량에 맡겨졌는데, 총독의 재량에 속하는 문제에 대해서 양원은 무력하였다.

하원이 보다 많은 권한을 보유하는 재정에 관한 문제를 제외하고 양원은 동등한 권한을 보유하였다. 예산은 총독의 감독하에 매년 산정되었다. 총독은 예산의 앞부분에 차지해야 할 항목을 결정하였으며, 그리하여 예산의 80%는 연방입법부의 통제 밖에 있었다. 나머지 20%는 연방입법부의 동의를 필요로 했으며, 연방입법부가 삭감할 수도 있었다. 그러나 입법부의 권한은 이러한 제한적인 영역에서조차도 절대적이지 못했다. 총독은 삭감된 부분을 원상회복시킬 수도 있었다.

"중앙입법부의 가장 두드러진 특징은 총독과의 관계이다. 사실상 입법부와의 관계에서 총독의 권한은 너무나 우월해서 입법부는 독자적인 목소리를 낼 수 있는 권한을 거의 갖지 못하였다. 따라서 입법부는 1935년 헌법상의 권한에 기초한 의회라기보다는 예양에 입각한 의회라 할 수 있었다."[13] 앞에서 보았듯이 총독은 광범위하게 입법권을 행사할 수 있었으며, 또한 비토권을 통하여 입법부가 자신의 정당한 권한을 행사하는 것을 저지시킬 수도 있었다. 이 때문에 인도대중의 적개심으로 인하여 연방의회 부분은 작동되지 못하였고, 「1919년 인도정부법」에 따라 중앙입법부가 계속 활동하였다. 그리하여 단일정부형태가 중앙에서 계속되었다.

(3) 연방법원(The Federal Court)

연방제도의 주요한 특색의 하나는 연방정부와 주정부 간의 권한분쟁이 있을 경우 이를 명확하게 판정하는 법원의 존재이다. 인도에서도 이러한 기능을 담당하기 위한 연방법원이 델리에 설치되었다. 실제로 「1935년 인도정부법」에 의하여 설치된 기관 중에서 가장 성공적으로 기능한 것은 바로 연방법원이었다.[14] 새로운 헌법이 시행되기 전에는 인도는 단일국가체제였다. 토후국의 왕들이 어떠한 권력을 행사할 것인지는 중앙에서 결정하였다. 분쟁이 발생하는 경우에는 중앙의 결정이 우월성을 가졌다. 그러나 연방제도하에서는 중앙의 결정에 맡겨진 것이 없었으며, 분쟁은 헌법의

---

13) M. V. Pylee, pp. 85~86.
14) M. V. Pylee, p. 86; R. C. Agarwal, p. 288.

명문에 따라 결정되었다. 연방법원은 1937년 10월 1일자로 작동하기 시작하였다.

법원은 재판장과 6명 이하의 법관으로 구성되었다. 법관은 국왕재결규식(Royal Sign Manual)에 따라 영국왕이 지명하였다. 연방법원의 법관은 여러 가지 신분보장을 누렸다. 정년은 65세로 고정되었고, 추밀원 사법위원회의 권고에 따라 비행 또는 심신이상을 이유로 국왕이 해임할 수 있었다. 그러므로 임명, 해임, 보수에 관해서 법관은 총독이나 연방의회로부터 독립되었다. 주의 고등법원 판사로 5년간 재직한 자, 인도고등법원에서 법정변호사(Pleader)로서 10년간 또는 영국이나 북아일랜드 등지에서 법정변호사(Barrister)로서 10년간 재직한 자는 연방법원의 판사로 임명될 수 있었다.

연방법원은 고유관할(original jurisdiction), 심급관할(appellate jurisdiction), 자문관할(advisory jurisdiction)을 갖는다. 법원은 연방과 자치단체 사이에 또는 자치단체 상호 간에 발생하는 모든 분쟁에서 고유관할을 가진다. 물론 그 분쟁이 법적 권리의 존재나 범위와 관련되는 경우 또는 분쟁이 헌법이나 헌법적 문서의 해석과 관련되는 경우에 한한다. 연방법원의 심급관할은 고등법원의 결정에 대한 상고사건에 관련된다. 연방법원은 사건이 헌법상의 권리와 관련을 지니며, 고등법원이 연방법원에 상고를 제기하기에 적합하다는 취지의 증명서를 발부하는 경우에 한하여 상고를 허용할 수 있었다. 그리하여 연방법원은 민사사건과 형사사건에 대해서는 원칙적으로 관할권을 보유하지 못했다. 연방법원은 또한 연방가입문서의 조항에 대하여 해석할 권한을 가졌다. 주에 대한 연방의 통제범위와 관련하여 연방정부와 주 사이에 분쟁이 발생하는 경우에는 연방이 이를 해결하였다. 연방법원은 또한 자문관할도 가졌다. 총독은 법에 관한 정확한 정보와 법적 지침을 연방법원에 요구할 수 있었다. 이 경우 관련 당사자들의 변호사들이 참여한 공개법정에서 자문이 제공되었다.

연방법원은 실제로 최고법원이 아니었다. 연방법원으로부터 공증서를 얻지 못한 경우에도 추밀원의 사법위원회에 연방법원의 결정에 대하여 제소할 수 있었다. 그러한 사건의 예로는, 첫째, 「1935년 인도정부법」의 해석 또는 동법하에서의 참사원명령의 해석에 관련되며 고유관할에 속하는 사건, 둘째, 주의 연방가입문서에 따른 연방정부의 권한범위에 관련된 사건, 셋째, 주에서 연방법의 집행으로부터 발생한 사건 등이 있다. 이러한 사건을 제외하고는 사전에 연방법원의 허가를 받지 못한 사건은 추밀원에 항소할 수 없도록 하였다. 1937년부터 기능하기 시작한 연방법원은 13년 동안 놀라운 활동을 보였고, 1950년 인도헌법이 제정되었을 때 최고법원으로 등장하였다.

3. 주정부(Provincial Government)

주 차원에서 쌍두정은 폐지되고 대신에 주자치가 도입되었다. 「1935년 인도정부법」에서 유일하게 우호적인 부분은 주자치에 관한 것이었다. 「1919년 인도정부법」하에서 주는 중앙에 의하여 좌우되었다. 주는 단지 중앙이 부여한 권력만을 행사하였고, 주정부도 중앙정부의 대리인에 지나지 않았다. 그러나 이제는 주의 입법사항을 유보사항과 이전사항으로 구별하던 종래의 방식을 폐기하였다. 새 법은 유보사항이나 주지사의 집행참사원에 대하여 규정하지 않았다. 주는 새로운 지위를 얻었고, 주의 권한범위도 명확하게 확정되었으며, 주에 대한 중앙의 통제도 제한되었다. 주에서 책임정부가 실현되었다. 이러한 자치는 두 가지 의미를 갖고 있다. 하나는 주정부가 중앙정부의 절대적 통제로부터 벗어났으며, 독자적인 법적 권위를 획득하였다는 점이다. 다른 하나는 통치권력이 책임을 지는 장관들의 수중으로 옮겨졌다는 것이다.

주자치제도의 특징은 다음과 같다. 첫째, 연방의 경우와 마찬가지로 주의 집행권력이 왕을 대리하여 주지사에게 귀속되었다. 둘째, 주지사의 재량 및 개인적 판단에 속하는 사항을 제외하고는 나머지 모든 사항이 장관에게 이전되었으며, 장관은 자신의 정책과 업무집행과 관련하여 주의회에 책임을 지게 되었다. 셋째, 이 법은 투표권을 확대함으로써 의회는 광범위하게 대표제적인 성격을 보유하게 되었다. 넷째, 주에 고등법원을 설치하였다.

그러나 주자치는 상당부분 제한적인 것이었다는 점도 부인할 수 없을 것이다. 주자치는 외적으로 광범위하게 총독의 개입을 예정하고 있으며, 내적으로도 주지사의 재량 및 개인적 판단권은 장관의 권한에 중대한 제한이 되었다.

•① 총독은 이 법 102조에 따라 비상사태선포권을 보유하며, 주입법사항에 관해서도 법을 제정할 수 있었다. 총독은 국방, 외교, 부족지역, 교회문제 등에서 있어서 주지사를 대리인으로 만들었으며, 주지사는 자신의 재량사항 및 개인적 판단사항을 집행할 때마다 총독의 감독을 받아야 했다.

② 입법영역에서도 총독의 통제는 광범위하였다. 일정한 법안에 대해서는 총독의 사전재가가 없는 경우에는 주입법부에 상정조차 할 수 없었고, 주지사가 보낸 법안에 대해서도 동의를 유보할 수 있었고, 왕의 동의를 조건으로 달거나 주에 재고를 요청하기도 하였다.

③ 총독은 특별책임사항의 명목으로 주의 부처에 개입할 수 있었고, 주의 장관에 대하여 직접 지시를 발함으로써 문서상으로 장관에 속한 이전사항조차도 총독의 통제 아래에 있었다.

11개 총독주에서의 정부구성은 다음과 같다.

(1) 집행부

집행부는 주지사와 내각으로 구성된다.

(가) 주지사

주지사는 명실공히 집행부의 수장이었고, 영국왕의 대리인으로 행동하였다. 핵심도시(봄베이, 마드라스, 벵골)의 주지사는 국무장관의 자문을 받아, 나머지 주지사는 총독의 자문을 받아 국왕이 임명하였다. 주지사는 백인만이 가능하였고, 영국의 인도통치 전 기간에 걸쳐 인도인으로서는 단 한 사람만이 주지사가 되었다. 주지사의 임기는 5년이었으며, 주지사의 집행권력은 총독의 권력과 유사하였으며, 재량사항, 개인적 판단사항(특별책임사항), 장관의 자문을 받아 처리하는 사항으로 3분되었다.

재량권력에 관해서는 연방정부와는 달리 유보사항을 전담하는 부처가 존재하지 않았다. 주지사의 재량에 속하는 중요한 사항은 다음과 같은 것이었다. ① 재량사항에 속하는지의 여부를 스스로 판단하였다. ② 소수자의 이익에 대한 보호조치를 취할 수 있었다. ③ 인도토후들의 권익을 보호하였다. ④ 정부의 전복기도에 대항조치

를 취할 수 있었다. ⑤ 하원을 소집, 정회, 해산시킬 수 있었다. ⑥ 상하 양원의 합동 회의를 소집할 수 있었다. ⑦ 행정의 원활한 수행을 위하여 규칙을 제정할 수 있었고, 나아가 명령과 법률을 제정할 수 있었다. ⑧ 주 인사위원회의 의장과 위원을 임명할 수 있었다. ⑨ 검사장(Advocate General)을 임면할 수 있었다. 이러한 재량권력은 행정의 전 범위를 포괄하는 것이며, 이에 관해서 주지사는 총독에게 책임을 지게 되었다.

주지사의 개인적 판단에 속하는 특별책임사항은 총독의 그것과 유사하였다. 재량사항과 특별책임사항의 차이는 재량사항에 대해서는 주지사가 내각과 협의를 거칠 필요도 없이 스스로 판단하는 문제인 데 비하여, 특별책임사항은 비록 장관의 자문에 구속되지는 않지만 장관과의 협의를 거쳐야 한다는 데에 있었다. 특별책임사항으로는 다음과 같은 것이 있다. 즉, ① 주 또는 주 일부의 치안에 대한 위협의 방지, ② 소수집단의 이익보장, ③ 전·현직 공무원과 부대 가족의 권리보호, ④ 차별방지조치, ⑤ 부분적으로 배제지역의 치안유지, ⑥ 토후국과 통치자의 권리보호, ⑦ 총독이 발한 명령의 집행 등이다.

마지막으로 장관의 자문을 받아 총독이 집행하는 사항이 있었다. 그러나 반드시 장관의 자문을 거쳐야 하는 사항은 앞서 언급한 주지사의 권한이 거의 전부를 포괄하는 것이어서 그리 많지 않았다. 그것은 인도정부법의 초안자들이 주지사의 권한을 약화시킬 의도를 전혀 보이지 않았다는 점과 관련된다. 인도인의 정부참여는 장관직과 관련을 갖는데 식민통치의 목적상 당연한 것이라 하겠다.

또한 주지사의 재정에 대한 권한은 총독의 연방정부에 대한 권한과 동일하였다. 주지사는 자신의 감독하에서 수입지출서를 작성하였으며, 그의 동의 없이는 단 한푼도 지출될 수 없었다. 따라서 의회의 통제는 형해화되었고, 의회가 감액한 부분조차도 주지사는 원상회복시킬 수 있었다.

(나) 내각

주지사는 장관 임명권을 가졌으나, 교시지침(Instrument of Instruction)은 주지사로 하여금 의회와 협의를 거쳐 장관을 임명하도록 하였다. 달리 말하면 하원의 안정적 다수의 지지를 얻을 수 있는 사람이 총리(Chief Minister)로 위촉되었고, 총리는 자신의 장관팀을 선발할 수 있었다. 장관들은 의회의 신임을 받는 동안에만 장관직을 보유할 수 있었다. 총독은 장관을 해임시킬 권한을 가졌으나 의회의 지지를 받지 못하는 장관의 경우를 제외하고는 이 권한이 실제로 행사되지 않았다. 이 법은 의원의 자격에 대해서는 명기하지 않았으나 의원이어야 한다는 점에서는 연방의 장관과 동일하였다. 장관의 정수는 주마다 상이하였다(오리사는 3명, 벵골은 12명). 교시지침에는 중요한 소수집단에서도 장관을 임명하도록 하였다. 그러나 이러한 규정은 민족적·종교적 갈등을 야기하기도 하였다. 예를 들어 연합주(U. P.)에서는 이슬람연맹이 국민회의에 참여하지 않는다면 국민회의가 이슬람연맹의 대표자를 장관으로 받아들일 수 없다고 함으로써 내각의 위기를 초래하기도 하였다. 내각의 권한은 앞서 언급한 주지사의 권한에 의하여 매우 제약되었다. 또한 지역분파적 요소들과 헌정을 중단시킬 수 있는 주지사의 권한은 책임정부에 중대한 장애가 되었다.

(2) 입법부

(가) 주지사의 입법권력

주지사는 주행정뿐만 아니라 주입법에도 막강한 영향력을 행사하였다. 따라서 많은 경우 주입법부는 구경꾼이었고, 주지사는 입법부와 장관과 상의도 거치지 않고 명령과 주지사의 법률을 발령하였다. 예를 들어 어떤 문제는 주지사에게 유보되고, 그것을 행사하는 데 각료로부터 어떠한 자문도 구할 필요가 없었다. 어떤 사항은 주지사의 특별책임에 속하며, 이 경우 주지사는 각료의 자문에 구속되지 않았다. 마지막으로 각료의 자문에 따라 조치해야 하는 사항도 있었다.

총독과 마찬가지로 주지사는 자신의 책임에 속하는 사항에 대하여 법률(Act)과 명령(Ordinance)을 발할 수 있고, 각료의 자문에 따라 명령을 발할 수 있었다. 이 점에서는 '총독의 법률'(Governor-General's Act)과 유사하게 '주지사의 법률'(Governor's Act)이라 한다.

주지사는 재량에 따라 다양한 입법권과 재정권을 행사할 수 있었다. 헌법붕괴 시에 주지사는 포고를 통하여 고등법원을 제외한 주 단체와 당국의 행사가능한 모든

권력을 행사할 수 있었다. "전체로서 주지사의 권한은 책임 있는 정부체계에서 집행부 수장에게서는 좀처럼 발견할 수 없는 가공스러운 권한목록을 보여 주었다."[15] 결국 주지사는 헌법상의 원수로 행동하기보다는 실질적인 통치자로 행동하였기 때문에 자치는 허울뿐이었다고 평가된다.[16]

(나) 의회의 구성

「1919년 인도정부법」하에서는 각 주의 입법부가 단원제였다. 새로운 법 아래서는 양원제도 등장하게 되었다. 물론 입법부의 구성은 주마다 달랐다. 11개의 총독주에서 양원제를 택한 주는 6개 주(아삼, 벵골, 비하르, 봄베이, 마드라스, 연합주), 단원제를 택한 주는 5개 주이다(동법 제60조 제1항). 여론은 물론 양원제를 반대하였다. 상원은 과두제적이고, 보수적이며, 예산낭비라는 것이었다. 나아가 반대 분위기의 기원은 영국이 자신들의 이해관계를 보호하기 위하여 계산된 제도로서 상원을 등장시켰다는 판단에 있었다.

단원제 입법부는 입법의회로 불렸으며, 양원이 있는 경우에는 상원은 입법참사원(Legislative Council)로, 하원은 입법의회(Legislative Assembly)로 불렸다(동법 제60조 제2항). 「1919년 인도정부법」에서와는 달리 「1935년 인도정부법」에서는 지명제를 폐지하였다. 이 법은 기본적으로 양원의 직접선거를 예정하였다. 실제로 하원은 전적으로 선출된 의원들만으로 구성된 민주적인 기관이 되었지만, 상원은 임명직 의원이 약간 있었다. 의석의 배정은 램지 맥도널드 정부가 제안한 '종교공동체별 의석배분 결정서'(Communal Award)에 따라 확정되었다(동법 부칙 제5조).

- '종교공동체별 의석배분 결정서'는 푸나 협약(Poona Pact)에 의하여 약간 수정되었지만 「1935년 인도정부법」에 수용되었으며, 제2차 세계대전 직후 인도제헌의회를 구성할 때에도 이 결정서에 따라 선거를 실시하였기 때문에 중요한 의미를 지닌다.

---

15) M. V. Pylee, p. 90.
16) R. C. Agarwal, p. 292.

입법의회 의원은 지역을 기초로 또는 다양한 단체와 결사를 통하여 국민에 의해 직접 선출되었다. 입법참사원 의원은 선거인단 및 입법의회에 의하여 선출되었으며, 일부는 주지사에 의하여 임명되었다. 입법의회 의원의 임기는 통상 5년이다. 평의회 의원의 임기는 9년이며, 3년마다 의원의 3분의 1이 교체되었다(동법 제61조).

하원의원 선거권은 납세 및 교육요건에 따라 부여되며, 전체인구의 약 14%만이 선거권을 향유하였다. 「1919년 인도정부법」하에서는 인구의 단지 3%만이 선거권을 가졌다는 점을 고려하면 긍정적인 발전이었다. 또한 여성도 그러한 요건을 갖추면 선거권이 인정되었다. 상원의 선거권은 돈 많은 사람과 전직 공직자들에게 배분되어 상원은 전형적으로 상류계급의 독점물이 되었다.

(다) 의회의 권한

주의회는 연방의회의 권한과 유사하였다. 주는 주 입법사항 목록에 대해서는 입법권을 보유하였고, 경합사항 목록에 대해서는 연방의회와 입법권을 공유하였다. 경합사항에 대하여 주의 법률과 연방의 법률이 충돌하는 경우에는 연방의 논리상 연방의 법률이 우선하였다. 그러나 주입법부의 권한에 중대한 제약이 있었다. 인도에 적용되는 영국의회의 법률을 개정하려는 법안은 총독의 사전재가 없이는 의회에 상정할 수 없었다. 총독과 주지사가 재량으로 제정한 법률과 명령은 총독의 동의 없이는 의회에 상정될 수 없었다. 총독의 재량사항에 영향을 미치는 법안은 총독의 동의 없이는 의회에 상정될 수 없었다. 유럽영국인의 형사절차에 영향을 미치는 법안도 총독의 사전재가 없이는 상정될 수 없었다. 이와 같이 식민지의회의 성격으로 인하여 의회의 입법권은 매우 제약적이었다.

주입법부는 주행정부에 대하여 단지 명목적인 권한을 보유하였다. 의원은 장관에 대한 질의권을 보유하였으며, 장관을 개별적으로 또는 집단적으로 불신임할 수 있었다. 불신임의 방식은 예산에 대한 재가를 거부함으로써 표현하였다. 이는 주 차원에서 그리고 내각과의 관계에서만 책임정치에 기여하였다.

주입법부는 제정에 대해서 일정한 권한을 부여받았다. 재정지출에 관련된 법안은 오로지 하원에서만 발의되었다. 주의 예산은 표결불가항목(주지사의 보수, 기채,

장관 및 주고등법원 판사의 보수, 소외지역에 대한 지출)과 표결가능 항목으로 나누어지는데, 표결불가항목에 대해서 의회는 단지 논의만 할 수 있으며, 표결가능 항목(전체 예산의 70%에 해당)에 대해서는 표결을 할 수 있었다. 그러나 의회가 예산을 삭감할 수 있다고 하더라도 의회의 결정은 최종적인 것이 아니었다. 주지사는 이를 원상회복시킬 권한을 인정받고 있었다. 이리하여 의회의 재정에 관한 권한은 실로 허약하기 그지없었다.

4
「1935년 인도정부법」에 있어서의
인도연방제의 문제점

쿠플랜드(R. Coupland)는 「1935년 인도정부법」을 "건설적인 정치사상의 위대한 성취"라고 기술하였다.[17] 그는 이 법이 인도의 운명을 영국으로부터 인도인의 손으로 이전시키는 것을 가능하게 하였다고 평가하였다. 그러나 인도인들의 감정은 판이한 것이었다. 애틀리와 같은 공정한 영국의 정치인들조차도 이 법의 기조는 불신이라고 시인하였다. 이 법은 자치령에 대하여 언급조차 하지 않았기 때문에 인도인들에게 매우 실망스러운 것이었다. 인도의 모든 정당이 이 법을 여러 가지 이유로 비난하였다. 이슬람연맹의 지도자 진나는 이 법을 완전히 썩어빠진 것, 근본적으로 사악

---

17) R. Coupland, *The Constitutional Problem in India*, Madras, 1945.

한 것 그리고 전적으로 수용할 수 없는 것이라고 못박았다. 네루도 이 법을 "새로운 노예헌장이며, 엔진은 없고 강력한 제동장치만을 가진 기계의 일종"라고 규정하였다. 그리하여 이 법은 거의 모든 측면에서 비난을 받았다. 이 법의 주요 문제점은 다음과 같다.

(1) 인도연방은 독립주들로 구성되지 않았다

연방은 공통의 목적과 이해관계를 만족시키기 위하여 형성된 독립주들의 연합으로 불릴 수 있다. 독립주들은 연방정부에 일정한 권력을 부여해야 하며 연방정부는 독립주에서 그 이상의 권한을 가져서는 안 된다. 그러므로 연방화는 몇 개의 독립주의 통합을 의미한다. 미국에서는 처음에는 13개 주와 여타 식민지가 영국의 지배로부터 독립하였다. 나중에 그들은 1787년에 헌법을 제정하고, 연방정부를 구성하였다. 그러나 인도에서 채택된 절차는 반대의 과정이었다. 「1935년 인도정부법」은 인도의 단일구조를 분할함으로써 연방을 제안한 것이었다. 그래서 인도연방은 주권성을 갖지 못한 주들과 토후국의 연합이었다.

(2) 인도연방은 인도인의 자유의지의 산물이 아니었다

연방은 흔히 주권적인 구성주들이 편의와 상호이익을 위하여 자신의 주권의 일부를 포기하려는 상호 합의의 결과로서 등장하게 된다. 인도에서는 이러한 과정은 존재하지 않았다. 인도에서는 구성주들의 동의는 전혀 존재하지 않았다. 진보적 세력에 대하여 반동적인 토후국 대표자들을 배치함으로써 진보적 세력을 제어하려는 동기 아래 외국정부에 의하여 강요된 것이었다.

(3) 구성주의 이질성

연방의 구성주는 일반적으로 성격상 유사하다. 인도에서는 연방으로 구성된 주들

의 성격이 매우 판이하였다. 그러한 구성주들은 총독주, 식민지판무관주(Chief Commissioners' Provinces), 토후국으로 이루어졌다. 정치적 구조에 있어서도 그들은 매우 판이하였다. 주들은 대체로 자율적인 단위였지만 토후국들은 독재체제였다. 그러므로 「1935년 인도정부법」에 도입된 연방은 정상적으로 함께 갈 수 없는 진보적 요소와 보수적 요소를 결합한 것이었다.

(4) 구성주에 대한 연방정부의 권한은 통일적이지 못했다

연방가입 문제가 총독주에는 강제적인 사항인데, 토후국에는 선택의 문제였다. 즉, 연방에 가입하기를 원한 토후국만이 연방의 일원이 될 수 있었다. 게다가 연방정부의 권위는 가입문서에 명시된 범위에서만 토후국에 미치게 되었다. 당연한 결과로서 가입문서의 숫자만큼이나 많은 헌법적 문서가 존재하게 되었다. 그 당시에 600개의 인도토후국이 있었다는 사정은 통일적 규율체계를 불가능하게 했다. 「1935년 인도정부법」에 제안된 식의 연방형성은 근본적으로 결함투성이였다. 연방은 이질적인 구성단위들의 엉킴에 불과하였다. 인구, 지역, 정치적 중요성, 지위와 관련해서 총독주와 토후국 간에는 실로 엄청난 차이점들이 존재하였다. 그토록 이질적인 구성단위를 단일연방으로 결합하는 것은 매우 불합리한 처사였다. 따라서 총독주에 대해서는 통일적인 연방의 권한 반경이 토후국에 대해서는 주마다 다르게 되었다.[18] 이렇게 복잡한 체계는 세계역사에서 유례를 찾을 수 없는 것이었다.

(5) 구성주의 평등문제

어느 연방에서든지 규모에 상관없이 모든 구성주들은 상원에서 동등한 대표를 통해 법적 평등을 인정받는다. 「1935년 인도정부법」의 기초자들은 이러한 원칙을 지키지 않았다. 총독주에 대해서는 상원에서 인구비례에 따른 대표를 인정하면서, 토

---

18) Gupta & Sarka, p. 257.

후국에 대해서는 인구비례보다는 훨씬 가중된 대표를 인정하였다. 토후국들의 인구는 인도 전체인구의 23%에 불과했는데, 상원의석의 40% 그리고 하원의석의 33%를 차지하게 되었다.

(6) 통치자에 의한 토후국대표의 지명

연방제에서 또 하나 불합리한 점은 토후국의 대표가 인민에 의하여 선출되지 않고, 통치자에 의해 지명되었다는 점이다. 이는 영국정부의 이익을 수호하기 위해서 이루어진 조치였다고 이해된다.[19] 영국정부의 전략은 자민다르(zamindar), 소수집단 대표자, 인도토후국 대표자를 결합하여 중앙정부에서 국민회의 대표자들을 숫자적으로 압도하려는 것이었다. 두 번째 불합리한 점은 토후국은 토후국 신민들의 대표자가 아니라 원주민 통치자들의 지명을 받은 자들에 의하여 대표되었다는 점이다. 마지막으로 총독에 속한 광범위한 권력이 연방에서 치명적인 약점이 되었다. 그것은 연방의 정신에 위배되는 것이었다. 「1935년 인도정부법」은 총독과 주지사에게 힌두교도 전제로부터 소수집단을 보호한다는 명분하에 광범위한 권력을 부여하였다. 소수집단들은 당연히 그들의 이익을 보호해 주겠다는 영국의 통치자들에게 감사의 마음을 갖게 되었다. 그들은 민족주의의 성장을 저지하는 데 있어서 영국의 동맹군이 되었다. 영국의 외교술책은 항상 국민회의에 대하여 인도토후국, 소수집단 그리고 공무원들을 대항무기로 사용하였다.

(7) 연방의회의 선거제도

모든 연방에서 원칙적으로 하원은 직접 선출된다. 그러나 인도연방에서 하원은 간접 선출되며, 반면에 상원은 직접 선출되었다. 이는 하원을 약화시키려는 의도에서 그렇게 한 것이다. 간접선거 이외에도 하원은 총독과 영국의회에 부여된 막강한 권

---

19) Gupta & Sarka, 같은 곳.

력에 의하여 더욱 약화되었다. 하원이 획득하고 행사할 수 있는 권력은 의회의 복잡한 성격 때문에 더욱 비효율적이었다. 의회는 항상 견해가 나뉘었고, 지역적 및 계급적 요소들이 정부와 결탁하고, 헌법이 부여한 권력을 행사하려는 진보세력들의 시도를 번번이 좌절시켰다. 「1935년 인도정부법」은 지역선거인제도를 유지하였을 뿐만 아니라 그 적용범위를 불가촉천민, 노동자 그리고 여성에게도 확장하였다. 그러한 시도에 깔린 음흉한 의도는 불가촉천민을 힌두공동체로부터 분리시키고, 정치적 분위기를 카스트차별주의와 분파주의의 악령에 물들게 하려는 것이었다.

(8) 총독의 특별권력

다른 연방에서는 주의 일상업무처리에 관여하는 외부권력은 존재하지 않는다. 그러나 인도연방의 명백한 약점은 연방이 총독과 인도국무장관의 간섭을 규칙적으로 받았다. 총독은 비상사태를 선포함으로써 연방구조를 폐지하고 독재권력을 행사할 수도 있었다. 총독은 또한 주에 대하여 통제수단을 보유하고 있었다. 주의 헌정체제가 붕괴하는 경우에는 총독은 제93조에 따라 모든 권한 책임을 인수할 수도 있었다. 주지사는 자신의 재량권력과 특별책임사항을 처리하는 데에 있어서 항상 총독에게 복종하고 책임을 지도록 하였다. 게다가 총독은 치안에 관한 지시를 주에 직접 하달할 수도 있었다.

새로운 법은 총독과 주지사에게 엄청난 재량권을 부여함으로써 주의 자치를 소극적인 수준으로 그치게 하였다. 이 법은 주지사의 권한을 지나치게 강력하게 만듦으로써 주지사가 마음만 먹으면 독재자가 될 수 있게 하였다. 이 법을 좋게 평가할 수 있는 유일한 점은 이 법이 재정문제에 대한 인도의회의 통제권을 약간 확대시켜 놓았다는 것이다. 하지만 전체적으로 재정권력이 영국인의 수중에 장악되었다는 점은 변함없었다. 예산의 준비와 각 부처에 대한 기금의 배정에 있어서 주지사와 총독이 최종적인 권한을 지니고 있었다.

이 법은 또한 주지사와 총독에게 일련의 특별한 책임을 부여하였다. 그것은 총독과 주지사가 우월한 권력을 보유하였기 때문에 당연한 것이었다. 법의 집행은 장관의 수중에 있었고, 치안문제는 주지사의 특별책임에 속하였다. 특별책임에 관한 규정은 실제로 혁명적인 활동과 국민회의 운동을 분쇄하기 위한 손쉬운 무기였다. 이러한 규정하에서 시민적 자유조차도 언제든지 부인될 수 있었다. 라젠드라 프라사드 (Rajendra Prasad)는 이 문제를 1934년에 다음과 같이 적절하게 지적하였다. "이러이러한 사항이 이전되고, 그와 관련된 책임이 영국인에게 유보된다고 말하는 것은 단순한 위장술이자 기만에 속한다. 주지사와 총독 그리고 왕과 의회에 속하는 광범위한 권력은 인도인에 부여된 위대한 상인 주자치의 본질을 부인하는 것이다."

• 라젠드라 프라사드(1884~1963)는 인도공화국 초대대통령을 역임한 현대 인도의 최고지도자이다. 그는 간디의 충실한 제자로서 소박한 생활과 고상한 생각이라는 간디의 이상을 체현한 본보기였다. 그는 캘커타 대학 시절에 이미 탁월한 학생이었고, 그의 천재성은 종전의 모든 성적기록을 깨뜨렸다. 그는 영국의 장학금을 제안받았으나 애국적인 동기에서 거절하였다. 그러나 천재성과 변호사 생활은 양립하기 어려운 것이었다. 그는 변호사 생활을 포기하고 샴파란 사티아그라하에서 간디와 협력하였다. 1946년에 그는 만장일치로 제헌의회의 의장으로 선출되었고, 자유인도헌법에 관한 가치 있는 논평을 통하여 그 헌법을 풍요롭게 만들었다. 1950년 신헌법이 효력을 발생하게 되었을 때 초대대통령으로 선출되었고. 다음 선거에서 한 차례 연임하였다. 그는 대통령으로 총리 네루에게 가치 있는 조언을 하였고, 학자로서 많은 저술을 남겼다(R. C. Agarwal, p. 409 참조).

(9) 잔여권한

연방사항, 주사항, 경합사항 목록에 포함되지 않은 권력을 잔여권한이라고 부른다. 그러한 권한은 캐나다에서는 연방정부에, 미국에서는 주에 부여되었는데, 「1935년 인도정부법」은 이러한 두 가지 방법 중에서 어느 것도 채택하지 않았다.[20] 이슬람연맹은 잔여권한을 주에 두자는 입장을 취하였고, 국민회의는 중앙정부를 강화하려는 의도에서 중앙에 두자는 입장이었다. 양당파의 견해가 통일되지 않았기 때문에

---

20) Gupta & Sarka, 같은 곳.

「1935년 인도정부법」은 총독에게 잔여권한의 귀속문제를 일임하였다. 연방에서 이러한 특권은 전례가 없는 것이다.

(10) 헌법개정문제

연방제의 공통관행은 연방의회가 헌법개정권한을 보유하는 것이다. 그런데 「1935년 인도정부법」에서 인도인은 어느 경우이든 헌법을 개정할 권한을 가지지 못한다. 헌법은 오로지 영국의회만이 고칠 수 있었다.[21] 이 법의 약점은 인도인에게 자기결정권을 부여하는 것을 거부한 데에 있다. 인도인들을 헌법을 스스로 개정하는 데에 어떠한 권리도 보유하지 못하였다. 당연하겠지만 새로운 헌법은 인도인의 작품이 아니기 때문에 인도인의 동의와 협력을 얻어낼 수 없었다. 이 헌법은 인도가 자치령의 지위를 획득하는 데에 적합성 여부를 판정해야 하는 영국의회가 인도인들에게 불쑥 부과한 것에 지나지 않는다. 헌법을 개정하는 권리는 인도의회가 아니라 왕에게 있었다. 인도인에게는 단지 장난감 같은 주의 자치가 부여되었을 뿐이다. 당연히 인도인들은 전혀 만족할 수 없었다. 영국의회와 인도국무성은 1947년 인도가 독립할 때까지 인도의 실질적 지배자였다. 그러므로 「1935년 인도정부법」이 혐오와 분노의 대상이었다는 점은 하등 놀라운 것이 아니었다.

---

21) Gupta & Sarka, 같은 곳.

5
1935년 이후의 헌법 발전

「1935년 인도정부법」의 지방자치 기능은 제2차 세계대전의 발발로 정지되었다. 총독은 영국총리가 영국의회에서 행한 바와 유사하게 대독선전포고를 하였다. 중앙 정부와 지방정부의 활동을 조정하기 위하여 영국의회에서 「1935년 인도정부법」을 개정하는 법안이 통과되었다. 국민회의는 이 법안에 반대하였다. '국민회의운영위 원회'(Congress Working Committee)는 나치즘과 파시즘에 대항하는 영국의 입장에 공 감하였지만, 인도에 자유가 부여되지 않는 한에서 민주적 자유를 위하여 투쟁한다는 전쟁에 관여할 수 없다고 선언하였다. 국민회의는 인도와 관련하여 영국의 전쟁목표 를 분명히 할 것을 요구하였다. 이슬람연맹은 두 가지 조건하에서 협력할 것이라고 하였다. 국민회의당이 장악한 주에서는 이슬람에게도 공정한 기회가 주어져야 하며, 인도의 미래헌법은 이슬람연맹의 동의를 받아야 한다는 것이었다. 토후들은 영국정 부에 대하여 무조건적 지지를 표명하였다. 총독은 국민회의 및 이슬람연맹의 지도자 들과 일련의 협상을 개최하였으나 영국정부가 인도의 전후 지위에 대하여 어떠한 입 장도 마련하지 않았기 때문에 합의가 이루어지지 못하였다. 제2차 세계대전 발발 이 후에 영국인은 인도인을 상대로 '8월제안'이라는 유화책을 제시하였지만, 인도는 이 를 거부하였다. 한편으로 이슬람연맹은 인도의 독립과 통합에 있어서 분수령이 된 '파키스탄 결의'를 채택하기에 이르렀다.

● 전쟁이 영국인에 대하여 나쁜 상황을 연출하자, 영국정부는 선언을 발표하였는 데, 나중에 이것이 '8월제안'(August Offer)이라 불리게 되었다. 8월제안에 따라 정부는 총독의 참사원을 확대시켜 정당대표자들의 일정 수를 포함시키고, 정당 간의 합의가 이

루어진다는 조건하에서 자문위원회를 구성하고자 하였다. 8월제안은 국민회의에 의해 거부당했으며, 정부는 이 운동을 억압하기 위하여 국민회의 지도자들을 체포하였다.

• 1939년 선전포고와 국민회의의 탈퇴 이후에 「1935년 인도정부법」에 고려된 연방제에 대한 반감이 점증하였고, 1940년 10월에 총독은 헌법의 연방제 부분은 시행이 무기한 연기될 것이라고 선언하였다. 같은 해에 이슬람연맹은 라호르(Lahore)에서 이슬람이 압도적인 다수를 형성하고 있는 주의 경우 주권국가의 분리수립을 요구하는 '파키스탄 결의'(Pakistan Resolution)를 통과시켰다. 전쟁의 압박 때문에 영국정부는 인도의 정당들과 화해하려는 노력을 계속하였고, 1942년에 영국정부는 인도정당 및 자치단체들과 직접협상을 통하여 해결책을 모색하기 위해 스태퍼드 크립스(Stafford Cripps)를 임명하였다.

1. 크립스 사절단

제2차 세계대전 초반부에 전세는 영국에 매우 불리하였다. 일본은 불과 몇 개월만에 동부의 영국식민지를 정복하였고, 인도본토를 위협하였다. 일본의 개입으로 상황은 이와 같이 나빠졌으며, 독일의 공습은 가공할 만하였다. 영국은 자신을 방어하는 데에도 힘겨웠다. 이러한 난관 속에서 영국의 정치가들은 상황을 재평가하였으며, 영국정부는 이 문제를 논의하였고, 전쟁내각의 일원이 스태퍼드 크립스 경을 인도에 파견하기로 결정하였다. 1942년 3월 크립스 사절단은 인도에 도착하였고, 모든 정당들에 대하여 다음과 같은 제안을 제시하였다.

① 인도연방(Indian Union)은 영연방(British Commonwealth)에서 독립된 자치령이 되어야 한다.

② 적대관계가 종식된 후에 인도에서 새로운 헌법을 마련하는 과제를 담당하게 될 선거기관을 구성하는 조치가 즉각 이루어져야 한다.

③ 인도토후국도 제헌단체에 참여할 수 있는 규정이 마련되어야 한다.

④ 제헌단체가 마련한 헌법은 다음과 같은 조건하에서 영국정부가 즉각 수용하고 이행할 것을 보증한다.

ⓐ 신헌법을 수용할 준비가 되어 있지 않는 영령 인도의 주들이 현재의 헌법적 지위를 보유할 권리를 가지며, 그러한 주가 향후에 연방에 가입할 수 있도록 가입규정을 두어야 한다. 또한 가입을 거부한 주들은 그들의 현행헌법을 계속하든지 또는 인도연방 헌법의 예에 따라 헌법을 채택할 수도 있다.

ⓑ 영국정부와 제헌단체는 권력의 이양과 관련해서 야기되는 문제 및 인종적 및 언어적 소수자들에게 안전판을 제공하는 문제를 다루는 조약을 체결해야 한다.

⑤ 제헌단체의 구성원은 주입법부의 의원으로 구성된 선거인단에 의하여 비례대표제에 따라 선출되어야 하며, 제헌단체의 정원은 선거인단의 10분의 1로 한다. 인도토후국들은 그들의 대표를 인구비례에 따라 파견한다.

⑥ 새로운 헌법을 마련할 때까지 영국정부는 세계대전 수행의 일환으로 책임을 보유하며, 인도국방의 통제와 지휘권을 보유한다. 그러나 인도의 지도자들은 다른 문제에 있어서 스스로 정부를 유지하는 책임을 공유하기 위하여 협력하도록 해야 한다.

국민회의는 크립스의 제안에 반대하기는 하였지만 순수한 거국내각이 중앙에 구성된다면 협력하겠다고 동의하였다. 크립스는 이에 대하여 여러 가지 헌법적 반박을 제기하였다. 다른 한편으로 이슬람연맹은 이 제안을 완전히 거부하였다. 최종적으로 크립스의 제안과 협상안은 완전히 실패하였다. 이에 인도의 전체 정당회의에서 영국의 인도철수(Quit India)를 결의하기에 이르렀다.

• '크립스 사절단'의 실패는 인도 전역에 실망스러운 분위기를 낳았다. 1942년 8월 봄베이에서 '전인도국민회의위원회'(All-India Congress Committee)는 영국의 인도철수를 요구하는 결의를 통과시켰다. 결의는 영국의 지배가 계속되는 한 인도를 타락시키고, 약하게 만들며, 인도 스스로 자위능력을 손상시키고, 세계자유의 대의에 기여하지 못한다고 선언하였다. 1942년 8월 9일에 '인도철수운동'이 있었다. 영국정부는 국민회의의 모든 지도자들을 체포하고, 인도 전역에서 국민회의 조직을 금지시켰다. 다수의 지도자를 체포하였기 때문에 대중폭동이 야기되었고, 인도에서 광범위한 혁명이 시작되었다. 간디가 자기정화를 위하여 단식을 개시하자, 영국은 1944년 5월 6일 간디를 석

방시켰다. 석방 후에 간디는 이슬람연맹의 지도자들과 화해를 시도하였다.

1945년 6월 당시 인도총독이었던 웨이벌(Wavell)은 라디오에서 "현재의 정치적 상황을 개선시키고 인도를 완전자치의 상태로 전진시키기 위하여" 제안을 발표하였으며, 모든 정당지도자들이 감옥에서 석방되었다. 전체 정당회의가 6월 25일 심라(Simla)에서 개최되었다. 총독은 영국정부에 대하여 자신은 다음과 같은 의무를 진다고 설명하였다.

① 집행참사원에서 지정카스트 이외에 힌두교도와 이슬람교도 간에 수의 균등성
   이 유지되어야 한다.
② 참사원의 선별에 있어서 자신이 적극적인 권한을 갖는다.
③ 참사원은 마찰 없이 화해의 정신 속에서 조화로운 팀으로 활동해야 한다.

힌두교도들은 보다 작은 수의 대표자가 할당되었지만, 이 회의에 협력하였다. 이슬람교도의 지도자 진나는 그의 정당이 이슬람교도의 유일한 대표자라고 주장하였다. 진나는 또한 국민회의가 이슬람교도 의원을 지명하는 것에 반대하였다. 국민회의는 의회가 민족주의의 성장을 저지할 수도 없고, 그것을 지역자치단체 수준으로 축소시킬 수도 없다고 지적하였다. 따라서 정치적인 문제를 해결하기 위한 웨이벌의 최초의 시도는 실패하였다. 결정적인 전기는 영국 노동당정부의 등장으로 마련되었다. 새로운 노동당정부와 정치적 상황을 토론하기 위하여 영국을 다녀온 총독은 총선거의 실시와 제헌단체의 구성을 포고하였다.

국민회의는 일반선거구에서 압도적인 다수의석을 점하였고, 이슬람연맹은 이슬람교도 선거구에서 승리를 거두었다. 영국의회의 사절단은 정치지도자들과 개인적으로 접촉하기 위하여 영국에서 인도로 파견되었고, 사절단은 인도에 한 달 동안 머물면서 주요정당들과 협상을 벌였다. 지방정부에서는 대중적인 장관들이 임명되었다. 국민회의는 8개 주에서, 이슬람연맹은 신드와 뱅골주에서 정부를 구성하였다. 펀자브에서는 연립내각이 이루어졌다. 인도국무장관은 하원에서 1946년 2월 19일에 내각위원회가 총독과 함께 인도의 헌법문제를 해결하기 위하여 인도를 방문한다고 발표하였다.

2. 내각사절단

1945년에 중대한 변화가 일어났다. 전쟁은 종결되었고, 영국에서 노동당(Labor Party)이 집권하였다. 노동당은 인도독립에 우호적이었고, 총독은 그 문제를 논의하기 위하여 런던으로 갔으며, 인도로 귀환한 후에도 정부와 지속적인 접촉을 유지하였다. 영국정부의 변화된 접근을 통하여 인도국무장관 페틱 로렌스(Pethik Lawrence)는 1946년 2월 19일에 자신과 스태퍼드 크립스, 그리고 A.V. 알렉산더로 구성된 내각사절단이 인도를 방문하여 총독의 도움을 받아 헌법적인 쟁점을 해결하기로 하였다고 발표하였다.

내각사절단은 1946년 3월 24일 인도에 도착하여, 즉시 인도의 정당지도자들[22]과 협상을 착수하였다. 이슬람연맹의 강력한 분리요구 때문에 최종적인 합의는 이루어지지 않았다. 그러나 내각사절단은 1946년 5월 16일 성명서에서 헌법논쟁과 관련하여 다음과 같은 제안을 하였다.

① 인도연방(Union of India)은 총독주와 인도토후국으로 구성된다. 인도연방은 국방, 외교, 통신의 사무를 관장하며, 이와 관련된 사항의 재정에 관한 권력을 보유한다.

② 인도연방은 영령 인도와 인도토후국의 대표로 구성된 집행부와 입법부를 보유한다. 입법부에서 지역적으로 논란이 되는 문제는 두 개 주요 자치단체의 출석대표자의 다수결 및 출석한 전원의 다수결에 따라 결정된다.

③ 총독주는 연방사항 이외의 사항에 관하여 입법 및 집행권을 보유하며, 연방에 속하지 않는 모든 권력은 주에 귀속한다.

④ 인도토후국은 연방정부에 속하지 않는 모든 사항과 권력을 보유한다.

⑤ 주는 입법부 및 집행부와 함께 단체를 형성할 수 있으며, 각단체는 공유할 지방사항을 결정할 수 있다.

---

22) 당시 영국이 협상의 상대로 삼았던 인도의 정치지도자들은 Gandhi, Azad, Nehru, Patel, Jinnah, Shyama Prasad Mukherjee, Ambedkar, Jagiwan Ram, Tara Singh, Tej Bahardur Sapru 등이다.

⑥ 제헌단체는 간접선거를 통하여 구성된다. 각 주는 인구비례에 따라 백만 명당 1명의 대표자를 파견한다. 각 주의 전체 의석수는 인구비례에 따라 주요 공동체로 배분되며, 각 자치단체의 대표자들은 입법의회에서 동일한 자치단체의 의원에 의하여 선출된다.

⑦ 제헌의회는 세 부분으로 나누어진다. A부분은 마드라스, 봄베이, 통일주, 중앙주, 비하르 및 오리사로 구성되며, B부분은 펀자브, 북서변경주, 신드, 그리고 C부분은 벵골과 아삼으로 구성된다. 각 부분은 각각의 헌법을 마련한다. 각 부분은 단체 전체를 위하여 헌법을 수립할 것인지 그리고 권력의 범위는 어떠한지 등을 결정한다. 단체헌법을 수립한 후에 연방헌법은 단체의 의회에 의하여 확립한다.

국민회의는 이 제안을 반대하였고, 특히 주를 그룹화하는 규정에 대해서 반대하였다. 이슬람연맹 지도자인 진나는 국민회의의 주장을 따랐고, 이 문제에 대하여 명확하게 할 것을 촉구하였다. 인도국무장관과 크립스 경의 확약에도 불구하고 진나는 만족해하지 않았고, 이슬람연맹은 내각사절단의 계획을 전체로서 거부하였다. 이슬람연맹은 또한 1946년 8월 16일을 '직접행동의 날'로 선포하였다.

총독은 임시정부구성에 관하여 정당의 지도자들과 협상을 하였다. 이슬람연맹은 임시정부의 지명계획에 대하여 동의하지 않았다. 그리고 총독은 국민회의에 대하여 임시정부를 구성하라고 촉구하였다. 따라서 1946년 9월 2일 민족지도자들로 구성된 대중적인 내각이 형성되었다. 총독내각은 네루, 파텔(Vallabhai Patel), 프라사드와 같은 정치지도자로 구성되었고, 라자고팔라차리(Rajagopalachari)는 최초의 의장이 되었다.

이슬람연맹의 '직접행동의 날'은 폭력을 선동하였고, 많은 도시에서 지역폭동을 야기하였다. 이러한 연유로 웨이벌은 이슬람연맹이 임시정부에 참여하도록 설득해야 한다고 생각하였다. 그는 진나와 오랫동안 협상을 전개하였고, 그의 당의 대표자들이 정부에 참여했다. 임시정부는 이슬람연맹의 비협조로 인하여 원활하게 기능하지 못하였다.

1946년 12월 9일 처음 소집된 제헌의회는 이슬람연맹의 대표자들에 의하여 거부되었다. 전국 여러 곳에서 소요가 있었으며, 상황은 점점 험악해졌다. 영국정부는 국민회의 지도자들과 이슬람교 지도자들을 협상테이블로 초대하였다. 런던에서의 토론은 해결책을 찾지 못하였고, 이슬람연맹은 파키스탄의 분리독립을 줄곧 요구하였다. 연맹의원들은 참사원에서 철수하였고, 총독은 친선과 상호이해의 분위기를 연출하는 데에 실패하였다.

3. 「인도독립법」의 출현

1947년 2월 20일 영국총리 애틀리는 하원에서 영국정부는 1948년 6월 이전에 책임 있는 인도인의 수중에 권력을 이양하기 위하여 필요한 조치를 취할 계획이라고 선언하였다. 마운트배턴(Lord Mountbatten)이 웨이벌의 후임자가 되었고, 마운트배턴은 인도인의 장래에 가장 좋은 방식으로 인도인의 책임정부를 구성하도록 권력을 이양하는 업무를 부여받았다. 마운트배턴은 1947년 3월 22일 인도에 도착하였다. 그 당시 상황은 매우 나빴다. 이슬람연맹은 폭력행동을 선동하였고, 주의 국민회의 내각에 대하여 시민불복종운동을 사주하였다. 이슬람연맹은 파키스탄의 분리독립에 있어서 한 치의 양보도 없었다.

마운트배턴은 도착한 직후 몇 개월 이내에 인도인에게 권력이양작업을 끝마치겠다고 선언하였다. 그는 내각사절단의 계획에 기초하여 합의에 의한 해결책을 발견하고자 했다. 그는 다음과 같은 새로운 계획을 추구하였다.

① 벵골과 펀자브의 압도적인 힌두교도 및 이슬람교도 지역의 대표자들이 분할을 지지하는 경우에 그 주들은 분리되어야 한다.

② 아삼의 이슬람교도 지역, 즉 실헤트(Sylhet)는 이슬람교도주 가입여부에 대하여 선택권을 갖는다.

③ 신드(Sind)의 입법의회는 특별모임에서 결정을 취할 수 있다.

④ 이 나라의 분리에 대한 책임은 인도인 자신에게 있다.

마운트배턴 계획은 수용되었고, 총독은 인도의 지도자들과 한 차례 회담을 가졌으며, 이 계획은 영국정부도 승인했다. 따라서 공식적으로 이 나라는 인도와 파키스탄으로 분리되며, 1947년 8월 15일 권력이 이양되고 두 나라가 자치령의 지위를 획득한다고 선언하였다. 이 계획은 영국의회에서 공포되었으며, 이에 기초하여 1947년 인도독립법(The Indian Independence Act, 1947)이 영국의회를 통과하였고, 1947년 7월 18일에 왕의 승인을 얻었다. 이 법의 주요규정은 다음과 같다.

① 인도와 파키스탄은 1947년 8월 15일자로 독립된 자치령으로 수립된다.

② 인도의 영토는 파키스탄을 제외하고 영령 인도주(British Indian Provinces)를 포함한다.

③ 동벵골, 서펀자브, 신드, 발루치스탄, 북서변경주는 파키스탄에 속한다.

④ 인도토후국은 두 자치령의 어느 곳이든 가입할 수 있다.

⑤ 새로운 자치령의 입법부는 자치령에 관하여 완전한 입법권을 보유하며, 영국정부는 자치령의 일에 통제권한을 보유하지 않는다.

⑥ 새로운 헌법이 제정될 때까지 자치령과 주는 「1935년 인도정부법」에 따라 통치한다.

⑦ 현존 제헌의회는 당분간 자치령의 입법부가 된다. 제헌의회는 중앙입법부가 행사할 권한을 행사한다.

⑧ 인도토후국에 대한 영국왕의 주권은 소멸하며, 이 법의 통과일에 영국왕과 인도토후국의 지배자들 사이에 현존하는 모든 조약과 합의문은 폐기된다.

⑨ 1947년 8월 15일 두 자치령에서 효력 있는 모든 법은 각각의 입법부에 의하여 수정될 때까지는 효력을 보유한다.

⑩ 1947년 8월 15일 이전에 영령 인도에 포함된 지역의 지배와 관련하여 영국정부는 어떠한 책임도 지지 않는다.

⑪ 자치령은 자신의 총독을 가지며, 한 사람이 두 자치령을 대표할 수 있다.

독립은 기본적으로 자생적인 과정이기 때문에 다른 나라로부터 정당성을 계승한다는 것은 상정할 수 없는 일이다. 그러나 「인도독립법」은 인도가 영국의회의 법으로부터 파생한다는 특별한 외관을 연출하였다. 이 법은 인도의 미래에 대한 기본골격을 제시하는 것이었고, 주권적인 입법기구가 확립된 다음에 기존의 모든 것을 개혁할 수 있도록 하는 잠정적인 백지헌법에 해당한다고 할 수 있다. 이 법에 따라 파키스탄 자치령은 1947년 8월 14일에, 인도의 자치령은 1947년 8월 15일에 각각 시작되었다. 마운트배턴은 국민회의의 제안에 따라서 인도의 총독이 되었다. 이 문제는 제4장 헌법제정과정에서 자세히 검토하기로 한다.

4. 인도토후국의 문제

인도토후국은 인도독립과정에서 매우 미묘한 위치에 있었다. 경제적으로 후진적인 지역이어서 영국인의 표적이 아니었던 터라 인도고유의 전통을 간직할 수 있었고 따라서 서구인의 눈에는 인도적인 것을 대표하는 곳이기도 하였다.

영국은 이러한 후진지역을 그 지역의 토후들로 하여금 통치하게 함으로써 인도지배를 효과적으로 수행하였다. 그래서 인도토후국과 영령 인도 간의 차별화는 실제로 영국인의 분할통치정책과 깊은 관련을 지니고 있었다. 인도독립과정에서 토후들은 대체로 인도독립에 우호적인 한편으로, 자신의 기득권을 지키는 데에는 적극적이어서 영령 인도의 대표들과 마찰을 일으키기도 하였다. 인도토후국은 인도독립 후에 각각 인도와 파키스탄으로 흡수되었다.

> • 인도토후국은 인디언인도(Indian India) 또는 인도주(Indian States)와 용어상의
> 구별 없이 사용된다. 반면에 영령 인도(British India)는 총독주(Governor's Provinces)
> 와 구별 없이 사용된다. 인도토후국은 주로 인도의 오지에서 영국의 승인하에 이루어진
> 인도인의 고유하고 전통적인 지배방식이 통용되었고, 영령 인도는 해안지역과 상업지
> 역을 중심으로 인도총독이 직접통치하는 지역이었다.

1947년 인도가 독립할 당시에 아대륙의 약 5분의 2 또는 인도인구의 5분의 1 내지 4분의 1이 인도토후국의 지배하에 있었다. 이러한 토후국에서는 공동체와 고유문화

에 입각한 사회적·정치적 관계들이 상당한 정도로 살아 있었다. 토후들은 독재자로서 그들의 주를 관장하였고, 아주 전통적인 인도적 생활방식의 옹호자였으며, 인도적인 가치들의 가장 순수한 형태를 상징하고 있었다. 발전도상의 현대적인 영령인도주와 불편하고 애매한 관계에 있었던 토후국들은 허다한 문제를 야기하지 않을 수 없었다. 1920년대와 1930년대에 토후들은 정치적 논쟁에서 전면에 나섰고, 독립 이후 토후가문의 사람들은 지역유지로서 상당한 정도로 권력과 영향력을 행사하였다. 그러나 20세기가 전개되는 동안에 토후들이 권력기반을 상실한 것은 일반적인 현상이었다. 1940년부터 1946년까지의 권력이양기에 토후국들은 새로이 건설된 인도와 파키스탄에 각기 편입됨에 따라 점차 무시되지 않을 수 없었다. 시대적합성을 상실한 그들은 이제 형식적 지위, 특전 및 내탕금마저 상실하게 되었다. 「1971년 토후지위부인법」(The Princely Derecognition Act of 1971)은 토후들을 역사적 유물로 만들어 버렸다.

인도토후국은 종종 하나의 실체로 생각되지만 사실은 전혀 그렇지 않다. 우선 인도주는 아대륙에서 들쭉날쭉 분산되어 있었다. 그들은 또한 규모나 중요성에 있어서 엄청난 차이를 드러내었다. 예를 들어 가장 큰 토후국인 하이데라바드(Hyderabad)는 82,000 평방마일에 인구가 1400만(1947년 기준)이었던 반면에, 카티아와르에 소재한 가장 작은 토후국은 0.3 평방마일에 인구가 200명 이하였다. 인도에는 600여 개 이상의 토후국이 존재하였고, 다양한 지위와 다양한 기원을 지닌 토후들이 이를 지배하였는데, 대영제국과의 관계에서도 상이한 연결고리를 가지고 있었다. 일부 토후국은 진정한 주권국가와 비슷하게 완전한 조약에 기초하였고, 일부는 독립적인 성격을 인정해 주는 단편적인 문서만을 쥐고 있었다. 대부분의 토후국은 작고 사소한 것이었다. 토후국 중 28개 국가만이 인구 50만 이상이었고, 이러한 그룹 중에서 규모가 큰 8개의 토후국이 전체 지역, 인구, 재정수입의 절반을 차지하고 있었다. 토후국의 권위는 고도로 지역화되었고, 문화적으로 매우 다양하였다. 자트(Jat)[23], 라지푸트

---

23) 인도 서북부에 거주하는 이슬람 계통의 유력한 농민 카스트.

(Rajput)[24], 마라타(Maratha), 힌두(Hindu), 시크(Sikh), 이슬람(Muslim) 등 모두가 인도 토후국 내에서 소우주를 형성하였다. 따라서 20세기의 정치적·경제적 압력이 토후국과 어떠한 관계를 야기하였던 간에 토후국들을 집단적 또는 통일적인 일체로 간주하는 것은 불가능하다고 해야 할 것이다.

인도토후국은 20세기까지 살아남았지만 사실은 18세기 동인도회사가 팽창하던 과정의 부산물이었다. 영국인들은 벵골과 남서해안에서 지배적인 지위를 차지하게 되자, 인구가 집중되고 그들에게 가치 있는 지역을 정치적으로 그리고 경제적으로 확보하는 것을 주요목표로 설정하였다. 이러한 노력은 갠지스 평원까지의 지속적인 침탈 그리고 중요한 생산지역의 확보를 의미하였으며, 그 작업은 때로는 정복으로, 때로는 동맹을 통해서 이루어졌다. 무굴제국의 패망과정에서 동인도회사는 일부는 지역을 직접 통치함으로써, 일부는 여타 인도지배자들과 동맹을 체결함으로써 그 목적을 달성하였다. 이 후자의 과정은 공동방위체제를 마련한 동맹망 속에서 동인도회사가 인접한 많은 토후들을 포섭하였던 18세기 말에 보다 공식화되었다. 그러한 방식은 인도지배자들에게 상당한 매력을 제공하였지만, 한편으로 인도토후들에게 독자적인 군대를 감축하고, 영국인이 기획하고 통제한 방위정책의 비용을 부담하도록 요구하였다.[25]

1820년대에 동인도회사는 동맹국과의 경계선 문제를 놓고 심각한 분열에 직면하였다. 이 시기에 중서부인도의 지도는 대체로 확정되었다. 영국인들은 척박한 지역과 경제적으로 가치가 없는 지역은 영국인과 동맹국의 안정된 관할구역에 아무리 영향을 미친다고 하더라도 정벌을 감행할 자원을 갖추지 못하였으며, 또한 동인도회사가 이를 통일적인 전체로서 직접 통치할 역량도 갖추지 못하였다. 따라서 영국인들은 고도로 지역적인 정치구조를 확립하고 공고하게 하는 조치를 결정하였다. 그 지역의 둘레에 울타리가 설치되고, 그 위로 군사적인 통신망이 설치되었으며, 그 지역을 안정시키기 위하여 비정규적인 군대가 파견되었다. 군사적 개입 후에 정치적인

---

24) 라지푸트족. 과거 지배계급인 크샤트리아(Rajan)의 후예(Putra)라는 의미를 담고 있다.
25) 토후국의 생성과정에 대해서는 Ian Copland, 1997, pp. 1~14 참조.

조치가 이어졌다. 이 조치는 소군주가 영국의 최고성을 수용하고, 영국의 평화(Pax Britanica)를 교란하는 자를 배제하는 한에서는 아무리 사소한 지역이라 하더라도 그곳에 안정성을 보장할 수 있는 소군주를 즉각적으로 실용적으로 승인한다는 것을 의미하였다. 대부분의 중서부인도와 라자스탄(Rajastan)은 한때는 유동적인 정책대상지역이었지만 이제는 소왕국의 확고한 모자이크가 되었다.

1820년 이후 영국은 나머지 지역을 복속시킬 수 있을 만큼 인도 아대륙을 통제하였다. 19세기 인도주에 대한 정책은 실용주의와 양면성을 띠고 있었다. 거의 예외 없이 인도주들은 상대적으로 후진지역에 위치하였고 또한 분산되어 있었기 때문에 그들은 영국지배에 대하여 위협이 될 수 없었다. 따라서 영국은 토후국을 무시하였고, 상황에 따라 개입하였다. 영국은 그들의 독립된 실체를 승인하는 한편으로 상황에 따라 그들을 합병시킬 수 있다고 생각하였다. 그리하여 19세기 중반까지 아바드(Avadh), 사타라(Satara) 및 나그푸르(Nagpur)를 합병하고 펀자브과 신드의 일부를 정복함으로써 영국의 공식적인 지배영역을 확대시켰다.

1857년과 1858년의 대폭동(세포이 항쟁) 이후에 인도주에서 긍정적인 정치적 가능성을 보기 시작하였다. 캐닝(Canning)[26]은 1859년에 많은 인도토후들이 중부갠지스평원에서 질서를 회복하는 데 도움이 되고 그리하여 혼란의 소용돌이에 대한 방파제로 봉사할 수 있으리라고 판단하였다. 보다 일반적으로 말하면, 토후들은 영국의 인도지배를 지지하는 블록이자 급속한 정치적 발전에 대한 보수적인 세력으로 주목받기 시작한 것이다. 그러나 1920년과 1935년의 전면적인 개혁은 토후국들의 존재 자체에 변칙과 비일관성을 야기하였다. 전쟁수행에 있어서 토후들의 협조를 보상하고, 토후들과 밀접한 유대를 갖고자 했던 몬터규는 자신의 헌법개혁안에 대하여 토후들의 대표자들과 상의하였고, 그것이 1921년 토후회의(Chamber Princes)로 정착되었다. 이것은 인도주의 이해관계사항에 대하여 인도정부에 조언을 제공하는 자문기관이었다. 토후회의는 정치적 발전을 용이하게 하기는커녕 토후들에게 정치적 문제와 관련하여 영국과 복잡하고 미묘한 관계를 설정할 수 있는 기회를 제공하였기 때문에 오

---

26) 영국의 정치인으로, 1856-1862년에 인도총독을 역임하였다.

히려 정치적 발전을 저해하는 구실을 하였다. 몬터규의 비공식적인 토론과 토후회의에서의 논쟁은 토후들이 정치적인 문제에 있어서 얼마나 자주 분열되었는가를 알려주고 있다.

1930년 제1차 원탁회의에서 알라하바드(Allahabad) 출신의 자유주의적인 법률가 테즈 바하두르 사푸르는 영령 인도와 인도토후국 간의 연방을 건설하자고 촉구함으로써 헌법적 논의를 위기에 빠뜨렸다. 토후들은 이 견해를 열정적으로 지지하였지만, 시간이 감에 따라 그들이 스스로 일관된 정책을 전개할 수 없다는 것이 분명해졌다. 이 문제는 진지하게 토론되지 못하였고, 토후국들의 편입을 예정하고 있는 연방구조에 대한 전망도 총독이 「1935년 인도정부법」의 시행을 중단할 것을 선언한 1939년에는 완전히 소멸하였다. 연방제도에 대한 계획이 제2차 세계대전 이전에 이미 물 건너감에 따라 토후들은 이러한 논의구도에서 완전히 옆으로 밀려나게 되었다. 이제 현실정치적 논쟁은 영국인과 국민회의, 이슬람연맹 간에 이루어진 것이다. 그리하여 제2차 세계대전 이후에 인도토후국은 인도나 파키스탄의 선택에 따라 편입할 수 있게 되었다. 대부분의 토후국은 노련한 정치가였던 파텔의 헌신적 노력을 통해 인도연방에 편입되었다.

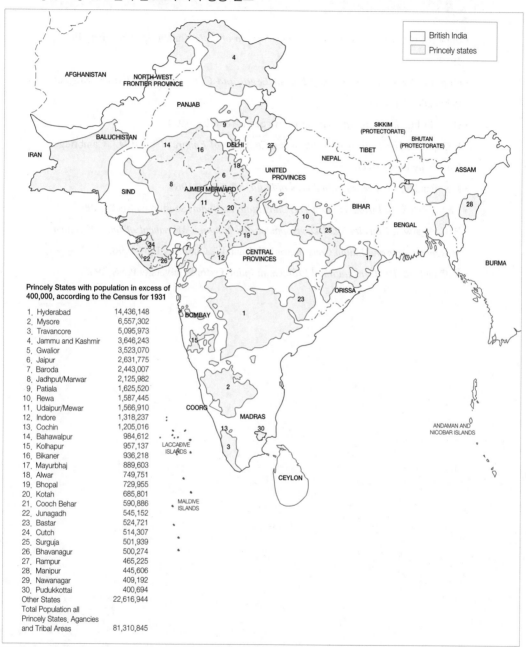

Princely States with population in excess of
400,000, according to the Census for 1931

1. Hyderabad	14,436,148
2. Mysore	6,557,302
3. Travancore	5,095,973
4. Jammu and Kashmir	3,646,243
5. Gwalior	3,523,070
6. Jaipur	2,631,775
7. Baroda	2,443,007
8. Jadhput/Marwar	2,125,982
9. Patiala	1,625,520
10. Rewa	1,587,445
11. Udaipur/Mewar	1,566,910
12. Indore	1,318,237
13. Cochin	1,205,016
14. Bahawalpur	984,612
15. Kolhapur	957,137
16. Bikaner	936,218
17. Mayurbhaj	889,603
18. Alwar	749,751
19. Bhopal	729,955
20. Kotah	685,801
21. Cooch Behar	590,886
22. Junagadh	545,152
23. Bastar	524,721
24. Cutch	514,307
25. Surguja	501,939
26. Bhavanagur	500,274
27. Rampur	465,225
28. Manipur	445,606
29. Nawanagar	409,192
30. Pudukkottai	400,694
Other States	22,616,944
Total Population all Princely States, Agancies and Tribal Areas	81,310,845

---

27) Francis Robinson, *The Cambridge Encyclopedia of India*, Cambridge University Press, 1989, p. 140.

참고문헌

- Francis Robinson, *The Cambridge Encyclopedia of India*, Cambridge University Press, 1989.
- Gupta & Sarkar, *Overview of Indian Legal and Constitutional History*, Surjeet Publications, 1982.
- G. N. Joshi, *The Constitution of India*, 3th ed., Macmillan, 1954.
- I. Copland, *The Princes of India in the Endgame of Empire, 1917~1947*, Cambridge University Press, 1997.
- J. N. Pandey, *The Constitutional Law of India*, Allahabad, 1969.
- M. V. Pylee, *An Inrtoduction to The Constitution of India*, South Asia Books, 1995.
- R. C. Agarwal, *Constitutional Development and National Movement of India(Freedom Movement, Acts and Indian Constitution)*, S. Chand & Company Ltd., 1996.
- R. Coupland, *The Constitutional Problem in India*, Oxford University Press, 1945.

제 4 장

인도의 제헌의회와
민주성 원칙

I·N·D·I·A

1
문제의 제기

헌법은 정치적 소산물이다. 평상시에도 법과 정치는 서로 내밀한 관계를 맺을 수밖에 없지만, 특히 헌법이 제정되는 시기는 국민이 헌법제정회의를 구성하고 참여하거나, 그 대표자들이 자신의 정치적 견해를 헌법에 반영하는 등의 활동이 왕성하게 이루어지는 시기이다. 근대적 헌법제정이란 국민주권원리에 입각한 국민들의 의사가 반영된 헌법이라는 특징을 갖는다. 이런 헌법적 관점을 인도의 헌법제정과정에 투사해 볼 때 인도헌법이 갖는 문제점과 그 특징은 무엇인가를 발견하는 것은 흥미로운 주제가 될 수 있다. 국민회의를 중심으로 한 오랫동안의 독립운동과정은 단순히 식민지로부터의 독립이라는 정치적 구호에 그치는 것만은 아니었다. 정치적 운동의 이면에는 그것의 제도적 표현으로서의 헌법과의 투쟁이 맞물려 있었다.

> • 인도에서의 독립운동을 모두 헌법제정운동으로 연결시키는 것은 무리이다. 운동의 역사가 긴 만큼 각 단계별로 성격도 다르다. 영국의 근대화정책에 호응하여 미신타파, 순장, 조혼, 영아살해 등 사회적 악습을 철폐한 초기 개혁운동이 있었는가 하면, 서구문화의 확산에 반발하여 오히려 과거전통의 재발견과 문화적 자긍심을 찾는 민족운동도 있었다. 1885년 국민회의가 창설된 이후만 하더라도 온건파와 급진파의 노선이 반복되었다. 그러나 이 모든 운동의 배후에는 비록 헌법이라는 용어가 구사되지는 않았다 할지라도 헌법철학과 헌법이념의 축적과 연관되지 않은 것은 없었다. 이런 전 단계를 거쳐 1916년 러크나우 회의 이후부터 국민운동은 구체적으로 헌법제정 논의와 연관되는 독립운동을 전개하기에 이르렀다.

인도의 독립은 다른 말로 표현하면 인도인민의 자주적 결단으로서의 헌법제정인 것이다. 인민의 자결권이 인도헌법 제정과정에 어떻게, 얼마나 반영되었는가를 살펴보기로 한다.

국민주권성이 존재한다고 하려면, 주권이 외부로부터 독립되어야 하며(자주독립성), 내부로부터 최고성의 조건을 갖추어야 한다. 인도의 경우 독립과 헌법제정이 영국으로부터 합법적으로 주어졌다는 점에서 전자에 관한 논의를 할 필요가 있으며, 이 과정에서 절대적인 중심역할을 해 온 국민회의와 그 지도자들이 과연 인도인민의 일반의사를 대변하는 자격을 갖추었으며, 그런 민주적 절차를 거쳤는가를 점검해야만 헌법제정의 민주성에 대한 평가가 이루어지리라고 본다.

2
인도헌법제정은 자주독립적이었는가?

1945년 제2차 세계대전은 종결되었고, 영국에서는 노동당이 집권하였다. 노동당은 인도독립에 우호적이었다. 노동당은 1946년 3월 내각사절단을 인도에 파견하였고, 1947년 2월에는 애틀리 총리가 1948년 6월 이전에 인도인에게 권력을 이양할 계획이라고 발표하였다. 일정한 과정을 거친 후 1947년 7월에 「인도독립법」(The Indian Independence Act)이 시행되었다. 이렇듯이 인도의 독립은 식민종주국이었던 영국의 법률에 의하여 평화적으로 주권이양절차를 밟은 점이 특이하다. 일반적으로 식민지하에서의 독립운동이라는 것은 피식민국의 인민들이 정치적 협상과 무력의 수단을 총동원하여 식민정부와 대항한 결과로서 식민정부를 몰아내고 마침내 자주독립정부를 수립하는 것을 상상하게 된다. 그러나 인도에서의 독립과정을 보면 일반적 독립과정과 많이 다른 점을 발견할 수 있다. 종주국이었던 영국이 인도의 독립법을 제정하여 독립시켜 주었다면 이것이 과연 자주적인 독립이었을까 하는 의문이 드는 것이다. 일반상식에 잘 맞지 않는 인도의 독립을 이해하기 위해서는 독립 이전 인도인들의 독립을 위한 준비과정을 살펴볼 필요가 있다.

이와 관련해서 1922년의 제헌회의에 대한 간디의 생각이 기록으로 남아 있다. 간디는 당시 영국의회가 통과시킨 「1919년 인도정부법」에 반대하는 여론 속에서 다음과 같이 자신의 생각을 명료하게 밝혔다. 즉, "인도의 최대 영광은 영국인을 불구대천의 적으로 간주하는 것이 아니라 오히려 그들이 약자나 저개발국가들을 수탈과 강압으로 지배하던 제국의 자리를 떠나 새롭게 공영체의 친구나 동료로 변화하도록 돕는 데 있다. 스와라지(Swaraj : 자주독립)는 의문의 여지 없이 인도가 원한다면 독립을 선언하는 능력을 의미한다. 따라서 스와라지는 영국의회의 선물일 수 없으며, 인도의 완전한 자기 의사의 표현이다. ─ 스와라지는 금년 혹은 우리 세대 중에 오지 않을지도 모른다. 때가 되면 영국의회는 인도의 관료기구를 통해서가 아니라 인도인민의 대표자를 통하여 표명된 인도인의 의사를 비준하게 될 것이다."[1]

간디의 이 발언을 보면 오히려 영국이 인도독립법을 제정하게 된 것은, 간디로 대표되는 인도인의 구상과 노력, 즉 비폭력 불복종운동을 통한 평화적 주권이양절차에 부합하는 행위였다고 해석할 수도 있다. 독립의 의미가 지배국으로부터의 물리적 독립에 그치지 않고 지배국과 피지배국이 동시에 상생하는 고차원적인 정신적 독립의 차원에서 이루어질 수 있음을 보여 준 사례로 해석할 여지가 있는 것이다.

---

[1] Gandhi, "Independence", *Young India*, 1922.1.5. 인용은 B.S.Rao 편, *The Framing of India's Constitution*, 제1권, pp. 33~34. 간디의 주장은 24년 후 제헌의회 개최 시에도 반복되었고, 따라서 이 발언은 제헌의회의 기원으로 통하고 있다. 간디에게 있어 스와라지는 영국으로부터의 독립 이상의 의미를 지니고 있었다. 스와라지는 인도와 인도인들의 자기실현을 뜻하였고, 따라서 외래의 지배와 아울러 외래적 습관들을 청산함으로써 인도인들이 자신들의 영혼에 대한 주인이 될 수 있어야 한다고 말하였다.

3
제헌의회의 구성과정

1. 인민의사의 결집

제헌회의에 대한 관념은 단지 몇 사람의 머릿속에만 존재하는 추상적인 이념이 아니라, 인도인 전체의 문제로 부각되어 이에 대한 구체적인 노력으로 가시화된 증거를 찾을 수 있다. 즉, 1923년에는 민족회의(National Convention)에 의하여 「인도연합법안」(The Commonwealth of India Bill)이 마련되었다. 이 법안 초안은 간디가 주재하는 제정당연석회의(All Parties Conference)의 헌법기초위원회에 제출되었고, 다시 이 법안은 43명의 다양한 정파지도자들이 서명한 비망록과 함께 영국노동당의 주요 인물들에게 전달되었다.

• 이 당시에도 영국은 맥도널드의 노동당 내각이 집권하고 있었다. 맥도널드 내각은 1924년과 1929~1935년까지 두 차례에 걸쳐 집권하였다. 맥도널드는 당시에 영연방 노동당회의에서 인도에 자치령의 지위를 부여하겠다고 선언하였다. 그러나 이 선언은 구체적인 일정도 잡히지 않은 상태였고, 영국하원의 다수 의원들의 반대에 부딪쳤다. 이에 국민회의는 1929년 12월 31일 라호르에서 '완전자치의 결의'를 통과시키고, 1930년 1월 26일을 '완전자치의 날'(Purana Swaraj Day)로 선언하였다(R. C. Agarwal, *Constitutional Development and National Movement of India*, S. Chand & Company Ltd., 1996. p. 243).

하지만 노동당의 집권실패에 따라서 이와 같은 노력 또한 무위에 그치고 말았다. 이 법안은 평화적이고 입헌적인 수단을 통하여 인도의 헌정체제를 제시한 인도인의 중요한 노작이었다. 그 후로도 국민회의는 인도는 인민이 기초하고, 외세의 간섭 없이 형성된 헌법만을 수용할 수 있다는 의지를 여러 차례 반복하였다.[2] 이런 과정 속에서 인도인들에게 헌법제정회의 소집을 통한 독립은 현실의 명제로 의식화되었다. 더구나 영국인들조차 이제는 인도인에 의하여 선출된 단체가 인도헌법의 기틀을 마련해야 한다는, 즉 자결주의의 필요성을 인식하게 되는 큰 변화가 일어났다. 이런 가운데 제2차 세계대전이 종결되었고, 1945년 9월 노동당 정부는 인도에서 제헌단체의 소집을 고려 중이라고 발표하였고, 겨울에 총선거를 실시하여 새로 구성된 지방의회들이 제헌의회의 구성기관으로 활동할 것이라는 내용을 포고하였다.[3] 영국정부는 이 제안에 입각하여 1946년 1월에 의회사절단을 파견하였고, 이어서 3월에 내각사절단을 파견한 것이다.

2. 국민회의와 이슬람연맹

주권과 헌법제정권력은 단일불가분성을 가진다. 인도의 경우 헌법제정회의에 앞서 주권의 심각한 분열상황을 맞았다. 파키스탄으로의 분리과정이 이것이다. 헌법제정회의의 소집을 위한 정지작업이 필요한 시점이었다.

영국정부가 파견한 내각사절단(Cabinet Mission)은 인도인들 스스로가 자신의 헌법을 고안하는 데 필요한 기구를 마련하도록 총독을 지원하고, 또한 인도의 각 공동체들이 하나의 헌정체제를 만들어 가기 위한 첫 단계로서 국민회의와 이슬람연맹을 중재하려고 하였다. 그러나 이것은 내각사절단으로서는 역부족인 과업이었다. 이슬람교도들과 다른 인도인들, 특히 힌두교도들 사이에는 큰 분열이 있었다. 이미 1920년대 후반 및 1930년대부터 종교집단 간의 반목이 지역적인 긴장을 고조시켜 왔고, 이

---

2) 제2차 세계대전 중에 국민회의 운영위원회는 "인도독립과 제헌의회를 통한 인도인민의 헌법제정권을 승인하는 영국정책만이 제국주의의 오명을 불식시킬 수 있고, 국민회의로 하여금 협력을 계속하게 하는 필수적인 사항임을 재차 선언하고자 한다."는 입장을 표명하였다.

3) 이 내용은 당시 인도총독 웨이벌(Wavell)이 12월 19일 델리라디오 방송을 통해 발표하였다. G. Austin, *The Indian Constitution: Cornerstone of a Nation*, Oxford University Press. 8th ed., 1999. p. 3.

때부터 이슬람교도들은 진나(M. A. Jinnah)를 중심으로 단결하였고, 진나는 이를 분리운동으로 발전시켜 나왔던 터였다.

• 이슬람이 정치적으로 집단화되는 한 계기가 1909년 「인도참사원법」의 제정이었다는 지적이 있다. 즉, 1909년의 참사원법은 종교집단별 선거제도를 도입하였는데, 특히 이슬람교도에 우호적인 특징을 가지고 있었다. 국민회의는 이 법을 민족주의자들을 이간질하고, 붕괴시키려는 법으로 규정지었다. 이후부터 국민회의는 식민정부와 헌법제정에 대한 대화를 긴밀히 나누지 않을 수 없게 되었다는 설명이다. T. Raychaudhuri, "Constitutionalism and the National Discourse", in *Constitutionalism and Democracy*, Oxford University Press, 1993, p. 207).

이슬람연맹은 힌두교도들을 불신하였기 때문에, 당연히 국민회의를 반대하였다. 국민회의는 제헌의회와 인도독립을 요구한 반면에, 이슬람연맹은 이러한 견해를 조소하고, 국민회의 권력을 저지하기 위한 수단으로 영국의 계속적인 인도주둔을 선호하기까지 하였다. 1940년 연맹은 이슬람교도들에 대한 자치지역의 보장을 요구하였다. 진나는 1945년에는 한걸음 더 나아가 인도는 두 개의 제헌의회, 즉 힌두교도와 파키스탄을 위한 각각의 제헌회의를 보유해야 한다고 주장하였다.

• 이것이 유명한 '라호르 결의'(Lahore Resolution)로서 '파키스탄 결의'라고도 한다. 제2차 세계대전의 발발과 함께 1940년 총독은 국민회의가 반대하는 「1935년 인도정부법」의 연방제부분 시행에 대한 무기한 연기를 선언한다. 영국정부는 인도의 국민회의, 이슬람연맹, 토후세력 등의 협력을 얻기 위해 이들 그룹과의 협상을 적극적으로 벌였다. 이런 상황에서 이슬람연맹은 분리요구를 하고 나선 것이다.

국민회의는 관점을 달리하였다. 인도의 국민은 그들의 종교가 무엇이든지 간에 모두가 하나이다. 영국인들은 인도를 떠나야 한다. 오로지 그 때에만 독립된 인도는 서로 화합하고, 자신들의 차이를 해소시키고, 자신들의 미래를 형성할 수 있다. 인도는 단일헌법하에 결속된 한 민족이어야 한다. 비록 모든 집단의 권리들이 헌법에 의해서 보호받고, 가능한 한 많은 자율이 허용되어야 하겠지만 새로운 정부는 인도의 생존을 위해서 사회혁명을 성취시킬 수 있을 만큼 충분히 강력해야 한다. 이것이 국민회의의 생각이었다.

내각사절단은 타협안을 내놓았다.[4] 그 타협안의 내용은 대체로 다음과 같은 것이었다. 인도는 단일국가가 되어야 한다. 하지만 중앙정부의 권력은 외교, 통신 및 국방에 제한되어야 한다. 지방은 지리적으로 3개의 지역, 즉 이슬람교도가 우세한 지역, 힌두교도가 우세한 지역, 그리고 인구구성상 대등한 지역으로 구분한다. 전인도제헌의회의 예비모임 후에 제헌의회에 대한 주대표자들은 3개의 그룹별 의회(Group Assemblies)로 회합하여 개별 주와 종교집단을 위한 헌법의 기틀을 잘 구성하도록 하는 것이었다. 그 외에도 헌법에 부합하는 주정부의 권한과 기능을 배분하는 작업을 한다. 이 작업 이후에 대표자들은 그룹별 제헌의회(Group Constituent Assemblies)로부터 전인도제헌의회(All-India Assembly)로 이행하여 국가헌법을 기초하기로 한다. ― 내각사절단은 이 계획을 1946년 5월 16일에 공표하였다. 세세한 부분까지 협상을 거친 후 6월 말에 이슬람연맹과 국민회의는 그 계획을 수용하였다. 하지만 양 단체의 수용 의도는 서로 달랐다.[5] 이처럼 동상이몽 속의 화해분위기는 7월까지 계속되었으며, 내각사절단의 계획에 따라 제헌의회선거가 시행될 수 있었다. 선거과정 자체는 대표단체로서의 성격에 미달하는 것이었다. 왜냐하면 선거는 「1935년 인도정부법」 부칙 제6조에 의하여 확립된 제한선거권에 따르기로 했기 때문이다. 이에 따라 농민대중, 소상점주인, 상인의 대부분과 무수한 사람들이 납세, 자산보유, 교육정도에서 기준미달이 되어 선거권을 갖지 못하게 되었다. 성인인구의 단지 28.5%만이 1946년 초 주의회 선거에서 선거권을 행사할 수 있었다.

• 식민지 기간 중 인도에서는 사실상 헌법에 해당하는 법들이 제정되었다. 이것은 동인도회사의 특허장으로까지 소급할 수 있는데 1857년의 세포이 항쟁 이후 1858,

---

4) 내각사절단의 견해에 대해서는 M. Gwyer and A. Appadori, *Speeches and Documents on the Indian Constitution*, pp. 577~584 참조.

5) 진나는 "이 타협안에는 파키스탄의 건설이 내포된 것이고, 그것은 이슬람연맹의 뜻에 부합하는 것이기 때문에" 그 계획을 수용하였다고 말하였다(이슬람 연맹의 1946년 6월 6일자 결의). 국민회의 또한 몇몇 규정에 대한 국민회의의 해석이 이슬람 연맹과 영국에 의하여 수용된다는 전제하에서 내각사절단의 계획을 수용한 것이라고 밝혔다.

1861, 1877, 1892년에 제정된 참사원법들에 이어, 1909년의 「인도참사원법」(Indian Councils Act), 1919년의 「인도정부법」(The Government of India Act)이 있었다. 특히 「1935년 인도정부법」은 연방제에 기초한 헌법이었다. 주권을 가지고 있는 각 주가 모여 연방을 구성했던 미국과 달리 인도의 연방제는 반대로 하나의 인도를 분할함으로써 주권성을 갖지 못하게 된 주들과 토후국들의 연합으로 만들어졌다. 구성주들의 동의를 거치지 않았고, 국민회의 등 독립운동세력을 차단하기 위하여 수구적인 토후국 대표자들을 배치하려는 나쁜 동기가 숨어 있었다고 생각된다. 이 외에도 인도인의 기본권조항이 전무했다는 점 등에서 인도인들로부터 배척을 받았다. 하지만 이 법은 인도헌법의 기초를 닦은 셈이 되었다.

20세기 중반에는 이미 전 세계가 보통선거의 단계로 간 것을 감안한다면 인도의 이 선거는 미흡한 것이라고 볼 수 있다. 내각사절단은 번거로움과 시간적 지체를 이유로 보통선거를 채택하지 않았고, 지방의회에 의한 제헌의회 구성이라는 간접선거를 계획하였다.

• 1945년 선거에서 국민회의와 이슬람연맹은 제헌의회에서의 의석수가 관건이라는 것을 알고, 또한 앞으로 남은 협상을 위해 가능한 한 강력한 대중성을 확보하고자 하였기 때문에 격정적으로 캠페인을 전개하였다. 선거 결과 이슬람연맹은 모든 주에서 이슬람 의석의 대부분을 획득하였고, 일부 주에서는 이슬람 의석의 전부를 싹쓸이하였다. 국민회의는 주의회의 총 1,585개 의석 중에서 58%인 925석을 획득하였고, 비이슬람교도 의석의 약 85%를 획득하였다. 내각사절단 계획에서 제헌의회는 간접선거의 구도하에서 주입법부의 복잡성을 반영하였다.

국민회의도 이 제안에 동의하였다. 각 지방의 주들은 제헌의회에 인구 백만 명당 1명의 대표자를 파견하도록 되었다. 의회에서의 3개의 종교범주 — 이슬람교도, 시크교도, 일반(힌두교도 및 여타 공동체) — 는 주의 인구에 따라 주 대표의 몫을 별도로 선출하도록 되었다. 내각사절단 계획에 따라 토후국들은 제헌의회에 93명의 대표자를 파견하게 되었지만, 그 선출방법은 제헌의회와 토후국 지배자 간의 협상에 맡겨졌다.

3. 제헌의원의 선출과정

각 공동체의 대표자들은 지방의회에서 그 공동체의 구성원들에 의하여 선출되며, 투표방법은 비례대표제의 방식으로 단기투표에 따랐다. 제헌단체의 규모는 385명의 의원으로 정해졌다.[6] 그 밖에 델리, 아지메르-메르와라, 쿠르그 및 영령 발루치스탄으로부터 각각 1명의 대표자가 추가되었다. 내각사절단은 헌법의 기본구조를 권고하였고, 제헌단체가 밟아야 할 절차를 상세하게 규정하였다. 영령 인도에 할당된 296석의 선거는 1946년 7월과 8월에 완결되었다. 국민회의당은 208석을 획득하고, 이슬람연맹은 73석을 획득하였다.

> • 그 내용은 다음과 같다. 국민회의당 208석, 이슬람연맹 73석, 통합주의자 1석, 통합이슬람교도 1석, 통합지정카스트 1석, 크리샤크 프라자 1석, 지정카스트 연맹 1석, 시크교도(국민회의 불참파) 1석, 공산당 1석, 무소속 1석 등이다.

선거는 끝났지만 제헌의회는 개회하지 못하였다. 진나와 네루 모두가 미온적이었기 때문이다. 네루의 한 발언을 계기로 진나는 제헌의회에 대한 긍정적인 태도를 철회하고, 연맹의 대표자들에게 제헌의회를 거부하라고 교시하였다(1947. 7. 29). 그렇지만 제헌의회에 참여한 연맹의 일부 대표자들은 인도에 남기를 원하면서 거부를 철회하기도 하였다. 내각사절단의 계획은 이로써 실패하였다. 국민회의와 이슬람연맹은 화해하기에는 너무 멀어져 버렸다.

4. 제헌의회의 소집

인도는 독립을 향해 행진하였고, 여전히 국민회의와 이슬람연맹을 제헌의회에 끌어들여 예정대로 양자의 협력에 입각한 임시정부(Interim Government)를 구성하는 것

---

6) 292명의 의원은 11개의 영령 총독주(Governor's Provinces of British India)로부터, 93명의 의원은 인도주 (Indian States)로부터 구성된다.

이 중요과제로 남아 있었다. 1946년 여름과 가을을 거쳐 총독 웨이벌은 양분된 입장을 화해시키고자 하였다. 한편으로 국민회의는 제헌의회에 대한 자신의 계획을 밀고 나갔으며, 전문가위원회(Experts Committee)를 구성하여 기본권을 기초하는 등 초기 회기를 준비하기 시작하였다. 그리고 총독의 초청에 따라 국민회의는 임시정부를 구성하였다. 네루는 총독내각(Viceroy's Executive Council)의 부의장으로서 임시정부의 수반 즉 사실상의 총리가 되었다. 연맹은 제헌의회를 계속 무시하였고, 임시정부에 참여하기를 거부하였다. 그러나 나중에 입장을 바꾸어 임시정부를 파괴시키려는 목적 하에 참여하기도 하였다.

총독 웨이벌의 능력은 한계가 있었다. 최초 계획보다 늦은 12월 9일에 제헌의회를 소집하게 되었고, 의원들에 대한 등원통지서가 발송되었다. 연맹의 제헌의회 거부는 여전히 유효하였다. 네루, 진나 그리고 시크교도의 대표인 발데브 싱(Baldev Singh)이 통일을 향해 마지막 노력을 기울이고자 12월초에 런던으로 갔지만 애틀리 정부하에서 이들의 화해시도는 실패하였다. 12월 9일에 제헌의회가 3년 임기를 개시하였을 때, 약 1억 이슬람교도들의 대표자들은 참석하지 않았다.

소집된 제헌의회가 가장 먼저 한 것은 자신의 정체성에 관한 문제를 분명히 하는 것이었다. 영국의 관여 아래서 진행되고 있는 인도독립과 헌법제정에 대한 고민은 불가피한 것이었다. 과연 제헌의회는 주권적이며, 얼마나 인도를 위해 발언하고 행동할 수 있을까라는 질문에 대해서 확실한 정리가 필요하였다. 간디는 주권적이라고 생각하지 않았다. 간디는 모든 정당에 대해 제헌의회 참여를 독려하기는 했지만, 영국에 의한 창조물인 제헌의회를 결코 주권적인 것이라고 보지 않았다.[7] 이에 비하여 아자드(Maulana Azad), 네루 그리고 프라사드는 비록 제헌의회의 활동이 내각사절단에 의한 제한이 있기는 하지만, 제헌의회의 권위는 인도국민으로부터 유래한 것이기 때문에 주권적이라고 자신하였다. 그래서 제헌의회는 운영규칙의 제정을 통해서 이 문제를 해결하고자 하였다. 즉, "제헌의회는 제헌의회의원 정수의 3분의 2 이상의 결의에 의하지 않고서는 해산되지 않는다."[8]는 결정을 통하여, 제헌의회가 자신의

---

7) 1946년 7월 22일 루이스 피셔(Louis Fischer)와의 인터뷰(Austin, p. 7에서 재인용).

8) Constituent Assembly, *Rules of Procedure and Standing Orders*, Rule 7, 제3장.

존재를 스스로 통제할 수 있는 주권적 권위를 확보하는 방법을 선택한 것이다. 이렇게 해서 제헌의회를 인도국민의 의회로 전환시킨 것이다. 헌법논리적으로 본다면 대단히 중요한 이 부분을 방법적으로 해결한 것이다.

> • 이것을 해결한 뒤, 네루는 "영국인들은 이제 제헌의회를 폭력으로써만 해산시킬 수 있다. ― 우리는 음습한 계곡을 헤쳐 나왔으며, 우리는 다시 진정한 독립을 향하여 나아갈 것이다."고 말할 정도였다. [1947년 1월 5일 AICC(전인도국민회의 위원회) 모임에서의 네루의 발언(A. C. Banerjee, *Constitutional Documents*, p. 284)].

네루와 여타 제헌의회 지도자들은 12월 내내 이슬람연맹이 그들의 대표자들에게 제헌의회에 동참하게 할 것을 희망하였다. 그러나 그 희망은 속절없는 것이었다. 1947년 1월 말 제헌의회의 2차회기까지도 연맹이 제헌의회에 결코 참여하지 않으리라는 것이 분명해졌다. 그런 가운데 제헌의회는 '목적결의'(Objectives Resolution)를 채택하고, 기본권과 연방제도를 기초할 위원회를 구성하고, 토후국들과의 협상에 착수하는 등 한정된 사전준비작업에 착수하였다.

> • 1946년 12월 13일 네루가 발의하고 제헌의회의 동의를 얻은 것이다. 이것은 "인도국민들이 헌법에 담았으면 하는 기본적인 내용들을 담는 엄숙한 선서이며, 인도국민들이라면 아마도 아무도 이를 거부하지 않을 것이다."고 확신하는 가운데 일종의 향후 헌법제정의 가이드라인과 같은 것이었다. 혹자는 제헌의회는 바로 이 '목적결의'에 의하여 구속되어 한계가 많았다는 비판을 하기도 한다(Lok Sabha Secretariat ed., *The Constitution and the Constituent Assembly*, 1990; S. Chavan, *The Makers of Indian Constitution*, 2000, introduction 참조).

제헌의회가 제3차 회기에 이르렀을 때 분리독립의 분위기가 고조되었다.[9] 이러한 이유 때문에 제헌의회는 연방체제규정에 대한 토론도 연기시켰다. 그러나 5월을 거치면서 제헌의회의 위원회들은 그들이 6개월 동안 해 왔던 대로 내각사절단 계획의

---

9) 네루는 4월 19일 그왈리오르(Gwalior)에서 개최된 전인도주인민회의(All-India States Peoples Conference)을 향해 펀자브와 벵골이 분리될 것이라고 발언하였다(*The Hindustan Times*, 1947년 4월 20일자 참고).

틀 안에서 계속적으로 작업하였다. 제헌의회는 여전히 제자리걸음을 하고 있었다.

1947년 6월 3일, 총독 마운트배턴(Mountbatten)은 8월 15일에 영국은 인도 아대륙에서 두 개의 독립국가, 인도와 파키스탄을 승인한다고 발표하였다. 진나의 지도하에 있던 인도이슬람의 절반 이상의 수가 이제 다른 길을 걷기 시작하였다. 영국의회에서 통과된 「인도독립법」(The Indian Independence Act)은 1947년 7월 18일 국왕의 재가를 얻고, 1947년 8월 15일자로 효력을 가지는 것이었다. 이 법은 제헌의회의 활동과 지위를 합법화시켰다. 내각사절단의 계획은 이제 효력을 상실하였으며, 제헌의회는 자유인도헌법을 기초하는 작업에 착수하였다.

> • 제1항 : 인도와 파키스탄은 1947년 8월 15일자로 독립된 자치령으로 수립된다.
> 제6항 : 새로운 헌법이 제정될 때까지 자치령과 주는 「1935년 인도정부법」에 따라 통치
> 한다. 제7항 : 현존 제헌의회는 당분간 자치령의 입법부가 된다. 제헌의회는 중앙의회로
> 서의 권한을 가진다.

이 법은 인도의 미래에 대한 기본골격을 제시하는 것이었고, 주권적인 입법기구가 확립된 다음에 기존의 모든 것을 개혁할 수 있도록 하는 잠정적 백지헌법에 해당한다고 볼 수 있다.

4

국민회의와 제헌의회의 관계 및 활동

1. 제헌의회에서의 국민회의의 의의

제헌의회에서 국민회의의 역할에 대한 이해는 매우 중요하다. 독립 당시의 인도는 본질적으로 일당국가이자 일당의회였다. 제헌의회는 국민회의였고, 국민회의는 인도 그 자체였다. 국민회의 구성원은 정부를 겸하였기 때문에 제헌의회와 국민회의, 그리고 정부는 외형상 다른 실체였지만 구성원의 중복으로 인하여 강력하게 결속되어 있었다. 그렇기 때문에 국민회의의 조직과 활동, 그리고 구성원들의 정치적·사상적 성향은 독립 당시의 인도사회에 결정적 영향을 줄 수밖에 없었다. 더구나 서구민주주의의 관점에서 본다면 복수정당제가 아닌 일당에 의한 국가권력의 장악이란 곧 독재권력을 의미하는 것이기도 하다. 다른 한편 인도의 국민회의가 사회주의국가에서의 공산당의 역할과 같은 것이었는가 하는 것도 관심의 대상이 될 수 있다. 그런데 최초로 제정된 인도헌법은 서구헌법에 기본바탕을 두었다는 점에서, 국민회의가 과연 어떤 방식으로 제헌의회를 구성하고, 운영하였으며, 또 어떤 정신으로 헌법을 제정하였는가를 살펴보는 것이 필요하다고 본다.

2. 구성원의 성향

우선 국민회의 구성원의 성향을 보자. 일당지배체제라고는 하지만, 국민회의는 동질적이고 단색의 조직은 아니었다고 한다. 제헌의회의 안팎에서 국민회의 당원은 수구적 성향부터 혁명적 성향까지 다채롭고, 다양한 목소리를 내고 있었다. 제헌의회의 지도자들은 동시에 국민회의와 연방정부의 지도자를 겸한 국민적 영웅들이었고, 거의 절대적 권한을 가지고 있었지만 제헌의회에서의 의사결정과정을 보면 무수한 토론과 타협을 반복하면서 최대한 민주적인 측면을 보여 주고 있다. 그런 점에서 인도헌법은 소수의 필요성보다는 다수의 의지를 표명하고 있다고 평가된다.[10] 제헌의회에서 국민회의의 압도적 다수는 1945년의 주의회 선거 때 시작된 것이지만 파키스탄의 분리독립 이후 국민회의의 점유율은 더욱 커졌다. 국민회의는 제헌의회에서 처음에는 69%라는 안정적 다수를 형성하였고, 파키스탄의 분리 후에 이슬람연맹 대표자들의 정수가 28개로 축소되면서 의원총수의 82%까지 차지하였다.

의원수의 비율과 함께 원로의원의 위광이 국민회의의 빛을 더해 주었다. 전현직 국민회의의장 6명과 주국민회의위원회(Provincial Congress Committee)의 의장 14명이 제헌의회에서 활약하였고, 1949년 국민회의 운영위원회의 위원 18명 중에서 14명이 제헌의회에서 활동하였다. 제헌의회 국면에서 가장 저명한 4명의 지도자인 네루, 파텔, 아자드, 프라사드가 모두 국민회의 소속이었다.

3. 정당정책의 다양성

국민회의가 인도 제헌의회의 주인이 되었지만, 국민회의의 정당정책은 국민회의 당원들이 국가를 대표하도록 보장하였다. 이는 국민회의가 사회적 계층이나 이념의 다양성을 보장하기 위한 것이었고, 수많은 소수자 공동체와 다양한 세계관을 지닌 대표자들이 제헌의회에 참여해야 한다는 신중한 정책의 결과였다. 국민회의의 색채가 이념상으로 넓은 스펙트럼을 지니고 있었기 때문에 제헌의회에 파견된 의원들은

---

10) 국민회의에 대한 일반적 설명은 G. Austin, pp. 8~17을 많이 참조함. 그리고 이들의 제헌의회에서의 성향에 대해서는 B. S. Rao의 헌법제정회의록의 발언 등을 통하여 알 수 있음.

인도 인민들의 다양한 세계관을 대표하였다. 국민회의 지도자들은 정당은 나라를 대변해야 한다고 믿어 왔다. 네루는 1939년에 다음과 같은 기록을 남겼다. "국민회의는 그 틀 안에서 세계관과 이념에 있어서 엄청난 차이를 보이는 다양한 그룹을 보유하고 있다. 국민회의가 민족의 거울이고자 한다면 이러한 현상은 당연하고 불가피한 것이다."[11]

전쟁기간 동안에 국민회의의 기반도 점차 넓어지고, 그 성격도 점점 국민전선과 흡사해졌다. 민족운동의 관점에서 국민회의의 역할은 지금까지 분열된 요소를 혼합하는 것이었다. 이러한 역할을 독립 이후까지도 계속하려면, 국민회의는 국가의 새로운 동력을 대표하는 유능한 인물을 배출해야만 하였다. 국민회의선거위원회들은 1945년 가을에 이 과업을 맡았으며, 이 책임은 주로 주국민회의에 부과되었는데, 주국민회의는 전인도국민회의위원회(AICC, All-India Congress Committee)가 창설한 중앙선거위원회로부터 거의 독자적으로 주의회의 후보자를 선출하였다.

입후보자의 중요한 자격요건 중 하나는 독립운동에서의 적극적인 활동기록이었으며, 이 자격요건은 평균 이상의 건실한 능력의 보유자들을 의원으로 구성하는 데 기여하였다. 물론 이념적 다양성은 보장되었다. 주의회에서 제헌의회의 의원선거를 실시하게 되자, 국민회의의 중앙지도부도 동일한 입장으로 임하였다. 즉, 주단체들에 의한 자율적 의원선출원칙을 통하여 제헌의회의 다양성을 유지할 수 있었다. 제헌의회가 연방정부와 주 간의 권력배분을 결정하고, 주의 권한을 정하게 되므로, 각 주국민회의위원회는 그들의 대표자들이 주의 이익을 대변할 수 있도록 촉구하였다.

4. 소수집단의 대표

그러나 하나의 정책만 가지고 임하기에는 복잡한 과정이 있었다. 국민회의 지도자들은 이 원칙에 대한 예외를 만들어, 주국민회의의 사업에 개입하여 비범한 능력을

---

11) J. Nehru, *Unity of India*, *Council on Foreign Relations*, P. 139.

지닌 인물들이 제헌의회에서 의석을 확보하고, 소수파 공동체들도 정당하게 대표자를 파견할 수 있도록 하라고 확인시켰다. 내각사절단의 계획은 제헌의회에서 오로지 이슬람교도와 시크교도들에게만 의석을 보장하였고, 다른 소수집단에 대해서는 별도의 규정을 마련하지 않았다. 국민회의 지도부의 주도로 조로아스터교도(Parsis), 앵글로인디언, 기독교도, 지정카스트 및 부족, 심지어 여성도 제헌의회에서 일반 범주로 분류되었다. 제헌의회 선거는 1946년 7월 11일에서 22일 사이에 실시하기로 예정되었다. 국민회의 운영위원회는 7월 초에 후보자 선출과 관련하여 주국민회의위원회에 지침을 하달하였다. 주요 통첩이 7월 6일경에 전달되었고, 여기에 명백한 지침을 담고 있었다. 연합주의 주국민회의위원회는 예를 들어 주의회의 투표를 위한 후보자 명부에 네루, 판트(Pandit Pant), 크리팔라니(Acharya Kripalani), 사프루(Tej Bahadur Sapru), 쿤즈루(H. N. Kunzru)를, 비하르 주국민회의위원회는 다른 누구보다도 나이두(Sarojini Naidu) 부인, 프라사드, 나라얀(Jayaprakash Narayan)을, 마드라스 주국민회의위원회는 시타라마야(Pattabhi Sitramayya), 라자고팔라차리(Rajagopalachari), 아야르(A. K. Ayyar), 아양가르(N. G. Ayyangar), 산타남(K. Santhanam), 라오(B. Shiva Rao)를 등록하도록 하였다.

국민회의 운영위원회의 지침은 또한 마드라스의 경우 주국민회의가 2명의 기독교도를, 비하르에서는 1명의 기독교도를 당선시킬 것을 명하였다. 비하르, 오리사 아삼은 최소한 1명의 아디바시(Adibasi, 후진부족의 성원)를, 그리고 모든 주에 대해서는 주의회에서 소수자들의 수에 비례하여 지정카스트의 의원을 당선시키라고 명하였다. 몇몇 여성의 이름, 특히 메타(Hansa Mehta)와 카우르(Rajkumari Amrit Kaur) 부인이 주국민회의위원회에 추천되었다. 국민회의의원이 대부분의 주의회에서 다수를 이루었기 때문에 중앙의 지도부가 거명한 인물들을 제헌의회로 보내리라는 것은 분명하였다. 이러한 몇몇의 이름을 제외하고는 주국민회의위원회들은 자유로운 선택권을 가지고 있었고, 대부분의 경우에 입법부를 위한 후보자 명부를 마련하지 않았다. 예를 들어 프라사드가 주국민회의위원회 의장으로 있었던 비하르 주의 입법부는 위원회가 천거한 몇 명의 후보자들을 선출하지 않았다. 판트가 총리, 주국민회의위원회 의장, 선거위원회 위원장으로 있었던 연합주에서는 주의 일반의석수가 47개에 불과했는데도 이를 초과하여 156명을 제헌의회의원 후보자로 지명하였다.

국민회의 운영위원회가 천거한 몇몇 인물들 — 네루, 판트, 라자고팔라차리 — 는 국민회의 지도자들이었다. 그러나 10여 명 이상은 국민회의 당원이 아니었지만 행정, 법, 헌법에 관한 그들의 재능과 국사에 대한 경륜이 제헌의회에서 활용되도록 하였다. 그들 중에는 아야르, 아양가르, 산타남, 쿤즈루, 암베드카르(Ambedkar),[12] 자야카르(Jayakar), 신하(Sachchidananda Sinha), 문시(K.M. Munshi) 등이 유명하다. 유명한 정치인이자 자유당 출신인 사프루는 질병으로 인하여 몸은 쇠락하였지만 제헌의회에서 그의 영향력은 여전히 건재하였다.

국민회의 정책의 결과로 소수파 공동체들도 제헌의회에 그들의 대표자를 온전히 파견하게 되었다. 기독교는 제헌의회에 7명의 대표자를, 앵글로인디언은 3명을, 조로아스터교도는 3명을 파견하였다. 파키스탄의 분리 후에 토후국을 제외하고는 제헌의회의 구성이 정착되었고, 그때 소수파들은 주에 할당된 235석의 의석 중에서 88석(37%)을 차지하였다. 이미 앞에서도 지적하였듯이 제헌의회의 이념 스펙트럼은 비국민회의 전문가들을 포함했다는 점, 그리고 국민회의 자체의 성격에 의하여 매우 넓은 것이었다. 예컨대 산타남은 "제헌의회에서 대표되지 않는 여론은 거의 없었다."고 말할 정도였다.[13] 즉, 비록 간접선거이기는 했지만, 제헌의회는 실로 대표단체로서의 성격을 충분히 갖추고 있었다고 한다.

5. 사회주의자의 대표성 문제

3개의 정치적 조직 — 공산당, 사회주의당, 힌두 마하사바 — 들이 제헌의회에서 공식적인 대표성을 갖지 못했다 하더라도 제헌의회는 대표기관이었다. 벵골에서 공산당은 1명의 제헌의회의원을 선출하였지만 그도 암베드카르나 다른 사람들과 마찬

---

12) 암베드카르 박사는 원래 지정카스트연합의 당원으로서 제헌의회의원으로 선출되었지만 벵골이 분리되는 바람에 의석을 상실하였다. 봄베이 국민회의는 국민회의 지도부의 요청으로 그를 다시 선출하였다.

13) G. Austin, 13쪽에서 인용함.

가지로 파키스탄의 분리와 동시에 의석을 상실하였다. 그는 처음 3회기 동안에만 재선되지 않아서 제헌의회에 참석할 수 없었다. 그러나 제헌의회에는 마르크스주의자들과 전진블럭(Forward Bloc)의 지지자들, 수정공산주의자 그룹이 있었다.

사회주의자들은 1930년대 중반 출범 시부터 국민회의 사회주의자들이었으며, 1948년 초에 국민회의로부터 분리하여 독립적인 정당을 형성하였다. 1946년 여름 사회주의자 그룹은 영국이 다시 인도를 오도하고 있다고 믿었기 때문에 내각사절단 계획에 기초한 제헌의회에 참여하지 않기로 결정하였다. 거의 예닐곱 명의 유능한 인물들이 제헌의회로부터의 이탈 결정을 견지하였다. 1년 후에 이 그룹의 지도자 나라얀은 제헌의회의 유효성과 실효성에 관한 견해를 재검토하였고, 네루에게 "불러만 준다면 사회주의자들은 변화된 상황에서 제헌의회에 참여할 수 있다."고 편지를 내었다. 나라얀은 자신은 너무 바빠서 참여할 수 없다면서, 대신에 데브(Narenda Dev), 알리(Asaf Ali), 로히아(Ramanohar Lohia), 트리캄다스(Purushottam Trikamdas), 카말라데비(Kamaladevi), 파트와르단(Rao Patwardhan), 메타(Ashoke Mehta)를 포함시키라고 시사하였다.[14] 네루는 이에 대하여 "우리는 당신이 천거한 사람을 환영할 것이며, 그들이 동참할 수 있도록 노력하겠다."고 답변하였지만, 제헌의회 의원선거는 대체로 주에서 결정할 문제이고, 의석을 놓고 치열한 경쟁이 벌어지고 있기 때문에 자리를 마련하기가 곤란하다고 해명하였다.[15] 이 일은 결국 수포로 돌아갔다.

사회주의자들은 그들 내부에서도 제헌의회에 참여하는 것이 바람직한가를 놓고 의견이 나누어졌고, 국민회의가 필요한 의석을 만들어 주는 것도 불가능하였다. 1948년 5월까지 사회당의 비타협주의자들이 승리하였다. 사회당은 제헌의회에 대표자를 파견하는 것을 거부하였을 뿐만 아니라 사회당 전국집행부의 결의는 제헌의회의 해산과 성인참정권에 기초한 재선거를 요구하였다.[16] 그러나 제헌의회에서의 사회주의 정당의 불참은 그다지 의미가 없었다. 왜냐하면 제헌의회 의원들 대부분은 스스로를 사회주의자로 생각하였고, 그들은 대체로 산업과 통상에 대한 정부 주도와

---

14) 나라얀이 네루에게 보낸 서신, 1947년 7월 3일.
15) 네루가 나라얀에게 보낸 서신, 1947년 7월 5일.
16) 사회당 팸플릿, Resolutions of the National Executive at Belgaum, 1948년 5월 24~26일.

통제만이 인도가 추구하는 사회경제적 목표를 향한 최선의 그리고 거의 유일한 길이라고 생각하였기 때문이다.

마찬가지로 힌두 마하사바, RSS(Rashtriya Swayamsevak Sangh), 그 밖의 지역적인 힌두교집단의 명칭을 가진 대표자들의 불참도 거의 의미가 없었다. 헌법의 제도적 측면에 대한 그들의 견해도 국민회의의 입장과 별로 다르지 않았을 뿐만 아니라 그들의 극단적인 종교공동체적 견해도 제헌의회의 분위기를 흔들지 못하였다. 게다가 국민회의에는 탄돈(Purushottam Das Tandon)과 같은 힌두 보수주의자도 있었고, 힌두 마하사바의 의장을 역임했던 세 사람 모두가 제헌의회의 의원이었다. 그중 두 사람은 국민회의 몫으로 제헌의회 의원이 되었다. 자야카르(M. R. Jayakar)와 무케르지 (Shyama Prasad Mookerjee)가 그들인데, 무케르지는 실제로 마하사바의 부책임자였으며, 네루가 그를 각료로 임명한 후에 제헌의회에 참여하였다.

국민회의, 제헌의회와 함께 삼각을 이룬 또 하나의 정점은 정부였다. 이중적인 역할을 수행하였던 의원 300명 중에서 거의 50명이 연방정부에서 내각의 업무를 감독하는 의회위원회에 배정됨으로써 정부의 일에 훨씬 밀접하게 참여하였다. 연방정부의 장관은 제헌의회의 의원이어야 했으며, 헌법제정자로 참여하였다. 네루, 파텔, 아자드와 같은 연방정부의 일부 의원들은 장관으로 입각하기 전에 제헌의회의 의원으로 선출되었고, 무케르지는 입각한 결과로 제헌의회의 의원이 되었다. 제헌의회의원 중 14명이 연방정부의 장관이었고, 3명이 주정부 장관, 1명이 차관이었다. 단지 두 사람만이 이중 역할을 수행하지 않았다. 제헌의회의 의장인 프라사드는 제헌의회의 절차에 참여하지 않았고, 의장의 대변인인 마발란카르(Mavalankar)는 참여하였다.

제헌의회가 국민회의당으로부터 유래한 것이기는 하지만, 제헌의회 내에서 전국적인 당기구와 의원 사이에는 직접적인 인과관계는 없었다. 국민회의당으로부터 제헌의회 의원을 분리한 것이다. 국민회의운영위원회는 제헌의회의 초기 회기를 기획하는 일을 하였고, 나중에는 언어 및 언어주(linguistic provinces)와 같은 중요한 문제를 처리하였다. 그러나 일반적으로 제헌의회 지도자들은 제헌의회의 문제를 처리하였으며, 당의 하위직이 제헌의회 업무에 참여하는 것을 분명히 배제시켰다. 국민회의당 중앙조직과 주 또는 지방조직 간의 많은 통신문들이 헌법적 문제를 언급하는 경우는 없었다. 거의 1년 동안 헌법초안이 만들어진 후 1948년 12월에 개최된 자이푸르 회기(Jaipur Session)에서 언어주 이외의 문제에 대해서는 전혀 언급되지 않았다. 시간이 지나면서 국민회의와 제헌의회 및 정부와의 거리 조정이 필요하게 된 것이다.

여기에는 두 가지 큰 이유가 있었다. 국민회의당의 상하운영진은 각기 나름의 업무, 즉 총선거를 준비하는 당조직을 재건하는 일에 너무나 몰두하였기 때문에 그 밖의 다른 책임을 떠안을 수 없었다. 다음으로 연방정부를 주도하는 국민회의당 지도자들은 정부업무에 대해 당의 간섭을 배제하였고, 국민회의당의 정부 측 인사들은 당내에서 그들의 우위를 일찍부터 주장하였다. 크리팔라니(Acharza Kripalani)의 국민회의 의장직 사퇴가 이와 관련된 한 사건이었다. 당시 네루는 정부의 신속한 결정과 수시로 요청되는 보안문제에 대해서는 국민회의 운영위원회와의 사전교섭을 생략할 수밖에 없다는 비밀서신을 몇몇 당지도자들에게 보낸 바 있다.

> • 네루는 국민회의의 결의에 기초하되 정책수립과 그 집행에서 정부의 독자성을 강조하였다. 국민회의 운영위원회가 일일이 상세하게 개입하는 것은 사실상 불가능한 것이라고 하였다. 이에 국민회의 의장이었던 크리팔라니는 운영위원회의 지위가 내각 이상으로 설정되어야 한다는 것을 주장하고, 이 뜻이 관철되지 않자 의장을 사퇴하였다.

국민회의당의 정부 측 인사들은 일반당원 및 당이론가들의 견해와 운영위원회의 자문에 계속 응하였지만 헌법작성권은 최종적으로 대중정당이 아니라 정부 측 인사들의 수중에 놓여 있었다.

국민회의의 틀 내에서 동일한 인물들이 헌법기초와 국가운영에 참여함으로써 제헌의회는 헌법제정에서 다룰 주제들에 대하여 공통의 문제의식을 갖게끔 하였다. 주요한 문제들과 일상적인 정부업무에 대한 제헌의회의원들의 체험을 통하여 제헌헌법이 담아야 할 내용이 많이 결정되었다. 이런 점은 외국의 예와 비교해 볼 때 인도의 제헌의회만이 가지는 특징으로 꼽힐 만하다.

> • 과거 외국의 헌법들은 헌법제정 이후 공통의 신생국가를 갖고자 상호 독립적인 지역의 대표자들에 의하여 초안되었다. 스위스, 오스트레일리아, 미국이 그 예가 될 것

이다. 1935년의 러시아, 1873년의 프랑스, 바이마르공화국의 독일은 이미 주권자였던 국민들이 독립적으로 새로운 헌법을 제정한 경우이다. 나이지리아와 같은 많은 식민지 국가들은 헌법을 마련하기도 하였지만 식민권력이 지방정부를 장악하고 있었다. 그러나 인도는 이들과 구별되는 독특성을 가진다. 인도는 과거에는 식민지국가였으나 새로이 독립하는 나라였고, 그러면서도 이미 주권을 가진 국민들이 제헌의회를 통하여 헌법을 형성하는 한편, 동시에 독립 이전부터 존재하였던 연방정부를 운영하고 있었다(「1935년법」). 버마 와 파키스탄은 보기와는 달리 같지 않았다. 버마에서 헌법은 그 규정에 단지 몇 가지만을 덧붙여 작은 그룹의 제헌의회에 의하여 급조되었다. 「1935년법」 하에서도 버마는 연방으로 불릴 수 없었다. 1960년까지 파키스탄은 제헌의회와 헌법제정 활동을 성공적으로 꾸려 가지 못하였다. 제헌의회가 국정과 헌법초안 작업을 동시에 하는 것을 불가능하다고 파악하였다(G. Austin, p. 17).

5
제헌의회 지도자들의 다양성과 민주성

1. 지도자들의 민주적 운영

제헌의회의 활약상을 고찰하기 전에 제헌의회의 조직과 기능을 살펴봄으로써 이것이 얼마나 특별한 단체였는지를 이해하는 것이 필요하다. 제헌의회는 실제로 일당의회였으며, 대중정당인 국민회의당의 수중에 있었다. 그러나 국민회의는 인도의 대표였으며, 그 의사결정과정은 민주적이었다. 연방정부와 제헌의회의 중요구성원이었던 국민회의당의 지도자들은 카리스마적인 호소력을 지녔으며, 엄청난 영향력을 행사하였다. 사상과 행동에 있어서 그들은 지지를 받았지만 때로는 국민회의당의 노선에 따라 통제를 받기도 하였다.

제헌의회 지도층의 형식과 특성은 정부, 특히 연방정부와 제헌의회 그리고 양자와 국민회의당의 상호관계의 산물이었다. 제헌의회의 4인방(네루, 파텔, 프라사드, 아자드)이 독립운동의 영웅이었다는 사실, 그리고 독립 이전의 형성과정에서도 국민회의당에서 주도적인 역할을 하였다는 점이 가장 중요하다. 모두가 당의 최고회의, 즉 운영위원회의 구성원이었으며, 네루와 파텔은 가장 영향력 있는 구성원이었다. 프라사드는 1948년 국민회의당의 총재였다. 동시에 네루와 파텔은 연방정부의 총리와 부총리였다. 아자드도 장관이었고, 프라사드 역시 제헌의회 의장과 충돌된다는 점 때문에 겸직을 포기할 때까지 장관이었다. 그들의 특권과 권력을 통해 4인방은 국민회의, 제헌의회, 정부에서 막강한 지도력을 발휘하였다.

제헌의회는 8개의 주요 위원회(규율, 조정, 자문, 기초, 연방사무, 연방헌법, 주헌법, 주)를 두었다.[17] 네루, 파텔, 프라사드는 각 위원회의 의장직을 맡았다.

제헌의회에서 가장 영향력 있는 이들은 다양한 배경, 개성, 자격을 가지고 헌법제정에 참여하였다. 모두가 대학졸업자 또는 동등학력을 소지한 사람들이었고, 그중에서 네루, 파텔, 암베드카르, 아자드는 해외에서 대학을 졸업하였다. 12명은 법률가이거나 법학박사였다. 한 사람은 의학박사였고, 두 사람은 교사였고, 세 사람은 정부에서 고위공무원을 역임하였고, 한 사람은 사업가였다. 두 사람은 이슬람교도였고, 한 사람은 기독교도였으며, 나머지는 힌두교도였다. 힌두교도 중에서 암베드카르는 하리잔(Harijan)이었고, 9명은 브라만이었고, 나머지 7명은 중하위 카스트에 속했다. 그룹의 절반 정도만이 독립운동에 적극적이었고, 국민회의와 강한 유대를 가졌다. 그들 중에서 9명은 몇 년 동안 운영위원회의 위원이었다. 6명은 국민회의당 총재를 지냈다. 20명 중에서 5명은 국민회의 당원이 아니었다. 암베드카르와 사둘라는 국민회의당 반대파였으며, 사둘라는 이슬람연맹의 당원이었다.

---

17) 자문위원회(The Advisory Committee)는 매우 중요한 두 개의 부문위원회로서 기본권위원회와 소수자문제위원회를 두었다.

암베드카르와 국민회의당 및 간디의 잦은 논쟁(주로 하리잔과 관련해서)은 당시로부터 20여 년 전으로 거슬러 올라간다. 그러나 네루는 개인적으로 암베드카르를 내각의 각료로 초빙하였다.[18] 암베드카르는 입각제안에 조건이 없었다는 점과, 정부 안에서 지정카스트의 이익에 보다 훌륭하게 봉사할 수 있다는 생각으로 정부에 참여하였다.[19] 그는 하리잔들이 일반적으로 참여에 관심이 없는 것을 우려하였다. 하리잔에 대한 잘못된 행정을 바로 잡기 위해서는 하리잔이 수많은 정부의 일에 참여하고, 적극적으로 공무원이 되는 것이 필요하다고 보았다.

> • 암베드카르는 간디와 국민회의를 싫어한 인물이다. 그는 헌법제정의회가 「1935년 인도정부법」을 약간 변화시키는 것에 지나지 않는다고 비판하면서 그 무용성을 주장하였다. 그런데 의원직을 상실한 이후 자기를 법무부장관과 제헌의회로 불러들여 헌법기초위원회 위원장의 직책까지 부여한 네루와 국민회의의 결정에 의아해하였다. 헌법기초위원회의 일을 맡으면서 그는 국민회의의 기강이 존재하지 않았더라면 제헌의회는 진행이 되지 않을 정도로 혼란 그 자체였다는 것을 고백하기도 하였다(Shesrao Chavan, *The Makers of Indian Constitution*, 2000, introduction 참조).

헌법제정과정에서 중요한 역할을 수행한 사람 중에서 라우(B. N. Rau)가 있다. 그는 제헌의회 의원은 아니었지만 헌법자문관으로서 제헌의회 내부회의에서 의견을 개진하였다. 법률가로서, 유명한 변호사로서, 판사로서, 헌법사학자로서, 유능한 초안자로서 라우는 유럽과 미국의 헌법선례들을 꿰뚫고 인도헌법에 사용된 장치들에 대해서 제헌의회의 어느 누구보다 적극적인 기여를 하였다. 라우는 1933년 아삼정부의 밀사자격으로 런던으로 가서 상하합동위원회에 증거를 제시하기도 하였다. 「1935년 법」을 초안하는 데 그가 한 역할은 어디까지나 주변적인 것이었다. 그러나 그는 1935~1936년 사이에 인도정부개혁청의 구성원으로서 「1935년 법」의 시행과 밀접한 관련을 맺고 있었다.

국민회의에서든 정부에서든 국가적 쟁점에 관한 경험, 그리고 지방색보다는 인도

---

18) 네루가 암베드카르에게 보낸 서신, 1948년 4월 29일.
19) 암베드카르가 네루에게 보낸 서신, 1948년 4월 28일.

인이라는 체험이 이들 엘리트집단의 특징이었다. 이들은 제헌의회에 통일성, 즉 국민적 자각을 부여하였다. 그리고 그들의 경륜, 대중적 명성, 지적 능력, 정치적 영향력은 과두정치적 성격을 띤 것이 사실이지만, 당시로 보아 많은 사람들에게 외경심을 주고, 사랑을 받았던 것도 사실이며, 동료의원들로부터도 존중을 받았다.[20] 과두지배의 영향력은 거의 항거불능이었지만, 제헌의회는 토론을 거친 후에 논점을 민주적으로 결정하는 방식을 보여 줌으로써 헌법을 최대한 민주적으로 이끌어 나갔다고 할 수 있다.

2. 국민회의의 토론조직

국민회의 의회포럼(The Congress Assembly Party)은 비공식적인 포럼으로서 헌법의 각 조항을 토론하고, 대부분의 경우 제헌의회에 상정되기 전에 그 조항의 운명을 결정하였다. 국민회의당의 몫으로 제헌의원이 된 사람은 누구나 이 포럼의 회원이든 아니든 또는 여기에 가깝든 아니든 이 모임에 참여할 수 있었다. 이 포럼은 국민회의당을 통하여 제헌의회에 들어온 아야르, 아양가르, 암베드카르와 같은 전문가 그리고 국민회의 당원이 아닌 마타이(John Matthai), 힌두 마하사바의 당원인 무케르지를 포함하였다. 토후국을 대표하는 제헌의원도 그가 전인도주인민회의(All-India States Peoples Conference)의 구성원이거나 주에서 임명직이 아닌 선출직 의원인 경우에는 이 포럼에 참석할 수 있었다. 따라서 300명 이상의 제헌의원 중에서 모두 80명만이 이 포럼에 참석할 자격을 갖지 못했다.

국민회의 의회포럼은 제헌의회의 조직체였던 국민회의 원내당(Congress Parliamentary Party)과 자격은 같았지만 기능은 달랐다. 원내당은 정당의 지도자들로 구성된 집행위원회를 가지고 있었으며, 그 모임은 총리나 부총리가 주재하였다. 한편으로 국민회의 의회포럼은 집행위원회를 가지고 있지 않았으며, 그 모임은 국민회의당

---

20) T. Raychaudhuri, p. 209 참조.

의 의장이 주재하였고, 모임에서 정부지도자들은 일상적인 회원자격을 갖는 것 이외에 공식적인 지위를 갖지 않았다. 의회포럼의 목적은 정당의 입법프로그램 통과를 보장하는 데 있지 않고, 비밀포럼과 의사결정기구로서 봉사하는 데 있었다. 이를 통해서 국민적 일체성과 이념적 목표에 대한 감각이 전체국민의 요구와 희망에 부합하는 헌법이 제정될 수 있었다.

과두지배의 그늘이 의회포럼에 영향력을 행사하였지만, 결코 지배하지는 않았다. 이 토론회는 제헌의회의 회기 중에 쿠존가에 있는 헌법의 전당(Constitution House)에서 대체로 오후에 개최되었는데, 항상 만원이었고, 솔직하고, 때때로 뜨겁고, 매서웠다. 공공서비스, 재산과 개인의 자유와 관련한 적법절차 등과 같은 쟁점을 토론하는 가운데 국민회의당 내부에서 다양한 의견들이 백가쟁명식으로 표출되었다. 아야르나 아양가르와 같은 비국민회의파도 자신들의 견해를 자유롭게 표명하였다. 암베드카르는 정책문제보다는 법률적 문제와 헌법기초에 관해서 자주 자문에 응하였다. 처음에 골수 국민회의 당원은 이러한 국외자들에 대하여 불편한 심기를 드러내었다. 헌법초안의 조항, 헌법초안에 대한 수정의견, 제헌의회위원회의 보고서가 토론의제가 되기도 하였다. 내각이 조항을 마련하거나 헌법초안에 대하여 비평을 가하기도 하였으며, 여러 위원회들이 권고안을 제시하기도 하였다. 장관의 기술적인 자문 및 정책자문뿐만 아니라 특별히 적격을 지닌 제헌의회의원들의 자문이 활용되기도 하였다. 캘커타변호사협회와 같은 외부기구들이 권고의견을 제시하기도 하였다. 물론 과두체제 4인방의 의견들도 분명하게 제시되었다. 때로는 만장일치로 때로는 이견의 형태로. 문제된 조항의 자구가 아무리 중요하고 아무리 미묘하더라도 의회포럼은 이를 고려하고, 결정하지 않으면 안 되었다. "제안된 모든 수정안과 제안들은 의회포럼에 제출되었고, 그리고 그에 관해서 최종적으로 논쟁이 펼쳐지고, 이 문제에 대하여 최종적인 발언권을 지닌 제헌의회는 이를 수정하거나 수정 없이 통과시켰다."[21] 의회포럼만이 제헌의회에서의 조항채택을 인가할 수 있었다.

과두체제는 분명히 합의를 촉진시키기 위하여 자신들의 막강한 영향력을 행사하

---

21) *Constituent Assembly Debates*, XI, 7, 733.

였다. 여러 규정에 대한 문제제기와 반대에 관하여 소상한 해명을 통하여 답변하고, 강제보다는 설득을 통해 답변함으로써 과두체제의 인물들은 자신의 권력과 특권을 강화하였고, 그들의 반대자, 심지어 고위직 인물에 대해서도 압도하였다. 과두체제는 때로는 제헌의회의 분위기를 맞추기 위하여 자신들의 입장에서 한발 물러서기도 하였다.

과두체제가 지속적인 반대에 봉착하고, 의견이 분열되고, 개별 의견에 대한 지지가 필요할 때 쟁점은 통상 표결에 붙여졌다. 의회포럼이 민주적으로 의사결정을 내렸다는 점과 과두체제가 자신의 지혜와 권위에 자만하지 않았다는 점이 일반적으로 수용할 만한 헌법을 가능하게 해 주었다. 만약 헌법이 일당독재에 의한 일방통행식으로 강요되었더라면, 헌법은 일반적인 지지를 받을 가치가 없고, 두고두고 비난받았을 것이다. 하지만 문제점과 일부 의구심이 있었음에도 불구하고, 제헌의회에서 인도의 헌법은 만장일치로 채택되었다.

6
끝내며

이상에서 본 바와 같이 인도의 제헌의회는 그 전후과정에서 근대헌법의 이상에 맞게 식민정부로부터의 독립을 통하여 국민주권을 확보하는 한편, 자국민의 일반의지를 반영하는 헌법제정을 위한 노력을 기울였다고 보인다. 물론 식민지 상황이나, 전근대적 사회의 잔존이라는 시대적 제약으로 인하여 제한선거의 실시, 계급제도의 온

존 등 비민주적 요소가 산재하기는 하였지만, 국민회의를 중심으로 한 제헌의회의 소집과 운영과정은 전체적으로 민주적이었다고 평가할 만한 것이었다. 헌법제정과 공포 이후 공화국의 출범과 함께 이러한 한계들은 매우 늦지만 꾸준히 극복되는 과정을 보여 준다. 물론 정치적 위기의 과정도 거치기는 하지만, 인도는 제2차 세계대전 이후 독립한 국가 중에서는 군부독재의 오점을 남기지 않은 대표적인 민주국가로 손꼽히고 있다. 이런 극복의 노력은 이제까지 87회에 걸치는 무수한 헌법개정의 흔적을 통해서 알 수 있다.

참고문헌

- B. S. Rao, *The Framing of the India's Constitution; Select Documents*.
- *CAD(Constitutional Assembly Debates)*.
- D. Greenberg, S. N. Katz, S. C. Wheatley and M. B. Oliviero(ed.), *Constitutionalism and Democracy*, Oxford Univ. Press, 1993.
- G. Austin, *The Indian Constitution*, Oxford Univ. Press, 2004.
- Lok Sabha Secretariat, *The Constitution and The Constituent Assembly,* 1990.
- V. Grover, PSCI(Political System and Constitution of India), 10Vols.

제 5 장

국가 및 헌법의
방향 논쟁

I·N·D·I·A

1
들어가며

　민족혁명과 사회혁명은 제1차 세계대전의 종결 이후로 인도에서 동등한 무게를 지녔다. 민족혁명은 영국으로부터의 독립을 통해 완수되었다고 하겠으나 인도를 현대국가로 탈바꿈시키는 정치적·사회적 혁명은 여전히 성취해야 할 과제로 남게 되었다.

　　　• 남부출신의 제헌의회의원이자 신문편집인인 산타남(Santhanam)은 이를 세 가지 혁명으로 표현하였다. 정치적 혁명, 사회적 혁명이 그것이다. 경제적 혁명. 정치적 혁명은 독립을 의미하고, 사회적 혁명은 중세적 억압구조에서 벗어나 현대적인 사회구조를 수립하는 것이고, 경제적 혁명은 원시적 농촌경제에서 근대적인 농업과 산업경제로의 이행이라고 기술하였다(K. Santhanam, *The Hindustan Times*, New Delhi, 1946. 9. 8.).

　라다크리슈난(Radhakrishnan)은 인도는 보통사람들의 기본적 욕구를 실질적으로 충족시킬 뿐만 아니라 나아가 인도사회의 구조를 근본적으로 변혁시키는 사회경제적 혁명을 달성하지 않으면 안 된다고 지적하였다.[1] 또 산타남은 "인도민중은 최소한의 필요를 만족시키는 것을 더 이상은 기다릴 수 없고, 또한 기다리지 않을 것이기 때문에 인도인은 신속한 개혁과 폭력혁명 중 하나를 선택하지 않을 수 없다."고 발언하였다.[2]

　이제 인도의 사활은 이러한 근본적인 사회구조의 변혁에 달려 있었다. 그래서 네

---

1) *CAD* II, 1, pp. 269~273. 유사한 견해는 Prasad, *CAD* I, p. 2; Das, *CAD* II, p. 367 참조.
2) *The Hindustan Times*, Magazine Section, 1947. 8. 17.

루는 "우리가 이 문제를 곧 해결할 수 없다면, 헌법문서(Paper Constitution)는 무용지물이 될 것이다. — 인도가 붕괴한다면, 우리의 모든 것을 잃게 될 것이며, 인도가 번창하면, 우리 모두는 번창할 것이며, 인도가 살아야 우리 모두가 살게 될 것이다."라고 단언하였다.[3] 제헌의회의 과업은 사회혁명 및 민족적 부흥이라는 최종적인 목표에 이바지하는 헌법을 초안하는 것이었다. 그러나 이러한 작업은 간단히 민권의 목록을 작성하고, 헌법전문을 도덕적 설교문구로 치장하는 것 이상의 버거운 과제였다.

어떠한 정치제도가 소기의 사회혁명을 촉진시키거나, 최소한 용이하게 할 것인가? 국가구조 및 정치제도가 근본적으로 서구전통을 따라야 하는가, 아니면 인도전통에 입각해야 하는가? 헌정구조에서 본다면, 헌법은 단일국가체제(unitary system)를 지향해야 하는가, 연방국가체제(federal system)를 추구해야 하는가, 아니면 전면적인 지방분권국가체제(decentralized system)를 추구해야 하는가? 연방정부는 느슨해야 하는가, 아니면 강력해야 하는가? 정부구성은 의원내각제여야 하는가, 아니면 대통령제여야 하는가? 정치방식에 관해서 말하자면, 정부의 운영은 네루, 파텔, 아자드와 프라사드 등의 4인방의 자비로운 독재정이 나은가, 아니면 보다 민주적이어야 하는가? 이 모든 물음은 한마디로 어떤 정치제도가 인도에서의 사회혁명을 적극적으로 향도할 수 있는가로 요약된다.

서구헌법전통에 의지하는 것은 식민지시대에 인도가 걸어 왔던 방향을 계속한다는 것을 의미한다. 반면에 인도의 풍요로운 유산 속에서 인도인의 요구를 충족시킬 수는 있는 토착적인 제도를 발견하고자 한다면, 이러한 시도는 인도의 마을과 판차야트(Panchayat)[4]를 기초로 하는 헌법, 즉 권력분산적인 간접정부로 귀결될 것이다. 어느 경우이든 헌법은 민주적인 체제를 지향하지 않을 수 없으며, 다시는 과거의 전제적인 인도왕정으로 돌아가지는 않을 것이다. 제헌의회는 또한 유럽의 전체주의나 파시즘체제, 소비에트체제도 원하지 않았다. 그리하여 인도인들은 대부분 인도가 비공산주의국가로 남아야 한다고 믿었다. 제헌의회는 인도의 산적한 문제를 해결하는

---

3) *CAD* II, 1, pp. 85, 317~318.
4) 판차야트는 원래 5인의 촌장회의를 뜻한다.

수단으로 서구의 의원내각제를 바탕으로 하는 연방국가체제를 선택하였다. 이 절에서는 우선적으로 국가와 헌법에 대한 국부들(founding fathers)의 사상을 개요하고, 다음으로 제헌의회의 헌법채택과정을 살피기로 한다.

2
국부들의 정치사상

한 나라를 건설하는 데 주도적인 역할을 한 인물들의 사상을 개관하는 것은 그 나라 헌법을 이해하는 첩경이 될 것이다. 앞의 절에서 보았듯이 인도헌법의 형성과정에서 네루를 중심으로 한 4인방 체제가 제헌의회를 주도하였다는 것은 주지의 사실이다. 이러한 4인방의 견해 이외에도 인도헌법의 제정과정에서 일정한 반향을 일으켰던 인물들의 사상을 검토함으로써 인도헌법의 다양한 면모를 바로 보게 될 것이다. 우선 간디와 그 추종자들의 견해, 그리고 진보파인 암베드카르의 입장을 간단히 살피고, 주류의 입장(네루)으로 들어가기로 한다.

1. 간디의 헌법사상

(1) 종교공동체주의

간디는 열렬한 인도독립투사였고, 인도독립운동 그리고 국민회의의 지도자였다.

간디는 대체로 영국과의 단절 속에서 인도독립의 전기를 마련하고자 했다. 그래서 그는 보다 급진적이고 근본주의적인 방식을 택하였다. 그는 무엇보다 정치적이라기보다는 종교적인 인물이었다. 힌두교 전통에 깊이 젖어 있는 인물이었고, 따라서 본질적으로 종교공동체주의자였다. 그러나 이러한 종교적·정치적 공동체주의가 인도의 장래에 늘 긍정적으로만 작용하지는 않았다. 그것은 분명히 국민회의 내부에서 힌두교도의 헤게모니에 대한 이슬람교도의 반발과 이탈을 낳게 하였다. 이미 진나를 중심으로 한 이슬람연맹도 이슬람공동체주의를 추구하였고, 급기야 이슬람교도만의 국가건설로 치달았다. 이와 같이 인도와 파키스탄의 분리는 종교공동체주의에 이미 내포되어 있었던 것이라고 보는 것이 옳겠다.

　　● 간디나 진나(Jinnah)는 국민회의의 지도자였다. 그러나 두 사람의 사상은 상당히 종교공동체주의에 기울었다. 그러나 이러한 종교공동체주의는 공동체의 성원이 동일한 역사, 전통, 종교, 문화, 인종, 언어 속에 살고 있을 때 참된 의미를 드러내지만 다른 역사, 종교, 언어를 구사하는 이질적인 집단들 간에는 결국 분파주의(sectarianism)에 지나지 않는다. 국민회의가 인도독립이라는 명분을 가지고 대영제국을 상대하는 동안에는 종교공동체주의는 흔히 제3세계 민족주의(nationalism)에서 나타나듯이 반제국주의적 힘을 갖게 되지만, 이슬람교도와 힌두교도 사이의 근본적인 차이가 노골화되는 내부국면에서는 소수파들의 분리주의를 야기할 수밖에 없을 것이다. 진나가 국민회의와 간디로부터 점차 밀려나게 된 것도, 스스로 '파키스탄 결의(라호르 결의)'를 채택하고 분리운동에 나선 것도 이러한 종교공동체주의에 내포된 귀결이라고 할 수 있겠다.

한편으로 간디는 종교공동체주의에서 파생된 결과로 정치단위로서 종교공동체에 보다 본질적인 의미를 부여하였고, 상부단위나 연방에 대해서는 부차적인 의미를 주었다고 할 수 있다. 그러나 간디가 생각한 정치단위의 수준은 주가 아니라 마을이었다. 그래서 간디의 사상을 마을중심체제(village-based system)로 특징지을 수 있다.

　　● 이러한 태도는 미국의 독립과정에서 나타난 연방주의(federalism)와 공화주의(republicanism)의 대립에서 공화주의를 연상시키는 대목이기도 하다. 간디가 연방주의자인가 주권(州權)론자인가라는 질문에서 간단히 주권론자에 기울어진 것이라고 말할

수는 없다. 미국에서는 최소한 몇 개의 대단위 정치공동체로서 주(state)의 권한을 강화할 것인지, 아니면 연방(federation)의 권한을 강화할 것인지가 문제되었는데, 간디는 정치단위를 주(province나 state)로 설정하지 않고, 목가적인 마을로 보았다. 그래서 우리 식으로 이해한다면 향촌국가론(향약사상)에 가깝다고 하겠다.

인도의 마을은 많은 사람들에 의해서 오늘날에도 인도다움을 간직한 간직하고 있다고 찬미된다. 간디는 물론 인도의 마을생활이 이상적이라고 생각하지는 않았고, 따라서 마을이 경제적으로 사회적으로 혁신되어야 한다고 믿었다. 간디는 도시적이고 산업적인 사회의 위선적인 가치들로부터 떨어져 있는 마을생활의 담백함을 인간이 도덕적으로 살아갈 수 있는 환경이라고 이해하였다. 간디는 그러한 환경 속에서 인간은 의무의 길을 추구하고 바른 행동양식을 따를 수 있으며, 그것이 진정한 문명이라고 생각하였다.[5] 간디에게는 마을은 사회조직의 단위였으며, 마을의 판차야트와 마을산업이 정부와 소비재, 농장과 식량을 제공하는 것이었다. 이러한 마을에 기초한 정치체제는 국가 없는 그리고 계급 없는 사회를 의미하게 되며, 여기에서는 총리도 정부도 불필요하게 될 것이다.[6] 이러한 사상은 톨스토이의 종교적 공동체사상과 거의 유사한 의미를 담고 있다. 간디와 그의 추종자들은 판차야트 중심체제는 인도인의 도덕적 성격을 고양시키고, 반면에 도시적이고, 기계화되고, 인간에 의한 인간의 착취에 기초하여 고도로 정치화된 서구적인 문명을 따르는 것은 부도덕을 퍼뜨릴 것이라고 믿었다.[7] 어쨌든 간디의 마을중심적인 사상은 규모가 큰 근대의 국가사상으로서 매우 부족한 점이 많다고 생각된다. 그래서 간디의 사상은 아대륙 인도를 건설하는 사상이라기보다 근대산업과 근대도시가 야기하는 사회문화적 병리현상에 대한 문명비판적인 성격을 띠며, 전체적으로 목가적 낭만주의에 가깝다고 여겨진다.

  • 간디에게 영향을 준 또 한 인물로 '시민불복종'(civil disobedience)의 저자인 소로(Henry David Thoreau, 1817~1862)가 있다. 실제로 두 사람 간의 사상적 유사성을

---

5) 모한다스 K. 간디 지음, 김선근 옮김, 『힌두 스와라지』, 2008, 지만지 고전천줄, 61~63쪽.
6) N. C. Bhattacharya, *Gandhian Concept of State* (edited by B. B. Majumdar), pp. 30~31.
7) 모한다스 K. 간디, 같은 책, 63쪽.

많이 읽을 수 있다. 간디의 정치철학을 문명비판이론으로 이해하는 관점에 대해서는 B. Parekh, *Gandhi's Political Philosophy: A Critical Examination*, Macmillan, 1989, p. 110 참조. 파레크에 따르면, 간디는 인간은 영혼(atman)이고, 국가는 영혼 없는 기계이므로 인간의 도덕적 본성과 국가는 양립할 수 없다고 이해하였으며, 전체적으로 비국가적 정 치체를 건설하고자 했다.

(2) 간디헌법

간디의 정부관은 두 가지 방식으로 좀 더 체계화되었다. 하나는 국민회의 당헌에 대한 간디의 제안에서 나타났고, 다른 하나는 간디의 제안을 제헌의회에 다시 추천 하고자 했던 그의 제자들에 의해서이다.

간디는 '국민회의 당헌'(Congress Constitution)의 심사업무를 담당하는 위원회에 1946년과 1948년에 두 개의 계획을 제출하였다. 간디가 살해된 날에 제출되어 그의 유언으로 불리는 제2차 계획은 보다 포괄적이다.[8] 그 계획은 선전기구이자 의회기계 인 국민회의를 해산하고, 판차야트라는 전국적인 망에 기초한 사회봉사기구로 전환 시켜야 한다는 것을 담고 있었다. 간디의 계획에 따르면, 각 마을 판차야트는 단위를 형성하고, 그런 식으로 두 개의 판차야트가 활동체를 구성하고, 1명의 지도자도 선출 한다. 50명의 지도자들은 다시 1명의 상급지도자를 선출하고, 상급지도자는 하급지 도자들의 활동을 조정하고, 또한 국민을 위해 봉사한다. 상급지도자들은 모든 집단 을 규제하고 명령하는 1명의 국민적 지도자를 선출한다.

　• 국민회의 운영위원회의 영향하에 있던 당헌위원회는 국민회의가 그 정치적 역 할을 포기할 수 없고, 그와 같이 완전히 지방분권적인 것이 될 수도 없다고 믿었기 때문 에 간디의 제안을 수용하지 않았다. 그러나 이 위원회의 새로운 당헌은 처음에는 당의 기층조직단위로서 마을에 기초 국민회의 판차야트(Primary Congress Panchayat)를 설 치하였다. 또한 어느 정도까지는 위계조직을 간접적으로 선출하였다. 판차야트 멤버들 은 대표자들을 연차국민회의에 선출·파견하였다. 각 주내에서는 그러한 대표자들은 주

---

8) 이 계획의 영어번역은 N. V. Rajkumar, *Development of the Congress Constitution*.

국민회의위원회(PCC)를 구성하였고, 그들은 전인도국민회의위원회(AICC)를 선출하였
다. 분권화는 그 정도까지만 실현되었고, 국민회의당의 중앙지도부는 당의 업무에 대하
여 통일적인 통제를 유지하였다.

간디가 유토피아적인 이상을 국민회의당에 적용하고자 했던 측면을 더욱 발전시
킨 제자가 있었다. 스리만 나라얀 아가르왈(Shriman Narayan Agarwal)은 「자유인도를
위한 간디헌법」(Gandhian Constitution for Free India)을 초안하였고, 간디도 아가르왈
의 초안이 자신의 입장과 일치한다고 언급하였다.[9]

아가르왈은 초안을 '폭력은 논리적으로 집중화를 낳고, 비폭력의 본질은 분산화'
라는 간디의 원칙 위에서 확립하였다. 아가르왈은 경제적·정치적 분산화는 자족적
이고 자율적인 마을공동체, 즉 비폭력적 조직의 모델을 낳는다고 믿었다. 아가르왈
의 헌법초안에서 일차적인 정치단위는 마을 판차야트이며, 마을의 성인들이 판차야
트의 멤버를 선출한다. 판차야트는 초우키다르(야경꾼), 파트와리스(토지 및 세금장부
담당자), 경찰, 학교를 통제하고, 가내수공면제품(khadi)과 마을산업뿐만 아니라 토지
수입을 산정·징수하며, 협동농장, 관개시설 및 이자율을 통제한다. 마을 판차야트의
상급조직들은 간접선거에 의한다. 우선적으로 탈루카(Taluka)와 군 판차야트(District
Panchayat)가 있고, 군 판차야트는 직근하급 판차야트의 지도자(사르판치)들로 구성
되고, 이들에 대하여 자문권한만을 보유한다. 군 및 도시 판차야트(District and Munic-
ipal Panchayat)의 멤버들은 주 판차야트(Provincial Panchayat)를 구성하며, 주 판차야
트는 주정부의 수장으로 활동할 의장을 선출한다. 주 판차야트 의장들은 전인도판차
야트(All-India Panchayat)를 구성하며, 그 의장은 국가와 정부의 수장이 된다. 주 판차
야트의 관할사항은 운송, 관개, 자연자원, 협동은행이며, 국가적 판차야트(National
Panchayat)는 국방, 통화, 관세, 국민경제의 기간산업 운영, 주경제개발계획의 조정과
같은 업무를 책임진다.

---

9) 같은 책에 쓴 간디의 서문 참조.

(3) 마을과 아대륙

간디는 공동운명으로서 사회정의 성취는 개개인의 성격혁신, 즉 인도인 각자의 마음과 정신으로부터 사회전체를 향하여 바깥으로 전개되어야 한다고 믿었다. 개혁의 힘은 정부로부터 위에서 아래로 흘러나올 수 없으며, 참으로 개혁된 사회는 사회를 규제하고 통제하는 정부를 필요로 하지 않는다는 것이다. 간디에게 정치적 운동은 항상 도덕적 운동과 불가분의 관계에 있었기 때문이다.

그러나 간디는 헌법을 작성하고 국가를 창설하는 것은 이러한 이상의 일부를 희생할 수밖에 없다는 것을 깨달았다. 희생을 최소화하고, 이상을 최대한 충실히 유지하기 위하여 가능한 한 최소한의 국가(minimal state)를 옹호하면서 아가르왈의 초안을 지지하였다. 그들은 최선의 정부는 최소의 정부라고 설교하였다. 여타의 간디추종자들과 마찬가지로 아가르왈은 간디헌법이 현대사회와 정당의 엄청난 해악을 제거하기를 희망했다. 민주주의를 풀뿌리 수준에까지 관철시키는 판차야트와 분산정부론의 이상은 제헌의회 의원들에게도 호소되었다. 그러나 헌법에 구체화시킬 정치적인 전통을 고려할 때 간디헌법사상에 대한 다음과 같은 몇 가지 문제를 스스로 제기하지 않을 수 없었다.

① 도시에서의 인간본성은 농촌에서의 인간본성과 다른가? 인간은 농촌에서는 도덕적인 존재가 되고, 도회에서는 부도덕하게 되는가?

② 1947년 현재 인도를 일차적으로 농사를 짓는 촌락국민으로 되돌리는 것이 가능하겠는가?

③ 국가는 국민의 복지에 책임을 지는가? 만약에 책임을 진다면 국가는 권력분산적인 헌법하에서 그 책임을 완수할 수 있는가?

④ 농촌주민들이 권력분산적인 헌법과 간접적인 유대를 지닌 정부 하에서 생활방식을 개선하는 데 주도권을 보유하는가?

이러한 치명적인 질문 앞에서 간디헌법 초안이 살아남기는 곤란했다. 국가권력구조에 대한 간디의 생각은 전체적으로 제헌의회에서 의미 있는 반향을 일으키지 못했다. 그리하여 제헌의회의 대안은 서구전통에 입각한 헌법이었다. 구미헌법은 정부를 직접 선출하도록 규정하고 있다. 또 미국과 같이 큰 연방에서도 권력집중의 경향을 띠고 있다. 비록 헌법을 초안하던 당시에는 매우 자유방임적이었다고 하더라도 헌법은 점점 더 국민의 복지에 대한 책임을 감당하였으며, 정부의 권한이 축소되기는커녕 점점 확장되었다. 구미헌법은 또한 단일한 경제체제를 창설하는 목표하에 그 기틀이 마련되었다.

이제 제헌의회의원들은 전통적인 제도가 아니면 서구적인 제도가 인도사회의 구조를 근본적으로 변혁시키는 데에 적합한 것인지를 결정하지 않을 수 없었다. 그들은 어떤 유형의 헌법이 인도에 통일과 안정, 그리고 선행조건으로서 경제적 번영을 제공할 것인지를 심사숙고하지 않으면 안 되었다.

2. 암베드카르의 헌법사상

암베드카르는 인도헌법 제정과정에서 특이한 존재였다. 그는 국민회의 당원이 아니면서도 '헌법기초위원회'(Drafting Committee)의 위원장으로서 해박한 헌법지식을 바탕으로 제헌의회에서 중요한 역할을 수행하였다.

> • 암베드카르는 1891년에 군인의 아들로 태어났다. 엘핀스턴 대학을 졸업하고, 1912년에 변호사시험에 합격하였다. 1917년 컬럼비아 대학을 졸업하고, 그레이 법학원에 적을 두었고, 런던 정치경제학교에서 경제학박사학위를 받았다. 그의 학벌에 필적할 만한 인물은 인도사회에서 거의 없었지만 불가촉천민 출신으로서의 모욕을 감수해야 했다. 그는 마침내 불가촉천민의 지위를 개선하고, 나아가 카스트제도를 폐지시키기 위한 노력을 전개하였으며, 제헌의회에서 지정카스트(불가촉천민)연맹의 대표로 참여하게 되었다. 진보적 사회주의자로서 암베드카르는 네루의 천거에 의해 제헌의회의 '헌법기초위원회'의 위원장이 되었다. 그는 프라사드와 파텔의 견제 속에서 네루와 함께 진보적 입장을 대변하였다. 암베드카르의 사회정의론과 헌법관, 연방제에 대한 입장 등에 관해서는 Mohammad Shabbir(ed), *B. R. Ambedkar : Study in Law & Society*, Rawat Publications, Jaipur and New Delhi, 1997. 게일 옴베르트 지음, 이상수 옮김, 『암베드카르 평전』, 필맥, 2004. 참조.

암베드카르는 불가촉천민 출신이었고, 그러므로 사회주의 지식인일 수밖에 없었으며, 그의 일생은 비합리적인 힌두 카스트제도를 혁파하고, 인도를 평등사회로 바꾸기 위한 투쟁의 연속이었다. 불가촉천민의 지위와 관련하여 펼쳤던 간디와의 논쟁에서 그는 힌두교에 대한 근본적인 거부를 표명하였다. 그는 지정카스트연맹(불가촉천민연맹)의 일원으로서 제헌의회에 진출하였으며, 인도를 진보적 사회로 바꾸는 수단이자 공간으로 제헌의회를 활용하고자 하였다.

　　●간디는 암베드카르나 마찬가지로 수드라와 불가촉천민의 지위를 개선하기 위하여 노력하였다. 그러나 간디가 힌두교 안에서 도덕적 개혁을 통하여 그러한 목적을 달성하려고 한 데 비하여, 암베드카르는 바로 힌두교 자체를 거부함으로써 불가촉천민의 사회적 신분을 해방하고자 하였다.

한편 네루는 개인적으로 암베드카르를 내각의 각료로 초빙하였다.[10] 그 입각제안에는 어떠한 제약조건도 없었다는 점, 그리고 정부 바깥에서보다는 정부 안에서 지정카스트의 이익을 보다 잘 옹호할 수 있을 것이라는 나름대로의 계산 때문에 암베드카르는 정부에 참여하였다.[11]

이미 지적한 바와 같이 제헌의회의원들은 인도에서의 사회개혁의 필요성에 대하여 대체로 공감하였고, 스스로를 사회주의자라고 생각하는 경향도 분명했지만 다른 누구보다도 암베드카르는 사회개혁의 방향과 내용에 대하여 진보적인 철학을 지니고 있었다. 그러나 그는 비타협적인 사회주의자의 길을 걷지 않고, 정치인으로서 현실주의적인 노선을 취했다. 비록 그의 진보사상은 반동세력들의 격렬한 반대에 직면하였고, 그리하여 경제구조에 대한 그의 비전은 인도헌법에 거의 반영되지 못하였지만, 사회주의적 지식인이었던 암베드카르는 이후 인도사회개혁의 모델로서 지속적으로 영향력을 발휘하게 되었다.

---

10) 네루가 암베드카르에게 보낸 서신, 1948년 4월 29일.
11) 암베드카르가 네루에게 보낸 서신, 1948년 4월 28일.

(1) 사회혁명의 우선성

암베드카르의 헌법사상은 본질적으로 서구의 입헌주의체제를 지향하고 있었다. 서구입헌주의를 지향하는 헌법사상은 제헌의회 내에서 지배적인 입장이기도 했으므로 이 점에서 특별히 암베드카르를 거론할 만한 것은 없다. 그는 오히려 '헌법기초위원회'에서 박식한 헌법학자로서 헌법제정과정을 훌륭하게 지도하고 전달한 교사로 이해된다. 이 점에서는 라우(Rau) 역시 그러한 역할을 하였다. 여기에서는 사회주의자로서 암베드카르의 정치적 입장을 제시하는 것이 적절하겠다.

암베드카르는 이미 식민지시대부터 정치혁명보다 사회혁명에 우선순위를 두었다. 그는 "사활이 달린 문제는 정치민주주의라기보다는 사회민주주의이다."라는 사회혁명가 라나드(Ranade) 판사의 의견을 따랐다.[12] 그것은 인도의 특수한 사회구조를 개혁하지 않으면 독립도 민주주의도 불가능하다는 통찰이었다. 그는 불가촉천민의 대변자답게 인도의 사회악인 착취와 빈곤의 원인을 바로 카스트제도에서 찾았다. 그는 인도가 진정으로 독립을 원한다면, 힌두사회체제가 철저하게 혁파되어야 한다고 역설하였다. 인도독립이라는 대의 앞에서 독립운동의 주류를 향하여 인도내부의 철저한 사회혁명을 주장하였기 때문에 암베드카르는 주류 정치개혁가들로부터 인도독립에 도움이 되지 않는 사람이라는 비난을 받기도 하였다. 이는 세계관의 차이일 수도 있다. 그러나 그는 힌두사회체제에 대한 적개심을 늦추지 않았다. "나는 힌두교도들이 인도의 병자들이고, 그들이 다른 인도인들의 건강과 행복에 위협을 주고 있다는 점을 깨닫게 할 수 있다면 좋겠다."[13] 주지하듯이 "모든 비판은 종교비판"이라는 『헤겔법철학비판서문』에서의 마르크스의 언명은 지배계급의 억압과 착취를 정당화하고, 피지배계급을 무마시키는 종교의 역할을 겨냥한 것이었다. 암베드카르는 힌두교가 인도사회에서 바로 그 신비스러운 역할을 수행해 왔다고 지적하고, 카스트제도 또는 바르나 체제(varna system)를 혁파하지 않고서는 인도의 사회개혁은 불가

---

12) Ambedkar, *Ranade, Gandhi and Jinnah*, 1943, p. 45.

13) Ambedkar, *Annihilation of Caste*. 2판 서문: 인용은 Javata, *Social Philosophy of B. R. Ambedkar*, Rawat Publications, 1997, p. 21.

능하다고 성토하였다. 이러한 인식은 인도독립의 완성단계인 헌법제정시기에도 마찬가지로 유효한 것이었다. 제헌의회의원 대다수는 사회혁명의 중요성을 인정하였지만 그들의 구상은 대체로 모든 카스트에게 동등한 정치적 권리를 부여함으로써 사회적 평등이 실현되리라는 정치주의에 경도되어 있었다. 그러나 암베드카르는 카스트는 정치적으로 간단히 해체될 수 있는 사회적 신분이 아니라 인도에서의 삶의 모든 기회를 결정하는 계급이라고 이해하였으며, 따라서 카스트제도의 혁파를 피지배계급의 정치적·사회적·경제적 해방의 기초로 보았다.

(2) 의회주의를 통한 사회주의

암베드카르는 자신의 정치적 입장을 '독재 없는 국가사회주의(state socialism)' 또는 '의회민주주의 속에서의 국가사회주의'로 표현하고 있다.

> • "탈출구는 의회민주주의를 유지하고, 헌법을 통하여 국가사회주의를 규정하는 것이며, 그리하여 의회의 다수도 이를 정지, 수정, 폐지할 수 없게 하는 것이다. 바로 이를 통해서만 우리는 세 가지 목표, 즉 사회주의를 확립하고, 의회민주주의를 보존하며 독재를 피한다는 목표를 달성할 수 있을 것이다."(Ambedkar, *State and Minorities*, 1947, p. 34).

암베드카르는 헌법제정자들이 인도사회의 진짜문제를 이해하지 못하고 있다고 아쉬움을 토로하였다. 그들은 기껏해야 완전한 헌법이 마련되면 이로써 민주주의를 하는 데 충분하고, 성인참정권과 민권이 민주주의의 정신이라는 생각을 고집할 뿐이라는 것이다. 그러나 암베드카르는 정치적 구조와 사회의 경제적 구조간에 적절한 균형이 유지되지 않으면 그 모든 것들은 사회적 약자에게 이로운 점이 없다고 보았다. 그는 자본주의와 공산주의, 개인주의와 사회주의의 장점을 종합한 '경제적 현실주의'(economical realism) 또는 '사회적 인간주의'(social humanism)를 추구하였다.

그의 사상의 가장 독창적인 부분은 농촌경제구조에 관한 것이다. 그는 농촌경제의 바탕인 농지소유제도를 개선하고 그 방법으로 협동농장(cooperative farm)의 도입을 옹호하였다. 전통적으로 인도는 상위카스트가 농지를 독점한 반면에, 토지 없는 천민인 하위카스트들은 농업노동자로서 생산을 담당하고, 자신들의 생계유지에도 빠듯한 대가를 받았다. 이러한 상황에서 암베드카르는 토지 없는 농민이나 지주계급을 균등하게 협동농장의 주인이자 노동자로 만들어 작물을 공동생산하고, 공동분배할 것을 제안하였다. 따라서 이는 러시아나 사회주의국가에 존재했던 소비에트 협동농장과는 다른 것이었다.

나아가 그는 산업의 국유화를 주장하였다. 그러나 모든 생산요소의 국유화나 집단화를 요구하지 않았고, 기간산업의 국유화를 주장하는 것으로 만족하였다.[14] 또한 국유화의 결과가 노동자의 생활개선, 즉 임금과 여가로 이어져야 한다는 입장을 피력하였다.

그는 사적소유권도 본질적으로 인정하였고, 사적유물론이나 경제결정론 자체는 수용하지 않았으므로 전형적인 공산주의자로 분류할 수는 없다. 그의 입장은 자유방임주의와 과학적 사회주의의 중간노선 정도로 이해된다. 그는 대체로 자본주의 경제체제가 야기하는 사회경제적 불평등을 합법적이고 의회주의적인 방법을 통해 전향적으로 시정하고자 하였기 때문이다. 이는 그가 늘 강조했던 자유, 평등, 박애의 동시적 실현을 의미하는 것이었다. 당시 인도가 농업국가였다는 점을 고려하면 사회정의의 이름으로 토지개혁과 협동농장제도의 도입만큼 절실히 요구되는 것은 없었을 것이다. 그의 사상이 인도현실에서 실현되기에는 정치적 기초세력이 너무나 허약하여 반동세력에 의해 거부되고 말았다. 그가 생각했던 토지개혁 및 국유화는 제헌의회에서 수용되지는 않았지만, 인도공화국의 출현 이후에 여러 주에서 상당히 완화된 것이기는 하지만 일련의 개혁조치들이 취해지는 데 긍정적인 작용을 하였다.

(3) 보편적인 종교공동체

종교는 사회통합의 요소이다. 그러나 다종교사회에서는 늘 분열과 반목의 원인이

---

14) Javata, 1997, p. 102.

기도 하다. 이러한 사회에서 종교공동체주의가 내포하는 것은 보다 고차원의 통합이 아니라 분파주의였다. 인도와 파키스탄의 분리가 바로 그러한 귀결이었다. 여기에서 간디와 암베드카르의 논쟁을 살펴볼 필요가 있다.

간디는 민주주의를 본질적으로 서구의 대의민주주의로 이해하지 않고, 줄기차게 자치(Swaraj)라는 의미로 이해하였다. 여기에서 자치는 정치적·도덕적·종교적인 차원을 동시에 간직하고 있었다. 그러나 이러한 자치의 이념은 인도의 힌두전통과 카스트제도들과 친화력을 가지고 있어서, 아무래도 부정적인 인도전통들이 부단히 악영향을 미칠 우려가 없지 않았다. 물론 간디도 반민주적이며 억압적인 카스트제도를 교정하기 위하여 부단히 노력하였지만, 그의 사상은 카스트제도라는 사회적 전제를 시인하는 것이었다.

이에 비하여 암베드카르는 사회민주주의 또는 사회혁명을 위하여 카스트제도의 속박을 떨쳐버리지 않으면 안 된다고 보았다. 즉, 힌두근본주의는 결코 보편주의 또는 인간의 근원적 평등을 제시할 수 없다는 것이다. 그러나 그는 유물론자가 아니었기 때문에 보다 보편주의적인 종교로의 개종을 주창하였다.[15] 암베드카르에 따르면, 기독교, 이슬람교, 불교는 그 교리상 차별적인 신분제도를 정당한 것으로 시인하지 않는 데 비하여 유독 힌두교만은 억압적이고 전제적인 카스트제도를 정당화하고 있다는 것이다. 따라서 하위카스트들에게 자유, 평등, 행복을 위하여 힌두교를 버리고 불교도로 개종할 것을 전도하였다. 인도사회에서 브라만과 자본주의를 적으로 규정한 암베드카르에게 불교는 인도사회에서 실현성 있는 정치적·종교적 대안으로 간주되었다. 그는 보편주의적인 종교의 힘으로 하위카스트들의 자존감을 확립시켜 사회개혁의 세력기초로 삼아 다시 현실을 교정하려 하였던 것이다. 그래서 '석가탄신 2500주년 카트만두 회의'의 연설에서 암베드카르는 다음과 같이 발언하였다. "공산주의의 성공에 경탄하지 마십시오. 우리 모두가 부처님의 십분의 일만 깨달음을 얻는다면, 사랑, 정의, 친선의 길을 통하여 우리도 동일한 결과에 이를 수 있다고 저는

---

15) Ambedkar, "Why Conversion?", in *Political Thinkers of Modern India: B.R. Ambedkar*, (edited by V. Grover), Deep & Deep Publications, 1992.

확신합니다." [16] 암베드카르는 불가촉천민의 신분상 평등과 사회민주주의를 불교의 보편적 정신에서 추구하였다. 어쨌든 그는 다행스럽게 제헌의회에서 헌법을 통한 불가촉천민계급의 공식 폐지를 목격할 수 있었다.

3. 네루의 헌법사상

(1) 서구지향적 헌법사상

"네루는 인도인의 생활에서 메타포이다." [17] 네루 집안이 인도정치사에서 하나의 왕가를 형성하였던 까닭에 네루는 상당히 신화화되었다고 할 수 있다. 간디가 종교적이고, 인도의 전통을 지향하는 인물이라고 한다면, 네루는 서구지향적이고, 비종교적이고, 정치적인 인물이다. 그는 합리적 진보주의자로서 인도의 당면과제를 현실적인 차원에서 제기하였고, 그 목표를 달성하는 데 적합한 정치제도를 추적하였다. 그는 독립 직전의 인도자치령 총리로서, 그리고 인도공화국의 초대 총리로서 인도의 근대화와 사회개혁을 염두에 두었다. [18]

여기에서는 네루의 서구지향적인 국가 및 헌법사상을 살펴보기로 한다. 인도는 동인도회사로부터 시작된 영국의 식민지배를 통하여 서구적인 제도들에 익숙해 있었다. 그리고 인도 전체 또는 인도국민들이 의회주의적인 정치체제에 익숙하다는 사실 자체가 인도건설에 있어서 무시할 수 없는 중요한 자산임이 분명하였다. 국민회의와 그 지도자격인 4인방 모두 서구의 의회주의적 헌법에 우호적인 태도를 보였으며, 현

---

16) Ambedkar, "Buddhism and Communism", in *Political Thinkers of Modern India: B. R. Ambedkar*, (edited by V. Grover), Deep & Deep Publications, 1992. p. 73.

17) Rajeev Dhavan & Thomas Paul, *Nehru and the Constitution*, 1992, introduction. p. i.

18) 네루에 관한 일반적 사상과 정치관에 관해서는 J. Nehru, *An Autobiography*, *Jawaharlal Nehru Memorial Fund*, 제9판, Oxford University Press, 1995; J. Nehru, *The Discovery of India*, 제16판, Oxford University Press, 1996; J. Adams & P. Whitthead, *The Dynasty*, *The Nehru-Gandhi Story*, Penguin Books(BBC), 1997; J. Nehru, 지음, 이극찬 옮김, 『인도의 명상』, 삼성문화문고 49(삼성문화재단, 1974).

재의 인도에서 서구적인 헌법체제 이외에 달리 선택할 대안은 존재한다고 생각하지 않았다. 그들은 공산주의에 대해서도 비판적이었다. 단지 간디와 그의 추종자들은 판차야트 체제를 제시하였을 뿐이다. 그러나 인도의 당면과제를 해결하는 데 판차야트 체제가 과연 적합한가? 네루는 "현재 우리가 목격하고 있는 사실들, 요소들, 인간적인 현실들을 포함해서 고려하지 않으면 안 된다. 그렇지 않으면 생각이라는 것은 현실과 유리될 것이다."라고 언급하였다.[19] 즉, 간디의 헌법은 옛날에나 가능할 뿐 20세기 중반에는 전혀 현실성이 없다는 것이다. 그것은 인도의 당면 목표를 무엇으로 이해하고 어떻게 해결할 것인가의 문제였다.

네루는 제헌의회에서 인도의 당면 과제를 다음과 같이 선포하였다. "제헌의회 제1의 과제는 새로운 헌법을 통하여 인도를 자유롭게 만들고, 굶주린 국민에게 먹을 것을 제공하고, 헐벗은 대중에게 옷을 입히고, 모든 인도인에게 자신의 역량에 따라 자기계발의 완전한 기회를 제공하는 것이다."[20] 그는 인도가 근대화와 사회경제적 혁명을 요구하는데, 판차야트 자체는 그러한 문제를 감당할 수 없을 것이며, 판차야트에 기초한 느슨한 중앙정부도 그러한 국가적 과제를 이행할 수 없을 것이라고 판단하였다. 네루는 인도의 사회혁명은 비교적 강력한 중앙집권적인 의회주의체제를 통해 가능하다고 보았다. 판차야트 체제나 지역적으로 분할된 체제보다는 제헌의회가 전체로서 국민을 대표하고, 소집단들에게 영향을 미치는 지역적인 사소한 문제들보다 대중의 사회경제적인 문제들을 해결하는 데 적합할 것이라고 이해했다.[21]

이러한 대강은 제헌의회의 토론과정에서 분명하게 표명되었고, 제헌의회는 4인방을 포함하여 중앙집권적인 연방체제로 기울어졌다. 서구지향적 헌법 및 국가는 이미 확고한 대세였으며, 다만 그 국가의 정치경제적 목표를 어떻게 설정하고 어떻게 구현할 것인가에 대하여 4인방 내에서 약간의 차이를 나타내게 되었다.

---

19) Nehru's letter to Gandhi, 1945. 10. 9.
20) *CAD* II, 3, p. 316.
21) Nehru, *Unity of India*, p. 23.

(2) 네루의 사회주의

네루는 진보적 합리주의자 또는 사회주의자라고도 할 수 있으며, 그러한 면모는 전체적으로 인도식 사회주의의 모델이 되었고, 미국과 소련의 대립 속에서 인도를 비동맹세력의 맹주로 자리 잡게 한 요소이기도 하다. 제헌의회의원들은 당시에 마르크스주의로부터 간디적인 종교공동체주의, 그리고 보수적인 자본주의에 이르기까지 다양한 정치적 지향을 나타내면서도 대체로 사회주의에 동조적이었다. 그들은 사회주의를 인도의 사회개혁과 동의어로 생각하였다. 그리고 대부분 민주주의와 사회주의의 병존가능성을 신봉하였다. 그러한 사회주의적인 지향이 인도제헌의회의 지적 분위기가 되었다는 사실은 놀라운 것이 아니다. 왜냐하면 제2차 세계대전 이후에 이러한 사상은 거의 전 세계적인 추세였기 때문이다.[22] 또한 이러한 흐름은 네루의 영향력과 인도사회의 당면과제와 연결되어 상당히 중요한 비중을 차지하게 되었다.

네루는 케임브리지에 머물 때 페이비어니즘(fabianism)에 관심을 갖게 되었고, 마르크스에 대한 연구와 러시아 및 유럽 여행은 그의 사상에 결정적인 영향을 주었다.[23] 페이비어니스트인 미국인 베산트(Besant) 부인이 네루 가문과 깊은 교분을 유지하였다는 점도 네루의 지적 성장에 중요한 자극제가 되었다. 그러나 몇 년 동안 제헌의회에서 활동하면서 그는 마르크스주의자나 라스키(Harold Laski)[24]류의 사회주의자에서 경험적 점진주의자로 이행하였다. 그러나 이는 네루가 사회주의 이상을 포기했다는 것을 의미하지는 않는다. 단지 그가 덜 교조적이고, 보다 경험적인 방식으로 그 이상에 접근했다는 것을 뜻한다.

　• 나렌다 데브(Narenda Dev)는 이 점에 대해서 다음과 같이 쓰고 있다. "네루는 특정한 이념(ism)에 빠지지도 않으며, 기질적으로 그룹의 지도자로 적합하지도 않다. 그는 과학적 사회주의의 근본원칙 일부를 확신하였지만, 마르크스와 레닌이 가르친 모

---

22) Austin, *History of Indian Constitution*, p. 42.
23) Nehru, *Discovery of India*, p. 15 이하.
24) 영국의 페이비어니즘의 대표자의 한 사람. 영국노동당의 좌파로서 중요한 역할을 하였으며, 정치학자로서 매우 유명하다.

든 것에 맹종할 태도는 취하지 않는다. 그는 어떠한 경화된 이념에도 굴복하지 않는다. 그는 자신을 사회적 대의에 봉사한다고 공언하는 모든 사상체계의 요구들도 자유롭게 심사하는 사람으로 생각한다. 그는 항상 새로운 체험의 관점에서 그의 이상들을 수정하고 있다."(Narenda Dev, *Socialism*, p. 206).

네루는 사회주의자임을 공언하였지만 그의 활동은 대체로 민주주의와 대중의 경제적 개선이라는 인도사회에서의 현실적 이상에 의하여 지도되었다. 척박하고 빈곤한 인도에서 사회주의의 목표는 인도의 사회적 개혁 이외의 다른 것일 수 없었다. 인도의 사회적 요구에 대한 네루의 실용주의적 접근은 많은 인도인들의 태도에 결정적인 영향력을 행사하였다. 그리고 그것은 제헌의회와 과두체제의 구성원들에게도 마찬가지였다. 프라사드와 특히 파텔은 네루보다 보수적인 성격을 드러내었다. 프라사드, 파텔과 아자드도 국민의 처지를 개선시키는 데 인도의 사활이 달려 있다고 이해했다. 프라사드와 파텔이 간혹 사회주의 논쟁—수용에 대한 보상문제—에 있어서 네루를 반대하였지만, 그들도 경제여건 개선을 위한 농민 사티아그라하(Satyagraha)를 지도함으로써 국민회의 내에서 명성을 얻었다.[25] 네루와 과두체제의 다른 세 사람들 간의 차이는 원칙에 있다기보다는 방법에 있었다.[26]

(3) 세속주의(Secularism)

세속주의 또는 세속국가(secular state) 이론은 네루의 헌법사상에서 중요한 국면이다. 네루의 세속주의는 그의 실용주의적 정치노선을 다시 한 번 확인시켜 주는 대목이다.[27]

서구역사의 예에서 보듯이 세속주의는 종교적 분쟁 또는 민족분규의 장면에서 합

---

25) 파텔의 보수주의가 네루를 견제하였다고 생각할 수 있지만, 헌법제정의 문서 속에서 그러한 평가의 근거를 찾아내기는 쉽지 않다.

26) Austin, p. 43.

27) 네루의 세속주의에 대해서는 Sharif Hasan, *Nehru's Secularism*, Rajeev Dhavan & Thomas Paul, *Nehru and the Constitution*, Bombay, 1992, pp. 182~195.

리주의적이고 계몽주의적 정치노선으로서 상당한 호소력을 가졌다. 세속주의는 본질적으로 종교적 근본주의와 대립되는 개념으로 사용되지만, 인도에서의 세속주의는 종교적 차별과 분파주의를 넘어 온갖 사회적 차별구조에 대한 평등주의적이고 상대주의적인 헌법원리라고 할 수 있다. 이미 지적하였듯이 인도에서 종교적 근본주의는 건국의 아킬레스건으로 작용하였다. 세속주의는 인도의 다양성, 민족기원의 이질성, 사회집단 간의 빈번한 갈등, 국가의 기초를 위협하는 폭력행위에 대한 네루의 응답이었다.

> • 우리 모두는 어떠한 종교에 속하든지 간에 동등한 권리, 특권과 의무를 지닌 인도의 자식들이다. 우리는 종교공동체주의도 편협한 자세도 권장하지 않는다. 생각과 행동이 옹졸한 민족은 결코 위대해질 수 없기 때문이다.[28]
> 우리는 자유로운 세속적인 국가를 건설한다. 거기에서 모든 종교와 신조들은 완전한 자유와 평등한 명예를 획득하며, 시민이면 누구나 평등한 자유와 평등한 기회를 가진다.[29]

이러한 세속주의 또는 보편주의적인 국가를 어떻게 이룩할 것인가? 그 답은 국가에 있는 것이 아니라, "그것이 종교공동체주의이든, 분리주의이든, 종교적 편협이든, 지역주의이든, 계급적 오만이든 간에 국가를 약화시키는 모든 경향을 발본색원하려는 국민에게 있다."고 네루는 말하였다.[30] 세속국가는 무종교국가 또는 반종교국가를 의미하는가에 대하여 네루는 다음과 같이 말하였다. "세속국가는 비종교국가를 의미하지 않는다. 그것은 단지 우리가 모든 종교들을 존중하고 그들에게 활동할 수 있는 자유를 부여한다는 것을 의미한다. 이것은 생활을 통해 인도의 기본태도가 되었다."[31]

네루는 사실상 국가분열을 야기하는 수많은 분파적 요소들이 적대적으로 표출되

---

28) *Jawaharlal Nehru's Speeches*, 제1권, p. 28.
29) 앞의 책, 제1권, p. 60.
30) 앞의 책, 제1권, p. 60.
31) 앞의 책, 제1권, p. 59.

제5장 국가 및 헌법의 방향 논쟁

201

지 않고, 이들이 우호적인 관계를 형성하도록 종교적으로 무성격인 국가를 수립하고자 했다. 그리고 이러한 세속주의는 언제나 '국제주의'와 깊은 유대를 지니고 있었다. 이런 점에서 네루는 카스트제도의 혁파라는 사회혁명을 세속국가에서 달성하고자 했으며, 이는 온갖 종교, 계급, 지역, 신분의 차별로 분열위기에 처한 인도를 통합시키기 위한 수단이었다. 따라서 그것은 소극적인 정치원리가 아니라 거의 유일하게 가능한 통합이념이자 동원이념이라고 판단된다.

3
국가와 헌법의 방향

　제헌의회는 인도에 의회주의적이고, 연방적인 헌정체제를 도입하는 것으로 기울어졌다. 의회주의적이고, 연방적인 체제를 택하자는 입장에 대하여 진지한 반대의견은 거의 존재하지 않았다. 대부분의 제헌의회의원들은 촌락생활의 발전을 원하였지만, 그 방편으로서 철저하게 권력분산적이고 간접적인 정부체제인 판차야트 체제를 지지한 사람은 거의 없었다. 인도가 권력집중적인 의회주의 헌법을 가졌다는 것은 처음부터 분명하였고, 제헌의회의 회기 중에 이러한 경향은 더욱 명확해졌다.

　인도를 현재 헌법의 궤도를 올려놓은 것은 바로 '국민회의 전문가위원회'(Congress Experts Committee)였다. 네루가 의장인 이 위원회는 제헌의회를 위한 자료를 준비하도록 국민회의 운영위원회에 의하여 설립되었다. 파텔은 비록 이 이 위원회의 멤버는 아니었지만 여러 차례 위원회 모임에 참여하였다. 위원회 멤버들은 '내각사절단

계획'의 틀 내에서 활동하면서 자치지역, 주정부와 중앙의 권력, 그리고 토후국과 같은 쟁점에 대한 일반적인 제안을 하였다.

그들은 또한 '목적결의'와 유사한 결의서를 초안하였는데, 그 내용은 권력은 국민으로부터 유래한다는 것을 규정하였고, 헌법의 사회적 대강을 열거한 것이었다. 내각사절단은 인도가 「1935년 인도정부법」에서 영감을 받았다고 대체로 생각하였지만, 전문가위원회가 제헌의회에 그러한 제안을 하기 원했더라면, 내각사절단 계획안에서도 판차야트 정부의 체제를 위한 여지가 있었다. 그러나 전문가위원회는 간디의 사상을 무시하였으며, 오로지 의회주의적인 정부제도를 고려하고, 임시적으로 헌법이 느슨한 연방이 되어야 한다고 추천하였다.

제헌의회는 1946년 12월 9일에 회합을 가졌다. 이슬람연맹이 회합 참여를 거부하자 제헌의회는 민감한 연방제도나 헌법의 상세한 내용을 논의할 수 없었다. 그러나 제헌의회는 네루가 초안하고, 전문가위원회가 토론하고, 국민회의 운영위원회가 첫 회기가 개최되기 전날에 동의한 '목적결의'를 놓고 논쟁을 벌였다. '목적결의'는 새로운 헌법은 사회혁명의 목표에 봉헌되어야 한다고 말하고 있지만, 그것이 어떻게 달성되어야 하는지에 대해서는 명시하지 않고 있었다. 판차야트도 간접정부도 언급되지 않았고, 내각사절단 계획에 부합하여 권력분산에 대해서 분명하게 언급하였다.[32] 제헌의회의 지도층들이 간디헌법의 초안을 고려하지 않았다는 점은 분명하다. 결의에 대한 논쟁에서 판차야트 정부가 빠져 있다는 비판도, 판차야트에 대한 언급도 보이지 않았다. 제헌의원들은 민주주의, 사회주의, 입법부의 책임사항에 대하여 언급하였을 뿐, 인도다운 정부형식의 필요성에 대해서는 말하지 않았다.

제헌의회가 이슬람연맹과 국민회의당 사이의 교착상태의 결말을 기다리며 꾸물거리는 7개월 동안에 제헌의회의 두 개의 위원회가 헌법이 기초해야 할 원칙들을 토론하고, 연방과 주를 위한 모델 헌법을 준비하였다. 제3의 위원회는 중앙정부와 주정부 간의 관할사항의 분배문제를 탐구하였다. '연방헌법위원회'(Union Constitution Committee)와 '주헌법위원회'(Provincial Constitution Committee)의 보고서들은 — 파

---

32) Resolution. para. 3.; *CAD* I, 5, p. 59.

키스탄의 분리 이후로 처음 의견에서 수정된 것이다 — 직접적이고 의회주의적인 연방헌법을 권고하였다. 비록 위원회들은 필요하다고 생각되는 범위 내에서는 이탈하였지만, 「1935년 인도정부법」을 자유롭게 활용하였다. 위원회의 의사록은 간디헌법, 판차야트 또는 간접정부에 대해서는 전혀 언급하고 있지 않았다. 권력분산에 대하여 논의가 있었다 하더라도 그것은 서구헌법의 논쟁 맥락에서 이루어졌다. 단일정부로 할 것인지 연방정부로 할 것인지 또는 느슨한 연방으로 할 것인지 아니면 강력한 연방으로 할 것인지 등의 문제였다. 간디헌법은 잠시 생각거리도 제공하지 못한 것처럼 보였다. 두 위원회의 보고서들이 제헌의회의 1947년 7월과 8월의 제4차 및 제5차 회기에서 논의되었을 때, 단지 소수의 의원만이 판차야트가 빠졌다고 언급하였고, 단 한 사람의 비판적 목소리만이 간디헌법안을 지지하였다.

> • 람나라얀 싱(Ramnarayan Singh)은 "정부의 일차단위는 마을에서 건설되어야 한다. 권력의 최대척도는 마을공화국, 다음에 주, 그리고 나서 중앙에 속해야 한다."고 말했다.(CAD V, 4, p. 92).

제헌의회가 의회주의 원칙에 동의하고, 헌법의 기초작업을 헌법기초위원회(Drafting Committee)와 헌법자문관 라우(Rau)에게 넘겼다. 그리고 제헌의회는 1년 이상 휴회하였으며, 라우는 한 달 안에 그의 초안을 완성하였다. 1947년 10월부터 1948년 2월 중순까지 헌법기초위원회는 이 문서를 초안헌법으로 변형시키느라고 여념이 없었다. 초안헌법은 주로 헌법기초위원회가 영미헌법 및 「1935년 인도정부법」으로부터 차용하고 수정한 규정들로 구성되었다. 판차야트라는 단어는 초안헌법에서 단 한 차례도 나타나지 않았다.

그러나 판차야트에 관한 내용이 헌법에 전혀 반영되지 않은 것은 아니었다. 그것은 헌법에 중요한 흔적을 남겼다.

> • 헌법 제40조(마을 판차야트의 조직) : 국가는 마을 판차야트를 조직하고, 마을 판차야트가 자치단위로 기능할 수 있도록 하는 데 필요한 권력과 권한을 부여하는 조치를 취해야 한다.

이는 앞서 지적한 바와 같이 서구적 대의민주주의와 갈등관계에서는 것은 아니다. 간디는 판차야트로부터 위의 방향으로 인도정부를 구성하려는 의도를 지녔다면, 제헌의회는 이를 최저단위로 국한시켰기 때문이다. 즉, 판차야트와 선거제도는 별도의 것으로 취급되었다. 그러한 판차야트 규정을 둔 현실적인 이유를 오스틴은 다음과 같이 설명하고 있다.

첫째, 민주적 통치과정에 전 국민의 참여를 강화하는 것, 둘째, 마을 수준에서 위로 국가발전에서 마을의 참여를 획득하는 것, 셋째, 권력분산을 통하여 국가행정의 부담을 경감시키는 것이 바로 판차야트 규정을 헌법에 두게 된 목적이라고 해명하고 있다.[33] 이러한 규정과 목적에 기반하여 1950년대 후반에 판차야트 자치(Panchajat Raj) 운동으로 발전해 나갔다. 그러나 이러한 판차야트 자치가 제대로 활성화된 경우는 10% 미만으로 알려졌다.

제헌의회는 전체적으로 서구 대의민주제를 채택하였고, 연방제도, 의원내각제를 중심으로 정부제도를 채택하였다. 연방은 그러나 단일국가보다는 권력집중이 완화되기는 하지만 서구연방에서 보는 것보다 비교적 강력한 것이었다. 그래서 논자에 따라서는 인도연방을 연방제라기보다는 준연방(quasi-federal)이라고 규정하고 있다.

1. 헌법채택과정

제헌의회는 헌법기초 문제들의 다양한 측면을 다룰 여러 가지 위원회를 지명하였다. 그러한 위원회의 예로 연방헌법위원회(Union Constitution Committee), 연방권한위원회(Union Powers Committee), 기본권 및 소수자문제 위원회(Committee on Fundamental Rights, Minorities) 등이 있다. 네루와 파텔은 그러한 위원회의 위원장을 맡았고, 제헌의회 의장은 헌법의 기초를 마련하는 위원회의 작업에 신뢰를 가졌다. 위원회는 매우 헌신적으로 활동하였고, 중요한 보고서들을 제출하였다. 제3회기와 제6회

---

33) Austin, 1999, p. 38.

기 사이에 제헌의회는 민권, 연방헌법, 연방권한, 주헌법, 소수자 및 지정지역과 지정부족에 관한 위원회의 보고서를 검토하였으며, 다른 위원회들의 권고안들은 나중에 헌법기초위원회가 검토하였다.

제헌의회 자문국(Advisory Branch of Offices)은 1947년 10월에 인도헌법 제1초안을 마련하였다. 이 초안이 마련되기 전에 약 60개 국가의 헌법에서 중요한 텍스트들을 발췌한 엄청난 분량의 『헌법선례집』(Constitutional Precedents) 3권이 제헌의회의원들에게 제공되었다. 1947년 8월 29일 제헌의회는 암베드카르를 위원장으로 하는 헌법기초위원회를 구성하여 제헌의회의 결정을 효과적으로 이루어지게 하기 위하여 헌법자문관들이 준비한 인도헌법초안을 심사하도록 하였다.

헌법기초위원회에서 마련한 인도헌법초안은 1948년 2월 21일 제헌의회 의장에게 제출되었다. 헌법초안에 대한 수다한 비판, 논평, 개선안들이 받아들여졌다. 헌법기초위원회는 이러한 모든 사정을 고려하여 권고의견을 내었고, 그것들을 심사하기 위하여 특별위원회가 구성되었다. 특별위원회가 제시한 권고의견들은 다시 헌법기초위원회에서 검토되었고, 몇몇 수정안들이 수용되었다. 그러한 수정과정을 용이하게 진행하기 위하여 헌법기초위원회는 1948년 10월 26일에 제헌의회의 의장에게 제출된 헌법초안의 사본을 발간하기로 결정하였다.

1948년 11월 4일에 헌법초안을 제헌의회에서 검토하도록 하는 한편으로 암베드카르는 초안에 대한 진부한 비판, 특히 헌법초안에 독창성이라고는 찾아볼 수 없다는 견해에 대하여 다음과 같이 응수하였다.

• "어떤 사람은 세계사에서 지금 형성되어 있는 헌법에 뭔가 새로운 것이 있는지를 묻는다. 최초로 성문헌법이 초안된 이래로 백년 이상의 세월이 흘러갔다. 그 헌법은 수많은 나라들이 추종하였고, 그들은 그 헌법을 자국에 맞게 바꾸었다. 헌법의 시각이 어찌되어야 하는가에 대해서는 오래전에 해결되었다. 무엇이 헌법의 기초인가 하는 것은 모든 세상에 알려졌다. 이런 점을 주목한다면 모든 헌법은 그 핵심규정에 있어서는 유사하게 보일 수밖에 없다. 이렇게 최근에 형성된 헌법에서 유일한 새로운 것이 있다면, 틀린 것을 배제하면서 헌법을 그 나라의 필요에 맞게 수용하기 위하여 시도한 변주들이라 할 수 있다. 다른 나라 헌법을 맹목적으로 베낀 과오가 있다는 지적은 내가 생각하기로는 헌법에 대한 그릇된 이해에서 비롯된 것이다. ……헌법기초위원회가 「1935년

인도정부법」의 규정을 상당 부분 재생하였다는 비난에 대해서 나는 변명하고 싶지 않다. 그러나 그것을 빌려 왔다는 데 대해서 부끄러워해야 할 점은 아무것도 없다. 그것은 표절에 해당하는 것이 아니다. 어느 누구도 헌법의 근본적인 이념들에 대해서는 특허권을 주장할 수 있는 것이 아니기 때문이다."[34]

초안헌법의 축조심의는 1948년 11월 15일부터 1949년 10월 17일까지 완료되었다. 서문은 맨 마지막에 채택되었다. 헌법기초위원회는 그 후 필연적이고 중요한 수정을 가하였고, 최종초안을 준비하여 이를 제헌의회에 제출하였다.

헌법의 제2독회는 1949년 11월 16일에 완결되었고, 다음날 제헌의회는 "제헌의회를 통해 정리된 헌법은 통과된 것이다."라는 암베드카르의 동의에 따라 제3독회에 착수하였다. 암베드카르의 동의는 1949년 11월 26일에 채택되었으며, 그리하여 다음날 인도국민은 제헌의회를 통하여 주권적이고 민주적인 인도공화국의 헌법을 채택, 시행하게 되었다. 제헌의회는 3년도 채 안 되는 시간 동안 헌법제정이라는 엄청난 과제를 완수하였다.

그러나 헌법의 채택은 여행의 종착지는 아니었다. 헌법기초위원회의 위원장 암베드카르와 제헌의회 의장 라젠드라 프라사드는 1949년 11월 25일과 26일에 경고와 지혜를 담은 발언을 하였다. 암베드카르는 다음과 같이 말하였다.

- "헌법이 제아무리 좋은 것일지라도 헌법을 담당하게 될 사람이 나쁜 경우에는 헌법은 나쁜 것으로 나타난다고 생각한다. 반대로 헌법이 아무리 나쁜 것일지라도 헌법 담당자가 좋은 경우에는 헌법은 좋게 될 수도 있다. 헌법의 운용은 헌법의 성질에 달려 있는 것이 아니다. 헌법은 단지 입법부, 집행부, 사법부와 같은 국가의 기관을 제공할 뿐이다. 그와 같은 국가기관의 작동은 자신의 희망과 정책을 부여하는 헌법을 제정한 국민과 정당들에 달려있다. 그렇다면 우리 인도국민과 우리들의 정당들은 어떻게 행동해야 하는가? … 카스트와 종교라는 낡은 형식의 적뿐만 아니라 우리는 서로 반목하고 대립하는 정치적 신조를 가진 많은 정당들을 가지고 있다. 우리들은 우리의 신조보다 나라를 앞세울 것인가, 아니면 나라보다 신조를 앞세울 것인가? 나는 모르겠다. 그러나 정당들이 나라보다 신조를 앞세운다면 독립은 다시 위험에 처하게 될 것이며 어쩌면 영

---

34) *CAD* Ⅶ, pp. 37~38.

원히 기회를 놓쳐버릴 수 있다는 것만큼은 분명하다. 우리 모두 이러한 사태에 단호하게 대처해야 한다. 우리는 우리들의 마지막 한 방울의 피로 우리의 독립을 단호하게 수호해야만 한다."[35]

라젠드라 프라사드는 그의 폐회연설에서 그가 믿기로는 대체로 나라에 이바지하게 될 좋은 헌법을 잘 기초할 수 있었다는 것을 밝히면서 다음과 같이 덧붙였다.

• "선출된 사람들이 능력 있고, 인격과 성실성을 갖춘 인물이라면 그들은 볼품없는 헌법조차도 최선의 것으로 만들 것이다. 그들이 이런 점에서 결핍된 사람들이라면 헌법은 결코 나라에 이바지하지 못할 것이다. 요컨대 헌법은 기계와 마찬가지로 무생물이다. 헌법은 헌법을 통제하고 작동시키는 사람들로 인하여 생명력을 획득하며, 현재 인도가 필요로 하는 것은 자신의 이익보다 나라의 이익을 앞세우는 정직한 사람들이다. 우리들의 삶에는 다양한 요소로 인한 수많은 분열적인 경향이 존재한다. 우리는 지역 차이, 카스트의 차이, 언어의 차이, 지방의 차이 등등을 안고 있다. 이러한 차이점들이 우리에게 요구하는 것은 강한 성격의 인간, 전망을 지닌 인간, 보다 작은 집단과 지역의 이익을 위하여 나라의 이익을 희생하지 않는 인간, 그리고 이들 차이로부터 우러나오는 편견을 넘어서려는 인간이다. 우리는 다만 우리 나라에 이러한 인간들이 많이 나타나기를 바랄 뿐이다."[36]

제헌의회의 마지막 날인 1950년 1월 24일에 제헌의회의원들은 최종적으로 헌법에 서명하였다. 인도의 국부들은 가장 두드러지고, 가장 현명한 사람들이었다. 위대한 법률가들, 애국자들 그리고 자유를 위한 투쟁가들이었다. 제헌의회가 비록 제한적인 선거를 통해 국민의 의해 직접 선출되었다고 하더라도 그 당시에 더 좋은 의견을 반영한 결과를 보여 주었으리라고 상상하기 어렵다.

독립 이후에 헌법에 구현되고 지속되었던 제도들은 인도토양 자체에서 성장하고 발전한 것들이었다. 국부들은 오래된 것들의 기초, 즉 이미 성장하였고, 그들이 알고 있는 친숙한 제도들 위에서 계속 건설하기로 결정하였다. 비록 그것이 한계이자 족

---

35) *CAD* Ⅶ, pp. 972~981.
36) *CAD* Ⅶ, pp. 983~995.

쇄로서 작용하기도 하였지만. 헌법은 영국지배를 거부하였지만, 영국지배 기간 동안에 발전해 온 제도들을 거부하지는 않았다. 그리하여 헌법은 과거의 식민지와 완전한 단절을 성취하지는 못했다.

또한 헌법제정 또는 제도형성이라는 것이 살아 있는, 성장하는 동적인 과정이기 때문에 인도국민이 제헌의회에서 헌법을 채택하고 제정하였던 1949년 11월 26일에 그러한 작업이 종지부를 찍은 것도 아니었다. 1950년 1월 26일 시행 직후부터 인도의 헌법은 실제운용, 법원의 해석, 헌법개정을 통해서 발전해 나갔다.

2. 제헌의회의 이념

주권적인 민주국가의 헌법을 초안하는 작업은 인민의 대표자단체들에 의해 수행될 수밖에 없다. 헌법의 기본구상을 마련하고 이를 성문화하기 위하여 인민이 선출한 대표자들의 단체를 일반적으로 제헌의회(Constituent Assembly)라고 부른다. 제헌의회의 개념과 이념은 어디에서나 마찬가지로 인도에서도 민족운동의 성장과정과 동일한 궤적을 밟고 진행되어 왔다. 제헌의회의 이념, 즉 인도인들이 스스로 자신의 헌법을 기초해야 한다는 이념은 우선적으로 인도통치를 위해 영국의회가 통과시킨 「1919년 인도정부법」에 반대하는 여론 속에서 비교적 명료한 소리를 내기 시작하였다. 마하트마 간디는 비록 직접 '제헌의회'라는 명칭을 사용한 것은 아니었지만, 1922년 제헌의회의 이념을 다음과 같이 간결하게 표현하였다.

> • "그것(스와라지)은 의문의 여지 없이 인도가 원한다면 독립을 선언하는 능력을 의미한다. 스와라지는 따라서 영국의회의 선물일 수 없다. 스와라지는 인도의 완전한 자기의사의 표현이다. 스와라지가 영국의회를 통하여 표현될 것이라는 것도 사실이다. 그러나 그것은 남아프리카연방의 경우에서와 마찬가지로 인민의 선언된 희망을 예의바르게 비준하는 것에 지나지 않는다. … 그러한 스와라지는 올해는 실현되지 않을지도, 어쩌면 우리 세대에 실현되지 않을지도 모른다. 때가 되면 영국의회는 인도의 관료기구를 통해서가 아니라 인도인민이 선출한 대표자를 통하여 표명된 인도인의 의사를 비준하게 될 것이다."

• Gandhi, "Independence", in *Young India*, 1922. 1. 5. 인용은 B. S. Rao 엮음, *The Framing of India's Constitution*. Selected Documents. 제1권, pp. 33~34. 간디의 주장은 24년 후 제헌의회가 개회하던 때에도 반복되었고, 그래서 이 말이 제헌의회의 기원으로 통하고 있다(Granville Austin, *The Indian Constitution: Cornerstone of a Nation*, Oxford University Press, 1972, p. 1).

간디는 스와라지가 영국의회의 선물이 아니라 인도인들의 자주적인 결정으로부터 기원한 것이라고 언급함으로써 인도역사가 감당해야 하는 진리를 처음으로 정식화한 것이다. 그 진리라는 것은 인도인은 자신의 운명을 형성해야 하고, 오로지 인도인의 손에서만 인도는 그 자신이 되리라는 것이다. 그러나 제헌의회는 단지 몇 사람의 머릿속에만 존재하는 추상적인 이념은 아니었다. 제헌의회를 구성하려는 인도인의 노력은 이때부터 가시화되었다. 물론 이러한 노력은 영국에서 노동당정부가 등장함으로써 매우 유리하게 진행되는 것 같았다.

• 맥도널드 내각은 1924년에 출범하여 같은 해에 붕괴하였다. 맥도널드는 1929년부터 1935년까지 다시 제2차 노동당내각을 이끌었다.

1922년에 중앙입법부의 상하의원 합동회의가 베산트(Annie Besant) 부인의 주도로 심라에서 개최되었고, 합동회의는 헌법을 기초하기 위한 회의를 소집하기로 결정하였다. 나아가 중앙입법부와 지방입법부의 의원들이 참여한 회의가 1923년 델리에서 개최되었다. 이 회의는 인도에 대영제국의 자치령과 동등한 지위를 부여하는 데 필요한 헌법의 본질적인 요소들을 마련하였다.

• 베산트(1847~1933)는 아일랜드 출신의 신지학자(神知學者, theosophist)로서 인도에 왔으며 인도를 자신의 영원한 고향으로 삼았다. 그녀는 힌두교 부흥운동사에서 중요한 위치를 차지하였으며, 서구문화에 대한 힌두문화와 종교의 우수성을 뿌리 깊게 확신하였다. 그녀는 맹목적으로 서구를 모방하려는 인도인들에게 인도의 정신과 전통의 우수성을 상기시키고, 힌두교에 대하여 몇 권의 저술을 남겼으며, 『바가바드기타』를 영어로 번역하기도 하였다. 또한 중앙힌두대학 창설자 중의 한 사람이었고, 외화배척운동(Swadeshi)의 열렬한 지지자였다. 1914년 정치계에 발을 들여 놓았고, 주간지 The

Commonweal─나중에 New India라는 일간지로 발전─을 마드라스에서 발행하였다. 1916년에 자치연맹을 결성하고, 혁명주의자들과 민족주의자들의 결속을 강조하고, 국민회의를 탈퇴한 틸라크(Tilak)와 그 추종자들을 다시 국민회의에 참여하도록 하였다. 자치연맹운동을 통하여 얻은 최대의 성과는 몬터규(Montagu)로 하여금 영국인으로부터 인도인에게 권력의 점진적 이양을 하도록 한 것이다. 민족지도자로서 그녀의 대중성은 대단하였기 때문에 국민회의의 1917년 캘커타 회기에서 의장이 되었다. 간디가 비타협운동을 전개하였을 때 국민회의를 이탈하고, 자유주의자 그룹에 가담하였다. 1925년 자신의 친구들을 통하여 「인도공화국법」(Commonwealth of India Bill)을 영국의회에 제출하기도 하였다. 그녀는 인도인에 대한 뜨거운 열정으로 인도독립에 깊은 영향을 주었다. 특히 그녀의 페이비어니즘(fabianism)은 인도독립운동에 있어서 네루를 위시한 많은 인도 정치지도자들에게 영향력을 행사하였다(R. C. Agarwal, pp. 372~373; Amita Das, *India: Impact of the West*, Popular Prakashan, 1994, pp. 58~59 참조).

4월 24일에 '민족회의'(National Convention)가 테즈 바하두르 사푸르의 주도하에 개최되었다. 이 회의는 「인도연합법안」(Commonwealth of India Bill)을 초안하였다. 초안은 약간의 수정을 거쳐 1925년 1월 델리에서 개최된 '제정당연석회의'(All Parties Conference)의 위원회에 제출되었다. 이 모임은 물론 마하트마 간디가 주재하였다. 마침내 초안은 헌법기초위원회에 제출되었고, 위원회는 법안을 공표하였다. 이 법안은 43명의 다양한 정파지도자들이 서명한 비망록과 함께 영국노동당의 주요 인물들에게 전달되었으며, 노동당에서 폭넓은 지지를 받고 약간의 수정을 거쳐 수용되었다. 법안은 하원에 제출된 후 제1독회가 있었다. 그러나 노동당정부의 패배로 이 법안은 결국 문서상의 계획으로 그치고 말았다. 어쨌든 이 법안은 평화적이고 입헌적인 수단을 통하여 인도의 헌정체제를 제시한 인도인의 중요한 노작이었다.

인도국민회의는 재차 1934년에 제헌의회의 요구를 공식적인 정책의 일부로 삼았다. 국민회의운영위원회는 1934년의 '백서'(White Paper)[37]가 인도인민의 의지를 반영하지 못한 것이라고 거부함과 동시에 자신들의 정치적 목표를 분명하게 표현했다.

---

37) 제3장 참조.

• 백서에 대한 유일한 대안은 성인참정권에 기초하여, 그리고 가능한 한 조속한 시기에 선출된 제헌의회에 의하여 초안되는 헌법이다. 이 경우 필요하다면 중요한 소수집단들에게 그들의 대표자들을 그 소수집단에 소속한 유권자들에 의해서만 선출되도록 권력을 부여해야 할 것이다.[38]

그 후로 1937년 많은 지방입법의회와 중앙입법의회에서 국민회의는 인도는 인민이 기초하고, '외세의 간섭 없이' 형성된 헌법만을 수용할 수 있다고 반복하였다.[39] 제2차 세계대전 동안에 인도국민의 분위기는 점차적으로 자주 독립하려는, 즉 자신의 운명을 자신의 손으로 타개하려는 것이었다. 국민회의 운영위원회 역시 제2차 세계대전의 발발로 불안정한 세계정세 속에서 인도독립과 제헌의회의 필요성을 역설하였다.

• "국민회의 운영위원회는 인도독립과 제헌의회를 통한 인도인민의 헌법제정권을 승인하는 영국정책에서 제국주의의 오명을 불식시키고, 국민회의로 하여금 협력을 계속하게 하는 필수적인 사항임을 재차 선언하고자 한다."[40]

이러한 견해는 국민회의뿐만 아니라 다른 정파에서도 마찬가지로 목격된다(Liberal Federation, *Resolution on Dominion Status and a Constituent Assembly*, 1939. 12. 27~29; B. S. Rao, pp. 118~119). 여기에서 자유연맹은 인도인에 의한 인도헌법제정을 요구하는 한편으로 제헌의회는 당장에 실현가능하다고 판단하지 않고, 헌법제정회의의 소집을 요구하였다. 거기에는 인도인의 대표자들과 총독의 대표자들로 구성되어 있어 그들의 전제인 '인도인의 헌법'과 상충하는 면도 없지 않았다.

그러한 분위기에서 과거 어느 때보다 인도인들은 그들 자신의 손으로 기초한 헌법만을 수용하고자 하였다. 인도는 제헌의회를 준비하였고, 인도의 지도자들도 제헌의회를 요구하였다. 간디는 회의적인 태도를 바꾸고, 더욱더 제헌의회에 매료되었음을 선언하였다.

---

38) Chakrabarty & Bhattacharya, *Congress in Evolution*, p. 30: Austin, p. 1에서 재인용.

39) 트리푸리 회의에서 나온 말임, Chakrabarty & Bhattacharya, p. 35: Austin, p. 2에서 재인용.

40) "Congress Resolution on Co-operation with the Government and Demand for a constituent Assembly", 1939. 11. 19~23: B. S. Rao, *The Framing of India's Constitution*, 제1권, p. 111(수록).

• "네루는 나에게 다른 무엇보다도 제헌의회의 중요성을 탐구하라고 촉구하였다. 그가 처음에 제헌의회를 국민회의결의에 도입하였을 때 나는 민주주의의 세세한 것에 대한 그의 식견을 신뢰하였기 때문에 제헌의회에 동조하기로 마음을 다잡았다. 나는 여전히 의구심을 떨치지 못하였으나 힘겨운 사실들로 인하여 나는 마음을 바꾸었고, 그러한 이유로 인하여 나는 네루 자신보다 제헌의회에 더욱 열광적이었다. 네루는 그렇게 생각지 않을지 모르지만 나는 제헌의회가 대중의 정치적 교육을 위한 수단일 뿐만 아니라 지역적 열병에 대한 치료책이라고 이해한다. … 다시 말하건대 제헌의회만이 나라에 고유한 헌법, 인민의 의지를 진정으로 그리고 완전하게 대표하는 헌법을 만들 수 있다." (Gandhi, *The only Way*, Harijan, 1939.11.19. 인용은 B.S.Rao, 앞의 책, pp. 108~110).

보다 중요한 변화는 영국인들이, 특히 크립스(Cripps)에게서 보듯이, 인도인에 의하여 선출된 단체가 인도헌법의 기틀을 마련해야 한다는 생각을 받아들인 점이었다. 자결에 대한 요구는 인도의 주전파들에 의하여 지지되었으며, 특히 영국은 팔레스타인과 다른 지역에서 많은 문제를 안고 있었다. 군사력도 쇠퇴하였고, 영국 내부적으로도 염전의 분위기가 우세하였다. 바로 이러한 분위기 속에서 새로이 선출된 애틀리의 노동당정부는 1945년 9월에 영국정부는 인도에서 제헌단체의 창설을 고려 중이라고 발표하고, 겨울에 총선거를 실시하여 새로이 선출된 지방의회들이 제헌의회의 구성기관으로 활동하라고 포고하였다.[41] 런던정부는 이 제안에 입각하여 1946년 1월에 의회사절단을 파견하였고, 이 사절단은 독립의 파고가 매우 높다고 보고하였다. 이에 영국정부는 3월에 내각수준의 사절[42]을 파견하였다.

3. 제헌의회의 출범

내각사절단은 인도에서 인도인들이 자신의 헌법을 고안하는 데 필요한 기구를 마련하도록 총독을 원조하고, 또한 인도의 각 종교공동체들이 헌법적으로 결속되게 하

---

41) 이 내용은 당시 인도총독 웨이벌이 1945년 12월 19일 델리 라디오방송을 통해 발표하였다.
42) 제3장 참조.

는 중간토대를 마련하기 위하여 국민회의당과 이슬람연맹을 중재하려는 소임을 안고 뉴델리에 도착하였다.

그러나 이 과업이야말로 인도인이 아닌 사람들이 시도할 수 없는 것이었다. 이슬람교도들과 여타 인도인들, 특히 힌두교도들 사이에는 언제나 이해관계가 대립하였다. 1920년대 후반 및 1930년대에는 반목이 지역적인 긴장을 고조시켰을 정도였다. 이때부터 이슬람교도들은 모하메드 알리 진나(Muhammad Ali Jinnah)를 중심으로 단결하였고, 진나는 이를 분리운동으로 발전시켜 나갔다. 이슬람연맹은 힌두교도들을 불신하였기 때문에 대다수의 힌두교도들이 속한 단체를 반대하였고, 당연히 인도국민회의를 반대하였다. 국민회의는 제헌의회와 인도독립을 요구한 반면에, 진나의 이슬람연맹은 이러한 견해를 조소하고, 국민회의의 권력을 저지하기 위한 수단으로 인도에 영국의 계속적인 주둔을 선호하였다. 그들은 국민회의의 지배는 힌두교도의 지배라고 판단하였기 때문이다. 이슬람연맹은 1940년 제헌의회를 지지하는 대신 인도독립 이전에 이슬람교도들에게 자치지역이 보장되어야 한다고 요구하였다.[43] 1945년 진나는 한걸음 더 나아가 인도는 두 개의 제헌의회, 즉 힌두교인을 위한 제헌의회와 파키스탄을 위한 제헌의회를 보유해야 한다고 주장하였다.

국민회의의 관점은 이슬람연맹과는 상반되는 것이었다. 인도의 국민은 인도인이며, 그들의 종교가 무엇이든 간에 그들은 한 민족이다. 영국인들은 인도를 떠나야 한다— 오로지 그때에만 독립된 인도는 화합하고, 자신들의 차이를 해소하고, 자신들의 미래를 형성할 수 있다. 인도는 단일헌법하에 결속된 한 민족이어야 한다는 것이 국민회의의 입장이었다. 비록 모든 집단의 권리들이 헌법에 의해서 보호되고, 가능한 한 많은 자율이 허용되어야 하겠지만 정부는 인도가 살아남기를 원한다면 인도가 반드시 성취해야 할 사회혁명을 달성하도록 충분히 강력해야 한다는 것이었다.

이러한 견해들은 내각사절단의 3인이 타협안을 통해서 화해하고자 했던 입장이기도 하였다.[44] 그 타협안의 내용은 대체로 다음과 같은 것이었다.

---

43) 이것이 유명한 '라호르 결의'(Lahore Resolution) 또는 '파키스탄 결의'이다. M. Gwyer & A. Appadori, *Speeches and Documents on the Indian Constitution*, p. 443 이하의 제2장 참조.
44) 내각사절단의 견해에 대해서는 M. Gwyer & A. Appadori, pp. 577~584 참조.

인도는 단일 국가로 남아 있어야 하지만, 중앙정부의 권력은 외교, 통신 및 국방에 제한되어야 한다. 주(Province)는 지리적으로 3개의 지역, 즉 이슬람교도가 우세한 지역, 힌두교도가 우세한 지역, 그리고 인구구성상 대등한 지역으로 그룹화시킨다. 전 인도제헌의회의 예비모임 후에 제헌의회에 대한 주의 대표자들은 3개의 그룹의회 (Group Assemblies)로 회합하여 그룹의 개별주 그리고 그룹을 위하여 헌법의 기틀을 잘 마련하도록 하는 것이다.

내각사절단에 의하여 상세하게 제시되지는 않았지만 앞서 제시한 세 가지 권력 이 외의 정부의 기능이 그러한 헌법들에 분배되도록 한다. 이 모든 것을 성취한 후에 대 표자들은 그룹제헌의회(Group constituent assemblies)로부터 전인도제헌의회(All-India Assembly)로 이행하여 국가헌법을 초안하기로 한다.

내각사절단은 이 계획을 1946년 5월 16일에 공표하였다. 세세한 부분까지 협상을 거친 후 6월말에 이슬람연맹과 국민회의는 그 계획을 수용하였지만, 양 단체는 공개 적으로 또는 비공개적으로 그들의 유보사항을 제시하였다. 진나는 "그러한 강제적 인 그룹화작업을 통해 파키스탄의 건설이 내포된 것이고 또한 이슬람연맹은 그러한 계획이 독립파키스탄을 최종적으로 출범시킬 것을 희망하였기 때문에" 그 계획을 수용하였다.[45] 국민회의는 몇몇 규정에 대한 국민회의의 해석이 이슬람연맹과 영국 에 의하여 수용된다는 전제 하에서 내각사절단의 계획을 수용하였다.

내각사절단의 제안에 동상이몽을 지녔기 때문에 이러한 화해분위기는 7월까지 계 속되었으며, 내각사절단의 계획이 정하고 있는 조건에 따라 제헌의회의 선거가 시행 될 수 있었다. 성인참정권은 너무나 번잡스럽고 더디다고 거절하였기 때문에 내각사 절단의 계획은 지방입법부가 제헌의회를 선출할 것을 규정하였다. 국민회의도 성인 참정권에 기초한 제헌의회 구성을 포기하고, 내각사절단의 제안에 동의하였다. 주들 은 제헌의회에 인구 백만 명당 1명의 대표자를 파견하도록 되었다. 입법부에서의 3개 종교지역의 범주(communal category) ― 이슬람교도, 시크교도, 일반(힌두교도 및 여타

---

45) 이슬람연맹의 1946년 6월 6일자 결의.

종교공동체) — 는 주의 인구에 따라 각 주대표의 몫을 별도로 선출하도록 되었다. 내각사절단 계획에 따라 토후국들은 제헌의회에서 93명의 대표자를 파견하게 되었지만, 그 선출방법은 제헌의회와 토후국 지배자 간의 협상에 맡겨졌다.

선거는 실시되었지만 제헌의회는 개회하지 못하였다. 진나는 내각사절단의 계획을 그다지 지지하지 않았으며, 국민회의 수용 자세도 미적지근했다. 그룹화와 제헌의회에서의 국민회의의 의도에 대한 네루의 숨김없는 발언[46]에서 구실을 찾은 진나는 제헌의회에 대한 긍정적인 태도를 철회하고, 이슬람연맹의 대표자들에게 제헌의회에 대한 보이콧을 교시하였다.[47] 이슬람연맹은 이러한 보이콧을 철회하지 않았고, 제헌의회에 참여한 이슬람연맹의 대표자들은 독립 후에 인도에 남고자 했기 때문에 보이콧을 철회하였다. 내각사절단은 이로써 실패하였다. 국민회의와 이슬람연맹은 화해하기에는 너무 멀어져 있었고, 화해라는 것은 전혀 생각할 수 없는 것이었다(제4장 제3절 4. 참조 바람).

1943년에 린리스고(Linlithgow)의 뒤를 이어 총독이 된 웨이벌은 1945년 7월에 영국에서 노동당정부가 들어섬에 따라 9월 19일에 인도정책을 공표하였다. 총독은 가능한 한 빨리 제헌단체를 소집하는 것이 영국정부의 의지라고 확인하였다.

내각사절단은 제헌단체를 구성하는 가장 만족스러운 방법은 성인참정권에 기초한 선거라는 것을 알았지만, 그것은 새로운 헌법을 형성하는 데에 매우 지체될 것이라고 보았다. 그들에 따르면, "가장 현실적인 방안은 최근에 선출된 지방입법부를 선거단체로 활용하는 것이다". 그들은 이것이 그 상황에서 가장 공정하고 현실적인 계획이라고 생각했기 때문에 제헌단체 내에서 주의 대표는 인구비율, 즉 인구 백만 명당 1개의 의석에 기초해야 하며, 주에 배정된 의석은 시크교도, 이슬람교도, 일반인(시크교도와 이슬람교도를 제외한 기타)들로 분류하여 인구규모에 따라 분배하기로 하였다.

각 종교공동체의 대표자들은 지방의회에서 그 공동체의 구성원들에 의하여 선출

---

46) 7월 10일 봄베이 기자회견; IAR 1946, II, pp. 145~147.
47) 1947년 7월 29일.

되며, 표결은 비례대표제의 방식으로 단기투표(single transferable vote)에 따랐다. 인도주(Indian States)에 할당된 의원정수는 영령 인도에 대하여 채택된 것과 같은 인구에 기초하여 확정되어야 하며, 그 선출방법은 나중에 협상에 의하여 해결되도록 하였다.

제헌단체의 규모는 385명의 의원으로 정해졌다.

> • 292명의 의원은 11개의 영령 총독주(Governor's Provinces of British India)에서, 93명의 의원은 인도주에서 선출된다.

그 밖에 델리, 아지메르메르와라, 쿠르그 및 영령 발루치스탄으로부터 각각 1명의 대표자가 추가되었다. 내각사절단은 헌법의 기본구조를 권고하였고, 제헌단체가 밟아야 할 절차를 상세하게 규정하였다.

영령 인도에 할당된 296석의 선거는 1946년 7월과 8월에 완결되었다. 국민회의당은 208석을 획득하고, 이슬람연맹은 73석을 획득하였다.

1945년 선거에서 국민회의와 이슬람연맹은 제헌의회에서의 의석수가 관건이라는 것을 알고, 또한 앞으로 남은 협상을 위해 가능한 한 강력한 대중성을 확보하고자 하였기 때문에 격정적으로 캠페인을 전개하였다. 선거에서 이슬람연맹은 모든 주에서 이슬람 의석의 대부분을 획득하였고, 일부 주에서는 이슬람 의석의 전부를 싹쓸이하였다. 국민회의는 주의회의 총 1,585개 의석 중에서 58%인 925석을 획득하였고, 비이슬람 의석의 약 85%를 획득하였다.

내각사절단 계획의 간접선거 구도하에서 제헌의회는 주입법부의 복잡성을 반영하였다. 이어서 1946년 제헌의회 선거에서 이슬람연맹은 이슬람 의석의 7개를 제외한 전 의석을 획득하였다. 국민회의 후보들은 일반의석(이슬람교도와 시크교도를 제외한) 212개 중에서 203개를 차지하였다. 나아가 지방입법부에서 국민회의는 이슬람교도 4명과 시크교도 1명을 선출하였고, 5월16일 계획에 따라 주에 할당된 총 296개의 의석 중에서 208개의 의석을 차지하게 되었다. 나머지 16개 의석은 5개의 작은 정파에게 돌아갔다(8개 의석이 8개 정파에 돌아간 것으로 파악됨).

• 제헌의회에서 헌법기초위원회(Drafting Committee)의 위원장을 맡은 불가촉천
민 출신의 사회주의자 암베드카르는 '지정카스트연맹'(Scheduled Caste Federation)의
의원으로 선출되었다.

선거과정 자체는 대표단체로서의 성격에 미달하는 것이었다. 왜냐하면 선거는
「1935년 인도정부법」의 부칙 제6조에 의하여 확립된 제한선거권에 기초한 것이기
때문이며, 이에 따라 농민대중, 소상점주인, 상인의 대부분과 무수한 사람들이 납세,
자산보유, 교육정도에 있어서 자격을 갖추지 못하게 되었던 것이다. 성인인구의 단
지 28.5%만이 1946년 초 주의회 선거에서 선거권을 행사할 수 있었다.

- J. Nehru 지음, 이극찬 옮김, 『인도의 명상』, 삼성문화문고 49, 삼성문화재단, 1974.
- A. C. Banerjee, *Indian Constitutional Documents* (Congress Presidential address).
- Ambedkar, *Annihilation of Caste* (2nd ed.), 1937.
- _____, "Buddhism and Communism", (edited by V. Grover) in *Political Thinkers of Modern India*: B. R. Ambedkar, Deep & Deep Publications, 1993.
- _____, Ranade, *Gandhi and Jinnah*, Gautam Book Centre, 1943.
- _____, "Why Conversion?"(1935), (edited by V. Grover) in *Political Thinkers of Modern India*: B. R. Ambedkar, Deep & Deep Publications, 1993.
- Austin, *History of Indian Constitution*, Oxford University Press, 1999.
- B. S. Rao, *The Framing of India's Constitution*, Vol. 1.
- Chakrabarty & Bhattacharya, *Congress in Evolution*.
- Gandhi, *Hind Swaraj*, Rajpal &Sons, 2010.
- J. Adams & P. Whitehead, *The Dynasty: The Nehru-Gandhi Story*, Penguin Books(BBC), 1997.
- Javata, *Social philosophy of B. R. Ambedkar*, Rawat Publications, 1997.
- J. Nehru, *An Autobiography*, *Jawaharlal Nehru Memorial Fund*, (9th ed.), Oxford University Press, 1995.
- _____, *The Discovery of India*, (16th ed.), Oxford University Press, 1996.
- _____, *Unity of India*(2nd ed.), John Day, 1948.
- _____, *Discovery of India*, Penguin Books, 2004.
- _____, *Jawaharlal Nehru's Speeches*, Vol. 1, New Delhi: Government of India Publications Divisions, 1949.
- Nehru's letter to Gandhi, 1945. 10. 9.
- M. Gwyer & A. Appadori, *Speeches and Documents on the Indian Constitution*.
- N. C. Bhattacharya, *Gandhian Concept of State* (edited by B. B. Majumdar).
- N. V. Rajkumar, *Development of the Congress Constitution*, All India Congress Committee, 1949.
- Percival Spear, *India*, Michigan, 1961.
- Rajeev Dhavan & Thomas Paul, *Nehru and the Constitution*, Bombay, 1992.
- *The Hindustan Times*, Magazine Section, 1947. 8. 17.

제 6 장

인도독립을 전후로 한
토후국들의 통합과정

I·N·D·I·A

1

인도와 통일

약 7,000년의 역사를 가지고 있는 인도는 BC 6세기부터 마가다왕국, 마우리아제국(BC 4~2세기), 굽타왕조(AD 4~6세기), 하르샤왕조(AD 7세기) 등을 통하여 국가의 면모를 보였다. 이들 왕조시대 중에서도 특히 아쇼카왕이나, 찬드라굽타왕의 경우에는 비교적 큰 범위의 인도영역을 통일했지만, 그 기간이 짧았고, 통일기간 중에도 곳곳에 자주적인 지방세력을 그대로 둔 형상이었다. 소왕국들은 제국의 군주에게 조공을 바치거나 전쟁을 지원하는 등을 제외하고는 엄연한 주권을 가진 왕국이었다. 그래서 제국의 세력이 약화되거나 위대한 군주가 사라지면 독립국으로서의 모습을 유지하였다. 이렇듯 인도에서의 통일은 다분히 인물의 능력에 의해 이루어진 것이었지 체계적인 제도를 기반으로 한 것이 아니었다. 오랜 역사를 가진 다수의 소규모 왕국들은 우위권 다툼을 위한 상호 질투와 갈등이 심하였고, 이런 현상은 외부의 조직적인 세력이 쉽게 침략할 수 있는 원인이 되었다.

8세기 이후 이슬람이 북인도를 침략하여 힌두왕국을 정벌한 것도 이런 배경하에서 이루어졌다. 1206년에 쿠트브 우드 딘 아이바크(Qutb-ud-Din Aybak)는 델리의 술탄을 칭하면서 지배권을 선언하였다. 이슬람왕조가 부침하는 가운데 1526년에는 바부르가 쳐들어와 새로운 무굴왕조를 열었다. 무굴왕조 중에서 특히 악바르 시대는 통치의 절정기를 이루었다. 악바르는 소왕국들과 제국의 기본관계를 정립하였다. 그는 소왕국들의 왕위계승 승인권과, 불충한 왕들을 폐위시키는 권한을 확보하였고, 여타의 권한에 대해서는 간섭하지 않는 방식을 취하였다. 1707년에 아우랑제브(Aurangzeb)가 즉위하면서 무굴제국의 붕괴조짐이 나타났다. 데칸고원과 마라타에 대한 무리한 정벌과 비관용적 종교정책은 힌두인들의 충성심을 소멸시켰다. 결국 아우랑제브의 사후 불과 20년 만에 무굴제국은 완전히 무정부상태와 같은 지경으로 변해 버렸다.

이렇듯 인도의 역사를 돌아볼 때, 힌두나 이슬람 그 어느 쪽의 강력한 지배시기 중에도 인도 전역을 통일국가로 만든 적은 없었다. 오히려 영국의 식민지 통치시대가 가장 큰 정치적 통일성을 이룬 시대라고 할 수 있다. 동시에 이런 정치적 기반 위에서 외세의 지배와 맞서면서 자라난 민족적 자각은 독립 이후 현대의 인도가 완전한 하나의 통일국가가 되는 원동력을 이루었다.

2

동인도회사 시대의 토후국[1]

바로 이 혼란과 불안의 상황에서 영국과 프랑스가 침투하였다. 그들은 먼저 무역을 목적으로 인도에 왔는데, 영국이 조금 먼저 와서 동인도회사라는 이름으로 해안 도시에 공장을 건설하였다. 당시로 보아 전례가 없는 대규모의 회사였는데, 프랑스의 회사보다 우위를 보이고 있어서 프랑스를 인도에서 축출하는 데까지 나아가게 되었다. 당시의 회사 이사회의 목적은 이익창출에 있었고, 따라서 전쟁은 가급적 기피하고 있었다. 초기 인도의 토후국들과의 조약은 회사의 특권을 확보하는 것을 주목

---

1) V. P. Menon, *Integration of the Indian States*, Orient Longman Ltd., 1985. 이 글을 쓰는 데 가장 많이 참고한 책이다. 이 책으로부터의 인용은 직접 본문에서 쪽수를 표시할 것이다.

적으로 하였다. 클라이브(Clive)가 인도에서 영국제국을 건설한 것도 이런 과정 중에 부수적으로 얻게 된 산물이었다. 초기 회사직원들은 영국왕이 부여한 특허장에 근거해 이사회에 대해서만 책임을 졌다. 특허장은 처음에 무역만 할 때에는 별문제가 없었으나, 영토문제가 개입되자 의회의 통제가 필요하게 되었다. 1773년에 제정된 노스(Lord North)의 「규제법」은 동인도회사에 대한 영국과 인도 내에서의 활동을 규제하기 위한 최초의 의회법이다. 이 법은 벵골의 회사 총재(Governor in-Council)를 총독(Governor-General in Council)으로 바꾸었다. 총독은 이사회에 대한 월권을 할 수 없었고, 봄베이와 마드라스의 회사업무에 대해서도 전쟁과 평화와 관련된 일에만 개입할 수 있었다.

몬터규-첼름스퍼드 보고서에서 이 법은 "이사회에 대해서도 권한이 없고, 대법원에 대해서도 권한이 없는 집행부이며, 전국의 전시와 평화에 대해서만 책임을 지는, 즉 한 위대한 창의력과 의지력을 가진 인물에 의해서만 작동되는 그런 체계이다."라고 평가하였다. 최초의 총독은 헤이스팅스(Warren Hastings)였다. 그는 클라이브를 이어 인도에서의 영국의 소유지를 크게 확대시켰다.

1784년 「피트법」(Pitt's India Act)이 나와 「규제법」을 폐지하였다. 통제위원회(Board of Control)가 설치되어 이사회 활동을 감독하였으며, 이에 따라 총독의 권한 또한 강화되었다. 1786년 법개정이 이루어져 총독은 일부 사례에서는 이사의 결정을 번복할 수 있는 권한을 부여받았다. 동시에 총독은 사령권의 지위까지 보유하게 되었다. 그 후 총독이 바뀔 때마다 그 권한은 점차 강화되었는데, 댈하우지(Dalhousie)는 "총독의 권한이야말로 지상에서 최대의 것"이라고 말할 정도였다(p. 4).

「피트법」 제정 이후 14년 뒤에 웰슬리(Wellesley)가 총독으로 부임하였다. 그는 재임 시 영국정부의 권한강화가 필요함을 인식하게 되고, 인도토후들과 동맹정책을 수행하였다. 동맹을 맺는 지역은 전쟁을 할 필요가 없고, 동인도회사의 인준 여부와 관계없이 다른 지방과 협약을 맺을 수 있도록 하였다. 큰 지역의 경우 영국장교가 지휘하는 군대를 두어 평화를 유지하게 하였으며, 작은 지방은 조공을 바치도록 하였다. 또한 동맹을 체결한 나라의 경우 영국민들도 체류할 수 있게 하였다. 이 동맹체결권은 제국건설을 위한 트로이의 목마와 같은 것이었다. 동맹지방은 대리총독이 매 지방에 배치되고, 회사의 비용도 들이지 않고 군대를 운영할 수 있게 되었으며, 토후들의 충성도 확보하였다. 1805년 웰슬리가 송환될 때까지 인도 내 영국세력은 크게 확장되었다. 하이데라바드, 트라방코르, 마이소르, 바로다, 그왈리오르 등이 동맹국으로 편입되었다.

1803년 헤이스팅스 후작이 총독으로 부임하였으며, 1823년 즈음에는 펀자브와 신드 지역을 제외하고 대부분이 동인도회사 내로 편입되었다. 무굴제국의 대리인으로서 옥새를 사용하는 총독이 무굴제국의 신하라는 의미는 이제 종식되었다. 인도에 명실공히 영국제국이 들어선 것이었다(p. 6).

이후 인도에서는 전에 없었던 새로운 행정제도가 도입되었다. 세습정치가 없기 때문에 행정은 객관적으로 이루어졌다. 동인도회사의 상급관리들은 사명감으로 일했고, 본국에서 익혔던 행정원리와 실무를 그대로 시행하였다. 이렇게 해서 인도에도 하나의 정부형태가 형성되었다. 헤이스팅스가 퇴임한 이후 동인도회사가 인도토후국들에 미친 행정상의 영향은 매우 크게 나타났다. 영국인 직원들이 집행부와 고급관직들을 차지하였다. 토후들은 명색만 지배자였지 실제로 영국인들에게 종속되어 있는 모습이 확대되었다(p. 7). 직원들에의 권한집중은 부패와 연고주의의 만연을 초래하였다. 토후들은 그 지위와 함께 외부의 침략과 내부의 반란으로부터 안전을 보장받았다. 이런 가운데 대부분의 토후국들에서 그 수입은 직원들과 관리들이 착복하였다. 영국본국에서의 양심적인 정치가들은 이런 현상을 중대하게 보고 존 스튜어트 밀과 같은 사람은 토후국들을 없애자는 주장을 폈다. 엘핀스턴은 일찍이 이에 대해 더욱 혹독하게 말한 바 있다. 그는 토후들은 완충역할로서의 필요성뿐만 아니라, 여타 인도지방의 모든 사람들이 이전투구할 수 있는 오물통 역할을 할 수 있다는 점에서 보면 유용한 존재라고 하였다. 부패를 흡수할 수 있는 출구가 필요하다는 뜻이었다(pp. 7~8).

1833년 특허장은 동인도회사의 무역활동을 폐지시키고 대신 회사로 하여금 정부의 역할을 담당하게 하였다. 이제 회사는 토후국들에 대하여 전혀 다른 정책을 구사하기 시작하였는데, 한편으로는 영역에 대한 장래의 위협을 제거한다는 것과 수입을 증가시킨다는 양 측면에서 정책방향을 잡았다. 1841년 이사회는 총독으로 하여금 정당하고 명예로운 영역과 수입의 획득은 일체 포기하지 않는다는 분명한 지침을 전달하게 하였다(p.8).

쿠르그(Coorg)는 1834년 통치자의 잘못된 행정을 이유로 병합되었다. 신드는 특별한 이유 없이 병합되었고, 댈하우지 총독 시절에는 광대한 영토를 획득하였다. 특히 '실효의 원칙'(Doctrine of Lapse)을 만들어 수많은 땅들을 회사의 소유로 바꾸었다. 사트라(Satra), 나그푸르(Nagpur), 잔시(Jhansi), 삼발푸르(Sambalpur), 바가트(Bhagat), 펀자브 등이 이때 편입되었다. 우드(Oudh)는 단지 행정만 접수하려고 했는데 1856년 이사회에서 완전 병합을 명하였다. 특별한 후계자 없이 궐위된 토후의 경우 그 영토를 접수하는 데까지 나아갔다. '급할수록 천천히'(festina lente)라는 맬컴(Malcolm)의 현명한 조언을 무시하면서 그들은 너무나 많은 지역을 빠른 시일에 병탄해 갔다. 그리고 그곳에 투입된 경험 없는 행정가들은 빈번히 오류를 저질렀다. 캐닝(Canning) 총독 시절에 이런 폐단이 만연하였다. 모든 것을 빼앗긴 후계자들이나 박탈당한 사람들은 그들의 부동산과 저택을 그리워하였다. 많은 군대가 해산되고 이들은 생계 또한 막연하게 되었다. 우드왕의 경우만 하더라도 군대는 6만, 귀족과 자민다르에 고용된 사병들도 그만한 수가 있었다. 이들 중 고작 12,000명만이 고용되고 나머지는 유리하였다. 이런 사정이 1857년 혁명(세포이 항쟁)의 사회적 배경을 이루었다. 혁명은 진압되었다. 혁명이 발발했을 때 토후국들은 방관자세를 취했고, 오히려 영국이 항쟁을 진압하는 데 협력을 취하였다. 세포이 항쟁이 끝난 후 영국은 인도지배에 있어 완충역할을 해 주는 토후국들의 존재를 다시 한번 의미심장하게 평가하였다. 1858년 빅토리아 여왕은 "토후들의 권한과 위엄과 명예를 존중할 것이다."라는 내용을 선언하였다.

1858년 「인도에서의 좋은 정부를 위한 법」(Act for the Better Government of India)에서 동인도회사가 체결한 모든 조약은 국왕의 것으로 한다는 규정을 두었다. 이를 계기로 댈하우지 총독 시절 강력하게 추진되었던 병합정책은 토후국들을 별도로 존치시키는 정책으로 전환되었다. 캐닝 총독은 후계자가 없다고 합병시키는 방식은 폐지하였다. 그러나 새 정책은 병탄 대신에 병존이라는 방식을 통하여 영국의 통치권을 관철시키는 그런 것이었다.

• 토후의 잘못을 이유로 왕국을 병합하지는 않았지만, 폐위시킬 수 있는 권한을 두었다. 캐닝의 말을 보자. "군주 주권 하의 영토는 직접통치하는 지역이나 마찬가지로 중요하고 전체의 일부이다. 그들은 함께 정치체제를 이루며 무굴왕국이나 마라타왕국이 상상하지도 못했던 그런 새로운 역사가 창조되었다." (V. P. Menon, p. 10).

이리하여 영령 인도지역과 구별되는 인도토후국의 지역이 별도로 남게 되었다. 이후 50년간 이들에 대한 적절한 통제방법이 강구되었다. 그 결과 총독 아래 정치부가 설치되고 여기에는 인도 공무원이나 군인 출신들로 채워졌다. 중앙정부와 토후국들의 부담으로 운영되는 경찰도 있었다. 중요한 토후국에는 별도로 혹은 통합적인 방법으로 정치부에 직원과 정치요원을 두었다. 주(州)비서관(Secretary of States)은 정치부의 활동을 감독하였다. 특히 토후들의 권한과 특권에 영향을 미치는 문제의 경우 영국정부와의 이해관계를 고려하였던 것이다.

헌법적으로는 토후국은 영국령이 아니었고, 영국의 신민들도 아니었다. 의회는 그들을 대상으로 한 법제정을 할 수 없었다. 그렇지만 현실에서 진행되는 정치·경제적인 진행과정은 토후국들에 대한 주권침해가 불가피하였다. 예컨대 철도부설이나 통신망의 설치, 군대축소, 통화발행, 마약정책, 군 주둔지의 설정 등이다(p. 12). 1914년 세계대전의 발발과 함께 토후국들은 영국을 위해 자발적 참전을 지원하고 나섰다. 이렇듯 적극적인 협조가 있자, 하딩(Hardinge)과 그 후임자 첼름스퍼드(Chelmsford) 총독은 토후들과 연석회의를 가졌고, 더 나아가 정기적 회의까지 개최하기에 이르렀다(pp. 12~13). 그 후 토후회의는 소규모의 상설위원회를 두어 정치부에 대한 자문의 통로를 개설하기도 하였으며, 토후회의의 위치는 더욱 격상되어 1921년 왕의 칙령으로 토후청(Chamber of Princes)이 정식기구로 설치되었다. 이런 방식으로 토후국은 영국통치하에서 자신들의 운명을 지배당하면서도 다른 한편 입지를 강화시켜 왔던 것을 알 수 있다.

3

식민시대의 토후국

1. 개 관

1947년 독립 당시에 인도아대륙의 5분의 2(인구로는 4분지 1까지)가 인도토후들의 손에 놓여 있었으며, 그 수는 565개에 달하였다. 이들 지역은 공동체와 토착문화에 터를 둔 정치·사회적 관계를 상당 부분 온존시키고 있었다. 토후들은 그들의 지역에서는 독재자였으며, 인도의 전통적 생활양식을 보존하고 인도의 가치를 가장 순수하게 상징하는 것으로 보였다.

발전하는 근대국가와는 불편하고 어색할 수밖에 없는 이 토후국들은 여러 가지로 문제를 유발시키지 않을 수 없었다. 1920년대와 1930년대 사이에, 토후들은 정치적 토론장의 전면에 나오게 되었으며, 독립 이후에는 토후가문 출신의 인물들이 사적 역할을 담당하게 되었다. 그러나 전반적으로 보면 시대의 추세에 따라 토후들은 그 근거를 상실하게 되었다.

2. 독립까지의 토후국들의 지위

(1) 「1919년 인도정부법」

「1909년 인도참사원법」은 독립을 향한 인도인의 열망을 충족시켜 주지 못했다. 제1차 세계대전은 영국의 정치적 전망을 바꾸어 놓았으며, 영국정부는 전쟁에서 인도의 전폭적인 협력을 기대하였다. 인도는 무려 150만의 군대와 3억 파운드의 군사비를 제공함으로써 영국의 전쟁수행에 협력하였다. 그러나 전후 영국은 인도인들이 기대하는 독립의 약속이행은커녕 오히려 더욱 강공으로 나왔다.

> • 영국은 인도에서 폭력적인 반영활동을 엄금하는 정책을 폈는데, 그 대표적인 법은 「롤럿법」이다. 영국군대는 「롤럿법」에 반대하는 대중을 학살하는 만행을 저질렀는데, 이것이 1919년의 암리차르의 대학살로 나타났다.

인도인의 저항이 거세지자 영국은 나름대로 유화책을 구상하여, 인도인에게 정치권력을 부여하는 제도를 마련하고자 하였다. 이런 맥락에서 1917년 인도국무장관인 몬터규는 하원에서 다음과 같이 발언하였다. "영국정부는 인도에서 책임정부를 진보적으로 실현시키기 위하여 행정의 모든 영역에서 인도인을 점차적으로 조직하고 자주적인 제도를 점진적으로 개발하는 정책을 마련하고자 한다. 이를 위한 선결 조건은 영국과 인도 당국 간의 자유롭고 격의 없는 의견교환이라고 생각한다."[2] 몬터규는 이후 인도의 총독인 첼름스퍼드와 공동으로 '몬터규—첼름스퍼드 보고서'를 제출하였고, 이를 기초로 법률이 제정되었는데 이것이 「1919년 인도정부법」(The Government of India Act, 1919)이다. 이것은 인도에 서구적인 대의제도를 도입하는 의미를 지니고 있었다. 이 법은 인도에서 최초의 포괄적인 헌법문서라고 할 수 있다. 이 법의 전문에서는 특히 자치정부를 향한 첫 단계조치로서 토후들에 대한 최대한의 자율을 강조하였다. 이것은 국무장관, 중앙정부와 주정부의 권한과 지위들에 관하여 헌법상의 상당한 변화를 초래하였다. 모든 신민을 중앙정부의 신민과 주정부의 신민으로 분류함으로써 토후들에게도 자율성을 부여하였다(법 제45조 A항).

「1919년 인도정부법」이 영국의회를 모델로 삼지 않았다는 것은 당연하다. 의회에서 통과된 모든 법안과 결의에 대하여 총독은 최종적인 결정권을 가졌다. 그는 집행부의 수장일 뿐만 아니라 입법부의 권한에 대해서도 무제한의 권력을 보유하였다. 총독은 법안이 영령 인도의 안녕에 영향을 미친다는 것을 확인하는 경우에는 어떠한

---

2) Archibold, *Outlines of Indian Constitutional History*, 1926, p. 168.

법안의 진행도 방지할 수 있으며, 이 경우 의회가 거절하는 경우에도 이를 통과시킬 수 있다(법 제67조).

- 이런 방식으로 총독이 제정한 법으로 1923년의 「인도토후보호법」(The Princes Protection Act)이 있다.

「1919년 인도정부법」은 1920년 1월 시행될 예정이었는데, 잘리안왈라 공원에서의 대학살이 일어나면서 실패로 돌아갔다. 국민회의는 주선거를 거부하였고, 스와라지당(Swaraj Party)은 일부지역에서는 다수당이 되었음에도 장관직을 수용하지 않았다. 이런 식으로 해서 1919년의 법은 실패로 돌아갔다.

(2) 「1935년 인도정부법」

(가) 개 관

1919년의 법의 실패 후 이를 보완하기 위한 목적으로 1924년 알렉산더 무디먼을 위원장으로 하는 '개혁조사위원회'가 발족하였다. 1925년 위원들 다수는 결과보고서를 제출하였는데, 소수 위원들은 근본부터 잘못되었다는 지적을 하면서 왕직할위원회를 구성해야 한다는 입장을 내놓았다. 결국 1927년 11월에 이 의견에 동조하였으며, 이렇게 해서 구성된 왕직할위원회가 '사이먼위원회'(Simon Commission)이다. 이 위원회는 1930년 보고서를 제출하였는데, 그 보고서에서 위원회는 연방헌법도, 책임정부도 제안하지 않았다.

- 사이먼위원회의 보고서에는 "중앙의회는 총독주와 가입을 희망하는 토후국의 대표로 구성되어야 한다."는 규정을 두고 있다.

위원회는 이 문제들을 인도토후들이 연방으로 통합될 때까지 국민들 사이에서 논의되어야 할 문제로 남겨 두었다. 사이먼위원회가 중앙에 권고한 정부형태는 책임정부가 아니라 여전히 무책임하고, 독재적이고 융통성 없는 중앙집행부에 불과하였다.

그리고 보고서 작성에 인도인을 한 명도 참가시키지 않은 것에서 명백하듯이 인도 독립을 향한 인도인의 의사를 고려하지 않고, 자치령에 대하여 전혀 언급하고 있지 않았다.

그 사이에 연방정부와 책임정부에 대한 요구는 '네루위원회 보고서'(Nehru Committee Report)에서 보다 본격적으로 개진되었으며, 인도의 토후국들도 연방에 기꺼이 참여하려는 의향을 나타내었다. 네루위원회 보고서는 인도헌정사에서 인도인의 손에 의하여 작성된 최초의 연방제 구상을 담고 있었다. 이 보고서에는 인도의회는 인도토후국에 대해서 종래 인도정부와 동일한 권리를 보유하고, 동일한 의무를 부담한다고 규정하였다. 인도토후국과 의회 간의 갈등이 발생하는 경우에 총독은 대법원에 중재를 회부할 권리를 보유한다는 내용을 담고 있다. 헌법개혁을 위하여 3차에 걸쳐 원탁회의가 런던에서 개최되었는데, 마지막 제3차 회의에서 약간의 합의가 이루어졌다.

> • 제1차 원탁회의는 89명의 위원 중에서 57명은 총독주에서, 16명은 인도토후국에서 파견되었고, 나머지는 영국정당의 대표자들이었다. 제2차 회의에는 간디가 국민회의의 유일한 대표자로서 참석하였다. 토후들은 파티알라의 마하라자의 지도하에 연방(federation)의 이념을 변경하여, 연합(confederation)을 원하였다. 그러나 일부 토후들은 연방을 지지하였다. 백서는 너무나 반동적이어서 국민회의와 진보세력들이 전면적으로 거부하였다.

그 결과 202개의 항에 이르는 백서(White Paper)가 발간되었다. 백서는 첫째, 자치주를 바탕으로 한 연방의 설치, 둘째, 중앙과 주에서 책임정부를 수립하는 것이었다. 이에 대한 논쟁이 심하였는데, 이를 해결하기 위하여 린리스고(Linlithgow) 후작을 의장으로 하는 양원합동위원회(Joint Select Committee)가 구성되었다. 그 결실로 1934년 위원회의 권고에 따라 「1935년 인도정부법」이 영국의회를 통과하였고, 1935년 8월 2일 왕의 재가를 얻었다. 이 법은 현행 인도헌법의 모태로 평가되고 있다. 거기에서 이미 인도의 정치적 복잡성을 반영하는 인도연방의 기본구상이 처음으로 법제화되었기 때문이다. 그렇지만 이 법은 인도인이 원하는 연방제를 수용하기보다는 인도인을 대상으로 분할통치하고자 하는 제국주의적 책략이 짙게 깔려 있었기 때문에 대다수 인도인들은 이 법에 반대하였다.

(나) 이 법의 특징

1935년의 법은 연방제도 역사에서 가장 복잡한 것이었다. 무려 478개의 조문과 18개의 부칙으로 구성되었다. 이 법에 따라 1936년 총선거가 실시되었고, 이듬해 4월부터 시행에 들어갔다. 이 법의 주요 특징은 영령 인도와 토후국을 포괄하는 연방을 구성한다는 점, 주에서 자치를 도입한 점, 부분적으로 책임정부를 도입한 점, 중앙에 쌍두정을 도입한 점 등이다.

첫째, 이 법은 영령 인도와 토후국을 포괄하는 전인도연방을 규정하였다. 연방단위는 11개의 주, 6개의 고등판무관주, 그리고 연방에 가입하기를 원하는 모든 토후국들이었다. 토후국은 연방 가입여부를 자유롭게 결정하였다. 가입 시점에서 토후국의 왕은 가입문서에 서명을 해야 했으며, 그가 연방정부에 얼마만큼 복종할 것인지를 결정하게 하였다. 내정분야에 있어서는 모든 구성단위가 자율을 보장받았다.

둘째, 이 법은 1919년의 법이 정했던 바 주 차원에서의 쌍두정을 폐지하고, 중앙에 쌍두정을 도입하였다. 총독은 내각에 토후국과 소수집단 공동체의 대표자들도 포함시킬 수 있었다. 총독은 총독주와 토후국을 위해 활동하며, 총독주와 관련해서는 직접 통치를 하지만, 토후국과 관련해서 총독은 왕의 대리인으로서 최고권을 행사하게 된다.

셋째, 연방참사원(상원)의 의석은 156명의 총독주 대표자와 104명 이하의 토후국 대표자로 구성된 260명이다. 토후국의 참사원의원은 불평등대표였다. 토후국의 중요성에 따라 의원을 5명, 3명, 또는 2명을 파견하는 것으로 규정되었다. 또한 토후국의 상원은 국민에 의하여 직접 선출되지 않고, 통치자가 지명하도록 하였다. 반면에 총독주의 156개의 상원의석 중 150석은 지역구에서 직접 선출되고, 나머지 6석은 여성, 소수집단, 하위카스트에서 총독이 지명한다. 연방참사원은 매년 3분의 1이 교체되는 상설의회였다. 한편 연방의회(하원)는 토후국의 왕이 지명한 125명 이하의 대표자와 주의회에 의하여 선출된 총독주의 250명을 합한 375명이었다. 토후국의 연방의회의원은 상원과 마찬가지로 왕이 지명하였다.

> • 총독주의 250명에는 일반(불가촉천민 포함) 105명, 시크교도 6명, 이슬람교도 82명, 인도계 영국인 4명, 유럽인 8명, 기독교도 8명, 산업대표 11명, 자민다르 7명, 노동 10명, 여성 9명으로 구성된다(이 법 제18조 및 부칙 제1조 참조).

(다) 이 법의 문제점

이 법은 인도인으로부터 불신을 받은 것이 가장 큰 문제점이었다. 인도의 자치를 인정하지 않았다는 것이 불신의 이유였다. 네루는 이 법을 '새로운 노예헌장이며, 엔진 없는 제동장치만을 가진 기계와 같은 것'이라고 표현한 바 있다. 토후국과 관련되는 것 중에서 당시 지적되었던 문제점을 좀 더 소개하면 다음과 같다.

첫째, 연방이 독립된 주로 구성되지 않았다는 것이다. 연방이 되려면 독립주들이 모여 공동의 목적과 이해관계를 충족시키기 위하여 단합해야 하는데, 1935년의 법은 인도의 단일구조를 분할함으로써 연방을 제안한 것이었다. 그래서 인도연방은 주권성을 갖지 못한 주들과 토후국의 연합을 의미할 뿐이었다.

둘째, 구성주에 대한 연방정부의 권한은 통일적이지 못하였다. 연방가입문제가 총독주에 대해서는 강제적인 사항인데, 토후국에게는 선택의 문제였다. 즉, 연방에 가입하기를 원하는 토후국만이 연방의 일원이 될 수 있었다. 게다가 연방정부의 권위는 가입문서에 명시된 범위에서만 토후국에 미치게 되었다. 그 결과 가입문서의 숫자만큼 많은 헌법문서가 존재하게 되었다. 약 600개의 토후국이 존재했던 것을 감안하면 통일적 규율체계가 불가능했다고 보아야 한다. 이렇게 되어 연방은 이질적 구성단위들의 혼합체가 되었다. 총독주는 부분적으로 자율적인 구성단위인 반면, 토후국은 여전히 왕들의 독재 아래에 있었는데, 이처럼 이질적인 구성단위를 단일한 연방으로 결합하는 것은 매우 불합리한 방식이었다고 평가된다. 이 점에서 유례를 찾아볼 수 없는 복잡한 연방제였다는 것이다.

셋째, 구성주 대표의 불평등성이 존재하였다. 어느 연방이든 규모에 상관없이 모든 구성주에 상원에서와 동등한 대표성을 주는 미국의 경우와 달랐다. 1935년의 법은 총독주에 대해서는 상원에서 인구비례에 따른 대표를 인정하면서, 토후국에 대해서는 인구비례보다는 훨씬 가중된 대표를 인정하였다. 토후국들의 인구는 전체인구의 23%에 불과했는데 상원의석의 40%, 하원의석의 33%를 차지하게 되었다.

넷째, 위에서 본 바와 같이 왕이 토후국 의원을 지명하는 것은 잘못이다. 원래대로 하면 의원은 인민에 의하여 선출되어야 한다. 그러나 이 법은 토후국의 경우 왕이 대표자를 지명하도록 하였다. 이는 영국정부의 이해관계가 고려된 방식이라고 이해된다.[3] 영국정부의 전략은 자민다르, 소수집단대표, 토후국 대표자를 결합하여 중앙정부에서 국민회의의 대표자 수를 압도하도록 하는 데 있었다. 영국의 외교술책은 항상 국민회의를 대항할 수 있도록 토후국, 소수집단, 그리고 공무원들을 결집시키는 것을 목적으로 삼았다.

4
독립과정에서 토후국의 문제

1. 토후국의 양상

토후국은 독립과정에서 매우 미묘한 위치에 있었다. 경제적으로 후진지역이었기 때문에 영국인의 주요 표적이 아니었던 터라 인도고유의 전통을 많이 간직하고 있었고, 서구인의 눈에는 인도적인 것을 상징하는 곳이기도 하였다. 토후국이 하나의 실

---

3) Gupta & Sarkar, *Overview of Indian Legal and Constitutional History*, 1982, p. 257.

체로 생각되지만 사실은 전혀 다르다. 이들은 규모나 중요도에 있어서 엄청난 차이를 보이면서 아대륙 곳곳에 산재해 있었다. 예를 들어 가장 큰 토후국인 하이데라바드는 82,000평방마일에 인구가 1,400만 명(1947년 기준)이었다. 반면, 카티아와르에 소재한 가장 작은 토후국은 0.3평방마일에 인구가 200명 이하였다. 이런 토후국이 약 600개가 있었던 것이다. 따라서 일부 토후국은 거의 주권국가와 유사하게 완전한 조약에 기초를 두고 영국과 관계를 유지한 반면, 일부는 독립적인 성격을 유지해 주는 단편적인 문서만을 쥐고 있었던 형편이었다. 대부분의 토후국은 작았다. 토후국 중 28개만이 인구 50만 이상이었고, 이 그룹 중에서 규모가 큰 8개의 토후국이 전체 지역, 인구, 재정수입의 절반을 차지하고 있었다.

2. 토후국의 인도연방으로의 통합과 편입

내각사절단은 연방제와 관련해서 약한 중앙정부와 강한 지방정부를 권하였다. 이것은 국민회의는 통일국가를 원했고, 이슬람은 파키스탄의 분리를 요구하였기 때문에 제시된 안이었다. 하지만 이슬람 다수가 완전 분리해 나간 이후에는 더 이상 이런 계획을 추진할 필요가 없었다(p. 463). 각 주들은 국방과 외교, 통신의 3개 항목을 중앙정부의 권한으로 하는 데 쉽게 동의하였다. 이것만 가지고는 너무 취약한 관계였지만, 인도정부로 가는 데 다른 실제적 방도가 없었다. 델리에는 헌법제정의회가 개최되고 있었고, 모든 주들의 대표들이 모여 심사숙고하였다. 영령 인도주 출신의 대표자들이나 토후국 대표자들이 함께 모여 중앙과 주와의 관계설정을 모색했지만 낙관만 할 수는 없는 형편이었다. 통합정책은 오리사부터 시작되었다. 동시에 카티아와르와 사우라슈트라와도 합쳤다.[4] 1947년의 「지역관할에 관한 특별법」(Extra Provincial Jurisdiction Act)에 의하여 통합주나 판무관이 관장하는 지방에서는 행정과 입법권이 인도정부에 의해 행사되었다. 이 약속에 따르면 자치령 의회를 통과한 법

---

4) 사우라슈트라와 관련된 설명은 졸고 "파텔과 인도의 독립", 『한국방송통신대학교 논문집』, 2004. 8. 162쪽 참조.

은 자동적으로 통합주에 적용되는 것이 아니라 이 법의 지시사항에 따라 그 관할이 정해졌다.

인도정부는 새로운 헌법이 시행되기 전에 이런 통합을 완전히 끝내야 하였다. 그래서 「1935년 인도정부법」은 약간의 개정이 필요하여, 61-A, 290-A, 290-B조가 추가되었다. 동시에 통합주에 대한 대표방식과 영토의 경계획정을 위한 기준도 정해야 했다. 이 같은 법개정은 인도정부로 하여금 통합주들에 대하여 지역의회의 대표권을 부여할 수 있게 하였고, 지역들 간의 경계도 분명히 하는 효과를 가져왔다. 이렇게 해서 토후국의 통합과정에서 헌법상 문제점은 해소되었다.

사우라슈트라 통합사례를 통해 헌법적 문제를 보도록 하자. 통합이 이루어지는 경우 종전의 토후국들이 적용했던 여러 영토문서에 우선하여 새로운 통치자에 의해 집행되어야 할 세 개의 항목(국방, 외교, 통신)에 관한 새로운 영토문서를 필요로 하였다.

• 새 연합주의 책임자를 라지프라무크(rajpramukh)라고 불렀다. 그러나 마이소르의 경우는 이 말 대신에 마하라자(maharajah)라는 용어를 사용하였다.

사우라슈트라에서 행해진 이 선례는 다른 토후국들의 통합에 공통적으로 적용되었다. 개별주가 보유하던 권한과 의무, 책임 등은 사우라슈트라 연합주로 대치되었다. 인도정부는 이 과정에서 단지 국방, 외교, 통신에 관한 입법권한을 획득하는 것이지 별다른 큰 변화는 없었다. 또한 인도정부는 사우라슈트라 연합주에 대해서 인도전체 헌법의 틀 내에서 규정하도록 할 것과 연합주의 정부는 의회에 책임을 져야 한다는 원칙들을 제시하였다.

이렇게 해서 인도의 헌법은 연방제를 채택하기에 이르렀다. 헌법 제1조는 인도, 즉 바라트는 주로 구성되는 연방임을 규정하였다. 인도의 영토는 첫째, 주의 영토, 둘째, 연방직할지역, 셋째, 프랑스·포르투갈 등이 지배를 포기하여 새롭게 취득한 지역 등으로 구성된다. 주, 연방직할지역, 그리고 이들에 속하는 지역의 명칭은 부칙 제1조에서 정하고 있다. 헌법에는 주와 그의 영토를 A, B, C, D로 나누었다. A는 과거 영령 인도에 속하였던 9개 지역을 포함시켰고, B는 의회를 가진 5개 토후국을, C는 중앙에 의한 행정통치를 받았던 5개 주, D는 안다만 니코바르 제도였다.

20세기를 지나면서 토후들은 권력기반을 상실하였다. 무엇보다도 시대적합성을 갖추지 못한 것이 가장 큰 원인이었을 것이다. 특히 인도독립의 시기에 인도와 파키스탄의 분리는 이들 토후국들의 붕괴를 더욱 가속화시켰다. 독립 이후 토호국들은 퇴화과정을 거듭하였다. 이제 형식적 지위, 특전 및 내탕금마저 상실하였다. 1971년 「토후지위부인법」(The Princes Derecognition Act of 1971)이 제정됨으로써 토후들은 완전히 역사적 유물로 변하였다.

최초의 제헌의회의 영토조항은 헌법 시행 이후 변화되었다. 한동안 25개 주와 7개 연방직할지역으로 변했다가, 현재는 28개 주와 7개 연방직할지역으로 남아 있다.

참고문헌

- G. Austin, *The Indian Constitution*, Oxford University Press, 2004.
- I. Copland, *The Princes of India in the Endgame of Empire, 1917~1947*, Cambridge University Press, 1997.
- M. P. Singh, *Outlines of Indian Legal and Constitutional History*, Universal Law Publishing Co., 1996.
- V. P. Menon, *Integration of the Indian States*, Orient Longman Ltd., 1985.

제 7 장

법률가로서의 간디

I · N · D · I · A

1

들어가며

  법은 어떤 가치를 추구하는 것일까? 라드브루흐(Gustav Radbruch)의 설명에 따르면, 정의와 법적 안정성, 합목적성이 법이념이라 한다. 다른 한편, 법과 재판이 분쟁해결수단이란 측면에서 평화도 주요 법이념으로 꼽힌다. 그렇다면 진리, 정직, 사랑과 같은 추상적 가치들은 과연 법과 유관한 가치인가 아닌가? 만약 관련성이 있다고 한다면 어떻게 얼마나 관련을 맺고 있는 것일까? 우리는 입법활동이나 법해석활동을 하면서 법의 목적이나 이념을 생각하게 된다. 입법목적이나 입법취지들은 다양한 형태로 표현되지만 그것들을 크게 분류하면 대개는 정의와 법적 안정성(평화 포함), 합목적성의 범주에 포섭될 수 있다. 그에 비하면 진리, 정직, 사랑과 같은 덕목과 가치들은 실정법의 직접적인 목적이나 이념이라기보다는 자연법이나 도덕의 영역으로 치부되어 법과 간접적으로 연결되는 정도로 보는 것이 현실의 모습이 아닌가 한다.

  이제 이런 문제들을 인도의 마하트마 간디(Mahatma Gandhi)의 경험을 통해서 다시 한 번 생각해 보기로 한다. 간디는 변호사로서 법률을 통해 고객들을 만나면서 법의 사명과 본질을 생각했고, 또 인종차별과 불법천지의 사회문제를 풀어 가고자 고민했다. 마침내는 인도가 당면했던 자주독립이라는 거대한 과제도 법과 관련해서 풀어 가야만 했다. 이 과정에서 간디는 법이 가진 여러 특징을 발견했고, 때로는 법의 한계와 문제점과 마주쳤다. 그렇지만 간디는 자신이 가졌던 몇 가지 신조, 예컨대 진실과 정직을 삶에 있어서 최우선순위에 두어야 한다는 것, 정치와 윤리의 결합, 법과 종교의 합일과 같은 주장을 법의 운영과정 속에서 비타협적 자세로 관철시켜 나감으로써 역사상 유례 없는 독특한 법률가가 되었던 것이다.

● 그는 1921년에 집필한 자신의 자서전의 부제를 '나의 진리실험 이야기'(My Story of My Experiments with Truth)라고 붙였다(M. K. 간디 지음, 함석헌 옮김, 『간디 자서전』, 한길사, 2002, 52쪽). 그리고 간디는 "나의 모든 재판소 경력에서 나는 결코 엄격한 진리와 정직에서 멀어져 본 적이 없다."고 회고했다(Gandhi, *The Selected Works of Mahatma Gandhi*, p. 211).

● "내 변호사 경력에서 한 번도 진리와 정직에서 벗어난 적이 없었다. 법 실무를 영성화시키고자 한다면 당신의 재산을 늘릴 생각을 하지 말라는 것이다. 오히려 당신의 나라를 위해 봉사하는 마음을 가져야 한다."(*Young India*, 1927. 12. 22., pp. 427~428, *The Law and the Lawyers*, p. 253에서 재인용. *Three Leaders*, p. 15).

여기서는 법률가로서의 간디가 특별히 사고했고 고민했던 그 문제를 중심으로 법의 여러 특징을 다시 한 번 생각해 보기로 한다.

사실 간디는 변호사였으나, 법률가로서의 모습보다는 비폭력저항운동과 물레돌리기와 같은 카디(Khadi)운동과 스와데시(Swadeshi)운동을 수행했던 20세기를 대표하는 일반 사상가로서의 모습으로 더 많이 알려져 있다. 실제로 1910년 공적 활동에 전념하게 되면서부터 그는 1891년에 시작했던 20여 년 동안의 변호사 생활을 접는다. 그만큼 변호사 활동은 포괄적인 공적 활동과 비교할 때 부분적이고 지엽적이라는 말과 같다. 그러나 자세히 들여다보면 변호사 활동 당시는 물론 그 후의 행적과 사상들이 법과 무관한 것은 아니라는 것도 알게 된다. 그래서 우리는 법철학, 법사상이란 관점에서 그에게 접근하고 조명하는 것이 가능하다. 비교적 최근에 발표된 세개의 논문도 간디의 법철학을 중심으로 한 것들이다.

● 근자에 나온 간디의 법사상에 관한 연구는 다음과 같다. 이상수, "간디의 시민불복종", 『민주법학』 제25호, 관악사, 2004; 이상수, "간디의 법철학사상연구 : 간디에게서 종교적인 것의 의미를 중심으로," 『인도연구』 제10권 1호 2005. 5; 박홍규, "간디의 아나키즘 법사상", 『민주법학』 제42호, 관악사, 2010.

그래서 이하에서는 선행 연구와의 중복을 피하기 위해서 가급적 간디의 법률가로서의 활동과 법률적 사고 위주로 소개하고 평가하되, 이와 관련해서 불가피하게 수반되는 한에서의 법철학적 주제도 함께 언급하는 방식으로 글을 쓰고자 한다.

     ● 간디는 변호사였지만 민·형사법률 분야의 활동과 이론의 차원을 넘어 일반사회와 국가의 문제를 중심으로 논평한 것이 많기 때문에 그런 한에서 그를 법률가로서 특징짓는 것은 적합하지 않다. 그런데 서양법을 수용했던 인도로서는 세계적인 법률가나 법학자를 배출하지 못한 애로사항이 있어서, 간디는 역시 인도를 대표하는 법률가로도 꼽히고 있다(M. K. Gandhi, *The Law and the Lawyers*, p. 264).

    법률과 법철학의 급격한 간격을 메우기 위해 헌법적 관점을 중간지점에 도입하고자 한다. 사실 간디의 수동적 저항운동(사티아그라하)은 오늘날의 관점에서 보면 거의 헌법운동으로 해석할 수 있는 것들이었다. 간디의 생존시절에 인도는 식민지였고, 헌법에 해당하는 「인도정부법」들이 존재했지만, 이들 법이 인권보장규정을 결여했고, 오늘날과 같은 헌법재판제도가 부재했던 단순한 통치기구법에 불과한 것이었기 때문에 양식 있는 법률가라면 헌법정신과 권리보장 문제에 대한 원초적 갈증과 염원이 없을 수 없었고, 그것이 때로는 독립운동, 시민불복종운동, 비폭력운동 등으로 표출된 것이라고 볼 수 있다.

     ● 영국 식민지통치기간 중 「1909년 인도참사원법」, 「1919년 인도정부법」, 「1935년 인도정부법」이 제정되었다. 이 법들은 연방제 도입을 시작했다는 점에서 의미가 있다. 이를 기초로 독립 후 인도는 1950년의 헌법제정을 맞게 된다. 그러나 이런 선행 헌법들은 인도인의 자치권과 권리보장에 대해서는 전혀 언급이 없었다. 그래서 인도인들은 이들을 외부적 권력에 의한 헌법으로 규정짓고 끊임없이 자주적 헌법에 대한 요구를 해 왔던 것이다.

    그런 한에서 간디의 헌법운동을 오늘날의 헌법이론 관점에서 해석해 보는 것도 필요하리라고 본다.

2
유학과 변호사 시작

포르반다르(Porbandar)에서 태어난 간디(Mohandas Karamchand Gandhi, 1869~1948)는 1887년 대학입학 자격시험에 합격했다. 그는 어른들의 권유에 따라 바브나가르(Bhavnagar)의 사말다스(Samaldas) 대학에 들어갔다. 학비가 좀 싼 대학이었기 때문에 입학을 했는데, 강의를 들어 보니 어려워서 첫 학기를 끝내고 집으로 돌아왔다(간디는 영어를 못하는데, 영어로 수업을 해서 적응하기 어려웠다고 한다). 아버지의 친구로서 집안의 고문과 같은 마브지 다베(Mavji Dave)라는 학식 있는 브라만 한 분이 있었는데, 그는 간디에게 이 집안에서 부친을 이어 총리를 해야 한다고 설득했다. 그러기 위해서 법을 공부하는 것이 좋은데, 인도에서의 법학교육은 4~5년이라는 긴 시간이 걸리고, 그 후의 출세에 대한 전망도 좋지 않기 때문에 영국에 가서 변호사가 되는 것이 가장 좋을 것이라는 충고를 해 주었다. 기간도 3년이면 되고, 학비도 4, 5천 루피를 넘지 않으리라고 했다. 집안 사람들 대부분이 이에 찬성한 것은 유학을 하여 변호사가 되는 것이 지역 공국의 총리가 될 수 있는 길이라고 믿었기 때문이다.

● 식민지 시절 인도는 영령 인도와 인도령 인도로 나누어져 있었다. 인도령 인도는 대부분 소규모의 빈곤한 토후왕국이었는데 독립 당시 565개가 남아 있었다. 포르반다르나 라지코트도 공국의 하나였다(강경선, "인도헌법의 형성", 『인도연구』 제2권, 1997, 102쪽). 간디 집안은 출신은 상인계급(bania caste)에 속했고, 3대에 걸쳐 카티아와르 주의 여러 공국에서 디완(Diwan, 총리)을 지내 왔다. 간디의 아버지 카바 간디는 포르반다르, 라지코트, 반카네르에서 총리를 지냈는데, 축재에 대한 욕심이 없었기 때문에 유산이 적었다(M. K. 간디 지음, 함석헌 옮김, 2002, 59~60쪽).

이렇게 간디의 변호사로서의 길은 학비조달에 대한 고려와 앞으로의 진로를 생각하면서 결정되었다.

간디는 1888년 9월 4일 변호사가 되기 위해 영국으로 가서, 런던에 있는 이너 템플(Inner Temple)이라는 법학원에 입학했다. 여기서는 한 학생이 정식으로 변호사 면허를 얻기 전에 갖추어야 할 두 가지 조건이 있었다. 학기를 마치는 것, 즉 열두 학기, 곧 3년에 해당하는 기간을 마치는 것과 시험에 합격하는 일이었다. 다시 말하면 한 학기 약 24회의 만찬 중에 적어도 6회의 만찬에 참석해야 한다는 것이다. 먹는다는 것은 사실상 만찬에 참석한다는 말이 아니라 정해진 시간에 출석을 알리고 만찬회가 끝날 때까지 남아 있는 것을 의미한다. 보통 참석한 사람은 물론, 누구나 잘 차려놓은 음식을 먹고 준비된 술 중에서 골라 마신다. 한 끼에 2실링 6펜스~3실링 6펜스, 즉 2~3루피였다.[1]

공부하는 과정은 쉬웠고, 변호사들에게는 '만찬 변호사'라는 익살스러운 별명이 붙었다. 시험은 사실상 가치가 없다는 것을 누구나 알고 있었다. 간디는 그곳에서 9개월 동안의 집중적인 공부 끝에 시험에 합격했다. 시험에 낙제할 염려는 거의 없었고 또 시험은 한 번만 아니라 1년에 네 번씩이나 있었다. 그러니 시험에 통과하는 것이 어렵다고 할 수가 없었다.

• 간디의 경우는 로마법과 보통법(common law)을 공부했다. 많은 사람들이 두어 주일 동안 로마법 노트와 씨름을 하고는 시험에 합격하고, 2, 3개월 동안 보통법 노트를 읽고는 시험에 합격할 정도였다. 시험문제는 쉬웠고, 시험관은 너그러웠다. 로마법 시험의 합격률은 95~99%였고, 그 최종시험 합격률도 75% 또는 그 이상이었다(M. K. 간디 지음, 함석헌 옮김, 2002, 149쪽).

그렇지만 간디는 이렇게 쉬워서는 공부를 제대로 하지 못할 것 같아서 로마법을 라틴어로 읽어 보는 등 스스로 힘든 학습과정을 겪었다고 한다.

---

1) M. K. 간디 지음, 함석헌 옮김, 2002, 147쪽.

• 로마법 공부는 후일 남아프리카에 가서 유익하게 쓰였다고 회술한다. 남아프리카는 로마-네덜란드법(Roma-Dutch Law)이었기 때문이다(Gandhi, *The Law and the Lawyers*, p. 12).

또한 9개월 동안 브룸(Broom)의 『보통법』, 스넬(Snell)의 『형평법』을 어렵지만 읽었고, 윌리엄스(Williams)와 에드워드(Edward)의 『부동산』과 구디브(Goodeve)의 『개인소유』를 읽었다고 한다.[2] 또 벤담의 『공리주의』에 대한 설명을 친구로부터 들으면서 너무 어려워 이해할 수 없었다고 고백한다.[3]

간디는 대학의 학위를 땄으면 하는 생각도 들었다. 그래서 옥스퍼드와 케임브리지 대학 입학도 알아보았는데, 학비도 많이 들고 영국 체류가 길어진다는 것 때문에 생각할 수가 없었다. 한 친구의 권유로 여러 과목의 공부도 할 겸 런던의 대학자격시험만을 보았다. 라틴어 시험이 어려워서 한 번은 과락했지만 6개월 뒤에 좋은 성적으로 합격했다.

• 간디는 변호사 대신 영어교사를 할 생각도 있었지만 대학을 나오지 못했기 때문에 교사를 할 자격이 없다고 거절당한 적도 있다(M. K. 간디 지음, 함석헌 옮김, 2002, 167쪽).

간디는 1891년 6월 10일에 변호사 면허를 얻었다.[4] 다음 날 영국 고등법원(High Court of England)에 등록을 하고, 그 다음 날 귀국길에 올랐다. 귀국한 후 그는 처음 봄베이 고등법원에서 변호사 일을 했고 곧 라지코트(Rajkot)에 와서 일을 했지만, 변호사 일에 대한 전망이 불투명하기만 했다.[5]

면허는 쉽게 얻었으나 법정에서의 실무는 갈피를 잡을 수가 없었다. 법률을 읽기는 했어도 법률의 활용방법을 몰랐다. 『법률금언집』을 흥미 있게 읽었으나 그것의

---

2) M. K. 간디 지음, 함석헌 옮김, 2002, 149~150쪽.
3) M. K. 간디 지음, 함석헌 옮김, 2002, 111쪽.
4) M. K. 간디 지음, 함석헌 옮김, 2002, 150쪽.
5) M. K. Gandhi, *The Law and the Lawyers*, Navajivan Trust, 1962, introduction p. 3.

적용방법은 알지 못했다. 그뿐 아니라 간디는 인도법에 관해서도 전혀 배운 것이 없어서, 힌두교와 이슬람교의 법을 알지 못했다. 소장(訴狀) 작성법조차도 배우지 않은 상태였다.

그래서 봄베이에 있으면서 간디는 인도법을 연구하였다. 인도법 연구는 지루한 일이었고, 민사소송법의 체득도 힘들었는데, 증거법은 좀 나은 편이었다고 한다. 당대의 유명 변호사였던 페로제샤 메타(Sir Pherozeshah Mehta) 같은 사람이 너무 멀게만 느껴졌다. 증거법에 흥미를 가지게 되면서 메인의 『힌두법』도 재미있게 읽었다고 한다. 그렇지만 여전히 이것을 응용할 엄두는 내지 못했다.[6] 그래서 간디는 변호사 일에 대한 상담을 받고자 했다. 간디는 변호사이자 국민지도자였던 나오로지(Dadabhai Naoroji)로부터 상담 약속을 얻어 내기도 했지만, 폐를 끼치는 것이 죄송해서 스스로 포기했다. 결국 프레더릭 핀컷(Mr. Frederick Pincutt) 씨를 만나 조언을 들었다. 그는 보수적인 외국인이었지만, 인도학생들을 좋아했고 순수하고 사심이 없는 사람이었다. 그는 간디의 일천한 독서량에 대해 실망하면서, 일반 독서를 권했다. 세계를 아는 것이 인도인 변호사에게 꼭 필요하다고 말하면서, 인도역사나 인간성에 관한 이해가 꼭 필요함을 역설했다. 케이와 맬러슨이 공저한 1857년의 폭동에 관한 역사서나 인상학(physiognomy)에 관한 레베이터(Lavator)와 세멀페닉(Shemmelpennick)의 저서를 읽을 것을 권했다. 그는 페로제샤나 바드루딘(Badruddin)과 같은 명변호사의 재능이나 기억력이 변호사로서의 필수조건은 아니며, 정직과 근면만으로 충분하다는 조언을 아끼지 않았다.[7]

이상과 같은 고백을 보면, 간디의 변호사 초기시절은 학식과 경험 모두에서 자신감이 결여된 상태였다고 생각된다. 법률가가 되려면 해박한 법률지식이 기본이고, 더 나아가서 역사나 사회논리에도 밝아야 하는데 그 어떤 것도 간디에게는 갖추어지지 않았던 것으로 보인다. 그렇다면 당연히 변호사로서의 자신감을 가질 수가 없었을 것이다.

---

6) M. K. 간디 지음, 함석헌 옮김, 2002, 165쪽.
7) M. K. 간디 지음, 함석헌 옮김, 2002, 151~153쪽.

3

첫 소송사건

　이 무렵 간디는 마이바이(Maibai)라는 사람의 소송사건을 맡았다. 매우 작은 사건이었는데, 워낙 소심하고 수줍음이 많았던 간디는 법정에서 혼미상태에 빠져 버렸다고 한다. 반대심문도 하지 못해 다른 사람에게 의뢰하기로 하고 변호료도 반환했다. 그리고 용기가 날 때까지 다시는 법정에 나가지 않기로 했다.[8]

　당분간 진정서를 작성해 주는 일도 해 보았는데 이것은 무난하게 해냈다고 한다. 그런데 수입에 도움이 되지 않아서 영어교사를 지원했으나, 대학을 나오지 못했기 때문에 그것도 되지 않았다. 봄베이에서의 개업은 여섯 달 만에 접어 버렸다. 봄베이에 있는 동안 매일 고등법원에서 방청을 했지만 많은 것을 배울 만한 지식이 없었다고 고백했다. 끝까지 청취하지 못하고 졸기 일쑤였다고 한다.[9] 이때 얻은 좋은 경험은 돈이 없어 약 45분간의 거리를 고등법원까지 걸어다니면서 태양열에 몸을 단련시켜 건강해졌다는 것이며, 그 후에도 걸어다니는 데 익숙하게 되었다고 했다.[10]

　간디의 자서전을 보면 법률에 대한 기본적 열정이 없었다고 보인다. 고등법원 재판방청에서의 졸음도 그렇고, 거기까지 매일 걸어다닌 것이 이후의 인생에서 건강에 도움이 되었다고 의미부여를 하는 것도 그러하다. 이런 행장(行狀)을 보면 간디는 항상 현실의 법률문제보다도 인생의 본질에 관한 진리와 가치에 대한 생각이 지배적이었음을 느낀다. 이런 심리적 경향을 가진 사람들은 법률가가 되기 힘들다. 왜냐하면

---

8) M. K. 간디 지음, 함석헌 옮김, 2002, 166쪽.
9) M. K. 간디 지음, 함석헌 옮김, 2002, 167쪽.
10) M. K. 간디 지음, 함석헌 옮김, 2002, 168쪽.

법률가는 판례와 성문법규를 전제로 전후·상하 관계를 치밀하게 논구하고 체계화시켜 이해하고, 현실의 사건과 관련해서 어떤 법논리를 구사해서 공격과 방어를 해야 할지에 대해 일차적으로 골몰해야 하는 사람들인데, 그게 아니라 초실정법적이고 근본적인 규범에 대한 규명이 주요 관심사라면 그것은 이미 법률적 사고가 아닌 헌법이나 법철학적 사고로 넘어가기 때문이다.

남아프리카에 가서도 자신의 고객인 압둘라 셰드의 법률고문인 베이커(A.W. Baker) 씨를 만나도 그와의 교제가 법률적이라기보다는 기독교도인 베이커 씨가 열렬한 기독교 평신도 전도사라는 점에서 관심을 가지고 만났고, 그 후에도 그와의 관계는 종교적 토론과 교제에 관한 글로 일관하고 있다. 기도회에서 만난 퀘이커교도인 코츠 씨와의 교제에서도 그가 추천했던 책들, 즉 파커의 『주석』(Commnetary), 『수많은 참된 증거』(Many Infallible), 버틀러의 『비유』(Analogy) 등도 그 제목의 유사성에도 불구하고 이들 모두가 법학서들이 아닌 신학서적들이었던 것을 보아도 간디가 무엇에 흥미를 느끼고 있었는지를 짐작할 수 있다. 죄에 관해서도 형사법적 범죄가 아닌 기독교적인 죄의 문제를 가지고 고민하고 있었다. "나는 내 죄의 결과에서 속죄받기를 원치 않습니다. 나는 죄 그 자체에서 속죄되기를 또는 죄의식에서 속죄되기를 원합니다. 나는 그 목적에 도달할 때까지는 안정될 수 없음을 감수하겠습니다."(플리머스 동포교회 신도들과의 만남에서 있었던 회고이다. M.K. 간디 지음, 함석헌 옮김, 2002, 201쪽).

종교규범과 국가법과의 유사성과 내적 연관성이 없지는 않지만, 간디에게는 국가 실정법에 대한 관심보다는 종교규범에 대한 질문이 더 우선하고 급한 주제였던 것이 분명하다.

4

다다 압둘라 사건

(소송해결방법으로서의 중재)

　이 사건은 변호사로서 간디의 대표적 성공사례로 꼽힌다. 간디는 이 사건을 남아프리카의 프리토리아 체류에서 얻은 귀중한 경험으로서, 내재했던 종교적 정신이 외부로 발현된 사건으로 보고 있으며, 법 활용과 관련해서 좋은 방향성을 깨우친 사건이기도 했다고 한다. 이때부터 변호사로서 결코 실패하지 않으리라는 자신감도 얻었고, 또한 법률가로서 성공하는 비결을 얻은 계기라고도 했다.

　다다 압둘라(Dada Abdulla) 사건은 4만 파운드짜리의 큰 소송이었다. 사업거래에서 일어난 것인데, 복잡한 계산문제로 가득 차 있었다. 원고 측 주장의 일부는 약속어음에 근거를 둔 것이고, 일부는 약속어음을 넘겨주겠다는 특정한 약속이행에 근거를 둔 것이었다. 피고 측의 항의는 그 약속어음은 부정하게 발행된 것이어서, 충분한 근거가 없다는 것이었다. 이 착잡한 사건에는 무수한 사실적·법적 문제가 포함되어 있었다. 누구보다도 사실을 중시해야 한다고 믿었던 간디는 사안을 명확히 파악했던 것 같다. 그 결과 간디가 깨달은 것은 이 소송을 그냥 계속해 나간다면 서로 친척 간이요 한 도시에 사는 이 원고와 피고는 결국 몰락하게 되고 말 것이라는 점이었다. 이 소송이 얼마나 계속될지 아는 사람은 아무도 없었다. 이렇게 법정에서 싸우도록 그냥 내버려 두면 그것은 무한정으로 계속될 것이요, 양쪽 모두에 이득이 되는 것은 아무것도 없었다. 그래서 양쪽은 가능하다면 속히 끝내는 것을 원하고 있었다. 간디는 상대방이었던 테브 셰드에게 접근하여 중재에 회부하자고 요청했다. 그의 변론인을 만나 보라고 했다. 만일 양쪽의 신임을 얻는 어떤 중재자를 내세울 수만 있다면 사건을 빨리 해결할 수 있을 것이라고 말했다. 변호료가 얼마나 급속히 증가되어 갔던지, 의뢰인들 모두가 큰 상인인데도 불구하고 그들의 재산이 모두 바닥나 버릴 형세였다. 동시에 둘 사이의 악의는 자꾸만 깊어졌다. 간디는 변호사로서의 직업에 염증을 느꼈다. 양쪽 변론인들은 법률가로서 자기 의뢰인을 지지해 주기 위해 법의 세세한 점들을 들추어냈다. 이런 모습을 보고 간디는 그대로 참을 수 없었다. 자신의 의무는 양쪽을 화해시켜 손을 잡게 하는 데 있다고 생각했고, 그는 그것을 시도하였다. 마침내 테브 셰드가 동의했다. 중재인이 결정되고, 중재인 앞에서 사건이 논의되어 다다 압둘라가 이기게 되었다. 그런데 그 후에도 만일 자신의 소송의뢰인이 법정비용을 즉각 받아 낼 것을 요구한다면 테브 셰드는 도저히 그것을 지불할 능력이 없었다. 그런데 남아프리카에 있는 포르반다르 메만 상인들 사이에는 일종의 불문율이 있어서, 파산을 하게 되는 경우에는 차라리 자살을 한다는 것이었다. 테브 셰드는 3만 8천 파운드나 되는 비용을 전액 지불할 능력이 없었다. 다다 압둘라에게 말해서 테브 셰드가 장기간에 걸쳐 분납할 것을 허락하였다. 이렇게 분납으로 지불하도록 설득하기가 중재재판에 동의하게 하기보다 더 힘들었다. 그러나 양쪽은 이 결과에 만족했고, 둘 다 공중의 신망을 더 얻게 되었다. 간디의 기쁨은 한이 없었다. 간디는 "나는 법의 진정한 활용을 배웠다. 또한 인간성의 선한 면을 찾아내는 길을 배웠고, 인간의 심정 속에 들어가는 길도 배웠다. 나는 법률인의 진정한 역할은 서로 갈라선 양쪽을 화합시키는 데 있다는 것을 깨달았다. 나의 20년간 변호사 생활의 대부분은 수백 건의 사건을 화해시키는 데 쓰였다. 그로써 내가 손해본 것은 아무것도 없었다. 돈으로도 그렇지만 내 영혼으로는 더구나 그렇다."고 회고하고 있다.[11]

변호사로서의 간디가 법률가로서 희열하고 대만족을 느꼈다는 이 사건을 음미해 보자. 간디가 자신의 종교적 정신이 외부로 발현되었다고 말한 이 사건을 통해서 그가 법에 대해 진정 바라고 있었던 것이 무엇이었는가를 알게 될 것이다. 간디는 재판보다는 중재나 화해를 선호했다. 이것을 법의 진정한 활용이라고 확신한 것이다. 이를 통해서 진정한 평화를 얻었다는 확신을 가졌기 때문일 것이다. 재판에서 간디가

---

11) M. K. 간디 지음, 함석헌 옮김, 2002, 211~212쪽.

취했던 이런 방법은 — 회고록에는 중재라고 기록되고 있지만, 실제로는 중재였는지 조정이었는지 화해였는지 명확하지 않다 — 오늘날 재판 외적 분쟁해결방식이라고 불린다. 이른바 대체적 분쟁해결절차(ADR : Alternative Dispute Resolution)라고 부르는 방식이다. 미국에서 시작되어, 우리나라의 법원도 최근 조정·화해를 통한 분쟁해결을 강조하고 있고, 30~40%에 달할 정도로 많은 사건을 조정·화해를 통하여 종결시키고 있다고 한다.

> • 문제는 2007년도의 경우 1심 조정처리 건수의 83%가 수소법원(受訴法院)의 조정으로 있는 것이 현실이고 실제 조정담당판사가 전담하여 조정사건을 처리하는 법원이 드문 형편이다. 사건에 따라서는 수소법원에서 조정하기보다는 판단자와 분리된 조정자에 의하여 분쟁을 해결할 필요성이 있는 경우도 많다. 분쟁은 가능한 한 초기에 해결하는 것이 효율적이라면 수소법원의 조정비율이 지나치게 높으면 수소법원이 역량을 집중하지 못하게 되는 문제가 나타날 수 있다. 조정제도가 진정한 대체적 분쟁해결절차로 재판과 경쟁하기 위해서는 지금보다 조정위원회 조정, 비법관에 의한 ADR을 활성화해야 한다. 법관에 의한 ADR은 판단자와 조정자가 분리되지 아니한다는 일정한 한계를 가지고, 소송의 완전한 대체재로서의 성격이 미약하기 때문이다. 따라서 지금보다는 조정위원회 조정, 조정담당판사에 의한 조정을 활성화시키고, 비법관에 의한 ADR 제도를 도입하여 조정제도가 재판제도와 경쟁하고, 같은 조정제도 내에서도 수수법원 조정과 조정위원회 조정, 나아가서는 비법관에 의한 조정이 균형 있게 발전하는 시스템을 구현할 필요가 있다(대법원,『사법부의 어제와 오늘, 그리고 내일』, 2008. 348~351쪽).

ADR의 필요성은 무엇인가? 이에 대해서는 전문성, 신속성, 경제성의 이유를 먼저 들 수 있다.

법원에서 재판업무를 담당하는 법관에게 법적 분쟁해결의 전문성이 있음을 부정할 수 없으나, 아직 분야별 전문화가 확보되었다고 보기 어려운 상황이다. 법원 외부의 중재 등 분쟁해결제도는 대한상사중재원의 예에서 보듯이 조세, 노동, 금융, 의료, 국제사건 등 비교적 특정된 분야를 대상으로 업무를 수행하기 때문에 해당 분야의 실무에 관한 경험과 지식의 면에서는 법관보다 우위에 서 있다고 볼 수 있다. 법원 외부의 ADR이 활성화되어 재판제도와의 경쟁구도가 형성되면, 법원의 민사사법서비스도 전문화를 적극 추구하게 될 것이고, 그에 따라 전문성을 바탕으로 고도화된 서비스를 제공하게 될 것이다. 신속성의 측면에서도 법원 외부의 ADR이 법원의 재판에 앞서는 장점으로 평가되고 있다. 경제성의 측면에서도 재판의 3심제에 비해 1회적 분쟁해결수단인 ADR이 훨씬 유리하다고 생각된다.[12]

분쟁의 사전예방이라는 측면에서도 ADR은 우리 사회에서 협상하는 능력을 키우고, 분쟁을 자체적으로 자정하는 능력을 키운다는 측면에서도 장점이 있다. 의학에서 예방의학이 각광을 받고 있듯이 민사재판제도의 선진화를 위하여는 분쟁의 발생 및 해소과정 전반에 관한 관찰이 필요한데, ADR은 분쟁을 자체적으로 원만하게 해결하는 과정을 통하여 미래의 분쟁을 해결하는 효과를 가지게 되는 점도 주목하여야 할 것이다. 미국에서 이미 조정자(mediator)를 피스메이커(peacemaker)라고 하여 분쟁의 예방기능에 그 초점을 맞추고 있다는 점도 눈여겨 볼 점이라고 하겠다.[13]

이렇듯이 재판을 담당하는 법관이 아니고 대체적 분쟁해결자로서의 조정자가 피스메이커로 불리는 것은 좋은 일이기는 하지만, 정작 사법부는 왜 그런 역할을 할 수 없는지 그 원인을 찾아서 사법부의 본질과 그 개선방향을 찾아볼 필요가 있다고 생각한다. 사법은 당사자 간의 법적 분쟁이 있고, 그것을 법원에 소를 제기했을 경우 제3자로서 개입하여 독립하여 심판하는 역할을 말한다. 그런데 역사적으로 법원이나 법관은 국가권력의 한 부분으로서의 권력기관을 벗어나지 못함으로써 '제3자로서'의 중립성이 매우 약하고, '독립'을 유지할 형편이 되지 못하였던 생래적 한계를 가진 기관이라는 지적이 나온다. 그 결과 법원의 판결은 권력(정치적·경제적·사회적 권력)으로 편향된 모습을 띠기 때문에 소송당사자인 국민에게 마음 속으로부터의 깊은 존경과 승복을 얻어내는 데 실패하고, 따라서 법원의 판결이 분쟁당사자에게 평화를 보장하지 못하게 된다. 결과적으로 사법부는 사법의 본질에 따른 사명을 다하지 못하고 있다. 따라서 사법부는 중립성의 본래적 의미 즉 공정성(fairness)을 실현해야 할 것과 불편부당성이라는 사적 이익으로부터의 초월성을 요구받는다. 그런데 현실에서 이런 법원과 법관을 어떻게 찾을 수 있는가? 결국 사법에 호소하는 것은 곧

---

12) 대법원, 2008, 348~351쪽.
13) 대법원, 2008, 351쪽.

평화에 이르는 길과는 반대의 길을 가는 것이다. 따라서 사법에 의존하지 않는 것이 최선이라는 말이 된다. 그래서 우리는 분쟁이 생겼을 때 가급적 당사자가 최대한 해결을 할 수 있는 그런 사회를 만들어야 하고, 불가피하게 당사자 외의 사람이 개입해야 할 필요성이 있을 때는 재판보다는 재판 외의 해결방식을 선택하는 것이 좋다는 결론이 나온다. 이런 생각이 이미 20세기 초반 간디의 사법부와 법률가에 대한 관점으로 넘쳐 나오고 있음을 발견한다.

• 두 사람 사이에서 다툼이 생겼을 때 결코 법정에 끌고 가서는 안 된다. 법률가들의 선행은 법률가로서가 아니라 그가 선한 사람이었기 때문일 뿐이라고 하고, 법률가들은 싸움을 말리기보다는 더 부추기는 사람들이고, 그것은 법률가라는 직업이 남을 어려움에서 구해 주는 것이 아니라, 부를 획득하기 위한 직업이기 때문이라고 본다. 사람들이 분쟁을 스스로 해결하고자 할 때, 바로 그때가 최선이라는 것이다. 당사자들만이 누가 옳은지를 아는 것인데, 우리가 단순하고 무지하기 때문에 제3자에게 돈을 주면서 그가 우리에게 정의로운 판단을 내려 주리라고 생각하는 것이다(모한다스 K. 간디, 김선근 옮김, 『힌두 스와라지』, 지만지 고전천줄, 2008). 법원에 소송을 하지 않는다면 훨씬 깨끗하고 건강한 사회가 되리라고 추호도 의심하지 않는다. 재판은 비용이 너무 든다. 일반인들은 소송을 하지 않는 것이 상수다. 만약에 당신이 위법하다면 처벌을 받고, 잘했으면 설사 감옥에 가는 한이 있어도 당신의 무죄가 당신을 위로해 줄 것이다. 변호사의 도움을 받지 않을 경우 당신은 변호사의 조력을 받지 못하는 너무나 많은 대중들에게 위로를 줄 것이다(모한다스 K. 간디 지음, 김선근 옮김, 『힌두 스와라지』, 지만지 고전천줄, 2008, 94~99쪽; *Young India*, 1919. 12. 3; 1919. 7. 23).

5
부정직한 의뢰인,
유죄인에 대한 변호 거부

간디는 학생시절에 변호사 직업은 거짓말쟁이 직업이라는 말을 많이 들었다. 그러나 자신은 거짓말을 해서 지위나 돈을 얻자는 생각이 없었기 때문에 대수롭게 생각지 않았다. 하지만 의뢰인과의 관계에서 이것은 여러 번 시험을 당했다. 상대변호사가 증인들에게 미리 거짓말을 하라고 가르치거나, 또는 자신의 의뢰인이나 그의 증인에게 거짓말을 하도록 가르친다면 간디가 이길 수 있는 일이 한두 번이 아니었다. 간디는 언제나 이런 유혹을 물리쳤다. 간디가 진정 원하는 것은 언제나 자신의 의뢰인이 정당할 때에만 이기자는 것이었다. 변호료를 결정하는 데 한 번도 승소를 조건으로 했던 기억이 없었다고 한다. 소문이 그렇게 나다 보니 간디는 부정사건은 의뢰받지 않는다는 평판을 얻게 되었다.

간디는 세관에서 지속적으로 밀수를 하다가 적발된 잘 아는 사람에게 자백해서 처분을 받으라고 설득한 예도 있다. 이 사건의 결말은 간디의 정직성으로 인해 당사자는 형사처벌을 면하고 2배의 과징금만 내고 끝나게 되었다.[14]

또한 간디는 유죄인에 대한 변호를 거부했다. "어떤 유명한 영국변호사는 유죄가 확실한 피의자라 하더라도 변호를 하는 것이 변호사의 의무라고 이야기하지만, 나는 반대다. 변호사의 의무는 유죄자를 무죄로 만드는 것이 아니라 피의자를 도와서 법

---

14) M. K. 간디 지음, 함석헌 옮김, 2002, 484~487쪽.

관 앞에서 마침내 진실에 도달하도록 만들어 주는 것이 꼭 필요하다고 본다."[15]

이렇듯 간디는 유죄자에 대한 변호를 거부한 것으로 유명하다. 그는 유죄자에 대한 무죄청구를 하지 않았을 뿐만 아니라, 형량을 깎는 것에 관심을 두지 않았다. 그러니까 유죄자들은 간디에게 변호의뢰를 하지 않았다. 간디의 진실추구자세는 유죄를 무죄로, 무죄를 유죄로 만드는 법조계의 고무줄식 재판에 대해서 일체의 타협이 없다는 선언을 한 점에서는 일면 타당성이 있다. 하지만 이런 자세는 오늘날 형사소송법의 취지와 변호사의 역할론, 피의자의 인권보장과 비교해 볼 때는 고루하면서도 나이브한 측면이 있다. 오늘날 형사소송법에서도 실체적 진실을 추구하는 것보다는 적법절차의 보장이 더욱 형사소송법의 이념에 적합하다고 보고 있다. 실체적 진실을 추구하는 것은 결국 법관의 독선을 키워 나가게 되는 문제점이 있고, 현실에서 보다 중요한 것 중의 하나는 약자의 보호문제인데, 그런 점에서 실체적 진실은 이에 반할 수 있다는 것이다.

  • 형사소송구조를 직권주의적 입장에서 이해하는 사람들의 견해가 실체적 진실주의이다. 그러나 '헌법적 형사소송' 개념이 도입되면서, 처벌 위주의 실체적 진실주의는 적정절차원칙보다 하위의 원칙으로 격하된다고 한다(변종필, "형사소송에서 진실개념", 고려대학교 박사학위논문, 1996).

또한 형사나 민사분쟁에서 진실을 밝혀낸다는 것이 쉽지 않은 경우가 많다는 것이다. 우선 사실관계에 대한 이해도 그렇다. 간디는 사실을 밝혀내면 법을 다 안 것과 같다고 자신했다.

  • 간디는 과거 핀컷 씨의 조언을 회상했다. 즉, 변호사에게 있어서 '사실'은 '법'의 4분의 3이라고 했다는 말이다. 남아프리카의 변호사 레오날드(Leonald) 씨도 "간디, 나는 한 가지를 알았소. 이것이오. 우리가 정말 사실에 충실하기만 한다면 법률은 저절로 제 할 일을 할 것이오. 사실을 더 깊이 파고들어 갑시다."(M. K. 간디 지음, 함석헌 옮김, 2002, 208~210쪽).

---

15) *Young India*, 1927. 12. 22. pp. 427~428, *The Law and the Lawyers*, p. 253에서 재인용.

이 말이 틀린 것은 아니지만, 문제는 사실을 알기가 쉽지 않다는 것이다. 사실에 대한 판단이 어렵기 때문에 과학수사도 도입하지만, 여전히 미궁에 빠질 수가 있다. 그래서 배심제도를 도입해서 일반인들의 상식으로부터 도움을 얻고자 한다. 그런데 배심제도 자체도 완벽하지 않다. 간디 스스로도 배심제도에 대해서는 반대를 표명하였다.

　• 간디는 배심에 의한 재판이 갖는 장점을 확신할 수 없다고 했다. 영국에서조차 배심제도는 실수가 많다. 과열될 때 배심은 오심으로 인도된다. 영국의 제도를 그대로 모방하지 말자. 절대적인 불편부당성, 냉정함, 증거수집, 인간본성에 대한 이해, 이런 것들이 유무죄 결정에 중요하다. 잘 훈련된 법관을 대신해서 훈련되지 않은 사람들로 대체하는 것은 옳지 않다. 바닥으로부터 정의롭고 부패하지 않고 공정하고 능력있는 그런 사법재판관이 필요한 것이다(*Young India*, 1931. 8. 27). 인도에서 배심제도는 1959년 K. M. Nanavati v. State of Maharashtra 사건을 끝으로 배심제의 불공정성을 이유로 폐지되었다(http://en.wikipedia.org/wiki/K. M. Nanavati vs. State of Maharashtra). 그리고 작은 사건은 판차야트제도를 통하여 이루어지고 있다. 영미법계를 강하게 따르고 있는 인도에서 유독 배심제도를 두지 않는 것은 특이한 현상이라 할 수 있다.

전문가들이 나와도 무엇이 옳은 것인지를 밝혀낼 수 없고, 서로 왈가왈부하는 사안들이 많을 때 사법부는 무엇을 해야 할 것인가? 여기에 소통하는 재판, 심의민주주의 도입이 한 보완책으로 제시되기도 한다.

　• 구술심리는 당사자와 소통하는 재판을 의미한다. 당사자가 궁금해하고 법원이 이야기를 알고 있는지에 관해서 법정에서 서로 토론을 하고 의견을 나눔으로써 단순한 '듣는 재판'이 아니라, '소통하는 재판'을 함으로써 당사자를 법정에서 설득하고, 당사자는 법정에서 법관의 심증형성 과정을 알게 하는 것이 중요하다. 법정소통이 강조되어야 한다(대법원, 『사법부의 어제와 오늘, 그리고 내일』, 346~348쪽). 한편 의사소통과 관련하여 하버마스는 '이익에 근거한 조정'과 '가치지향적 조정'이 있는데, 후자는 실제적인 권력보다 이성적 논증에 바탕을 둔 해결방식이다. 심의민주주의의 견해에 따르면 "민주적 의사결정은 시민들이 공공의 이성을 통해 집단적 선택의 문제를 해결하려는 의지를 공유하는 상황이다." 의사결정자들이 어떤 합의를 도출하지는 못하더라도 모든 사람들이 옳다고 여길 수 있는 이성에 기대어 자기 결정을 정당화할 수 있어야 한다. 따

라서 자기 사익을 추구하는 이성이나 편향적 이성은 이 과정에서 떨어져 나가게 되며, 받아들일 수 없는 것으로 간주된다(샌드라 프레드먼 지음, 조효제 옮김, 『인권의 대전환』, 교양인, 2009, 125~135쪽).

의사소통의 구조가 충분히 마련되는 법정이 필요한 것이다. 물론 간디는 현대의 법정을 비난한 것이고, 과거의 판차야트식 법정을 이상으로 삼고 있었다.

> ● 전통적인 판차야트란 마을주민들로부터 선출된 5명으로 구성된 마을회의를 말한다. 이것은 수천 년 동안 인도농촌에서 주민들의 의사결정기구로서 중요한 역할을 해왔다. 영국의 식민지배 아래에서 농촌마을의 경제가 와해되어 가고 있을 때, 간디는 인도의 독립과 재건은 인도 농촌마을의 자치(Gram Swaraj)에 달려 있다고 보았다. 농촌마을의 자치는 경제적 독립뿐만 아니라, 정치적 독립(행정적·사법적 독립 포함)을 꾀하는 것을 의미했다(이은주, "판차야트제도 정착에 미친 간디의 영향과 그의 정치이념", 『남아시아연구』 제14권 1호, 2008, 82쪽).

비난받아야 할 피고인에 대한 변호의 문제도 여러 가지로 접근해야 한다. '피고인의 무죄추정원칙'이 존재하듯이 피고인은 원칙적으로 무죄로 추정되어야 할 뿐만 아니라, 국선변호인제도의 존재이유에 따라 아무리 극악한 범죄자라고 하더라도 — 그럴수록 더욱 — 변호인의 조력을 받을 권리가 보장되어야 한다는 것이다. 그것은 간디 스스로가 말했듯이 우리가 미워해야 할 것은 '범죄'이지, '범죄자'가 아니기 때문이다. 미국의 제2대 대통령인 존 애덤스는 보스턴 대학살에 가담한 영국병사를 변호했고, 에이브러햄 링컨과 클래런스 대로는 회사에서부터 억압받는 피고인에 이르기까지 엄청나게 다양한 의뢰인을 변호했다. 우리가 진실을 발견하는 자신의 능력을 과신한 나머지 형사절차에서 정의를 지킬 만큼 신중하지 못한 자들에게 휘둘려 이런 전통을 포기한다면 그것은 비극이다. "자유에 영혼이 있다면 그것은 자신이 옳다고 확신하지 않는 마음가짐이다."라고 러니드 핸드(Learned Hand, 1872~1961) 판사는 말했다.[16]
한쪽 면만 보고도 완전한 진실을 밝혀낼 수 있는 사건은 많지 않다. 법률과 윤리의

---

16) 앨런 더쇼비츠 지음, 심현근 옮김, 『미래의 법률가에게』, 미래인, 2008, 69쪽.

한계 안에서 의뢰인의 입장을 열성적으로 변호하는 것이 변호사의 역할이다. 열성적인 변호를 하려면 이념, 직업, 개인 성향 같은 나머지 요소들을 의뢰인의 정당한 이익보다 아래에 두어야 한다. 수술실에서 수술을 하는 의사의 유일한 목표가 환자를 살리는 것으로, 환자가 선인이냐 악인이냐, 성자냐 범죄자냐를 생각하지 않는 것과 마찬가지이다. 변호사는 유죄협상(plea bargaining) 절차를 밟도록 설득하는 경우가 많은데, 유죄협상 절차가 사회나 법률 시스템에 이익이 되기 때문이 아니라 의뢰인에게 이익이 되기 때문이다.[17]

"오늘 찬양받는 가치가 내일은 비난받을지도 모른다. 그러므로 '정치적인 공정성'이라는 기준에 맞는 사건만을 변호함으로써 스스로의 활동에 한계를 짓지 않도록 늘 주의해야 한다." 매사추세츠 차별방지위원회는 "대중을 상대로 활동하는 변호사는 잠재적 의뢰인을 성이나 다른 차별받아서는 안 되는 신분(protected class) — 인종, 민족, 종교, 피부색, 국적, 연령, 성, 가족형태, 성적 기호, 장애, 전쟁참여, 정치성향 등을 주된 이유로 수임을 거절할 수 없다."라고 결정한 바 있다. 오히려 변호사가 절대 해서는 안 되는 일은 사건을 수임한 후 제대로 변호하지 않는 것이다. 그는 누군가의 변호인이 된다는 것은 친구가 된다는 것과는 다르다는 것이다. 변호에는 법과 윤리, 일반상식에 의해 정해진 제한이 있다는 것이다.[18]

그렇다면 간디가 추구했던 '진실'이 형사소송법에서는 부정된다는 말인가? 결코 그렇지는 않다. 다만, 간디가 당시에 간과한 사항은 피의자, 피고인의 권리개념이다. 사실 간디가 추구한 진실개념은 오늘날의 실체적 진실주의가 추구하는 진실발견과 적정절차원칙의 권리보장의 혼합체로 보인다. 그래서 부분적으로 옳고 또 부분적으로 그른 측면이 나타난다. 오늘날 형사소송법의 입장이 간디의 견해와 어떻게 차이가 나는지를 살펴보기로 하자.

형사소송의 목적의 하나가 진실발견인데 이와 관련해서 변호인의 진실의무가 도출된다. 물론 변호인의 진실의무는 적극적으로 진실발견을 위하여 노력하여야 할

---

17) 앨런 더쇼비츠 지음, 심현근 옮김, 2008, 70쪽.
18) 앨런 더쇼비츠 지음, 심현근 옮김, 2008, 74~75쪽.

의무는 아니며 진실을 왜곡하지 않을 소극적 의무이다. 따라서 변호인은 피고인이 유죄라는 사실을 알고 있어도 피고인이 부인하는 때에는 무죄의 의견진술을 하여야 한다.[19]

이와 같이 적극적 허위행위 금지의무에 따라 예컨대 변호인은 피의자, 피고인의 방어를 위하여 스스로 공판정 또는 공판정 외에서 증인, 공동피고인, 감정인 등을 만나 진상을 확인하는 조사행위를 할 권리가 있으나, 이러한 행위로 인하여 진실발견을 곤란하게 만들어서는 안 된다. 즉, 증거를 혼란하게 만들거나 조작해서는 안 되며, 피의자 피고인에게 도주하거나 그 외의 증거인멸행위를 하도록 조장하여서도 안 된다. 변호인은 언제나 소송법적으로 허용된 수단을 사용하여야 하며, 거짓말을 할 권리는 없다.[20]

변호인은 피의자, 피고인의 방어권행사를 도와주기 위한 보조자적 지위와 함께 진실발견을 지향하는 형사절차의 적정한 진행에 협력하여야 할 공익적 지위를 가진다. 변호사법 제1조 제1항도 "변호인은 기본인권을 옹호하고 사회정의를 실현함을 사명으로 한다."고 규정하고 있다. 예컨대 독일의 경우는 변호사를 사법적 기관의 하나로서 판사, 검사와 마찬가지로 동등한 사법적 성격을 가진 기관으로 본다. 그 결과, 첫째, 변호인이 피의자, 피고인의 이익만을 대변하는 대리인이 아니라 피의자, 피고인과 독립적으로 행동하면서 스스로의 책임하에 행동하는 보조인이라는 것, 즉 변호인은 피의자, 피고인의 지시를 받아 그에 복종하는 기관이 아니라는 것, 둘째, 변호인은 법원으로부터도 독립적인 기관이며 법원의 통제를 받지 않는다. 그래서 독일에서는 변호인의 제척제도를 두고 있다. 즉, 변호인이 피의자, 피고인과의 사이에 일정한 관계가 있어서 그 독립성이나 직무의 공익성 유지에 문제가 있을 수 있는 전형적인 사례들을 열거하여 그 사유에 해당할 때는 특정 변호인을 그 사건의 변호업무로부터 제척시킨다.[21]

---

19) 이완규, "변호인의 조력을 받을 권리의 내재적 한계", 『형사법과 헌법이념』, 공법연구회편, 박영사, 2010, 213쪽.
20) 이완규, 2010, 213쪽.
21) 이완규, 2010, 214~215쪽.

예컨대, 변호인이 피의자, 피고인의 방어권 보충을 위한 법적 조언과 대리 등을 넘어 변호권의 행사를 증거인멸, 범죄은닉, 위증 등의 범죄행위나 형사절차의 적정 진행을 방해하는 목적으로 사용하는 것은 금지된다.[22]

6
법조윤리

간디의 법률가로서의 신념은 오늘날 법조윤리(legal ethics)에서 확실하게 하나의 축을 긋는 입장이 되었다. 미국에서는 법조윤리를 '법전문직의 최소한의 행동기준' (minimum standards of appropriate conduct)으로서 파악하고, 법전문직의 구성원이 다른 구성원, 의뢰인 그리고 법정에 대해서 가지는 의무를 포함한다고 한다.[23] '법전문직'이라는 용어는 공적 봉사의 정신에 입각하여 학습된 기술을 소명으로 추구하는 집단을 말한다. 그것이 우연히도 생계의 수단이 된다고 하더라도 여전히 공적 봉사이다. '공적 봉사의 정신에 입각한 학습된 기술'(learned art in the spirit of public service)을 추구하는 것이 그 일차적 목적이다.[24] 의뢰인이 실무가를 신뢰하는 것은 실무가가 자기 이익보다 의뢰인의 이익과 공익을 우선에 둔다고 전제하기 때문이다.[25] 이렇듯 전문직으로서의 변호사는 의뢰인의 이익을 옹호하는 사람이기보다는

---

22) 이완규, 2010, 218쪽.
23) 이상수, 『법조윤리의 이론과 실제』, 서강대학교 출판부, 2009, 26쪽.
24) R. Pound가 내린 전문직에 대한 개념정의이다. 이상수, 위 책, 42쪽에서 재인용.
25) 뉴욕대학의 Eliot Friedson 교수가 전문직에 대해 규정한 정의 중의 하나이다. 이상수, 앞의 책, 42쪽.

공익의 대변자이다. 이 점에서 보면 간디는 확실히 전문직으로서의 변호사윤리를 강조하였다.[26]

　　그런데 파슨스(T. Parsons)는 전문직이론은 전문직의 사적 이익을 위한 이념에 불과하다고 한다. 공익이나 의뢰인의 이익을 위한 것이 아니다. 전문성, 공공성, 윤리성에 입각한 법률서비스의 제공을 위해서 전문 직업 조직을 형성하고, 이 조직에 의해 검증된 사람만 그 직역에 종사하게 해야 한다는 것은 변호사의 집단적 이해관계가 조작해 낸 허구라는 것이다. 전문직이론에 대한 비판은 다양하지만 주로 공공성을 빌미로 한 배타성과 자율성에 집중하고 있다.[27] 결국 전문직이론을 비판하는 입장들은 전문직도 다른 여타의 직업과 별반 다름없이 사적 이익을 추구할 뿐이라는 점을 강조한다. 한편 현실사회에서 법률전문직의 특권적 지위가 이미 붕괴했기 때문에 전문직이론은 현실 적합성이 없다는 주장이 있다. 예컨대, 포스너(Richard Posner)는 아직 법조에의 진입장벽이 완전히 사라진 것은 아니지만, 최근 수십 년 사이에 법률전문직의 성격이 현격하게 변화했으며 그 결과 법률서비스를 제공하는 일이 하나의 경쟁적 사업으로 변화했다고 진단했다. 원인이 무엇이든 간에 최근 수십 년 사이에 로스쿨이 번창했으며 변호사의 수는 급증했고, 변호사 조직에 의한 가격결정이 폐지되고, 광고에 대한 규제도 대폭 완화되는 등 변호사업에 대한 반독점의 예외가 사라졌다. 기업 내 변호사의 고용이 증가하여 로펌과 경쟁하고 기업의 협상력이 강화되고 있다. 로펌은 거대화되고 전문직 내의 분화와 전문화가 심화되고 있다. 이런 변화에 따라 변호사들은 높은 노동강도, 신분불안 등의 고통을 겪고 있다.[28] 이렇듯이 전문직이론이 옹호해 온 독점과 특권이 사라지고 동시에 변호사에게 공익적 의무도 부과하지 않는 시장모델에서의 변호사상까지 생각하게 된다.[29] 그렇지만 여전히 변호사와 법률가들은 '고도의 공익성과 윤리성'이 강조되는 직업으로서 상인이 아니라고 보고 있다.

---

26) 간디는 의뢰인의 이익보다도 진리와 정의라는 것을 강조하고 그 선을 준수했다. *The Law and the Lawyers*, p. 266.
27) 이상수, 2009, 46쪽.
28) 이상수, 2009, 48~49쪽.
29) 이상수, 2009, 51쪽 이하.

• 대법원 2007. 7. 26. 2006마334 결정과 대한변협의 입장. 미국 ABA도 "법전문직은 법률가를 더욱 더 공적 봉사의 정신에 입각한 전문가로 만드는 여러 개혁조치를 해야 한다."는 것을 강조하고 있다(이상수, 2009, 55~57쪽 참조).

형사변호사는 사실상 유죄인 의뢰인을 위해서 순수하게 사건의 한 면만 보면 충분하다. 의뢰인이 유죄라면 형사변호사는 모든 법적·윤리적 수단을 동원해서 '실체적 진실 전부'가 밝혀지는 것을 막아야 한다. 일반대중이나 피해자의 권리를 위한 '정의'를 고려해서는 안 된다. 형사변호사는 유죄인 피고인을 위해 최선의 결과, 가능하다면 '무죄'를 얻어내도록 노력해야 한다.[30] 검사와 형사변호사는 임무가 다르다. 검사는 윤리적 문제를 정의실현의 관점에서 풀어 나가는 공직이지 승리를 목적으로 하는 자리가 아니다. 간단히 말하면 검사는 다양한 방법, 특히 유용한 증거를 제공해 피고인이 무죄를 받을 수 있도록 도와주어야 한다. 반면 형사변호사는 의뢰인이 유죄판결을 받도록 검사를 도와줄 필요가 없다.[31] 특히 당사자주의 사법시스템(adversary system)은 각 당사자가 제3자인 법관 또는 배심원 앞에서 자신의 주장을 펼치는 식으로 소송을 진행하므로, 변호사의 존재가 필수적이고 변호사가 각 의뢰인의 대리인으로 법정에서 자신의 의뢰인의 이익을 열성적으로 옹호할 때 가장 완전하게 기능하는 것으로 간주한다. 따라서 당사자주의 소송구조를 채택하는 한 변호사의 무도덕적 태도 또는 중립적 당파성은 필연적이라고 주장한다. 극단적으로 변호사는 피고인의 위증도 존중해야 하며 상대방 증인의 증언에 대해서는 비록 그것이 진실인 경우에조차 그 신뢰성을 훼손시키는 반대심문을 해야 한다고 주장한다.

• 이것을 변호사의 권리로서의 역할도덕론이라고 부른다. 변호사는 결코 자신의 도덕적 판단에 따라 의뢰인으로 하여금 법률에 접근하는 것을 사전에 차단해서는 안 되며, 무도덕적 입장에서 의뢰인이 추구하는 목적의 도덕성과 상관없이 열성적으로 의뢰인에게 조력해야 한다는 것이다. 여기에는 국가권력에 대한 불신, 개인의 인간성에 대한 존중이라는 관점이 배후에 놓여 있다(이상수, 2009, 71~73쪽).

---

30) 앨런 더쇼비츠 지음, 심현근 옮김, 2008, 168쪽.
31) 앨런 더쇼비츠 지음, 심현근 옮김, 2008, 168쪽.

당사자주의 사법시스템 자체가 재판은 법률가들이 벌이는 게임에 불과하다는 전제하에 계획되었고, 범죄를 두려워하는 사람들을 절대 만족시킬 수 없는 제도이기 때문이다.[32]

7

헌법운동으로서의 사티아그라하

1906년 남아프리카에서 간디는 영국인들이 모든 인도인들에게 등록증을 발급받게 해서 항상 소지하도록 하는 법을 만드는 것에 대해 반발했다. 등록증을 받기 위해서는 지문을 찍어야 했는데, 이것은 범죄자 취급을 받는 것과 같았다. 간디는 이때 처음으로 '수동적인 저항'을 벌이자는 생각을 했다. 등록을 거부하고, 그에 따른 처벌은 묵묵히 참고 견디자는 생각이었다. 3천 명 이상이 참여한 대규모 집회가 열렸고 등록법을 보이콧하는 결의를 했다. 그 일로 간디는 2개월 동안 감옥에 갇혔다.

수동적 저항은 자신의 양심에 위배되는 것을 거부할 때, 영혼의 힘을 사용하는 것이다. 그 법에 불복하고 그에 대한 처벌을 기꺼이 받는다면, 나는 영혼의 힘을 사용하는 것이다. 거기에는 자신의 희생을 필요로 한다. 자기희생은 타인의 희생에 비해 무한히 뛰어나다.[33] 우리나라가 법을 준수하는 국민이라는 말의 진정한 의미는 우리가 수동적 저항자라는 뜻이다. 우리가 특정한 법을 좋아하지 않을 때, 입법자들의 머

---

32) 앨런 더쇼비츠 지음, 심현근 옮김, 2008, 186~187쪽.
33) 모한다스 K. 간디, 김선근 옮김, 2008, 137쪽.

리를 부수는 것이 아니라 대신에 고통을 당할지언정 그 법에 굴종하지 않는 것이다. 이 생각을 간디는 톨스토이에서 착안했다.

> • 그러나 톨스토이와 간디는 다음과 같은 차이가 있다. 톨스토이는 작가이고 도덕 철학가였으며, 간디는 정치인이자 공적인 인물이었다. 간디는 톨스토이의 순수하고 고 전적인 개인적 독트린을 공적 운동에 적용시키고자 노력했다. 톨스토이는 악에 대해서 폭력으로써 갚지 말라는 무저항(non-resistence)을 말했다면, 간디는 비폭력저항(non-violent resistance)을 주장했다. 톨스토이가 인격적 고양을 추구했다면 간디는 대중집단 이나 개인의 저항을 통해서 다른 사람들에게도 영향을 주도록 전환시킨 것이다.

수동적 저항은 두려움 없는 마음이 없이는 한 발자국도 나아갈 수 없는 것이다. 재산, 헛된 명예, 친지, 정부, 육체적 손상이나 죽음에 대한 두려움에서 벗어난 사람들만이 수동적 저항의 길을 갈 수 있다.[34]

수동적 저항이 '약한 자들의 무기'로 여겨지고 있었고, 또한 증오와 폭력을 수반할 수도 있는 것이기 때문에, 간디는 이에 대한 새로운 이름을 「인디언 오피니언」(Indian Opinion) 신문을 통해 현상모집했다.

> • 「인디언 오피니언 신문」은 1904년 발간된 것으로, 간디는 이 지면을 통해 사티아그 라하의 원리와 실천에 대해 해설했다(M. K. 간디 지음, 함석헌 옮김, 2002, 390~391쪽).

'훌륭한 대의를 지킨다.'는 뜻으로 '사다그라하'(Sadagraha)라는 이름이 제안되었 다. 이것을 간디는 뜻이 약간 다른 말인 '사티아그라하'(Satyagraha)로 바꾸었다. "진 리(사티아)는 사랑을 포함한다. 군건함(아그라하)은 힘을 불러일으키며, 따라서 힘과 동의어로 쓰인다. 따라서 나는 이 인도인의 운동을 '사티아그라하'라고 부르기 시작 했다. 즉, 진리와 사랑 또는 비폭력에서 태어나는 힘이라는 뜻이다."

> • 진리는 비폭력(아힘사)이었다. 간디는 "아힘사는 무한한 사랑이다."라는 말로 요약했다. "칼로 일어선 자는 칼로 망한다."(마태복음 26:52). 이 세상에 아직도 많은 사

---

34) 모한다스 K. 간디, 김선근 옮김, 2008, 147쪽.

람들이 살고 있다는 사실은 이 세상이 무기의 힘이 아닌 진리와 사랑의 힘에 기초하고 있다는 것을 보여 준다. 법과 관련해서도 간디는 사소한 다툼은 진리와 사랑으로 해결해야 한다고 말했다. 진리와 비폭력에 대한 확신이 더욱 뚜렷해짐에 따라 그는 변호사업으로부터 생계를 얻는 것이 적절치 않다는 결론에 도달했다. 왜냐하면 이 직업은 궁극적으로 그 집행이 경찰이나 법원, 검찰, 교도관들의 물리적 강제력에 기반을 두게 되기 때문이었다. 그래서 간디는 1910년에 변호사 개업을 완전포기하기에 이른다. 그리고 공동체에 대한 봉사에 그의 시간과 전력을 투입하였다(요게시 차다 지음, 정영목 옮김, 『마하트마 간디』, 한길사, 2001, 251쪽; M. K. 간디 지음, 함석헌 옮김, 2002, 427~428쪽; Gandhi, *The Law and the Lawyers*, introduction, pp. 9~10).

간디는 1893년 5월부터 1914년 7월까지 21년 동안 남아프리카에서 인도인 동포를 위해 헌신적인 투쟁을 했다. 그는 인간의 존엄과 인도의 민족적 자존을 위해 투쟁의 생애로 들어갔다. 이것이 사티아그라하 운동이다. 이후 간디는 개인이나 사회의 일상문제에 대해서 언제나 진리와 비폭력이라는 윤리적 원리를 적용했다. 브라마차리아(부부 간 성생활의 중단. 다석 유영모 선생은 이를 해혼(解婚)이라 표현함), 채식주의와 단식, 농장생활 등 이 운동은 종교와 철학과 윤리가 하나가 된, 그의 일생에 걸친 활동이었다. 간디는 20년 이상이나 남아프리카에서 인도인에 대한 인종차별정책에 저항하여 사티아그라하 운동을 펼쳤으며, 1914년에 인두세 반대투쟁에서 최후의 승리를 거두고, 7월 남아프리카를 떠나 런던을 거쳐 1915년 1월에 귀국했다.

• 남아프리카에서의 사티아그라하에 대해서는 M. K. Gandhi, *Satyagraha in South Africa*, Navajivan Trust, 2006. 참조.

간디는 사티아그라하를 실천하면 빛이 어둠을 물리치듯이 폭력과 모든 독재와 불의를 물리칠 수 있다는 자각의 중요성을 강조했다. 인간은 누구나 양심의 명령을 거스르는 법이나 관습에 반대할 선천적인 원리를 가졌다는 윤리관에 근거하여 간디는 사티아그라하를 정치적·경제적 굴종에 저항하는 수단이자 인간정신의 고귀한 힘으로 내세웠다. 국가의 죄나 대영제국의 통치에 반대하는 수단으로서 간디는 사티아그라하의 지류, 즉 시민불복종(civil disobedience)과 비협력(non-cooperation)을 고안해 냈다.

• 간디는 1906년 요하네스버그의 폴크스루스트 감옥에서 소로(Henry David Thoreau, 1817~1866)의 『월든』과 『시민불복종』을 처음 읽었다. 간디는 자신의 운동이 이미 소극적 저항이라는 이름으로 먼저 전개되었다는 점을 지적하면서 소로의 개념을 이용한 것으로 설명한다. 그러나 '불복종'이라는 말이 충분치 않아 오히려 '시민저항'이라고 부르기를 원했다고 한다. 그러나 소로도 『바가바드기타』를 읽고 법을 지키는 것보다 옳은 것을 지키는 것이 더 명예롭다는 결론에 이르렀고, 간디도 이 경전을 통해 진리실천에 대한 많은 영향을 받았다는 점에서 두 사람의 사상은 공통점을 가진다(요게시 차다 지음, 정영목 옮김, 269~272쪽; 김호성, "바가바드기타에 보이는 지혜의 행위의 관련성 : 간디의 사티아그라하 개념을 중심으로", 『인도연구』 제11권 2호, 2006).

다시 말하면 간디는 모든 형태의 부정, 억압, 착취에 대해 진리의 힘, 영혼의 힘, 사랑의 힘으로 항거하는 것으로 사티아그라하 운동을 전개했다. 이 운동은 1919년 롤럿 법안(Rowlatt Bills)에 대한 하르탈(Hartal) 운동의 전개, 1930년 정부에 대한 소금세 폐지운동으로 24일 동안 약 385킬로미터를 행진하는 운동으로 나타나기도 했으며, 법률가들의 국가공직으로부터의 사퇴와 일체의 변론행위 거부 등으로 표현되었다.

진리, 사랑, 비폭력 등으로 상징되는 간디의 사티아그라하는 남아프리카 시절에 인도인들에 대한 각종 인종차별정책과 법에 대한 저항이었다. 그리고 인도에 와서는 롤럿법과 같은 악법에 대한 투쟁방식이었고, 다시 자주독립을 목표로 영국지배에 대한 비협력운동으로 나타났고, 소금세와 같은 부당한 법에 대한 적극적 위반형태의 저항으로 표현되기도 했다. 이 모든 운동은 오늘날의 관점에서 보면 모든 형태의 차별과 억압에 대한 인권운동이자 민주화운동, 주권회복운동 등으로 풀이된다. 다시 말해 완벽하게 헌법운동과 합치된다는 뜻이다. 실제로 간디의 생존시절에 인도는 식민지 상태였기 때문에 우리가 말하는 권리장전이 있는 헌법이 부재하였던 것이다. 그런 탓으로 인도인들은 주권을 박탈당한 채 인권을 탄압받았고, 모든 분야에서 권리와 권한을 행사할 수 없었다. 이런 상황에서 진리와 정직, 그리고 정의를 추구하는 법률가였던 간디가 취할 수 있는 수단은 매우 제한적일 수 밖에 없었다. 만약 오늘날처럼 헌법이 완비되고, 또 위헌법률심사나 헌법소원제도와 같은 구제수단이 많았다면 간디도 많은 경우 헌법소송을 통한 구제절차를 밟지 않을 수 없었을 것이다. 물론 헌법재판의 한계로 인해 여전히 주권자로서의 직접적인 헌법수호 수단인 저항권이나 시민불복종을 선택하는 경우가 있었겠지만, 그 경우는 매우 적었을 것이라고 판단된다.

헌법이 없었기 때문에 간디는 양심의 소리를 강조했다. 악법이란 진리에 비추어 그와 상치되는 법인데, 그 진리는 어떻게 인식되는가? 간디는 내면의 소리에 충실함으로써 진리를 얻고자 했다. 재판정보다 더 상위의 법정이 있는데 그것은 양심의 법정이다.[35] 현행 실정법이 올바른 법인지 아닌지의 여부를 판단하는 것은 바로 양심의 법정이었다.

> • 헌법 제103조 "법관은 헌법과 법률에 의하여 그 양심에 따라 독립하여 심판한다."라는 규정이 말해 주듯이 헌법과 법률이 없는 경우에 법관은 그 '양심'에 따라 판단하도록 되어 있다. 이때의 양심은 헌법을 규정짓는 근본적 정신과 원리와 상통하는 것이다. 그런데 이 규정의 연혁을 보면 이 규정이 썩 좋은 것은 아님을 보여 주고 있다. 이 규정은 1963년 헌법부터 시작되었다. 그 이전의 헌법은 '양심에 따라'라는 말이 없었다. 1963년의 규정은 일본국헌법 제76조 제3항 "모든 법관은 양심에 따라 독립해서 그 직권을 행사하고 헌법과 법률에만 구속된다."에서 유래한 것이다. 양심을 헌법에 넣은 예는 1947년 라인란트(Rheinland) 헌법 제121조이다. 서독의 기본법은 제97조 제1항에 "법관은 독립하여 법률에만 구속된다."고 규정되어 있다. 그런데 그 초안에서 "법률 및 양심에 구속된다."라는 규정이 있어서 그 가부에 관한 논의가 있었다. 1948년 8월 10일부터 23일까지 헤렌킴제(Herrenchiemsee)에서 작성된 소위 '킴제 초안'에서는 법관은 오로지 법률뿐 아니라 그 양심에도 구속된다고 되어 있다. 그런데 이것은 나치스 시절의 소위 '건전한 국민감정'이라는 법개념을 되살릴 수 있다는 우려가 제기되어 삭제되었다. 일본에서는 이것을 살렸는데, 여전히 유해무익설이 존재한다(사이토 히데오, "사법권의 독립", 『현대일본국헌법론』, 이토 마사미 편, 구병삭 옮김, 법문사, 1983, 97~101쪽).

다시 말해서 간디가 펼쳤던 사티아그라하 운동은 헌법이 없었던 불모지에서 헌법의 정신과 원리와 인권보장을 포함하는 근본규범으로서의 헌법을 세워 나가는 작업이었다고 볼 수 있다. 간디는 헌법의 근간이 되는 자주독립에 대해서도 언급했다.

---

35) *The Law and Lawyers*, p. 270; Shalu Bhalla, *Quotes of Gandhi*, UBS Publisher, 1995, 34쪽; 이상수, "간디의 시민불복종", 『민주법학』 제25호, 2004, 435쪽.

1922년 간디는 "우리가 바라는 스와라지(Swaraj)란 무엇인가?"에 관한 개념을 남겼는데, 이것이 제헌의회의 기원으로 해석되고 있다.

"스와라지는 인도가 원한다면 독립을 선언할 수 있는 능력을 뜻한다. 따라서 스와라지는 영국의회의 선물일 수는 없다. 스와라지는 인도의 완전한 자기의사의 표현이다. 스와라지는 어쩌면 우리 세대에 오지 않을지도 모른다. 때가 되면 영국의회는 인도의 관료기구를 통해서가 아니라 인도인민이 선출한 대표자를 통해서 표명된 인도인의 의사를 비준하게 될 것이다."

• 간디가 거듭 주장했던 스와라지란 우리가 우리 자신을 다스리는 것을 배울 때 생기는 것이다. 그러므로 우리 자신이 먼저 바로 서야 한다는 것을 강조했다. 우리 자신이 노예이면서 다른 사람들을 해방시킨다는 생각은 단지 가식일 뿐이고, 각자의 변화가 가장 우선되어야 할 사항이라고 보았다. 간디는 인도의 영국화가 아니라 영국의 인도화를 생각했으며, 심지어 인도화한 영국인을 인도인으로 받아들일 각오를 밝히고 있다(모한다스 K. 간디, 김선근 옮김, 2008, 112쪽 각주 29).

이후 1947년 8월 15일 간디가 예상했던 것처럼 영국의회가 「인도독립법」을 제정함으로써 인도는 독립했다. 독립 이후 소집된 헌법제정회의의 논의를 통해서 인도헌법이 제정되어 1950년 1월 26일 시행되기에 이른다. 물론 간디는 정부권력에 들어가지 않고 재야에 남는다. 오히려 그는 국민회의로 하여금 집권을 하지 말고 일반 사회단체로 남을 것을 요구하기까지 한다. 그는 인도와 파키스탄의 분리라는 민족적 비극으로부터 빚어지는 동족상잔의 참상을 해결하기 위해 골몰한다. 그런 과정에서 간디는 암살을 당하여 세상을 떠난다.

• 이슬람과 힌두의 반목을 해결하기 위해 간디는 인도가 정부권한 전체를 이슬람 세력에게 양도하라고 하고, 나라 재산의 일부를 파키스탄에게 나누어 주어야 한다며 단식을 결행한다. 이에 힌두교 광신도에 의하여 암살당한다. 1948년 1월 29일의 일이다. 간디가 구상한 인도의 헌법은 절대적인 평화의 관점, 즉 국가가 소유하는 '정당한 폭력'을 철저히 배제한 정치조직체를 상정한 것이었고, 그 점에서 일본의 헌법보다 훨씬 더 나아간 것이었으며, 간디는 그 때문에 죽었다. 간디의 죽음은 국가에 의한 살해였다는

해석도 있다. 더글러스 러미스의 해석이다(박경미, 『마몬의 시대, 생명의 논리』, 녹색평론사, 2010, 322쪽).

새로운 헌법에는 간디가 추구했던 내용으로서 판차야트의 설치와 관련한 것 이외에 별다른 규정은 반영되지 않았다.

> •간디와 그의 지지자 입장에서 보면 인도의 진정한 스와라지는 '작은 공화국'의 기능을 가진 마을공동체인 판차야트의 성공을 통해서만 가능한 길이다. 그러나 인도헌법제정 당시에 간디의 이런 구상은 처음에는 고려되지 않았다. 특히 헌법제정기초위원장이었던 암베드카르가 판차야트를 카스트제도의 고착화로 규정짓고 반대를 하고 있었다. 그러나 결국 간디의 여망을 담은 규정이 국가정책의 지도원리편(사회권에 해당) 제40조로 규정되었다. 지금까지 판차야트는 인도의 거대한 국가정책의 하나로 추진되고 있다(강경선, "인도 판차야트의 헌법적 지위", 『한국방송통신대학교 논문집』, 2009).

그렇지만 간디는 인도헌법과 관련하여 제1의 '헌법제정의 아버지'로 꼽힌다. 그가 추구했던 비폭력, 진리, 정직, 사랑이 인도헌법의 정신으로 남아서 계속 향도할 것이다.

8
끝내며 : 남겨진 과제

간디가 던져 준 법적 과제들은 무수하다. 이미 본문에서 살펴보았던 법조윤리적 관점에서 진실과 의뢰인의 이익 사이에서 어떻게 균형점을 찾을 것인가를 계속 고민하게 만들고 있다. 간디는 비타협적 자세로 진실을 더 우선시했지만 그것은 당시에 헌법이나 인권규정이 없었던 관계로 진실과 권리를 구분하지 못했던 것이라고 보인다. 그 연장선에서 묵비권이나 진술거부권, 무죄추정의 원칙, 의심스러울 때는 피고인의 이익으로의 원칙 등 절차적 권리보장과 관련해서도 진실과 권리 중 어느 것을 우선해야 할 것인지는 앞으로도 계속 고민해야 할 과제로 남아 있다.

그리고 간디가 선호했던 대체적 분쟁해결방식을 통해서 우리는 다시 한 번 사법부의 진정한 각성과 개혁을 통해서 법원과 법관에 의한 재판이 국민으로부터 신뢰를 받는 기관으로 거듭나서 평화의 기구가 되도록 해야 할 것이라는 과제도 알게 되었다.

간디가 법률가를 포기할 수밖에 없었던 것은 법이 폭력적인 국가권력과 연결되었다는 점을 인식했기 때문이었다. 간디의 법개념을 따르고자 하면 우리는 진정 평화에 기반을 둔 법을 모색해야 할 숙제를 안게 되었다. 서양의 국가구성원리가 폭력에 기반을 두고 다만 그것을 권력 간의 견제와 균형의 원리, 법치주의와 입헌주의의 원리로써 순치시키고자 하는 것을 넘어서, 근본적으로 비폭력과 평화가 법의 기반이 되는 작업을 구상해야 할 것이다.

> ● 사실 이런 비폭력(아힘사)의 사회가 어떻게 가능할지는 법학을 넘어 인류의 종합적인 과제라 할 수 있다. 간디는 이 실현을 스와라지의 개념으로 말한다. 먼저 내가 변화해야 세상이 바뀐다는 것이다. '한 사람의 혁명'(one-man revolution)을 강조하는 것이다(리 호이나키, 김종철 옮김, 『정의의 길로 비틀거리며 가다』, 녹색평론사, 2007, 327쪽). 한편 비판법학(Critical Legal Studies)은 주로 국가와 경제, 사회권력에 종속된 법의 문제점을 발견함으로써 권력의 남용으로부터 개인의 권리를 보장하려는 것을 주요목적으로 하고 있다. 비록 간디와 같은 근본적인 처방은 아니더라도 지속적으로 권력의 남용에 대한 감시와 통제를 하는 점에서는 유익하다고 말할 수 있다.

마지막으로는 사랑에 기초를 두고 사랑을 이념으로 하는 법을 찾아야 한다. 프랑스 혁명에서 자유, 평등, 박애를 기치로 내세운 데서부터 그 가능성을 찾을 수 있다. 오늘날 공동체주의의 등장도 이런 취지를 반영하고 있고,[36] 또 법학자들도 이런 방향

---

36) 롤즈와 간디의 시민불복종에 대한 비교는 박홍규, "간디의 아나키즘 법사상", 『민주법학』 제42호, 2010.

을 모색하고 있다. 더욱 더 발전시켜 나가야 할 법학의 과제라 할 수 있다.

    • 또 권리를 중시하는 법철학자인 드워킨(Ronald Dworkin)의 경우에도 법에서 사랑을 찾을 수 있는 단초를 주고 있다. 그는 입법권을 의회에 부여한 것 자체가 이미 오늘날의 정치적 도덕성, 즉 권력분립을 통해서 시민들의 인권을 최대한으로 보장한다는 정치이념에 바탕을 두고 있는 것으로 보고,[37] 법원(법률가)은 입법부와 달리 정치적 다수의 요구와 절연되어 있기 때문에 '원리' 논거를 통해서 결정을 정당화할 수 있는 보다 적합한 위치에 있다고 본다. 결국 권리의 문제는 대중의 영향으로부터 독립되어 있는 법관에 의해서 판단되는 것이 보다 낫다(Dworkin, *Law's Empire*, p. 405). 결국 드워킨의 정합성으로서의 법(law as integrity)이란 오늘날 우리 사회의 정치적 도덕성의 핵심이고, 그의 이론의 공준으로 설정되고 있는 '동등한 배려와 존중권'을 구현하는 법관념이라고 생각할 수 있다. 이렇게 형성되는 사회는 정의와 공정성 외에 박애(fraternity)가 구현되는 사회라고 할 수 있다. 드워킨은 바로 이러한 사회를 공동체주의자들의 공동체와는 다른 자신의 이상으로서의 공동체로 설정하고 있는 것이다(장영민, "드워킨의 권리와 원리의 법철학", 『현대법철학』, 법문사, 1996, 76쪽).

    간디는 세계화 속에서 법이 나아가야 할 방향을 제시하였다. 우리는 국가법도 충실히 준수해야 하지만, 진리와 사랑의 덕목이 더 우선시되어야 하기 때문에 국가의 울타리를 넘어 세계로 보편화될 수 있는 규범의 길을 열어 놓았다. 이것이 바로 21세기 현재를 살아가는 우리들에게 주어진 법률, 헌법, 법철학의 과제라고 할 수 있다.

---

37) R. Dworkin, *Law's Empire*, Havard University Press, 1986, p. 405, 순수 정합성(pure integrity)의 요청의 결과이다.

참고문헌

- 강경선, "인도헌법의 형성", 『인도연구』 제2권, 1997.
- 김호성, "바가바드기타에 보이는 지혜의 행위의 관련성 : 간디의 사티아그라하 개념을 중심으로", 『인도연구』 제11권 2호, 2006.
- ──, "바가바드기타를 읽는 간디의 다원적 독서법", 『인도연구』 제10권 2호, 2005. 11.
- 대법원, 『사법부의 어제와 오늘, 그리고 내일』(대한민국 사법 60주년 기념 학술심포지엄), 2008. 9. 29.
- 박경미, 『마몬의 시대, 생명의 논리』, 녹색평론사, 2010.
- 박홍규, "간디의 아나키즘 법사상", 『민주법학』 42호, 관악사, 2010.
- 변종필, "형사소송에서 진실개념", 고려대학교 박사학위논문, 1996.
- 이상수, 『법조윤리의 이론과 실제』, 서강대학교 출판부, 2009.
- ──, "간디의 법철학사상연구 : 간디에게서 종교적인 것의 의미를 중심으로", 『인도연구』 제10권 1호 2005.
- ──, "간디의 시민불복종", 『민주법학』 제25호, 관악사, 2004.
- 이완규, "변호인의 조력을 받을 권리의 내재적 한계", 『형사법과 헌법이념』, 공법연구회 편, 박영사, 2010.
- 로날드 드워킨 지음, 장영민 옮김, 『법의 제국』, 아카넷, 2004.
- 로맹 롤랑 지음, 최현 옮김, 『마하트마 간디』, 범우사, 2005.
- 리 호이나키, 김종철 옮김, 『정의의 길로 비틀거리며 가다』, 녹색평론사, 2007.
- 마리 아네스 꽁브그 / 귀 들뢰리, 이재형 옮김, 『비폭력』, 삼인, 2004.
- 모한다스 K. 간디, 김선근 옮김, 『힌두 스와라지』, 지만지 고전천줄, 2008.
- ──, 함석헌 옮김, 『간디 자서전(나의 진리실험 이야기)』, 한길사, 2002.
- 사이토 히데오 지음, 구병삭 옮김, "사법권의 독립", 『현대일본국헌법론』, 법문사, 1983.
- 아지트 다스굽타 지음, 강종원 옮김, 『무소유의 경제학』, 솔, 2000.
- 앨런 더쇼비츠 지음, 심현근 옮김, 『미래의 법률가에게』, 미래인, 2008.
- 앨버트 앨슐러 지음, 최봉철 옮김, 『미국법의 사이비 영웅, 홈즈 평전』, 청림출판, 2008.
- 요게시 차다 지음, 정영목 옮김, 『마하트마 간디』, 한길사, 2001.
- 헨리 데이비드 소로 지음, 강승영 옮김, 『시민의 불복종』, 이레, 2006.
- Granville Austin, *The Indian Constitution,* Oxford Univ. Press, 1972.

• Homer A. Jack, *The Gandhi Reader,* Samata Books, 1984.

• M. K. Gandhi, *An Autobiography or The Story of My Experiments with Truth*, Navajivan Trust, 1995.

• ——, *The Law and The Lawyers,* Navajivan Trust, 1996.

• ——, *Satyagraha in South Africa,* Navajivan Trust, 2006.

• ——, *The Bhagvadgita,* Navajivan Trust, 1996.

• Richard B. Gregg, *The Power of Non-Violence,* Navajivan Trust, 2005.

• Rostislav Ulyanovsky, *Three Leaders,* Progress Publishers, 1990.

• Ruskin, *Unto This Last(A Paraphrase by M. K. Gandhi),* Navajivan Trust, 2007.

• Paul Tillich, *Love, Power, and Justice,* Oxford Univ. Press, 1976.

• R. P. Misra, *Hind Swaraj,* Vol. 1, Concept, 2007.

제 8 장

네루와 인도헌법

I·N·D·I·A

1

인도독립 당시의 상황

　1945년 자와할랄 네루(Jawaharlal Nehru)는 그의 인생에서 가장 중요한 일에 몰입하게 된다. 즉, 완전하고도 분리되지 않은 새로운 독립국가로서의 인도를 창조하는 작업에 몰두하게 되는 것이다. 전국의 5분의 2는 토후들의 지배하에 있었는데, 이들도 향후 통일국가에서는 한데 합쳐서 근대국가를 만들어야 했다. 다양한 문화들을 세속적 인도국가로 합쳐야 했던 것이다. 네루는 그동안 민족주의 운동이 비단 영령 인도에서뿐만 아니라 전 국토에서 전개되고 있었다는 사실을 확신하고 있었고, 실제로 1942년 국민회의와 전인도주인민회의(All India States Peoples Conference) 지도자들이 모인 가운데서도 전체의 목적은 한 가지, 즉 통일인도의 건설임을 확인한 바 있었다.

　다문화주의는 생각보다도 더 힘든 당면 과제였다. 이슬람연맹은 제2차 세계대전 기간 중에 영국을 헌신적으로 도와 영국인들의 신뢰를 쌓았다. 반면에 보세(Subhas Chandra Bose)가 지도한 인도국방군(Indian National Army)은 오히려 일본에 협력해 영국과 대항한 터였다.[1]

　국내적으로도 국민회의가 정부요직에서 탈퇴를 한 그 자리에 이슬람연맹원들이 자리를 채웠으며, 이슬람은 일찍부터 엘리트운동을 넘어 대중운동으로 자리 잡은 터였다. 이런 분위기에서 네루는 이슬람의 이런 동태를 인정하기를 거부하고, 종교적인 측면보다도 세속화된 인도통일을 역설하였다. 물론 이에 대해 진나(Muhammad

---

1) J. Adams and P. Whitehead, *The Dynasty, The Nehru-Gandhi Story*, Penguin Books, 1997, p. 114.

Ali Jinnah)는 반대하였고, 그는 계속해서 이슬람국가를 별도로 창설할 것을 주장하였다. 진나가 제안한 국가는 파키스탄이었고, 그 이름은 펀자브 지방과 아프간(북서변경지방), 카슈미르, 신드, 발루치스탄의 합성어로 만든 것이었다.

> • 인도의 독립운동에서 이슬람이 별도로 연합하기 시작한 것은 국민회의를 중심으로 한 독립운동이 민족주의라고 하면서 본질적으로는 힌두민족주의를 띠게 되면서부터이다. 이슬람인들은 인도의 독립은 영국침략에 의해서 몰락한 무굴왕조로의 계승을 주장하기도 하였다(파키스탄 형성과정의 역사는 Khalid Bin Sayeed, *PAKISTAN*, *The Formative Phase, 1857~1948*, Oxford University Press, 1968. 참조).

> • Pakistan은 평화를 뜻하는 Pak에 평원을 뜻하는 stan이 붙여져 만들어진 이름이다. 하지만 이것이 Punjab, Afghan, Kashmir, Sind, Baluchistan 지방의 이름들을 합쳐 부른 것이라는 설명이다.

현실 정치가이기도 한 네루로서는 몇 개의 지방을 포기할 생각이 있었지만, 그 자신 카슈미르 브라만 출신이었던 관계로 절대로 카슈미르 지방만큼은 양보할 생각이 없었다.

헌법제정회의를 구성할 의원선출이 이루어질 당시 인도의 상황은 거의 통제불가능한 상황이었다. 1946년 2월 해군의 폭동이 있었으나 네루는 그것을 진정시켰다. 그리고 패전국인 일본에 협력해서 싸웠다는 이유로 반역죄로 기소된 인도국방군들에 대한 재판도 골칫거리였다. 국민회의시절 네루의 정적이기도 했던 국방군의 지도자 보세(Bose)는 비행기사고로 실종된 상태였다. 네루 자신은 일본제국주의는 영국제국주의보다도 더 고려할 가치가 없는 것으로 간주하고 있었다. 하지만 많은 인도인들은 나라를 위해 싸웠던 인도국방군들에 대한 동정심을 가지고 있었다. 그래서 네루도 법정의 변호사로 이들을 변호하고 도왔다.

> • 사라트 보세(Sarat Bose)와 찬드라 보세(Chandra Bose)는 형제로 인도의 독립운동가들이었다. 다만, 이들은 간디나 네루와 다른 노선으로 영국으로부터의 독립을 추구하였다. 이들의 활약에 대해서는 Leonard A. Gordon, *Brothers against the Raj*, Rupa & Co., 1990. 참조.

제2차 세계대전 이후 영국은 승전국이었지만 전쟁으로 인하여 정치·경제·군사·국제적인 분야에서 많은 문제를 안고 있었다. 이런 분위기에서 노동당이 집권하면서, 영국의 정치는 곧장 식민지였던 인도의 정책에 영향을 미쳤다. 노동당은 인도의 독립에 우호적인 입장을 유지해 왔다. 1945년 9월 영국정부는 인도에서 제헌단체의 창설을 고려 중이라고 발표하였다. 겨울에 총선거를 실시하여 새로이 구성된 지방의회들이 제헌회의를 창설할 것이라고 포고하였다. 이런 제안에 입각하여 1946년 의회사절단이 파견되었고, 곧이어 내각사절단이 파견되었다.

내각사절단(Cabinet Mission)은 인도인들의 헌법제정을 지원하며, 종교분파들 특히 국민회의와 이슬람연맹의 중재를 목적으로 델리에 왔다. 국민회의를 힌두교 민족주의 단체로 규정하고 있었던 진나는 힌두교인을 위한 제헌의회와 파키스탄을 위한 별도의 제헌의회를 구성할 것을 주장하였다. 국민회의의 기본입장은 이슬람연맹과는 달리 인도국민은 종교와 상관없이 한 민족이며, 영국인은 인도를 떠나야 하고, 그 가운데 민족이 단합하여 단일한 헌법을 제정해야 한다는 입장을 갖고 있었다. 내각사절단은 이런 상이한 입장을 고려하여 타협안을 마련하고 1946년 5월 16일에 발표하였다. 그 내용은 다음과 같다.

• 인도는 단일국가로 남아야 하지만, 중앙정부는 외교, 통신 및 국방에 한정되는 작은 것이어야 한다. 지방은 3개의 지역으로 남는데, 이슬람교도가 우세한 지역, 힌두교도가 우세한 지역, 그리고 인구구성상 대등한 지역으로 분류한다.

'전인도제헌회의'의 예비모임 후에 그룹이 모인 회의로 발전시켜 헌법제정을 하도록 하는 안이었다. 다시 말해 제헌회의는 직접선거에 의한 것이 아니라 간접선거에 의해 구성하자는 안이었다. 지방의회를 기초로 하되 주의 대표는 인구 1백만 명당 1개의 의석으로 하고, 주에 배정된 의석은 시크교도, 이슬람교도, 시크교도와 이슬람교도를 제외한 일반의석으로 분류하여 인구규모에 따라 배분하자는 내용이었다. 영국의 직접지배를 받지 않고 있었던 토후국들의 경우에는 별도의 인원을 배정하는 것으로 하였다. 그리하여 제헌단체의 규모는 총 389명이었다. 영령 인도지역에 296석, 토후국지역에 93석을 배분하는 것으로 하였다.

그러나 이슬람연맹은 제헌회의 참가를 거부하였다. 국민회의 대표자들은 네루를 비롯하여, 발라브바이 파텔, 마울라나 아자드, 라젠드라 프라사드 등 4명의 지도자들이 제헌회의에 진출하였다.

2
네루의 '목적결의'

1. 네루의 '목적결의' 선언

제헌회의는 1946년 12월 9일에 회합하였다. 이슬람연맹이 회기 참여를 거부하자 제헌회의는 민감한 연방제도나 헌법의 상세한 내용을 논의할 수 없었다. 그러나 제헌회의는 네루가 초안하고, 국민회의 전문가위원회(Congress Experts Committee)가 토론하고, 국민회의운영위원회가 동의한 '목적결의'를 놓고 논쟁을 벌였다. 그렇다면 네루가 기초한 '목적결의(Objectives Resolution)'란 무엇인가? 1946년 12월 13일 네루가 제안한 '목적결의'는 향후 인도헌법제정의 방향에 관한 네루 자신의 견해를 담고 있는 것으로, 그 주요 내용에 대해 네루는 다음과 같이 설명하고 있다.

"이 헌법제정회의에서 우리는 세계가 주시하는 가운데, 그리고 우리의 과거가 주목하고 있는 그 한가운데에 서 있습니다. 우리의 과거는 우리가 지금 무엇을 해야 할 것인가와 아직 다가오지 않은 미래에 우리가 무엇을 할 수 있을 것인지에 관하여 말해 주고 있습니다. 나는 다음과 같이 제안하고자 합니다.

① 이 헌법제정회의는 하나의 독립된 주권적 공화국으로서의 인도를 선언함과 동시에 그 미래에 대한 청사진으로서 헌법을 기초한다는 당차고 엄숙한 결의를 선언할 것과,

② 그 헌법에는 현재 영령 인도와 인도령 국가들 및 여러 부속 지역들을 포함하는 영토들이 주권적 인도국가에 편입되어 하나의 연방국으로 성립됨을 규정할 것이며,

③ 이상에서 말한 지역들은 현재의 경계나 혹은 향후 헌법제정회의에서 결정되거나 그 후에 제정될 헌법에 따라서 자율적 단위를 형성할 것이며, 연방중앙정부의 고유한 권한과 기능을 제외한 모든 잔여권한과 정부 및 행정의 권한과 기능을 수행하게 될 것임과,

④ 주권적 독립 인도의 권력과 권위 및 구성부분과 정부기관들은 국민들로부터 유래하며,

⑤ 인도의 모든 국민들에게 사회적·경제적·정치적 정의와 지위와 기회와 법 앞의 평등을 보장하고, 또한 사상의 자유, 표현의 자유, 신앙과 종교의 자유, 경배, 직업, 결사, 행동의 자유를 보장하고, 법과 공공도덕에 대한 준수의무가 있음을 명시하며,

⑥ 소수인들과 후진계급과 부족들, 그리고 낙후된 모든 계급에 대한 안전장치와 적절한 지원이 규정되어야 하며,

⑦ 인도공화국 전역의 완전성이 유지되어야 하며, 영토와 영해와 영공에서의 주권적 권력이 문명국가로서의 정의와 법에 따라 미쳐야 할 것과,

⑧ 유구한 역사를 가진 이 나라가 세계에서 정당하고 명예로운 위치를 달성하고 세계평화와 인류복지의 향상을 위하여 충분하고도 자유롭게 기여함을 정해야 한다."[2]

---

2) 이 자료는 Lok Sabha Secretariat, *The Constitution and The Constituent Assembly*, New Delhi, 1990, pp. 15~26에 수록된 "Declaration of Objectives"를 참고하였음. 이하의 내용도 여기에서 발언된 네루의 주장을 요약한 것임.

이상과 같은 헌법상 규정되어야 할 내용에 대한 가이드라인 외에도 네루는 '목적결의'를 통해 자신의 헌법관, 세계관, 정치적 견해 등을 피력하고 있다. 예컨대, 네루는 의회가 그 무엇이든지 헌법의 내용으로 추가할 권한은 가지게 되겠지만, 다만 전문용어와 법률용어 등 사소한 일로 시간을 끌지 말 것을 호소하고 있다. 또한 네루는 미국의 자유를 위한 독립전쟁과 그 이후 헌법에 기초한 굳건한 국가를 건설한 예를 들거나, 혹은 프랑스혁명에서는 군주의 존재로 인하여 혁명이 약간의 난관이 있었던 예를 적시하면서, 만약 이번 인도의 의회가 헌법제정과정에서 그런 난관이 존재한다면 우리는 마치 '테니스코트의 서약'과 같은 엄숙한 행동도 불사해야 할 것이라고 단언하고 있다. 네루는 바로 이웃하는 소련에서 일어난 혁명의 성공적인 예에 대해서도 언급을 잊지 않고 있다. 이들 성공적인 나라들의 성공적인 전철을 답습하되 결점은 버리자는 제안을 하였다.

물론 네루는 "이 결의가 앞으로 그대로 헌법이 되는 것이 아니며, 그러기를 원하지도 않는다. 헌법제정회의는 별도의 자유를 가지고 있는 것이다."라고 말하면서, 이 '목적결의'가 완전한 것도 그렇다고 아무것도 아닌 그 중간의 내용을 제시함으로써 인도사람들이라면 누구라도 그 대강에 대해서 동조해 줄 만한 내용을 담고자 하였다.

그는 향후 헌법전문에 담겨질 내용과 관련해서 "우리는 주권적·독립적 공화국임을 포기해서는 안 된다. 구태여 있지도 않은 군주국 형태를 국가적 차원에서나 지방차원에서 존치시킬 필요는 없다."고 역설하였다. 계속해서 그는, "혹자는 물을 것이다. 왜 '민주주의'는 빼느냐고. 물론 공화국과 민주주의는 다르다. 하지만 민주주의는 당연히 우리 인도에 들어와야 할 이념인 것이다. 그런데 민주주의는 끊임없이 그 모습이 변화되어 오고 있다. 우리는 우리에게 적합한 민주주의 형태가 어떤 것인지를 찾아야 한다. 이미 공화국이라는 단어 속에 민주주의가 내포되어 있음을 알고 구태여 중언부언의 용어를 구사할 필요는 없을 것이다. 민주주의의 내용을 이 결의에 부여하되 그중에서도 특히 경제민주주의가 들어가야 할 것이다."라고 설명하였다.

사회주의와 관련한 언급도 담고 있다. "혹자는 왜 사회주의가 아니냐는 반문을 하면서 이 결의를 반대할지도 모른다. 어떤 종류의 사회주의냐에 관해서는 논란의 여지가 있겠지만 나는 사회주의국가임을 지지한다. 그런데 이런 내용을 결의에 넣게 될 때에는 많은 논란이 될 수 있기 때문에 구태여 표현으로 하기보다는 내용으로 그 것을 추구하는 편이 좋을 것이라고 본다."

● 네루는 특정한 이념에 빠지지 않았다. 그는 과학적 사회주의의 근본원칙 일부를 확신하였지만 마르크스와 레닌의 독트린에 매몰되지는 않았다. 인도헌법전문에 있는 '사회주의'는 1976년 42차 헌법개정 시에 추가된 것인데, 인도의 헌법학자들은 헌법상 의 사회주의는 소비에트 사회주의와는 다르고, 오히려 이것이 존재함으로 해서 인도는 헌법상의 목표를 추구하기 위해서는 어떠한 경제체제도 선택할 수 있게 된 것으로 해석 하고 있다(Mahendra P. Singh, *Constitution of India*, 1997, p. 3).

독립 당시 인도에 존재하고 있던 많은 토후국들의 존재와 관련한 언급에서, "공화 국(republic)이라는 말이 들어가면 왕국으로 되어 있는 인도령 지역들의 반대가 있지 않겠느냐는 질문도 있다. 하지만 군주국체제는 이제 시대가 달라졌고, 인도국민으로 서의 지위와 각 주 주민의 지위가 이중적 지위로 남는다는 것은 바람직스럽지 않 다고 생각한다. 각 주가 어떤 형태로 연방으로 결합할 것인지는 향후 각 주의 통치자 나 실질적 대표자들이 모여서 결정할 일이다. 다만, 그 결정은 일부의 주장이 아닌 전체가 합의할 일이다. 모든 주의 주민들이 동등한 권리와 지위를 가지기만 한다면 주의 정부가 어떤 형태로든 ─ 심지어 군주국의 형태라 할지라도 ─ 존재가능하며, 이 제정회의에서 일방적으로 주의 의사를 무시하고 강제로 적용을 강요하는 것은 피 해야 하리라고 본다. 아일랜드가 공화국이라도 영연방에 속한 것처럼 공화국과 군주 국이 절대적 기준이 될 필요는 없다고 생각한다."고 자신의 견해를 피력하였다.

그는 헌법제정과 관련된 전체 의원에게 당부의 말을 전하였다. "또한 헌법제정자 여러분들은 우리 인도가 세계적으로 차지하는 비중과 의미를 가지고 사명감으로 임 해 달라는 부탁을 드린다. 과거에 독립을 위하여 수고를 했던 영민하고 능력 있고 지 적인 분들이 새로운 정부를 구상하는 데에는 상상력을 결하고 있다. 만약 여러분들 이 누군가를 다루고자 한다면, 여러분들은 그들을 상상력으로 이해해야 하며, 그들 을 정서적으로 이해해야 하고, 그리고 지성적으로 이해해야 한다. 헌법제정을 위하 여 우리는 협력을 해야 한다. 우리 내부에서도 그러하고, 영국과도 협력을 해야 한다. 그렇지 않으면 세계대전을 치른 이후의 이 불안정한 세계를 지탱할 수 없게 된다."라고 맺고 있다.

2. 네루와 헌법제정에서의 강조점

네루의 인생과 법에 대하여 총체적인 서술을 한다는 것은 참으로 어려운 일이다. 여러 가지 점에서 그는 실천철학자(philosopher of praxis)로 불릴 수 있다. 그의 정치적 행위들은 그의 저작물에 용해되어 있다. 그래서 그의 저작물과 현실의 실천을 분리해서 분석한다는 것은 거의 불가능한 것이 되고 있다. 그의 사상도 "이것이 그의 본질이다."라고 말하기에는 다양성과 지속성이 너무나 크다. 네루는 '변화'를 강조하였다. 변화는 헌법제정에서 네루를 상징할 만한 대표적 표현이라고 할 수 있다. 네루는 인도가 헌법과 관련해서 다음과 같은 몇 가지 점을 유의해야 함을 역설하였다.[3]

(1) 민주주의 민족국가로서의 인도에 대한 비전

네루는 "빈곤문제에 대한 대처와 문제해결을 하지 않으면 헌법문서는 아무 소용이 없게 된다."라고 언급한 바 있다. "헌법은 우리에게 우리가 염원하는 진정한 자유를 가져다줄 것이고, 진정한 자유는 굶주리는 이들에게 식량과 의복과 주거를 공급하는 등 모든 진보의 기회를 가져다줄 것이다." 네루는 이런 꿈을 의회를 통해서 실현하고자 하였다. 의회는 빈곤대중(mass poverty)을 청산시켜야 한다고 생각했고, 이를 위해서 의회는 입법권과 헌법개정권을 행사할 수 있어야 한다고 했다.

개정헌법 제4조에 관련한 언급에서 네루는 자유의 설교자로서 의회의 우위를 역설하였다. 의회가 담당해야 할 '변화'는 가치에 있어서의 변화요, 가치를 보존하고 유지할 이념의 변화를 의미하였다. 해방된 새로운 인도는 '사유재산의 신성성'을 거부

---

3) 이에 대한 설명은 Upendra Baxi, "Dare Not Be Little: J. Nehru's Constitutional Vision and Its Relevance in the Eighties and Beyond", in *Nehru and the Constitution*, Indian Law Institute, New Delhi, 1992.

해야만 한다고 보았다. 헌법초안 제24조를 도입하면서 네루는 개인의 자유와 공동체의 자유의 균형은 입법부인 인도의회의 권위에 의해서만 가능하다고 말하였다. 헌법의 상속자로서 의회만이 법률과 권력과 권리와 정의에 대한 접근에서의 변화들을 설득해 낼 수 있을 것이며, 전통과 선례를 대표하는 사법부 법률가들의 관성과 무변화에 대해서도 의회가 보다 잘 해낼 수 있으리라고 보았다. 헌법이 시행된 지 몇 년 후 네루는 "이 위대한 헌법이 법률가들에 의해서 납치되고 약탈당한 것을 알게 되었다."라는 표현을 한 적이 있다. 네루에게 있어서 의회는 과거와 미래를 동시에 바라보면서 현재의 변화를 이루어 내는, 빈곤을 척결할 수 있는 엄청난 장소를 의미하였다.

(2) 지금은 자유의 열정에 가득 차 있는 때라는 것을 알고 이 귀중한 역사적 시기를 실기하지 말 것

네루는 '목적결의'를 발표한 지 6주 만에 불평을 털어놓았다. 법률가들에 대한 것이었다. 그도 사법부 재판의 복잡성을 존중하기는 하였다. 하지만 헌법제정을 하던 당시는 사법부보다 의회와 집행부의 시기임을 강조하였다. 수백만의 인구에게 영향을 미치게 되는 입법을 '길고, 광범위하고 그리고 지루한 소송'에 맡길 수는 없다고 생각하였다. 그의 헌법적 이상은 인도대중들에게 역사적 자산으로서의 민주주의 시간을 중시하여 만약 이때 시간을 지체한다면 자유에 대한 열정을 부인하게 될 것이라고 생각하였다.

(3) 지나치게 미세한 데 집착하지 말 것

헌법은 상세할 필요가 없다. 상세한 것은 입법분야이다. 헌법은 정신을 가급적 영구히 간직할 수 있는 그런 것이어야 하며, 상세한 내용은 부차적인 것이다. 헌법은 '기본원리'를 반영해야 하고, 변화를 향한 '가장 기본적인 내용'에 관한 프로그램을 담고 있어야 한다. 네루가 이렇게 당당하게 미세함을 경계하자고 주장했음에도 불구하고, 인도헌법은 세계 최장의 헌법이 되었다. 구태여 이렇게 된 것에 대한 토를 단다면, 미리 헌법에 상세한 규정을 둠으로써 사법부의 개입을 차단시키는 한편 의회의 우위성을 배려하고자 한 결과라고 할 수 있다. 어쨌든 네루는 의회주권을 보장하기 위해서는 미세한 규정도 무릅썼다.

(4) 권력 간에 협력할 것

'목적결의'를 탐색할 것을 촉구하면서 그러나 이를 신중히 고려할 것을 동시에 촉구하면서, 네루는 무엇이든지 권력 간의 분쟁 속에서 결의된 것은 설사 의결이 된다손 치더라도 그 존속이 오래지 못하기 때문에 우리들은 지금 협력을 해야 한다고 역설하였다. '부드러운 자세'(gentle manners)를 통한 협력으로써 국내적·국제적 목표를 추구하여 인도의 건설에 '인도의 특징'(Indianness)을 나타내자고 말하였다.

3
네루의 생애와 세계관의 형성

이상에서 살펴본 네루의 '목적결의'는 네루가 어떤 사상과 정치적 견해를 가지고 헌법제정에 임했는가를 가늠할 수 있게 한다. 네루의 사상을 알기 위해서는 그의 성장과정과 정치적 활동과정을 알 필요가 있다.

1. 초기 생애

네루의 가문은 본래 카슈미르에서 살았던 승려나 학자를 배출한 브라만 계급이었다. 그래서 '학자', '선생'을 뜻하는 '판디트'(Pandit)라는 명예로운 호칭이 붙는 귀족 가문의 후손이다. 가족의 성(姓)은 본래 카울(Kaul)이었다. 1716년경 무굴제국의 황제 파루크시야르(Farrukh-Siyar)가 산스크리트와 페르시아어에 능통한 라지 카울(Raj Kaul)을 왕궁으로 초빙하면서 네루의 가족은 델리로 이주하였다. 그에게 수여된 가옥이 수로의 제방 위에 있었기 때문에 수로(canal)를 뜻하는 우르두어 '나하르'(nahar)가 와전되면서 가족의 성이 네루(Nehru)가 되었다고 한다. 네루 가족들은 계속 왕궁에서 봉사하였고, 락슈미 나라얀 네루는 무굴 궁내에 설치된 동인도회사의 변호사로 일하였다. 그의 아들 강가 다르 네루는 무굴 마지막 황제의 경호원이었다. 이런 궁중 직업은 1857년 세포이 항쟁과 함께 끝이 났다. 영국의 인도인에 대한 무차별 공격으로 인하여 대부분의 인도인들은 델리를 떠나 피난길에 올랐는데, 강가 다르 네루도 마찬가지로 인근 아그라로 이주하였다. 직장은 물론 모든 소유를 잃은 채 그는 34세의 젊은 나이로 세상을 떠났다. 부인 인드라니에게는 유복자가 있었는데, 1861년 5월 6일 태어난 이 아기가 모틸랄 네루(Motilal Nehru)이다. 모틸랄 네루는 곧 자와할랄 네루의 부친이요, 인디라 간디의 조부이다. 모틸랄 네루는 셋째 아들로 태어났는데, 둘째 형 난드랄 네루의 힘으로 양육되었다. 난드랄 네루는 아그라의 변호사로 일하고 있었는데, 고등법원이 알라하바드로 옮기면서 네루 일가도 알라하바드로 이사하였다.

모틸랄 네루는 어렸을 때부터 공부도 열심히 하고 가문에 대한 책임감이 무척 강하여, 출세를 하고자 하였다. 그는 돈을 버는 데 집중적인 노력을 기울였다. 그의 형 난드랄 네루가 42세로 세상을 떠나고, 모틸랄은 변호사로서 알라하바드에서 출중한 실력을 발휘하면서 명성을 얻었다. 마침내 대영제국의 최고법원인 추밀원의 사법위원회의 변호사 자격까지 얻게 되었다. 그는 크게 번 돈으로 완전히 서구식 저택을 짓고 경내에는 테니스장, 수영장까지 두었다. 그리고 집안의 가구와 식사법도 모두 서구식으로 하도록 명하였다. 집에서는 일체 힌디를 사용하지 못하도록 하고 오직 영어만 허용하였으며, 수많은 사람들을 집안에 초청하여 호화로운 파티를 벌였다. 모틸랄 네루는 이처럼 정력과 용기와 명석의 화신이었다.

  • 모틸랄 네루(1861~1931)는 1906년 인도국민회의와 관계를 맺었다. 그의 초기 정치적 입장은 매우 온건한 편이었다. 하지만 잘리안왈라 공원의 대학살, 애니 베산트 여사의 피체포, 아들 자와할랄 네루의 투옥 등을 통하여 마침내 급진주의자가 되었다. 그는 잘리안왈라 공원의 학살을 보고하기 위한 국민회의 조사위원회의 일원이 되었으며, 1919년 암리차르 국민회의 회기의 의장이 되었다. 그 후 자유인도헌법을 초안하기 위한 '제정당연석회의'(All Parties Conference)가 소집되었고, 여기에서 구성된 헌법기초위원회가 만들어 낸 것이 '네루 보고서'이다.

자와할랄 네루는 이런 집안에서 영국 가정교사의 교육을 받으면서 자랐다. 그리고 1905년 런던의 해로 퍼블릭스쿨에 입학하였으며, 여기서 영국 귀족가문의 자제들과 교분을 맺게 되었다. 1907년 10월에는 케임브리지의 트리니티 칼리지에 입학하여 자연과학을 공부하였다.

2. 정치활동 기간

자와할랄 네루가 정치무대에 등장한 것은 1920년이었고, 이는 간디가 1918년에 전면적으로 등장한 직후였다. 이미 그의 출현 이전에 선구자들의 기초작업이 많았지만 네루는 그 후 인도의 정치발전에 엄청난 영향을 미치게 된다. 간디는 1915년에 남아프리카에서 귀국한 후 조용히 지내던 중 1918년 구자라트에서 인디고 식민지농업단지의 노동자와 농민들에 대한 탄압이 일어나자, 이에 대한 저항자로 나서게 된다. 1919년 롤럿법(Rowlatt Act)과 암리차르에서의 잘리안왈라 공원 참사는 간디는 물론 정치적으로 아직 거리를 두고 있었던 네루를 경악시켰다. 네루는 이 사건들이 인도 국민에 대한 심각한 모욕이었다고 생각하였으나 그의 부친의 만류로 간디의 사티아그라하 회합에는 가입하지 않았다. 그러나 1920년 참담한 인도농민들의 상황을 직

면하면서 1921년 본격적으로 사티아그라하, 곧 시민불복종운동에 뛰어들었다.

인도는 1858년을 계기로 외세에 대한 저항과 이에 따른 헌정의 변화가 있었다. 1883년 최초의 국민회의가 캘커타에서 소집된 바 있었다. 그러나 새로운 형태의 정치적 집회는 인도국민회의(Indian National Congress, 1885)의 출범으로, 봄베이에서 최초 소집되었고 1892년에는 전면개혁이 있었다. 1895년에는 인도헌법초안이 틸라크에 의해 마련되었다. 그는 자유는 천부적 권리라고 스스로 천명하였다. 베산트 부인은 이것이 인도자치령안의 첫 초안(Home Rule Bill for India)이라고 평가하였다.

> • 베산트 부인(1847~1933)은 아일랜드 출신의 신지학자(theosophist)로서 인도에 왔고, 서구문명에 대한 인도문화와 종교의 우수성을 확신한 인물이었다. 그는 인도사람들의 자각운동을 위해 애썼으며, 스와데시운동에서도 적극적이었다. 1917년 국민회의의 캘커타 회기에서 의장을 맡았다. 간디의 사티아그라하에 대해서는 반대하고 자유주의자 그룹에 가담하였다. 그녀의 페이비어니즘은 네루를 위시하여 많은 인도 지도자들에게 영향을 주었다.

1897년 틸라크는 소요죄와 선동의 이유로 처벌되었다. 20세기에 들어 더 많은 지도자들이 저항운동에 합류하였다. 나오로지(Dadabhai Naoroji), 고칼레(Gopal Krishna Gokhale), 아이야르(G. Subrahmania Aiyar), 티아브(Badruddin Tyab), 말라비야(Pandit Madan Mohan Malaviya), 메타(Sir Pherozeshah Mehta), 팔(Bipin Chandra Pal), 라나드(Mahadev Govind Ranade) 등이다. 이들의 거센 저항은 당시 커즌(Curson)의 억압정책에 타격을 주었다. 1905년에 국민회의는 스와데시운동 — 영국상품불매운동 및 국산품장려운동 — 을 벌이고, 1906년에는 인도자치령을 확대하는 요구를 하였다. 그리하여 인도인들도 선거권을 부여받았는데, 영국정부는 1909년 이슬람과 힌두를 구별해서 각각에 별도의 할당을 하였다. 어쩌면 이것이 인도 내에서 종교분쟁의 시초가 되었다고 말할 수 있다. 물론 이런 법적 조치가 취해진 이후에도 법에 의한 억압은 계속되었고, 간디는 이 상황을 '무법의 억압'(lawless repression)이라고 불렀다.

1920년 말 나그푸르(Nagpur)에서 열린 국민회의에서는 기념비적 사건이 발생하였다. 간디가 확고부동한 지도자가 되었고, 국민회의의 목표는 영국통치하의 자치정부로부터 정당하고 평화적인 수단을 통한 스와라지(Swaraj)를 쟁취하는 것으로 설정되었다. 스와라지란 '자치영역' 혹은 '완전한 자치'로 해석되었다. 사티아그라하는 장래 정치운동의 기초가 되었다. 여기에다가 물레를 돌려 실을 뽑는 카디(Khadi)가 부가되었다. 간디에 의해 시작된 이런 운동들은 농민들에게 심대한 영향을 미쳤다. 이것이 전국적인 대조직으로 확대되었고, 네루는 제1차 시민불복종운동에 참여하면서 체포되어 투옥되었다. 1922년 석방되자 그는 외국의류에 대한 불매운동에 뛰어들었고 다시 투옥되었다. 1923년 다시 석방된 그는 완전히 간디의 휘하에 들어가 정치가로 성장하였다. 간디의 사티아그라하와 그의 진실성과 비폭력에 의해 네루는 도덕적·윤리적으로 훈육된 것이었다.

1922년 간디는 인도헌법제정에 영향을 주게 되는 중대한 발언을 하였다. 그는 스와라지란 인도가 스스로 자신의 독립을 선언할 수 있는 능력임을 뜻한다고 선언한 것이다. 따라서 이것은 영국이 주는 무상의 선물이 아니었고, 인도의 자주적 의사표시에 의해서 의회법의 비준을 받아야 하는 것이고, 스와라지는 인도인의 대표자를 통한 자유로운 의사선언인 것이라고 보았다. 모틸랄 네루, 라젠드라 프라사드, 파텔, 아자드, 라자고팔라차리, 보세 등이 실질적인 지도자들이었다. 그들은 다 같이 간디의 인격과 계획에 매혹되고 있었다. 네루는 종교적 근본주의를 비판하였다. 그는 도그마의 노예가 되면 결코 진보할 수 없으리라고 확신하였다. 그는 종교적인 인간을 좋아하였지만, 종교의 집단화는 반대하였다' 종교집단은 대체로 이익집단화되고 따라서 변화와 진보에 반동적인 힘으로 작용하게 된다고 생각하였다.

1923년 출옥한 뒤 네루의 독립적 인격이 표현되기 시작하였다. 그는 우선 당내의 분파를 중재하면서 타협과 중재의 명수로 떠올랐다. 1923년 후반에는 나바(Nabha)주에서 모반죄 등의 이유로 투옥되었다. 투옥 중 인도 내 주(州)의 행정에 대해서 알게 되었고, 이를 계기로 해서 그는 각 주의 인민들의 권리에 대한 옹호자가 되었다. 그는 임의적 정부를 목격했던 것이다. "대부분의 인도 주들은 후진성과 반봉건성(semi-feudal)으로 특징지어졌다. 그들은 독재정체이고 능력이나 관대함이 없다."고 기술하였다.

간디를 따라 비협력과 비폭력은 네루의 독립운동의 두 요소였다. 독재와 전제정부가 유지되고 있는 것은 전적으로 국민들이 이를 용인하고 있기 때문이다. 이제 영국 통치에 저항을 하되 비폭력으로 한다. 네루는 1923년에서 1926년까지 전인도국민회의의 사무총장을 지냈으며, 1927년에는 브뤼셀에서 열린 제국주의에 대항하는 국제연맹에 국민회의의 대표자로 참석하였다. 여기에서 그는 영국의 착취에 대해 설명하고 제국주의에 대항하는 협력을 모색하자고 하였다.

1927년 네루는 러시아를 방문하였다. 이때 그는 최초로 마르크스 사회주의자들의 실험을 목격하였고, 새로운 변화를 실감하였다. 공산주의에 대해 깊은 인상을 받았지만 인도에 공산주의가 적합한 것이라고 생각하지는 않았다. 아무튼 이 여행을 통해서 네루의 국제관계에 대한 자각과 외교력 등이 획기적으로 바뀌게 되었다. "나의 세계관은 보다 광활한 것이다. 민족주의는 협소한 것이고, 불충분한 신조이다. 정치적 자유와 독립은 결코 본질적인 것이 아니고, 결국 사회적 자유와 사회주의체제가 없이는 국가나 개인이 발달할 수가 없다."라고 네루는 자신의 심정을 표현하고 있었다.

4

네루의 세계관[4]

네루의 세계관은 실천의 관점에서 평가되어야 한다. 즉, 그가 신생 민주주의 (nascent democracy), 선거정치, 경제계획, 정치적 세속주의, 세계평화를 위한 노력,

---

4) 이 부분은 Naorem Sanajaoba, "Nehru's World View", in *Nehru and The Constitution*, pp. 11~21을 참고하였음.

탈식민지, 국제외교, 냉전체제의 해빙, 비동맹 등에 기여한 바를 감안해야 한다. 세속적으로 보면 그는 철학자도 아니고, 이념론자도 아니고, 과학자도 아니다. 그러나 또한 그의 사상에는 이러한 의미가 항상 내포되어 있었다. 그는 신념과 구체적인 철학을 가진 세계정치가였다. 물론 그의 정치인으로서의 비전은 현실의 '변화무상함'에 의해서 지장을 받았다. 그는 과거의 사실을 미래에 재구축해 내었다. 몽상가로서 그는 미래에 더 많은 관심을 가졌다. 그러나 그는 과거의 족쇄에 묶인 채 잠시만 해방되었으며 그때 세계정신을 꿈꾸었다.

네루는 많은 부분에서 역설적이었다. 그의 진보적 신념과 좌익이념은 서구적 자유주의와 베르그송 철학으로 혼합되어 있었다. 그 결과 네루에 대해서는 그의 이러한 현상유지적 보수주의 입장이 영국식민지시대의 외국 부르주아를 책임성 없고 동정심 없는 민족주의 부르주아로 대치시킬 뿐인 것으로 귀결되었다는 비판이 가해지고 있다. 물론 이러한 비판에 대해서는 보다 확실한 입증과 객관성이 뒷받침되어야 할 것이다. 좌파인사들은 그를 민족지상주의, 지주, 카스트주의자, 외국인거부를 하는 모든 종류의 열광자들에게 심취된 좌파인물이라고 평하기도 하였다. 그가 싸워야 할 대상은 야당이 아니었고 오히려 국민회의당 내부의 수많은 사람들이었다.

공산주의자들은 네루를 마르크스를 기만적으로 사용하면서 페이비어니스트를 흉내 내는 인물로 평가하였다. 물론 1954년 마두라이에서 개최된 제3차 인도공산당대회에서는 그 태도를 바꿔 네루의 국제외교정책만큼은 진보적인 것이라고 평가하였다. 간디 추종자들은 네루를 공산주의적 마키아벨리스트요, 서구 자유민주주의를 흉내 내면서 간디의 총애를 받는 인물로 평가를 하면서도 그를 좋아하였다. 네루는 마르크스의 사상을 가진 서구지향적인 인도민족주의자로 압축될 수 있다. 인도의 프롤레타리아와 함께하면서 구원자와 같은 정열을 가진 전위적 지도자였다. 네루의 사회주의는 고르바초프의 서구지향의 개방화정책과 일맥상통하는 것으로 평가하는 이도 있다. 그는 혁명을 원하였지만, 단 국민의 동의에 의한 혁명을 원했던 것이다. 1930년대 파시즘과 국제공산주의 중 하나를 선택해야 하는 기로에서 그는 파시즘보다는 공산주의를 선택한 적이 있었다.

네루의 유명한 저서로 『세계사』(Glimpses of World History), 『자서전』(An Autobiography), 『인도의 발견』(*The Discovery of India*)을 비롯한 여러 단편적인 연설문들이 있다. 네루는 키플링이 "동서는 결코 만날 수 없다."고 단언한 것을 뒤집고 있다. 동서의 종합이야말로 그의 세계관의 요람이다. 그는 대단한 합리주의자였다. 그의 종교는 과학이었다. 사물에 대한 객관적 파악이 역설되었다. 물론 그의 과학관은 과학이 도덕이나 윤리와 동떨어질 수 없는 그런 것이었다. 그런 연장선에서 그는 핵전쟁에 반대하였고, 이 점에서 아인슈타인의 칭송("간디의 후예요, 인도의 지도자인 네루가 국제적으로 핵전쟁금지운동을 전개하는 것을 존경한다.")을 받기도 하였다.

네루의 과학관은 그의 인식론으로 연결된다. 그는 칸트도 아니요, 소크라테스도 아니요, 마르크스도 아니었다. 그러나 분명히 자신의 비전을 가지고 있었다. 그는 고대의 베다철학이 가진 종합적 사상을 인도에 국한되지 않은 개방된 의미로 다시 받아들여야 한다고 하였다. 그러나 그가 신을 숭상한 것은 아니었다. 그는 모든 신을 배척하였다. 인도의 정치가들이 종교분파에 빠져 들어가는 것에 반대하였다. 그는 자기가 죽은 후에도 일체의 종교적 의식을 행하지 않기를 원한다고 말했다. 무신론적인 불교와 마르크시즘을 이 점에서 좋아했다. 그의 경제정책과 세속주의와 평등세계질서와 '비동맹'(nonalignment) 관념이 여기에서 연유한다. 판차 실라(Pancha shila; coexistence, 공존)라는 사상은 불교적 에토스에 기초하고 있다.

네루의 비동맹정책은 미국의 입장에서 보면 언짢은 것이었지만, 냉전시대에서의 특출한 아이디어였다고 평가된다. 이 점에서는 간디도 "네루가 나의 스승"이라고 말한 바 있다. 간디, 프라사드, 파텔 등과는 달리 네루는 선언하지 않은 마르크시스트(undeclared Marxist)였다고 할 수 있다. 그는 의회민주주의를 통한 사회주의의 실현, 과학적 사회주의에로의 평화적 실현을 목표로 하고 있었다. 가끔 일본과 같은 파시즘국가에 대한 게릴라적 전쟁을 언급한 바 있다. 그는 의회를 부인하는 공산주의를 배격하여 1959년의 케랄라주에서의 공산당정부를 진압시키고자 하였다. 그는 소비에트혁명이 인류사에서 큰 진보를 가져온 것으로 확신하고 있었다.

그러면서도 그는 국민회의당의 중간노선을 걸어갔다. 그가 만약 계속 국민회의당의 극좌점에 서 있었다면 아마도 인도역사는 다르게 발전했을 것이다. 그럼에도 불구하고 그는 자본주의에 대해 단호한 입장을 취했다. "자본주의는 돌과 같은 것이다. 거기에서는 아무런 식량을 얻을 수 없다. 우리가 해야 할 것은 오로지 자본주의를 척결하는 것뿐이다."라는 단호한 입장을 견지하고 있었다.

전체적으로 네루는 종교, 이념, 정치적 신조, 사회와 경제체제 등을 다양한 가운데 종합하고자 하였다. 그가 반식민지주의에 대해 확고한 신념을 갖게 된 것은 집권하기 훨씬 전에 브뤼셀에서 열린 한 회의에서였다고 한다. 그 후 영국과 프랑스가 수에즈운하를 점령하였을 때 그는 인도네시아, 팔레스타인, 알제리, 앙골라, 남아프리카의 아프리카 종족들, 그리고 이집트와 연대하고자 하였다. 그는 아시아의 통일을 염원하였다. 네루와 티토, 나세르, 수카르노, 엔크루마 등이 비동맹대열에 합류하였다. 네루의 지도력하에 1955년 4월 18일부터 24일까지 반둥회의가 열렸다. 여기서 핵전쟁반대, 피억압국가들의 불가침의 권리와 자결권, 정치와 경제체제의 선택권이 주장되었다. 1961년에는 베오그라드회의가 열렸다.

제2차 세계대전 이후의 신생국을 중심으로 한 국제사회는 단일민족국가라기보다는 다민족 일국가 형태의 독립이 많아졌다. 이런 이질성을 다분히 포함한 다민족 일국가는 대체로 연방국가 혹은 국가연합의 형태를 취하였다. 이미 소비에트연방이 그 전형을 보여 준 바 있다. 네루는 이렇듯 동화주의자(assimilationist)라기보다는 다원주의자(pluralist)였던 것이다. 즉, 다양한 문화와 사회의 표현을 정치적 통일체로 수용하고자 한 것이다. 그의 이런 사상은 세계질서에 있어서도 마찬가지였다. 그는 세계연방(world union)에 대해 언급한 바 있다. "세계연방은 구세계를 대치할 새로운 세계의 모습이다. 각국은 충분한 민주주의와 자유를 기반으로 국경 내에서의 자율을 가지고 국제적인 문제는 세계연방의회에 제출하여 처리하도록 한다." 이런 세계연방체제야말로 반제국주의요, 반식민지주의를 지향하는 것이다. 전 세계를 사회주의연방의 모습으로 형상화시킨 것이다.

5
네루와 사법부[5]

　네루의 초기 사상에는 사법부에 관한 것들이 많은 영향을 주었다. 앞에서 설명한 바와 같이 부친 모틸랄 네루가 알라하바드에서 걸출한 법률가였던 덕분에 그는 유복한 생활을 하였다. 부친은 네루가 어렸을 때부터 철저히 유럽식으로 교육을 시켰고, 네루를 수입이 좋은 법률가로 키우기 위해 런던의 해로 퍼블릭스쿨을 거쳐 케임브리지에 유학을 보냈다. 케임브리지의 트리니티 칼리지는 영국의 총리들이 다닌 학교였는데, 네루는 이곳에서 자연과학을 전공하였지만 실은 자연과학보다 문학, 경제학, 정치학, 철학, 역사, 그리스 문학 등에 보다 많은 관심을 가지고 있었다. 이런 교육배경을 가진 네루는 두고두고 자신은 영국문화를 마음속 깊이 존경하게 되었노라고 고백하고 있다. 영국에 있으면서 그는 페이비어니즘과 접촉을 갖기도 하였다. 케임브리지에서 런던으로 옮겨서는 법학원의 하나인 이너 템플(Inner Temple)에서 변호사 훈련을 받았으며, 귀국 후 알라하바드에서 개업을 하였다. 부친이 워낙 탁월한 변호사였기 때문인지 네루의 변호사로서의 명성은 별로 두드러지지 않았다. 그에게는 변호사 업무가 무의미한 것으로 생각되어 곧 변호사를 그만두고 정치에 뛰어들었다. 이런 배경으로 네루는 영국의 사법제도에 대해서 익숙할 뿐만 아니라 존경심을 품고 있었다. 그는 항상 강하고 독립된 사법부만이 민주정부에서 법의 지배를 지탱하리라고 생각하였다. 법률의 우위성이 사람들 사이의, 국민들과 정부 사이의 정의를 보장하는 것이라고 생각하였다. 그만큼 사법부의 독립에 대한 신념이 투철했던 것이다.

---

5) Alice Jacob, "Nehru and The Judiciary", in *Nehru and The Constitution*, pp. 63~76을 참고한 내용임.

이런 생각이 있었기 때문에 네루는 총리가 되면서 인도의 연방법원을 영국의 귀족원(House of Lords)이나 추밀원(Privy Council)과 같은 격으로 할 것을 구상하였다. 대법원을 정점으로 하는 사법체계를 세우고, 몇 개의 주마다 고등법원을 두어 관할하게 하였으며, 법원이 기본권 보장의 수호자가 되게끔 헌법의 원칙을 잡았다. 네루는 국민이 사법에 대한 존경심을 갖도록 하기 위해서 대법관의 정년을 65세로 해야 함을 역설한 바 있고, 헌법 제50조에는 "국가는 공적 업무에 있어서 사법권을 집행권으로부터 분리시켜 나가는 조치를 취해야 한다."는 지침을 규정하였다. 집행권의 과도한 우위로부터 사법권의 강화를 도모하고자 하는 조치였다. 이와 같은 헌법 규정의 목표는 그 후 1974년 4월 1일 형사소송법의 발효와 함께 어느 정도 실현되었다.

네루는 대법원의 권위와 품격을 위해서 유럽식 건축이면서도 인도의 정의감을 반영시킬 수 있는 대법원 청사를 뉴델리에 마련해 주었다.

그럼에도 불구하고 네루는 사회개혁과 관련해서는 사법부를 불신하였다. 경제적·사회적 평등을 실현시키고자 염원했던 네루에게 사회주의는 곧 민주주의였으며, 경제적 민주주의가 실현되지 않은 정치적 민주주의는 생각할 수 없는 것이라고 단언하였다. 그러나 대법원은 네루의 이런 입장을 반영하지 못했다. State of Madras v. Champakam Dorairajan 사건에서 대법원은 헌법상의 '국가정책의 기본원리'를 기본권규정에 비해 부차적인 효력규정으로 해석함으로써 네루의 개혁의지를 거슬렀다. 네루는 국가정책의 기본원리들은 입법부나 집행부가 나서서 법의 지배가 통하는 복지국가를 만들기 위해 필수적인 것이라 생각하고 있었다. 토지개혁이라는 혁명적인 조치를 앞두고 있었던 네루에게 사법부는 너무나 시간을 지체시키는 기관으로 생각되었다. 그 결과 사법을 존경하되 개혁조치와 관련해서는 사법을 소외시키는 선택을 하였다. 네루는 모든 개혁절차에서 법률가들을 제외시킬 것을 명하였던 것이다. 바로 이러한 이유로 인도의 사회개혁이 법의 지배와 균형을 이루지 못한 결과를 초래했다는 비판적 시각이 나왔다.

6
네루와 언어문제[6)

인도헌법 제17편(제343~351조)은 공식언어(official language)와 지역언어(regional language), 법원에서의 언어, 언어사용관련 특별지침 등으로 구성되어 있다. 이만큼 인도에서는 언어문제가 차지하는 비중이 컸다. 그리슨(George Grierson)은 저서 『인도에서의 언어조사』(Linguistic Survey of India)를 통해서 분단 전 인도에는 179개의 언어와 544개의 방언이 존재한다고 밝힌 바 있다.

● 1951년의 센서스에서는 전 인도에 845개의 언어가 사용되고 있다고 조사되었다. 1961년의 센서스에서는 1652개의 별개 언어가 있는데, 그중 103개는 외래어에 해당한다고 하였다. 1961년의 센서스에 따르면 전 인구의 87%가 헌법 부칙에 정해진 14개 주요 언어권에 포함된다고 하였다. 당시 4억 4천만 명 인구 중에서 3천만 명 정도가 두 개의 언어를 구사할 수 있었다. 힌디어는 북인도를 중심으로 30.37%가 사용하고 있었고, 영어 사용자는 0.05%였다. 즉, 당시 22만 정도만 영어를 모국어로 한다고 하였지만, 실제로는 1,100만 이상이 영어를 사용하고 있었다. 그러나 숫자만 가지고 국가언어의 중요성을 판단하는 표지로 삼을 수는 없는 것이다. 주요 언어라고 할 수 있는 것은 우선 산스크리트를 모태로 하는 힌디, 벵골리, 마라티, 구자라티와 드라비다 계열의 타밀, 텔루구, 칸나다와 말라얌이었다.

우르두어는 무굴제국 멸망 즈음에 궁정을 중심으로 발달하였다. 처음에 우르두어는 힌디와 글자만 빼놓고는 크게 다른 것이 없었다. 그러나 두 언어는 점차 종교분쟁

---

6) S. K. Agrawala, "Jawaharlal Nehru and The Language Problem", in *Nehru and The Constitution*, pp. 134~160을 참고한 내용임.

과 더불어 논쟁거리로 올랐다. 영어는 영국통치와 더불어 인도 전역에서 사용되었다. 그러나 간디는 무지한 대중들을 고려하여 영어가 아닌 힌두스타니를 사용하였다. 이것은 힌두와 이슬람 간의 적대감에 대한 고려도 있었다.

> • 당시에 인도의 언어 중에서 가장 중요한 것은 힌두스타니였다. 2천만이 사용하고 또 몇 억 명이 이를 이해하고 있었기 때문에 힌두스타니가 의사소통의 기본 수단이 되어야 했다. 힌두스타니는 힌디와 우르두어를 포함한다. 그런데 그 문자는 각각 데바나가리(Devanagari)와 우르두(Urdu)로서 완전히 달라 서로 동화될 수가 없는 것이었다. 그래서 두 개의 문자가 동시에 기능을 해야 할 것이다. 인도 전역의 법원이나 공공관청에서 힌두스타니가 사용될 수 있어야 했다. 결국 힌두스타니의 발전은 힌디와 우르두어를 통일시켜 인도 전체의 언어통일을 목적으로 하며, 이로써 힌두와 이슬람의 통일을 기하고자 함이었다. 간디는 힌두스타니를 '공통의 언어'(common language)로 네루는 '전 인도 언어'(all-India language)로, 라자고팔라차리(Rajagopalachari)는 '국민의 언어'(national language)로 표현하였다. 네루는 힌두스타니를 공식언어로 생각하였다.

1956년 주의 재편과정과 그 이후 각 지역과 지방언어들과 관련된 주장이 들끓었다. 물론 1925년에 국민의회에서 지방국민회의위원회의 의제로 채택한 바 있었지만, 언어문제는 독립운동 기간 중에는 이론적인 측면에만 머물렀다.

네루는 그 자신 영어로 교육을 받았기 때문에 처음에는 힌디조차 하지 못하였다. 그러나 대중연설을 위해 힌디를 익히지 않을 수 없었다. 그는 살아 있는 언어란 "항상 고동치고, 생동하는 사물이며, 그리고 항상 변화하고 언제까지나 성장하며 말하고 쓰는 사람들을 반영하는 그런 것"이라고 표현하였다. 그리고 언어의 사회적 의미를 알고 있었다. 때에 따라서는 통합기능을, 어떤 때는 분리기능을 하는 것을 알았다. 이처럼 네루는 자유롭게 생성발전되는 언어관을 가지고 있었다. 그는 비록 언어가 다양하기는 하지만 인도의 면적에 비해서는 그렇게 심한 편이 아니고, 그들 간에는 상당한 친밀도를 가지고 있다고 생각하였다. 따라서 인도의 통합에 있어서 언어가 큰 장애는 아니라고 생각하였다. 1937년에는 영국의 정책에 의해 힌두와 이슬람 사이에 갈등이 더욱 커졌고, 그에 따라 힌디와 우르두어 사이의 간격도 커졌다. 이런 갈등에 대해서 네루는 간디 등 다른 지도자들과 함께 힌두스타니를 대안으로 제시하였다. 언어관에 있어서 네루는 그의 정치적 스승이라고 할 수 있는 간디의 영향을 받았다. 그렇지만 정작 1946년 헌법제정회의에서 힌두스타니는 그리 지지를 받지 못하였다. 오히려 데바나가리 문자를 쓰는 힌디가 많은 지지를 받았다. 그래도 분단이 이루어지기 전까지만 하더라도 제헌회의 작업규정상에는 힌두스타니(힌디 또는 우르두어)와 영어를 기초로 한다고 정하였다. 그러나 분단이 기정사실화된 이후부터는 힌두스타니는 그 존재이유를 상실하게 되었고, 힌디가 급부상하였다. 그 결과 작업규정은 향후 15년 동안 의회에서는 힌디와 영어를 기초로 한다고 개정되었다. 물론 의장의 허락하에 누구든지 자기의 지방언어를 사용하는 것은 가능하였다. 헌법기초단계에서 벵골과 남인도지방에서 강한 반발이 나타났다. 이즈음에서 네루는 침착을 요구했고, 결코 다수가 소수에게 강요하는 방식으로 해결되어서는 안 될 것이라는 지침을 내렸다. 언어문제와 관련된 원칙은 1949년 8월 5일부터 본격 가동되어 그해 8월 11일 힌디를 공식언어로 한다는 것을 만장일치로 채택하고, 문시(K. M. Munshi)와 아양가르(Gopalaswami Ayyangar)가 집중적으로 이 문제를 전담함으로써 1949년 9월 12일 일정한 해결책이 나왔다. 문시-아양가르 공식(formula)으로 알려진 이 공식에 입각해서 언어에 관련된 헌법조항이 제343조부터 제351조까지 채워졌다. 그 후 1956년과 1967년의 헌법개정에서 약간의 추가가 있었다. 1973년 네루는 '언어의 문제'에 대해 상당히 포괄적이고, 논리정연한 글을 발표한 바 있었다. 그 이후 이에 관한 그의 표현은 아주 적은 편이었는데, 그것은 수시로 생기는 정치적 압력 때문이었다. 네루는 정치가요, 사상가요, 휴머니스트였다. 인도의 통합이 아무리 급박하다고 하더라도 그는 해당 언어에 대한 정서적 공감을 포기하지는 않았다.

7

네루와 연방제도, 세속주의[7]

1950년대까지만 하더라도 국민통합(national integration)의 문제는 전면으로 대두되지 않았다. 주(州)재조직위원회(The States Reorganization Committee)는 16개의 언어주를 창출시켰다. 그 후에 그 수는 더욱 증가되었다. 철저한 힌두주의자들은 힌두인도를 조각내는 것이라 하여 이를 결사반대하였다. 이미 1920년대에도 국민회의에서 언어 중심으로 주를 편성하는 것을 검토한 적이 있고, 헌법제정회의에서도 마찬가지였다. 네루는 주의 특징으로 문화, 지리, 경제적 필요성을 주요 인자로 파악하였다.

1946년에 공산주의자들은 14개의 헌법제정회의를 설치할 것과 연방을 포기할 수 있는 분리권을 부여할 것을 요구하였다. 쿠플랜드 계획(Coupland Plan)이라고 알려진 이 계획은 4개의 지역이 영국으로부터 승인을 받았고, 영국은 이미 8개의 완전독립 혹은 부분독립 지역을 마련하고 있었다. 네루는 이 계획을 사전에 중지시키고, 전인도를 중앙집중화된 연방으로 구성하면서 다양성을 가진 통일체를 구성하는 데 어려움을 실감하고 있었다. 나라인(Jai Prakash Narain)은 1953년 공화국을 지나치게 중앙집중화시키지 말라는 서한을 보냈다. 비노바 바베(Vinoba Bhave)도 권력이양을 권하였다. 분권화에 대한 압력이 거세었다. 간디도 이에 포함되었다. 그러나 네루는 공산주의자들이 주장하는 공화국을 12개 이상으로 분할하는 안은 도저히 받아들일 수가 없었다.

헌법제정회의에서 나히리(Somnath Nahiri)는 일부 지방의 연방으로부터의 분리권

---

7) R. K. Misra, *Nehru and Secularism*과 S. P. Sathe, *Nehru and Federalism: Vision and Prospects*, in *Nehru and The Constitution*, pp. 161~181, pp. 196~213을 참고한 내용임.

을 주장하였다. 이런 원심력은 대단히 거셌고 힘든 문제였다. 네루는 큰 사명감을 가지고 이 문제를 대하였다. 이 문제는 비단 인도만의 것이 아니고 지금 새롭게 태어나는 다른 나라들이 겪고 있는 전 세계의 문제였다. 그렇기 때문에 일종의 모범적인 해법을 제시해야 한다는 것이 네루의 자세였다. 그러나 연방을 구성한 이후 그는 인도 연방의 모습이 19세기의 형태로 귀착되었음을 실토하고 있었다. 바라타바르샤(Bharata Varsha : 인도인들이 자기 나라를 부르는 별칭)는 강가 강까지 확장되어 있지만 일찍이 통일이 된 적이 없었다. 인도에서는 파키스탄과의 분리 이후 남인도를 중심으로 제기된 새로운 주장, 즉 영국의 통치가 끝난 지금 이제 아리안족으로의 통치가 시작되고 있는 것을 경계해야 한다는 분리주의적 주장이 등장하였다. 네루는 일찍이 1928년에도 주의 분리문제에 대해 고심을 한 적이 있었다. 그는 1946년 내각사절단 이후 '약한' 중앙정부안에 동의하였다. 1947년 4월 20일에 '약한' 중앙정부의 연방안이 수용되었다. 하지만 1947년 7월 4일 네루는 '강한' 중앙정부를 취하였다. 각 주는 네루와 파텔이 주도하는 이 계획 아래 주의 권한 중 세 가지 주제에 관하여 중앙정부에 위임해야만 하였다.

1945년 국민회의의 선거공약(election manifesto)과 1947년 1월 22일 헌법제정회의에서 동의한 네루의 '목적결의'는 '자율적 단위지위'와 잔여권한의 중앙정부로의 귀속을 담고 있었다. 누구든지 주와 중앙정부 간의 구심력과 원심력의 균형을 원하였다. 하지만 조만간에 연방 내에 초래된 분열조짐과 법과 질서에 대한 위협, 그리고 전체적 계획에 대한 필요성은 통일된 연방을 요청하게 되었다. 주의 자치권한은 처음부터 많이 부여될 것이 요청되었다. 이 요청은 현재까지 계속되고 있는 사안이다. 이 맥락에서 네루의 세속주의에 대한 언급이 필요하다. 진나와 네루는 모두 본질적으로 종교에 기반을 둔 이슬람의 킬라파트(Khilafat) 운동에 대해서 반대하였다. 네루는 이미 1931년 카라치 결의에서 세속주의를 명확히 밝혔고, 1948년에 종교공동체주의에 입각한 정당을 금지시켰다. 그의 세속주의는 소수민족의 존재와 무관하지 않다. 그는 각 민족(종족)은 각자 그들의 특징에 따라 살아가야 하며 토지와 삼림에 대한 그들의 권리에 대한 행정적 간섭은 거의 없을 것이라고 말한 바 있다. 그렇지만 그의 세속주의는 분단을 막지 못하였다. 아자드(Maulana Abdul Kalam Azad)는 그의 주요 저서 『인도는 자유를 쟁취한다』(*India Wins Freedom*)에서 내각사절단의 연방계획은 분단을 막을 수 있었는데, 파텔과 네루 심지어 이후에는 간디까지도 연방계획을 지지부진하게 만들었다고 주장했다. 그는 특히 파텔이야말로 분단의 책임을 져야할 사람이라고 말하고 있다. 그는 "파텔은 공공연히 이슬람연맹이 제거되어야만 인도의 일원으로 남을 것이라고 말하였다. 그런 점에서 파텔이 인도분단에 직접적인 책임이 있다는 말은 부당하지 않다."고 말한 바 있다.

> ● 아자드(1888~1958)는 국민회의와 운명을 같이한, 즉 종교적 분파주의의 이익이 아니라 민족적 대의에 따라 움직인 몇 안 되는 이슬람 지도자 중의 한 사람이었다. 아랍의 메카에서 태어난 그는 위대한 이슬람 신학자의 집안에서 양육되었으며, 1907년 부친을 따라 캘커타에 정착하여 많은 저술을 남겼다. 이슬람의 혁신을 강조하고, 분리주의에 반대하고 인도의 독립을 위해서는 이슬람과 힌두가 단결해야 한다고 역설하였다. 1921년에 간디를 만나고, 1923년과 1940년에 국민회의의 의장으로 선출되었으며, 국민회의 의장직을 1946년 네루에게 물려주었다.

최근에 분단관련 자료에 대한 공개와 심사를 더욱 엄격히 할 필요가 있다. 새로 공개되고 있는 자료는 매우 센세이셔널한 것들이며, 혹자는 간디도 분단에 책임이 있다고 말하기도 한다. 물론 어떤 사람은 네루가 인도의 파편화를 방지하였다고 평가하기도 한다. 잘 알려지지 않은 인물인 탄돈(Purushottam Das Tandon)만이 인도의 분단을 홀로 지켰다는 사람도 있다. 그는 영국의 지배를 조금 더 지연시켰더라면 분단이라는 엄청난 사태를 막을 수 있었을 것이라고 보았다. 웨이벌의 계획도 이런 재앙을 구하고자 했던 것이다. 그러나 아무도 문서자료를 다 읽어 보지 않은 이상 이에 관해 정확히 이야기할 처지는 아니라고 본다.

국가차원의 문제는 접어 두더라도 세속주의는 분단 이후 내부의 민족문제를 해결했는가 하는 것이 의심스럽다. 그 유산은 계속되었고 권력의 맛을 본 사람들은 계속 권력을 추구할 뿐이었다. 간디는 독립투사들이 이렇게 변한 것을 역겨워했고, 그 결과 국민회의당을 해체하려는 생각도 가졌다. 이슬람인들이 분단을 결정했을 때 힌두 지도자들은 강한 중앙집중의 연방체를 선호하였다. 분단은 내부 모순의 결과였다.

이러한 모순은 여전히 존재하고 있다. 네루가 이러한 내부의 종족이나 민족 간의 모순을 시정하고자 한 노력을 과소평가해서는 안 된다. 그럼에도 불구하고 네루는 명확한 연방에 대한 식견을 전개하지 못하였다. 특히 그의 중앙집중의 계획은 대표적인 예이다. 그가 잠무와 카슈미르에 대한 별도의 헌법을 채택한 것도 명백한 예이다. 이러한 의구심에도 불구하고 네루의 여러 업적들, 즉 언어 중심의 주 설치, 북동부지방의 주 설치, 세속주의에 대한 실질적 추구, 힌두법전의 개혁, 빈부격차를 해소하기 위한 분배정책 등은 높이 평가될 것들이다. 그러나 그는 더 많은 일들을 할 수 있었고, 또 그래야만 했다. 그는 실용주의적 정치인으로서보다도 이상적 정치가로서 훨씬 성공하였다. 그의 약속과 꿈들은 실현되지 못한 것들이 많았다. 그러나 그 어느 지도자도 네루보다 더 잘할 수는 없었을 것이라는 평가가 인도인들에게 널리 퍼져 있다.

참고문헌

- Alice Jacob, "Nehru and The Judiciary", in *Nehru and The Constitution*, Indian Law Institute, New Delhi, 1992.
- J. Adams and P. Whitehead, *The Dynasty, The Nehru-Gandhi Story*, Penguin Books, 1997.
- Lok Sabha Secretariat, *The Constitution and The Constituent Assembly*, New Delhi, 1990.
- Naorem Sanajaoba, "Nehru's World View", in *Nehru and The Constitution*, Indian Law Institute, New Delhi, 1992.
- R. K. Misra, "Nehru and Secularism," in *Nehru and The Constitution*, Indian Law Institute, New Delhi, 1992.
- S. K. Agrawala, "Jawaharlal Nehru and The Language Problem", in *Nehru and The Constitution*, Indian Law Institute, New Delhi, 1992.
- S. P. Sathe, "Nehru and Federalism: Vision and Prospects", in *Nehru and The Constitution*, Indian Law Institute, New Delhi, 1992.
- Upendra Baxi, "Dare Not Be Little: J. Nehru's Constitutional Vision and Its Relevance in the Eighties and Beyond", in *Nehru and The Constitution*, Indian Law Institute, New Delhi, 1992.

제 9 장

사르다르 파텔과
인도의 독립

I·N·D·I·A

1
들어가며

사르다르 파텔(Sardar Vallabhbhai J. Patel, 1875~1950)은 인도의 독립과 헌법제정 시기에 가장 역동적으로 활동한 중요한 인물 중 한 사람이다. 그는 1917년부터 1947년까지 인도독립을 위한 국민운동시기에 중심적인 지도자로 활약하였으며, 또한 독립이후 인도의 헌법제정과 전국적 통일, 자주적인 민주주의의 초석을 다지는 데 활약한 인물이다. 하지만 간디나 네루, 암베드카르에 비하면 그의 공적은 상당히 허술하게 취급되고 있다. 특히 한국에서는 파텔이라는 인물에 대한 소개가 전혀 없다고 할 정도로 그의 활동이나 업적에 대한 저술이 적은 편이다. 그러나 인도독립사에 나타나고 있는 그에 대한 소개의 빈도수를 보면 그의 비중이 결코 작을 수 없음을 짐작하게 만든다. 따라서 그가 인도의 독립과정에서 어떤 일을 하였는가를 알아보는 것은 인도의 독립과 민주주의 확립에 기여한 인물과 활동방식을 정확히 아는 데 도움이 될 것이라고 본다.

파텔은 네루, 프라사드, 아자드와 함께 인도 제헌의회의 4인방으로 꼽힌다. 그리고 제헌의회에서 자문위원회 위원장으로 활동하였다. 정부수립 이후에는 부총리로서, 또한 내무장관과 방송장관으로서 중책을 맡았다. 이때 토후국을 비롯한 소수자 문제를 처리하는 데 그가 보여 준 유연성은 대단한 것으로 평가되고 있다. 많은 책에서 파텔은 철저한 힌두교인으로 이슬람을 적대시한 인물로 묘사되고 있다.[1] 또한 파텔의 정치방식은 지나치게 권력의존적인 해결방식이라서 정책프로그램과 사회제도

---

1) 예컨대, J. Adams & Ph. Whitehead, *The Dynasty, The Nehru-Gandhi Story*, Penguin Books, 1997, p. 122.

의 변화가 결여되어 있다는 점이 문제점으로 비판받기도 한다.

• 샹카르다스가 그 예이다. 그는 파텔의 행정능력과 업적에 대한 분석과 비판을 통해 이런 결론을 내리고 있다(Michael H. Lyon, *Sardar Patel and Indian Independence*, Konark Publishers Pvt Ltd, 1996, p. 218에서 재인용).

이러한 설명과 비판이 과연 맞는 것인지, 만약 그렇다면 그가 인도의 독립과정에서 구체적으로 분열되어 있는 전국을 하나로 통일하는 데 가장 큰 기여를 했다고 하는 일반적인 설명은 어떻게 가능했는지를 살펴보기로 한다. 이 장에서는 주로 라이언(Michael H. Lyon)의 저서 『사르다르 파텔과 인도의 독립』(*Sardar Patel and Indian Independence*)을 근거로 하여 파텔에 대한 소개를 할 것이다.[2]

2
초기운동 시기

1. 구자라트의 농민운동

파텔은 구자라트 출신이다. 구자라트라면 간디의 고향이기도 하다. 식민통치에 대한 그의 저항은 처음에 자신의 마을에서 하부의 농민운동에 참여하고 거기에서의

―――――――――

2) 이하 이 책에서의 인용문 쪽 수는 본문에서 괄호로 처리함.

지도적 역할을 통하여 이루어졌다. 오랜 운동경력이 쌓이면서 공적이고 전국적인 인물로 성장하였던 것이다.

국민회의를 중심으로 한 인도독립운동은 농촌에서 시작되었다. 파텔 집안의 경작지는 캄바이 만(灣) 근처를 흐르는 여러 개의 강 사이에 낀 좁은 평야였다. 이 평야는 페틀라드(Petlad), 아난드(Anand), 아메다바드(Amedabad) 등의 도시와 접하고 있는 곳이다. 파텔 집안은 이 일대를 지배했던 유력가문이었다. 이처럼 이 지역에서 간디와 파텔과 같은 전국적인 국민운동 지도자를 배출할 수 있었고, 전국적인 자유투쟁으로 전개된 농민운동이 발생한 원인이 무엇인지 궁금할 수 있다. 이에 대해서 라이언은 네 가지 설명을 통하여 파텔의 운동성격을 파악하고 있다(7~16쪽).

첫째, 정치적 기원설이다. 도시 엘리트와 대지주들이 농민저항운동을 정치적으로 지도하고 활용하면서 농민운동이 거세졌다는 것이다. 그러나 정치적 지도자들이 이들을 활용하기 위해서는 먼저 농민들이 이에 응할 만큼의 일정한 조건이 형성되어 있어야 가능하다는 반론이 있다.

둘째, 종교적 기원설이다. 농민운동이 인도 특유의 종교로부터 발생했다는 것이다. 특히 간디의 지도원리, 즉 자기완성과 희생, 문화적 자부심과 평화적 저항이 농민들의 충성과 행동원리가 되었다는 설명이다. 이 설명에도 반론이 있다. 구자라트 케다(Kheda) 지역에서의 1920년대 상황을 볼 때 간디의 지도원리가 통할 시기는 아니었다는 것이다.

셋째, 농민의 피폐를 원인으로 드는 설명이다. 저항이 상층부로부터 지도되었다기보다는 아래로부터, 안으로부터, 농민층 내부로부터 발발한 것이라고 보는 주장이다. 실제로 당시 상황을 보면 농작과 경제적인 문제가 심각하였다. 1899년과 1925년 사이에 3, 4년에 한 번씩 찾아온 30년 동안의 끔찍한 흉년은 구자라트 케다 지방의 농민들을 더 이상 참을 수 없을 만큼 피폐화시켰다. 이 시기에 시민불복종과 토착적 저항들이 지속적인 형태로 발발하기 시작한 것은 사실이다. 하지만 이런 경제적 이유만 가지고 농민운동의 기원을 충분히 설명할 수는 없을 것이다. 적은 수확에 비해 과도한 세금은 농민의 불만을 가중시키게 되지만, 바로 그것이 저항으로 직결되는 것은 아니기 때문이다. 완전히 생계를 잃은 영락한 농민은 저항조차 효과적으로 할 수 없는 법이다. 그리고 사적인 이익추구는 결코 역사적·사회적 의미를 가질 수 없다. 진지한 국민운동이 되려면 보다 광대하고 이상적인 명분과 당위가 개재되어야 한다.

넷째, 결론적으로 종합적인 설명이다. 어떤 하나의 원인이 모든 것을 설명할 수는 없는 것이다. 구자라트에서 농민이 동원된 조건은 분명히 당시의 구조적 상황을 더욱 면밀히 검토함으로써 비로소 해명된다. 브레먼(Breman)은 구자라트에서의 파텔운동은 경제적 빈곤층에 의존한 것이 아님을 밝히고 있다. 이미 경제적으로 넉넉한 동시에 세력가에 속한 상업화된 영농인들이 오히려 지역운동의 중심이었다. 파티다르(Leva Patidar)들은 그 지역의 지도자였다. 이들은 족내혼을 통해 권위를 유지하고 다른 농민들을 고용하는 그런 계층이었다. 파티다르들은 소농과 중농을 넘어 대농에 속하는 사람들로서, 5~15에이커에 달하는 옥토를 소유하고 있었다. 당시에 10에이커를 소유한 자는 왕이라고 여겨질 정도였다니까 파티다르들의 지위를 짐작할 수 있다. 라이언은 파티다르들이 이렇듯 유력한 농민들이었기 때문에 국민회의를 지원하고 간디의 비폭력운동에도 가담하였을 것이라고 본다. 이들은 궁극적으로 자신들이 지켜야 할 신분적 가치가 있었고, 따라서 사회적 무질서를 원하지 않았다. 이들은 점차 다른 계층들, 즉 도시민과 서비스업자, 지식인층들과 합류하면서 공동의 목적을 수행할 수 있었다. 성숙된 문화운동으로서의 민족주의는 협력을 기반으로 하여 다양한 계급을 초월할 때에만 가능한 것이다. 저항운동의 역사적·정치적 뿌리를 탐색해 보면 지도자의 역할은 사회적으로 미묘하고 복잡하며 변화성이 강한 모습을 띠게 된다. 당과 농민과의 변증법이요, 사회적 이해관계의 다양한 정치적 표현을 포괄해야만 하는 것이 지도력이다.

이런 예를 보자. 1918년 영국 식민지정부에 대한 토지세 철회운동은 농민의 감정과 일치하였기 때문에 성공적이었다. 1922년에는 농민들의 냉담 속에서 운동이 잘 진행되지 못하였다. 국민회의의 운동력도 농민들의 열기에 비례해서 나타났다. 국민회의와 농민들의 연대가 강화될 때에는 운동력도 회복되었다. 여기에 파텔의 남다른 노력이 있었다. 연대에 의한 성공은 민족운동 전체에 모범사례를 보여주었다. 운동본부가 일방적으로 정치적·종교적 명령을 내릴 때에는 그렇게 성공적이지 않았다. 하층부, 지역차원에서의 공감대가 형성되지 않았을 때 영국에 대한 국민회의의 영향력은 그리 클 수가 없었다. 선도적 저항은 위로부터 행해지는 것이 아니라, 항상 아래로부터 제기되었다는 점이 기억되어야만 한다.

2. 대중운동

(1) 농민 속에서

간디와 파텔의 운동성은 기층 지지자들과의 의사소통에 기반을 두고 있었다. 어떤 경우에도 행정력에 의한 정치적 통제는 당시에 불가능한 것이었다. 당은 조직적 준비가 되어 있지 않았다. 기능과 정신적 측면에서 '따라가는' 대중운동의 모습에서 크게 벗어나 있지 않은 상태였다. 운동의 지도자들은 대중들의 사회적 조건들을 표출시키고 공유해야 한다는 문화적·민주적 감정들을 알고 있었다. 파텔과 간디의 초기단계에서의 모습도 아래로부터 올라오는 대중의 불만과 열망을 반영하는 일을 주로 했고, 위로부터 일정한 명령을 내려 지도하는 방식을 취하지는 않았다. 요컨대 국민회의가 농민의 요구에 응한 것이지, 농민들이 국민회의 지도자들에게 응한 것은 아니었다고 말할 수 있다. 그렇다고 농민들이 지도부로부터의 독립성을 원한 것은 아니다. 정치적 동요기에 농민들은 지도부와 항상 행보를 일치시켜야 한다는 것을 알고 있었다. 그렇지 않으면 당국에 의해서 농민운동 자체가 진압될 위험이 크기 때문에 국민회의와의 연대가 불가피하였다. 그런 한에서 당지도부의 권위가 유지된 것이다. 민족주의운동에 대한 중산층과 농민층의 기대는 상이하였다. 구자라트의 케다 지방에서의 도시집단은 1917~1919년과 1928~1931년 기간에 민족주의 운동에 대하여 강한 지원을 해 주었다. 이 시기는 헌법변화의 초기였다. 도시의 중산층은 정치적 개혁을 기대하고 지지를 보냈을 뿐이다. 반면에, 농민 민족운동가들은 이 기간 중 헌정에 대한 관심보다는 영구적 식민지배에 대한 반대를 위한 저항을 전개한 것이다. 그렇기 때문에 관심도 달랐다. 이들은 토지세 납부의 거부를 통해서 식민지정부의 취약점을 공격하였다.

대부분의 농촌운동가는 '중농층'이었다. 열렬한 파티다르들이었던 것이다. 파텔은 이런 농촌의 실정을 함께 느낄 수 있는 처지였기 때문에 파텔 일가와 구자라트 농민들 속에서 지도력을 키워 나갈 수 있었다. 더구나 사회 여러 계층의 경험을 쌓았던 터였으므로, 파텔은 능수능란한 의사소통과 관리력을 보유하였다. 사회의 여러 집단이 갖는 다양한 이해관계나 가치들을 한데 모아 가는 데 특별한 실력을 발휘하였다. 파텔은 아메드바드에서 변호사를 개업하고 있었지만, 농민들과 거의 같은 생활을 하면서 지냈다. 이런 연대감이 그의 지도력의 기반이었다. 그러면서도 그는 이러한 운동이 특정층에 제한되지 않고 전 국민의 운동으로 확대되기를 염원하였다(12~14쪽).

(2) 민중적 호응

20세기 초에 국민운동은 도시 중산층에 국한되었다. 그러나 점차 민중의 호응을 얻게 되었다. 구자라트 중부지방에 위치한 작은 마을 차로타르(Charotar)와 바르돌리(Bardoli)까지 확대되었던 것을 보면 이를 알 수 있다. 케다의 차로타르는 인도국민운동사에서 대단히 중요한 위치를 차지한다. 이곳에서의 운동이 전국적인 모델이 되다시피 한 것이다. 식민정부의 중과세가 부정의하다고 느끼고 있던 농민들은 조직적으로 저항했던 것이다. 저항운동은 사티아그라하(Satyagraha)로 알려진 평화적이고 경건한 시민불복종의 방법을 통하여 이루어졌다. 1918년에는 케다에서, 1922년과 1924년에는 보르사드(Borsad)에서, 1926년부터는 바르돌리에서 성공적인 지역적 시위가 있었다. 이런 저항운동에서 파텔 일가는 지배적 카스트로서 종교적 공동체의 힘을 가지고 지도력을 발휘하였다. 농민운동의 구조적인 한 특징은 지배적 카스트를 중심으로 이루어졌다는 점이다. 더군다나 파티다르는 지역 공동체 내에서의 권력을 통하여 지역적 관계로 조직되었다. 파텔 일가의 초기 영향력은 기층농민의 요구에 기초를 두되 파티다르와의 연계 속에서 이루어졌다. 파텔 가문은 20세기 초 칸비(Kanbi)로부터 더 상위의 파티다르가 된 것이다.

• 1930년대까지 파티다르 카스트는 앙혼(仰婚, hypergamous marriage)을 존중하

는 엄격하고 위계적인 관례들을 채택하였으며, 카스트의 지위를 보다 순수하고 상층부로 높여 나갔다. 신분을 낮추는 관습은 포기하였으며, 상층부의 관례를 취하였다. 형사취수의 관례를 멀리하였으며, 육류와 주류를 피하는 등 종교적으로 엄격한 방식을 행하였다. 단기간에 신분이동을 할 수 있었던 것은 인도의 카스트 신분이동의 한 예로 들고 있는 특기할 만한 일이었다.

식민정부가 연방제를 취하자 파티다르의 역할은 지역에서, 특히 판차야트에서 핵심적인 행정력을 얻게 되었다. 파텔 대학에서 박사학위논문을 쓴 마누바이 파텔 (Manubhai Patel)은 인도 민주주의의 여명기에 이런 배경 아래에서 파텔이 한편으로는 농민과 직접적 관계를 맺고 다른 한편으로는 상부의 행정력까지 어느 정도 확보하게 됨으로써 국민통합에 결정적인 영향력을 확보하게 되었다는 설명을 하고 있다 (15~16쪽).

3. 생애와 사회적 성장

파텔은 명예심을 존중하였으며, 엄격한 절도와 규율을 실행하였다. 학창시절 자신은 지키지 않으면서 학생들에게 규율을 엄격히 지키라고 요구하던 한 교사에 대해 엄중히 항의한 적이 있었다. 이때 파텔은 교장선생의 공식 사과를 받을 때까지 수업을 보이콧했다. 보이콧 투쟁방식을 사용한 첫 번째 사건이었다. 농촌과 같이 동질성이 강한 집단은 결속력이 강하기 때문에 일단 이 방식이 채택되는 경우 대단한 효과를 볼 수 있었다. 거기에다가 파텔은 형식적 권위보다 실질적 권위를 중시하였다. 실질적 권위로서 도덕성을 지키는 것은 국민운동의 지도자가 갖추어야 할 필수적 요건이었다. 그 후 파텔은 보이콧 방식을 국민운동에서도 적용하였다. 1931년 국민회의 의장으로 선출된 것도 따지고 보면 그의 사티아그라하를 반식민지투쟁에 효과적으로 사용한 덕분이었다. 사전에 잘 조율되고 훈련되지 않는다면 그와 같은 평화적인 불복종운동은 가능하지 않았을 것이다.

파텔은 인도에서 변호사 자격을 취득하고, 30대 나이에 런던으로 유학하여 법학원에서 공부하였다. 경제적인 난관이 따랐으나, 파텔은 이를 극복하면서 정진하여 큰 명예를 얻었다. 당시로 보아 외국유학은 왕족이나 브라민과 같이 좋은 집안 출신이 아니면 꿈도 꿀 수 없는 것이었다. 이렇게 보면 그의 출세는 곧 농민들의 출세를 의미하는 것이 되었다. 그가 배운 법률기술은 농민의 이익과 상부의 이해관계를 조정하는 능력으로 사용되게 되었다.

1917년 파텔은 아메다바드 시정위원회의 한 사람을 부정부패 혐의로 고소하고 공직에서 추방시켰다. 전례 없는 공직추방을 성사시킨 것이었다. 그 이전까지 유럽의 관리에 대한 굴종은 대단히 심하였다. 새롭게 구성된 아메다바드 시(市) 이사회 회장으로서 그리고 국민회의 지도자로서(1922~1928) 파텔은 공공급여와 지역주민들의 평등한 정치적 참여, 질병과 재난에 대한 대처를 하는 데 많은 기여를 하였다. 이로 인해 인도의 주민 수준과 민주적 기대가 급격히 높아졌으며, 주민들의 정치화가 상당히 진전되었다. 이전만 하더라도 전통적 카스트제도로 인하여 사회 전체가 정체되어 있었고, 근대적 평등이념과 민주주의, 선거권, 신분이동 등의 개념들은 들어설 자리조차 없었다. 인도사람들은 문화적 열등감을 가지고 식민정부에 대해 굴욕적인 태도를 보였다. 파텔은 이런 현상에 대해 안타까워했고 이를 타파하고자 노력하였다. 남인도에서 파텔은 이 왜곡된 상황을 거세게 꾸짖었다.

> • "여러분은 왜 브라민들을 부러워합니까? 브라민들이 여러분에게 어떤 해를 끼쳤는지 아십니까? 진짜 브라민들은 현재 영국인들입니다. 그들은 카스트도 없는데 여러분과 우리의 브라민들은 영국인들을 숭배하는 것입니다. 내가 생각하기에 세상에서 가장 귀한 사람들은 땅에서 농사짓고 곡식을 키우는 분들이라고 생각합니다."

어디서든지 파텔은 농민들이 관리들에 대해 가지고 있는 두려움을 없애 주려고 하였다. 그는 자부심과 자존심이 대단한 사람이었다. 인도의 가치를 다시 정립하고자 하는 민족주의운동은 국민회의를 통해서 발현되었다. 지도자로서의 파텔은 매우 복잡한 성격의 소유자였다. 역사적으로 보면 식민시대와 독립 이후 양 시기에 걸쳐 살았으며, 19세기 카스트제도가 성행했던 시대도 경험하였고, 사회적으로는 농민부터 왕족까지 두루 섭렵할 수 있는 지위를 가지고 있었다. 인간적 친화력이 컸던 반면,

독자적 사색의 성격도 많이 가졌다. 무엇보다도 그의 인격은 식민지 치하에서 형성된 이중문화적 성격(bicultural nature)을 특징으로 삼을 수 있다. 그에게는 서양식 문물과 토착적 생활방식이 공존하고 있었다. 가정생활의 상당 부분이 서양식으로 이루어졌다. 이런 습관은 간디의 계율로 돌아설 때까지 계속되었다(21~22쪽).

4. 힌두문화와 파텔

인도사회에서 문화가 가지는 의미는 지대하다. 특히 이 문화는 힌두교의 특징에서 비롯한다. 힌두교의 포괄성(comprehensiveness)이란 이론과 실제에서 힌두교 사상과 문화는 서로 동치를 이룬다는 것이다. 모든 사람들이 갖고 있는 다양한 문화를 포괄하는 것 바로 그것이 힌두교의 특징이요 인도의 정신이라고 본다. 밀접성(compactness)은 인도사회와 같이 다문화로 인한 복잡다양한 큰 사회에서는 특별한 성격이다. 인도의 사회관계는 개인적 의식행위와 인간관계의 친근성에 의하여 작동한다고 말할 수 있는데, 그 결과 문화적으로 아주 특수성을 띠게 되어, 지방마다 분야마다 특수한 개성을 띠게 되고 조각이 날 정도로 나누어지고 심지어 상호 갈등요인까지도 생긴다.

그러나 이런 포괄성과 밀접성이라는 힌두의 두 가지 장점으로 인하여 가치와 실행, 이상과 성취, 전체와 자아 등 상호 통합되기 힘든 덕목들을 합치시킬 수 있는 가능성을 열어 준다. 힌두문화에서 보면 힌두원리와 실천이 합일되며 인도문화구조를 응집력 있게 만들어 갈 것을 요구한다. 파텔은 이런 문화를 대표하는 성품을 지녔다. 그렇다고 그가 철두철미 힌두교인이라는 것은 아니다. 그는 근대사상과 민족주의라는 대중의 가치를 가지고 내부와 하부로부터 지도력을 창출해 나갔으며, 연대와 지원의 기초를 잘 파악해서 의견의 합치가 이루어지는 지점을 간파하는 능력을 가지고 있었다. 그는 문화적 합치의 방법에 의하여 존중할 만한 긴밀한 관계를 이룩함으로써 힌두교의 특색을 잘 드러낸 인물이었다. 그는 공통적 일체감을 형성시키기 위해서 말에 의한 설명보다는 묵묵히 행동으로 보여 주면서 대중을 지도하였다. 그래서 그에게는 '말 없는 지도자'(Silent Leader)라는 별명이 생겼다. 오늘날 국부(國父)와 민족운동가들을 고취시켜 주고 있는 시바신의 아들 가네시와도 같이 파텔은 개조자요, 능력자요, 격려자요, 구원자로서의 성격을 지니고 있는 것이다. 인도가 문화적 열등감과 침체와 나태함에 빠져 있을 때 그는 이러한 민족의 약점들을 정치적 업적으로 바꾸는 선도역할을 담당했다(27~31쪽).

• 그에게는 '바로다의 왕', '바르돌리의 사자', '인도의 철인', 그리고 '사르다르'라는 별칭이 따르고 있다. 특히 '사르다르'는 간디가 그에게 붙여 준 이름이다.

그는 모틸랄 네루가 신구문화 가운데에서 여전히 신분제도에 사로잡혀 있고, 서구문화에 대해서는 지나친 경외심을 가지고 있던 것과는 차이가 있었다. 그는 유럽의 문화를 잘 알면서도, 결코 제국주의문화에는 타협하지 않았고, 그런 가운데 인도의 가치를 다시 부흥시켰다. 문화적 자존심에 의하여 식민지 의존성을 극복하였던 것이다. 그러나 파텔은 사회주의는 받아들이지 않았다. 이 점에서 사회주의를 지향한 자와할랄 네루와는 차이가 있다. 파텔은 보수주의자였음에 틀림없지만, 문화적으로는 인도에서 '주류'(主流)에 속한다고 볼 수 있다(32쪽).

국민회의는 1920년대까지만 해도 모든 신분을 동등하게 받아들이지 못하였다. 다수의 의견이 허락하지 않는 한 일정한 하층신분의 변방적 이해관계들은 전체 기조를 곡해할 위험이 있다는 이유로 용납되지 않았다. 하리잔(harijan)과 그보다도 더욱 외곽에 서 있는 할파티(halpati)가 그 예이다. 국민회의는 카스트문화를 정화시키고, 새롭게 하며, 그 배타성과 심한 비인간적 차별을 극복함으로써 일반인들의 공감대를 확산시켜야 된다고 믿었다. 그래서 간디가 하리잔(신의 아들)이라고 명명했던 '오염된' 카스트를 의식참여에서 배제시키는 관행을 철폐시켰다. 이러한 획기적인 신분상의 개혁은 전 세계적인 지지를 얻었다(33쪽).

그 밖에 일부 부족들에 대한 차별도 존재하였다. 파텔은 당내에서 간디의 지도에 발맞추어 하리잔에 대한 배려를 하는 데 앞장섰다. 그들과 동석하고 말도 나누는 등 과감한 실행을 해 나갔던 것이다. 그에 비하면 할파티에 대한 고려나 봉건적 예속관계에 놓여 있는 부족과 이주노동자들, 노예노동자에 대한 개혁은 미진하였다. 파텔은 할파티에 대한 개혁은 시기상조라고 생각하였다. 그리고 구자라트의 주변부에 있었던 아디바시(adivasi)라 불린 전일제 가사노동자들에 대해서도 마찬가지였는데, 사실 이들은 전통적 자즈마니(jajmani) 제도 아래에서 농촌의 카민(kamin)들보다도 훨씬 열악한 위치에 놓여 있었다. 파텔의 이런 결심에는 정치적 동원의 확대와 농촌의 경제적 이익을 비교형량한 결과 선택한 것이었다(33~34쪽).

국민회의는 원래 도시의 중산층을 주로 하는 운동이었던 관계로 한계가 있었다. 국민운동이 되기 위해서는 보다 더 큰 광범위한 계층을 아울러야 했다. 구태의연한 신분제는 평등민주주의에 맞추어 근대화되어야 했다. 이런 임무를 수행하는 데 가장 힘쓴 인물이 파텔이었다. 물론 무굴 치하에 있던 북쪽 이슬람인들까지 포섭하는 데는 실패하였다. 그러나 무엇보다도 광범위한 농민들의 참여를 끌어내는 데는 현저한 업적이 있었다. 그는 또한 언어와 사상과 같은 비공식적인 부분에 대한 개혁을 잊지 않았으며, 지방언어를 그 지역의 공용어로 정착시킬 것을 주장하였다. 그는 인도인들이 가진 이상이 반드시 부흥되고 실현될 것을 굳게 믿었다. 물론 철학적으로가 아니라 사회적으로 이런 신념을 가지고 있었다. 전체적으로 파텔은 이상주의적 정치인이었다기보다는 현실정치인으로 실천력이 뛰어난 인물이었다고 평가된다(36~37쪽).

3
영국의 지배전략과 파텔의 대응

양차대전 사이에 제국주의국가로서의 영국은 인도에 대해서 다음과 같은 네 가지정책을 취하였다. 중심부와 주변부의 관계를 설정하면서 관계를 지속시키고자 하는 취지였다.

① 영국의 상업적 관계와 이해관계를 지속시킨다.

② 인도에서의 문화적 지배와 공동의 가치를 유지한다.

③ 단계별로 정치적 편입을 시도해서 영국의 경제적 이해관계와 문화에 유익하도록 한다.

④ 이런 목적을 효과적으로 달성하기 위하여 식민지 엘리트를 활용한다.

1. 상업적 이해관계

영국이 인도와 접촉한 이래 대인도정책은 몇 차례 바뀌었다. 처음에는 1600년 동인도회사가 설치되면서 인도 내에서 독점적 무역회사로의 권한을 부여받았다. 동인도회사는 상업회사이지만 영국의 인도지배에 첨병 역할을 하였다. 회사는 총재와 24명의 임원진으로 출발하였고, 제한된 해군력을 보유하였으며, 점차 입법, 행정, 사법에 관한 권한을 확보하게 되었다. 동인도회사가 여러 가지 폐단으로 인하여 부패하게 되자 1773년 「규제법」을 통하여 영국의회가 제동을 걸었다. 그러나 중심-주변부의 해외정책에 따라 여전히 경제적 수탈체제는 계속되었다. 이후 식민지들이 영국의 공동체에 편입되는 형식으로 모습이 바뀌었다. 1857년 세포이 항쟁 이래 직접적 통치지역인 영령 인도와 간접통치지역인 인도토후국을 나누어 통치하였다. 인도의 독립 이후에도 인도는 영국의 경제적 이익에 도움이 되고 있다(80쪽).

2. 문화적 지배

문화도 제국주의 지배전략의 하나이다. 영국의 근대문화 즉 재산권과 이익추구, 상법과 계약 등의 관행은 인도인의 생활 곳곳에 침투해 들어갔다. 영어는 교육과 관청에서의 보편적 의사소통의 수단이 되었다. 과학과 의학과 기술도 확대되었다. 상층부에서의 영국문화의 전파는 독립 이후에도 계속 이어졌다.

3. 정치적 편입

민주적 방법에 의하여 정치적 편입을 시키고자 하는 제국주의의 탈식민지 전략은 여러 제도들을 구축하고 대표자들을 선출하면서 이들로 하여금 제국주의의 이해관계를 대변할 수 있도록 하는 장치였다. 장기적 계획을 가진 점진적 민주주의화를 통해서 공영권에 포함시키고자 하는 전략이었다. 이를 위해 제국의 지도를 받는 한에서 준비되는 시점에 의회를 구성하는 것이 영국으로서 처음 할 일이었다. 다음에 의회를 통한 책임내각이 구성되면 권력을 지역에 이양하는 작업을 생각하였다. 그리고 각 지역마다 별도의 자치구를 만들어 영국연방의 일원으로 독자적으로 가입·활동하도록 하는 것이었다. 이런 구상은 이미 캐나다, 오스트레일리아, 뉴질랜드에서 성공을 거둔 것이다. 그런데 인도에 대해서만큼은 영국본국에서 유난히 논란이 많았다. 이미 인도에서는 1861년과 1892년에「인도참사원법」이 제정된 바 있었고, 1909년의「인도참사원법」, 1919년의「인도정부법」등을 통하여 인도인의 환심을 살 수 있는 개혁을 시도하였지만, 그때마다 특별한 정치적 효과를 얻은 바가 없었다. 그렇기 때문에 이전보다 신중한 접근을 요구하고 있었다. 영국은 행정력을 기반으로 인도의 토착적 민주주의 세력과 손을 잡고 그런 계획을 추진하고자 하였다. 다시 말해 잘 훈련된 관리와 반쯤의 민주주의와 절충된 정부를 만드는 것이었다. 이렇게 해서 나온 제도가 쌍두정(dyarchy)이었다. 이런 형태는 양차 세계대전이 진행되는 동안 인도에서 진행된 모습이었다.

제한된 권력이 지역의회에 이양되었다. 그렇지만 여전히 중요한 권력과 정부의 일상과제들은 관리들의 수중에 들어 있었다. 지역의 의회는 제한된 권력과 정보를 보유하면서 반대와 지역이익을 위해 활동할 수 있었다. 그러나 결정적인 권력들, 즉 군사와 과세, 안보, 기타 대권에 관한 것들은 식민정부가 장악하고 있었다. 이런 쌍두정 형태를 정당화하는 논리는 영국의 후견과 진보의 방법론적 가르침 아래 인도사람들이 민주주의를 배우게 하고자 한다는 것이었다. 국민회의는 이런 정책에 대하여 이것은 결국 영국정부의 이익에 공헌하는 것이지 인도사람들에게는 큰 이익이 되지 않는다는 입장을 취하였다.

4. 식민지 엘리트 활용

영국은 민중적 지지를 받지 못한다고 하더라도 식민지 엘리트를 잘 육성만 한다면 이들과 헌정제도를 통하여 얼마든지 식민지 체제를 재생산하고 유지할 수 있다는 복안을 마련하였다. 그러나 인도인들은 식민지 이후 인도의 중산층을 중심으로 한 엘리트로 권력이 이양되는 것은 별로 원하는 바가 아니었다. 국민회의는 이런 계획을 거부하였고, 식민정부에 대한 비타협적 불복종 등의 운동이 거세졌다(83쪽).

저항운동은 처음부터 독립을 목표로 하여 진행된 것은 아니었다. 국민운동은 진정한 자주독립(Swaraj)을 '조속히' 하기보다는 '바르게' 하자는 데 목표를 두었고, 이것은 전체의 참여를 통해서 가능하다는 것과 인도의 문화와 이익을 최우선적으로 표현하는 충분히 토착적인 것이어야 한다고 믿었다. 투쟁이 가열되면서 영국정부에의 편입에 대한 반대는 더욱 의미를 갖게 되었다. 그것은 식민정부와의 정면대치와 저항운동의 과정 속에서 인도가 부활하고, 활성화되고, 근대화되는 부수적 효과를 얻었기 때문이다.

식민지 엘리트와 식민정부와의 결탁이라는 계획을 깨는 일은 생각보다 쉬운 일이 아니었다. 왜냐하면 양자는 모두 자신들이 활용할 수 있는 현실의 권력과 물리력을 확보하고 있었기 때문이다. 바로 이 점에서 파텔의 역할이 두드러졌다. 남미나 아프리카의 여러 나라들이 독립과정과 독립 후에 지속적인 의존관계를 가지고 있었던 불충분한 해방을 쟁취한 데 비해 인도의 독립과정은 대단한 성공을 거둔 것이다. 인도의 독립운동가들이 자주적으로 독립을 쟁취하고 이후의 정권을 담당하게 된 데 비하여 남미의 경우는 독립 후 지배엘리트들이 집권을 하고 미국의 자본가와 결탁한 매판자본가가 되어 민족의 이익을 대외에 팔아먹는 중개인 역할을 함으로써 인도와는 대조적인 모습을 보여 주었다(78~85쪽).

물론 인도의 독립은 국민회의의 힘에 의해서만 된 것은 아니었다. 제2차 세계대전 후 영국의 아시아에 대한 지배력이 더 이상 불가능해진 것이 주요인이었다(86쪽). 그러나 중요한 것은 국민회의를 중심으로 한 운동가들의 독립에 대한 준비였다. 당대 최대 강국이었던 대영제국과 맞서서 인도의 고유한 문명을 온존시키면서 독립을 성취한다는 것은 그리 쉬운 일은 아니었다. 이런 일을 위해 파텔은 국민회의당을 잘 조직하고 정돈함으로써 대처해 나갔다. 비공식적 조직을 사실상의 준(準)정부조직으로 역할하게끔 하기 위해 방법론과 신념에서 철저한 준비를 가지고 헌신하였다. 파텔은 향후 인도가 독립하였을 때 국민회의당이 인도의 건설에 중추적인 역할을 할 것이라는 예측을 그 누구보다도 일찍부터 가지고 있었다. 간디나 기타 지도자들도 정치적으로 적당한 대표조직에 대해서는 구체적으로 대안을 가지고 있지 않았을 때부터였다. 1922년 그는 의회를 개조하는 일에 관심을 가졌다. 1937년까지는 국민회의당이 저항하는 당으로부터 집권당으로 변화될 것을 알았고, 또한 인도 전체를 대표하는 정당으로 커 나갈 것을 예감하고 있었다. 물론 이런 장기적인 전망에 대해서 일찍부터 피력하지는 않았다. 그때는 간디 주도로 영국정부에 비협력저항운동을 벌이고 있던 터였기 때문이다. 그러나 제2차 세계대전이 종료되면서 상황이 급전되고, 독립을 준비하면서 정부출범과 인도의 통일이 당면과제로 떠오르자 파텔의 역할은 급진전되었다. 그가 생각하는 식민제국의 철수는 곧 인도가 대의제 의회를 구성하고, 국내 문제에 대한 완전한 자치(self-rule)를, 국제문제에 대해서는 온전한 주권을 보유하는 것을 의미하였다. 파텔은 이제 국민들에게 민족적 긍지와 문화적 부흥과 민주적 열망을 갖도록 만드는 한편, 정치적으로 낙후된 지역이나 반민주적 통치자들로 하여금 한시 바삐 새로운 조국건설의 대열에 나서도록 하는 일을 하게 된다(88~89쪽).

4

인도의 통일

1. 영령 인도와 인도토후국

파텔은 처음에는 기층농민의 지지 위에서 상층부를 향한 운동을 하였지만, 1930년대 후반에 이르러서는 이제 실력자가 되어 '위로부터 아래로' 지휘하는 역량을 갖추었다. 20년에 걸친 거센 민족운동을 전개할 때만 해도 토후왕국들은 전혀 운동에 가담하지 않았다. 국민회의당 쪽에서도 일이 복잡하게 엉키는 것을 피하기 위해 토후국들을 운동에 끌어들이는 일을 적극적으로 도모하지 않았다. 그렇지만 1937년 하리푸라(Haripura) 회의에서 이런 입장이 선회한다. 파텔은 "국민회의당의 영향은 영령 인도와 마찬가지로 인도토후국 지역에까지 미치지 못한다. 아직까지도 인도의 대부분의 인민들은 노예상태로 지내고 있다. 인도가 독립이 되려면 반드시 먼저 이들이 자주독립되지 않으면 안 된다. 자주독립의 힘은 인도 내부로부터 나와야 한다. 우리는 연방제를 지지한다. 하지만 연방제는 인도의 토후국까지도 영령 인도와 같이 참여해야만 한다."(92쪽).

이렇게 해서 국민회의당은 토후국에까지 운동을 확산시키게 되었다. 이 계기가 된 사건이 인도 서부 왕국지역 중 카티아와드 북쪽 사우라슈트라 지방의 중심에 해당하는 라지코트(Rajkot) 지역에서 일어난 민중들의 요구였다. 종전과 달리 국민회의당도 민중의 저항에 직접적으로 지원하고 참여하면서 이 지역의 민주화를 달성하였다. 이제 왕국들도 중앙정부에 편입되는 절차에 들어가기 시작하였다.

• 민중들은 무능하고 난봉꾼이었던 황태자에게 맞서 디완(Diwan : '총리'에 해당하는 지위이자 조세징수권을 가졌음)에게 복지에 대한 책임을 지우는 한편, 위원회의 형태를 띤 의회체 구성을 요구하였다. 저항은 심해지고 이에 대한 진압의 물리력도 강도를 높여 갔다. 간디도 여기에는 관심이 컸다. 그의 부친이 이 지역 수도에서 디완을 지낸 적이 있었고, 간디의 도덕성과 명성은 이미 널리 퍼져 있었기 때문이다. 간디는 저항하는 민중이 단지 다수의 준동에 머물지 않고 조금이라도 더 영혼의 표현이 되기를 바라면서 단식투쟁 등으로 동참하였다. 파텔은 이 과정에서 간디의 오른팔로서 큰 역할을 해내었다(92~94쪽).

인도의 독립과정에는 엄청난 노력이 숨어 있었다. 그럼에도 불구하고 이런 노력들은 대체로 다 생략하고 단지 정치적인 결정에 의해 독립을 얻게 되었다는 해석, 특히 영국의 패터널리즘(보호주의)에 의하여 인도의 독립이 이루어졌다는 것을 강조하는 해석도 있다. 인도는 영국의 전통과 큰 단절 없이 식민지로부터 새로운 민주헌정 국가로 넘어온 형태의 독립을 이루었다. 그러나 이런 배후에는 파텔과 같은 숨은 공로자들의 지대한 노력이 있었다는 사실이 기억되어야만 한다. 제국주의 영국정부는 선거권을 부여하면서 대표자를 선출하고 의회를 구성하여 협력정부를 수립함으로써 인도의 인민들이 영국의 행정권에 편입되기를 바랐다. 바로 이런 의도를 차단시킨 것이 국민회의였다. 국민회의는 1922~1923년에 영국의 이런 의도에 반대하여 협력하기를 거부하였던 것이다. 영국의 계획은 식민정부의 종식과 함께 인도를 수 개의 주권을 가진 국가로 남게 하는 이른바 발칸화(Balkanisation)의 방법을 유력한 대안으로 가지고 있었다. 국민회의는 이제까지 전 인도의 완전한 독립을 추구해 왔기 때문에 영국의 이런 계획에 거세게 반대하였다. 그러나 막상 영국이 조기 철수를 준비하자 뜻하지 않은 정치적 공백이 생긴 것이다. 파텔은 이 영국과의 협상과정에서 간디나 네루보다도 더욱 완강한 입장을 취한 것으로 알려졌다. 뚜렷한 전망이 없는 회담에 대해서는 일체의 응대를 하지 않음으로써 영국으로부터 유리한 조건을 받아낸 것이 많았다고 한다. 1947년 2월 20일 애틀리 총리는 1948년 6월까지 헌법제정회의가 대표자로서 구성되고 이에 기초하여 헌법제정이 이루어질 것을 촉구하는 성명을 발표하였다. 문제는 중앙정부 권력을 언제, 어느 집단에게 이양하느냐 하는 것이라는 내용을 담고 있었다. 실제로 인도는 이것을 받아들일 수 있는 하나의 수권체제를 갖추지 못하고 있는 상태였다. 국민회의는 우선 영국의 철수는 무조건 환영하였고, 그 이양방법에 대해서는 고려할 시간이 필요하였다. 이때 파텔은 전 인도가 참여하는 권력이양은 불가능하다고 판단하고 있었다. 이슬람의 분리운동이 더욱 가열되고 있었고 인도의 지도력이 북부에까지는 미치지 못하는 한계가 있었기 때문이다.

2. 인도토후국들의 통일

인도의 각 주가 헌법적으로 어떻게 통일되었는가를 살펴보자.[3] 영국은 인도에 연방제를 실시하기 위한 「1935년 인도정부법」을 제정한 바 있다. 이 법은 영령 인도와 인도토후국을 포괄하는 연방제를 예상한 점, 주의 자치를 도입한 점, 부분적으로 책임정부제를 도입한 점 등 이전의 입법보다도 훨씬 발전되고 상세하게 규정한 것이었다. 1937년 4월에 효력을 발생하고 총선거도 한 번은 실시되었지만, 이 법은 인도인들의 감정과 욕구를 반영하지 않았기 때문에 국민회의로부터 거부를 당하였다. 만약 이대로 시행되었다면 독립 이전에도 인도토후국을 포함하는 통일에서의 진전이 있었을 것이다. 하지만 이 법은 전혀 실효성을 갖지 못한 채로 세계대전의 종전을 맞았다. 따라서 인도의 통일은 독립 이후의 최대 과제로 떠올랐다. 인도인구의 약 4분의 1을 차지하는 565개에 이르는 토후국들이 남아 있었던 것이다. 이들 왕국들은 거의 자립능력이 없었고, 말하자면 누군가의 지원이 없이는 갈팡질팡할 수밖에 없는 처지에 놓여 있었다. 그리고 이들도 이제 민주화과정이 절실한 시대적 과제라는 것도 자각하고 있었던 때였다. 이 과정에서 파텔은 이들을 편입시키기 위해서는 무엇보다도 그들의 재정을 보장해 주는 것이 급선무라고 생각하였다. 동시에 이런 선택은 전적으로 강제가 아닌 자발적 의사에 맡기는 방식을 취하였다. 그의 생각이 주효해서 대부분의 왕국들이 아무런 무력충돌이 없이 새로운 인도로 편입해 들어왔던 것이다.

---

3) 이에 대해서는 Menon, *The Integration of Indian States*, Orient Longman, 1956. 참고.

파텔은 이런 엄청난 변화과정에서 3단계 방안을 마련하였다. 첫째는 이들 왕국을 주(州)로 소속시키는 과정이고, 둘째는 이들 왕국에 거의 동일한 모습으로 근대화된 행정부와 제도를 갖추도록 하는 재정비작업이었다. 셋째는 어느 정도 토후왕국들의 편입과 정비가 이루어지면 이들의 힘을 기초로 한 인도 중앙정부의 강화를 모색하는 것이고 이것은 곧 헌법제정작업에 해당하는 것이었다(102~107쪽).

3. 유기적 연대의 사회건설

근대국가의 성립과정을 보면 문화와 정치체가 연속성을 유지한 예는 없었던 것으로 보인다. 봉건제의 유산은 일단 철폐되어야만 했기 때문이다. 인도 왕국들의 경우 봉건제가 그대로 남아 있어서 이들이 새로운 민주국가로 흡수 통일되는 데는 여러 가지 변형절차가 요구되고 있었다. 1930년대부터 독립과 통일과 관련해서 토착국가, 식민정부, 이슬람과 힌두 등의 재편성과 각각의 추이에 대한 논의는 계속되었다.

대영제국이 식민지통치를 통하여 인도에 기여한 바 중의 하나는 사회경제적 통일을 촉진시켜 근대화시킴으로써 영국과 상호 협력적인 관계를 이루고자 했다는 것이다. 제국주의가 가졌던 장기적인 계획은 인도사회에 중요한 영향을 미쳤다.

인도독립의 역사에서 통일을 향한 두 가지 큰 경향이 구별되어야 한다. 그 두 가지는 각각 의미 있는 것이고 또 발전되어야 할 것이었다. 사회학자 뒤르켐이 말한 사회발전단계의 관점을 여기에서 유사하게 적용해 볼 수 있을 것이다. 첫째는, '기계적'(mechanical) 연대의 사회이다. 이것은 정치적 권위와 헌법적 장치에 입각한 통제와 강제를 기초로 사회적 통합과 국가의 통일이 이루어지는 그런 사회이다.

다른 하나는 '유기적'(organic) 연대의 사회이다. 이것은 법과 행정에 의해 통제된 사회통합이라기보다는 민주적이고 자기표현에 입각해서 이루어지는 연대이자 통일의 모습이며, 민족적 성장과 일체감을 가지고 함께 가는 것이다. 기계적 연대는 모든 시민들의 유사성과 정치국가에서의 초월적 단일체를 가정하고 있는 것인 반면, 유기적 연대는 구성원의 완전한 민주적 참여와, 문화와 정치에서의 충성도, 그리고 미래와 상부가치질서를 향한 지속적인 변화를 이상으로 한다. 여기에서는 계급적 지위의 다양성과 지방의 의무, 종교적 믿음 등과 같은 것들의 존재를 인정한다.

독립 이후 인도에서는 발 빠른 사회변화를 해야 했으므로, 새로운 민족민주주의는 양자 모두를 필요로 하고 있었다. 따라서 인도에서는 이 두 가지 요소가 상호 대립하거나 배척하는 그런 관계로 설정되어서는 안 되었다.

독립 이전의 식민정부하에서처럼 강력한 물리력을 가진 국가는 국민의 지지를 기반으로 하지 않기 때문에 정치적으로 안정되거나 문화적으로 정당성을 유지할 수 없었던 것이다. 그러나 독립 이후의 인도가 당면했던 실정처럼 민주적인 열망은 들끓고 있지만 강력한 국가의 리더십이 부재하는 국가도 문제가 있을 수 있었다. 그래서 이 당시의 모든 인도 민족주의자들은 국가를 얻고 책임 있는 권력과 제도를 통하여 그들의 민주적 열망을 표현하기를 원하였던 것이다. 오직 간디 한 사람만 이런 입장을 반대하였다. 간디는 참으로 이상적이고 도덕적인 참여란 국가권력이나 강제가 전혀 없는 상태에서 이루어져야만 한다는 신념을 갖고 있었다. 하지만 이러한 무정부주의적 정치적 신조는 당시 상황에서는 존중되지 않았고 완전히 무시되는 형편이었다(150~151쪽).

파텔의 힘찬 사명감과 궁극적 목표란 인도의 유기적이고 기계적인 연대감 모두를 동시에 조화시켜 시행하고 현실화시키는 것이었다. 두 개의 대립되는 명제를 추상적으로 조화시키는 것은 있을 수 없는 일이고, 이것은 현실 속에서만 서로 조화될 수 있는 것이었다. 대영제국의 퇴조기에 국가권력을 통해서 민족의 힘을 키워 가는 것은 가능하다고 생각되었다. 그것은 곧 국민적 저항을 행정적 책임으로 전환시키는 일이었다. 이런 목표를 구체적으로 이룩한다는 것은 너무나 큰 정치력을 요구하는 것이어서, 순수한 종교적 원리를 통해서만 난관을 넘어설 수 있을 정도였다. 이런 전환기에 파텔은 영국정부의 요구에 언제든지 '아니요'라고 말하다가도 필요할 때는 언제든지 수용할 수 있는 그런 인물이었다.

4. 인도의 통일과 국민회의당

식민지 인도에서 오랫동안 지속되어 왔던 역사적 임무는 국민 ─ 물론 아직은 국민으로 형성되지 않은 '민족' ─ 이 국가에 대항하여 왔다는 것이다. 이것은 인도 본국에서도 그랬고, 런던이나 델리에서 있었던 국제적 외교와 협상에서도 기본원칙이 그러했다. 독립된 이후 다원화의 극치라 할 수 있는 인도에서는 유기적 연대가 절실한 것임을 파텔은 인식하였다. 헌법공포 당시에 파텔은 국민주권원리를 선언하였다. 즉, 철저한 국민주권적 민주주의안을 봉건적 계층제를 기조로 하는 식민영국정부와 인도의 토착왕국들 모두에 대한 대안으로 제시한 것이다. 다른 한편 파텔은 국민회의당을 잘 정돈함으로써 인도를 효과적으로 지배할 수 있는 정당으로 키웠다.

그러나 국민회의당은 결코 그의 생각처럼 중앙집권적으로 운영될 수 없었다. 워낙 다양한 토착지역의 이해관계가 많아 그 공감대를 형성하면서 운영되어야 했다. 다양한 경향에 대한 그의 화해력이란 대단한 것이어서 분파주의 등 파벌들은 세력화가 정지되었다. 그가 가장 용서할 수 없는 일은 분열이었다. 파텔이 사회주의를 싫어한 것도 사회주의가 갖는 분파주의적 요인 때문이었다고 말할 수 있다. 언제나 존재하고 있는 지역주의와 종교적 분쟁은 어쩔 수 없는 것이었고, 씨름을 해야 할 주제였다.

그는 자기 고향인 구자라트의 지역적 기반을 초월하고 있었다. 그는 전국의 국민회의당 지도자들을 만나 많은 파벌과 음모들을 해결하였다. 독립 이후 10년 동안에는 종교적 공동체들도 정치적 공감대를 키워 나간 편이었다. 파텔은 힌두교에만 머물러 있지는 않았다. 그는 헌법의 요체라 할 수 있는 신교의 자유를 보장하며, 세속주의적 정치체제유지를 더욱 소중히 생각하고 있었다. 종교를 이유로 한 분파의 여지를 좁히고, 종교적 분열을 방지하고자 하였던 것이다.

헌법적 기제는 한계가 있었다. 사회 내의 여러 현상과 국민들의 욕구를 반영하지 못하는 헌법은 규범력을 갖지 못하고 명목화될 수밖에 없다. 인도의 유기주의적 정치가 어느 정도라도 실현되지 않는다면 헌법의 명목화는 명약관화한 사실이었다.

인도민주정치의 성과는 영국헌법을 상속한 결과는 아니다. 영국헌법의 상속은 강제로 이식된 외래문화로서 이것은 인도의 고유한 헌정형태에 대하여 오히려 장애로 작용하였다. 토착적인 기여는 국민운동의 역동적 성장과 초기 국민회의당의 성장이었다. 이들은 고유한 모델을 가지고 있었던 것은 아니며, 식민정부와의 투쟁 속에서 외래의 영향과 가정들과 문화의 영향을 거부하면서 변증법적으로 특히 협력과 문화적 일체감이라는 토착적인 기준에 따라서 형성해 나갔다.

수많은 지역에 걸친 아래로부터의 국민적 성장과 지도력은 상층부의 중앙국민회의당조직을 통하여 조정되었다. 물론 이 조정은 일방적인 것은 아니었고, 전국적 협력과 문화적 전략 아래에서 이루어진 것이다. 1930년대쯤에는 국민운동의 통일이 국민회의당을 통해서 또 그 내부에서 이루어졌음을 확인할 수 있다.

바로 이 지점에서 파텔의 역할이 있었다. 의장으로서 그는 당의 직책들에 적합한 인재들을 선택하였다. 그는 가급적 충실하고 능력 있는 후보를 선호하였다. 이기주의자와 분파주의적 경향의 인사는 제거하였다. 국민회의당의 강령을 따르는 지역 지도자들을 독려하고 모았다. 국민회의당은 응집력이 생겼다. 그의 의사소통권은 비공식적으로 형성되었는데, 운동에서의 핵심적 사항은 기가 막힐 정도로 상세하게 잘 파악하고 있었다. 그는 스파이의 명수였으며, 그래서 천의 눈을 가진 인물이라고 묘사되기도 하였다. 정책형성기에 그는 일체감이 어떻게 형성되고 분열되는지를 잘 알고 있었다. 법적 강제가 없는 터에 반대의견과도 상통할 수 있다는 것은 대단한 수완이었다.

파텔 등을 위시한 인도 국민회의당의 승리와 한계는 그의 헌법적 권력에 있는 것이 아니라, 저변에 있는 민족정신이었다. 통일은 본질적으로 다수의 운동으로서 응집력을 창출시키고 이해관계의 다양성을 수렴시키는 활동이기도 하였다. 거기에는 헌법적 권력이나 법적 강제, 중앙의 통제라는 것은 존재하지 않았다. 이제 국민회의는 '일당지배'가 되었다. 비록 일당이라고는 하지만 그의 태동과 활동을 보면 다양한 수준의 운동과 수직적 정돈의 합력으로 나타났다. 후일 국민회의당도 관료주의화되었지만, 그 태동과정만큼은 이렇게 광범한 국민의 지지와 타협 속에서 이루어졌던 것이다.

인도 내에서 정치적 세력의 약화는 식민 유제의 감추어진 불법에만 있는 것이 아니라 국민회의당의 힘에 의한 것이었다. 국민회의가 비제도화된 상태로 더 이상 버틸 수 없을 때가 바로 식민정부의 헌정이 가장 무력화되었을 때였던 것이다(153~154쪽).

인도정치의 역사를 돌이켜보면 초기의 번창할 때의 성공상과 그 이후 퇴보와 문제로 가득 찬 정치가 대비되면서 현재의 정치상을 극명하게 보여 준다. 이와 관련하여 라즈니 코타리(Rajni Kothari)의 주장을 들어 보자.

그는 첫째 저서(1965)에서 1950~1960년대의 카스트제도가 세속 민주정치의 발달에도 불구하고 전혀 감소되지 않았다는 것을 보여 주었다. 반대로 카스트 간 차별은 강화되었고, 선거 이전과 동원과정에서 이들이 정치화되었다고 한다.

둘째 저서(1970)에서는 인도정치제도에 대한 전반적 통합과 기능을 연구하고, 이것들의 변화에 대한 복잡한 길들에 대해 탐구했다. 여기에서 그는 국가의 강제력에 대해서 권력을 분산시키고 민주적 이해관계를 조정 완화시키는 정치문화의 능력에 대해서 낙관적인 입장을 표명하였다.

셋째 저서(1983)에서는 아주 중요한 점을 지적하였는데, 즉 독립시기에는 도덕적 일체감들과 민주주의에 대한 광범위한 일치가 있었는데, 그 후에 인도는 이것을 담아내는 정치제도를 이루지 못했다고 보았다. 과거에는 적합했지만 현재에는 더 이상 타당할 수 없는 정치제도를 고쳐야 한다는 것이다. 시대의 요구에 부응하여 끊임없는 변화가 있어야 하는데 인도의 경우 이 점이 부족하다는 지적이었다.

초기에는 갈등관계해결에 성공적이었으나 오늘날에 와서 더 이상 가동되지 않는 낡은 제도로 변한 것이 인도 정치제도의 현실이다. 코타리에 의하면 초기에는 자유민주주의와 다원주의적 정치문화의 정신을 가졌기 때문에 이질성이 심한 인도사회에 잘 적응이 되었다. 그리고 국민회의당이 이런 정신을 전국적으로 아주 훌륭하게 발현시켰다. 국민통합과 경제발전, 사회적 평등, 민주주의적 참여를 위하는 동시에 권위주의와 서열화된 사회 등에도 대비하기 위하여 이런 제도를 용감하게 도입한 초기 지도자들에 대해서는 찬사가 돌려져야 한다. 파텔은 수평적으로나 수직적으로 모든 다양한 의견을 수렴할 수 있는 체제를 갖추었던 당시를 높이 평가하였다. 독립 이후에 오랜 집권기간 동안 국민회의당은 자신의 장점을 다 상실해 버렸던 것이다 (147~160쪽).

5

끝내며

　파텔은 세상을 떠날 때까지 인도의 분열을 극복하기 위해 열정적으로 헌신하였다. 그는 말보다는 행동으로 민주주의의 본을 보여 준 사람이다. 인도 전역에 걸친 민주주의의 전파, 다원주의사회에서의 문화적·종교적 표현 등을 그는 실천하였다. 또한 그는 중앙과 주변부 사이의 권력관계를 균형화하기 위해서 중앙정부의 권위를 주에 분산할 것을 제안하였다. 이 뜻은 사르카리아위원회(Sarkaria Commission)로 결실을 본다.

　　● 1983년 구성된 이 위원회는 당시 인디라 간디 총리가 야당 출신인 남부 4개 주의 총리들이 더 많은 주의 자치를 요구하였기 때문에 구성되었다. 1988년에 나온 이 위원회 보고서는 독립적 헌법기구들의 창설을 권고하는 한편 이를 통하여 중앙에 의한 주정부에 대한 자의적인 해산을 방지하고자 하였다. 또한 이 위원회는 중앙과 주 사이에 재정수입의 배분을 평등하게 할 수 있는 방법도 강구하였다. 전체적으로 '협력적 연방주의'(cooperative federalism)를 목표로 한 보고서였다(Devidas, Mallar and Kumar, *Cases and Materials on Constitutional Law: Centre-State Relations and Federalism*, National Law School of India University, 1992).

　이 위원회는 아주 유용한 제안을 하였다. 그 결과 아직도 인도는 취약한 듯이 보이지만 자신의 연방제도를 유지해 가고 있다. 연방제도를 어떻게 잘 운영하느냐의 여부가 인도의 미래와 직결되어 있다고 할 수 있다. 이렇게 중요한 인도의 통일과 기틀을 마련하는 데 앞장 섰던 대표적인 인물이 파텔이었다고 한다면 그의 역할이 얼마나 컸는가를 다시 한 번 생각해 볼 수 있다.

참고문헌

- Devidas, Mallar and Kumar, *Cases and Materials on Constitutional Law: Centre-State Relations and Federalism*, National Law School of India University, 1992.
- J. Adams & Ph. Whitehead, *The Dynasty*, *The Nehru-Gandhi Story*, Penguin Books, 1997.
- Menon, *The Integration of Indian States*, Orient Longman, 1956.
- Michael H. Lyon, *Sardar Patel and Indian Independence*, Konark Publishers Pvt Ltd, 1996.
- Prabha Chopra(ed), *Sardar Patel and Administrative Services*, Konark Publishers, 2005.
- Smith, *The Oxford History of India* (3th ed.), 1958.

제 10 장

인도헌법의 개정사와
특징 및 주요 내용

I·N·D·I·A

1
인도헌법 개정사 요약

2013년까지 인도헌법은 무려 98차례의 개정이 이루어졌다. 60여 년이라는 기간 동안에 98차례의 개정은 실로 엄청난 횟수이다. 그러나 인도헌법이 다른 나라에서 볼 수 없을 정도로 법규정이 상세하고 방대하다는 점을 생각한다면 구체적인 상황변화에 따라 개정이 그만큼 더 필요하였다고 볼 수 있다. 또한 인도헌법이 미국, 독일과는 달리 연성헌법이므로 개정이 보다 쉬웠다는 점도 주목해야 할 것이다. 그리고 이러한 개정을 통하여 아시아에서 보기 드물게 헌법의 전체적 통일성과 일관성을 보여 주었다고 할 것이다. 여기에서 인도헌법의 개정내용을 골자만 간략하게 추려서 제시하기로 한다.[1]

1) The Constitution (first Amendment) Act, 1951

제1차 헌법개정법률은 대법원의 판결[2]에 의하여 야기된 난점을 제거하기 위해서 통과되었다. 대법원은 표현의 자유(freedom of speech and expression)가 국가의 안전이 위협받는 경우가 아니라면 '공공질서'와 '공공안전'을 유지하기 위한다는 명목으로 제한될 수 없다고 하였다. 개정법률은 그리하여 제19조 제2항에 세 가지 추가적인 제한사유, 즉 공공질서, 외국과의 우호관계, 범죄선동을 규정하였다.

또한 동법은 제19조 제6항에 더하여 국가의 교역독점과 국유화는 제19조 제1항에

---

1) 이에 대하여는 Gupta & Sarkar, p. 299 이하; J. C. Johari, *The Constitution of India: A Politico-Legal Study*, Sterling Publishers Private Limited, 1995, p. 365 이하, 특히 p. 372 이하를 참고.

2) Ramesch Thapar vs. State of Madras (AIR 1950. SC 124); Brij Bhusan vs. State of Delhi (AIR 1950. SC 129); Moti Lal vs. State of Uttar Pradesch (AIR 1951. SC 257).

제10장 인도헌법의 개정사와 특징 및 주요 내용

337

의하여 보장된 무역과 통상의 권리를 침해한다는 것을 이유로 무효가 되지 않는다고 규정하였다.

동법은 제31-A조와 제31-B조를 추가하여 주에서 통과된 「토지개혁법」(Land Reforms Law)의 효력을 인정하였다.

2) The Constitution (second Amendment) Act, 1952

제2차 개정은 국회의원의 정수에 관한 것이었다. 국회의원은 75만 이상의 유권자를 대표하며, 하원(Lok Sabha)의 정수는 500인으로 하였다.

3) The Constitution (third Amendment) Act, 1954

제3차 개정은 Entry 33, List III의 폭을 확대시켰으며, 의회는 모든 상품의 생산, 공급, 분배를 통제할 수 있다고 규정하였다.

4) The Constitution (fourth Amendment) Act, 1955

대법원은 벨라 바네르지(Bela Banerjee) 사건에서 헌법 제31조 제1항 및 제2항에 따라 사적 소유권을 박탈하는 경우에는 정부는 소유권자에게 정당한 보상(just compensation)을 해 주어야 한다고 선언하였다.

개정법률은 제31조와 제31조의 A를 수정하였고, 공익(public purpose) 요건 및 보상규정을 구비한 경우에만 소유권의 강제취득이 가능하다고 규정하였다. 그렇지만 법률이 규정한 보상이 충분하지 않다는 이유로 그 법률이 무효화가 될 수 없었다. 따라서 보상의 적절성 여부는 소송대상이 되지 못한다.

여타 규정은 부칙 제9조에 포함. 그리고 개정법률은 제305조를 수정하여 어떠한 업종에 대해서도 국유화할 수 있는 권한을 국가에 부여하였다.

5) The Constitution (fifth Amendment) Act, 1955

제5차 개정은 헌법 제3조(주의 편제)를 수정하였다.

6) The Constitution (sixth Amendment) Act, 1956

제6차 개정은 목록 1의 제92호의 A를 신설하고, 목록 2의 제54호는 목록 I의 제92

호의 A에 추가되었다. 개정법률 이전에는 주는 주(州) 사이의 물품판매에 대해서도 세금을 부과하여 이중과세를 할 수 있었다. 이제 개정법률은 의회가 주 사이의 물품 판매 및 과세에 관한 사항을 규율하도록 하였다. 주 사이의 거래에서 중요한 상품에 세금을 부과하는 주의 권한을 엄격하게 제한하는 제286조가 또한 추가되었다.

7) The Constitution (seventh Amendment) Act, 1956

제7차 개정법률은 헌법 제1조를 개정하였다. 주를 Part A, Part B, Part C로 분류하 였던 것을 폐기하고, Part A와 Part B는 하나로 취급하고, Part C는 연방영토로 표시 하였다. 선거구와 의석배정을 조정하기 위하여 부칙 제1조와 부칙 제4조를 개정. 개 정법률은 또한 주정부가 중앙에 자신의 기능을 위탁할 수 있도록 258조의 A를 추가 하였다

8) The Constitution (eighth Amendment) Act, 1959

지정카스트 및 지정부족, 앵글로인디언에 대해서는 입법부에서 의석보유기간을 10년 더 연장하였다.

9) The Constitution (ninth Amendment) Act, 1960

제9차 개정은 인도와 파키스탄의 국경분쟁에 대한 합의에 따라 인도의 일부지역 (Berubahari)을 파키스탄에 이양하는 것이었다.

10) The Constitution (tenth Amendment) Act, 1960

제10차 개정은 다드라(Dadra)와 나가르 하벨리(Nagar Haveli)를 인도연방에 편입하 였다.

11) The Constitution (eleventh Amendment) Act, 1961

헌법 제71조를 수정하여, 선거인단에 공석이 존재한다는 것을 이유로 대통령 및 부통령선거에 대하여 이의신청을 제기할 수 없다는 것을 분명히 하였다.

12) The Constitution (twelfth Amendment) Act, 1962

고아(Goa), 다만(Daman), 디우(Diu)를 인도연방에 편입하였다.

13) The Constitution (thirteenth Amendment) Act, 1962

나가스(Nagas)와 나갈란드(Nagaland)를 연방주에 편입하였다.

14) The Constitution (fourteenth Amendment) Act, 1962

폰디체리(Pondicherry)와 같은 종래 프랑스 점령지역을 인도연방에 편입하였다.

15) The Constitution (fifteenth Amendment) Act, 1962

고등법원 판사의 정년을 60세에서 62세로 상향조정하고, 관할구역을 확장하였다.

16) The Constitution (sixteenth Amendment) Act, 1963

헌법 제19조 제2항, 제3항, 제4항을 수정하여 인도의 주권과 통합을 위하여 언론, 집회, 결사의 자유에 대하여 합리적으로 제한하였다.

17) The Constitution (seventeenth Amendment) Act, 1964

신분(estate) 개념을 재정비하였다

18) The Constitution (eighteenth Amendment) Act, 1966

주(state) 개념을 제정비하고, 펀자브와 히마찰프라데시(Himachal Pradesh)주를 제 조정하였다.

19) The Constitution (nineteenth Amendment) Act, 1966

선거재판소를 폐지하였다.

20) The Constitution (twentieth Amendment) Act, 1967

지방판사의 임명제도를 개선하였다.

21) The Constitution (twenty-first Amendment) Act, 1967

부칙 제8조에 신드어(Sindhi)를 15번째 언어로 채택하였다.

22) The Constitution (twenty-second Amendment) Act, 1969

아삼주에 준주(Sub-state)를 설치하였다.

23) The Constitution (twenty-third Amendment) Act, 1969

지정카스트 및 지정부족, 앵글로인디언에 대해서는 입법부에서 의석보유기간을 10년 더 연장하였다.

24) The Constitution (twenty-fourth Amendment) Act, 1971

민권 부분을 포함하여 헌법을 개정하는 데에 의회의 권한을 강화하였다.

25) The Constitution (twenty-fifth Amendment) Act, 1971

은행국유화 사건에 대한 대법원의 판결을 대체하는 개정법률을 마련하고, 국유화에 관하여 용어를 정비하였다.

26) The Constitution (twenty-sixth Amendment) Act, 1971

과거 토후들의 내탕금과 특권을 폐지하였다.

27) The Constitution (twenty-seventh Amendment) Act, 1971

북동변경지역의 관할권을 재조정하였다.

28) The Constitution (twenty-eighth Amendment) Act, 1972

인도공무원단(Indian civil services) 구성원들의 특권을 폐지하였다.

29) The Constitution (twenty-ninth Amendment) Act, 1972

케랄라주 토지개혁법을 헌법 부칙 제9조에 편입시켰다.

30) The Constitution (thirtieth Amendment) Act, 1972

대법원에 상고제기가 가능한 민사소송의 소가(訴價)는 2,000루피 이상이어야 한다고 규정하였다.

31) The Constitution (thirty-first Amendment) Act, 1974

하원(Lok Sabha) 의석을 525석에서 545석으로 증원하였다.

32) The Constitution (thirty-second Amendment) Act, 1974

헌법 제371조를 개정하여 371의 D와 371의 E를 도입하고, 안드라프라데시

(Andhra Pradesh)주에 대하여 특별규정을 마련하였다.

33) The Constitution (thirty-third Amendment) Act, 1974

헌법 제101조와 제190조를 개정하여 연방의원과 주의원의 사직에 관한 요건을 엄격히 하였다.

34) The Constitution (thirty-fourth Amendment) Act, 1974

여러 주에서 시행된 토지소유상한에 관한 토지개혁법을 헌법 부칙 제9조에 도입하였다.

35) The Constitution (thirty-fifth Amendment) Act, 1975

헌법 제2조의 A를 도입하고, 헌법 제80조와 제81조를 수정하여 시킴(Sikkim)을 부주(Associate State)로 편제하였다.

36) The Constitution (thirty-sixth Amendment) Act, 1975

헌법 제371조의 E를 수정하여 시킴주를 인도연방의 22번째 완전한 주(Full State)로 편입하였다.

37) The Constitution (thirty-seventh Amendment) Act, 1975

헌법 제239조의 A와 제240조를 수정하여 아루나찰프라데시(Arunchal Pradesh)의 의회와 내각의 설치에 대하여 규정하였다.

38) The Constitution (thirty-eighth Amendment) Act, 1975

헌법 제123조, 제213조, 제239조의 B, 제352조, 제359조, 제360조를 수정하여 대통령과 주지사의 포고령(Ordninance)의 선포에 있어서 요건의 충족요건을 사법심사의 대상에서 배제하였다.

39) The Constitution (thirty-ninth Amendment) Act, 1975

헌법 제71조를 수정하여 대통령, 부통령, 총리, 대변인의 선거와 관련한 분쟁을 특별 포럼에 의하여 해결하도록 하였다.

40) The Constitution (fortieth Amendment) Act, 1976

제297조를 수정하여 관할수역, 대륙붕, 배타적 경제수역을 확정하였다.

41) The Constitution (fourty-first Amendment) Act, 1976

주공무원인사위원회(State Public Service Commissions)의 의장과 위원의 정년을 60세에서 62세로 연장하였다.

42) The Constitution (fourty-second Amendment) Act, 1976

헌법 전문의 국가규정 앞에 '사회주의'와 '세속적'이라는 표현을 부가하였다. 대통령은 내각의 자문에 구속되도록 하였다. 사법심사권을 제한하고, 행정재판소를 설치하였다. 헌법개정법률은 사법심사 대상에서 배제하였다(헌법 제31-D조, 제39-A조, 제43-A조, 제48-A조 등). 역대 개정 중에서 가장 포괄적으로 개정되었다.

43) The Constitution (fourty-third Amendment) Act, 1978

헌법 제32-A조, 제131-A조, 제144-A조, 제226-A조 및 제228-A조를 삭제하고, 고등법원과 대법원의 권한을 제42차 개정 이전으로 회복시키고, 제31-D조를 삭제하여 반민족활동을 금지하는 법을 제정할 권한을 폐지하였다.

44) The Constitution (fourty-fourth Amendment) Act, 1978

제3편에서 소유권을 삭제하고, 하원과 비단 사바(Vidhan Sabha)의 임기를 5년으로 복구하였으며, 무장반란의 경우에 국내비상사태를 인정하였다.

45) The Constitution (fourty-fifth Amendment) Act, 1980

지정카스트, 지정부족, 앵글로인디언의 의석보유 기간을 10년 연장하였다.

46) The Constitution (fourty-sixth Amendment) Act, 1982

물품의 판매 및 구입에 관한 국가의 과세권을 강화하였다.

47) The Constitution (fourty-seventh Amendment) Act, 1984

14개의 법률을 부칙 제9조에 반영하였다.

48) The Constitution (fourty-eighth Amendment) Act, 1984
펀자브의 비상사태를 1년에서 2년으로 연장하였다.

49) The Constitution (fourty-ninth Amendment) Act, 1984
지정부족 및 지정지역에 행정과 통제를 트리푸라주에 연장하여 규율하였다.

50) The Constitution (fiftieth Amendment) Act, 1984
군대, 보안군, 정보업무에 대한 의회의 권한을 수정하였다.

51) The Constitution (fifty-first Amendment) Act, 1984
아삼주를 제외하고 하원과 비단 사바에서 지정카스트 및 지정부족의 의석보유를 승인하였다.

52) The Constitution (fifty-second Amendment) Act, 1985
탈당을 금지하였다.

53) The Constitution (fifty-third Amendment) Act, 1985
미조람을 주로 인정하였다.

54) The Constitution (fifty-fourth Amendment) Act, 1986
대법원 및 고등법원 판사의 급여와 수당을 인상하였다.

55) The Constitution (fifty-fifth Amendment) Act, 1987
아루나찰프라데시를 주로 인정하였다.

56) The Constitution (fifty-sixth Amendment) Act, 1987
고아를 주로 인정하였다.

57) The Constitution (fifty-seventh Amendment) Act, 1987
나갈란드, 메갈라야, 미조람, 아루나찰프라데시의 지정부족에 대하여 연방의회와 주의회에서의 의석보유를 인정하였다.

58) The Constitution (fifty-eighth Amendment) Act, 1988
공식적 목적을 위하여 인도헌법을 힌디로 번역하였다.

59) The Constitution (fifty-ninth Amendment) Act, 1988
펀자브에서 비상사태를 선포하고, 이 기간 중에 민권의 실행을 제한하는 대통령의
권한을 인정하였다.

60) The Constitution (sixtieth Amendment) Act, 1988
Professional Tax의 한도를 연간 240루피에서 2,500루피로 상향조정하였다.

61) The Constitution (sixty-first Amendment) Act, 1988
선거연령을 21세에서 18세로 하향조정하였다.

62) The Constitution (sixty-second Amendment) Act, 1990
지정카스트, 지정부족, 앵글로인디언의 의석보유기간을 10년 연장하였다.

63) The Constitution (sixty-third Amendment) Act, 1990
제59차 헌법개정법률을 철회하였다.

64) The Constitution (sixty-fourth Amendment) Act, 1990
펀자브의 비상사태를 6개월 연장하였다.

65) The Constitution (sixty-fifth Amendment) Act, 1990
지정카스트 및 지정부족의 국민위원회(National Commission)를 설치하였다.

66) The Constitution (sixty-sixth Amendment) Act, 1990
여타 개혁법을 헌법의 부칙 제9조에 추가하였다.

67) The Constitution (sixty-seventh Amendment) Act, 1990
펀자브의 비상사태를 6개월 재연장하였다.

68) The Constitution (sixty-eighth Amendment) Act, 1991
펀자브의 비상사태를 1년 추가연장하였다.

69) **The Constitution (sixty-ninth Amendment) Act, 1991**

수도 델리의 의회와 내각을 설치하였다.

70) **The Constitution (seventieth Amendment) Act, 1992**

폰디체리와 델리의 의회를 인도 대통령 선거인단에 포함시켰다.

71) **The Constitution (seventy-first Amendment) Act, 1992**

네팔어(Nepali), 마니푸르어(Manipuri), 콘칸어(Konkani)를 헌법 부칙 제8조에 포함시켰다.

72) **The Constitution (seventy-second Amendment) Act, 1992**

트리푸라주에서 지정부족의 의석수를 인구비례에 따른 조정하였다.

73) **The Constitution (seventy-third Amendment) Act, 1993**

마을 판차야트의 조직과 활동을 규율하고, 헌법 부칙 제11조에 그 권한을 열거하였다.

74) **The Constitution (seventy-fourth Amendment) Act, 1993**

나가르 판차야트와 도시자치단체의 조직과 활동을 규율하고, 그 권한을 헌법 부칙 제12조에 규정하였다.

75) **The Constitution (seventy-fifth Amendment) Act, 1994**

지대와 소작권 분쟁을 통제하는 행정재판소의 설치에 대하여 중앙 및 주정부에 권한을 부여하였다.

76) **The Constitution (seventy-sixth Amendment) Act, 1994**

「타밀나두(Tamil Nadu)주의 후진계급, 지정카스트, 지정부족에 관한 법」(1993)을 부칙 제9조에 편입시켰다.

77) **The Constitution (seventy-seventh Amendment) Act, 1995**

지정카스트, 지정부족 및 여타 후진계급의 공직승진에 있어서 보호원리를 도입하였다.

78) The Constitution(seventy-eighth Amendment) Act, 1995

부칙 제9조에 28개의 법을 추가로 편입시켜서 총 284개가 되었다.

79) The Constitution(seventy-ninth Amendment) Act, 2000

지정카스트, 지정부족 및 앵글로인디언 등 여타 후진계급에 대한 할당제를 10년간 연장하였다.

80) The Constitution(eightieth Amendment) Act, 2000

주정부에게 철도요금과 화물, 신문판매와 신문광고에 대한 과세권을 부여하였다.

81) The Constitution(eighty-first Amendment) Act, 2000

지정카스트와 부족에 대한 배정의석 수에 대하여 조정하였다.

82) The Constitution(eighty-second Amendment) Act, 2000

지정카스트와 지정부족에 대한 평가기준의 완화에 대한 주의 재량권을 부여하였다.

83) The Constitution(eighty-third Amendment) Act, 2000

아루나찰프라데시에는 지정카스트가 없기 때문에 판차야트에서의 할당제를 폐지하였다.

84) The Constitution(eighty-fourth Amendment) Act, 2002

연방하원과 주의회의 의석수를 2026년까지 고정시킨다. 표준인구수 기준연도를 1971년에서 1991년으로 변경한다.

85) The Constitution(eighty-fifth Amendment) Act, 2002

공직에서의 승진 시 지정카스트와 지정부족에 대한 할당제를 시행한다.

86) The Constitution(eighty-sixth Amendment) Act, 2002

6세부터 14세까지의 아동들에 대해서 무상의무교육을 기본권으로 보장하고, 부모와 보호자에게는 기본적 의무로 규정하였다.

87) **The Constitution(eighty-seventh Amendment) Act, 2003**

의석배분을 위한 표준인구수 기준을 2001년으로 한다.

88) **The Constitution(eighty-eighth Amendment) Act, 2003**

서비스세에 대한 세법개정을 하였다.

89) **The Constitution(eighty-ninth Amendment) Act, 2003**

지정카스트와 지정부족에 대한 국가위원회를 별도로 설치한다.

90) **The Constitution(nintieth Amendment) Act, 2003**

보돌란드(Bodoland)지역 관련 아삼의회에 대한 규정을 두었다.

91) **The Constitution(ninety-first Amendment) Act, 2004**

내각의 인원을 의원수의 15%까지로 제한하며, 탈당방지법을 강화하였다.

92) **The Constitution(ninety-second Amendment) Act, 2004**

보도(Bodo), 도그리(Dogri), 산탈리(Santali), 마이탈리(Maithali)어를 공식언어로 포함시켰다.

93) **The Constitution(ninety-third Amendment) Act, 2006**

여타 후진계급에 대하여 공직과 사립학교에 할당하는 규정을 두었다.

94) **The Constitution(ninety-fourth Amendment) Act, 2006**

자르칸드와 차티스가르주에 부족복지부를 설치하였다.

95) **The Constitution(ninety-fifth Amendment) Act, 2010**

연방하원과 주의회에 지정카스트와 지정부족에 대한 의석할당 기한을 60년에서 70년으로 연장하였다.

96) **The Constitution(ninety-sixth Amendment) Act, 2011**

Odia(오리사주)를 Oriya로 명칭을 변경하였다.

97) The Constitution(ninety-seventh Amendment) Act, 2012

제19조 규정에 '협동조합사회'를 추가하여 농촌의 발전을 도모하였다.

98) The Constitution(ninety-eighth Amendment) Act, 2013

카르나타카 주지사의 권한을 확대하여 하이데라바드와 카르나타카 지역의 개발을 촉진할 수 있도록 하였다.

2
인도헌법의 특징과 주요 내용

1. 인도헌법의 특징

우선적으로 헌법의 성격에 대한 분류항을 기준으로 몇 가지 사항을 점검해 볼 수 있다.

(1) 모방헌법

인도헌법은 모방헌법(Borrowed Constitution)이라고 부를 수 있다. 제3세계 국가에서 일반적인 현상이었듯이 인도헌법의 주요 내용은 세계 각국의 수많은 헌법으로부터 실질적으로 차용한 것이었다. 그럼에도 인도헌법은 그 나라들과 다른 특징을 보여 주고 있다. 인도헌법의 제정자들은 세계 각국 헌법의 좋은 점을 취하고, 각각의 헌법에서 노정되었던 문제점을 시정하고, 이를 인도의 현실에 적합한 구조로 변형하고자 하였다. 헌법제정자들은 기본권의 장은 미국헌법의 예에 따랐고,[3] 의원내각제는 영국으로부터 차용하였으며, 국가정책의 지도원리에 대한 구상은 아일랜드 헌법으로부터 취하였고, 비상사태에 대한 규정은 독일 라이히헌법과 「1935년 인도정부법」을 참조하였다. 그래서 인도인들은 스스로 자신들의 헌법을 '아름다운 조각보'(beautiful patchwork)[4]라고 자부하고 있다.[5] 실제로 많은 사람들이 인도헌법은 서구의 모방헌법이라고 비판하고, 앞으로의 운용에 대해서도 비관적인 생각을 가졌다. 그러나 인도 주변의 미얀마나 파키스탄의 헌법이 현실 속에서 완전히 무시되어 버린 것과는 달리 인도헌법은 60여 년을 살아남았다. 그러나 1949년에 제정된 인도헌법의 본래적인 특징은 2013년에 이르기까지 98차례의 개정을 통하여 실질적으로 수정되기도 하였다.

(2) 최장의 헌법

인도헌법은 세상에 알려진 헌법 중에서 가장 길고 상세한 헌법이라고 하겠다. 1949년 헌법은 원래 395개 조문과 8개의 부칙을 포함하고 있었다. 많은 첨삭과정을 거쳐 현재 약 450개의 조문과 12개의 부칙을 담고 있다. 그것은 단행본 교과서의 분량에 해당하는 것이다. 세계에서 가장 긴 헌법이 인도에서 등장한 이유를 규명하면 실제로 인도헌법의 내적인 특징도 드러나게 된다. 최장의 헌법이 등장하는 데에는 몇 가지 이유가 있었다.

첫째, 헌법기초자들은 현재까지 알려진 수많은 헌법들의 운영실태에서 축적된 체험을 구현하고, 그러한 헌법의 운용상 문제점과 공백을 피하고자 하였기 때문이다. 또 한편으로 인도헌법은 불확실성과 소송을 최소화하기 위하여 유사한 헌법규정을

---

3) P. K. Tripathi, "Perspectives on the American Constitutional Influence on the Constitution of India", L. W. Beer, *Constitutionalism in Asia*, University of California Press, 1979, pp. 59~98.

4) *CAD*, Ⅶ, p. 2, p. 242; *CAD*, Ⅺ, p. 613, 616.

5) Durga Das Basu, *Introduction to the Constitution of India*, 7th ed. 1995, p. 30.

해석한 법원의 결정들도 명문화하고자 하였기 때문에 다른 어느 헌법보다 많은 어휘들을 사용하게 되었다.

둘째, 헌법기초자들은 단순히 정부의 기본원리를 확립하는 데에 만족하지 않았고, 구체적인 집행의 문제까지 규율하지 않으면 헌법의 최고성이 침해될 수 있다는 우려를 갖고 있었다. 걸음마 단계의 민주주의는 헌법의 공백이 있는 경우에는 위태롭게 될 가능성이 있다는 판단이 크게 작용하였다.[6] 이러한 집행문제에 대해서는 이미 「1935년 인도정부법」이 자세하게 규정하고 있었기 때문에 이 법을 대체적으로 수용하였고, 「인도정부법」 자체가 방대한 것이었기 때문에 인도헌법도 동시에 방대한 것이 되지 않을 수 없었다.

셋째, 아대륙으로서 인도의 규모와 산적한 특수문제들이 헌법에 반영되지 않을 수 없었다. 예를 들어 지정카스트 및 지정부족 그리고 후진계급에 관한 편(Part XVI), 공식언어에 관한 편(Part XVII) 등을 두고 있다.

넷째, 미국헌법은 연방정부만을 다루고, 주헌법은 주가 스스로 결정하도록 하는 데 비하여 인도헌법은 연방과 주의 헌법을 똑같이 상세하게 규정하고 있다.[7] 또한 인도의 각 주들이 상이한 역사적 배경을 지니고 있었기 때문에 주들에 대한 규율도 동일하지 않았다.[8] 과거 인도주(Indian States)에 속한 지역(Part B), 중앙에서 행정적으로 관장하는 지역(Part C), 여타 소규모지역(Part D)이 각기 다르게 규율되고 있다. 이러한 규율상의 이질성이 인도헌법의 부피를 증가시킨 것이다. 또한 인도헌법은 주에 관한 사항을 규율하는 것에 그치지 않고, 주와 연방과의 관계, 주들 사이의 관계에 대해서도 상세하게 규정하고 있다. 그것은 분쟁을 최소화하고 연방의 기초를 확립하려고 하는 헌법기초자들의 의지와 역사적 체험에서 비롯된 것이었다.[9]

다섯째, 인도헌법은 재판을 통해 구제받을 수 있는 권리(justiciable right)뿐만 아니라 아직 재판을 통해 구제받을 수 없는 권리(non-justiciable right)나 원칙들도 함께 규

---

6) Durga Das Basu, p. 32.
7) M. V. Pylee, p. 55.
8) 물론 잠무(Jammu)와 카슈미르는 특별주로 인정되어 독자적인 헌법을 보유할 수 있게 되었다.
9) Prasad, *CAD*, X, p. 891.

정하고 있다. 헌법기초자들은 국가운영에 있어서 그러한 권리나 원칙들을 근본적인 사회정책의 원리로 이해하였고, 성격상 그것들이 법률적으로 강제되지 못한다고 하더라도 미래 정부의 정책에 대한 도덕적인 견제사유로 생각하였기 때문에 그러한 규정도 추가한 것이다.

(3) 연성헌법

인도헌법의 또 다른 특징은 유연성이다. 판디트 네루는 다음과 같이 유연성을 찬양하고 있다. "우리는 우리가 할 수 있는 한에서 헌법을 굳건하고 영원한 것으로 만들기 원하지만 헌법에서 영원함이란 없는 것이다. 헌법에는 어떤 유연성이 존재해야 한다. 모든 것을 엄격하고 영원한 것으로 만들고자 한다면 민족의 성장, 즉 살아 움직이는 유기적인 국민의 성장을 저지하는 꼴이 된다. … 어쨌든 우리는 변화되는 상황에 적응할 수 없을 정도로 헌법을 엄격하게 만들어서는 안 된다. 세상은 소용돌이에 휩쓸리고, 매우 급속한 과도기를 겪고 있는 때이므로 오늘 할 수 있는 것은 내일에는 완전히 쓸모없는 것이 될 수 있다."[10]

미국헌법의 개정에는 주의 4분의 3의 동의가 필요한 데 반하여 인도헌법은 몇몇 조항의 개정만이 주의 동의를 요구하고, 그것도 주의 2분의 1만 동의하면 충분하다. 여타 헌법조항은 연방의회(Union Parliament)의 특별다수만의 동의를 요구한다. 그 경우 각 원의 출석의원 3분의 2 이상의 동의만으로 충분하다. 또 한편으로 의회는 많은 헌법규정을 단순다수결로서 개정할 수 있다. 예를 들어 주의 명칭, 경계, 통합과 분리 등의 변경조치(제4조), 주입법부의 제2원 폐지 또는 창설(제169조), 지정지역 및 지정부족의 관리(부칙 제5조 제7항, 제6조 제21항) 등이다.

또한 헌법 자체가 헌법규정에 대한 광범위한 보충적 입법권을 의회에 부여하고 있다. 예를 들어 국적취득에 관한 헌법규정(제5~8조)과 이를 보충하는 의회의 「국적법」(Citizenship Act, 1955)이다. 나아가 헌법은 의회가 별도로 정하지 않는 한에서만

---

10) CAD, Ⅶ, pp. 322~323; 또한 CAD, Ⅶ, p. 36(암베드카르 진술) 참조.

당해 헌법규정이 유효하다는 규정도 두고 있다. 주의 과세권으로부터 연방재산의 면제(제285조), 주의 소송적격(제300조 제1항) 등이 그 예이다. 어쨌든 60년 동안에 98차례의 헌법개정을 체험했다는 것도 인도헌법의 특색이라면 특색일 수 있을 것이다.

2. 주요 내용

(1) 헌법전문

인도헌법은 다음과 같이 시작한다. "우리 인도국민은 인도를 주권적 사회주의적 세속적 민주주의 공화국으로 건설할 것과, 인도의 모든 시민들에게 사회, 경제, 정치적 정의의 보장과 사상과 표현, 신앙과 종교, 경배의 자유의 보장과, 신분과 기회의 평등을 보장함과 아울러, 개인의 존엄과 국가의 통일과 완전한 통합을 보장하는 우애를 전 국민들 간에 증진시킬 것을 엄숙히 결의하는 바이다. 1949년 11월 26일 헌법제정의회에서 이를 채택하고 시행에 옮긴다."

> • 헌법전문의 공식 영문표기는 다음과 같다 : "WE, THE PEOPLE OF INDIA, having solemnly resolved to constitute India into a SOVEREIGN SOCIALIST SECULAR DEMOCRATIC REPUBLIC and to secure to all its citizens : JUSTICE, social, economic and political ; LIBERTY of thought, expression, belief, faith and worship ; EQUALITY of status and of opportunity; and to promote among them all FRATERNITY assuring the dignity of the individual and the unity and integrity of the Nation; IN OUR CONSTITUENT ASSEMBLY this twenty-sixth day of November, 1949, do HEREBY ADOPT, ENACT AND GIVE TO OURSELVES THIS CONSTITUTION." 이 중에서 SOCIALIST SECULAR와 integrity는 1976년 제42차 헌법개정법률에 의해서 추가된 것이다.

세계 여러 헌법의 전문 중에서도 특별히 명문으로 꼽히는 이 전문은 헌법제정자들의 사상을 핵심적으로 담고 있다. 그리고 이러한 목표들은 헌법 전체를 통하여 구체화되었다. 기본권과 국가정책의 지도원리는 헌법의 제3부와 제4부에 구체화되어 개인의 자유와 존엄성, 정의를 보장하였고, 제5부 이하에서는 연방과 주, 지방조직에 관한 규정을 통해서 국가의 통일과 통합을 기하고자 하였다.

(2) 통치구조

인도헌법은 고전적인 의미에서의 연방제를 취하지 않고, 연방 우위의 연방국가체제를 취하고 있다. 현재 연방국가는 25개 주로 구성되어 있는데, 인도헌법은 각 주들과 연방국가를 위한 헌법이다. 각 주들은 자신들의 독자적인 헌법을 갖지 않는다. 따라서 하나의 동일한 헌법이 연방국가와 각 주들의 구조, 권력과 기능 그리고 그것의 한계를 제시해 준다.

연방국가는 중앙정부의 수반인 인도의 대통령에 의해 대표된다. 대통령은 당선된 의회 양원 의원 및 당선된 각 주 의회의원들로 구성된 선거인단에 의하여 5년마다 선거에 의해 선출된다. 대통령은 헌법위반 시 탄핵으로 파면될 수 있으며, 또한 부통령제가 있다. 부통령은 당연직으로 상원의 의장이 된다. 부통령은 양원 합동회의에서 단기이양식투표의 방법에 의한 비례대표제의 원칙에 따라서 선출된다. 대통령은 총리가 이끄는 내각에 '조력과 권고'를 한다. 총리와 내각의 장관들은 의회의원들 중에서 대통령이 임명한다. 내각은 공동으로 하원(Lok Sabha)의 의원을 책임지며, 의회의 신임을 잃을 경우 내각이 사퇴하게 된다.

의회는 두 개의 원으로 구성된다. 상원(Rajya Sabha)은 연방국가의 각 주들을 대표한다. 상원은 상설기관으로 구성원의 3분의 1이 2년에 한 번씩 새로이 선출된다. 하원은 각 지역구에서 선출된 국민의 대표자들로 구성된다. 보통 하원의 임기는 5년이다. 양원은 인도 연방국가 내의 모든 법의 입법권한을 갖고 있다. 그러나 의회에 의해 가결된 법률들은 대통령의 동의를 얻어야 한다. 인도에서의 의원내각제 통치구조를 도표화하면 [표 1]과 같다.

각 주의 정부도 같은 원칙에 의해 구성된다. 각 주의 주지사는 대통령에 의해 임명되고, 주정부의 내각 수반은 주의 총리이다.

[표 1] 인도의 의원내각제 통치구조[11]

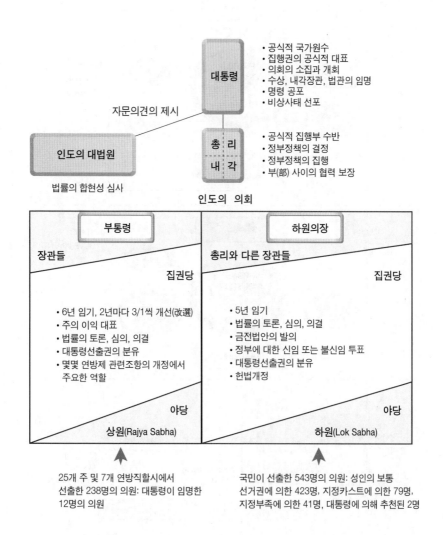

· 공식적 국가원수
· 집행권의 공식적 대표
· 의회의 소집과 개회
· 수상, 내각장관, 법관의 임명
· 명령 공포
· 비상사태 선포

대통령

자문의견의 제시

인도의 대법원

법률의 합헌성 심사

총 리
내 각

· 공식적 집행부 수반
· 정부정책의 결정
· 정부정책의 집행
· 부(部) 사이의 협력 보장

인도의 의회

부통령

하원의장

장관들

총리와 다른 장관들

집권당

집권당

· 6년 임기, 2년마다 3/1씩 개선(改選)
· 주의 이익 대표
· 법률의 토론, 심의, 의결
· 대통령선출권의 분유
· 몇몇 연방제 관련조항의 개정에서
  주요한 역할

· 5년 임기
· 법률의 토론, 심의, 의결
· 금전법안의 발의
· 정부에 대한 신임 또는 불신임 투표
· 대통령선출권의 분유
· 헌법개정

야당

야당

상원(Rajya Sabha)

하원(Lok Sabha)

25개 주 및 7개 연방직할시에서
선출한 238명의 의원: 대통령이 임명한
12명의 의원

국민이 선출한 543명의 의원: 성인의 보통
선거권에 의한 423명, 지정카스트에 의한 79명,
지정부족에 의한 41명, 대통령에 의해 추천된 2명

---

11) 표는 Ramesh Thakur, *The Government and Politics of India*, Macmillan, 1995, p. 146에서 인용.

[표 2] 인도의 세 가지 차원의 정부[12]

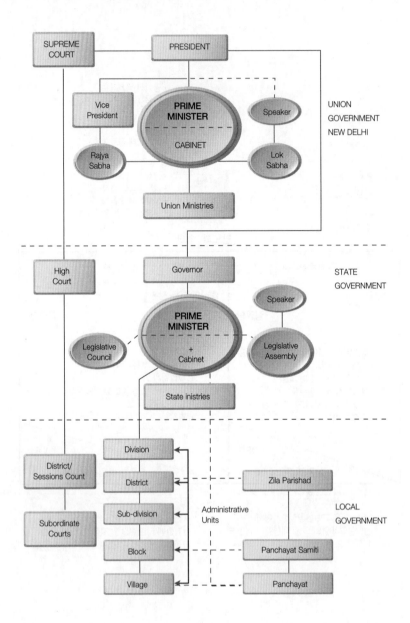

SUPREME COURT

PRESIDENT

Vice President

PRIME MINISTER

Speaker

CABINET

Rajya Sabha

Lok Sabha

Union Ministries

UNION GOVERNMENT NEW DELHI

High Court

Governor

Speaker

PRIME MINISTER

Legislative Council

+ Cabinet

Legislative Assembly

State inistries

STATE GOVERNMENT

Division

District/ Sessions Count

District

Zila Parishad

Sub-division

Administrative Units

LOCAL GOVERNMENT

Subordinate Courts

Block

Panchayat Samiti

Village

Panchayat

---

12) 표는 Ramesh Thakur, *The Government and Politics of India*, Macmillan, 1995, p. 47에서 인용.

통치기구의 세 번째 단위는 민주적인 원칙에 의해 구성된 각 판차야트와 기초자치단체라고 할 수 있다. 따라서 인도에서 세 가지 차원의 정부구조를 도표화하면 [표 2]와 같다.

또 하나의 중요한 국가기관은 사법부이다. 제124조부터 제147조까지, 제214조부터 제237조까지는 사법부 관련 규정이다. 사법부는 통일·단일적이며, 그 재판부에서 연방국가와 각 주의 법을 기초로 하여 법적 분쟁을 해결한다. 사법부의 정점은 뉴델리에 있는 인도 대법원(Supreme Court)이다. 대법원은 1950년 1월 28일 활동을 개시하였으며, 대법원장과 7명의 대법관으로 구성되었다. 하지만 의회는 대법관의 수를 확대시킬 수 있어, 1986년부터는 대법관이 25명이다. 대법원장과 대법관은 대통령이 임명하며, 정년은 65세이다. 헌법은 대법원의 독립을 보장하기 위한 장치를 마련하고 있다. 대법관은 대통령이 양원에 참석해서 사유를 설명한 다음 양원에서 대법관의 비행이나 무능력을 이유로 각각 재적인원의 과반수 참석과 참석자의 3분의 2 이상이 동의를 하지 않는 한 면직되지 아니한다. 대법관이었던 자는 인도에서는 변호사로 개업할 수 없다.

그 아래 각 주의 법 분쟁해결을 위한 각각의 고등법원(High Court)이 있다.

> • 고등법원은 전국에 18개가 있다. 즉, 모든 주에 설치되어 있는 것이 아니라 몇 개의 주를 관할하기 위해 하나의 고등법원이 설치되는 경우가 있다. 예컨대 봄베이 고등법원은 마하라슈트라, 고아, 다드라나가르하벨리, 다만디우를 관할한다. 이미 1862년에 캘커타와 봄베이에 고등법원이 설치되었다. 고등법원장은 대법원장과 해당 주지사의 의견을 들어 대통령이 임명하며, 정년은 62세이다.

또한 민형사사건을 취급하는 하급법원, 소액사건법원, 가정법원 등이 존재한다. 모든 주에는 판차야트 법원이 기능한다. 지방의 여러 형편에 따라 달라지지만 민형사분쟁을 담당하는 니아야 판차야트(Nyaya Panchayat), 판차야트 아달라트(Panchayat Adalat), 그람 카차하리(Gram Kachahari) 등의 다양한 이름을 가진 법원이 있다. 이러한 일반적인 법원 외에도 헌법 제323-A조와 제323-B조는 의회법률에 의하여 다양한 행정심판소(Administrative Tribunals)를 설치할 수 있도록 하고 있다. 그러나 이 모든 법원들은 고등법원과 대법원의 감독 관할하에 있다.[13] 대법원은 최종심 법원이자 최상급의 상고법원으로 고유의 관할을 갖는다.[14] 그리고 대륙법계 국가들처럼 특별히 헌법재판을 담당하는 법원이나 행정 또는 그 밖의 특별법원을 두고 있지 않다.

연방국가와 주정부의 조직은 물론이고 그들의 권한과 그들 간의 관계는 헌법에 규정되어 있다. 정부의 모든 권한은 세 부분으로 나열 규정되었는데, 연방의 권한, 주의 권한, 그리고 경합적 권한이 그것이다. 연방정부와 주정부는 경합적 권한에 관해서는 동등한 권한을 가지지만, 각각 배타적인 입법권과 행정권을 갖는다. 어느 부분에도 나열되지 않은 잔여권한은 연방정부에 속한다.

중앙과 주의 관계는 독립 이후는 물론이고 이전에도 계속 논의되었던 문제이다. 그러나 1967년 이전까지 중앙과 주에서 같은 정당이 집권했을 때는 양자 사이의 어려운 문제가 표면화되지 않았다. 1967년 중앙과 주에서 각각 다른 정당이 집권하게 되면서부터, 각 주는 더 많은 권한과 독자성을 갖게 되고 그에 따라 각자가 보다 많은 자유를 갖고 계획을 세우고 행동할 수 있었다. 이러한 요구는 1977년 첫 연립정부가 중앙에서 형성되었을 때 보다 진전되었다. 그러나 1989년 이후 각 주에 의해 이러한 기본적 현실이 변화되었는데, 그것은 중앙정부가 그때 이후로 지역정당들과 연합하게 되었기 때문이다. 그런데 이러한 연합은 중앙정부가 어떤 주나 단독 정당의 소수 정부를 외부의 지역 또는 중앙 정당에 의존하게 만들면서 이루어졌다.

결론적으로, 과거에는 중앙정부가 주정부의 구성에 발언권을 가졌다면, 현재는 중앙정부가 주정부의 지시에 복속하도록 주정부가 중앙정부의 구성에 발언권을 갖는다고 할 수 있다. 이러한 정치적 현실의 변화는 중앙과 주의 관계에 대한 헌법적 구조를 바꾸라는 요구로 전화되지는 않았다. 그러나 이러한 상황은 중앙정부의 기능방식에 변화를 가져왔는데, 즉 중앙정부는 주에 반하는 일은 하지 않으려는 것이었다.

---

13) S. P. Sathe, *The Tribunal System in India*, Tripathi Private Limited, 1996.
14) 대법원에 관해서는 Subhash Chandra Gupta, *Supreme Court of India*, Deep & Deep Publications, 1995 참조.

(3) 국민의 기본권과 의무, 그리고 국가정책의 지도원리

이러한 중앙정부, 주, 지방정부 등의 기본적 틀 외에도, 헌법은 이러한 통치기구가 준거해야 하는 많은 것을 규정하고 있다. 그중 대표적인 것은 다음과 같다.

(가) 기본권

헌법은 개인의 기본권을 선언하고 있다.

> • 「1935년 인도정부법」은 기본권을 규정하고 있지 않았다. 사이먼위원회와 의회의 양원합동위원회도 헌법적 문서에서 그러한 기본권의 효력을 선언하는 것을 반대하였다. 사이먼위원회는 다음과 같이 말했다. "우리는 그러한 규정들이 많은 헌법에, 특히 전후에 형성된 유럽국가들의 헌법에 삽입되어 있음을 알고 있다. 그러나 경험상 그것들은 어떤 실천적 가치를 보여 주지 못하였다. 추상적 선언은 기본권을 효과적이게 할 의지 및 수단이 없는 한 쓸모가 없다." 이러한 입장은 권리의 선언이 입법부의 권한에 막대한 제한을 가할 것이며 많은 법률들에 중대한 위험을 야기하여 법률들을 무효로 만들 것이라고 보고 있다. 물론 이와 다른 견해는 헌법적 문서에서 기본권의 선언이 인민의 복지에 필요하다고 보았다(M. P. Singh, V. N., *Shukla's Constitution of India*, Eastern Book Company, 1997, p. A-43에서 재인용).

어떤 것들은 인도 국민에게만 인정되고, 다른 것들은 인도 국민이 아닌 자에게도 동등하게 인정된다. 헌법에 정의된 바 기본권은 기본권이 아닌 권리와 한 가지 점에서 구별된다. 헌법 자체에 정의된 바에 따르는 기본권은 불가침인 반면에 기본권이 아닌 권리는 그러한 성격을 가지지 않는다. 어떠한 법률, 명령, 관습, 관행 혹은 행정명령도 기본권을 부인할 수 없다는 의미에서 기본권은 불가침이다.[15]

기본권은 중앙과 주의 각 집행부와 입법부, 그리고 지방 및 여타의 권력을 포함한 모든 권력을 구속한다. 그렇지만 기본권은 절대적인 것은 아니다. 기본권은 법률에 의해 제한될 수 있다.

---

15) M. P. Singh, p. A-42.

• 싱(M. P. Singh) 교수는 인도헌법상의 기본권 제한을 미국헌법상의 그것과 비교하면서, 미국헌법은 기본권 제한에 관하여 입법권에 명시적인 수권을 하고 있지 않은데 대하여 인도헌법은 국가로 하여금 직접 기본권을 제한할 수 있도록 허용하고 있음에서 그 차이점을 발견한다. 그러나 결과적으로 차이는 없고, 다만 직접적이냐 간접적이냐의 차이일 뿐이다. 결국 어느 경우에도 기본권은 절대적이지 않다. 그것은 현대 복지사회에서 자유와 평등을 절대적으로 실현하는 것이 매우 어렵기 때문이다. 따라서 그에 따르면, 기본권이 공동선 혹은 공동이익을 위하여 제한되어야 하는지의 문제는 특정 시기의 조건과 상황에 달려 있다(M. P. Singh, pp. A-43~A-44).

이때 기본권에 대한 모든 제한은 사법심사에 구속되고, 만약 기본권과 반하는 경우 미국과 같이 대법원에 의해 무효로 선언될 수 있다. 더욱이 기본권이 헌법의 기본구조를 형성하는 한 헌법개정에 의해서도 폐지될 수 없다.

헌법상의 기본권 조항 중 주요한 것은 다음과 같다. 즉, 법 앞의 평등(제14조); 인종, 종교, 카스트, 성별, 출생지 등에 의한 차별금지(제15조); 고용기회의 평등(제16조); 불가촉천민(untouchability)제도의 폐지(제17조); 작위의 수여 금지(제18조); 언론·출판·집회·결사·운동의 자유(제19조 제1항, 제2항, 제3항), 거주와 주거의 자유(제19조 제4항, 제5항), 직업 및 영업의 자유(제19조 제7항); 소급형벌법의 금지(제20조 제1항), 이중위험의 금지(제20조 제2항), 진술거부권(제20조 제3항); 생명과 신체의 자유(제21조); 체포사유를 알 권리(제22조 제1항 전단), 변호인의 조력과 방어를 받을 권리(제22조 제1항 후단), 체포의 경우 24시간 내에 법원의 판단을 받을 권리(제22조 제2항); 인신매매(제23조 제1항), 강제노동(제23조 제2항), 위험한 작업에 아동 고용 금지(제24조); 종교의 자유(제25~28조); 소수자가 자신의 언어, 문자, 또는 문화를 유지할 권리(제29조), 그리고 자신들의 선택에 의해 교육기관을 설립하고 관리할 권리(제30조); 기본권 보장을 위해 대법원에 접근할 권리(제30조) 등이다.

그런데 대법원은 1950년 판결에서의 기본권에 대한 조심스런 접근을 시작으로 어느 한 기본권으로부터, 혹은 헌법의 다른 영역에서, 혹은 인권에 관한 국제적 발전에서 또 다른 기본권을 이끌어 냄으로써 자신들의 영역을 서서히 넓혀 왔다.

• Rashid Ahmad v. Municipal Board, AIR 1950 SC 163 : 1950 SCR 566. 대법원을 통하여 권리침해를 구제받을 수 있는 권리는 그 자체로서 기본권이지만(제32조 제1항), 이 판결에서 대법원은 대법원이나 고등법원이 인신보호영장(habeas corpus), 직무집행영장(mandamus), 금지영장(prohibition), 권한개시영장(Quo warranto), 사건이송영장(certiorari)을 포함한 짓, 명령 혹은 영장을 발할 권한이 있다는 조항(제32조, 제226조)으로부터 기본권의 침해에 대한 구제영역을 확대했다(상세한 것은 M. P. Singh, p. 277 이하 및 p. 548 이하 참조).

그리하여 법원은 기존의 기본권으로부터 많은 새로운 권리를 창조해 왔다.[16]

(나) 국가정책의 지도원리

• '국가정책의 지도원리'가 헌법에 맨 처음 나타난 것은 1931년 단명했던 스페인 공화국헌법에서였다. 이것은 단지 입법부와 행정부에 정책과제로 맡겨 놓되 법원의 사법심사나 구제의 대상에서는 제외된 것이다. 그런 점에서 구체적 권리성이 없는 프로그램적 규정과 흡사하다고 할 수 있다. 이후 독일민법학자로서 망명 중이었던 콘(Leo Kohn)을 통해 아일랜드공화국의 1937년 헌법에 도입되었다. 이때의 명칭은 'Directive Principles of Social Policy'였다. 이것이 인도 제헌의회 고문이었던 라우(Rau)에 의해서 인도에 받아들여진 것이다(Edward Mc Whinney, *Constitution-making: Principles, Process, Practice*, University of Toronto Press, 1981, pp. 52~55).

헌법은 네루의 '목적결의'가 포함시키지 않았던 모든 국민들의 평등, 특히 남녀평등에 관련된 내용들을 헌법 제4장의 제36조부터 제51조까지 16개 조항에 걸쳐 '국가정책의 지도원리'라는 제목 아래 규정하였다. 제39조에서는 ① 남녀에 대한 동등한 생활수단의 보장, ② 공공복지적 관점에 적합한 사회자원의 소유와 지배의 적정 배분, ③ 공공에 유해할 정도의 경제적 조직과 운영의 공공복리성과 부와 생산수단의 집중 방지, ④ 남녀에 대한 임금차별 금지, ⑤ 남녀노동자의 건강 및 체력 보장, ⑥ 아동에 대한 혹사 금지, ⑦ 연령과 건강에 적정하지 않은 직업의 강요 금지, ⑧ 아동

---

16) Mahendra Pal Singh, "Law in India Since Independence", 『인도독립 50주년 기념 국제학술대회 자료집』, 1998년 6월 13일, p. 9.

과 청소년에 대한 착취와 정신적 물질적 유기로부터의 보호가 규정되어 있다.

그 밖의 주요 내용으로 판차야트의 조직(제40조), 노동권 및 교육권의 보장, 실업과 노령, 질병, 장애, 빈곤에 대한 공공부조(제41조), 공정한 근로조건과 산모의 휴가보장(제42조), 농공산업에 종사하는 근로자에 대한 생활급여와 여가 및 문화생활조건의 확보(제43조), 통일민법전의 제정(제44조), 헌법제정 10년 이내에 만14세까지의 학령아동에 대한 무상의무교육 실시(제45조), 지정카스트, 지정부족 등 사회적 약자에 대한 교육과 경제적 기회증대(제46조), 영양과 생활수준, 국민보건의 향상(제47조), 영농과 축산업의 조직화(제48조), 환경과 수목, 야생동물들의 보호(제48-A조), 문화재와 국가적 기념물의 보존(제49조), 사법부의 집행부로부터의 독립(제50조), 기타 국제평화와 국제법규의 존중(제51조)들이 있다.

한마디로 복지국가를 위한 프로그램적 성격으로 여겨지는 국가정책의 지도원리는 사법적 구제나 강제집행의 대상은 아니다. 그럼에도 불구하고 이것은 국가통치에 있어 기본적이며, 국가는 입법에 있어 이를 적용할 의무를 가지는 것으로 대단히 중요한 의의를 가진다.[17] 기본권규정들이 주로 자유권적 성격을 지닌다면, 지도원리는 사회국가에 바탕을 둔 내용들이기 때문에 양자는 상호 충돌할 소지가 많다. 헌법이 발효된 직후부터 대법원은 국가정책의 지도원리와 기본권이 충돌하는 경우에 전자는 후자에 구속된다는 견해를 가져왔다. 이러한 법원의 판결은 기득권층의 이익을 보호하기 위한 측면에서 많이 내려졌다. 그렇기 때문에 의회는 사회적 하층민을 위한 보호를 헌법에 규정한 1951년의 제1차 헌법개정을 하게 되었다. 몇 년 후에 법원은 자신의 입장을 바꾸고 양자가 충돌하는 경우 조화와 타협을 이루어야 한다고 하였다.[18] 국가정책의 지도원리와 기본권은 모두 헌법의 '양심'에 해당하는 것으로 어느 하나를 우위에 두고자 할 때 헌법의 파괴를 초래할 위험이 있다. 따라서 기본권의 해석과 구성을 위해서 국가정책의 지도원리를 활용할 수 있어야 한다. 이것은 구체적으로 헌법개정작업으로 나타날 것이다.[19]

---

17) Kesavananda Bharati v. State of Kerala, (1973) 4 SCC 225, 877.

18) 예컨대, Kerala Education Bill, Re, AIR 1958 SC 956.

19) M. P. Singh, *Constitution of India*, pp. A45~46.

헌법은 국가로 하여금 국가정책의 지도원리를 효과적으로 보장하고 방어함으로써 국민의 복지를 신장시키고, 모든 국가기관에 대해 사회적·경제적·정치적으로 정의가 구현되는 사회질서를 촉진하도록 하고 이 목표를 달성하기 위한 특수한 과제를 국가에 부여하고 있다.

(다) 기본적 의무

1976년 개정을 통하여 헌법 제4장의 제51-A조로 10개항의 국민의 의무가 헌법에 부과되었다. 그 의무로는 헌법을 준수할 의무, 헌법의 이념과 제도를 존중할 의무, 자유를 위한 국민적 투쟁으로부터 나온 존엄한 이상을 간직하고 따를 의무, 인도의 주권과 통일과 통합을 지키고 방어할 의무, 모든 국민의 보편적 형제애 정신과 조화를 촉진하고, 여성의 존엄에 반하는 행위를 금지할 의무, 복합문화의 풍부한 유산의 가치를 인정하고 보존할 의무, 과학적 분위기의 발전시킬 의무, 폭력을 배제할 의무, 모든 개인과 단체 활동에서 최선의 노력을 다할 의무 등을 포함한다.

(4) 소수자와 사회적 하층민에 대한 특별한 보호

헌법제정자에게 주어진 제일차적 과제는 소수자 보호였다. 국가정책의 지도원리를 통해 이런 방향이 설정되었다. 헌법상 소수자가 적극적 행동을 할 수 있는 구체적 장치와 행정적 수단들을 제공함으로써, 소수자의 기본권 보장을 통하여 자유롭게 자신들을 보존하며 자신의 독립적 정체성을 추구함은 물론이고, 또한 그들이 국가의 정치적·사회적 삶에 적극적으로 참여할 수 있게 하였다. 헌법 제9부의 제243조 이하의 규정에 따르면, 특히 의회, 주 의회, 판차야트와 기초자치단체에 지정최하층(불가촉천민)과 지정부족(토착부족)이 인구비례에 의해 일정비율로 참여하도록 하였다. 촌장회의와 기초자치단체의 3분의 1은 여성에게 주어졌다. 각 주에서도 판차야트나 기초자치단체의 관리공무원직에 최하층천민, 토착부족, 그리고 여성들이 참여할 수 있도록 규정하였다. 의회와 각 주의회에도 여성을 위한 의석 마련을 위한 노력이 있었다. 의회의 2석, 각 주의회의 1석은 또한 앵글로인디언의 구성원에게 배려되었다.

헌법은 또한 중앙과 주의 공공업무와 관련하여 각 공공서비스와 관직의 결정에서도 최하층천민과 토착부족의 주장을 고려하도록 규정하였다. 동시에 영국계 인도인을 위한 철도, 관세, 우편, 전화 등 공공서비스와 교육기관을 제공하도록 규정하였다. 헌법은 또한 '국민위원회'가 최하층천민과 토착부족의 보호와 복지, 번영에 관한 모든 문제를 돌보도록 규정하고 있다. 또한 헌법은 국민위원회가 토착부족의 복지와 지정영역에 대한 관리를 보고하도록 규정하고 있다. 물론 지정영역에 관해서 구체적인 규정을 두고 있다. 몇몇 주의 헌법은 장관이 토착부족의 복지를 돌보도록 하고 있는데, 물론 장관은 또한 최하층천민과 하층민들의 복지를 돌보아야 한다.

헌법은 또한 하층민의 사회적·교육적 조건과 그들의 노동의 어려움을 조사해야 하고, 중앙정부와 주정부가 그 조건과 어려움을 제거함으로써 개선되는 과정과 그 목적을 위해 중앙과 주가 형성해야 하는 보조금을 권고하는 위원회를 둘 것을 규정하고 있다. 이 위원회의 권고에 따라 중앙정부는 중앙 공직의 27%를 하층민을 위해 배려하였는데, 이미 22.5%는 최하층천민과 토착부족에게 배려되었다. 헌법은 또한 교육기관과 주의 편의시설과 공공서비스에 있어서 최하층천민과 토착부족을 포함한 하층민을 위한 자리를 지정하는 배려를 규정하고 있다. 이 규정에 의해 중앙과 주에서 수많은 시설과 공공서비스가 이들 하층민에게 제공되어 왔다. 성별에 근거한 차별이 금지되어 있지만, 여성을 위한 특별 규정도 또한 만들어질 수 있다.

(5) 기본구조

비록 헌법은 헌법개정의 한계에 대하여 특별히 규정하고 있지 않지만, 1973년의 케사바난다 바라티(Kesavananda Bharati Case) 사건과 1992년의 키호토 홀로한(Kihoto Hollohan Case) 사건을 통해서 대법원은 헌법의 기본구조는 개정될 수 없다고 판결하였다. 법원에 의해 기본구조에 대한 결정적인 정의나 완결된 내용이 정해진 것은 아니지만, 각 판례들을 분석해볼 때, 기본구조라 함은 헌법의 우위, 연방주의, 권력분립, 의회제 민주주의, 세속주의, 사법심사, 법치주의, 기본권과 국가정책의 기본원리의 조화, 제한된 헌법개정권, 사법부의 독립, 자유롭고 공정한 선거 등을 포함한다.

초기에는 헌법의 기본구조는 많은 논란의 대상이었지만, 지금 이것은 헌법의 선언으로 받아들여지고 있다.[20)

(6) 사회주의적 경제에서 시장경제로

여러 사회주의 경향에 동감하고 있던 제헌의회가 사회주의적 정책에 경도된 헌법을 제정하였다는 것은 잘 알고 있는 사실이다. 물론 제헌의회가 만든 헌법은 서구 자유주의 전통에 기반하고 있었지만, 1970년대 후반부터 정부는 사회주의적 정책을 추구하고 따라서 재산의 사회화, 산업의 국유화, 그리고 경제에 대한 국가의 통제에 관한 법률이 만들어졌다. 1980년대에는 이러한 경향은 느슨해졌으며, 결국 1991년 시장경제에 기반한 새로운 경제정책이 채택되었다. 그때 이후로 경제의 탈규제화와 자유화 과정이 진행되었다. 인도는 WTO의 회원국이며, 그에 상응하는 법률들을 만들고 있다.

---

20) 이에 관해서는 특히 M. K. Bhandari, *Basic Structure of the Indian Constitution*, Deep & Deep Publications, 1993. 참조.

- Durga Das Basu, *Introduction to the Constitution of India* (17th ed.), Prentice Hall of India Private Limited 1995.
- Gupta & Sarkar, *Overview of Indian Legal and Constitutional History*, Surjeet Publications, 1982.
- J.C.Johari, The *Constitution of India: A Politico-Legal Study*, Sterling Publishers Private Limited, 1995.
- Mahendra Pal Singh, "*Law in India Since Independence*," 『인도독립 50주년 기념 국제 학술대회 자료집』, 1998년 6월 13일.
- Manoj Panday & Onkar Kedia, *Essentials of the Indian Constitution*, Vikas Publishing House Pvt Ltd., 1995.
- M.K.Bhandari, *Basic Structure of the Indian Constitution*, Deep & Deep Publications, 1993.
- M.P.Singh, V.N., *Shukla's Constitution of India*, Eastern Book Company, 1997.
- M.V. Pylee, *An Inrtoduction to The Constitution of India*, South Asia Books, 1995.
- P.K.Tripathi, "Perspectives on the American Constitutional Influence on the Constitution of India", in *Constitutionalism in Asia: Asian Views of the American Influence* (edited by Lawrence W. Beer), University of California Press, 1979.
- Ramesh Thakur, *The Government and Politics of India*, Macmillan, 1995.
- S.P.Sathe, *The Tribunal System in India*, Tripathi Private Limited, 1996.
- Subhash Chandra Gupta, *Supreme Court of India*, Deep & Deep Publications, 1995.

- Brij Bhusan vs. State of Delhi (AIR 1950. SC 129).
- Moti Lal vs. State of Uttar Pradesch (AIR 1951. SC 257).
- Ramesch Thapar vs. State of Madras (AIR 1950. SC 124).

제 11 장

인도 연방제의
특징과 쟁점

I · N · D · I · A

1
연방제의 개념정의 및 형성조건, 그리고 인도의 연방제

연방제는 매우 느슨한 개념이기 때문에 그 개념을 명확하게 정의하기가 쉽지 않다.

• 두하체크(Ivo D. Duchacek)는 연방주의에 대한 개념정의의 어려움을 다음과 같이 서술하고 있다. "연방주의에 대한 일반적인 이론은 존재하지 않는다. 또한 정확히 연방주의가 무엇인지에 대한 합의도 없다. 그 용어 자체가 불명확하고 논쟁적이다. 연방주의는 이전에 하나의 새로운 단위의 공동이익, 정책 및 행위로 직접 결합하지 못했던 영토공동체를 결합하는 과정으로서 혹은 권력분산의 대립적 과정으로서 묘사되고는 했다. 게다가 연방주의는 연방화 과정의 결과 혹은 수단 — 헌법적 연방체계와 그 제도 — 으로 묘사되고는 하는 용어이다." (Ivo D. Duchacek, *Comparative Federalism*, Holt, Rinehart and Winston Inc., 1970, p. 189; T. Devidas, V. S. Mallar and V. Vijaya Kumar, *Cases and Materials on Constitutional Law: Centre-State Relations and Federalism*, National Law School of India University, 1992, p. 1에서 재인용).

그렇기 때문에 위어(K. C. Wheare)는 연방제 개념을 엄격하게 적용하여 미국, 오스트레일리아, 캐나다, 스위스만을 연방제국가로 인정한다.

• K. C. Wheare, *Federal Government*, Oxford University Press, 1956, p. 1 이하. 위어는 캐나다 헌법을 '준연방적 헌법(quasi-federal constitution)'이라 부르지만, 헌법의

실제적 운용을 검토한 결과 매우 연방적임을 긍정한다. 그에 따르면, "캐나다는 연방헌법을 가지지 않았지만, 연방정부를 가지고 있다."(같은 책, pp. 20~21). 그렇지만 1940년 대에 쓴 이 책에서 위어는 아르헨티나와 바이마르공화국을 연방국가로부터 배제하였다.

엘라자르(Daniel J. Elazar)는 '완전한 연방제국가' 개념을 사용하기는 하지만 어떤 형태로든 연방제적 요소를 가진 국가에서 생활하고 있는 인구가 전 세계인구의 약 80%에 이른다고 보고 있다. 연방주의에 터잡은 근대국가의 건설은 1789년의 미국헌법이 효시이므로 연방제 개념을 그에 따라 정의하는 경우가 많지만, 이것을 일반화하기에는 무리가 있다.

● 위어도 연방제에 대한 자신의 개념정의가 너무 엄격함을 인정하고 있다(K. C. Wheare, p. 16). 예컨대 미국의 연방제는 직접연방행정제도를 채택하여 나중에 연방주의를 채택한 유럽국가들이 간접연방행정제도를 채택하고 있는 것과 대비된다. 직접연방행정제도란 연방의 법률은 연방정부 스스로 집행하는 것을 말한다(片岡寬光, "アメリカ合衆國における連邦主義の變遷", 片岡寬光 엮음, 『國と地方－政府間關係의 國際比較－』, 早稻田大學出版部, 1985. p. 211).

미국의 경우 연방주의자들이 영향력을 행사했음에도 불구하고 독립적인 주가 주도적으로 연방을 구성해 냈지만, 다른 나라의 경우에는 그렇지 않다. 따라서 연방제에 대한 개념정의는 접근방법의 선택으로부터 출발해야 할 것이다.

● 'Federal'이라는 말은 라틴어의 '포에두스(foedus)'에서 출발하여 헤브라이어의 'brit'와 마찬가지로 '계약'을 의미한다. 루이스(Lewis)의 라틴어사전은 '연맹', '조약 (treaty)', '협약(compact)', '동맹(alliance)', '계약(contract)', '혼인계약(marriage contract)'으로 풀이한다. 포에두스는 라틴어 'fides(신임, trust)' 및 영어 'bind(결합)'와 같은 어원이다. 그 어원적인 의미는 당사자 사이의 상호신임계약이다(William H. Riker, *Federalism: Origin, Operation, Significance*, F. I. Greenstein, 1964; N. W. Polsby, *Governmental Institutions and Processes*, 1975, p. 99). 어원적으로 연방제의 본질은 계약에 의해 성립된 공동관계이며, 그것은 공동관계자의 분담과 통합에 의해 성립된 것으로 정의할 수 있다(Daniel J. Elazar 편저, *Federal System of the World*, 1994, 서론 : 西修, 憲

法體系の類型的硏究, 成文堂, 1997, p. 216에서 재인용). 한편, 본디 연방제의 개념은 성경에 그 뿌리를 두고 있다. 인간과 신 사이의 파트너십을 규정하기 위하여 신학의 용어로 사용되었던 것이 그 시초로서, 그 후 '계약신학'(federal theology)으로 발전했다(千葉眞, "フェデラリズム、デモクラシー、ナショナリズム,"『憲法における歐美的視點の展開：淸水望先生古稀記念』, 1995, p. 155).

1. 연방제의 개념정의와 인도의 연방제

'다양성 속의 통일성'으로 요약할 수 있는 인도의 연방제는 그 분석에서 약간의 혼란이 있다. 영국으로부터 독립한 인도가 채택한 정부체제는 '협력적 연방주의'[1], '준연방제'[2], '개념과 실제에서 단일국가적'[3]으로 평가되었다. 왜냐하면 중앙정부는 입법부, 행정부, 재정분야에서 막강한 위치를 차지한 결과 주를 지방자치단체 정도로 축소시켰다고 볼 수 있기 때문이다. 이에 따라 항상 쟁점으로 제기된 것은 인도의 국가형태가 단일국가의 제도적 틀을 기본으로 하면서 약간의 연방제적 요소를 추가한 것이냐, 아니면 연방국가의 제도적 틀을 기본으로 하면서 단일국가적 요소를 추가한 것이냐 하는 것이었다. 이에 답하기 위해 우선 연방제를 정의하는 접근방법을 구분하고 연방제의 일반적 특징을 서술한 다음, 인도헌법에 나타난 연방제의 내용을 그것에 비추어 검토하고자 한다.

(1) 개념정의의 접근방법

연방제를 정의하는 경우에 두 가지 방법이 있을 수 있다. 하나는 배제의 접근방법이고, 다른 하나는 포섭의 접근방법이다.

---

1) 아래의 주 13) 참조.
2) K. C. Wheare, p. 28.
3) Ashok Chanda, *Federalism in India*, George Allen & Unwin, 1965, p. 124.

• 여기에서 연방주의와 연방제국가를 구별할 필요가 있다. 연방주의는 상이하면서도 원칙적으로 동등한 권리를 가지는, 보통은 지역적인 정치적 단위들의 자유로운 결합을 표현하는 정치원리로서 연방국가적 결합체를 유지하고 단일국가로의 경향을 방지하는 정치적 사고방식이다. 이에 대하여 연방국가란 국가로서의 성질을 가지는 구성부분으로 결합된 국가를 포괄하는 국법적인 사고형태이다. 연방국가는 연방주의적 요소뿐 아니라 중앙통합적인 요소도 존재하므로, 그것은 양 요소의 결합으로 나타나는 구체적 제도의 결과물이다(K. Hesse, *Grundzüge des Verfassungsrechts der BRD*, C. F. Müller, 1988, p. 85; O. Kimminich, *Der Bundesstaat*, J. Isensee & P. Kirchhof 엮음, HdbStR, 제1권, 1987, p. 1114).

배제의 접근방법은 위어가 취하고 있다. 연방제에 대한 위어의 기준은 다음과 같다. 첫째, 연방제국가는 연방정부와 연방을 구성하는 주정부 사이에 입법권 및 집행권의 양자를 분할하여 그것을 헌법에 규정하고 있다. 둘째, 두 개 차원의 정부는 각각 헌법에 의해 주어진 권한의 범위에서 최고결정기관이고 시민을 직접 통치한다. 셋째, 두 개 차원의 정부는 지배·종속 관계에 있지 않다.[4] 이에 따라 그는 연방제국가를 앞서 언급한 국가들에 대하여만 제한적으로 인정한다.[5] 이에 대하여 포섭의 접근방법은 배제의 접근방법, 즉 법학자의 접근방법과 다르다. 이것은 철학자의 전략이다. 그리하여 용어의 정신, 그것의 메타포와 확장 그리고 기대를 포착하여 정의한다.[6]

배제의 접근방법을 취하는 위어의 정의 뒤에는 주권의 관념과 그리고 각 차원의 정부에 대하여 완전하고 형식적인 법적 독립성을 확보해야 할 필요성이 잠복해 있다.[7] 위어를 비롯하여 고전적 연방주의를 주장하는 이들처럼 배제의 접근방법을 취하는 것에 대한 공통적인 비판은 그들이 연방주의의 법적 측면을 선점한 것에 초점이 맞춰져 있다. 그들이 법외적 측면을 모르는 것은 아니었지만 그것은 그들에게는 깊은 관심의 대상이 아니었다.

그러나 최근의 연방주의에 관한 연구에서는 그 강조점이 법적 측면으로부터 정치

---

4) K. C. Wheare, p. 1 이하.
5) 위의 p. 164 참조.
6) William H. Riker, p. 99.
7) William H. Riker, p. 103.

적 측면으로, 그리고 구조 및 개념으로부터 과정(process)으로 옮겨졌다. 아이켄 (Charles Aiken)에 따르면, "연방국가란 법률가의 정적인 창조물이 아니다." 그로진스 (Morton Grodzins) 교수도 '층진 케이크'(layer cake)와 '얼룩무늬 케이크'(marble cake)의 수사법을 사용하여 법적·제도적 접근방법에 대해 '형식주의적 오류'라고 비판한다.

> • S. P. Aiyar, "The Structure of Power in the Indian Federal System," V. Grover 엮음, PSCI 제4권, Deep & Deep, 1997, p. 56에서 재인용. 미국헌법이 도입한 연방제는 코윈(Edward S. Corwin)의 표현으로 한다면 '이중연방주의(dual federalism)'였다. 그 것은 위어와 공통되는 것으로서 두 개의 서로 다른 차원의 정부가 동시에 존재하고 각 각의 임무로 하는 영역을 서로 독립하여 담당하고, 양자가 모두 직접 국민에게 복무함 으로써 과해진 목적을 달성하고 있는 연방제이다. 그러나 오늘날에 이르러 중요한 것은 이질적인 차원의 정부의 존재를 어떻게 법적으로 보장하는가가 아니라 정부가 전체로 서 국민을 위하여 무엇을 할 수 있는가의 문제이고, 그것을 위해 서로 다른 차원의 정부 가 어떻게 공동보조를 취하여 협력하는가의 문제이다. 이에 따라 권력의 분립이 아니 라 공유를, 기능의 분담이 아니라 공동관리를 골자로 하는 새로운 연방주의가 생겨나 고 있다. 그로진스는 종래의 연방주의를 '층진 케이크'로, 새로운 연방주의를 '얼룩무 늬 케이크'로 표현한다(Morton Grodzins, *The American System: A New View of Government in the United States*, Rand and McNally, 1966, p. 16). 새로운 연방주의를 협력적 연방주의라 부른다. 협력적 연방주의 아래에서 각 차원의 정부들의 권한과 책임 은 교착하고, 국민의 측에서 본다면 어떤 차원의 정부의 서비스를 받고 있는가를 이해 하기 어렵다(片岡寬光, p. 216에서 재인용).

법제도적 접근방법의 대표자인 위어조차도 다음과 같이 말한다. "한 나라는 연방 헌법을 가질 수 있지만, 실제로 그 국가의 통치는 연방적이지 않은 식으로 헌법을 운 용할 수도 있다. 또는 연방적이지 않은 헌법을 가진 나라가 연방제국가처럼 헌법을 운용할 수도 있다."[8] 다른 말로 하면, 정부의 특성이 연방이냐 준연방적이냐 아니면 비연방적이냐를 결정하는 것은 형식적 헌법뿐 아니라 헌법의 실제 운용방식에 따라 야 한다. 그렇기 때문에 위어는 캐나다 헌법이 연방집행부로 하여금 주의 입법을 배

---

8) K. C. Wheare, p. 21.

척할 수 있어 '준연방적 헌법'이라 부르지만, 실제로 캐나다 헌법이 연방적 전통을 따르고 있음을 근거로 하여 "캐나다가 연방적 헌법을 가지지 않았지만 실제로는 연방정부를 가지고 있음"을 인정한다.[9] 다른 한편 미국과 오스트레일리아는 연방적 헌법과 연방적 정부를 가지고 있지만, 실제상으로는 준연방적 정부로 변형되고 있다. 그러므로 헌법은 어떤 나라의 실상을 보여 주는 확실한 근거는 아니다.[10]

결국 연방주의는 두 가지 측면, 즉 정적인 측면과 동적인 측면을 가지고 있다. 그 것은 구조일 뿐 아니라 과정이다. 연방주의를 정의하자면, "중앙(연방)정부와 지역 (주)정부가 각각 일정한 영역에서 협동하고 독립하게 하기 위하여 권력을 나누는 방식"이다.[11] 여기에서 권력 및 기능의 배분이 중요하다. 연방적 사회는 구심력과 원심력이 계속적으로 존재하는 것으로 특징지어진다. 전자는 통합과 통일의 경향, 후자는 분산과 분리의 경향이 있다. 연방주의는 공통의 국가적 목적을 달성하기 위하여 이러한 대립하는 힘들을 조화시킴으로써 다양성 속에서 통일성을 가져오는 헌법적 장치이다.[12]

여기서는 우선 다음과 같은 연방제의 개념정의에 대한 헌법학적 접근방법을 고려하면서 인도의 헌정사적 특성을 드러내기 위하여 여기에 철학적·정치학적 접근방법을 덧붙이려 한다.

(2) 연방제의 특징

앞에서도 위어를 인용하여 말한 바 있지만, 연방제의 정의개념을 명확히 하기는 쉽지 않다. 연방제에 대한 개념을 정의함에 있어서 우선 가장 전통적인 방법은 다음과 같다.

---

9) K. C. Wheare, p. 21, p. 22.

10) A. K. Ghosal, "Federalism in the Indian Constitution," Verinder Grover 엮음, PSCI 제4권, Deep & Deep, 1997, p. 6.

11) K. C. Wheare, p. 11.

12) Phul Chand, "Federalism and the Indian Political Parties," V. Grover 엮음, PSCI 제4권, Deep & Deep, 1997, pp. 152~153.

한 국가에서 연방제도의 존재는 두 가지 다른 방법으로 확인할 수 있다. 첫째 방법은 매우 간단하다. 즉, 국가에 세 층위의 정부가 있는데, 중앙에 연방정부가 있고, 다음에 여러 주정부가 있으며, 마지막으로 주정부에 대하여 책임을 지는 지방자치정부가 있는 경우이다. 만약에 하나의 중앙정부와 이 중앙정부에 직접 책임을 지는 또 다른 지방정부만 존재한다면, 그것은 단일국가이다. 예컨대, 영국과 프랑스가 그렇다 (최근 영국은 스코틀랜드, 웨일스, 북아일랜드에 대폭적인 권력이양이 있었지만 연방제까지 나아가지는 않았다). 한 국가의 연방적 특성을 결정하는 또 다른 하나의 방법은 다섯 가지 본질적 특성의 객관적 충족 여부에 있다. 첫째, 헌법이 성문헌법이어야 하고, 둘째 경성헌법이어야 하고, 셋째 헌법이 최고법이어야 하며, 넷째 연방정부와 다른 주정부 사이에 권한분배가 이루어져야 하며, 다섯째 헌법과 법률을 해석하는 독립적이고 공정한 사법부가 있어야 한다.[13]

이러한 전통적인 헌법학적인 접근방법을 주축으로 하되 정치학자들 사이에서 논의되는 연방제에 대한 정의를 고려하여 다음과 같이 연방제의 일반적 특징을 꼽아 보고자 한다.

우선 단일국가는 모든 법적 권력을 중앙정부에 집중시킨다. 모든 하부단위는 중앙정부의 의사에 의해서 창조되며 또 그에 복종해야 한다. 그 결과 하부단위는 중앙정부의 행정적 기구의 연장이며 별도로 독립한 법적 지위를 갖지 못한다. 국가연합 (Confederation)은 다수의 주권적 정부들이 모여 법적 권력의 대부분을 보유하되, 예를 들어 국방과 외교관계 등의 권력들만 새로 창출된 국가연합체에 양도하는 형태이다. 연방제국가란 단일국가와 국가연합과의 중간 형태로서, 중앙정부와 하부단위가 각각의 자율적 관할을 보유하면서 서로 분리되지만 결코 동등하지는 않은 채 병존하는 국가형태이다. 연방국가의 특징을 자세히 분석하면, 다음과 같다.[14]

첫째, 연방국가를 구성하는 구성단위인 주는 주권을 가지지 않는다.

---

13) T. Devidas, V. S. Mallar and V. Vijaya Kumar, p. 2.
14) 최대권, p. 378 이하 참조. 그리고 岩崎美紀子, "分權と連邦制",『地方自治』, 제565호, 地方自治制度研究會, 1994년 12월, pp. 17~29; Ramesh Thakur, *The Government and Politics of India*, Macmillan Press Ltd., 1995, pp. 71~72 참조. 다니엘 엘라자르의 견해는 西修, p. 214 이하에서 재인용.

● 게오르그 옐리네크에 따르면, "연방제국가란 다수의 국가로부터 구성된 하나의 주권국가이므로 그 국가권력은 국가적 통일체로 결합된 그 구성국가에서 유래하는 것이다. … 구성국가는 주권을 가지지 않는다."(Georg Jellinek, *Allgemeine Staatslehre*, Max Gehlen, 1966, pp. 769~770).

따라서 연방제국가는 국제사회에서는 주권을 가지는 하나의 국가를 형성하고 있다. 이 점에서 단일국가와 다르지 않다. 그러나 연방국가의 중앙정부와 구성단위인 주의 관계는 어느 쪽의 일방적 의사에 의하여 변경될 수 없는 헌법상의 권한분배의 문제(이른바 noncentralization)인 데 비하여, 단일국가의 중앙정부와 지방정부의 관계는 중앙정부의 일방적 의사에 의하여 바뀔 수 있는, 의회에 의한 입법사항으로서 지방분권(decentralization)의 문제이다.

● 단일국가에 있어서의 지방분권도 넓은 의미의 권력분립의 효과가 존재한다(최대권, 『헌법학 : 법사회학적 접근』, 박영사, 1989, p. 378). 단일국가에서도 다양화(분권화)와 통합화(집권화)를 꾀하지만, 그 정도에 있어서 연방제국가에 미치지 못한다(다니엘 엘라자르, 西修, p. 215에서 재인용).

결국 연방헌법의 문제는 근본적으로는 권력분립의 문제이다. 삼권분립이 기능적 분립의 문제라면 연방제도는 지역적 분립의 문제이다.

● 최대권, p. 381. 물론 연방제의 개념으로서 분권화를 키워드로 하여 이익단체, 교회, 공장, 민족의 이산 등 비지역적 기능을 '연방적 구성요소'라고 말하는 이도 있다 (Ivo D. Duchacek, "Comparative Federalism : An Agenda for Additional Research," Daniel J. Elazar 엮음, *Constitutional Design and Power-Sharing in the Post-Modern Epoch*, 1991, p. 24 참조).

그러므로 연방제도란 국가적 통일과 주의 다양성, 독자성과의 조화와 균형을 제도화한 데 그 요체가 있다. 즉, 연방국가란 여러 정치단위가 주권을 포기하지 아니하면서 동맹이나 긴밀한 협력관계를 유지하는 국제관계 및 국제기구, 국가연합과 달리 하나의 국가(즉, 통일국가)를 형성하되, 그러나 각 정치단위(州)가 (통일 혹은 단일)국가

속에 매몰되어 그 국가의 지방행정 또는 지방자치단체의 지위로 전락하는 것이 아니고 일정한 범위 내에서의 독자성을 계속 유지하는 국가, 국가적인 통일과 지역적인 분립의 조화와 균형을 유지하는 국가인 것이다. 그리하여 각 주의 영토는 명확히 구분되어 있다.

• 단일국가, 연방제국가, 국가연합 사이의 구성단위와 전체국가의 국가성에 대한 정리는 Ekkehart Stein, *Staatsrecht*, 15th ed. J. C. B. Mohr, 1995, p. 112 참고.

둘째, 연방제는 권력분립의 한 형태를 의미하는 까닭에 지역적 분권의 문제를 성문헌법에 명시적으로 규정하는 것이 연방제도의 특징을 이룬다.[15] 연방이란 '파괴될 수 없는 영토를 가진 구성분자의 파괴될 수 없는 결합'이라고 정의할 수 있으며, 따라서 연방헌법 아래에서 중앙정부와 지방정부는 헌법적으로 서로 대등한 것이지 어느 쪽이 다른 쪽의 하위에 있는 것이 아니다.[16] 연방국가의 중앙정부나 주정부는 자기의 관할영역 안에서는 입법·행정·사법기관 등을 모두 갖춘 완전한 정부이며, 다른 일방의 간섭을 받음이 없이 자기 스스로를 조직할 수 있는 권력을 가지고 있는 것이 연방제도의 특징이기도 하다. 다만, 연방법률의 집행을 담당하는 한, 주는 말하자면 연방기관으로서의 기능을 수행한다고 할 수 있다. 그러나 연방국가는 전체로서 하나의 주권국가를 형성하는 것이며, 하나의 주정부는 다른 주와 함께 연방을 형성함으로써 주권을 포기한 것이며 완전한 주권은 물론 주권의 분권조차 가지는 것이 아니다.[17]

셋째, 연방국가에서는 이중구조의 정부형태를 가지고 있고 그에 따라 정부기능이 두 가지로 나뉜다. 즉, 전체를 위한 정부와 지방의 정부가 따로 존재한다. 이와 같은 지역적 분권의 원칙에 따라 중앙(연방) 정부는 자기의 관할사항(주로 국방, 외교, 통화, 관세정책, 도량형 기타 전국적인 법질서 및 경제 등 전국적으로 통일적인 처리를 요하는 사

---

15) 단일국가에서는 영국, 뉴질랜드 등 불문헌법국가도 있다.
16) 최대권, p. 383; A. K. Ghosal, p. 4.
17) 최대권, p. 386.

항)에 관하여는 전 국토에 걸쳐 통치권을 행사하며, 주정부는 자기의 관할사항(주로 지역적인 법질서, 복지, 후생, 교육, 보건 등)에 관하여는 중앙정부나 다른 주정부의 간섭을 받음이 없이 독자적으로 그 관할지역을 통치한다. 여기에서 국민은 두 정부의 통치를 받는다. 잔여권한은 주가 보유하는 것이 일반적이다. 이때 연방정부와 주정부의 권한은 법적 지위가 동등하다. 즉, 상호 간의 권한침해는 법적으로 허용되지 않는다. 어느 한쪽이 자신의 의무수행을 위해서 다른 쪽의 기능을 침해하거나 거부할 수 없다. 그리고 각각의 정부는 별도의 공무원에 의해서 업무를 수행한다. 이 점에서 연방정부는 단일국가와 현저히 다르다. 단일국가에서는 지방자치단체를 인정하는 경우에도 정부형태가 이중구조에 이르지는 않는다.

넷째, 연방제는 지역적 분권의 문제이므로 헌법개정절차에서도 주의 의사를 반영하는 구조의 특징을 가지고 있으며, 중앙정부와 주정부 사이에 관할분쟁이 있으면 이를 해결하는 메커니즘을 필요로 한다. 즉, 연방과 주의 헌법상 권한배분에 관해서 연방최고법원이 심사권을 가진다. 그리고 연방국가마다 다르긴 하지만, 연방의회는 분방(分邦)의 이익을 대표하는 구조를 가지는 것이 원칙이다. 따라서 연방의회는 양원제이며 그중 한 원은 연방을 구성하는 주들을 대표한다.

다섯째, 일반적으로 연방제국가에서는 중앙집권 또는 분권의 정도와 그 나라에 있어서의 정당조직의 중앙집권 또는 분권의 정도와는 정비례의 관계에 있다. 그러므로 이로부터 다음의 두 가지 일반이론을 도출해 낼 수 있다. 즉, 정당조직에 있어서의 중앙집권 또는 분권의 정도는 연방체제에 있어서의 중앙집권 또는 분권의 정도를 측정하는 잣대가 될 수 있다는 것이 그 하나이고, 다른 하나는 한 나라의 정당조직에 있어서의 집중 또는 분권의 정도에 의하여 측정한 연방체제의 집중 또는 분권의 정도가 그 나라의 성문헌법이 보여 주는 것과 괴리가 있을 때에는 그 한도에 있어서 연방정치 현실과 연방주의헌법(규범) 사이에 괴리가 존재한다고 할 수 있다는 것이다.

• 캐나다의 경우 같은 이름의 정당이라도 연방 차원의 정당과 주 차원의 정당은 전혀 다른 별개의 조직이다(최대권, p. 389). 캐나다에서 정당은 연방으로의 권력집중을 제어하는 기능을 수행하고 분권적 현실을 강화한다(岩崎美紀子, "カナダ連邦制," 『地方自治』, 제571호, 地方自治制度研究會, 1995년 6월, 53~54쪽).

연방제를 표방하고 있는 모든 나라에서 이러한 연방제의 특징을 공통적으로 발견할 수 있는 것은 아니다. 따라서 위어와 같이 엄격하지는 않아도 일단 법적·제도적 측면에서 연방제의 범주를 획정하고 그 구체적인 헌법현실의 측면에서 연방주의적 경향이 어느 정도로 발현되고 있는지를 고찰하는 것이 필요하다. 그런 의미에서 인도의 연방제에 대한 접근에 있어서도 인도를 연방제국가에 포함시킬 것인지의 문제는 그리 큰 문제는 아니다. 뒤에서 보듯이 인도헌법은 중앙집권적인 경향이 강하긴 해도 연방제 정부형태를 취하고 있다. 중요한 것은 어떠한 과정을 통하여 인도가 연방제 정부형태를 취하게 되었으며, 연방제 정부형태를 취하면서도 중앙집권적 경향이 강화된 근거가 무엇이며, 다시금 분권적 경향을 강조하는 견해가 등장하게 된 배경이 무엇인가를 살피는 것이다.

(3) 인도헌법상 연방제의 내용

인도연방제를 어떻게 표현할 것인가에 대한 앞서의 여러 용어에서 짐작할 수 있듯이 인도헌법에는 정통적인 연방적 특성에 반하는 헌법의 특징들이 있다. 심지어는 인도가 과연 연방이냐 아니냐에 관해서 대단히 많은 논의가 행해져 왔다. 예를 들면, 라오(P. Konanda Rao)는 도(province)가 군(district)의 연합이고 또는 군이 면(taluq)의 연합이거나 면이 마을의 연합이듯이 인도의 국가체제가 주의 연합에 지나지 않는다고 평가한다. 인도는 행정적 단위들, 즉 도, 군, 면 및 마을의 계층제를 갖추고 각각의 것은 위임된 권한을 가진 단일국가였고 지금도 그렇다는 것이다. 그리고 이러한 행정단위들은 인종, 종교 또는 언어와 아무 관련이 없음을 확언하였다. 그에 따르면, 특히 인도가 연방제국가가 아니라 단일국가라는 가장 확실한 증거는 중앙정부가 주 자체를 폐지하거나 주의 자치를 전혀 인정하지 않을 수 있기 때문이다. 그는 묻는다. "이것이 연방국가라면 단일국가란 무엇인가? 이것이 단일국가가 아니라면 무엇인가?"[18]

---

18) P. Konanda Rao, "Is India a Federation?", V. Grover 엮음, PSCI 제4권, 1997, p. 42.

(가) 국 호

제헌의회는 국호를 무엇으로 할 것인가에 관해서 상세히 논의를 진행하였다. '바라트'(Bharat)는 고대로부터의 인도의 통일국가적 일체성을 담고 있는 표현이다. 이에 대하여 '인도'(India)는 근대에 붙여진 이름으로 전 세계에 알려져 국제연합(UN)과 국제협약에서 사용되고 있는 명칭이다. 그래서 두 개를 모두 인도의 국호로 쓰기로 하였다.

헌법 제1조는 인도, 즉 바라트는 주로 구성되는 연방임을 규정한다. 인도의 영토는 ① 주의 영토, ② 연방직할지역, ③ 프랑스, 포르투갈 등이 지배를 포기하여 새롭게 취득한 지역으로 구성된다. 주, 연방직할지역, 그리고 이들에 속하는 지역의 명칭은 부칙 제1조에서 정하고 있다. 제1조는 제헌의회에서 채택한 것이다. 그리고 헌법에는 주와 그의 영토를 A, B, C, D 등으로 나누어 정하였다. A는 과거 영령 인도에 속하였던 9개의 지역, B는 의회를 가진 5개의 왕국, C는 중앙에 의한 행정통치를 받았던 5개의 주, D는 안다만 니코바르 제도이다. 그러나 헌법 시행 이후 인도의 지도는 매우 달라졌다. 현재 인도는 25개의 주와 7개의 연방직할지역으로 구성되어 있다.

그런데 인도는 연방제와 관련하여 영어의 표현으로 특별히 'union'이란 용어를 채택하였다. 'union'은 통일국, 통합국의 의미를 담고 있는 단어이다. 그러므로 'union' 유형은 구조적·기능적 균형에 있어서 연방친화적이다.[19] '헌법기초위원회'에서는 이 단어의 사용을 고집하였는데, 이때 두 가지 점을 강조하였다. 첫째, 미국과 오스트레일리아의 연방제와 다르게 인도는 하부단위인 주들의 협의에 의한 것이 아니다. 둘째, 미국의 남북전쟁의 전철을 밟지 않기 위해 인도에서는 처음부터 영토 분리의 자유를 부인한다. 이런 배경으로 인도헌법은 어떤 주도 연방으로부터 분리될 수 없으며, 헌법 부칙 제1조에서 정한 영토를 독자적으로 변경할 수 없다는 입장을 취하고 있다.

---

19) Rasheeduddin Khan, "Federalism in India: A Quest For New Identity", *Rethinking Indian Federalism*, (edited by Rasheeduddin Khan), Indian Institute of Advanced Sciences, 1997, p. 11.

• 암베드카르는 제헌의회에서, "미국은 남북전쟁을 통하여 결국 각 주들에게 분리의 권리가 없고 연방은 훼손당할 수 없다는 것을 확인하게 되었다. 그래서 '헌법기초위원회'는 처음부터 이런 취지를 명백히 규정짓는 것이 낫다는 입장을 갖고 있다."고 발언하였다. 더욱이 1963년 제16차 헌법개정에서는 영토분리의 주장이 범죄로 규정되었다.

(나) 연방과 주의 관할관계

'정부활동이 분할되어 있고 헌법적으로 두 개의 정부로 명확히 구분되어 있는가'라는 최소기준에서 보면 인도는 연방국가이다. 그러나 인도는 경직된 연방이라기보다는 탄력적인 연방이라고 할 수 있다. 중앙정부와 주정부 사이의 균형이 상황의 변화에 따라 달라지는 측면에서 그러하다. 탄력적인 연방만이 가끔 발생하는 긴장과 부담으로부터 인도를 보호해 줄 것이다. 이런 점에서 연방제를 이해하는 전통적 관념에 따르면, 인도에서는 연방정부 이념이 심각하게 희석되어 왔다. 그것은 평상시에는 중앙정부를 선호하는 헌법적 편애 때문에, 비상시에는 주정부를 배제시킬 수 있는 헌법적 규정 때문이었다.

• 헌법이 주보다 연방을 편애한 예로서는 무엇보다도 잔여권한을 주가 아닌 연방에 주고 있는 점에서 찾을 수 있다.

그렇다고 해도 정상적인 조건 아래에서 주정부의 권한은 원칙적으로 중앙정부에 종속되기보다는 동등하다. 왜냐하면 주정부의 권한은 중앙정부를 창출하고 정당화하는 바로 그 헌법에 근거하고 있기 때문이다. 그러나 비상상황 아래에서, 중앙정부는 주정부의 특정 관할사항들을 넘나들 수 있다. 그러나 이에 대하여 헌법상의 제약이 있음은 물론이다. 비상상황 외에는 연방과 주를 분리하는 입법과 집행의 관할사항들은 엄격히 준수되어야 한다. 이와 다르게 법원은 현존하는 권력을 확대시킬 수도 있다. 실제로 법원은 그간의 역사에서 지속적으로 연방제에 있어서 중앙정부의 권한을 확대시켜 왔다. 그러나 법원일지라도 명백히 한쪽의 권한으로 정해진 사항을 다른 편으로 부여할 수는 없는 것이다.

이 외에도 실질적으로 주는 운영과 재정에서 중앙정부에 대한 의존성이 높다. 관료조직, 경찰, 법원, 그리고 인도의 주요 정당들이 모두 중앙집중적이기 때문이다. 주들은 비상상황에서 연방정부의 입법적 지배를 받고, 정상상황에서는 연방의 행정 통제를 받는다.

그리고 인도의 연방제에서 특수한 것 중의 하나는 이중의 시민권이 존재하지 않는다는 점이다. 하지만 대부분의 주들이 예컨대 의과대학 입학자격으로서 주의 시민이냐 아니냐에 따라 차등을 두고 있는 등 현실적인 이중의 시민권이 존재한다. 그리하여 실제상으로 연방정부와 주정부는 각각 인도시민에 대하여 직접 작용한다.

> • 그러나 미국에서와 같은 의미에서 이중의 시민권을 가지는 것은 아니다(P. Ko-
> nanda Rao, p. 40).

한편 인도헌법은 미국과 달리 행정기관 또는 법원의 이중체계를 규정하고 있지 않다. 연방주의의 논리는 이러한 기관들의 분리를 요구한다. 그러나 인도에서는 연방정부와 주정부가 독자적인 행정서비스를 제공하더라도 명확하게 기능이 분리되지 않는다. 이와 관련하여 헌법의 3개 조항이 중요한 의미를 가진다.

첫째, 중앙과 주 사이의 협력체계를 수립함에 있어서 중앙에 의한 통제가 가능하다. 헌법 제256조에 따르면, 각 주의 행정권은 연방법률 및 그 주에 적용되는 기존법을 준수하여 집행되어야 하며, 연방의 행정권은 각 주에 대해서 앞서의 목적을 달성하는데 필요하다고 인정하는 지시를 발할 수 있다. 그러나 이러한 내용은 연방주의와 대립한다.

둘째, 헌법 제257조에 따르면, 각 주의 행정권은 연방행정권의 집행을 방해하거나 훼손하지 아니하도록 행사되어야 하며, 연방정부가 앞서의 목적을 달성하는 데 필요하다고 인정할 때에는 연방집행부는 각 주에 대하여 필요한 지시를 발할 수 있다. 그리하여 연방집행부는 각 주에 대하여 국가적 또는 군사상 중요성이 있다고 선언한 통신기관의 설치, 관리에 대하여 혹은 그 주내에 있는 철도의 보호를 위하여 일정한 지시를 행할 수 있다.

셋째, 헌법 제258조에 따르면, 대통령이 일정한 주정부의 동의를 얻어 조건부 또는 무조건으로 연방행정권이 미치는 어떠한 사항에 대해서도 이를 그 주정부 또는 주의 공무원에 대하여 위임할 수 있고, 일정한 주에서 적용되는 연방법률은 그 주의 의회에 입법권이 없는 사항에 관해서도 주, 주의 공무원 및 기관에 대하여 일정한 권한을 수여하고 의무를 부과하며 또는 권한의 수여 또는 의무의 부과를 위임할 수 있다.

이러한 헌법조항들에 따라 연방의 집행권이 확대되었다. 그 밖에도 주들 사이의 협력에 관한 몇몇 메커니즘에 관한 조항이 있다. 헌법이 그러한 메커니즘을 제공하지 않으면 관행과 관습에 의해 만들어진다. 예컨대 재정, 공중보건 등이 그것이다. 인도헌법은 그러한 메커니즘을 제공하고 있으며, 더욱이 내각회의 차원에서 보충된다. 제261조, 제262조 및 제263조, 제285∼289조, 제301∼307조, 상호협력에 관한 헌법조항들이 그것이다.[20]

• 제261조는 연방 및 각 주가 인도의 전 영토에서 행한 공적 행위, 기록 및 사법절차에 대하여 일정한 공신력을 부여하면서(제1항) 그 구체적 방법 및 효과에 대하여는 연방의회의 법률로써 정하도록 규정하고 있다.

• 제262조는 주간의 수원(水源)에 관한 분쟁에 관하여 연방의회의 법률로써 정하도록 규정하고 있다.

• 제263조는 주들 사이에 발생하는 분쟁을 해결하기 위한 위원회를 설치할 수 있는 권한을 대통령에게 부여하고 있다.

• 제285조는 연방재산에 대하여 원칙적인 비과세를 규정하고 있다. 제286조는 주법률로써 상품의 판매 또는 구입에 대하여 세금을 과할 수 있도록 수권하면서 일정한 경우에는 연방법률로써 대통령의 승인을 받도록 정할 수 있음을 규정하고 있다. 제287조는 주법률로써 연방이 관련된 일정한 전기사용에 대하여 세금을 부과할 수 없도록 규정하고 있다. 제288조는 헌법시행 이전의 주법률로써 연방법률에 의해 설립된 일정한 기관이 관련된 수력 또는 전기에 대하여 과세할 수 없도록 규정하고 있다. 제289조는 주유재산에 대하여 원칙적으로 연방의 과세를 부인하면서(제1항) 일정한 경우에 그 예외를 인정하고 있다(제2항).

---

20) A. K. Ghosal, pp. 8∼9.

• 제301조부터 제307조까지의 조항은 제13장으로서 '무역, 상업 및 인도영토 내의 통상'에 관한 내용을 규정하고 있다.

그리고 사법제도도 미국과는 다르다. 비연방원리적 특징은 전혀 연방헌법이 아니었던 「1935년 인도정부법」의 영향을 받았다.[21] 더욱이 연방정부의 중요한 기관, 즉 집행부와 상원은 부분적으로는 주의회에 의존한다. 이것은 정통적인 연방원리로부터 일탈한 것이다. 연방의 상원은 각 주의 동등한 대표체의 성격을 가지고 있다. 미국과 오스트레일리아가 그러하다. 그러나 인도는 캐나다에 가깝다. 인도의 상원은 주의 대표로 구성되지만, 연방의회의 한 부분이 주정부의 기관 위에 구성된다. 따라서 연방주의의 중요한 구성요소로서 주의 동등성 원리는 인도헌법에서는 보이지 않는다.[22]

(다) 정상적 헌법질서에서 연방의 우위

연방주의의 핵심은 영토에 근거를 둔 이중정부에 있다. 미국의 연방헌법은 주들로 하여금 자신의 헌법을 자유롭게 채택하도록 하면서, 연방정부의 구조와 권한을 규정하고 있다. 인도의 경우는 오직 잠무와 카슈미르만이 자신의 헌법을 자유롭게 채택할 수 있다. 인도헌법 제2조는 의회는 법률에 의해서 새로운 주를 승인하거나 신설할 수 있도록 하고 있다.

• 실제로 1974년과 1975년의 제35차, 제36차 헌법개정으로 시킴주가 신설되었다. 시킴 의회의 요청에 따라 시킴 주민의 주민투표에 의한 승인을 거친 것이었다.

그리고 인도헌법의 제3조, 제4조는 연방의회가 주를 재편하거나 그 경계선을 변경할 수 있다고 규정한다.

---

21) A. K. Ghosal, p. 11.
22) A. K. Ghosal, pp. 9~10.

> • 1956년의 「주재조직법」(The States Reorganisation Act)은 인도의회의 일방적인
> 입법에 의해서 주의 수를 27개에서 14개로 축소하였다.

연방의회는 헌법 제3조에 따라 주의 일부 영토를 분리시키거나, 두 개 이상의 주나 지역의 일부, 혹은 어떤 지역을 기존의 어떤 주에 부합시켜 새로운 주를 신설할 수 있다. 그래서 주의 영토의 완전성이나 지속성 같은 것은 보장되지 않는다.

그러나 연방의회가 주의 일부 지역을 다른 나라에 할애하는 권한까지 갖는 것은 아니다. 주는 깨어질 수 있으되, 연방이 깨어지는 법은 없는 것이다. 그러나 제3조에서처럼 주의 권한을 보호하기 위한 규정도 있다. 즉 "주의 영토의 변화를 초래하는 법안의 경우, 대통령의 권고가 없으면 양원 어느 원도 법안을 만들 수 없다. 그리고 어떤 주의 영토, 경계 혹은 명칭에 변화를 주는 법안의 경우 대통령은 해당 주의회에 법안을 보내어 그들의 의견을 듣도록 해야 한다."

헌법에서 A부 및 B부의 주정부뿐 아니라 연방정부도 독립적 관할의 지위와 법인격을 가진다.

> • C부의 주들과 D부에 있는 영토는 연방의 구성단위가 아니며, 중앙의 직접 통치
> 아래에서 다른 것으로부터 서로 다른 지위를 가진다.

제245조에 따르면, 헌법의 규정에 의하여 국회는 인도영토의 전부 또는 일부에 적용하는 법률을 제정할 수 있으며, 주의회는 그 주의 전부 혹은 일부에 적용하는 법률을 제정할 수 있다. 그리고 연방의회에서 제정한 법률은 지역관할을 일탈하였다는 이유로 효력이 없는 것으로 보지 아니한다.

더욱이 제248조에 따라 다른 연방국가와 달리 주의회가 아닌 연방의회가 잔여권한을 가진다. 인도헌법은 명시적으로 주에 부여되었거나 중앙정부 및 주가 경합적으로 행사하도록 규정되어 있는 것이 아닌 권력은 중앙정부가 보유하는 것이라고 규정하고 있다. 즉, 제248조에 따라 연방의회는 경합목록 혹은 주목록에 규정되어 있지 아니한 어떠한 사항에 관해서도 법률을 제정할 전권을 가진다. 이 경우의 권한은 경합목록 혹은 주목록에서 규정되어 있지 아니한 세금을 부과하는 법률을 제정할 권한

을 포함한다.

> • 부칙 제7 목록 제1(연방목록) 97호(목차 제2 및 제3에 열거되지 아니한 사항 및 목차 제2 및 제3에서 정하지 아니한 세금) 참고.

그리고 제73조에 따라 헌법에 의하는 외에 연방의 행정권은 국회가 법률로써 규율할 수 있는 사항과 어떠한 조약 또는 협정에 의하여 인도정부가 가지는 권한 및 사법·행정권의 행사에 미친다. 다만, 국회에서 별단의 규정을 할 때까지 주 및 주의 공무원 또는 기관은 제73조의 규정에도 불구하고 연방의회가 그 주에 대해서 입법권을 가지고 있는 사항으로서 이 헌법시행 직전에 행사할 수 있었던 집행권 또는 권한을 행사할 수 있다. 제162조에 따르면, 이 헌법의 규정에 의하여 주의 행정권은 주의회가 입법권을 가지는 사항에 미친다. 단, 주의회 및 연방의회가 입법권을 가지는 사항에 관해서 주의 행정권은 헌법 또는 연방법률로써 연방 또는 연방기관에 대하여 명문으로 수여한 행정권에 미치지 아니하거나 또는 이에 의하여 제한된다.

이러한 헌법규정들을 종합해 보건대 헌법상 인도의 연방제가 연방의 우위로 특징지어짐은 분명하다.[23]

(라) 연방에 주의 이해관계 반영

주권한의 평등이론에 의해서 미국의 모든 주는 면적이나 인구의 크기에 상관없이 상원에 2명의 의원을 보낸다. 인도에서 각 주의 지위와 이익을 보호하기 위해서 마련된 상원인 라즈야 사바(Rajya Sabha)의 대표는 인구에 비례해서 선출하는데 1명에서 34명(우타르프라데시주)까지 이른다. 더구나 250명 중 12명은 대통령이 지명한다. 주의회에서 선출된 238명의 상원의원 중에서 몇 명만이 그들 출신주의 거주민이라고 말할 수 있을 듯하다.

> • 1993년 선거관리위원회는 거주요건을 더욱 엄격하게 적용할 것을 요구하였다.

---

23) A. K. Ghosal, p. 7.

연방과 주의 균형은 하원으로서 민주적 원리를 구현하는 로크 사바(Lok Sabha)와 상원에 해당하면서 연방원리를 대표하는 라즈야 사바 간의 더욱 평등한 권한배분에 의해 재조정될 수 있다.

인도의 헌법은 연방의 구성단위인 주의 동의 없이 연방에 의해서만 개정될 수 있다.

　　● 인도헌법의 제정에 있어서도 단일의 제헌의회가 그 임무를 수행했다. 구성단위
　는 별도의 제헌의회를 구성하지 않았다. 마이소르와 카슈미르는 예외라 할 수 있다. 마
　이소르는 마이소르를 위한 헌법을 기초하기 위한 제헌의회를 구성했지만, 그것은 곧 불
　필요한 것으로서 해산되었다(P. Konanda Rao, p. 41).

다만 예외적으로 헌법개정절차에 주의 참여를 인정하고 있다.[24] 그러나 제368조의 헌법개정절차는 연방원리에 부합하지 않는다. 왜냐하면 의회의 법률로써 헌법을 개정할 수 있도록 하고 있기 때문이다. 그리하여 미국의 상원에 비해 인도의 상원은 주를 대표하는 권한이 약화되어 있다.[25]

(마) 비상사태 시 연방의 우위

제249조는 의회가 주의 권한목록에 포함된 어떤 것에 대해서도, 만약 상원이 인도 전체 혹은 일부에 대하여 국가이익을 위해서 필요하고 편의적이라고 생각될 때에는 법을 제정할 수 있도록 하였다. 다른 한편, 일정기간 그리고 예외적 상황에 대처하기 위해서 의회에 권한을 부여하는 것은 연방에서 주의 권한을 보호하는 상원뿐인 것이다.

헌법 제256조와 제257조는 주정부가 그들의 집행권을 연방법률에 합치하면서 동시에 연방의 권위를 손상시키지 않는 범위에서 행사할 것을 규정하고 있다. 중앙정부는 이상의 2개 조문하에서 주정부에 지시를 발하기 위해서 집행권을 행사할 수 있

---

24) A. K. Ghosal, p. 8.
25) A. K. Ghosal, p. 10.

다. 만약 이 지시를 준수하지 않을 경우에 연방정부는 제365조에 따라 그에 거역하는 주정부의 기능을 직접 인수할 수 있다. 이 마지막 요점은 비상사태가 선포되었을 때 연방정부의 권한이 광범위하게 확대되는 경우 더욱 중요성을 지닌다.

그리고 인도헌법은 다른 연방제 국가에서는 법원이 판례를 통하여 연방의 전쟁과 방위권을 상당히 광범위하게 설정한 그런 제도들을 성문헌법에 의해서 효과적으로 규정하고 있다.

앞에서 보았듯이 인도의 연방제는 전형적인 연방제국가와 다른 특징, 특히 중앙집권적인 특징을 지니고 있다. 그럼에도 불구하고 결론적으로 말한다면, 인도는 연방제이다.

• 연방제의 개념정의에 있어 위어의 기준을 적용한다면, 인도는 '준연방제'로 표현할 수 있다. 그것은 헌법(규범)뿐 아니라 헌법현실에 있어서도 그러하다. 그러나 오늘날 위어의 기준을 충족시키는 연방제국가가 과연 존재하는지 의문스러우며, 그런 의미에서 위어의 엄격한 기준은 현실적합성이 없다.

그 이론적 근거는 다음과 같이 요약할 수 있다.[26]

첫째, 인도는 연방국가적 성격이 약하긴 하지만, 연방국가이다.

둘째, 헌법은 비록 연방이 우위에 있긴 하지만, 권한 또는 관할사항을 나누고 있다. 그러나 주의 영역은 매우 협소하긴 하지만 명확하다. 주의 권한 또는 관할사항은 별도로 규정되어 있다(제246조 제3항).

셋째, 연방정부는 지시를 내릴 권한이 있다. 그러나 그 권한은 연방법을 집행하기 위해 주어진다(제256조와 제257조 그리고 제353조 제1항 및 제360조 제3항). 그러나 중앙정부는 배타적인 주관할의 영역에서는 관여할 사항이 없다.

넷째, 연방정부는 주에서 헌법적 메커니즘의 실패를 선언할 권한이 있다. 그러나 그것은 오직 주에서 헌법에 따른 활동을 전혀 할 수 없을 경우 또는 주가 중앙정부의 지시를 수행하지 못한 경우에 한한다.

---

26) K. V. Rao, pp. 245~246.

다섯째, 대통령은 주지사를 임명할 수 있고 주지사는 대통령의 신임에 의해서만 그 직을 유지할 수 있다. 그러나 이것은 주의 공식적 수반을 임명하는 방식일 뿐이고 주지사를 중앙정부의 기관으로 이용하는 것은 아니다.

여섯째, 인도 전역의 공공서비스는 효율성뿐 아니라 행정에서 통일성을 가져야 하고 모든 전략적 관점을 고려하는 핵심기관이 있어야 한다.

일곱째, 재정위원회와 연방보조금은 헌법에 의해 확정된 세입분배에서 약점을 보완하는 것이며, 그리하여 국가에서의 통일적인 경제발전을 이루는 것이다. 그러나 특정한 형식으로 주에서의 경제발전을 지시하는 것은 아니다.

여덟째, 경합적 목록은 일정한 사항에서 발전을 보장함과 동시에 법의 통일성을 부여하려는 것이다. 그러나 그러한 사항에 대한 주의 법률제정권을 방해하는 것은 아니다.

2. 연방제의 채택조건과 인도의 연방제

연방제를 채택하는 배경이 무엇인지에 대하여는 논의가 분분하다. 그런데 기존의 연방제 채택조건에 관한 논의는 그 이론적 근거모델을 미국에서 찾고 있다고 볼 수 있다. 그러나 미국을 제외한 다른 연방제국가의 경우 연방제를 채택하는 과정은 미국과 다르다. 우선 연방제국가의 형성과정을 유형화하고 그 주객관적 배경을 검토하고자 한다.

(1) 연방제국가의 형성과정에 따른 유형

연방제국가를 형성하는 과정은 아래로부터의 과정과 위로부터의 과정 둘로 나누어 볼 수 있다. 별도의 분리된 정치단위들이 그 독자성을 포기하지 않은 채로 하나의 국가를 형성하기로 한 합의에 따라 형성된 연방제국가가 그 하나이고, 원래 한 국가로서의 실체가 먼저 존재하였으되 여러 이유나 목적 때문에 그 국가체제를 연방체제로 구성하는 경우가 다른 하나이다.[27] 전자의 예로서는 오스트레일리아나 미국을 들수 있다. 여기에서는 기존의 정부들은 주권과 자치영역의 일부를 새로운 중앙정부에 넘긴다. 후자의 예로서는 캐나다와 인도의 경우를 들 수 있다. 인도헌법 이전에 영령 인도와 토후주들이 있었지만 주권을 가지지 않았다. 영국헌법이 양자에 대하여 주권적 권한을 행사하였다.[28]

인도의 경우 주는 식민정부로부터 독립되어 있지 않았으며, 영국정부 치하에서 연방제를 강구하기 시작하였다. 영령 인도는 상당수의 지방과 562개의 작은 왕국들을 포함하였다. 작은 왕국들은 인도 전역의 5분의 2 가량을 차지하고 있었다. 이들은 국방과 외교에서는 영국왕의 통치를 받지만, 나머지에서 내부적 자치를 허용받는 국가연합과 흡사한 모습을 하고 있었다. 그러나 대체로 볼 때 왕국들은 단일국가에서처럼 중앙정부의 행정적 연결기능을 하고 있었다. 인도의 경우는 문맹률이 높은 무지한 국민을 배경으로 하고 독립운동의 주역이었던 네루를 위시한 국민회의 지도자가 관계 영국지도자의 강력한 권고와 자문, 그리고 「1935년 인도정부법」(영국의회의 법률)을 모델로 하여 지역적 다양성을 고려하여 연방체제를 형성한 경우로서 위로부터의 연방결성의 모델에 가깝다.[29]

(2) 연방제 채택의 주관적 및 객관적 조건

한 국가가 연방제를 채택하는 조건이 무엇인지에 대하여는 학자들마다 그 강조점이 서로 다르다. 물론 이러한 정치적 결정이 궁극적으로는 사람에 의해, 특히 정치지도자들에 의해 이루어진다는 것은 당연하고도 분명한 사실이다. 따라서 객관적인 요인, 여건 또는 조건의 요소들은 이러한 주관적 결정에서 어떻게 고려되는가에 의해서 그 중요성이 평가될 수밖에 없다.[30] 물론 그 범위를 일률적으로 확정할 수는 없어

---

27) 최대권, p. 392.

28) P. Konanda Rao, "Is India a Federation?", V. Grover 엮음, PSCI 제4권, 1997, p. 39.

29) 최대권, p. 406 참조.

30) 최대권, p. 394. 학자들의 상세한 논의의 전개는 같은 책, p. 393 이하를 참조.

도 객관적 조건 역시도 주관적 조건에 영향을 미치는 것은 분명하다. 더욱이 정치지도자들 혹은 국민의 일부 사이에 정치적 이견이 있는 경우에는 그 원인을 제공하기 때문이다. 인도에서 연방제의 채택과정과 그 이후의 전개 그리고 오늘날의 쟁점을 논의하기 위하여 연방제 채택의 주관적 및 객관적 조건에 관한 논의를 살펴보고자 한다.

(가) 주관적 조건

연방국가에 대한 결정에서 궁극적으로 그리고 장기적으로는 연방의 구성원인 국민이 중요하겠지만 결정적으로 중요한 것은 결정적인 시점에서 결정적인 영향력(또는 결단)을 행사할 수 있는 지위에 있는 정치지도자들의 결정이다.[31] 정치지도자들은 정치력과 정치적 비전을 제시함으로써 정치체제의 제도적 색채를 결정한다. 오늘날까지 아담스–제퍼슨과 같은 연방주의자–주권주의자에 의해 진행된 이론적 논쟁은 미국에서 연방주의를 위한 정당성을 제공한다. 인도에서는 네루가 이끄는 국민회의가 인도의 민주적 제도의 형성에서 중요한 역할을 수행했다. 특히 독립 이후 15년 동안 네루의 역동적인 지도와 통치는 연방적 색채를 보장하고 '협력적 연방주의'를 촉진하는 데 긍정적인 요소로 작용하였다. 그의 역할은 정치적 안정성의 시대에 공헌했다.

라이커(William H. Riker)는 다음과 같은 조건을 제시함으로써 정치지도자들의 정치적 결정을 중시하고 있다. 첫째, 평화적 방법으로 자신의 영토적 지배를 확장하려는 정치가들이 외부의 군사적 혹은 외교적 위협에 대처하기 위해서 그렇지 않으면 군사적 혹은 외교적 확장을 준비하기 위해서이다.

> • 캐나다의 경우 연방을 결정하게 한 정치적 배경으로서 첫째, 국가통합이 중요과제였다는 점과 미국으로부터의 군사적 위협에 대항할 필요가 있었다는 점을 들 수 있다 (岩崎美紀子, "カナダ連邦制,"『地方自治』, 제571호, 地方自治制度研究會, 1995년 6월, p. 50).

---

31) 최대권, 같은 곳.

둘째, 연방을 위하여 독립성을 포기한 정치가들이 외부적 위협으로부터 보호하기 위하여 혹은 연방의 잠재적 공세에 참여하기 위해서이다.[32]

연방제를 채택하게 되는 주관적 조건을 고려하는 경우에 누가 제도의 수혜자인가를 이해해야 한다. 라이커에 따르면, 그것은 군사적 수혜자인 민족주의자이다.[33] 그들은 그 정의상 군사적 및 경찰적 안전을 정치목표의 최우선에 둔다. 미국 건국 초기에 반연방주의자들은 정치적 민주주의와 분배의 문제에 관심을 두었다. 건국 초기에 연방주의자들이 성공한 것은 그들의 주장이 중상주의자들과 자유주의자들에게 매력적이었기 때문이다. 그러나 그들의 입장이 본래적 반연방주의자들의 내용과 같게 되었을 때는 실패에 이른다. 결국 논쟁점이 변함에 따라 연방제의 계속적 존립은 정치적 합의사항이 된다. 물론 존속의 문제 자체가 다시 불거질 수도 있다.

• 1860년의 미국, 캐나다, 나이지리아 등이 그렇다.

민족주의는 식민지배를 받은 나라에서는 반제국주의 투쟁의 맥락에서 긍정적 동력으로 간주되었다. 이것은 인도의 경우에도 그대로 타당하다. 그러나 반제국주의 단계 이후에 민족주의에 기반한 연방제는 더 이상 정치적 논쟁점이 아니다. 오히려 초점은 분배의 문제, 집단영향력, 인종적 및 종교적 그리고 언어적 차이, 경제정책 등에 맞춰진다. 그러면 이러한 일상적 문제들이 정치를 지배할 때 누가 연방주의로부터 이익을 얻는가? 물론 대답은 다양한 소수자이다.[34]

(나) 객관적 조건

연방제의 채택에서 객관적인 충분조건을 논리적으로 안출해 낼 수는 없다. 다만, 연방으로의 결정을 촉진 또는 유리하게 만드는 호의적 조건과 억제 또는 불리하게 만드는 경향의 조건이 있을 뿐이다.

---

32) William H. Riker, p. 114.
33) William H. Riker, p. 152.
34) William H. Riker, pp. 152~153.

위어는 연방제의 조건으로서 여섯 가지를 꼽는다. 즉, ① 군사적 불안에 대한 감각과 공동방위를 위한 필요, ② 대외적 권력의 독립성에 대한 열망, 그래서 연맹이 필요, ③ 경제적 유리함에 대한 기대, ④ 이전의 몇몇 정치적 결합, ⑤ 지리적 인접성, ⑥ 정치제도의 유사성 등이다.[35] 여기에 와츠(Watts)는 다섯 가지 조건을 추가하여 모두 열 한 가지 조건을 꼽는다. 즉, ⑦ 효율성의 필요, ⑧ 인종, 종교, 언어, 문화에 기반한 공동의 세계관, ⑨ 정치지도자의 자질, ⑩ 전범(model)의 존재, ⑪ 헌법제정에서 영국정부의 영향 등이 그것이다.[36] 이 중에서 앞의 주관적 조건을 제외하면 다음과 같은 객관적 조건을 생각해 볼 수 있다. ① 이전의 정치적 결합, ② 지리학적 인접성, ③ 정치제도의 유사성, ④ 인종, 종교, 언어, 문화에 기반한 공동의 세계관, ⑤ 전범의 존재, ⑥ 헌법제정에서 영국정부의 영향 등이다.

그런데 이러한 조건들은 서로 다른 정치적 단위들이 연방제를 통하여 결합하는 것을 전제로 한 것들이다. 그런데 연방제는 앞에서도 그 특징과 관련하여 언급하였지만, 다른 한편으로 분권화의 측면이 대등하게 존재한다. 그것은 특히 과도하게 중앙집권의 폐해를 경험한 경우 혹은 다양한 정치적·사회적 세력들의 이해관계를 수렴하면서 일정 정도의 통일성을 확보하려는 경우에 나타난다. 그런 점에서 인도의 경우는 위어와 와츠가 제시한 몇몇 조건들을 충족하지 못함은 물론 정반대인 것도 있다. 그중에서 특히 인도와 관련하여 설명력이 없는 것은 인종, 종교, 언어, 문화에 기반한 공동의 세계관의 경우이다. 인도에서의 연방주의는 이와 반대되는 의미에서의 두 가지 조건을 생각할 수 있다.[37]

하나는 지역성, 역사, 인종 등의 특성이다. 지역적 및 인종적 다양성은 단일국가의 수립 가능성을 차단하여 연방제도를 채택하게 한 가장 큰 이유 중의 하나였다.

• Verinder Grover, "The Indian Federalism Examined", V. Grover 엮음, PSCI 제4권, 1997, p. 672. 칸(Rasheeduddin Khan)은 인도 연방제의 특징을 다지역성에서 찾는

---

35) K. C. Wheare, pp. 37~38.
36) Watts, 1966, p. 42, William H. Riker, p. 115에서 재인용.
37) Phul Chand, p. 154.

다. 즉, 그에 따르면, "미국이 다인종연방(multi-ethnic federation), 소비에트연방(Soviet Union)이 다국적(multi-nationality) 연방이라면, 인도는 다지역(multi-regional) 연방이라 할 수 있다."(Rasheeduddin Khan, p. 15).

"그들은 연합(union)을 원하지만 통일(unity)을 원하지는 않는다."[38] 이런 의미에서 보면 오히려 인도는 공통의 세계관이 없었기 때문에 연방제도를 택할 수밖에 없었다. 이때 연방주의는 단일한 정치체제를 수립함으로써 "한 사회에서 연합을 위한 그리고 영토적 다양성을 위한 경합적 요구 사이에서" 타협을 달성하는 것을 조장한다.[39] 그러나 연합을 위한 욕구의 존재만으로는 연방국가를 형성하는 데 충분치 않다. 능력 있고 역동적인 지도력이 필요하다. 연방적 해결의 법적 틀은 협상으로부터 나온다. 그리고 그것은 한 사회에 존재하는 정치적·사회적·경제적·지리학적·역사적 힘들의 영향을 반영한다.

다른 하나는 연방주의가 정치이론으로서 상대성과 경험주의 또는 실용주의의 원리에 기반하고 있다는 점이다. 그것은 다양한 종류의 연합과 사회적 차이의 양식에 의존하는 연방적 구도의 실제적 형상을 제공한다. 후자는 지역적 다양성의 유지와 접합을 촉진함으로써 그리고 특정한 방식으로 합의를 형성함으로써 연방주의의 운용구조를 결정한다.[40]

따라서 독립 전후에 있어서 인도에서의 해묵은 과제, 즉 '다양성 속의 통일'은 오히려 중앙집권적 경향이 상대적으로 강한 '수정된 연방제' 아래에서 추구되었다. 연방적 특징은 국가의 다양성을 수용하기 위해서 절실히 필요한 것이었다. 헌법제정 당시만 하더라도 종교공동체별 권리가 주의 권리보다 훨씬 중요하게 다루어졌다. 그러나 지역적 통합과 정치적 안정에의 희구는 파키스탄과의 분리, 텔랑가나(Telangana)에서의 공산주의 세력의 폭동과 주가 주도하는 경제발전의 필요성으로 인해 더욱 강화되었다. 이러한 분리 혹은 분열의 실제적·잠재적 위협은 국가적 통합이 부분적 충

---

38) A. V. Dicey, *Introduction to the Study of the Law of the Constitution*, 제10판; 1950, pp. 140~141.
39) R. L. Watts, *New Federations: Experiments in the Commonwealth*, 1966, p. 13: Phul Chand, p. 154에서 재인용.
40) Phul Chand, 같은 곳.

성보다도 하위에 속하는 것처럼 만든 대단히 위험한 사건이었다. 이러한 상황조건이 무엇보다도 인도의 연방제를 중앙집권적으로 몰고 갔다.

2
인도 연방제의 형성과정

인도가 영국의 식민지배에 놓여 있을 때부터 인도 연방제의 논의가 시작되었다. 그것은 영국의 분할통치 의도에서 시작되었다. 인도의 정치지도자들은 연방제를 지지하였지만, 파키스탄과의 분리과정을 거치면서 국가통합의 필요성을 절감함과 동시에 독립 이후의 정치 · 경제 · 사회적 개혁을 추진하기 위하여 강한 연방정부를 가진 연방제를 채택하게 된다. 이하에서는 이러한 주관적 · 객관적 조건의 맥락에서 인도 연방제의 형성과정을 되짚어 보고자 한다.

1. 독립 이전 인도에서의 연방제론의 전개

인도에서의 연방제 구성의 필요성은 1858년에 최초로 브라이트(John Bright)가 주장하였다.[41] 1860년 1월 28일에는 『힌두 패트리어트』(Hindoo Patriot)지에서 연방제

---

41) M. K. Varda Rajan, *The Indian States and the Federation*(1939)에서의 주장이다. 위 Pandya의 논문 참고.

를 지지하는 의견이 제기되었다.[42] 그러나 이 의견은 미국식 이념이었고 영국식이 아니라는 이유로 환영받지 못하였다. 연방이념이 구체화되기 시작한 것은 「1861년 인도참사원법」(Indian Council Act)에서였다.

1914년에 이미 인도국민회의 의장 헨리 코튼은 "『힌두 패트리어트』의 이념은 별도의 주를 건설하여 인도합중국을 건설하는 데 있다. 그리하여 우애에 기초하고 자주적인 지역적 기초를 바탕으로 대영제국의 보호 아래 지방자치로 단단히 뭉친 그런 나라를 원하는 것이다."라고 말하였다. 이 발언은 사실상 연방의 이념을 지향한 것이었다. 인도의 지도자들은 연방제를 지지하는 동시에 강한 중앙정부를 요구하였다.

1915년과 1919년 사이의 「인도정부법」은 건강, 교육, 농업, 관계, 공공사업, 재정과 같은 국가건설의 주제와 그를 위한 수단들을 지방의회의 권한으로 부여하였다. 그러나 제80조 A의 제3항은 지방입법권을 제한하였다. 이런 법들은 완전한 연방제와는 거리가 멀었다. 하지만 이들은 미래의 연방제 태동을 준비하는 산고과정으로서의 의의를 가지고 있었다. 1917년 8월 인도 담당 국무장관인 에드윈 몬터규는 '책임정부'론을 도입하여 인도의 개혁을 주장하였다. 인도의 장래를 위해서 책임 있는 인도청부하에서 인도 지방들의 자치가 실현되는 연방제에 대한 강한 포부를 피력한 것이다. 이런 전망은 그 후 인도가 연방형태로 진행하는 데 좋은 기반이 되었다.

1925년 베산트 여사와 라오(B. Shiva Rao) 등을 중심으로 「인도연합법안」(The Commonwealth of India Bill)이 기초되었다. 이 초안은 중앙과 지방 사이에 권력을 분할하되, 잔여권력은 중앙의회에 부여하는 형태를 취함으로써 강한 중앙정부를 추구하였다. 1925년 9월의 '국민의 요구'는 쌍두정체제가 반드시 철폐되어야 하며, 각 지방에 자주적이고 책임 있는 정부가 설치되어야 한다고 주장하였다. 그러나 잔여권한은 중앙정부에 부여되어야 한다고 하였다. 모틸랄 네루는 '국민의 요구'를 중앙의회에 제출하였다.

정부의 연방제에 대한 명백한 요구는 1927년 5월 17일 인도국민회의의 봄베이 집회에서 나타났다. 이 집회에서 모틸랄 네루는 동의안을 제출하였다. 안사리(Ansari)

---

42) S. R. Mehrotra, *The Emergence of the Indian National Congress*, 1971, p. 269. 앞의 Pandya 논문 참고.

는 의장 연설에서 헌법의 종착역은 연방주의임을 분명히 밝혔다. '네루위원회 보고서'는 사이먼위원회의 연방이념을 '연방이념의 허접쓰레기'라고 신랄하게 비판하면서도 "모든 주들이 연방의 이념을 충분히 인식하면서 그런 연방제에 참여하고자 한다면 우리는 그들의 결정을 존중한다."면서 연방제 자체에 대해서는 집착을 보였다. 네루위원회 보고서는 강한 중앙정부의 연방제를 요구하였다.

한편 1929년 1월 1일 델리에서 모였던 '전인도이슬람회의'는 네루위원회 보고서와는 다른 결의를 하였다. 그들은 중앙정부보다는 주에 역점을 두어, 주의 자치능력을 강화시켜야 한다는 주장을 제일의 원칙으로 삼았다. 이슬람인들은 힌두인 중심의 단체인 국민회의가 주장하는 강한 중앙정부는 결국 다수자인 힌두의 지배논리에 불과한 것으로 규정하고 이에 반대한 것이다. 이슬람의 지도자였던 진나의 '14가지 중점사항'에는 특히 잔여권한은 연방이 아니라 주에 둔다는 것과 모든 지방에 대한 통일적인 자치규정을 마련해야 한다는 등 국민회의의 입장과는 정반대에 서 있었다. 이에 대하여 국민회의는 강한 중앙정부를 두는 연방정책을 추구하였다.

1930년에 발표된 '사이먼위원회 보고서'도 "인도헌법은 반드시 연방제가 되어야 한다. 내부적 자치를 유지하면서 지방과 주들을 하나로 묶는 헌법이 되기 위해서는 연방제가 필수적이다."고 내다보았다. 사이먼위원회는 연방제의 모습에 대해서 보다 구체적으로 논하였는데, 지방 단위에서의 쌍두정 형태는 반드시 폐지되어야 한다고 하였다.

　• 인도에서의 쌍두정 체제는 1915년과 1919년 사이의 「인도정부법」에서 잠시 실시되었다. 주요 내용의 일부에 관해서는 영국의 국왕으로부터 직접 통제를 받고, 그렇지 않은 부문에서는 지방의 자치를 허용하는 제도였다. 그러나 이 제도는 현실적으로 비효율성과 사무의 중복 등의 문제를 야기시켰다.

'사이먼위원회 보고서'는 새로운 연방구조를 위해서 "각 지방은 가능한 한 자신의 가정에서 주인마님이 되어야 한다."고 제안하였다.[43] 위대한 인도의 통일을 달성

---

43) Gwyer & Appadorai, *Speeches and Documents*, 제1권, p. 214. 앞의 Pandya의 논문에서 재인용.

하고자 위원회는 영국과 지방 모두의 이익을 위해서 새로운 제안을 한다고 하였다.

그러나 연방제를 통한 궁극적인 목표가 인도 국민들의 민주주의에 대한 열망을 좌절시키고자 했다는 데 문제가 있었다. 왕국들까지 연방에 편입시키려는 계획은 전적으로 영국정부에 저항하고 있는 국민회의 등의 민주주의 운동의 예봉을 꺾는 데 효과적일 것이라는 점에 기초하고 있었다. 왕국은 영국에 대하여 국민적 운동의 파도를 막아 주는 방파제가 되어 주면서, 연방제를 통하여 자신들에게 돌아올 이익의 증대를 기대하고 있었다. 이런 정치적 배경으로 인하여, 모틸랄 네루가 주도하는 네루위원회는 왕국들의 연방편입안에 예민하게 대응하였다. 연방제와 함께 도입한 지방자치제도 결국은 민주화의 운동을 잠재우기 위한 것으로 해석되었다. 더군다나 독재적인 요소들까지 그 위에 첨가되면서 연방제 본래의 이념은 사라졌다. 연방의회의 구성에 있어서도 간접선거제를 채택하고 있었다.[44)

「1935년 인도정부법」은 연방제를 본격적으로 도입한 법이었다. 그런데 이 법에서의 연방정책은 매우 왜곡된 것이었다. 왕국에 대해서는 지나친 호의를 표명하여 연방의회에 영국통치의 지방들보다도 더 많은 대표권을 주었고, 인도주에는 내부구조에서 독재형태를 유지시키는 것을 허용하고 있었다.

네루는 이 연방제는 인도 내에서의 영국통치와 이익을 공고히 하기 위한 것이라고 비판하였다. 국민회의는 이 연방제는 인도의 통합을 건설하기는커녕 제멋대로의 경향을 부추겨서 마침내 모든 주들을 내외의 분쟁에 휘말리도록 만든 것이라고 비난하였다. 1936년 네루는 "우리는 연방제안에 반대하지 않는다. 독립 인도는 연방국가가 될 것이다. 하지만 어떤 경우에도 중앙의 통제는 상당 부분 존재하여야 할 것이다."[45)라는 견해를 표명하였다.

1939년 9월 18일에는 이슬람연맹 지도위원회도 「1935년 인도정부법」을 비판하였다. 그러나 이슬람연맹은 앞서의 네루위원회 보고서에 대한 입장표명에서도 드러났듯이 연방제 자체를 반대하였다. 그들은 "인도 이슬람교도는 어떤 형태의 연방제도

---

44) B. P. Pandya, pp. 129~131.

45) Toward Freedom, App. C. pp. 423~425. 앞의 Pandya의 논문에서 재인용.

반대한다. 이것은 민주주의와 의회제 정부를 가장하여 다수를 차지하고 있는 종교공동체의 지배로 귀결될 정부인 것이다."라는 성명을 발표하였다. 인도주들도 이에 동참하여 「1935년 인도정부법」을 거부하였다. 이 법은 인도국민회의, 이슬람연맹, 왕국, 인도주 등 모두로부터 배척당한 것이다.

그렇지만 국민회의의 연방주의에 대한 인식은 자주 변하였다. 자유투쟁의 시기에는 통일의 관념을 강조하는 입장을 유지하였고, 나중에는 국가안전 및 국가건설에 대한 관심 그리고 경제적 발전 전략을 추구하였다. 비록 국민회의 지도자들이 1945년까지 중앙집권적 연방구조를 선호하였지만, 이슬람연맹에 대하여 인도의 통일을 유지하려는 의도에서 느슨한 연방을 지향하였다. 1945년 국민회의운영위원회에 의해 채택된 '선거에 대한 선언'(election manifesto)은 이러한 접근방법을 승인하였다.[46]

그리고 이슬람교도의 격한 감정을 누그러뜨리기 위해서 '내각위원회안' 역시 약한 중앙정부를 채택하였다. '내각위원회안'과 유사하게 1946년 11월에 열린 국민회의 메루트 회의에서는 종전과 전혀 다른 안이 나왔다. 이제까지 주장되어 왔던 강한 중앙정부안이 많이 완화된 것이었다. 그것은 이슬람의 분리를 막기 위함이었다. 그러나 마하트마 간디의 강력한 노력과 함께 이런 마지막 노력들이 파키스탄으로의 분리를 막기에는 역부족이었다. 이런 가운데 1946년 12월 인도제헌의회가 소집되었다. 연방주의의 이념은 제헌의회의 정신 중에서도 가장 높은 곳에 위치하고 있었다.

한편 1939년부터 1946년 인도국민회의의 의장이었던 마울라나 압둘 칼람 아자드는 고전적인 연방모델을 제안하였고 아대륙, 즉 인도의 대립적 분열을 반대하였다.[47] 제헌의회의 제1회기에서 네루에 의해 발안되고 제헌의회에 의해 채택된 헌법의 기본목표에 대한 결의는 연방주의의 고전적 모델을 승인하였다. 그 결의를 인용하면 다음과 같다.

---

46) Maulana Abdul Kalam Azad, *India Wins Freedom*, Orient Longman, 1988, p. 130 참고.
47) Maulana Abdul Kalam Azad, pp. 150~152.

- "… 거기에서는 영토가 … 연방에 주어지거나 연방에 고유하거나 내재한 권한과 기능을 제외한 잔여권한을 가지고 정부 및 행정의 모든 권한과 기능을 행사하는 자율적 단위들의 지위를 가져야 하고 유지하여야 한다."[48]

그리고 제헌의회의 주협상위원회와 통신위원회의 합동회의에서 네루는 다음과 같이 말하였다. "연방의 단위인 주는 고도의 자치권을 가져야 한다. 이제 연방헌법은 연방의 독점적 사항과 연방과 주 사이의 경합적 사항을 다룰 것이다. 잔여권한에 대하여는 주가 주권자일 것이다".[49] 그리하여 그는 잔여권한이 주에 주어져야 한다고 보았다.

- H. M. Rajashekara, "Nehru and Indian Federalism," V. Grover 엮음, PSCI 제4권, 1997, p. 25. 라자셰카라는 연방주의와 관련하여 네루에 대하여 다음과 같이 평가하고 있다. "국민적 통일의 요청과 주의 자치를 위한 필요성 사이의 균형 유지는 인도연방주의에 대한 이론 및 실천에 대한 네루의 뛰어난 공헌이었다. … 균형적으로 네루는 민주주의자였고 연방주의와 분권주의에 대한 확고한 신봉자였다. 그는 개인적 헤게모니를 위하여 헌법을 남용하지 않았다." (같은 논문, pp. 34~35).

'내각위원회안'을 따라 1946년 12월 13일 의회의 '목적결의'(Objectives Resolution)는 영국령 주와 인도주와 여타의 지역들은 "자치적 지위를 유지하며 연방에 할당된 권력과 기능을 제외하고는 정부와 행정 등 여타의 기능과 권력들을 행사한다."고 밝혔다. 이 결의는 강한 중앙정부라는 연방제 이념이 후퇴했음을 보여 주었다. 이슬람연맹은 의회 참여를 포기했다. 중앙정부가 국방, 외교, 통신 그리고 이를 위한 조세징수권을 부여받았지만, 연방권한위원회는 국방, 외교, 통신 등의 개념을 확대시키고 연방의회의 권한사항으로 「1935년 인도정부법」상의 연방의회 관할사항을 포함시켜 버렸다. 그러나 제헌의회의 제3회기를 거부한다는 이슬람연맹의 결정과 인도의 분리가 사실로 확정된 상황 아래에서 마운트배턴 계획의 선언에 따라 네루와 다른 지도자들의 인식은 즉각적으로 이를 반영하여 변화되었다.

---

48) S. C. Kashyap, *Jawaharlal Nehru and the Constitution*, Metropolitan Book Co., 1982, p. 76.
49) S. C. Kashyap, p. 257.

1947년 6월 3일 인도와 파키스탄의 분리를 선언함과 동시에 한때 쇠퇴했던 강력한 중앙정부의 연방이념이 다시 살아났다. 왜냐하면 원심력으로 인하여 인도의 통일성이 붕괴될 것을 우려하였기 때문이다. 1947년 6월 6일 네루가 위원장이었던 연방헌법위원회는 다음과 같은 잠정적인 결론에 도달하였다.[50]

① 헌법은 강한 중앙정부의 연방구조를 취한다.

② 3개의 입법권한 목록이 있어야 하며, 잔여권한은 중앙정부에 속한다는 규정을 둔다.

③ 연방의회의 관할사항 목록과 관련해서 인도주들은 각 지방들과 동등한 차원에 속하여야 한다.

위의 결정들은 1947년 6월 7일 연방과 주의 헌법위원회 합동회의의 결과 승인된 것이다. 지방의 헌법위원회는 사르다르 파텔이 위원장이었다. 강한 중앙정부의 연방제는 두 위원회의 강력한 정치적 지지를 받고 있었다. 1947년 7월 5일 네루가 의장이었던 연방권한위원회의 제2차 보고서에는 강력한 중앙정부의 연방제 이념이 강조되어 표현되고 있었다. 위원회는 다음과 같은 견해를 피력하였다.

• "내각위원회가 취하고 있었던 제한적인 중앙정부의 권한은 이슬람연맹을 수용하기 위해서 취해진 일시적 타협안이었다고 생각한다. 이제 분단은 확정적인 사실이 되었고, 우리는 약한 중앙정부가 국익에 지대한 해악을 끼칠 것이라는 만장일치의 의견에 이르렀다. 약한 중앙정부는 평화유지와 공통적인 관심사에 관한 조정 역할이 미약하며, 국제사회에서 국가 전체의 일치된 견해를 효과적으로 발표할 수 없다는 결함을 가진다. 그러나 단일국가 형태의 헌법을 취하는 것은 후퇴를 뜻한다. 따라서 우리 헌법이 발견할 수 있는 가장 건실한 기초란 강한 정부의 연방제를 갖는 것이다.[51]
특히 우리는 연방의 권한 범위에 대한 제한에 의해 구속되지 않는다. … 우리는 만장일치로 그것이 약한 중앙을 위해 권한을 부여하려는 국가적 이익에 해가 될 것이라는 견해를 가지고 있다."[52]

---

50) B. Shiva Rao, *The Framing of India's Constitution*, 1968, p. 607.

51) B. Shiva Rao, Vol. II, p. 777.

52) S. C. Kashyap, p. 85.

파키스탄과의 분리, 그로 인한 난민의 문제, 카슈미르 문제, 나가(Naga) 부족에 의한 분리주의적 위협, 원심력의 두려움 그리고 파키스탄의 적대감이 네루와 다른 제헌의회의 구성원들로 하여금 강한 연방정부를 가진 연방제도를 선호하게 하였다. 연방헌법위원회 및 연방권한위원회의 의장이었던 네루는 강력한 연방을 선호함을 분명히 했다. 그리하여 잔여권한을 연방의 것으로 하는 것에 찬성했을 뿐 아니라 주지사의 임명원칙을 지지하였다.[53] 그는 "선출직 주지사가 분리주의적 주의 경향을 부추기고 중앙정부와의 공통의 결합을 축소시킬 것"이라고 믿었다.[54] 더 나아가 사회·경제적 혁명의 목표가 강력한 연방정부에 의해 신속하게 성취될 것이라고 느꼈다. 그리하여 국민회의는 계약적 연방의 수립을 허용하지 않았고 결국 구심력의 승리를 이끌어 냈다. 오스틴(G. Austin)의 말을 빌리면 제헌의회는 "인도의 특별한 필요를 충족시키기 위해 새로운 종류의 연방주의를 만들어 냈다."

물론 인도 건국의 아버지들이 제안했던 연방안이 반대 없이 전폭적인 지지를 받았던 것은 아니다. 바이그(Mehboob Ali Baig), 랑가(N. G. Ranga)와 같은 사람들은 "무슨 일도 쉽게 한다면 연방정부는 단일국가 아래에서의 정부로 변할 것이고, 결국은 전체주의국가로 갈 것이고 민주주의의 부정으로 끝나 버릴 것이다."고 하면서 강한 중앙정부론에 반대하였다. 그러나 이런 우려를 물리치면서 암베드카르는 "연방제의 핵심은 입법권과 행정권을 연방정부와 주정부가 별도로 보유한다는 데 있는 것이지, 중앙정부가 강하다는 것 그것이 연방제의 의미를 훼손시키는 것은 아니다."라고 옹호하였다. 아야르는 "미국에서는 대법원의 사법적 해석을 통해서 중앙권력을 확대해 갔지만, 우리의 경우 헌법에 직접 명문의 규정을 두어 연방권력을 강화시키는 것이 반드시 필요하다."고 보았다. 미국의 연방대법원은 헌법의 해석을 통해서 연방권력을 강화시켜 나갔다. 그러나 인도 건국의 아버지들에게 있어서는, 사법적 해석을 통한 연방권의 점진적 강화보다는 직접 헌법의 제정을 통해서 연방의 강화를 도모하는 것이 효과적으로 보였던 것이다. 원심력이 구심력보다 상대적으로 강한 인도에서

53) Michael Brecher, *Nehru: A Political Biography*, Oxford University Press, 1961, p. 165.
54) B. Shiva Rao, *Framing of India's Constitution*, 제3권, Indian Institute of Public Administration, p. 456.

는 인도의 통일이라는 지상의 기능을 수행하기 위해 연방정부에 그만한 권력을 부여하는 것이 필요하다는 견해가 지배적이었다.[55]

국민회의에 의한 인도의 독립운동은 매우 연방 중심으로 이루어졌다. 영국 식민정부는 행정편의 중심의 조직으로 편성되었고, 현존의 정치단위를 중심으로 한 지역정체성을 결합시키는 기회가 되지 못하였다. 언어·문화적 기준에 의해서 주의 재조직이 요구되었다. 국민회의의 독점적 지위는 인종적 민족주의를 증진시키는 강한 지역적 집단들로부터 심각한 도전을 받게 되었다. 전국의 여러 곳에서 등장한 지역적 정체성은 주의 권리에 대한 가장 구체적인 표현이 된 발전이라고 할 수 있다. 지역적 정체성의 의식은 여러 예에서 나타난 인도정치의 지나친 중앙화에 대한 반작용이었다고 말할 수 있다.

2. 헌법제정과정

독립 이전의 인도에서의 연방제 논의는 연방을 옹호하는 집권주의적 경향과 주를 옹호하는 분권주의적 경향이 서로 대립하였다. 그러나 다양한 민주적 의사를 고려하긴 하였지만, 국민회의가 제헌의회를 주도하면서 헌법제정과정에서는 인도 특유의 중앙집권적인 연방제가 형성되었다. 주제별로 그 논의과정을 따라가 보고자 한다.

(1) 연방 우위의 연방주의

제헌의회 구성원들은 연방주의에 대한 어떤 이론 혹은 도그마에도 찬성하지 않았다. 프라사드는 인도헌법의 연방적 특성에 대한 논란과 관련하여 다음과 같이 말하였다.

---

55) 여기에서의 발언들은 B. Shiva Rao에 의한 해당 작업문서에 잘 나타나 있다.

• "개인적으로 나는 그것(인도헌법)을 연방헌법으로 부르든 아니면 단일국가 헌법으로 부르든 혹은 어떤 이름으로 부르든 그것에 부가되는 딱지에 대해서는 어떤 중요성도 부여하지 않겠다. 헌법이 우리의 목적에 복무하는 한 아무런 차이도 없다."

결국 제헌의회 의원들은 인도는 문제가 특이해서 어떤 나라도 역사상 직면하지 못했던 상황이라고 믿었다.[56] 이것은 연방주의가 명확한 개념이 아니기 때문에 그리고 안정적인 의미를 가지고 있지 않기 때문에 이론에 의존할 수 없었기 때문이다.[57] 결과적으로 제헌의회는 인도의 특수한 필요를 충족시키기 위하여 새로운 종류의 연방주의를 만들어 냈다.

연방조항을 기안하는 데 가장 유일한 측면은 중앙집권주의자와 주권주의자 사이에 갈등이 상대적으로 결여되었다는 점이다. 다만, 재정에 관한 조항을 논의하면서 제헌의회 구성원들은 주정부를 위한 세수의 확대를 요구하였다. 그러나 그들은 연방정부가 세금을 거두어 주에 배분하는 것에 동의하였다. 이것은 주의 자치를 방어하는 전통적 방식이 아니었다.

제헌의회는 버치(A. H. Birch)와 다른 이들이 '협력적 연방주의'[58]로 불렸던 것에서 출발하였다.[59] 비록 그 뿌리는 1930년대와 1940년대 초로 거슬러 올라갈 수 있지만 대개 제2차 세계대전 이후에 나타났던 '새로운 국면'은 연방원칙을 깨뜨리지 않는 정도로 연방 및 지역 정부의 상호의존성이 증대하여 발전한 것으로 특징지어진다. 이러한 개념은 미국 혹은 오스트레일리아의 연방제도가 수립되던 시기와 다르고 위어의 연방주에 대한 정의와도 다르다. "중앙 및 지역 정부는 서로 각자의 영역에서 독립적이어야 한다".[60]

---

56) CAD I, p. 38; N. G. Ayyangar.

57) CAD XI, 11, p. 950; T. T. Krishnamachari.

58) 위의 주 15) 참조.

59) A. H. Birch, *Federalism, Finance, and Social Legislation in Canada, Australia, and the United States*, p. 305.

60) K. C. Wheare, p. 97.

(가) 권한의 분배

연방 및 주 정부 사이의 권한분배를 규정한 기본적인 조항은 헌법 제11장에서 발견되는데, 그 제목은 "연방 및 주 사이의 관계"이다. 제11장은 두 개의 절로 구성되어 있다. 하나는 관할목록을 수립한 입법적 관계이고, 다른 하나는 행정적 관계이다. 그러나 헌법 전체에 다양한 정부들의 권한관계에 영향을 미치는 조항들이 산재해 있다. 임시적 및 경과 규정의 두 개 조항은 연방에 대하여 주 내에서 특정의 중요한 상품의 거래를 통제할 권한과 그럴 필요가 있다면 이전의 토후국정부를 통제할 권한을 인정하고 있다.[61] 비상사태 조항은 직접으로 권한의 배분을 담고 있으며, 세입의 배분에 대한 조항도 마찬가지이다. 그 밖에도 연방에 우호적으로 권한을 인정하는 조항들이 많이 있다.

헌법 아래에서 권한의 배분은 정적이지 않다. 비록 헌법 제11장의 조항들이 헌법 개정에까지 확대될 수 있을 정도는 아니더라도 그 권한관계는 세 가지 방식으로 크게 변할 수 있다. 비상사태 아래에서 연방집행부와 의회는 권한을 사용하여 주정부에 지시할 수 있거나 그 권한을 모두 떠맡을 수 있어 연방집행부가 주집행부를 위해 행위하고 연방의회가 주의회를 대신하여 행위할 수 있다. 그리하여 암베드카르의 말을 빌리면, 인도는 특정 상황에서 단일국가로 될 수 있다.

권한관계는 연방집행권을 사용하는 두 번째 방식으로 변화될 수 있다. 연방집행부의 권한은 보통 연방관할목록에 대한 사항에만 미친다. 그러나 제73조에 따라 의회는 그 권한을 경합목록에 확대할 수 있다. 제256조와 제257조는 주의 집행권이 연방법률에 합치하여 행사되어야 하고 연방의 집행권 행사를 방해하거나 훼손할 수 없도록 행사되어야 한다고 규정하고 있다. 이 양자를 보장하기 위하여 연방집행권은 주정부가 그렇게 행위하도록 지시를 발할 수 있다. 만약에 주정부가 이러한 지시를 따르지 않는다면 연방은 비상사태조항에 따라 정부의 운영을 양수할 수 있다(제365조). 연방집행부는 또한 정부의 동의로써 그 어떤 권한의 행사를 주정부에 이양할 수도 있다.

---

61) 인도헌법, 제21부, 제369조와 제371조.

마지막으로 제249조는 주참사원이 주 입법목록에 포함된 문제를 입법하도록 의회에 위임할 수 있음을 규정함으로써 비상사태 아래에서는 거의 단일국가와 같이 될 수 있도록 정부에 대하여 허용하고 있다.

1) 입법목록에서 권한의 배분

인도헌법 제11장의 처음 두 조항(제245조와 제246조)은 권한배분, 연방의 권한, 그리고 주 입법부의 중심적 측면을 다루고 있다. 세 번째 조항은 잔여권한을 연방에 주고 있다. 입법권한 배분의 목록체계는 「1919년 인도정부법」에서 유래한다.

양원합동위원회의 구성원들은 목록이 연방제도를 위한 건전한 기반을 제공해야 한다고 믿었다. 그리고 연방과 주의 관할을 빠짐없이 규정해야 한다고 믿었다. 잔여권한이 중앙에 주어져야 한다는 힌두의 주장에 대하여 이슬람교도들은 강력하게 반대하였다. 잔여권한은 분리 때까지 첨예한 쟁점이었다.

「1935년 인도정부법」은 양원합동위원회에서 정한 대로 목록체계를 구성하였다. 연방헌법 및 '연방권한위원회 보고서'는 「1935년 인도정부법」의 조항들을 큰 변화 없이 제헌의회로 가져왔다. 제2차 '연방권한위원회 보고서'는 입법목록을 다루었다. 이것은 상세히 정해졌고, 「1935년 인도정부법」의 부칙 제7조로부터 직접적으로 유래하는 것이었다. 여기에서 중요한 점은 주들이 쉽게 여기에 동의했다는 점이다. 결정은 주 및 연방 헌법위원회의 합동회의에서 이루어졌다. 봄베이, 아삼, 연합주 총리들과 이전의 마드라스 총리는 이 위원회의 구성원이었다. 이 보고서 역시 잔여권한이 연방에 주어져야 한다고 권고했다.

'연방헌법위원회 보고서'는 연방의 구조와 권한의 배분에 대하여 간결하게 제안했다. 결정의 반복은 6월의 첫 번째 주에 이루어졌는데, 위원회는 헌법이 강한 중앙 정부를 가진 연방제여야 한다고 권고했으며, 이것은 입법목록에 규정되었다.[62] 위원회 보고서가 연방구조에 대하여 상세한 내용을 정하지 않은 것은 당시의 분위기 때문이었다. 통일과 분리가 팽팽히 맞서고 있을 때 연방적 조항을 기안하는 것은 쓸데없는 일이었던 것이다. 연방제도에 대한 논의는 파키스탄 문제가 결정된 이후에만

---

62) UCC report, p. 58.

시작될 수 있었다.

제헌의회는 1947년 7월 및 8월의 회기 동안에 연방헌법 및 연방권한위원회의 보고서에서 연방조항을 더 이상 확대하여 논의하지 않았다. 연방권한의 확대에 관한 일반적인 논의가 있었을 뿐이다. 유일한 제안은 주정부에 대한 연방의 권한이양이 주정부의 동의 아래 이루어져야 한다는 것이었다. 이에 대하여 아양가르는 연방의 활동에 대하여 주의 찬성이 있어야 한다는 주장에 반대하였다. 그럼에도 불구하고 헌법초안 및 헌법은 모두 연방집행부가 그 권한을 이양하기 전에 그러한 동의가 있어야 한다고 규정했다.

네루 대신에 위원회 의장을 맡고 있던 아양가르는 '연방권한위원회 보고서'를 소개하면서 제헌의회의원들의 입장을 설명했다. 그에 따르면, "위원회는 주의 관심사항을 광범위하게 주에 일임하면서 그것들이 일관될 수 있도록 가능한 한 중앙정부의 권한을 인정해야 한다는 결론을 내렸다".[63] 다른 사람들은 강한 연방정부 대 약한 정부에 대한 일반적 토론을 했다. 몇몇 구성원들은 중앙정부가 주의 희생에 기반하여 강화되어야 한다고 주장했으나, 다른 사람들은 여기에 반대했다. 잔여권한의 문제에 대하여 제헌의회는 이를 연방에 부여할 것을 결정했다. 비록 국민회의가 오랫동안 잔여권한을 주에 부여해야 한다고 주장해 왔지만, 파키스탄의 분리로 인하여 공동체를 고려한 이러한 종류의 협상은 종결되어야 한다는 것이었다.[64]

제헌의회는 연방관할목록과 경합목록에서 연방정부에 대해 광범위한 권한을 부여하면서 두 가지 주요한 목적을 가지고 있었다. 하나는 헌법적 유연성이었다. 암베드카르에 따르면, 연방주의는 전통적으로 경직성으로 인하여 어려움을 겪고 있었고, 연방정부 형태를 취하는 나라들에서 이러한 단점을 감축하려는 시도가 있었다. 오스트레일리아는 '경합적 입법사항의 광범위한 권한을 연방의회에 부여함으로써' 이 문제를 해결하려 하였다. 인도헌법 초안은 이로부터 더 나아가서, 연방의 배타적 관할사항에 대하여 오스트레일리아 헌법은 불과 세 가지 사항만을 정하고 있었음에 대

---

63) *CAD* III, 3, p. 39.
64) *CAD* IV, 4, p. 80; G. L. Mehta.

하여 인도의회의 권한은 91개 사항으로 확대되었다. 이런 방법으로 연방제도가 그 본질상 가지고 있었던 경직성을 가능한 한 탄력적으로 보호하였다.

이러한 연방의 확대된 권한의 두 번째 목적은 연방이 필요를 충족시키고 시대적 압력에 견뎌낼 수 있도록 하는 것이었다. 제헌의회와 함께 이중적 지도력을 발휘하였던 정부가 직면한 문제가 곧바로 헌법의 내용을 형성하였다. 임시정부(1946년 9월 ~1947년 8월 14일)가 직면한 문제들을 평가한 비망록은 즉각적으로 관심이 필요한 문제들로서 농업생산정책, 농산품의 가격통제, 중앙의 고도의 기술적 제도 수립 그리고 식량배분 등을 제기하였다. 그리고 급박한 문제는 석탄과 직물에 대한 통제였다. 덜 급박한 사항들을 담고 있는 두 번째 비망록은 건전하고 안정적인 경제정책의 수립, 소비재의 생산력 증대, 인플레이션 억제 그리고 농업 및 일반적 경제발전에서의 행정메커니즘의 창설 등을 꼽고 있다. 이러한 문서들은 제헌의회가 아니라 정부를 위하여 준비되었다. 그러나 만약에 정부가 이러한 문제에 대하여 그 책임을 완수해야 한다면 그것은 그렇게 할 수 있는 헌법적 권한이 있어야 했다.

 • 비망록의 제목은 "임시정부에 맡겨진 주요 책무"(Major Tasks Before the Interim Government)였고, 작성일은 1947년 4월 3일이었으며, 작성자는 기록되어 있지 않았다.

1948년 4월에 논의된 공식적 정책의결은 정부의 입장을 더욱 명백히 밝혔다. 상당한 정도로 협력적 연방주의원리를 구체화한 헌법초안은 그때까지 공표되었지만, 결의에서의 견해는 오랫동안 형성된 것이었고 '헌법기초위원회'의 결정에 반영되었다. 정부의 의결은 산업 및 농업 발전에서, 특히 석탄, 철 그리고 철강, 항공기제조 및 조선과 같은 산업에서 국가의 적극적 역할을 담고 있었다. 그것은 '국가'의 정의상 연방정부에 대해 정책입안권의 대부분을 인정하는 것이었다. 더욱이 그 의결은 국가기업의 운영이 공기업의 형식으로 연방에 의해 통제되도록 실정법화하는 내용을 특별히 언급하였다.

입법목록을 기안하는 것은 1949년 7월에 막바지에 이르렀다. 7월 14일 연방각료

들은 라우(B. N. Rau)를 의장으로 하여 목록을 논의했다. 그 내용은 기술적이고 법적인 것이었지만, 권력배분에 관한 것이 제기되었다. 예컨대 노동·광업·동력부 장관은 원유의 생산으로부터 분배에 이르는 과정이 헌법초안에는 연방과 주에 나누어져 있지만 그것은 연방의 관할사항이어야 한다고 발언하였다. 라우는 아삼주가 반대할 것이기 때문에 헌법기초위원회에서 다루어야 할 것이라고 대답하였다.

일주일 뒤에 헌법안의 연방조항을 논의하기 위해 헌법기초위원회가 열렸다. 입법목록의 내용에 대해 약간의 변화가 있었지만 '중앙집권주의자'와 주권주의자들 사이에 갈등이 있었다. 예컨대, 연방보건부장관인 카우르(Rajkumari Amrit Kaur)는 공중보건을 단순히 주의 사항이 아니라 그것을 경합사항으로 하는 것을 지지하였다. 문시(Munshi)와 네루는 이에 찬성하였지만, 연합주의 의장인 판트(Pandit Pant)는 이에 반대하였다. 이에 대하여 네루는, 판트에 따르면 경합목록은 전혀 필요치 않다고 응수하였다. 산림에 대하여도 비슷한 논의가 있었다. 판트는 산림을 경합적 사항으로 하는 것에 반대하였다. 그는 인도가 이론상뿐 아니라 실제상으로 분권적으로 운영되었으며 인도는 중앙집권화하기에 너무 영토가 거대하다고 하였다.

그 밖에도 교육 및 노동자의 직업훈련 등에 대한 논의가 있었다. 목록에 대한 합의는 연방 및 주정부의 지도자들에 의해 이루어짐으로써 제헌의회는 거의 성과를 내지 못하였다. 목록은 1949년 9월에 채택되었다. 광범위한 권한이 연방정부에 주어졌고, 그것은 연방의회가 임시적으로 주입법권에 관여할 수 있는 조건을 인정하는 세 가지 조항으로 규정되었다. 하나는 이것이 비상사태의 시기에 일어날 수 있다는 점이다. 두 번째는 오스트레일리아 헌법과 「1935년 인도정부법」에 채택된 것으로서 두 개의 주가 주의 활동에 유보된 사항에 대하여 의회의 규제를 요청할 수 있도록 하는 것이었다. 세 번째 조항은 헌법안의 제226조인데, 의회는 연방참사원의 3분의 2의 사전 동의를 얻는 경우에는 주목록에 관한 사항을 입법할 수 있도록 하는 것이었다.

2) 연방집행권과 권력의 배분

집행권의 배분은 헌법초안의 제9장 제1절에 규정되었다. 연방과 주의 관계에 대한 제2절은 행정적 관계에 대한 것으로서 3개 조항으로 이루어졌다. 이 조항의 2개

조항은 연방집행부가 주정부에 대하여 주의 집행이 그 권한행사에 있어 연방법과 연방집행부에 합치하여 이루어지도록 지시를 발할 수 있는 권한을 주는 것이었다. 세 번째 조항은 주정부의 동의 아래 대통령이 연방집행부의 기능을 이양할 수 있도록 권한을 주는 것이었다. 이러한 3개 조항은 「1935년 인도정부법」과 거의 동일한 것으로서 대부분의 찬성을 얻었고 제헌의회도 이것을 별다른 논쟁 없이 채택하였다.

그러나 헌법을 완성하기 11일 전인 1949년 11월 15일 제헌의회에서 암베드카르는 새로운 조항으로서 제365조를 제안하였다. 이것은 주가 연방집행부의 지시 내용을 수행하지 못하는 경우에 대통령이 주정부가 제대로 헌법에 합치하여 기능하지 못함을 선언할 수 있도록 하는 것이었다. 그 경우 대통령은 비상사태 조항에 따라 주정부의 기능을 대신할 수 있다.

이에 대하여 격렬한 반대가 있었다. 바르가바(Thakur Das Bhargava)와 쿤즈루(Pandit Kunzru), 그리고 몇몇 다른 사람들이 이에 반대하였다. 그들은 이 조항의 '강력한 권한'에 놀라며 헌법초안이 거의 완성된 시점에서 이 조항을 제안함으로써 헌법기초위원회가 권한을 남용했다고 비판했다. 그들은 연방이 주를 신뢰하고 있지 않음을 비난했다. 암베드카르는 이 조항에 대하여 방어하면서 이것이 새로운 원리를 제안한 것이 아님을 주장하였다. 그는 연방집행부에게 지시를 발할 수 있는 권한을 인정한 것에 뒤이은 이 조항이 지시를 실행할 수 있는 권한이 없으면 무용지물이 될 수 있는 대통령의 권한을 완성시키는 것임을 주장하였다. 격렬한 반대에도 불구하고 제헌의회는 이 조항을 통과시켰다.

임시 및 경과 규정의 2개 조항도 권한의 배분에 영향을 미쳤다. 목록체계에 의해 수립된 기본적 배분은 긴급한 문제를 해결하기 위하여 임시적으로 제한을 받았다. 헌법안 제306조(헌법 제369조)는 국가의 행정적 필요에 대한 정부 평가의 직접적 산물이었다. 그것은 면사, 모직물, 원면, 면화씨, 지류, 식료품, 가축의 사료, 석탄·철·강철·운모의 생산·공급·분배와 주내 교역과 상업에 대한 사항이 경합목록에 해당할지라도 5년 동안 연방이 입법할 수 있도록 하였다. 헌법기초위원회는 그러한 특별한 권한이 '현재의 조건 아래에서' 필요했다고 기록하고 있다.

연방정부에 대하여 권한배분의 무게중심을 둔 임시 및 경과 규정의 두 번째 조항은 제헌의회에서 제306조 B로 제안되었고 결국 헌법의 제371조가 되었다. 그것은 헌법 시행 후 10년 이내에 또는 국회가 법률로 정하는 기간 내에 부칙 제1의 B부에 정한 주 이전의 토후국 정부는 대통령의 일반적인 지휘감독을 받으며, 대통령이 수시로 행사하는 특별한 지시를 받는다고 규정하고 있다. 그러한 지시에 따르지 않으면 제365조에 따라 연방집행부가 정부를 접수할 수 있다.

(나) 비상사태 조항

인도의 특수상황이 연방제도의 형성에 대해 가지는 효과는 헌법의 비상사태 조항에서 더욱 명확해지고 그에 따라 권력의 배분이 연방적이기보다 단일국가적으로 급격하게 변화할 수 있게 된다. 비상사태 조항은 헌법 제18부의 9개 조항으로 이루어져 있다. 이들 조항의 첫 번째 조항인 제352조에 따르면, 대통령은 전쟁, 외부적 침략 또는 국내소요로 인하여 인도 또는 인도영토의 일부의 안전을 해하는 비상사태가 존재한다고 인정할 때에는 포고(proclamation)로써 비상사태를 선언할 수 있다. 그러한 포고는 국회 각 원에 제출되어야 하며, 발포 후 2개월 내에 국회 양원의 결의로써 승인되지 아니하는 한 이 기간이 경과함으로써 그 효력을 상실한다. 제360조에 따라 대통령은 인도 또는 인도영토의 일부에 재정적 안정 또는 신용이 위기에 처해 있다고 인정할 때에는 비슷한 포고를 발포할 수 있다. 포고의 실시 중에 연방집행부는 일정한 재정상의 규준을 조사하고 대통령이 필요 또는 적절하다고 인정하는 기타의 지시를 발할 수 있다.

비상사태 아래에서 연방정부는 연방집행권의 행사와 관련하여 주에 지시를 발할 수 있고, 의회는 보통 연방입법목록에 해당하든 하지 않든 어떤 사항에 대해서도 입법할 수 있다. 비상사태 선포기간 중에 대통령은 또한 임시적으로 연방과 주 사이의 세원 배분을 입안하는 규정을 개정할 수 있고, 의회는 기본권의 '자유' 조항에 의해 제한되지 않는다. 더욱이 기본권을 실현하기 위한 재판청구권이 대통령에 의해 정지될 수도 있다.

비상사태 규정의 제355조는 외부적 침략 및 내부소요로부터 모든 주를 보호하고 '각 주가 이 헌법의 규정에 의하여 행동하고 있음'을 보장하는 것을 연방의 의무로 하고 있다. 대통령은 주지사의 보고에 따라 또는 스스로의 판단에 따라 주 정부가 헌법의 규정에 의하여 행동할 수 없음을 인정하였을 때에는 포고를 발하여 주정부의 기능을 스스로 접수할 수도 있고, 주의회의 권한이 국회에 의하여 또는 국회의 권위 아래에서 행사될 것을 선언할 수도 있다(제356조 제1항 (b)).

주지사는 대통령에게 주어진 종류의 '비상권한'을 가지고 있지 않음에 주목해야 한다. 그러나 주지사도 대통령과 마찬가지로 특정한 비상사태 상황에서 입법권을 가진다. 연방의회 및 주의회가 폐회 중인 때 대통령과 주지사가 명령을 발포할 수 있도록 인정하는 권한은 2개 조항으로 나누어져 있다. 일반적으로 말해서 두 개의 권한은 동일한 차원의 것이다. 즉, 주지사와 대통령은 '즉각적인 조치'를 취할 필요가 있는 경우에 법률적 효력을 가지는 명령을 발포할 수 있다. 주지사는 헌법에서 부여한 주지사의 권한에 대한 제약을 회피하기 위해서 입법권을 행사할 수는 없다. 명령은 의회가 재개회하기 전에 발포되어야 한다. 주지사가 명령에서 규정한 것과 동일한 내용의 법률안을 주의회에 제출할 경우, 첫째, 헌법규정에 의하여 대통령의 사전인가를 받아야 하거나, 둘째, 대통령의 심사에 회부하여야 할 것으로 주지사가 인정하는 경우, 셋째, 이를 대통령의 심사에 회부하여 대통령의 재가를 받지 아니하는 한 헌법에 의하여 무효가 될 경우에는 대통령의 지시 없이 명령을 발할 수 없다(제213조).

비상사태의 경우 대통령과 연방정부에 인정된 권력은 「1935년 인도정부법」의 규정에 그 연원을 두고 있다. 그러나 현재 대통령과 주지사의 비상권한과 「1935년 인도정부법」에서의 총독과 주지사의 비상권한의 중요한 차이는 지금은 헌법 아래에서의 모든 행위가 입법부의 승인에 복속한다는 점이다. 대통령은 연방권력의 균형을 변경하여 전체를 연방정부에 이관할 수 있지만 대통령의 행위는 주정부를 대표하는 의회의 승인을 받아야 한다. 대통령은 과거의 총독이나 주지사처럼 자신의 재량으로 또는 '개인적 판단'으로 행위할 수 있는 권한을 가지고 있지 않다.

명령 규정은 1949년 5월 및 6월에 채택되었다.

(2) 세입의 분배

위어에 따르면, 고전적으로 연방헌법에서는 '중앙정부와 지방정부의 양자가 각각 독점적 기능을 수행하기에 충분한 재정적 자원을 독립적으로 통제해야 한다'.[65] 재정 규정을 비롯하여 주의 자치를 보장하는 헌법의 분할에 대한 제헌의회의 접근은 협력적 연방주의를 구현하고 있다.

세입의 배분에 있어서 협력적 체계를 구현하는 규정은 헌법 제12부의 처음 2개 장에 규정되었다. 그것은 4개의 범주로 나눌 수 있다. 즉, 조세권의 배분 및 조세수입의 분배, 국가보조금을 주는 연방의 권한, 차입을 규제하는 권한, 재정위원회에 관한 규정 등이다.

조세권의 배분에 있어서 일반적으로 '주(州) 간 기반을 가진 조세는 연방의 입법 관할에 속하고, 지역적 기반을 가진 조세는 주의 입법관할에 속한다'.[66] 연방조세에는 몇 가지 유형이 있다. 첫째, 연방이 부과하고 징수하여 연방이 처리하는 조세가 있는데, 그것은 법인세, 관세, 기업세, 연방에 의해 부과되는 추징금 그리고 다양한 다른 조세 등이다.

  • 이러한 조세들은 제7부칙의 연방목록, 특히 82~92호에 열거되어 있고, 제12부의
  조항들, 특히 제270조, 제271조, 제272조에 의해 조정되어 있다.

둘째, 연방이 부과하고 징수하지만 주와 함께 처리하는 조세들이 있는데, 그것은 소득세와 농사소득세, 그리고 특별히 주에 할당된 소비세 등이다. 셋째, 연방이 부과하고 징수하지만 전적으로 주가 처리하는 조세가 있는데, 그것은 상속세, 토지세, 화물과 승객에 대한 터미널세 등이다. 넷째, 연방이 부과하지만 주가 징수하는 조세가 있는데, 그것은 인지세와 조제약품세 등이다.

주정부의 관할 안에서 대부분의 조세는 토지와 관련되어 있다. 예컨대 토지수입,

---

65) K. C. Wheare, p. 1 이하.

66) R. N. Bhargava, *The Theory and Working of Union Finance in India*, 1962년 10월, p. 27.

농업소득과 토지상속세, 농토에 대한 재산세, 알코올류의 물품세 등이다. 그리고 주(州)세에는 판매세, 전문직업세, 운송수단, 육로 및 수로 여행객, 사치품 및 오락에 부과되는 세금 등이 있다.[67]

(가) 인도연방 재정의 배경

다른 연방제도와 마찬가지로 재정에 관한 규정도 주들이 주권적 권력을 가지고 협상한 것이 아니었다. 그러나 헌법제정 당시의 두 가지 상황조건이 중앙집권화를 추동하였다. 하나는 헌법제정시기의 불안정한 재정적 상황이었다. 다른 하나는 주에 '필요'한 것은 세입의 배분 문제라는 제헌의회 구성원들의 신념이었다. 그리고 기금 증대에 대한 주의 요청은 몇몇 예외를 제외하고는 사회혁명의 관점에서 출발하였다. 예컨대 서벵골주의 총리인 고시(P. C. Ghosh)는 연방 조세할당의 증대를 요구하는 문서에서 조세증가액이 주가 수행하는 '점점 늘어나는 사회서비스와 국가건설활동'을 지원하기 위한 것이라고 기록하고 있다.[68] 헌법의 재정조항에 관한 전문위원회의 조사 결과 이것은 모든 주에 공통하는 것이었다. 즉, 전문위원회의 보고에 따르면, "모든 주는 사회서비스와 경제발전 프로그램의 긴급성에 전력을 다하고 있지만, 그 자원이 현실적으로나 잠재적으로 부족한 데 문제가 있다." 따라서 전문위원회는 "모든 주들이 중앙의 세입원으로부터의 실질적 이양"을 바라고 있음을 지적하고 있다.[69]

그러나 어디에서 주들이 이러한 자금을 마련할 것인가의 문제가 등장하였다. 그 대답은 연방이 주에 제공하든가 주가 스스로 세입을 확보하는 것일 것이다. 그러나 이것은 두 가지 이상의 문제점을 가진다. 그중 하나는 거의 무제한의 차입권을 가진 연방이라 하더라도 어디에서 필요한 총액을 확보할 것인가의 문제이다. 만약에 주가 독립적인 수단을 강구하려 하는 경우에 가난하고 농업에 종사하는 주민들로부터 세입을 확보하는 것이 가능한가 하는 문제도 있다. 연방과 주는 자신들의 책무를 다할 수 없었다.

---

67) 헌법 제7 부칙, 주 목록, 제45~63호.
68) 제헌의회에 대한 비망록에서, 1947년 9월 30일; 문시(Munshi) 보고서.
69) *Expert Committee Report*, 제23문단.

제헌의회는 다음과 같이 답하였다. "일정한 기본조세와 그것으로부터의 세입은 주정부의 입법적 관할 안에 있어야 한다. 그러나 가장 수입이 많은 세목은 연방에 의해 부과되고 징수되어 각 주의 필요에 따라 주마다 배분되어야 한다." 이와 관련하여 쿤즈루는 "연방의 책무가 무엇인가를 말한다면, 그것은 바로 풍요로운 주로부터 빈곤한 주로 부를 이전하여야 한다는 것이다."라고 말하였다. 전문위원회의 위원들은 "특정한 목적의 보조금을 배분하는 경우에 중앙정부는 … 서로 다른 주들의 변화무상한 상황을 염두에 두어야 할 것임은 의심할 바 없다."고 하였다. 이러한 견해의 논리적 결론은 연방의 권한을 증대시키는 것이었다.

재무부장관인 마타이(John Matthai)는 연방이 최대한의 조세권을 가져야 한다고 생각해서 주를 위한 세목을 고정적으로 정의할 필요가 없다고 보았다.

> • 1947년 9월 4일에 재정부장관실에서 열린 회의(Discussion Held in the Finance Minister's Office)의 회의록; Prasad Papers, File 12-A/47. 이 회의에는 마타이, 프라사드, 아양가르 그리고 재정부관료들이 참석하였다.

그러나 연방정부 지도자들의 일반적인 견해는 아양가르가 가졌던 견해 즉, 아무리 인도에 있어서 강력한 중앙정부를 고려한다고 해도 주가 전적으로 그들의 자금을 연방에 의존하는 것은 바람직하지 않다는 입장이었다.[70]

(나) 재정조항의 기초

헌법의 재정조항은 「1935년 인도정부법」과 밀접하게 관련되어 있다. 라우 헌법초안의 상세한 조항들과 헌법기초위원회안은 「1935년 인도정부법」의 복사판이었다.

헌법기초위원회는 1948년에 회의를 열어 헌법안에 제안된 변화들을 고려하였다. 주의 재무부장관들은 1948년과 1949년에 뉴델리에서 수차례 만나 세입의 배분을 논의하였다. 1949년 8월의 첫째 주 동안에 제헌의회는 재정조항에 대해 꼼꼼히 집중적으로 검토하였다. 가장 첨예하게 대립하는 쟁점들은 10월 중순에 가서야 끝마칠 수

---

70) 위와 같음.

있었다.

가장 어려운 문제는 판매세 문제를 둘러싼 논쟁이었다. 주들은 판매세를 부과하는 「1935년 인도정부법」 아래에서의 자신들의 권리를 손대지 않고 그대로 두기를 원하였다. 연방은 나라 안에서 더욱 효과적인 상거래를 촉진하고 중복적인 조세부과의 결과 높은 가격이 형성되는 것을 막고자 하였다. 제헌의회의 첫 해 동안 연방정부는 판매세에 대하여 거의 관심을 기울이지 않았다. 헌법기초위원회는 판매세 조항을 주(관할사항)목록에 삽입하는 것에도 어려움을 겪었다. 1948년 가을에 연방재무부장관은 헌법조항이 아니라 주정부와의 협상형태로 그 문제에 대한 조치의 필요성을 제기하였다. 10월의 주 재무부장관들과의 회의에서 연방장관은 예컨대 곡물, 밀가루 등과 같은 필수식품을 한 주에서 다른 주로 수출하는 경우에 판매세를 매겨서는 안 되며 순수 자재에 대하여는 판매세를 최소화하여야 한다고 제안하였다.

> ● 이 회의의 기록은 볼 수가 없다. 그러나 견해의 대부분은 1949년 8월 12일에 봄베이 정부로부터 제헌의회에 문서로 전달되었다(Munshi papers).

이러한 노력은 재무부장관이 그 다음에 헌법상 조항의 방법으로 판매세의 사용을 통제하려 하는 경우에는 그 실패가 명백한 것이었다. 헌법안에 대한 몇 차례의 개정이 있었고 그것은 많은 회의에서 논의되었으나 재무부장관의 안에 대한 최종적 승인은 내각이 하였다. 제264조의 A의 형태로 조항은 헌법기초위원회에 보내졌다.

헌법기초위원회에서는 프라사드, 네루 그리고 마타이와 주의 재무장관 및 총리가 참석하여 이 문제를 논의하였다. 연방지도자인 세 사람은 모두 판매세가 배타적인 주의 관할사항으로 남아 있어야 한다는 점에 합의하였다. 그러나 그들은 조세의 사용이 산업발전을 위한 연방프로그램을 실현하기 위해서 그리고 조세의 단일한 적용을 보장하기 위해서 제한되어야 한다는 점을 강조하였다. 암베드카르는 이에 덧붙여 제264조의 A가 제16조에 규정된 무역의 자유에 대한 권리를 강화해야 한다고 하였다.

재정위원회에 의하여 필요의 원칙에 따르는, 헌법의 재정조항의 성공적인 작업에도 불구하고 연방과 주의 관계는 계속해서 논쟁적인 사항이었다. 암베드카르 세입배분이 "내가 알고 있는 어떤 재정제도보다도 훌륭한" 것이지만, "주가 지나치게 중앙

정부에서 주는 보조금에 재원을 의존하고 있는" 약점을 가지고 있다고 묘사하였다.[71] 그러나 「1935년 인도정부법」과 비교할 때 헌법에 있어서의 주들은 연방과의 재정적 및 행정적 관계에 있어서 더 많은 자치를 확보하고 있었다. 다만, 헌법상 주와 연방의 협력적 특성은 최소한 잠재적으로는 주의 사항에 개입할 수 있는 권한을 연방에 부여하고 있다.

결론적으로 말해서 주는 연방의 자금이 필요하지만 연방은 주의 협력 없이는 더 이상 존재할 수 없다. 주정부는 종종 연방(전국적)정책의 도구일 수 있지만 그들의 도움 없이 연방은 자신의 프로그램을 효과적으로 수행할 수 없다. 그리하여 연방과 주는 서로 의존적이다.

3
헌법제정 이후 인도에서의 연방제와 관련한 쟁점

1. 중앙과 주의 관계

(1) 주의 재편성

인도 연방제의 특징은 중앙정부의 권한이 주정부의 권한에 비해 강력하다는 점에

---

71) *CAD* X, 9, p. 339.

있다. 네루를 비롯한 제헌의회의원들은 효과적 경제계획을 위하여 강한 중앙정부가 필수적이라고 생각하였다. 그리하여 헌법은 지역적 공동체를 충족시키면서도 경제를 계획하고 민족적 통일에 대한 위협을 해결할 수 있을 정도로 충분히 강력한 중앙정부를 유지하고자 하였다.[72] 인도에서 중앙과 주의 관계는 경제적 요인에 의해 상당한 영향을 받았다.

독립 이후 인도의 연방제는 주와 연방을 3중의 구조로 형성시켰다(부칙 제7조). 중앙정부의 권한은 연방(관할사항)목록에 모두 97개 사항이 열거되어 있고, 화폐와 조세, 외교, 국방 분야를 포함한다. 주정부(관할사항)목록에는 모두 66개 사항이 있는데 보건과 교육, 농업, 토지수입, 경찰 분야를 포함한다. 그리고 주와 중앙정부가 경합적으로 관할할 수 있는 사항인 경합목록에 모두 47개 사항이 있는데, 민·형사법, 사회·경제계획 등의 사항이 여기에 해당한다. 주지사는 주의 법안을 유보시켜 대통령의 심사에 맡길 수 있다. 이에 대해 대통령은 불허할 수 있다(제201조). 캐나다의 예를 따라, 이상 세 개의 목록에 포함되지 않은 여타의 권력, 이른바 잔여권한은 중앙정부에 속한다(제248조). 이 점에서 미국의 경우와 다르다. 연방과 주 사이에 충돌이 있는 경우, 연방의 법이 우선한다.

중앙과 주 관계에 또 다른 중요한 요소는 비상사태를 선언하는 중앙의 권한이다. 이 경우 중앙정부는 주의 자율성을 침해할 수 있다. 결과적으로 연방제는 단일국가로 전환한다. 이에 따라 인도를 준연방제 국가로 분류하기도 한다.

1947년 당시의 지도는 지금보다 복잡다단하였다. 독립 후 처음 10년 동안 통합과 재조직의 엄청난 수고가 있었다. 1947년부터 50년 헌법발효시기 사이에 500개 이상의 지역수가 18개로 줄었다. 이런 새로운 주의 형성은 순탄하지 않았다. 언어적 차이 등의 이유로 전국에 걸쳐 연쇄반응을 일으키면서 거의 전투적인 형국을 이루면서 지속적으로 주의 재조직이 요구되었다.

그 결과 1953년 주재조직위원회가 출범하였는데 이를 통하여 '객관적이고 사심 없이' 새로운 주의 조직을 꾀하였다. 이 위원회는 1955년 9월 30일 보고서를 제출하

---

72) Verinder Grover, "The Indian Federalism Examined", V. Grover 엮음, PSCI 제4권, 1997, p. 673.

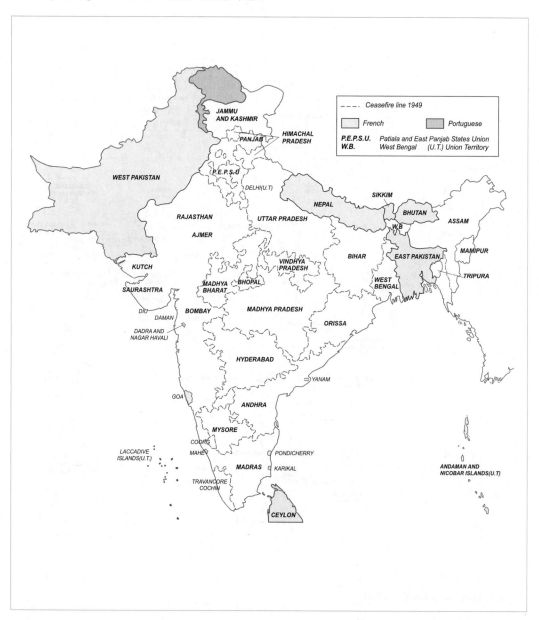

73) 원래의 출전은 W. H. Morris-Jones, *The Government and Politics of India, London*, 1964, p. 77. 인용은 Francis Robinson, *The Cambridge Encyclopedia of India,* Cambridge University Press, 1989, p. 186.

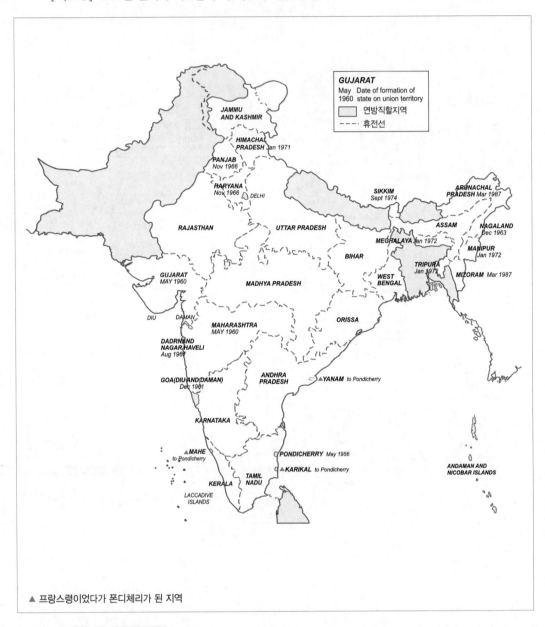

▲ 프랑스령이었다가 폰디체리가 된 지역

---

74) 원래의 출전은 W. H. Morris-Jones, *The Government and Politics of India,* London, 1964, p. 77. 인용은 Francis Robinson, *The Cambridge Encyclopedia of India,* Cambridge University Press, 1989, p. 186.

였는데, 여기에 나타난 주편성의 4개 원칙은 다음과 같다. ① 인도의 통일과 안전에 대한 유지, 강화, ② 언어적·문화적 동질성, ③ 재정적·경제적·행정적 고려, ④ 국가개발계획의 성공적인 실행 등이 그것이다(주의 재조직 이전 인도의 연방구성과 1956년 주의 재조직 이후 인도의 연방구성은 [지도 2]와 [지도 3] 참조).

재조직 이전에는 마디아프라데시(Madhya Pradesh)가 가장 큰 주였으며, 면적은 프랑스의 3분의 2만한 크기였다. 재조직 이후에는 봄베이(Bombay)주가 가장 큰 주가 되었으며, 이것은 프랑스와 맞먹는 면적이었다. 봄베이주는 뒤에 마하라슈트라 (Maharashtra)주와 구자라트(Gujarat)주로 분할되었다. 그래서 마디아프라데시가 다시 가장 큰 주가 되었다. 시킴이 가장 작은 주이다. 우타르프라데시(Uttar Pradesh)는 인구가 가장 많은 주가 되었다. 인구밀도로 보면 케랄라주가 1위이다.

(2) 주의 자치와 주지사

헌법의 여러 기관 중에서 주지사는 특별히 많은 논란을 불러일으켰다.[75] 주의 지위를 높이고자 할 때 결정적으로 개혁되어야 할 것이 바로 주지사였다. 주지사는 중앙정부보다 주정부에 대해 우선적으로 책임을 지도록 해야 할 것이다. 주지사는 본래 중앙과 주정부 사이에서 연계역할을 하고 주정부에서 심판자 역할을 하게 되어 있는데, 이제는 중앙정부와 친하지 않은 인사들이나 정당들에 대한 강제 혹은 조작의 수단으로 오용되었다. 그 결과 주지사의 임무는 연방제 논의의 핵심주제가 되었다.

모든 주에 주지사가 있어야 하며, 한 사람이 여러 주의 주지사를 겸임할 수 있도록 되어 있다. 일찍이 여성 대통령은 없었지만, 여성 주지사는 몇 번의 예가 있었다. 실제적인 목적에서 보면, 주지사는 지방의 대통령으로서의 기능을 가진다. 의전, 입법, 집행, 사법의 네 분야에서 주지사는 중앙정부의 대표이자 동시에 주정부의 수장으로서 긴장된 기능을 한다.

---

75) 이와 관련하여 참고할 만한 문헌으로는 Rajni Goyal, "The Governor: Constitutional Position and Political Reality", in *The Indian Journal of Political Science*, 제53권 제4호, 1992년 10~12월호, p. 505 이하.

또한 주지사 선출과정에서도 약간의 중요한 차이점들이 있다. 주지사는 대통령이 원하는 대로 지명하도록 되어 있다. 여기에서 인도는 호주와 미국의 선례들을 참조했지만 캐나다의 모델을 따르고 있다. 헌법초안에서 주지사는 선출직으로 하기로 되어 있었다. 주지사를 임명직으로 한다는 것은 곧 연방주의와 민주주의 원리에 배치되는 것이다. 외부에서 임명받은 주지사가 주의 요구와 필요성에 부응하기는 힘들다. 또한 만약 주와 중앙에서 서로 다른 정당이 집권하고 있다면 주지사는 마찰의 중심에 놓일 수 있다.

주지사를 선출하는 경우에는 그 비용과 노력도 엄청나겠지만, 또 총리와 경쟁적 관계가 되는 것도 문제가 된다. 주지사는 해당 주 출신이 아닌 자로 임명함으로써 지역의 정치상황에 분파적 행동이 최소화되도록 하였다.

실제로 주지사는 만약 주정부가 의회 원내의석의 확실한 다수를 점하게 되거나, 혹은 중앙과 마찬가지의 정부가 집권을 하는 경우에는 장식물에 불과하게 되고 만다. 하지만 대통령과 마찬가지로 주지사는 만약 주의 집권정부가 야당의 힘에 눌려 독자적으로 정치력을 행사할 수 없을 경우와 단독 다수정당이 없는 경우에는 큰 역할을 하게 된다. 1967년에 5개의 주에서 의회 내 다수당이 없게 되었는데, 이를 시발로 하여 인도에서는 이런 경우가 빈발하였다.

주지사를 통해 주의 일들을 중앙이 원하는 대로 끌고 가는 것은 두 방향에서 가능하다. 주지사의 재량적 권한과 연방정부의 긴급권이다. 이 경우에 주지사는 연방정부의 '눈과 귀'가 되는 기능을 한다. 인도의 몇몇 곳에서 항시적으로 존재하는 무질서의 위협은 연방정부의 비상조치권이 갖는 '건설적 기여'의 의의를 부각시켜 준다.

이상에서의 설명은 주지사가 뉴델리의 집권당의 이익에 봉사해야 하는 만큼 얼마나 정치화되어 있는가를 알 수 있게 한다. 실제를 보아도, 선거에서 패배한 정당의 후보자들 혹은 총리와 집권당에 충성을 다하는 퇴직 관료나 군 출신 인사들이 주지사에 임명되고 있다. 사르카리아위원회는 중앙정부와 주정부에서의 집권당이 상이할 때 주지사는 중앙정부에 속하지 말 것을 권고하고 있는데, 이것은 현실에서 철저히 무시되고 있다. 1990년 싱(V. P. Singh)의 국민전선 정부는 18명의 국민회의 출신 주지사에게 사직할 것을 요구하였다. 주지사는 중앙정부의 대표이며 그래서 중앙의 신임을 받아야 한다는 말이 공공연하게 나왔다. 이것은 대법원이 틸라크(Raghukul Tilak) 판결에서 주지사는 독립적인 헌법기관이며, 연방정부에 의한 통제를 받지 아니한다는 규정에도 불구하고 행해졌던 것이다.

주정부로부터 기피된 인물을 임명하자는 주장은 주지사야말로 연방정부의 대리인이자 일방적으로 행해진다는 의심을 더욱 강화시켜 주었다. 만약 주정부로부터 호의적으로 평가되는 인물을 주지사로 임명하고, 또 특별한 무능력과 불능상태에 이르지 않는 한 그의 임기를 채우는 것으로 하는 관례가 확립된다면 주지사 직책에 대한 현재의 문제가 많이 해소될 것이다. 비당파적 합의의 외관을 갖추는 것이 헌법상 주의 수장인 주지사의 기능을 원만하게 행사하는 데 필수적이다. 주지사는 공평히 행동할 수 있도록 해야 한다. 불편부당한 행위와 헌법적 적합성에 대한 헌신이 대통령에 부과된 규범이라면, 주지사에 대해서도 마찬가지의 규범이 적용되어야 마땅한 것이다.

2. 정당정치와 연방제

연방제의 실제 운용은 헌법에 의존하기보다는 정치과정에 영향을 미치는 다양한 요소들에 의존하고 있다. 이들 요소 중에서 중요한 자리를 차지하고 있는 것은 정당이다. 정당제도의 특정한 측면들, 전국적 및 지역적 지도력의 상대적 중요성, 전국적 이해관계와 언어적 지역주의의 이해관계 사이의 조화와 균형을 모색하는 민족운동의 존재, 정당 안에서의 권력구조, 전국적 및 지역적 정당의 상대적 강화, 합의를 이끌어 내려는 정치적 지도층의 의지와 능력, 규범적 합의의 존재 또는 그것의 결여 등이 연방주의국가의 형상을 결정한다.[76] 그래서 어느 정도로 그리고 어떤 방식으로 인도에서 정당이 연방주의의 작동에 영향을 미칠 수 있었는지를 알아볼 필요가 있다. 여기에서 정당이 연방에 우호적인지 아니면 주에 우호적인지도 중요한 요소의

---

76) Phul Chand, pp. 154~155.

하나이다.[77] 물론 정당은 다시 연방구조에 의해 영향을 받는다. 정당제도에서 분권화와 응집의 결핍은 연방주의의 구조적 사실의 자연적인 산물이다.

　연방주의에 대한 인도의 저명한 저자들은 "인도공화국"이 "모순으로 시작한다"고 쓰고 있다. "헌법이 연방정부체제를 갖추고 있는 반면에 기존의 모든 정당은 단일국가적이고 고도로 집권화되어 있다."는 것이다. "그것은 국민회의의 경우 특히 그렇다". 국민회의의 일당지배와 네루의 정적 없는 지도가 국가에 안정성을 제공한 이유를 설명한다. 인도 연방제는 '안정성'에 초점을 맞추었다.[78]

　'세탈바드 보고서'(Setalvad Report)는 인도 연방제 발전의 이러한 측면을 다음과 같이 표현하고 있다.[79]

> • 헌법의 기초자들은 연방사회의 발전을 담고 있었다. 1953년에 애플비(Paul Appleby)는 다른 정당이 다른 제도 차원에서 기능할 때를 예견하였다. 그러나 네루와 다른 의원들에 있어 야당은 크게 고려되지 않았다. 다른 한편 야당들은 '선동적' 접근을 채택하는 경향이 있었다. 연방정부는 연방 차원의 정당 없이는 기능할 수 없다. 그러나 인도에서 국민의회는 그 자체가 단일국가처럼 작동하고 있었고 잘 조직된 야당과 상대한 것이 아니라 기껏해야 한두 주에서 집권 가능성을 가진 다수의 정당들이었다. 지금까지 정당제도의 발전은 연방제의 발전과는 무관한 것이었다.

　국민회의는 독립 이전에 계속하여 중앙에서 권력을 유지했던 정당이기 때문에 국민회의의 태도는 중요한 의미를 가진다. 여기에서 특히 언급할 것은 같은 정당이 연방과 주 모두에서 집권한 경우 연방주의가 실제적으로 작동하지 않고 단일국가에 가까운 체계로 이행한다는 가설이다. 많은 이들은 1967년까지 이것을 입증하려 했다. 그것은 주정부가 실제적인 자치를 위한 헌법적 요구를 하지 않았기 때문이다.[80]

　인도의 초대 총리 네루는 1950년에서 1964년까지의 그의 총리 재임기간 동안 세

---

77) M. Venkatarangaiya, "The Impact of Political Parties on Indian Federalism", V. Grover 엮음, PSCI 제4권, 1997, p. 138.
78) S. P. Aiyar, "The Structure of Power in the Indian Federal System", V. Grover 엮음, PSCI 제4권, 1997, p. 59.
79) S. P. Aiyar, pp. 59~60.
80) M. Venkatarangaiya, p. 140.

속주의를 옹호한다든가, 주의 권한침해를 하지 않고자 노력하는 등 헌법원칙의 수호에 주력하였다. 그러나 인도의 연방제에 대한 네루의 유산은 착잡한 것으로 해석되고 있다. 그는 국민회의가 연방 차원에서뿐만 아니라 주 차원에서도 지배를 해야 한다는 것을 확신하고 있었다. 만약 그렇지 않은 사태가 발생할 경우, 그는 막후에서의 조종을 통해서라도 주정부를 붕괴시키는 헌법적 계략을 사용하였다.

그러나 주 차원에서 연방화 과정은 때로는 주와 연방의 지도력 사이의 마찰을 불러일으킨다. 주와 연방 차원 사이에서 집권당이 서로 다른 경우 아주 미묘한 문제들이 많이 발생하고 있다. 지역적 정당들은 중앙 중심적인 틀을 벗어나 주의 자치를 좀더 인정하는 체제로 가기를 원한다. 예컨대 서벵골주의 집권당인 인도공산당(CPI(M))은 매우 제한적인 업무를 할 수밖에 없음을 토로한다.

지역정당의 성장은 인도연방주의에 중대한 영향을 미쳤다. 지역정당은 그 권력과 영향력이 실제적으로 하나의 주에 한정되고, 몇몇 경우에만 두 개의 주에 걸쳐 있었다. 그들은 중앙 차원에서 집권할 만한 역량이 없었다. 우리가 연방주의에 영향을 미친 정당을 이야기할 때 주로 그것은 DMK, 아칼리달당(Akali Dal) 및 공산주의당들을 의미한다.[81]

• 펀자브에서 아칼리달당은 지역자치를 위한 운동의 선봉에 서 있었으며, 종교공동체주의적 및 국수주의적 운동을 전개하였다(C. P. Bhambhri, *Indian Politics Since Independence*, SHIPRA, 1994, p. 88).

그들은 서벵골주와 케랄라주에 지역적 기반을 두고 있으면서, 부르주아 자본가 지배에 대항하여 투쟁을 전개하였다. 그들은 의회제도의 이용가능성에 관한 환상을 가지고 있지 않았다. 그렇기 때문에 국민회의의 실제적인 야당은 남부디리파드(Namboodiripad)였다.

국민의회의 주정부로 하여금 연방의 정책을 채택하게 하려는 연방 차원의 국민회

---

81) M. Venkatarangaiya, p. 146.

의 조직과 연방정부의 실패는 1956년 언어에 기초하여 주를 재조직한 이후에 두드러지게 성장한 지역주의에 부분적으로 그 원인을 두고 있었다. 인도에서 민족주의는 저변이 광범위하지 않았고 뿌리가 깊지도 않았다. 언어주의 및 지역주의가 민족주의보다 더 크게 공감을 확보했다. 국민회의가 민족적 정당이고 그 지도자들 중 상당수가 강한 민족주의 감정을 가지고 있었다고 할지라도 주 차원 및 그보다 하위 차원에서의 지도자들도 그러한 것은 아니었다. 그들 사이에는 지역감정이 매우 강하였다. 그리고 이러한 감정은 주정부가 연방정부에 대항하려는 경우에 활용되었다.

이러한 현상에 대한 하나의 설명은 러시아 또는 중국에서의 공산당과 달리 국민회의가 일체적이지 않았다는 것이다. 주 단위의 국민회의위원회는 중앙에 의하여 완전히 통제되지는 않았다. 주정당은 중앙조직의 창조물이 아니었다. 그들은 스스로의 개별성과 독립적 권력자원을 가지고 있었다. 주 차원에서의 국민회의 구성원은 중앙당의 권위에 의해서가 아니라 독자적인 영향력을 확보하였다. 그들은 이념으로 인하여 흔들리지는 않았다. 중앙당의 정책은 집행되지 않았다. 결국 이것으로 인해 토지개혁은 실패하였다. 그러나 중앙에서 국민회의를 지도하는 총리조차도 주 차원에서는 지도자로 생각되지 않았다.

1960년대에 국민회의는 실권하였다. 이때 국민회의 이외의 정당들의 대부분은 지역적 기반을 가지고 있다. 예컨대 타밀나두주의 DMK, 펀자브주의 아칼리스(Akalis), 비하르주의 소시트달당(Soshit Dal), 서벵골주의 방글라회의당(Bangla Congress) 등이다. 이와 같은 다원화과정은 지방주의(parochialism)에 기원하며, 그 속성상 '반중앙집권주의'를 내용으로 하고 있다.

여기에는 두 가지 정도의 경향이 있다. 첫째, 권력은 책임성을 심어 준다. DMK와 아칼리스는 더욱 책임성 있는 정당이 되었다. 이러한 현상은 중앙과 주의 관계에서 긴장을 완화시킨다. 둘째, 이질적인 요소가 혼재하였던 '연합전선' 정부는 분열 경향을 보여주었다. 결국 단일국가적 정부형태는 인도에 적합하지 않다. 연방체계는 정치·행정적 필요성이 있다.[82]

---

82) C. C. Desai, "Central-State Relations in India", V. Grover 엮음, PSCI 제4권, 1997, p. 201 이하.

인디라 간디 총리의 통치 아래에서(1966~1977, 1980~1984) 중앙과 주 정부는 상호연결형태로 나아갔다.[83] 네루의 통치 아래에서 중앙이 주 정치의 내적 갈등의 중립적 중재자로 기능했다면, 간디 총리 시절에는 주 정치의 안정은 점차 중앙에서의 권력투쟁에 의존하는 형태로 변하였다. 인디라 간디는 자신을 추종하는 주(州) 총리를 원하였으며, 주 총리의 지위는 전적으로 인디라 간디의 기분에 달려 있었다. 이전에는 중앙에서의 정치권력에의 가장 확실한 길이 지방과 주 차원의 광범위한 연합을 형성하는 것이었다. 그런데 이때부터는 주 총리의 자리 경쟁은 뉴델리의 총리관저에서 이루어졌다. 주 차원에서의 권력과 재정지원은 총리에 대한 충성도에 대한 대가로 수여되었다.

라지브 간디 총리 시절(1984~1989), 뉴델리에 있는 중앙당인 국민회의당과 지역당의 관계는 급부와 충성의 주종관계로 축약할 수 있다. 중앙과 주의 관계도 이와 상응한 모습으로 변하였다. 국민회의당은 주 선거와 전국 선거에서 후보자 선정과 각료및 주 총리의 지명, 후원자에 대한 배분 등에서 점차 중앙집권화를 초래하였다. 주에서의 당조직과 지도자들의 자치와 영향력이 점차 축소되어 갔다.

인도 연방제의 특징은 선거로 구성된 주정부를 해산시키는 권한을 중앙정부에 부여하는 한편, 대통령에 의한 직접 통치권한도 부여하고 있다. 헌법 제356조에 따라서 대통령은 주가 헌법이 정한 바를 수행할 수 없는 경우에 주에 대해서 비상조치를 선언할 수 있도록 하고 있다. 대통령의 비상조치명령은 네루 총리와 샤스트리(Shastri) 총리 시절(1964~1966)에는 드물게 행해졌다. 네루는 주에 대하여 대통령이 통치할 수 있게 하는 제356조에 그리 자주 의존한 것은 아니었다. 그는 "모든 다른 수단이 강구될 때까지 대통령의 통치권을 행사하는 것은 옳지 않다."는 견해를 밝힌 바 있다.[84] 네루 정부는 7회, 샤스트리 정부는 2회에 걸쳐 대통령의 비상조치명령을 발동하였다. 하지만 인디라 간디 총리 시절에는 이것이 빈번히 행해져 48회에 이른다. 이런 조치는 거의 당 운영상의 목적 때문이었다. 자나타당(Janata) 정권(1977~1979)

---

83) 1969년 5월 3일 국민회의 당수 Zakir Hussain.

84) Jawaharlal Nehru, *Letters to Chief Ministers*, 제2권, 1986, p. 564.

은 또 다른 이유로 자주 이런 조치를 행하여 그 발동회수가 16회에 이르렀다. 그리고 라지브 간디 정부는 6회, 싱(V. P. Singh) 정부는 2회, 찬드라세카르(Chandrashekar) 정부는 4회였다. 싱의 정부는 1991년 10월부터 1993년 12월까지 9회에 걸쳐 제356조의 권한을 사용하였다.[85]

중앙과 주 사이의 관계 정립을 위해서 1983년 3월 24일 사르카리아위원회(Sarkaria Commission)가 구성되었다. 은퇴한 대법관 사르카리아(R. S. Sarkaria)가 위원장을 맡았다. 인디라 간디가 이 위원회를 설치한 것은 야당 출신인 남부 4개 주의 총리들이 더 많은 주의 자치를 요구하면서 이를 강화하기 위한 위원회를 구성한 직후였다. 이 위원회는 주지사의 역할, 주행정과 전인도행정의 관계, 중앙에 의한 고등법원 법관 임명, 주의회가 통과시킨 법안에 대해 대통령이 동의를 거부하는 경우의 의미, 주의 중앙에 대한 재정적 의존성 등을 다루었다.

1988년에 나온 이 위원회의 보고서는 국가경제발전협의회, 정부내협의회, 기획위원회, 재정위원회 등과 같은 자문기능을 행하는 독립적 헌법기구들의 창설을 권고하였다. 이를 통하여 중앙에 의한 주정부에 대한 자의적인 해산을 방지하고자 하였다. 또한 이 위원회는 중앙과 주 사이에 재정수입의 배분을 평등하게 할 수 있는 방법도 강구하였다.

- • '사르카리아위원회 보고서'는 T. Devidas, V. S. Mallar and V. Vijaya Kumar, p. 421 이하에 수록되어 있다.

전체적으로 '협력적 연방주의'(cooperative federalism)라고 표현은 되고 있었지만, 이 보고서는 대체로 강한 중앙정부를 선호하였고, 그 가운데 전국적인 통일과 통합을 유지하고자 하였다. 그것은 1980년대 중반 인도의 통일과 통합에 대한 도전적 상황이 너무나 자주 그리고 거세게 발생하였던 사실에 영향을 받았던 것임에 틀림없다.

그 후 '사르카리아위원회 보고서'는 조용히 사장되었으며, 1990년대 들어서서 중

---

85) H. M. Rajashekara, "Nehru and Indian Federalism", V. Grover 엮음, PSCI 제4권, 1997, p. 31 참조.

앙과 주의 관계는 과거의 모습으로 다시 돌아갔다. 그렇지만 위원회가 남긴 보고서의 권고안들이 성실하게 이행될 경우 인도에서 통합을 저해하는 요인들이 많이 치유될 것을 부인할 사람은 없을 것이다.[86]

정당과 관련하여 세 가지 점이 부각된다. 첫째, 국민회의당 외의 몇몇 작은 정당들은 현재의 상황이 가장 좋다고 보아 변화를 꾀하지 않는다. 둘째, 국민회의당(O), 잔상당(the Jan Sangh) 및 스와탄트라당(the Swatantra)은 현재의 헌법구조와 강한 중앙정부의 필요성을 받아들이지만, 연방과 주의 전반적인 관계를 제도화할 것을 요구한다. 셋째, CPI, SSP, 아칼리달당, DMK 및 CPM은 더욱 많은 주의 자치를 선호한다. CPM은 이에 대하여 가장 극단적인 견해를 유지하고 있다. 인도의 정당은 구심적 및 원심적 경향 사이에서 연방적 구조에 내재한 모순을 제거하는 데 실패했다. 특히 1967년부터 1971년까지 인도의 정당제는 매우 불안정하였다. 국가의 통일을 유지하기 위해서 강한 정부의 필요성은 일반적으로 인정되고 있다. 필요한 것은 균형의 수립이다. 그러므로 중앙과 주의 관계는 상당히 안정적이어야 한다.[87]

인도 연방주의의 기능에 대한 정당의 영향에 대하여 다음의 두 가지 결론을 내릴 수 있다.

첫째, 같은 정당, 즉 국민회의당이 연방 및 주의 양 차원에서 집권하고 있다는 사실이 주를 중앙의 기관으로서의 단순한 수단으로 귀결시키지는 않는다는 점이다. 일당지배의 시기에서조차도 주정부는 종종 스스로의 이해관계를 주장할 수 있었고 연방정부는 주에서 그들의 자원을 가지려는 압력에 굴복하곤 했다. 이것은 네루와 같은 카리스마적 지도자조차도 개인적으로는 반대하더라도 언어에 기반한 주를 창설하지 않으면 안 되었다는 사실에서 분명해진다.[88]

그러나 중앙정당조직이 독재적 및 획일적 경향을 가지는 경우에는 부정적 결과가 나타날 수 있다. 판디트 네루가 집권한 일정 시기에, 그리고 인디라 간디의 총리 재

---

86) 이에 관해서는 Ramesh Thakur의 책과 N. S. Gehlot, *Indian Government and Politics*, Rawat Publications, Jaipur and New Delhi, 1996, 제3장을 많이 참고하였음.
87) Phul Chand, "Federalism and the Indian Political Parties", V. Grover 엮음, PSCI 제4권, 1997, pp. 176~177.
88) M. Venkatarangaiya, p. 148.

임시절에 있었던 것과 같이 주 자치의 부인으로 귀결될 수 있다. 따라서 균형 잡힌 연방체제를 유지하기 위해서는 분권화된 정당제도가 고도로 중앙집권화된 정당제도보다 더욱 적절하다고 말할 수 있다.

둘째, 주에서의 지역정당이 집권할 정도로 강력한 경우에 적절한 연방적 균형이 쉽게 그리고 효과적으로 유지될 수 있다는 것이다. 중앙과 대등하게 협상하고 자신들의 요구를 할 수 있는 권력은 주가 지역정당에 의해 지배되는 경우가 전국정당에 의해 지배되는 것보다 더 크다. 인도에서는 지역정당이 주를 통제한다면 연방과 주 사이에서 더 좋은 균형을 유지함으로써 성공적인 연방제에 기여할 것이다.

> • "양당제도의 분권화는 국민적 지도자(예컨대 대통령)가 조직 또는 이념적 장치에 의해 자신들의 파벌을 통제하는 것을 방지하는 데 충분하다. 이러한 분권적 정당제도는 우리의 연방주의에서 주의 본래 모습의 주요 보호자이다." (Riker, *Federalism: Origin, Operation, Significance*, p. 101).

결론적으로 연방제도를 유지하기 위해서는 분권적 국민정당의 존재 또는 지역정당의 존재가 중요하다. 즉, 지역정당이 연방주의를 살아 있게 한다.[89]

3. 재정관계

연방제에서는 중앙과 주정부의 재정권이 서로 적정한 균형을 이루어야 한다. 조세와 세출권한이 적정히 배분되어야 하며, 이에 관해서 헌법은 명료한 규정을 두어야 한다. 별도 권한을 행사하는 두 개의 재정주체가 존재한다는 것은 통합적인 국가경제의 창조와 성장에 장애요인이 될 수 있다. 또한 중앙과 주정부 간의 소송은 경제발전을 더욱 지체시킬 것이다. 현재 인도헌법은 제12장 제264조에서 제300조까지에

---

89) M. Venkatarangaiya, p. 150.

걸쳐 재정사항에 관해 매우 복잡한 규정을 두고 있다.[90]

인도에서의 중요한 문제점 중 하나는 중앙과 주 사이의 수입원과 수요의 불균형이다. 가장 큰 수입원, 즉 소득세, 소비세, 관세, 해외원조 등은 중앙의 몫이다. 이것은 한편으로는 징세과정에서의 경제성을 기하고 또 경제적 왜곡을 피하기 위한 목적이 있다. 그렇지만 발전적인 주의 요구를 충족시키기 위한 제일차적 책임은 주정부에 부여된다. 조세권과 지출에서의 불균형은 이른바 수직적 재정불균형(vertical fiscal imbalance)을 초래한다. 예컨대, 1980년대 중반까지 주들은 주와 중앙정부가 거둬들인 모든 조세수입의 60%를 사용하였음에도 불구하고, 주들이 거둬들인 금액은 전체 중에서 약 35%에 불과하였다.[91]

각 주들이 자신의 헌법적 의무를 수행하기 위한 노력들, 예컨대 교육, 건강, 농업 분야에서의 복지 기능들에 관한 사업들은 지출의 증가를 수반할 것이다. 따라서 주정부들은 이들 본질적 공공서비스를 적절히 지원하기 위한 적절한 재정지원을 받아야 한다. 발전적 경제로부터 오는 중앙집권화적 요청과 연방주의의 분권화적 욕구 사이에는 긴장이 있다. 인도는 중앙에서 일체의 수입권을 가지고 징수한 금액을 각 주에 분배하는 공식을 만듦으로써 이 문제를 해결하고자 한다. 각 주의 근소한 재정적 수입원은 보조금이라는 형태로 중앙정부의 재정보조에 의해 보충된다.

조세권은 중앙과 주 정부 사이에 헌법상의 목록에 열거된 특별 항목들에 의해서 분배된다. 소득세, 내국세, 관세와 같은 최상의 조세권은 연방정부에 수여된다. 전국에 걸쳐 통일된 소득세 구조를 유지하는 것은 중요하다. 관세는 외환문제로 인해 중앙에서 관리되어야 한다. 소비세는 물가에 영향을 미치며, 따라서 물가안정을 위해 그 세율은 중앙에서 정해야 할 것이다. 판매세는 주의 항목인 반면, 주 사이의 통상에 대한 세금부과와 수출입관련 세금도 중앙의 것이다. 농토에 대한 재산세 부과권은 주의회의 권한이지만, 비농토에 대한 재산세 부과권은 중앙의회의 것이다. 조세

---

90) 인도에서의 중앙과 주 사이의 재정관계에 대하여 Tapan Kumar Shandilya, "Centre-State Financial Relations in India," in *Southern Economist*, 1992년 1월 1일, p. 17 이하 및 J. V. M. Sarma, "Federal Fiscal Relations in India: Issue of Horizontal Transfers," in *Economic and Political Weekly*, 1997. 7. 12, p. 1719 이하 참조.

91) Alok Mukherjee, *The Devolution Debate, Frontline*, PP. 4~17. March, 1989, pp. 20~22. 이에 관해서는 Ramesh Thakur, The *Government and Politics of India*, 1995, pp. 76~81. 참조.

권과 관련된 여타의 권한들도 연방의회의 권한으로 되어 있다. 헌법의 제289조는 주의 재산과 수입을 연방의 과세대상으로부터 면제시키고 있다.

중앙정부가 부과한 세금에서 주정부가 일정한 몫을 배당받기는 하지만 그 액수는 주정부의 역할에 비해서 현저히 모자라다. 헌법은 이를 예상하여 보조금제도를 두고 있으며 의회의 결정에 따라 필요한 주에 신속히 제공될 수 있도록 하였다. 부족지역은 복지정책의 필요성이 특별하다. 헌법은 5년 단위의 재정위원회 설치를 규정하고 있는데, 이는 연방과 주 사이에 재정수입을 어떻게 배분할 것인가에 대해 권고하는 중립적이고 전문적인 기구이다. 소득세는 주에 어느 정도 배정되어야 할까? 실제상 재정위원회는 소득세의 55~67% 정도를 주의 몫으로 권장한다. 그러면 주의 몫으로 할당된 이 액수를 각 주에 배분하는 것은 또 어떤 공식에 의거해야 할 것인가? 그것은 재정적 필요에 따라야 하는가? 그렇다면 그것은 인구에 비례해야 하는가, 아니면 평균소득수준에 따라 정해야 하는가? 만약 '징수원' 원칙에 따라야 한다면, 조세징수의 최대효과를 기하기 위해 여러 주들에서 징수한 세금의 총액이 되어야 하지 않을까? 재정위원회는 혼합형태, 즉 주에 배정된 소득세액의 75~90% 사이에서 인구비례에 따르는 형을 취하고 있다.

또 다른 문제는 여러 지역 간의 불균형이다.[92] 그리고 중앙정부는 그런 불균형을 시정할 필요가 있다. 지역 간의 심한 경제적 격차는 정치적 긴장과 불안정을 야기할 수도 있다. 헌법상의 정치적 내용은 모두 타당하지만 재정적 측면에서 강력한 분권화가 필요하다. 조세에 관하여 더 많은 권한이 주에 이양되어야 한다. 그리하여 주로 하여금 더욱 독립적이고 책임적이게 하여야 한다.

다른 한편, 인도는 가난한 나라로서 세원이 제한되어 있다. 모든 가용세원의 적정한 사용이 절실히 요구된다. 그러므로 중앙정부는 경제발전에서 지역적 편차를 제거하는 데 관심을 기울여야 한다. 이 때문에 인도의 상황에서는 중앙의 우위성이 옳다는 지적도 있다.[93]

---

92) 이에 관하여는 Pinaki Chakraborty, "Growing Imbalances in Federal Fiscal Relationship", in *Economic and Political Weekly*, 1998. 2. 14, p. 350 이하 참조.

93) C. C. Desai, "Central-State Relations in India", V. Grover 엮음, PSCI 제4권, 1997, p. 203.

4. 연방제의 성공을 위한 조건

현재의 세계적 조건 아래에서 주권적 공화국으로 탄생한 지 50년이 된 인도에서 민주적 문화의 생존과 유지는 인민을 위하여 민주주의를 강화하는 원천이 무엇인가에 달려 있다. 즉, 그것은 건설적 변화와 미래의 더 낳은 성과를 위한 기회이다. 여기에 연방제의 성공이 한몫을 할 수 있을 것이다.

와츠(Watts)에 따르면, 1945년 이전에는 연방제가 별로 주목받지 못했지만 1990년 대부터는 연방제 또는 연방제적 결합이 각광을 받고 있다. 그 이유에 대하여 와츠는 다음과 같은 근거를 제시한다.[94]

첫째, 지구 규모의 경제활동이 전통적인 국민국가적 인식의 변혁을 불가피하게 요구하고 있다.

둘째, 기술의 발전이 네트워크의 확대 등 비중앙집권적인 기구를 필요로 하고 있다.

셋째, 옛 소련과 동유럽에서 전체주의체제가 붕괴함으로써 인류의 평화와 통합을 위하여 권위주의적 중앙집권체제에 한계가 있다는 것을 증명했다.

넷째, 개인의 인권의 평가가 확대되고 엘리트에 의한 통치의 한계가 문제시되어 지방자치를 통한 시민참여의 압력이 증대하고 있다.

다섯째, 마스트리히트 조약 등 단일 유럽법을 향하여 유럽국가들이 연방제로의 자신감을 회복하고 있다.

여섯째, 변화하고 있는 상황에 대응하기 위해서는 연방제의 유연성과 적응성이 필요하다.

그런데 이들 요인은 이념에 의한 것이 아니라 다양성과 통합성을 향한 매우 현실적인 대응인 점에 유의할 필요가 있다. 이 시점에서 인도에서도 가장 중요한 변화는 새로운 연방제적 균형을 수립하는 것이다.

인도가 중앙집권적 연방에서 협력적 및 건설적 연방으로 변화하는 데에는 네 가지

---

94) Ronald L. Watts, "Contemporary Views on Federalism", Bertus De Villiers 엮음, *Evaluating Federal Systems*, 1994, 5쪽: 西修, p. 211, p. 217에서 재인용.

잣대가 중요하다.[95]

첫째, "최대의 동질성을 확보하되 최대의 정체성을 부여하지는 않는" 방식으로 주에게 부여되는 기준에 따라 주의 영토적 재조직을 추진해야 한다. 그러한 기준은 다섯 가지 원칙 위에서 결정될 수 있다. 즉, ① 언어적 방언, 신념, 종교적 공동체 그리고 역사적 기억의 측면에서 사회적·문화적 친화성, ② 자티(jati), 부족 등의 측면에서 민족적 유사성, ③ 영토적 및 주민의 측면에서 행정적 운영능력, ④ 경제적 생존능력, ⑤ 투표자와 그들의 대표, 즉 지배자와 피지배자 사이의 긴밀한 접촉을 위한 필요에 상응하는 주의 규모 등이다. 요컨대 주요 관심은 사회·문화적으로 동질적이고 행정적·정치적으로 운영할 수 있는 주를 창조하여야 한다.

둘째, 효과적인 사회·경제적 발전과 정치적 안정성을 위하여 주에 대해 더 많은 행정적 및 재정적 권한을 인정함으로써 주의 자율성을 증대시키는 방향으로 헌법을 개정해야 한다.

셋째, 적극적인 풀뿌리민주주의를 건설하기 위하여 필요한 권한을 이양함으로써 '판차야트라지'(Panchayat Raj)와 '나가르팔리카'(Nagarpalika) 제도를 활성화하여야 한다.

넷째, 종교공동체주의, 카스트 및 분리주의에 적극적으로 대항하기 위하여 그리고 민주주의의 가치, 세속적 정치체, 연방적 국가 건설 및 사회적 정의를 방어하기 위하여 정당, 사회적 활동 그룹과 시민들 사이에서 새로운 연방적인 국민적 합의를 수립해야 한다.

결론적으로 프리드리히(C. J. Friedrich)도 지적했듯이[96], 지금의 인도연방보다 주의 자치를 확대함으로써 느슨한 연방관계의 방향으로 나가는 것이 바람직하다.

---

95) Rasheeduddin Khan 엮음, *Rethinking Indian Federalism*, Indian Institute of Advanced Sciences, 1997, pp. 15~16.
96) C. J. Friedrich, *Trends of Federalism in Theory and Practice*, 1968, p. 138.

4

끝내며

1. 연방제도의 전제조건으로서의 민주주의

위에서 살펴본 바와 같이 연방제도는 지역적 권력분립의 방법으로 이해된다. 즉, 연방제도란 국가적 통일과 주의 다양성과의 조화와 균형을 제도화한 데 그 요체가 있다.[97] 그렇기 때문에 연방제도의 국가에서는 지역적 분권의 문제를 경성의 성문헌법에 명시적으로 규정하게 되고, 또 중앙정부와 지방정부 사이에 관할분쟁이 있는 경우 이를 해결하는 메커니즘을 필요로 한다. 즉, 관할쟁의의 조정 내지 해결의 기능을 연방최고법원 또는 헌법재판소에서 담당하게 하고 있다. 또 연방의회는 주의 이익을 대표하는 구조를 가지는 것이 원칙이어서, 인구비례에 따라 선출된 의원으로 구성된 하원과 지역의 이익을 대표하는 상원의 양원으로 구성되는 것이 원칙이다.[98]

이런 외형의 원칙에서 볼 때에 인도는 분명 연방으로서의 일반원칙을 보유하고 있다고 말할 수 있다. 그러나 연방제도가 내용적으로 성공을 거두기 위해서는 민주주의와 입헌주의(혹은 법치주의)의 전통을 전제조건으로 갖추어야 함에도 불구하고[99] 이 점에 있어서는 인도의 민주주의와 입헌주의를 실질적으로 검토할 필요가 있는 것이다. 민주주의와 입헌주의가 명목상으로 남아 있는 데 머물지 않고, 얼마나 실체화되어 있느냐가 중요하다. 실체화가 부족한 만큼 인도의 연방제도는 부실한 것으로

---

97) 최대권, p. 381.
98) 최대권, pp. 387~389.
99) 최대권, pp. 407~411.

나타날 수밖에 없을 것이다.

제3세계 국가들 중에서 인도의 민주주의는 다른 어떤 국가보다도 깊게 뿌리를 내리고 있음은 분명하다. 일반적으로 개발도상국가들은 내외의 안보위협들로 인하여 민주정치국가로 발전하기가 매우 힘들다. 그래서 제3세계 국가들은 거의가 민주주의를 성공시키지 못하였다. 설사 민주적 제도장치를 도입한 경우라 하더라도 그것을 유지사키기 힘든 모습을 보여 준다. 그 요인으로서 가장 중요한 것으로 내외의 안보가 꼽히고 있으며, 그 밖에도 빈곤, 무지, 정치의식의 미성숙, 장기간의 독재 등이 포함된다. 이와 같은 제3세계 국가의 정치적 후진성의 요인들이 인도의 경우에도 그대로 적용된다.

그렇지만 인도의 경우에는 역사적으로 오랜 민주주의의 경험으로 인해 내외의 안보위협과 기타 내부의 여러 불안요인의 존재에도 불구하고 민주주의의 장치를 견고하게 지킬 수 있었다. 하지만 1970년대 들어서 인도는 급격히 정정불안의 시련을 맞게 되었다. 인디라 간디 총리의 집권과 그의 독재가 도화선이었으며, 이후 인도에서는 지속적으로 정치불안이 가중되었다. 1989년 인도의 원로정치가인 마두 리마예(Madhu Limaye)는 인도의 정치상황을 다음과 같이 개탄하였다.

> • "잠무와 카슈미르에서의 테러와 무분별한 충돌, 북동부에서의 지속적인 내란, 마디아프라데시와 비하르, 오리사, 서벵골에서의 부족 간 갈등, 그리고 지방에서의 점증하는 카스트제에 대한 분노, 도시에서의 종교공동체 간의 충돌 증폭, 이와 함께 만연한 법과 질서의 붕괴화 현상은 인도를 아주 심각한 국면으로 몰아가고 있다. 독립 이후 채 40년도 못 가서 벌써 네루와 파텔 등 국부들이 이룩한 헌법적 구조물과 제도들이 무너지고 있는 것이다. 그나마 존재하는 관청들은 온통 부도덕과 흉포와 부패화로 병들어 버렸다."[100]

이와 함께 리마예는 다음과 같은 처방으로 인도가 처한 민주주의의 위기를 극복할 것을 제안하였다.

---

100) Madhu Limaye, "Will the Indian State Degenerate Into a Coercive One", in *Times of India*, Bombay and New Lelhi, Ocotber 12, 1989.

첫째, 집권여당과 야당 모두가 개혁되어야 한다.

둘째, 특별위원회의 구성을 통해서 주요 입법들을 개정해야 한다.

셋째, 중앙정부와 주정부 모두 관료제의 병폐를 제거할 수 있는 획기적 조치를 취해야 한다.

넷째, 중앙과 주, 지방의 경찰력은 형평성 있는 법과 질서의 집행을 해야 한다.

다섯째, 사법제도의 신속성 확보를 위해 고등법원에서의 서면주의는 구술주의로 대치되는 것이 좋다.

여섯째, 임시위원회를 구성해서 중앙과 주, 지방정부 간의 자원할당량에 대해 합리적 재검토를 해야 한다.

일곱째, 정치권력의 전국적 확산을 통해서 정치적 소외지역을 없애야 한다.

여덟째, 정부는 텔레비전과 라디오 등 언론매체에 대한 준칙을 마련하여 종교적 프로그램과 무속적인 프로그램들을 감소시켜야 한다.

이상과 같은 리마에의 제안은 인도 민주주의 발전을 위해 아주 절실한 과제들임에 틀림없다. 그러나 어쩌면 인도는 이런 제안들보다도 훨씬 근본적인 곳에서부터의 수정을 요하는 상황에 와 있는지도 모른다. 정치와 경제 그리고 군사력 등 모든 부분에 대한 근본적 개혁이 필요하다는 것이다.[101]

2. 연방제도의 전제조건으로서의 입헌주의

서구의 관점에서 보면, 근대국가는 법적·합리적(legal-rational) 지배의 형식을 갖추어야 한다. 전통적 사회를 자체의 시민혁명을 통하여 청산하지 못한 제3세계 국가들도 독립과 함께 근대 서구헌법의 형식을 수용하였다. 그래서 헌법의 우위, 공무원의 중립성, 사법부의 독립, 법의 지배 등이 헌법의 내용으로 규정되었다. 하지만 가

---

101) 인도의 독립 이후 정치발전과 관련한 간략한 소개는 Aswini K. Ray, "Politics In India since Indipendence", 『인도연구』 제3권, 한국인도학회, 1998. 참조할 것.

부장제적 현실을 벗어나지 못했던 이들 국가는 서구와는 전혀 다른 정치현실을 보여주었다. 법의 지배가 아니라 사람에 의한 지배, 야당에 대한 불관용, 권력과 재량에 바탕을 둔 행정, 가신의 성격을 벗어나지 못한 관료제 운영, 법의 우위가 아닌 통치자 우위, 정당한 사법절차 대신 통치자 자신의 자비와 은사가 횡행하는 모습이 나타났던 것이다.

이것은 국가의 주요기관들이 헌법이 정한 바에 따라 권력을 행사할 수 있게 함으로써 종국적으로는 국민의 기본적 인권을 보장한다는 입헌주의 혹은 법의 지배원리가 부재함을 뜻한다. 제3세계 국가에서 입헌주의나 법의 지배가 정착하지 못한 데에는 나름대로의 역사적·사회적·경제적 배경이 있다.[102]

인도의 경우도 예외는 아니다. 인도는 제3세계 국가 중에서는 군사쿠데타 한 번없이 정권교체가 이루어졌다는 점에서 가장 모범적인 민주국가의 하나로 손꼽히는데 전혀 손색이 없다. 하지만 내부적으로는 입헌주의와 법의 지배가 취약한 연성국가(soft state)로 분류되고 있는 것이다.[103] 역사적으로 볼 때, 영국의 식민통치하에서도 인도는 이미 어느 면에서 입헌주의적 경험을 했다고 볼 수 있다. 독립 이후 헌법의 모태가 된 인도정부법의 역사를 오랜 기간 가지고 있었기 때문이다. 물론 이 당시의 헌법은 인도인들의 자주적 헌법이 아니었기 때문에 인도인들의 기본적 인권보장에 전혀 기여하지 못하였다. 그런 점에서 입헌주의와 법의 지배의 핵심을 결정적으로 결여하고 있었던 것이 사실이다. 그렇지만 민족운동의 지도자들은 영국지배의 현실을 감안해서 일부 입헌주의를 수용하고 준수하였던 것도 또한 사실이다.

 • 예를 들어 인도에서의 근대화운동을 개척한 라자 라모한(Raja Ramohan)은 1823년 영국인 편집자 한 사람이 추방된 것을 총독에 항의할 때, 표현의 자유의 원칙을 침해한 것을 이유로 삼았다. 그는 헌법에 관심이 많았으며 영국이 군주제를 존치시키는

---

102) 이런 관심에서 제3세계의 입헌주의 문제를 다룬 것으로 Yash Ghai, "The Theory of the State in the Third World and The Problematics of Constitutionalism", in *Constitutionalism and Democracy*, Oxford University Press, 1993, pp. 186~196.

103) Gunnar Myrdal, *Asian Drama, An Inquiry into the Poverty of Nations*, Twentieth Century Fund, New York, 1968.

것을 비판하기도 하였다. 영국이 순장제도를 폐지했을 때, 인도사람들은 분개하였다. 그것은 인도사람들에게 영국의 법에 순응하는 것, 즉 입헌주의는 곧 영국통치에 협력하는 것으로 느껴졌기 때문이다(Tappan Raychaudhuri, "Constitutionalism and the Nationalist Discourse : The Indian Experience", *Constitutionalism and Democracy*, Oxford University Press, 1993, pp. 197~211).

이렇듯 인도에 있어서 입헌주의는 민족주의와의 관계 속에서 반신반의 상태로 인도인들에게 숙달되었다고 할 수 있다. 식민지 시절에서의 이와 같은 경험은 그대로 독립 이후의 인도에도 전달되었다. 그것은 무엇보다도 인도를 오랫동안 지배해 온 국민회의를 통해서 이루어졌다. 국민회의 지도자들은 한편으로는 1919년 롤럿 법안(Rowlatt Bill)이 나왔을 때 이를 인도민중의 권리를 부당하게 제한하는 것이라고 일제히 반대함으로써 입헌주의적 태도를 보이기도 하였다. 그러나 다른 한편으로 국민회의의 민족운동은 본질적으로 초헌법적인(extraconstitutional) 방법으로 전개되었던 것이다.[104] 이런 습관은 해방 이후에도 마찬가지로 표출되었다. 인도정치는 형식적으로 보면 인도헌법에 근거하여 대의민주제 위에서 이루어졌다. 하지만 실제상으로 인도정부는 국민회의의 일당지배였고, 국민회의는 네루를 중심으로 한 과두지배체제(oligarchy)로 운영되었다. 이것은 중앙 차원에서나 지방 차원에서나 마찬가지였다. 그래서 대의민주제의 가치가 존중되면서도, 크게 보면 민주정치의 원리와 배치되는 개인적 권위에 기초를 둔 지도력으로 국정을 이끌어 갔던 것이다.[105] 인도의 연방제도는 바로 이런 정치적 기반 위에서 성립한 것으로 볼 수 있다. 국민회의가 이런 대중적 지도력을 상실하였을 때 연방제도는 더 이상 유지될 수 없었던 것이다. 이슬람연맹이 국민회의로부터 이탈하였을 때 그것은 곧 연방으로부터의 이탈, 즉 분단(partition)을 의미할 수밖에 없었던 것이다.[106] 인도민중에 깊이 자리 잡고 있는 이런 초헌법적인 감정은 인디라 간디 총리의 일인독재의 시기에도 나타났다. 간디 총리의 변칙적인 긴급조치의 발동에 대해서 민중들은 대단한 분노를 표시하였던 것

---

104) T. Raychaudhuri, pp. 207~208.
105) T. Raychaudhuri, p. 209.
106) T. Raychaudhuri, pp. 209~210.

이다.

그 결과 1970년대 이후부터 국민회의의 독주는 견제되기 시작하였다. 1996년 제11차 총선결과는 국민회의의 전통에 서 있는 국민회의당(I)이 결정적으로 패퇴하여 위기상황으로 내몰렸다. 전국적으로 국민회의당(I)은 1991년 총선에서의 36.5%보다 8.4%가 적은 28.1%를 득표함으로써 전체 의석 535석 중 겨우 136석을 확보하여 집권당에서 밀려났던 것이다. 이런 현상은 1998년 총선에서도 마찬가지로 나타났다. 이제 새롭게 부각된 정당은 BJP당이다.[107]

이런 기득권층의 변화는 민주주의의 발전을 위해서는 일단 바람직한 일로 보인다. 하지만 내용적으로 볼 때는 보다 열린 공간을 향하여 올바른 길로 가기보다는 더 폐쇄적이고 분파주의적인 쪽으로 흘러가는 것이 불안한 것으로 지적되고 있다. BJP당의 득세는 서아시아의 이슬람 근본주의와 마찬가지로 인도 아대륙에도 마침내 힌두 근본주의가 세력을 얻고 있는 것으로 평가되고 있다. 이것은 곧 인도헌법이 지향하고 있는 세속주의의 원칙에 정면으로 배치되는 것이므로 헌법상의 문제상황으로 지적되고 있다. 종전에 비해서 훨씬 더 종교공동체주의의 파벌화 경향이 곳곳에서 벌어지고 있는 것이 사실이다. 근본주의라는 것은 힌두교나 인도의 이슬람교에서는 용납되어서 안 된다. 세속주의란 것은 1976년 개정 때까지 없었다. 이 표현의 도입은 잘못된 것으로, 세속주의를 도입함으로써 부작용이 생겨난 것이다. 즉, 헌법상의 우애(fraternity)란 풍부한 개념이 격하된 것이다. 우애 개념이 다시 복원되어야 한다. 세속주의는 '각자의 종교공동체에 대한 동등한 존중'이란 것으로 퇴락하는 것 대신에 '모든 신앙에 대한 동등한 존중'이란 의미로 새겨져야 한다. 비교종교학과 문화적 평가가 학교교육 차원에서 이루어져야 한다.

이런 정치적 분위기를 배경으로 그동안 국민회의에 대한 신뢰와 지도력을 기초로 굳건하게 자리 잡고 있던 인도의 연방제가 여러 가지로 균열현상을 보이게 되었다. 각 주마다 지방마다 잠재하고 있던 중앙정부에 대한 불만이 자치 혹은 분리라는 요구로 등장하기 시작한 것이다. 이런 불안요인들은 인도의 중앙정부로 하여금 더욱

---

107) 백좌흠, 이광수, 김경학 지음, 『내가 알고 싶은 인도』, 한길사, 1997, pp. 208~213.

강한 중앙정부, 반민주적 정부로 치닫게 만들었다. 그 결과 예전에 보지 못했던 국가권력의 인권침해 현상이 뚜렷이 증가하고 있다.[108]

3. 연방제의 확립을 통한 국민통합

인도는 1997년 8월 15일로 독립 50주년을 맞이하였다. 이때는 시장개방, 탈규제, 경제의 구조개혁, 일반 생존권의 질적 개선 등이 국가의 주요 목표로 되어 있었다. 이에 따라 공공부문에 관한 국가의 보호주의적 복지국가이념이 많이 퇴색하였다. 빈곤퇴치는 가장 중요한 국가과제임에 틀림없지만, 이것보다 시장개방과 민주주의를 우선시켜야 한다는 것이 인도의 입장이다. 그런 점에서 민주주의를 경제적 성장의 결과로 성취하고자 한 동남아시아의 신흥공업국과 다르다고 자평한다.[109] 인도는 세계 최고는 아니지만 최대의 민주국가임을 항상 자부해 왔다. 독립 이후 서방의 많은 사람들이 인도의 헌정체제는 조만간 붕괴될 수밖에 없는 임시구조물로 생각하였다. 실제로 1975년 국가긴급권이 발동되었을 때, 부유층과 사회 엘리트층은 이것을 현실로 받아들이려 하였지만, 빈곤층과 하층민들이 반민주적인 상황을 수용하지 않았던 것은 인도의 민주주의의 미래에 대한 좋은 신호로 보여진다. 인도국민들은 오랜 동안의 독립운동 기간 중에서 자유의 보장이 빵과 사회정의의 궁극적 보장책이 될 수 있다는 민주주의의 가치에 대한 산 경험을 가지고 있는 것이다.

이런 경험의 축적은 결코 우연하게 이루어진 것은 아니다. 방대한 영토를 가진 인도는 끊임없이 외부의 변화를 탄력적으로 수용하여야만 했던 것이다. 그런 점에서 인도는 헌법개정을 통하여 비교적 유연하게 이런 변화를 견디어 냈다고 할 수 있다. 헌법제정 당시 토후국의 통합을 평화적으로 성취했다는 것은 소련 해체 이후의 유고슬라비아나 캐나다, 벨기에의 경우와 비교할 때 엄청난 업적이라 할 만하다. 갈기갈

---

108) 인도의 인권상황에 대한 개략적인 소개는 강경선, "인도의 국민인권위원회", 『민주법학』 제13호, 1997. 참조.

109) B. G. Verghese, *Democratic Prospects In India*, The Divine Peacock, ICCR, New Delhi, 1995, p. 78.

기 찢겨져 있던 지방들을 연방으로 묶어 낸 것만 해도 대단한 성과라 할 만하다.

인도의 바람직한 연방제를 위해서 이미 사르카리아위원회는 훌륭한 권고안을 마련한 바 있다. 주간(州間)위원회(Inter-State Council)가 기능해야 하며, 주지사의 임명 방식과 임기에 대해서 개정이 필요하고 헌법 제356조의 남용을 통한 당파적·정치적 수익을 얻는 일들은 종식되어야 한다는 것이 지적되었다. 이 위원회는 전체 인도 공무원 수의 감소를 제안하였다. 법관의 임명과 전보도 개혁되어야 하고, 재판의 지연도 제거될 것이 지적되었다. 공익소송과 재판 받을 권리들이 보장되기 위해서 종전의 당사자적격(locus standi) 대신에 집단소송의 도입이 검토되었다. 국민의 접근과 참여의 증대, 정치적 권리 등이 작은 주와 지역에 적용되어 큰 효과를 보았다. 이런 정치적 재조직과 재구성을 잘 구사해서 가장 예민한 용수권(用水權)과 같은 심각한 갈등문제를 잘 해결할 것이 필요하다.

장래를 위해서 인도가 가장 잘못 대처한 것이라면 헌법 제45조에 입각한 국민에 대한 초등교육 이상의 의무교육을 충분히 실현하지 못한 것에서 찾을 수 있으며, 이것을 시발로 하여 인권의 전 분야에 걸쳐 문제가 심각하게 된 것이라고 볼 수 있다. 특히 힌디 사용지역에는 교육정도가 낙후되었고, 여자아이의 경우에 더욱 심각하다. 높은 미진학률과 중도포기율은 아동노동과 밀접히 관련되어 있다. 도시에서의 미진학률은 더 높은데, 그것은 빈곤층이 도시에 더 밀집해 있기 때문이다. 높은 문맹률과 아동노동으로 성공적인 민주주의를 이룬다는 것은 어불성설에 가깝다. 하루빨리 시정해야 할 부분임에 틀림없다.

사회적 약자에 대한 우선적 처우(Mandalisation)의 작업은 더욱 박차를 가해야 한다. 마지막으로 정보화시대에 부합한 일들이 이루어져야 한다. 통신의 중요성, 방송의 자율성과 분권화 작업이 요청된다. 이것들이 인도의 민주주의에 지대한 기여를 할 것이다.

정치적 분권화 못지않게 경제적 분권화도 시급한 상황이다. 예컨대, 펀자브에서의 시크교도의 불만도 바로 중앙정부의 농산물가격정책에 따라 해당지역 농민의 소득이 작아지면서 발생한 것이었다. 마찬가지로 아삼의 경우에도 자기 지역에서 생산되는 기름의 사용량이 주민에게 태부족해지면서 분쟁이 생겨났다. 펀자브, 아삼, 마하라슈트라, 구자라트, 카르나타카 등의 주정부들은 이처럼 누진세와 공동분배의 적용을 통한 불이익의 시정을 연방에 촉구하고 있는 것이다.

경제적 중앙 집중은 헌법시행 초기부터 심화되었다. 이미 계획위원회가 창설되면서, 인도는 5개년 계획을 실시하였다. 이 위원회의 설치 여부에 대해서는 네루 총리와 존 마타이(John Mathai) 재무장관 사이에 이견이 존재하였다. 1952년 마타이 장관은 이런 기구가 재무부와 주정부의 기능을 마비시키는 것이라면서 반대하고 사임하였다. 거의 모든 주요 기업들이 공공부문에 들어 있었기 때문에 계획위원회의 권한은 막강하였다. 이런 기구를 통하여 중앙정부는 주정부에 대해서 경제적 특혜와 불이익을 선택적으로 구사함으로써 주에 대한 부당한 영향력을 행사할 수 있었다. 중앙정부의 정책과 입장을 달리하거나, 야당이 집권한 주의 경우는 새로운 산업을 거부당하는 바가 되었다. 예를 들면 공산당이 집권한 케랄라주나 서벵골주의 경우에는 거의 공공부문의 산업이 유치되지 않았으며, 또 시크교도와 이슬람교도가 집중해 있는 펀자브나 카슈미르의 경우에도 마찬가지였다.

인도의 주들은 미국의 주들보다 경제에 관하여 자주적 권한이 작다. 경제에 관한 통제력 부족은 곧 정치적 권력의 결여로 나타난다. 그런 점에서 중앙집권적 경제체제의 분권화나 민영화가 간절히 요청된다. 각 주들이 자신들이 처한 상황과 자신들의 문화적·지리적 배경을 고려하여 외래의 자본을 유치하여 발전을 꾀하도록 해야 한다. 이런 논리는 국방부문에도 적용되어야 한다. 군수산업, 방위산업도 어지간한 것은 민영화시켜야 한다. 국방을 위한 정규군의 경우는 연방차원에서 관리해야 하지만, 준군사력과 경찰은 주와 지방의 권한으로 이양하여야 한다.[110]

분권화는 주의 독립 직전 단계까지 시행되는 것이 바람직해 보인다. 국내적으로는 이렇듯 분권화를 통한 주의 독자성을 강화하여 마치 국가연합(confederation)을 이루는 듯한 단계까지 나아가는 것이 필요하다. 다른 한편으로 외부의 위협에 대해서는 남아시아의 여러 국가들과 실제로 국가연합을 이룸으로써 해결방법을 찾아야 한다. 유럽통일의 경우가 하나의 모델이 될 수 있다. 이제 영국령 아래에 있었던 여러 지역

---

110) 인도의 정규군은 육·해·공군으로 구성된다. R. Thakur, p. 185 참조.

들은 과거의 독립성을 유지하면서 더 이상 낭비적인 분쟁은 벌이지 않게 될 것이다. 인도 쪽에서는 카슈미르, 칼리스탄, 아삼, 나갈란드가, 파키스탄 쪽에서는 신두데시 (Sindhudesh), 발루치스탄(Baluchistan), 파슈투니스탄(Pashtunistan)이, 스리랑카 쪽에서는 타밀 엘람(Tamil Eelam)이 별도로 국가연합의 단위로서 참여하게 될 것이다.

남인도와 유럽은 여러 가지 면에서 유사성을 가진다. 논리적으로 인도 아대륙은 30~50개의 상이한 종교와 언어를 기초로 한 단일국가로 인식될 수 있다. 비록 다양한 종교와 언어로 인하여 적대관계를 이루고는 있지만, 공통의 지리와 역사, 문화들은 이들을 하나로 묶을 가능성을 가지고 있다. '인도전통'이란 공통성을 찾을 때 남아시아의 국가들은 하나로 뭉칠 수 있다.[111]

남아시아의 국가연합적 구성은 1983년 설립된 '남아시아지역협동체'(SAARC; South Asian Association for Regional Cooperation)에 속한 모든 국가들을 구성원으로 삼으면 된다. 이 협동체는 정치적·안보적으로 갈등적인 주제들을 배제시키고, 논란거리가 되지 않는 한에서의 사회적·경제적·문화적 영역의 주제들을 중심으로 협동하고 있다. 그런 면에서 이 조직체는 아직 걸음마 단계에서 서로가 서로를 도와 조직의 붕괴를 막고자 노력하고 있다.

인종과 종교, 각 주의 이해관계 등에서 분출하는 문제점들을 적절한 방식으로 묶어내는 연방제를 실현시키지 못할 때, 인도의 장래는 실로 불투명해질 수밖에 없다. 그렇게 될 때 10억 인구 중 빈곤의 선 아래에 놓여 있는 4분의 3의 인구는 더욱 더 곤경에 처하게 될 것이다. 여기에 인도의 장래는 곧 인류적 차원의 의미를 가지게 된다. 그런 점에서 연방제의 바람직한 성공으로 인도는 물론, 인류의 장래까지도 순탄한 과정으로 발전해 갈 것이 절실히 요구되는 바이다.

---

111) Raju G. C. Thomas, *Democracy, Security, and Development in India*, Macmillan Press, 1996, p. 154.

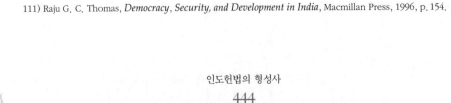

참고문헌

- 강경선, "인도의 국민인권위원회", 『민주법학』 제13호, 1997.
- 백좌흠, 이광수, 김경학 지음, 『내가 알고 싶은 인도』, 한길사, 1997.
- 최대권, 『헌법학 : 법사회학적 접근』, 박영사, 1989.
- A. H. Birch, *Federalism, Finance, and Social Legislation in Canada, Australia, and the United States,* Clarendon Press, 1955.
- A. K. Ghosal, "Federalism in the Indian Constitution", (edited by Verinder Grover, PSCI, Vol. 4, Deep & Deep, 1997.
- Ashok Chanda, *Federalism in India,* George Allen & Unwin, 1965.
- Aswini K. Ray, "Politics in India Since Indipendence", 『인도연구』 제3권, 한국인도학회, 1998.
- A. V. Dicey, *Introduction to the Study of the Law of the Constitution* (10th ed.), Macmillan and Co., 1950.
- Babulal Fadia, *State Politics in India,* Vol. 1, New Delhi, 1984.
- B. G. Verghese, *Democratic Prospects in India*, The Divine Peacock, ICCR, New Delhi, 1995.
- B. Shiva Rao, *The Framing of India's Constitution,* 1968.
- ——, *Framing of India's Constitution,* Vol. 3, Indian Institute of Public Administration.
- C. C. Desai, "Central-State Relations in India", (edited by Verinder Grover), PSCI, Vol. 4, Deep & Deep, 1997.
- C. J. Friedrich, *Trends of Federalism in Theory and Practice,* 1968.
- Francis Robinson, *The Cambridge Encyclopedia of India*, Cambridge University Press, 1989.
- Fred I. Greenstein and W. Polsby, *Governmental Institutions and Processes*, Addison-Wesley, 1975.
- Gunnar Myrdal, *Asian Drama, An Inquiry into the Poverty of Nations,* Twentieth Century Fund, New York, 1968.
- H. M. Rajashekara, "Nehru and Indian Federalism", (edited by Verinder Grover), PSCI, Vol. 4, Deep & Deep, 1997.
- Jawaharlal Nehru, *Letters to Chief Ministers*, Vol. 2, 1986.

- K. C. Wheare, *Federal Government,* Oxford University Press, 1956.
- Madhu Limaye, *Will the Indian State Degenerate into a Coercive One,* Times of India, Bombay and New Delhi, Ocotber 12, 1989.
- Maulana Abul Kalam Azad, *India Wins Freedom,* Orient Longman, 1988.
- Michael Brecher, *Nehru-A Political Biography,* Oxford University Press, 1961.
- M. Venkatarangaiya, "The Impact of Political Parties on Indian Federalism", (edited by Verinder Grover), PSCI, Vol. 4, Deep & Deep, 1997.
- N. S. Gehlot, *Indian Government and Politics,* Rawat Publications, Jaipur and New Delhi, 1996.
- Phul Chand, "Federalism and the Indian Political Parties", (edited by Verinder Grover), PSCI, Vol. 4, Deep & Deep, 1997.
- P. Konanda Rao, "Is India a Federation?", (edited by Verinder Grover), PSCI, Vol. 4, Deep & Deep, 1997.
- Rajni Goyal, "The Governor: Constitutional Posotion and Political Reality", in *The Indian Journal of Political Science,* No. 53-4, 1992. 10-12.
- Raju G. C. Thomas, *Democracy, Security, and Development in India,* Macmillan Press, 1996.
- Ramesh Thakur, *The Government and Politics of India,* Macmillan Press Ltd., 1995.
- Rasheeduddin Khan, "Federalism in India: A Quest For New Identity", in *Rethinking Indian Federalism* (edited by Rasheeduddin Khan), Indian Institute of Advanced Sciences, 1997.
- R. L. Watts, *New Federations: Experiments in the Commonwealth,* Oxford University Press, 1966.
- R. N. Bhargava, *The Theory and Working of Union Finance in India,* 1962. 10.
- Ronald L. Watts, "Contemporary Views on Federalism", in *Evaluating Federal Systems* (edited by Bertus De Villiers), Kluwer Law International. 1994.
- S. C. Kashyap, *Jawaharlal Nehru and the Constitution,* Metropolitan Book Co., 1982.
- S. R. Mehrotra, *The Emergence of the Indian National Congress,* 1971.
- Tapan Kumar Shandilya, *"Centre-State Financial Relations in India",* in *Southern Economist,* 1992. 1. 1.

- Verinder Grover, "The Indian Federalism Examined", (edited by Verinder Grover), PSCI, Vol. 4, Deep & Deep, 1997.
- W. H. Morris-Jones, *The Government and Politics of India,* Hutchinson and Co., 1964.
- William H. Riker, *Federalism*: *Origin, Operation, Significance*, Little, Brown and Company, 1964.
- Yash Ghai, "The Theory of the State in the Third World and The Problematics of Constitutionalism", in *Constitutionalism and Democracy,* Oxford University Press, 1993.
- 岩崎美紀子, "分權と連邦制," 『地方自治』, 제565호, 地方自治制度研究會, 1994년 12월.

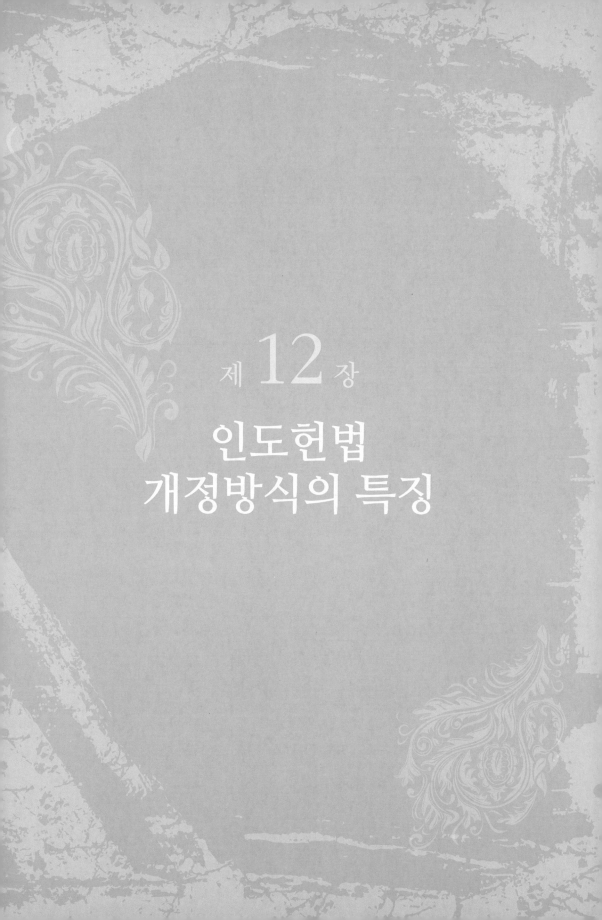

제 12 장

인도헌법
개정방식의 특징

I·N·D·I·A

1
들어가며

세계 최장의 헌법이라고 하는 인도헌법은 모자이크 헌법이다. 이 나라 저 나라의 헌법 내용들을 모방하여 만든 것이라는 의미이다. 이에 대해 인도 헌법 제정자들은 제정당시부터 모방은 흔히 있을 수 있는 것이라면서, 그러나 "우리 헌법은 '아름다운 조각보'(beautiful patchwork)"라고 말하며 자신감을 표현한 바 있다.

1946년부터 시작하여 1949년에 제정 작업을 종결한 뒤, 1950년 1월 26일 정부출범일(Republic Day)부터 발효한 인도헌법은 단절 없이 어느 덧 60년에 육박하는 장기간에 걸쳐 생존력을 과시하고 있다. 인도인들은 스스로를 세계 최대, 최고(最古)의 민주주의국가라고 자평하는 경우가 자주 있다. 물론 이러한 주장에도 불구하고 서방의 많은 정치학자들은 인도를 모범적 민주국가로 꼽고 있지는 않다. 아직도 성공한 나라라고 하기에는 정치적·경제적·사회적으로 저발전·저수준의 구석이 너무 많이 산재하고 있기 때문일 것이다. 그렇지만 제3세계 국가로서 이렇게 장기간 동안 헌법의 중단 없이 선거에 의한 정권교체과정을 보여 준 나라는 인도가 유일한 것은 분명한 사실이다.

이제 조금만 더 나아가 인도가 슈퍼파워국가 대열에 올라 세계의 주목을 받게 된다면, 그동안의 많은 업적들이 높은 평가를 받을 일이 많을 것이라고 본다. 그중의 하나로 헌법의 독특성을 들 수 있다. 비록 외국에서 차용한 헌법이라고는 하지만 인도헌법의 내용과 형식, 운용방법에서의 독특성은 그 어떤 나라에서도 찾아보기 힘든 것들이 너무나 많다.

장기간에 걸친 헌법제정회의 개최와 최장문의 헌법 제정, 사회주의와 세속주의 체제를 선언하고 있는 헌법전문, 기본권 조항과 별도로 규정한 국가정책의 지도원리, 기본권과 대별되는 국민의 기본의무 조항, 의원내각제이면서도 대통령의 실질적 권한이 일정 정도 부여되어 있고, 연방제이면서도 연방정부의 권한이 상대적으로 강화된 협력적 연방주의의 국가이며, 주의 헌법과 대법원이 별도로 없고 연방헌법과 연방대법원만이 존재하는 것, 국민의 참여와 자치이념을 구현하는 판차야트 행정제도와 사법제도, 영국법제도와 문화의 기반 위에 미국식 성문헌법과 대륙법국가의 사법제도를 도입하여 의회주권주의적 경향과 사법심사제가 공존하고, 수많은 중앙정당과 지방정당에 의한 정당정치의 존재, 지정카스트, 지정부족, 여성 등 사회적 낙후·취약계층에 대한 할당제도의 실시 등 인도에만 특유하고, 인도만이 실험과 실천을 계속하고 있는 헌법적 과제와 방식들로 가득 차 있다. 이와 같은 독특한 제도들이 다른 나라들로부터 모범적으로 평가받기 위해서는 이런 복잡 미묘한 문제들이 인도의 헌법적 방식으로 해결되고 정착될 수 있다는 것을 세상에 보여 주어야 한다. 그러기 위해서는 빈곤의 타파, 높은 문맹률의 해소, 카스트제도의 종지, 종교분쟁의 종식과 남아시아지역의 평화정착, 환경·생태계보호에서의 대안제시 등 전 인류에 희망을 주는 굵직굵직한 인도발 뉴스 보도가 절실한 것이다.

이 장에서 다루고자 하는 주제는 인도헌법의 개정이다. 이 헌법적 주제 또한 인도에 특유한 것이다. 다른 곳에서는 유사한 사례를 찾아볼 수 없는 헌법개정의 방식을 살펴봄으로써 때로는 체계내적 모순점을 발견할 수도 있고, 때로는 좋은 교훈과 지혜를 발견할 수 있으리라고 본다.

2
준연성헌법의 국가

헌법은 개정방법을 기준으로 하여 경성헌법과 연성헌법으로 구별된다. 헌법을 일반법률과 비교해서 그 개정방법과 절차가 더 어려운 경우에는 경성헌법(rigid constitution), 같은 경우에는 연성헌법(flexible constitution)이라고 한다. 근대 입헌주의 국가에서는 영국을 제외하고는 모든 나라들이 성문헌법전을 보유하고 있고, 성문헌법 국가는 헌법의 개정을 일반법률의 개폐에 비해 훨씬 어렵게 함으로써 집권자가 집권의 편의를 위하여 헌법을 빈번히 개정하게 되는 폐해를 방지하고, 헌법의 최고법규성, 권위 등을 확보하고자 한다.

• ① 미국의 경우 헌법개정은 연방의회에 의해서만 제안되며, 양원 혹은 양원 전체 의원의 3분의 2의 신청에 의해 소집된 회의의 3분의 2 이상의 찬성을 얻어야만 제안이 가능하다. 제안된 개정안은 전체 주의회의 4분의 3 이상 혹은 전체 주의 4분의 3에 이르는 주민회의로부터 비준을 받아야만 한다. ② 스위스에서는 개헌을 하려면 반드시 국민투표를 거쳐야 한다. ③ 오스트레일리아에서는 개헌을 위해 양원에서 절대다수의 찬성으로 법률이 통과되어야 하고, 만약 어느 한 원이 거부할 경우에는 어느 한 원에서 3개월 후에 다시 절대다수로 통과시켜야만 한다. 그 어느 경우라도 개정법안은 각 주의 주민표결을 거쳐야 한다. 각 주의 다수가 참석하여 다수가 개정을 동의하는 경우, 또한 총투표자의 다수가 승인을 하는 경우, 법안은 군주의 승인을 위하여 총독에게 제출된다. ④ 한국의 경우, 헌법 제128조에서 "헌법개정은 국회재적의원 과반수 또는 대통령의 발의로 제안된다."고 규정하고 있다. 또한 제130조는 1) 국회는 헌법개정안이 공고된 날로부터 60일 이내에 의결하여야 하며, 국회의 의결은 재적의원 3분의 2 이상의 찬성을 얻어야 한다. 2) 헌법개정안은 국회가 의결한 후 30일 이내에 국민투표에 부쳐 국회의원선거권자 과반수의 투표와 투표자 과반수의 찬성을 얻어야 한다."고 규정하고 있다.

그러나 헌법의 규범력이 강하기 위해서는 헌법의 현실적응성과 실효성을 유지해야 할 필요성이 있다. 그렇기 때문에 탄력적인 헌법개정이 필요한 것이 사실이고 이런 요청에 가장 극단적으로 부응하고자 하는 경우가 연성헌법일 것이다. 이렇게 볼 때 인도헌법의 개정은 일반법률의 개정과 같거나 약간 까다롭게 할 정도라는 점에서 연성헌법의 성격이 훨씬 강한 것이 틀림없다.

> • 헌법은 국민들이 원하는 통치형태에 관한 국민의 결단의 표현물이다. 보통은 의회의 법률이 국민의 일반의사로 이해되고 있지만 헌법은 더욱 직접적인 일반의사의 표현물이라고 할 수 있다. 그런데 이 일반의사는 시시각각으로 변화한다. 그래서 역사주의 사상가들은 연성헌법을 선호한다. 에드먼드 버크(Edmund Burke)는 "헌법이란 지속적으로 성장하면서 국민정신을 구현하는 것이다. 과거가 현재를 풍부하게 해 주며, 미래는 현재보다 더욱 풍요로워질 것이다."라고 하면서 헌법의 경직성보다는 연성을 더욱 선호하였다. 헌법의 가변성을 강조하여, 헌법의 변화를 법원의 해석이라는 느린 형태에 맡기는 것보다도 헌법규정 자체 내에 개정절차를 열어 두는 것이 더욱 효과적이라고 본다(Kulshreshtha, 1995, p. 353).

국내외의 어떤 헌법 교과서에서도 인도를 연성헌법국가로 분류한 경우를 찾아볼 수 없다. 하지만 인도는 최소한 준연성헌법국가라고 부를 만한 충분한 이유를 가지고 있다. 인도는 오히려 연성헌법국가를 지향하였고, 그것을 자랑으로 생각한 터였다. 이하에서 제헌회의에서 연성헌법을 주장했던 네루와 암베드카르의 경우를 보고, 당시에 경성헌법을 주장했던 소수 견해를 보도록 하자.

제헌회의를 주도했던 제1의 인물은 네루(J. Nehru)였다. 그는 1946년 12월 13일 제헌회의에서 '목적결의'(Objectives Resolution)를 선포했는데, 이것은 인도헌법의 가이드라인이 되었다. 그렇기 때문에 네루의 헌법관이 인도헌법에 미친 영향은 클 수밖에 없었다. 헌법개정과 관련해서는 네루가 법률가로서 혹은 정치가로서 영국으로부터 받은 영향이 깊게 반영되고 있다. 즉, 네루는 페이비언 사회주의자(Fabian socialist)였다. 페이비언 사회주의는 의회를 통한 점진적 사회주의 실현을 추구하는 그런 주의이다. 그렇기 때문에 네루는 의회를 통한 사회변화를 기대했고, 동시에 이것은 법의 지배원리에 부합되어야 했고, 특히 헌법에 의한 것이어야 한다고 믿었다.

• 네루는 사회개혁과 관련해서 의회를 통해 구상하였고 사법부를 불신하였다(강경
선, 2003, pp.273~274; 네루의 페이비언 사회주의에 대해서는 Austin, 2004, p.42. 참조).

그는 '형이상학적' 헌법이나 '시민종교적' 헌법이 아닌 '정치적 입헌주의'를 추구
하였다(Dhavan & Paul, 1992, pp. 50~53).[1] 네루의 이와 같은 헌법관이 인도헌법의 개
정과정에서 의회에 의한 헌법개정, 사회변화에 따른 손쉬운 수시개헌 등과 같은 내
용으로 나타났다고 추정된다.

연성헌법을 주장한 예의 두 번째 인물로 암베드카르(B. R. Ambedkar)를 들 수 있
다. 그는 제헌의회에서 헌법기초위원장을 맡았기 때문에 인도헌법의 방향에 미친 영
향력이 컸다. 헌법개정과 관련하여 암베드카르는 처음 몇 년 동안 단순 다수결에 의
한 개헌을 열어 두어야 한다고 보았다. 그 이유는 제헌회의가 보통선거에 의해 구성
되지 않았기 때문에 향후에 전 국민의 의사가 반영되는 개헌이 필요하다는 것과 나
아가서 현재 의회에서는 단순다수결로 개정을 하는데, 미래 의회에서 그것보다 더
곤란하게 하는 것은 잘못이라고 피력했다. 인도헌법 개정방식은 미국이나 오스트레
일리아에 비해 훨씬 간단하며, 국민회의소집이나 국민투표와 같은 절차가 없다는 특
색이 있다. 이는 헌법은 국민들의 정치체제 변화에 대한 요구에 응하기 위함이다. 다
만, 일부 조항에 대해서만 양원의 3분의 2 이상의 찬성과 주의회의 비준을 요하고 있
는데, 대중적 지지를 확인하기 위한 최소한의 요건이라고 암베드카르는 말했다(Ahir
1997, pp. 142~147).[2]

그러나 제헌회의 당시에 경성헌법의 필요성에 대한 주장이 전혀 없었던 것은 아니
다. 1947년 3월 17일 라우(B. N. Rau)는 의원들에게 헌법기초절차의 한 과정으로 설
문조사를 실시하였다.

• 라우는 제헌의회 당시 의원은 아니었고 헌법자문관(Constitutional Advisor)으
로서 활동하였다. 변호사, 판사를 역임하고 헌법사학자였던 그는 유럽과 미국의 헌법

---

1) *Constituent Assembly Debates*, Vol. VII, p. 318, 323.
2) *Constituent Assembly Debates*, Vol. VII, pp. 43~44.

판례에 해박해서 제헌의회에 크게 기여하였다(Austin, 2004, p.322. Shiva Rao, 2004, pp. 448~451).

개헌방법과 절차와 관련한 이 설문서에 대해 샤(K. T. Shah) 교수는 유독 경성의 헌법개정방법을 상세한 논거를 제시하면서 주장하였다. 그는 국민투표의 도입까지 역설했다. 물론 샤 교수의 이런 주장은 너무 복잡하고 번거롭다는 이유로 거부되었다.

3

헌법개정의 주요 내용

헌법제정부터 발효 직후에 헌법제정자들이 당면했던 문제는 국가의 통일과 통합, 민주주의, 사회혁명이었다. 이들을 실천함으로써 국민들을 위한 좋은 나라를 만드는 것이 최우선과제였다. 문제는 이들 과제가 서로 길항관계를 띠고 있었다는 것이다. 사회혁명은 민주주의의 희생을 요구했고, 사회변혁 없이는 더 많은 사람들이 평등하게 되는 민주주의가 달성될 수 없었다. 그러나 당장 국가통일과 통합 없이는 사회경제적 개혁이나 민주적 정부의 성립 자체가 불가능하게 보였다. 이런 갈등 속에서 인도헌법의 개정이 시작된 것이다(Austin, 2006, pp. 319~320). 5개년계획의 실시 등으로 인한 산업화와 사회경제적 환경의 급속한 변화는 헌법을 탄력적으로 변화하게끔 만들었다. 봉건시대로부터 산업시대로 탈바꿈하고, 정부가 복지국가를 목표로 선언하면서 국가정책의 지도원리를 실천하고자 할 때 다양한 개혁은 불가피하였던 것이다.[3]

---

3) Kulshreshtha, 1995, p. 353.

인도헌법사에서 개헌내용을 압축해 보면, ① 일부 기본권 특히 소유권의 범위와 한계를 정하는 내용,[4] ② 사회적 소수자 특히 지정카스트에 대한 안전장치, ③ 외국 자산의 연방으로의 편입, ④ 연방제와 관련해서 중앙정부에 더 많은 권한을 부여하는 것, 각 주들 사이에 불평등한 규정을 시정하는 것, 언어를 기초로 한 주의 재획정, 비상조치규정에 따른 안전장치의 강화 등이다.

• 제1차 개헌이 1951년에 있었다. 헌법운용 중 발견된 결함을 치유하기 위한 수정이었다. 헌법 제19조의 언론과 표현의 자유가 너무나 포괄적이어서 살인이나 폭력적 범죄를 옹호하는 사람들조차 저지할 수 없다는 법원이 지적이 있었다. 또한 어떤 직업이나 영업을 수행할 수 있는 국민의 자유를 분류할 필요가 있다고 생각되었다. 또한 많은 주의회가 지주제 폐지법률을 제정했는데, 이에 대해 많은 주에서 이것이 월권이라는 법원의 판결이 내려졌다. 그래서 농촌에서 진보적인 입법이 제동 걸리지 않도록 헌법개정이 필요하다고 보았다. 동시에 낙후계층에 대한 교육, 경제, 사회발전을 위한 특별한 규정의 제정이 필요하다고 느껴졌다.

1950년 1월 26일 헌법발효 이래 인도헌법은 현재까지 98차(2013년)의 개정이 있었다.[5] 그중에서도 제7차, 제42차, 제44차 개정이 광폭의 개정이었고, 특히 제42차, 제43차, 제44차 개헌은 정치적·법적 반향이 컸던 판결들로 특별한 주목을 요한다. 과거의 모든 개정들은 1976년의 제42차 개헌과 동시에 과거 속으로 사라졌다고 할 수 있다. 제42차 개헌은 인도헌법에서 개헌권이 얼마나 중요한가를 보여 주고 있으며, 동시에 집권당이 양원 모두에서 여유 있는 다수를 차지하고 있는 경우, 특별한 형식성을 갖추지 않고도 얼마나 쉽게 헌법의 광범위하고 핵심적인 규정들을 바꿀 수 있는가를 보여 주고 있다.

• 제368조에 따른 개헌절차가 경성이냐 연성이냐를 따지는 문제는 오랫동안 노출되지 않았다. 그것은 국민회의당이 연방의회나 주의회 모두를 석권하여 지배하고 있었

---

4) 소유권을 중심으로 한 인도헌법의 개정에 대한 설명은 백좌흠, 2000. 참조.
5) 잘 정리된 개헌일람표는 Bakshi, P. M, 2008. 참조.

던 데에 기인한다. 이런 특별한 사실로 인해 제368조의 (2)항이 규정하는 이중의 다수결이라는 안전장치를 넘어서 60여 년 동안 98차례의 개헌이 가능했던 것이다.

제42차 개정법은 사실상 헌법의 전면개정(revision)이라 할 만한 것이었다. 그 이유는 이 개정이 전문과 53개의 조문, 부칙 제7조에 달하는 대폭적인 개정이었고, 그 실질적 내용을 볼 때에도 1949년 헌법에 내재했던 중요원칙들을 변용하는 것이었기 때문이다. 보다 구체적인 내용을 소개하면 다음과 같다.

① 일반법령에 대한 사법심사 : 최초로 연방과 주의 법들을 구별하였다. 고등법원은 연방법을 위헌판결할 수 없으며, 대법원도 주의 법을 위헌판결할 수 없다.

② 위에서 본 바와 같이 제368조를 수정하여 개헌법에 대한 사법심사를 배제시켰다.

③ 기본권과의 균형을 위한 기본적 의무를 신설하였다.

④ 제4부 국가정책의 지도원리를 실현하기 위한 법은 기본권침해를 이유로 사법심사의 대상이 되지 아니한다.

1977년 자나타당이 집권했을 때, 문제가 많은 제42차 개정법의 폐지를 계획했다. 순탄치는 않았지만, 제43차 개헌법과 제44차 개헌법의 제정을 통해서 제42차 개헌법의 많은 내용을 폐지하였다. 그 이후에는 1992년의 제73차, 제74차 개헌법이 특기할 만하다. 이것은 판차야트의 설치와 운영, 선거제도에 관한 개헌이었다.

4
인도헌법의 개헌방식

1. 일반법률절차에 의한 개헌(완전한 연성헌법)

이미 본 바와 같이 인도의 헌법개정은 의회의 법률제정절차와 같은 방법으로 한다. 헌법 제107조(법률안의 제출과 의결)에 따르면, 예산법률이나 재정법률안 이외의 일반법률 제정의 발의는 동조 (1)항에 따라 양원 중 어느 한 원에서 발의한 후 양원에서 통과되어야 한다. 통과된 법안은 대통령에게 전달되어 승인을 얻어야 한다. 법률안이 한 원에서 거부되거나 의견이 불일치할 때는 대통령이 양원합동회의를 소집할 수 있다. 제100조는 특별한 규정이 있는 경우를 제외하고, 일반법률안의 심의통과는 출석투표자의 과반수득표에 의해 가능하도록 하고 있다.

의회는 다음과 같은 헌법규정을 단순다수결로써 개정할 수 있다. 이것들은 너무 단순한 것이라 제368조가 예정하는 헌법개정의 범주에 포함되지 않는다. 이에 해당하는 개헌대상은 다음과 같다.

① 제2조, 제3조, 제4조 : 새로운 주의 창설, 주의 경계, 명칭의 새로운 설치나 변경[6]

---

[6] 제3조: 새로운 주의 창설이나 현재 주의 지역, 주경계, 명칭 등의 변경과 관련해서, "의회는 법률에 의해 a) 어떤 주의 일부분을 분리시키거나 혹은 2개 이상 주의 전체 혹은 일부의 연합에 의해서, 혹은 일정지역을 기존 주의 일부로 편입시킴으로써 새로운 주를 창설할 수 있다. b) 주의 면적을 확장할 수 있다. c) 주의 면적을 축소할 수 있다. d) 주의 경계를 변경할 수 있다. e) 주의 명칭을 변경할 수 있다. 이 경우, 두 가지 조건을 충족시켜야 한다. 첫째, 대통령의 추천 없이는 상하원 어떤 한 원도 법안을 제출할 수 없다. 또한 주의 영역, 경계, 명칭에 영향을 주는 법안인 경우에는 대통령은 이에 관해 해당 주의회로 하여금 견해를 표시할 수 있도록 하는 일정기한이 경과해야 한다. 법안의 수정이 있을 때, 이것이 연방의회의 의사절차에 따라 제출되고 승인된 것이며, 원안의 주제에 정면으로 반하지 않고 관계되는 것이라면 주입법부에 새로이 의견조회를 할 필요는

② 제5조부터 제11조 : 인도 국적(의회의 법률에 의해 보충)

③ 제81조 : 선거구

④ 제100조(3) : 의회의 정족수

⑤ 제105조 : 연방의회의원의 특권

⑥ 제106조 : 연방의회의원의 봉급과 수당

⑦ 제118조(2) : 상하 양원에서의 의사절차

⑧ 제120조(2) 헌법시행 15년 이후에는 영어의 공식언어로서의 기능 폐지

⑨ 제124조(2) : 대법원 대법관들의 임용

⑩ 제138조 : 대법원관할의 확대

⑪ 제169조 : 주입법부 제2원(상원)의 창설과 폐지

⑫ 제240조 : 연방직할지역의 행정

⑬ 부칙 제2조 : 대통령, 주지사, 상원의장과 부의장, 하원의장과 부의장, 대법원장과 대법관, 고등법원장과 고등법관, 감사원장 등의 봉급과 수당

⑭ 부칙 제5조, 제6조 : 지정부족과 지정지역에 대한 행정

또한, 일부 헌법조항(제285조, 제300조)은 별도의 의회입법이 없는 한도 내에서 효력을 갖는 것도 있다.

그 밖에 언급할 사항으로 헌법관례(constitutional conventions)가 있다. 헌법관례는 불문헌법의 영역이며 명문의 헌법규정이 개입하지 않는 것이 원칙이다. 영국과 같이 의원내각제를 운영하는 인도에서 내각사퇴와 의회해산에 대한 결정은 명확한 규정보다는 관례에 의존하게 되며, 명예직 국가원수로서의 대통령과 내각의 관계에서도 관례에 의한 규율이 많다. 이렇게 해서 헌법은 상황에 부응한 융통성과 적응력을 가진다. 인도헌법은 미국의 성문헌법의 외형을 갖추었으면서도 동시에 영국적 불문헌

없다. [바불랄 파라테 대 봄베이주(Babulal Parate v. State of Bombay), AIR 1960 SC 51]. 이렇게 해서 연방의회가 헌법 제3조와 관련해서 지금까지 통과시킨 것은 20번이다. 이 법들은 의회법률의 제정절차와 같은 것이다. 예컨대, 2000년도의 「마디아프라데시 재조직에 관한 법률」(Madhya Pradesh Reorganisation Act)에 의해 차티스가르(Chattisgarh)가 설치된 것과 같다. 제4조는 "부칙 제1조, 제4조의 수정과 관련되는 법률은 제368조의 목적에 의한 개정으로 보지 않는다."고 규정하고 있다. 따라서 의회의 단순 다수결로써 족하다.

법의 특색을 아우르고 있는 것이다. 이것은 네루를 비롯한 헌법제정회의 대표자들의 대부분이 영국 자유주의 철학과 사상을 가졌던 데에 기인한다.

2. 헌법 제368조에 의한 개헌(의회의 헌법개정권과 그 절차)

의회의 개헌권을 다룬 규정은 헌법 제368조이다. 구체적인 내용은 다음과 같다.

제1항 : 헌법에 포함된 어떤 규정에 대해서도 의회는 이 조문이 정하는 절차에 따라 증보, 변경, 폐지를 할 수 있다.

제2항 : 개헌발의는 양원 중 어느 한 원이 할 수 있다. 개헌안은 각 원의 전체의원 과반수의 참석과, 투표자의 3분의 2 이상의 찬성을 얻은 경우에 통과된다. 통과된 개헌법안은 대통령에게 전달되어 승인된 후, 헌법으로서의 효력을 가진다. 다만, 다음 사항의 개헌은 대통령에게 승인을 얻기 위해 전달되기 전에 각 주의 의회들이 발효에 대한 결의를 하는 방식으로서 전체 주 과반수의 의회에서 비준을 받아야만 한다.[7]

① 제54조, 제55조 : 대통령선거와 선거방식

② 제73조 : 연방집행권의 범위

③ 제162조 : 주집행권의 범위

④ 제241조 : 연방직할지역의 고등법원

⑤ 제5부의 제4장(대법원 관련조문), 제6부의 제5장(각 주의 고등법원 관련조문), 제11부의 제1장(연방과 주 사이의 입법권 분배)

⑥ 부칙 제7조의 목록(제246조 관련사항임. 목록1은 연방사항, 목록2는 주의 사항, 목록3은 경합사항이다.)[8]

---

7) 단순다수결에 의한 의회의 개헌권 외에 이 경우에도 연방의회의 역할과 비중이 미국헌법에 비해 매우 큰 것을 알 수 있다. 미국헌법의 개정에는 주의 4분의 3의 동의가 필요한 데 반하여 인도는 주의 2분의 1 동의로 충분하다. 여타 헌법조항은 연방의회(Union Parliament)의 특별다수만을 요구한다. 그 경우 각 원의 출석의원 3분의 2 이상의 동의만으로 가능하다.

8) 제249조는 국익의 견지에서 상원은 재석투표자 3분의 2 이상의 의결로써 주의 전속관할사항을 변경할 수 있다. 이 의결의 효력은 1년을 초과할 수 없다. 필요할 때는 의결로써 1년 단위로 계속 연장할 수 있다. 이것은

⑦ 부칙 제4조(연방상원에서의 각 주의 대표자 수)

⑧ 이 조의 규정

　제3항 : 제13조는 이 조문에 의한 헌법개정법에는 적용되지 않는다.[9]

　제4항 : 이 조문에 따른 헌법개정은(제3부의 규정을 포함해서) '1976년의 제42차 개헌법률 제55조의 시행 이전, 이후에 관계없다.' 사법적 판단의 대상이 되지 아니한다.[10]

　제5항 : 일체의 의문을 불식시키기 위해서, 이 조문에 의거한 증보, 변경, 폐지 등 의회의 헌법개정권력은 무제한임을 선언한다.[11]

5

개헌법률의 성격

1. 일반법률과 개헌법률의 차이

연방의회는 입법권을 갖는 입법부이다. 그런데 헌법 제368조는 연방의회에 헌법개정권력을 부여하고 있다. 그래서 같은 의회가 행하는 일반 입법권과 입헌권의 관

　임시(ad hoc) 헌법수정의 예에 속한다.

9) 제13조는 기본권 조항에 위배되거나 침해하는 법률들은 무효라는 내용이다. 제24차 개헌법(1971)에 의해 추가된 내용이다.

10) 제42차 개헌법(1976년 제정, 1977년 1월 3일 발효)에 의해 추가된 사항이다.

11) 위 (4)항과 함께 이 (5)항은 미네르바 직물공장사건(Minerva Mills Case, 1980) 3 SCC 625에 의해 위헌으로 선언되었다.

계가 문제될 수 있다. 개헌법률과 일반법률과의 차이를 정리하면 다음과 같다.

첫째, 헌법 제108조는 법률안과 관련하여 양원 사이에 이견이 존재하는 경우, 양원합동회의의 개최를 통하여 불일치상황을 해결하도록 규정하고 있다. 하지만 일반 입법권은 헌법 제5부 제2장에 근거하는 것이고, 개헌권은 제368조의 (2)에 의거하여 양원의 특별정족수를 요구하는 것이므로 개헌법률과 관련해서는 양원합동회의에 대한 적용이 없게 된다.

둘째, 개헌발의안에 대해서는 대통령의 사전 재가가 필요 없다.

셋째, 헌법 제111조에 따라 양원을 통과한 일반법률안은 대통령에게 전달되는데, 이때 대통령은 이를 보류할(withhold) 수도 있고, 재심의를 요청할 수도 있다. 그러나 개헌법률안에 대해서는 1971년 제24차 개헌에서 제368조 제2항의 수정을 통해 대통령의 보류권을 폐지하고 반드시 승인 '해야만' 한다고 바꾸었다.[12]

넷째, 제368조상의 개헌법률도 헌법 제13조 제3항이 말하는 '법률'에 해당하는가의 여부가 문제되었다. 만약 해당된다면 동조 제2항에 따라 기본권을 배제하거나 제한하는 개헌법률도 무효가 되어야만 했다.[13] 법원은 처음에는 이런 입장을 취했다. 하지만 제24차 개헌에 의해 제4항("이 조문은 제368조에 의한 개헌의 경우에는 적용되지 않는다.")이 추가되어, 일반법률과 개헌법률은 상이한 것으로 정리되었다.

다섯째, 제368조는 개헌에 관한 '완결된 법전'이 아니다. 헌법개정관련 조항들이

---

12) 이것도 영국의회의 입법권과 여왕과의 관계를 그대로 적용한 것이다.

13) 헌법 제13조(기본권에 위배되거나 침해할 때)

  (1) 헌법시행 직전에 인도에서 시행 중인 모든 '법률'은 (기본권에 관한) 제3부의 규정에 위반되는 한 그 위반의 정도에 따라 효력을 상실한다.

  (2) 국가는 이 부의 규정을 배제하거나 제한하는 어떠한 '법률'도 제정해서는 안 되며, 만약 위반할 경우에는 그 위반의 정도에 따라 무효가 된다.

  (3) 이 조문은 원칙적으로 다음과 같이 해석된다.

    a) '법률'이란 Ordinance, order, bye-law, rule, regulation, notification, custom or usage 등 인도지역에서 시행 중인 모든 법령을 포함한다.

    b) '시행 중인 법률'이란 이 헌법 발효 전에 인도영역에서 입법부 혹은 여타의 권한 있는 기관에서 통과 또는 제정되고 이미 폐지되지 않은 법률을 말한다. 이 법령의 전체 또는 일부 혹은 특정지역에서 실효성을 상실한 것을 불문한다.

  (4) 이 조문은 제368조에 의한 헌법개정에는 적용되지 아니한다(제24차 개헌법, 1971).

헌법의 곳곳에 산재해 있으며, 연방정부조차도 때로 어떤 조문을 근거로 헌법을 수정해야 할지를 모르는 경우가 나타난다. 예컨대, 제61차 개정법률은 전체 주의 과반수의 동의를 얻었는데 이것은 헌법상 불필요한 것이었다(Johari, 2004, p. 401).

2. 골라크 나트(Golak Nath) 판결[14]

1950년 이후 기본권 조항의 개정에 관해서는 두 개의 판결[15]을 통해서 아래와 같은 세 가지의 태도를 유지했다(Kashyap, 2007, pp. 321~322).
① 개헌법률은 일반법률과 달라 의회의 일반입법권이 아닌 개헌권력이다. 의회 외에 헌법개정을 위한 별도의 헌법기구는 존재하지 않는다.[16]
② 헌법개정권에서의 한계는 없다. 즉, 헌법에서 개정 불가능한 규정은 존재하지 않는다. 제368조는 의회에 무제한의 개헌권을 부여하고 있다.
③ 헌법 제3부상의 기본권보장 규정들과 의회의 개헌권의 근거조문인 제368조까지도 의회의 결정에 따른다.

이러한 의회만능주의는 영국의 의회주권원리에 입각한 것이라 할 수 있는데, 인도 헌법은 여러 가지 면에서 의회주권원리를 그대로 받아들일 수 없는 그런 헌법의 성격을 가지고 있었다. 그 결과 이후 법원의 헌법해석은 의회의 권력에 대한 한계가 있음을 지적하는 방향으로 제기되었다. 그 주요한 판결의 시작이 골라 나트 판결로부터 시작되었다.

이 판결은 1967년 인디라 간디의 집권에 따라 향후 국민의 자유가 훨씬 제약될 것으로 예상되는 가운데 나온 대법원의 판결이다. 11명의 대법관이 참석한 특별합의체

---

14) 골라크 나트 대 펀자브주(Golak Nath v. State of Punjab), AIR 1967 SC 1643.
15) 두 개의 판결이란 샹카리 프라사드 대 인도연방정부(Shankari Prasad vs. Union of India), AIR 1951 SC 458; 사잔 싱 대 라자스탄주(Sajjan Singh vs. State of Rajasthan), AIR 1951 SC 845를 말한다.
16) 한참 뒤인 1981년에 와서 대법원은 제368조에 따른 개헌권은 부칙 제7조에 따라 배분되는 입법권과는 독립된 입헌권이라고 확인한 바 있다. 사상카 대 인도연방정부(Sasanka v. Union of India), AIR 1981 SC 522.

에서 6명의 찬성을 얻어 종전 판례를 변경하였다. 다수의 의견은 다음과 같다. 첫째, 기본권은 헌법 제368조의 개정절차에 의해 축소 또는 삭제되어서는 안 된다. 둘째, 개헌법률은 제13조 제2항의 '법률'에 해당되며, 따라서 헌법 제3부의 기본권들을 축소 혹은 배제하는 경우에 그것은 무효가 된다. 만약 기본권이 개정되어야 한다면, 새로운 헌법제정회의의 소집을 통하여 새롭게 헌법을 제정하든가 전면적 개정을 행해야 할 것이라고 보았다. 셋째, 의회의 개헌권은 헌법 제245조, 제246조, 제248조에서 도출되는 것이며 제368조는 단지 개헌절차만을 규정한 것이다.

이에 대해 5인의 소수의견은 제368조가 모든 헌법내용에 대한 개헌권을 부여하는 것이라고 보았다. 특히 라마스와미(J. Ramaswamy) 대법관은 개헌권을 주권의 속성으로 파악하고자 했다(Kashyap, 2007, p. 322; Bhandari, 1993, pp. 44~45).

네루와 샤스트리 총리에게는 무제한의 기본권 수정권을 부여했던 대법원이 인디라 간디 총리에게는 기본권 수정권한을 부인한 것이다. 대법원은 이 판결에서 인디라 간디 정부가 시도한 14개 은행의 국유화 허가법을 차별적이고 실질적이 아닌 가공의 보상을 부여한다는 이유로 무효화했다. 이 판결은 소유권을 사회개혁에서의 극복불가능한 장애로 만들었다. 이에 인디라 간디 총리는 인도사상 최초로 조기에 하원을 해산하고 총선을 실시했다. 인디라 간디 총리는 빈곤철폐와 이를 위한 헌법수정권한을 국민으로부터 위임받고자 했다. 1971년 간디 총리가 압도적 다수로 재집권하자 그녀는 골라크 나트 판결과 쿠퍼 판결을 각각 무효화하기 위해서 헌법 제24차 및 제25차 개헌법률을 제정하게 되었다(백좌흠, 2000).

제24차 개헌 내용은 다음과 같다.

첫째, 제368조 제호를 '헌법개정권과 그 절차'로 새로 부여했다.

둘째, 제1항을 다음과 같이 수정신설했다. "이 헌법의 어떤 규정에도 불구하고 의회는 헌법상의 모든 내용에 대해 증보, 변경 또는 폐지의 방법으로 헌법개헌권을 행사할 수 있다."

셋째, 개헌발의안은 대통령의 승인이나 재심요청의 대상이 되지 아니한다. 제2항의 신설로써 개정안이 대통령에게 제출되었을 때 대통령은 반드시 승인하도록 했다.

넷째, 그리고 이 문제와 관련한 헌법적 혼란과 논쟁을 종결시키기 위해 제13조와

제368조를 다음과 같이 수정했다. 제13조 제4항 "이 조문은 제368조에 의한 헌법개정에 대해서는 적용하지 않는다.", 제368조 제3항은 "제13조는 이 조문에 근거한 개헌에 대해서는 적용하지 아니한다."라고 각각 수정한 것이다.

3. 케사바난드(Kesavanand) 판결[17]

이상과 같이 골락 나트 판결 이후 제24차 개헌에서 헌법 제368조를 수정하여 연방의회는 제3부(기본권 조항)를 포함해 어떤 헌법규정도 수정할 수 있도록 하였다. 그 결과 제368조에 의한 개헌법률은 제13조상의 '법률'이 아니며, 그것이 기본권을 제거하거나 왜곡했다는 이유로 그 효력이 의문시될 수 없다고 보았다(제368조 제3항).

이 같은 특별한 개헌 이후에도 대법원에서의 논란은 그치지 않았다. 이제 제24차 개헌법률 자체의 효력이 심사대상이 되었다. 케사바난드 판결이 바로 그 예라 할 수 있다. 이 사건은 13명의 대법관합의체에서 심사되었다. 10명의 다수의견은 제24차 개헌법률의 합헌성을 지지하면서 골락 나트 결정을 번복했다.

즉, 개헌법률은 제13조상의 '법률'이 아니라는 것이었다. 다수의견은 제13조 제4항과 제24차 개헌법률에 의해 삽입된 제368조 제3항의 효력을 인정하였다. 이것은 기본권과 일반법률이 상충될 때에 기본권의 우위를 인정하지만, 의회의 개헌권은 어떤 기본권 조항도 개정할 수 있다고 본 것이다. 이제 인도에서는 기본권도 제368조에 의한 개헌의 대상이 되었고, 개헌권에 의한 기본권 제한과 침해가 가능하게 된 것이다.

> • 이 입장을 지지하는 판례가 몇 차례 더 있었다. 인디라 대 라즈나린(Indira v. Rajnarin), AIR 1975 SC 2299; 미네르바 직물공장 대 인도연방정부(Minerva Textile Mills v. Union of India), AIR 1980 SC 1789; 와만 대 인도연방정부(Waman v. Union of India), AIR 1981 SC 271; 빔 대 인도연방정부(Bhim v. Union of India), AIR 1981 SC 234.

---

17) 케사바난드 바라티 대 케랄라주(Kesavanand Bharati v. State of Kerala), AIR 1973 SC 1461(FB).

그런데 제368조상의 개헌권이 절대적이며 무제한적이냐는 질문에 대해서 7명의 다수 대법관은 그렇다고 인정하면서도 개헌권은 개헌에 함의된 내재적 한계의 적용을 받아야 한다고 보았다. 7 대 6의 다수결로 대법원은 "제368조는 의회가 헌법의 '기본구조(basic structure)' 또는 헌법의 틀을 변경할 권한까지 부여한 것은 아니다." 라고 보았다. '기본구조'가 무엇이냐에 대해서 다수의 대법관들은 명확히 답을 하지 않았고 향후의 과제로 열어 놓았다(Kashyap, 2007, p. 322; Bhandari, 1993, pp. 46~47).

4. 미네르바 직물공장(Minerva Mills) 판결

인디라 간디 정부는 케사바난드 판결이 제헌권력체로서의 의회주권을 구속시키고자 하는 취지로 보고 이를 제거하고자 나섰다. 1976년 제42차 개헌법률에 의하여 제368조에 제4항, 제5항이 추가되었다. 제4항은 개헌법률의 효력에 대해서는 "어떤 법원도 여하한 이유에 의해서도 심사할 수 없다."고 확실히 못 박는 규정이었고, 제5항은 "의회의 개헌권에 대한 어떠한 제한도 있을 수 없다."고 선언한 규정이었다.

개헌법률에 대한 사법심사를 배제시키기 위한 이와 같은 시도는 대법원의 미네르바 직물공장 판결에서 무효로 선언되었다. 판결의 논지는 사법심사권은 개헌에 의해서도 배척될 수 없는 '핵심사항'(basic features)이라는 것이었다.

 • 미네르바 직물공장 대 인도연방정부(Minerva Textile Mills v. Union of India), AIR 1980 SC 1789. 1976년 제42차 개헌에 의해 제368조의 (4), (5)항으로 삽입된 이 규정들은 대법원의 헌법부에 의해서 무효로 선언된다. 이 규정들은 의회의 개헌권에서의 일체의 제약을 배제했는데, 이것은 헌법의 핵심사항이나 기본구조를 파괴하는 것이라 하였다. 판결문의 일부를 보면 "헌법은 의회에게 제한된 개헌권력만을 부여했는데, 의회는 그 권한을 절대권력으로 확장시켜 놓았다. 제한된 권력은 곧 헌법의 기본구조에 해당한다. 그래서 의회가 제368조에서 그 자신의 권력을 헌법을 폐기 또는 훼손하는 데까지 나아간다거나 혹은 기본적인 본질적 사항들을 파괴할 수는 없는 것이다."라고 하였다.

그 결과 지금까지도 케사바난드의 결정은 판례로서의 기능을 하고 있다. 대법원의 입장을 종합하면 다음과 같이 해석된다.

① 제368조에 합치되는 개헌을 통해서라면 헌법의 어떤 규정도 개정할 수 있다.

② 국민투표나 헌법제정회의를 통한 헌법개정은 없다.

③ 그러나 개헌을 통해 헌법의 핵심사항을 제거하거나 파괴할 수는 없다.

이와 같이 제368조의 명백한 규정이 없는 가운데, 핵심사항설에 입각한 의회의 개헌권력에 대한 실질적 제한이 인도헌법에 도입된 것이다. 이것은 전적으로 사법부의 적극성에 의한 것이다.

6

헌법의 핵심사항(기본 구조)

골락 나트 판결은 개헌권도 기본권을 침범할 수 없다는 것이 요지였다. 하지만 이때부터 기본권 외에도 제368조상의 개헌대상이 되지 않는 것은 또 없는가에 관한 의문이 생기기 시작했다. 케사바난드 판결에서 대법관의 다수인 10명이 골락 나트의 결정을 번복하였지만, 7인은 골락 나트 사건에서 다수의견이 주장했던 또 다른 명제에 대해서는 동의를 하였다. 그 내용은 다음과 같다.

① 헌법에는 핵심사항이 존재하는데, 이들은 개헌에 의해서도 결코 변경될 수 없는 것이다. 개헌법률이 헌법의 기본구조를 변경하고자 한다면, 법원은 그 행위를 월권을 이유로 무효화시킬 수 있는 것이다. 왜냐하면 제368조의 '개정'은

헌법구조의 변경, 즉 새로운 헌법제정까지 나아갈 수는 없는 것이다.

② 이들 핵심사항은 예컨대, 주권, 인도영역의 완전성, 연방제도, 사법심사제, 의회제도 등을 포함한다.

③ 사법심사제가 헌법의 핵심사항이라는 이론에 입각하면서, 케사바난드 판결에 참여한 법관의 다수는 1971년 제25차 개헌법률의 제2부는 제31C조와 관련해 볼 때 무효라고 주장하였다.

비록 헌법은 헌법개정의 한계에 대해 명문의 규정은 두지 않았지만, 대법원은 1973년 케사바난다 바라티 사건과 1992년 키호토 홀로한 사건[18]을 통해서 헌법의 기본구조는 개정할 수 없다고 판결하였다.[19] 기본구조론으로 인해 의회주권원리나 권력(엄격)분립론을 대신해 사법부 우월론이 들어서게 되었다(Mehta, 2006, p. 180). 이런 연장선에서 국가정책의 지도원리도 기본권과 마찬가지로 기본구조에 포함된다고 보았다. 이것은 명백히 헌법제정자들의 의도와는 다른 해석이었다. 헌법제정자들은 기본권은 법적 소송이 가능한 것이지만, 국가정책 지도원리는 그렇지 않다고 보았고, 그렇기 때문에 별도로 판별하였던 것이다. 그 결과 기본구조론에 대한 찬반양론 간에 치열한 논쟁이 벌어졌다. 각자의 주관적 견해에 따라 헌법해석에 의한 헌법변형이 어떻게 정당화될 수 있느냐 하는 것이 문제가 되었다. 반대자들은 민주적 주권에 대한 사법부 찬탈이며, 단순한 정책지침을 기본권과 동렬로 둔 것은 잘못이라고 비판하였다. 한편, 찬성론자들은 이것은 의회의 다수가 민주적 자유를 위협하는 것을 막고, 국가가 자신에게 주어진 지도원리 실천에 대한 최대의 노력을 통하여 사회의 취약계층 국민들을 돕는 것이 필요하다고 주장하였다.

대법원 안꽈으로 의견이 분분하게 갈렸다. 대법원이 헌법의 기본구조가 무엇이냐

---

18) 키호토 홀로한 대 자칠루(Kihoto Hollohan v. Zachillhu), 1992 Supp (2) SCC 651; AIR 1993 SC 412. 판결은 헌법부칙 제10조의 7호("이 헌법의 규정에도 불구하고 법원은 이 부칙이 정하는 의원의 자격상실과 관련한 재판권을 가지지 못한다.") 규정을 무효로 선언한 것이다. 그 이유는 이것이 제368조(2) 규정의 소정절차를 따르지 않고 대법원, 고등법원의 권한을 수정하는 결과를 가져왔다고 보았기 때문이다.

19) 이 두 개의 판결이 있던 1973년부터 1992년까지 대법원은 약 30개 기본구조의 핵심적 내용들을 제시하게 되었다. Bhandari, M. K. 1993, preface.

에 대한 구체적인 내용설명을 거부하였기 때문에 혼란이 가중되었다. 많은 헌법전문가들도 이 주제에 관한 견해가 뚜렷하지 않고, 수시로 의견이 바뀌는 모습이 나타났다. 어떤 이는 이렇게 애매한 점이 있기 때문에 장점보다도 단점이 더 큰 것이 아니냐 하는 의구심을 표명했다.

대법원이 해석을 통하여 혁신적으로 확보한 헌법의 기본구조에 대해 구체적 내용을 정리한 바는 없다. 그러나 여러 판결례를 통하여 볼 때 다음과 같은 것들이 목록으로 포함될 수 있다.

우선 케사바난다 바라티 사건에서 시크리(Sikri) 대법관은 ① 헌법의 우위, ② 공화주의와 민주주의적 통치, ③ 헌법의 세속성, ④ 권력분립, ⑤ 연방주의를 들었다. 같은 판결에서 헤그데(Hegde) 대법관과 무케르지(Mukherjee) 대법관은 인도의 주권과 통일, 민주적 정치체, 개인의 자유를 열거하였다. 또한 그들은 의회가 복지국가와 평등사회를 부인할 권한이 없다고 확신하였다. 칸나(Khanna) 대법관은 의회가 민주정부를 독재정부, 세습군주국으로 바꾸거나 로크 사바(하원)이 라즈야 사바(상원)을 폐지하고 국가의 세속성을 폐기하는 데까지 나아갈 수는 없다고 하였다.

인디라 네루 간디 대 라지 나라인(Indira Nehru Gandhi v. Raj Narain)(AIR 1975 SC 2299) 사건에서 찬드란후드(Chandranhud) 대법관은 인도가 주권적 민주주의 공화국이라는 것, 평등한 지위와 기회, 세속주의와 양심의 자유, 법의 지배 등을 예로 들었다. 이 결정에서 베그(Beg) 대법관은 헌법개정의 한계의 척도는 바로 헌법전문에 있다고 보았다(Kashyap, 2007, p. 326). 미네르바 직물공장 사건에서는 의회의 개헌권, 사법심사, 기본권과 지도원리 간의 균형을 예로 들었다. 나르심하 라오 대 주(Narsimha Rao v. State)(AIR 1998 SC 2120) 사건에서 아가르왈(Agarwal) 대법관은 의회 민주주의를 포함시켰다. 키호토 홀로한 대 자칠루 사건에서는 자유롭고 공정한 선거, 주권적, 민주주의 공화체제가 언급되었다.

• 종합하면 다음과 같다. ① 헌법의 우위, ② 법의 지배, ③ 권력분립원리, ④ 헌법 전문에 선언된 목적, ⑤ 사법심사(제32조, 제226조), ⑥ 연방주의, ⑦ 세속주의, ⑧ 주권 적, 민주적, 공화적 구조, ⑨ 개인의 자유와 존엄, ⑩ 국가의 통일과 통합, ⑪ 평등원칙,

개별적 평등을 넘어선 평등적 정의의 본질, ⑫ 제3부에 규정된 기본권의 본질, ⑬ 사회경제적 정의의 개념, 복지국가의 건설, 제4부 전체, ⑭ 기본권과 지도원리의 조화, ⑮ 의원내각제, ⑯ 자유롭고 공평한 선거원리, ⑰ 제368조가 부여한 개헌권력에 대한 제한, ⑱ 사법부의 독립, ⑲ 재판에의 효과적인 접근권, ⑳ 제32조, 제136조, 제141조, 제142조상의 대법원의 권한.

인도의 헌법은 독일헌법이나 네팔헌법과 달리 헌법개정의 한계나 헌법의 기본구조에 대한 구체적 규정이 없다. 그 점에서는 대한민국의 헌법과 같다.

> • 여러 국가의 헌법개정한계에 관한 소개는 Bhandari, 1993, pp. 110~143. 1993년의 독일연방공화국헌법 제79조 제3항은 연방분할과 기본권 조항에 대한 헌법개정은 불가하다는 것을 규정하고 있다. 한국헌법은 명시적인 개헌한계 조항은 없고, 다만 학설로 헌법개정의 한계를 인정하고 있다. 그런 점에서 헌법의 규정 여부와 관계없이 헌법개정은 실질적 한계가 있다는 것이 오늘날 헌법의 추세라 할 수 있다(헤세, 2001, pp. 416~420). 1990년의 네팔헌법은 헌법개정이나 폐지는 헌법전문의 정신을 훼손하지 않는 범위에서 이루어져야 하며, 동시에 이것을 규정한 제116조 자체를 개정할 수 없다는 것을 조건으로 하고 있다(Dahal, 2001, p. 517).

헌법제정자들은 헌법상 바꾸지 못할 것은 아무것도 없다는 입장이었다. 네루의 표현을 봐도 국가의 성장, 살아 있는 생동감 넘치는 유기적인 국민의 성장을 영원히 막는 경직된 헌법형태를 원하지 않았다는 것을 분명히 했다(Dhavan & Paul, 1992, p. 51). 그런 점에서 보면 대법원의 이런 해석은 일체의 헌법개정에 관한 거부권을 스스로 확보한 셈이다. 그리고 의회의 개헌권을 일부 박탈하고 대법원 스스로가 차지해 버린 것이다.

7

평가

인도헌법은 세계 여러 나라의 헌법을 모델로 하고 있어서 다양한 헌법가치와 헌법원리, 정부형태가 혼합된 것이 특징이다. 예컨대, 사회주의는 제헌 당시에는 헌법의 규정에 없었다. 하지만 네루와 인디라 간디 총리 당시는 인도방식의 사회주의 노선이 견지되었다. 실제로 사회주의는 1976년 제42차 개헌 때 헌법전문으로 삽입되었다. 그러나 영국의 식민지배 시절 이후 인도사회 그 자체는 자본주의경제로 일관되어 왔다. 그러다 보니 소유권보장과 관련해서 대법원은 철저한 소유권보장을 견지했고, 네루와 인디라 총리는 수시로 사회주의적 정책을 도입하면서 토지소유권을 부정하는 정책을 도입코자 하면서 대법원과 마찰을 빚은 것이라 할 수 있다. 현재 인도의 현실을 보면 오히려 헌법전문에 나타난 '인도는 사회주의국가'라는 규정이 사문화된 것으로 평가할 수 있다.

• 특히 1991년 시장경제에 입각한 경제정책이 채택되었고, 이와 함께 탈규제와 경제자유화가 시행되었고, 인도는 세계무역기구(WTO)의 회원국이 되었다(Singh, M. P. 1998, p. 14).

다른 한편 인도의 법문화가 영국의 보통법, 의회주권적, 불문헌법적인 것에 기초를 두면서도 또 다른 미국식 성문헌법국가, 대륙법 유럽국가의 법이론과 법제도를 도입하고 있기 때문에 헌법과 법률 운용상에서 대단히 복잡한 행태를 보이고 있는 측면도 있다.

이상에서 살펴본 인도 헌법개정의 흐름을 살펴볼 때, 의회와 대법원 간의 대립이 큰 것은 사실이지만, 변증법적 변화과정을 거쳐 올바른 개헌방법을 찾아가고 있다는 느낌을 받는다. 즉, 인도헌법상 기본권편은 자유권을 표상하고, 국가정책지도원리는 사회권을 표상한다고 볼 수 있는데, 토지개혁이나 사회개혁을 통한 사회소외계층을 위한 정책수행을 위해서는 자유권적 기본권 특히 소유권의 제한이 불가피한 동시에 국가정책 지도원리를 강화시키는 것이 불가피했다.

    ● 헌법상의 기본권 조항 중 주요한 것은 다음과 같다. 즉, 법 앞의 평등(제14조); 인종, 종교, 카스트, 성별, 출생지 등에 의한 차별금지(제15조); 고용기회의 평등(제16조); 불가촉천민(Untouchability)제도의 폐지(제17조); 작위의 수여 금지(제18조); 언론·출판·집회·결사·운동의 자유(제19조 제1항, 제2항, 제3항), 거주와 주거의 자유(제19조 제4항, 제5항), 직업 및 영업의 자유(제19조 제7항); 소급형벌법의 금지(제20조 제1항), 이중위험의 금지(제20조 제2항), 진술거부권(제20조 제3항); 생명과 신체의 자유(제21조); 체포사유를 알 권리(제22조 제1항 전단), 변호인의 조력과 방어를 받을 권리(제22조 제1항 후단), 체포의 경우 24시간 내에 법원의 판단을 받을 권리(제22조 제2항); 인신매매(제23조 제1항), 강제노동(제23조 제2항), 위험한 작업에 아동 고용 금지(제24조); 종교의 자유(제25조~제28조); 소수자가 자신의 언어, 문자, 또는 문화를 유지할 권리(제29조), 그리고 자신들의 선택에 의해 교육기관을 설립하고 관리할 권리(제30조); 기본권 보장을 위해 대법원에 접근할 권리(제30조) 등이다. 그런데 대법원은 1950년의 판결에서의 기본권에 대한 조심스런 접근을 시작으로 어느 한 기본권으로부터, 혹은 헌법의 다른 영역에서, 혹은 인권에 관한 국제적 발전으로부터 또 다른 기본권을 끌어냄으로써 자신들의 영역을 서서히 넓혀 왔다. 그리하여 법원은 기존의 기본권으로부터 많은 새로운 권리를 창조해 왔다(Kashyap, 2007, pp. 91~92).

    ● 헌법은 네루의 '목적결의'가 포함시키지 않았던 모든 국민들의 평등, 특히 남녀평등에 관련된 내용들을 헌법 제4부의 제36조부터 제51조까지 16개 조항에 걸쳐 "국가정책의 지도원리"라는 제목 아래 규정하였다. 제39조에서는 ① 남녀에 대한 동등한 생활수단의 보장, ② 공공복지적 관점에 적합한 사회자원의 소유와 지배의 적정배분, ③ 공공에 유해할 정도의 경제적 조직과 운영의 공공복리성과 부와 생산수단의 집중 방지, ④ 남녀에 대한 임금차별 금지, ⑤ 남녀노동자의 건강 및 체력 보장, ⑥ 아동에 대한 혹사 금지, ⑦ 연령과 건강에 적정하지 않은 직업의 강요 금지, ⑧ 아동과 청소년에 대한

착취와 정신적 물질적 유기로부터의 보호가 규정되어 있다. 이 외의 주요 내용으로 판차야트의 조직(제40조), 노동권 및 교육권의 보장, 실업과 노령·질병·장애·빈곤에 대한 공공부조(제41조), 공정한 근로조건과 산모의 휴가보장(제42조), 농공산업에 종사하는 근로자에 대한 생활급여와 여가 및 문화생활조건의 확보(제43조), 통일민법전의 제정(제44조), 헌법 제정 10년 이내에 만14세까지의 학령아동에 대한 무상의무교육 실시(제45조), 지정카스트, 지정부족 등 사회적 약자에 대한 교육과 경제적 기회증대(제46조), 영양과 생활수준, 국민보건의 향상(제47조), 영농과 축산업의 조직화(제48조), 환경과 수목, 야생동물들의 보호(제48조 A), 문화재와 국가적 기념물의 보존(제49조), 사법부의 집행부로부터의 독립(제50조), 기타 국제평화와 국제법규의 존중(제51조)들이 있다.

한마디로 복지국가를 위한 프로그램적 성격으로 여겨지는 국가정책의 지도원리는 사법적 구제나 강제집행의 대상은 아니다. 그럼에도 불구하고 이것은 국가통치에 있어 기본적이며, 국가는 입법에 있어 이를 적용할 의무를 가지는 것으로 대단히 중요한 의의를 가진다(Kashyap, 2007, pp. 144~153).

사회개혁은 의회가 주도했고 기본권보장과 헌법수호의 논리로 무장한 법원과 충돌을 빚기 시작한 것이다. 이런 상황에서 대법원은 개헌법이라도 기본권 제한은 불가능하다는 논지를 펴고, 이에 맞서 의회는 자유권으로서의 기본권보장보다도 사회권으로서의 지도원리를 보장하는 개헌이 필요하다는 점을 강조하면서 개헌법을 통해 헌법을 수정하고 법원의 심사권을 저지하는 방식을 취했다고 볼 수 있다. 최종적으로 대법원은 의회의 이런 입장에 동조하면서도, 다만 개헌입법에 의해서 기본권 제한은 가능하다고 하더라도 헌법의 '핵심사항' 혹은 '기본구조'를 침해하는 것은 불가함을 선언함으로써 의회의 무제한적 개헌권을 저지한 것이라 할 수 있다.

• 헌법이 발효된 직후부터 대법원은 국가정책의 지도원리와 기본권이 충돌하는 경우에 전자는 후자에 구속된다는 견해를 가져왔다. 이러한 법원의 판결은 기득권층의 이익을 보호하기 위한 측면에서 많이 내려졌다. 그렇기 때문에 의회는 사회적 하층민을 위한 보호를 헌법에 규정한 1951년의 제1차 헌법개정을 가져오게 되었다. 몇 년 후에 법원은 자신의 입장을 바꾸고 양자가 충돌하는 경우 조화와 타협을 이루어야 한다고 하였다. 국가정책의 지도원리와 기본권은 모두 헌법의 '양심'에 해당하는 것으로 어느 하나를 우위에 두고자 할 때 헌법의 파괴를 초래할 위험이 있다. 따라서 기본권의 해석과

구성을 위해서 국가정책의 지도원리를 활용할 수 있어야 한다. 이것은 구체적으로 헌법 개정작업으로 나타날 것이다(Singh, 2003, pp. 298~302).

이 대목에서 우리는 인도헌법의 특징 하나를 다시 한 번 언급하지 않을 수 없다. 인도헌법에서 주목할 만한 일은 영국과 미국의 대표적인 제도를 혼합하고 있다는 점이다. 민주주의 전통에서 가장 굳건하게 자리 잡고 있는 영국의 의회주권원리와 새로운 근대국가 미국이 창안한 사법심사제를 인도헌법은 동시에 포함하고 있다.

> • 다이시(Dicey)의 의회주권(Parliamentary Sovereignty)의 내용은 다음과 같다. ① 의회는 어떤 법률도 제정할 수 있다. ② 의회는 어떤 법률도 폐지할 수 있다. ③ 영국법 상 어떤 기관도 의회가 제정한 법률을 폐지하거나 무효로 선언할 수 있는 기관은 없다. ④ 영국에서는 헌법과 법률을 구별하지 않는다. ⑤ 의회주권은 군주의 모든 영역까지 확장된다(Bhandari, 1993, p. 118). 이 원칙에 따르면 의회의 법률제정은 곧 헌법제정과 다르지 않으며, 법원은 의회법률을 위헌이라 선언할 수 없다. 의회가 종전의 법률을 개정하면 그것으로 헌법은 바뀌는 것이다. 의회법률은 월권(ultra vires)이 되는 법이 없다. 법원은 의회법률을 충실히 적용할 뿐이며, 의회가 법률을 폐지하지 않는 한 어쩔 수 없다. 미국에서의 사법심사제는 영국에서 기원한 것이 아니다(Dicey, 2003, Introduction).

이러한 발상의 시작은 네루의 '성문헌법과 의회주권의 화해'(Reconciliation of a written Constitution with Parliamentary Sovereignty)에 두고 있다고 한다.[20] 법률보다 상위법인 성문헌법이 존재하므로 의회주권이 약화될 수밖에 없고 위헌법률심사제의 존치가 불가피하였다. 하지만 네루 등은 의회를 통한 사회개혁을 원하였으므로 영국식 의회주권원리를 도입하여 입법권에 의한 개헌을 용인한 것이다.[21] 그런데 이것은 법원과의 충돌과 갈등을 가져오게 되었다. 이렇게 해서 인도헌법에서도 오늘날 헌법이론에서 가장 난해한 문제 중의 하나인 민주주의와 입헌주의의 갈등이라는 주제에 봉착한 것이다.

---

20) Basu, 2007, p. 154.
21) 이에 대해서는 각주 4) 참조.

• 예컨대, 로버트 달 지음, 박상훈, 박수형 옮김, 2004. 곳곳에서 저자는 미국헌법에서 사법심사제는 플라톤적 의미의 엘리트주의, 즉 후견주의(guardianship)라고 표현할 수 있는 일체의 전문가주의, 기술관료적 경영주의로 본다. 그 대신 전통적인 의회는 국민의 선거에 의해 선출된 대표자로 구성되고, 이를 통해 제정되는 입법과 의결에 의한 정치가 민주정치라고 본다. 그렇기 때문에 의회와 대법원은 각각 민주주의와 입헌주의를 상징하는 기관이며, 양자는 상호 대립하게 된다는 것이다. 물론 오늘날의 현실은 사법부가 우월한 엘리트주의가 지배적이기 때문에 민주주의가 위협받는다고 저자는 우려를 표명하고 있다. 또한 Mehta, 2006, pp. 179~186 참조.

의회로 대표되는 민주주의와 사법부로 대표되는 입헌주의는 상호 긴장관계로 나타난다. 입헌주의는 민주주의로 야기될 수 있는 위험에 대해 견제장치로 작용하며, 민주주의자들은 헌법을 민의에 대한 제약으로 생각할 수 있다. 이 문제에 대해서 인도는 헌법상 의회에 개헌권을 부여하고 있는 정도로 의회 권한을 훨씬 더 많이 인정한 것으로 해석된다. 그러나 인도의 대법원은 많은 사법적극주의적 판결을 통해 자신의 권한을 확보해 가면서 의회와의 관계를 대등하게 가져가고 있다는 점에서 향후에 대한 전망을 할 수 없는 상황에 있다.

8

헌법개정사를 통해서 본
인도헌법의 향후 과제

인도헌법의 개정사에서 발견되는 가장 큰 문제점은 개헌이 너무 잦다는 점이다. 개정빈도수가 세계 제1위라고 한다(Kashyap, 2007, p.329). 열려진 헌법, 융통성 있는 헌법이라고 하기에 앞서, 과다한 개정은 헌법에 대한 이해를 산만함과 혼미에 빠뜨리고 있다. 동시에 이념성, 역사성, 단순성과 같은 헌법의 특징이 실종되고 복잡다단한 착종의 헌법만 남았다는 문제점을 보여 주고 있다. 또한 다수당 집권자의 횡포나 일방통행에 의한 개헌이 용이하게 행해질 수 있으므로, 헌법의 권위나 최고법규성이 쉽게 훼손당할 위험에 노출되어 있다.

• 예컨대, 제334조(연방하원과 주의회에서의 지정카스트와 지정부족에 대한 의석배분)과 관련하여 본다면, a) 연방하원과 주의회에서 지정카스트와 지정부족에 대한 의석배정에 대한 헌법규정과 b) 연방하원과 주의회에서의 앵글로인디언 공동체의 대표성과 관련된 헌법규정은 헌법발효 후 '60년' 이후에는 실효한다. 현재의 60년 규정은 1999년 79차 개헌법률에 의해 종전의 50년을 수정한 것이다(2000년 1월 25일 발효). 처음에 이 규정은 '10년'으로 되었던 것을 1959년의 제8차 개헌법률에서 '20년'으로 수정하고, 1969년 제12차 개헌법률에서는 다시 '30년'으로, 1980년 제45차 개헌법률에서는 '40년'으로, 1989년 제62차 개헌법률에서는 이를 '50년'으로 수정한 것이었다. 제79차 개헌법률(2000년)에서는 다시 '60년'으로 연장했고, 제95차 개헌법률(2010년)에서는 '70년'으로 연장하였다.

그리고 연방주의국가에서는 연방의회의 다수당이 획책할 수 있는 헌법개정에 의한 연방의 해체작업을 예방하기 위해서 보다 까다로운 절차를 두는 것이 일반적이다. 하지만 인도에서는 상당수의 헌법규정을 연방의회의 단순 다수결에 의한 개헌에 맡기고, 국민의 보통선거로 구성된 의회의 지위를 중시함으로써, 의회가 헌법상황 변화에 손쉽게 대처할 수 있게끔 하였다. 이것은 공화국 출범 당시에는 사실상 유일 정당이었던 국민회의를 중심으로 의회를 통한 연방정부 강화를 의도했던 것으로 이해된다. 하지만 주의 경계, 명칭, 재구획 등 주요사항을 각 주의 동의나 참여 하나 없이 연방의회에서 손쉽게 일방적 결정을 내린다는 것은 연방국가에서는 일반적으로 상상할 수 없는 일이다. 그렇지만 인도는 미국과 달리 하향식 연방제를 형성한 국가이며, 독립 이후 연방제가 아직도 취약하고, 일부지역에서의 분리주의가 상존하던 그 시점에서 본다면 이 같은 연방 위주의 방식도 충분히 이해가 간다. 하지만 지금 인도는 과거와는 한참 다르게, 성숙한 연방주의를 추구해야 할 때이다. 이런 상황 하에서 현재의 헌법과 개헌방식은 문제가 있을 수 있다.

　　연방주의가 갖는 장점은 이것이 민주주의와 상통하는 방식이라는 것이다. 최하위 단계에서는 소단위의 마을자치로부터, 중간 크기의 지방자치를 거쳐, 주의 자율성, 그리고 마지막 단계에서 각 주의 공통문제해결과 대외적 문제에 국한된 책임을 갖는 연방정부의 존재, 세계로 향한 관심 등 이런 모습의 연합사회는 자율과 자유, 자립과 공생이 보장되는 사회인 것이다. 인도의 경우, 마을 판차야트로부터 주의 자율성, 그리고 연방정부로 연결되는 구조를 가지고 있기 때문에 연방주의의 이념이 실현될 기본조건을 갖추고 있는 것이다. 그러나 이런 꿈의 공동체는 아직은 시기상조로 남아 있다. 여전히 인도는 분리주의로부터의 위협을 방지하기 위해 중앙집중의 연방주의를 필요로 하기 때문이다. 하지만 중앙집중이 강한 한에서 민주주의는 계속 한계를 노정할 수밖에 없을 것이다.

　　그리하여 향후 본래적 의미의 연방이 되어, 연방과 주의 분권화가 잘 이루어진다면, 연방헌법의 일대 개정을 통해서 연방헌법과 주헌법을 분리시키고, 그 결과 현재의 연방헌법에 통합된 엄청난 분량의 헌법조문이 간략하게 정리되고, 연방헌법에 집중된 부담을 주헌법으로 분산시킬 수 있을 것으로 전망된다.

참고문헌

- 강경선, "네루와 인도헌법", 『방송통신대학교 논문집』 제35집, 2003.
- 백좌흠, "인도헌법의 소유권규정의 변천 : 토지개혁과 관련된 헌법수정을 중심으로", 『인도연구』 제5권, 2000.
- 달, 로버트 지음, 박상훈·박수형 옮김, 『미국헌법과 민주주의』, 후마니타스, 2004.
- Ahir, D. C. Dr. *Ambedkar and Indian Constitution*. Lucknow: Low Price Publications, 1997.
- Austin, Granville, *The Indian Constitution: Cornerstone of a Nation*. Delhi: Oxford University Press, 2004.
- ———, *The Expected and the Unintended in Working a Democratic Constitution in India's Living Constitution*. Clarendon Press, 2006.
- Bakshi, P. M., *The Constitution of India*. Universal Law Publishing Co., 2008.
- Basu, Durga Das, *Introduction to the Constitution of India*. Nagpur: Wadhwa, 2007.
- Bhandari, M. K., *Basic Structure of the Indian Constitution*. Deep & Deep Publications, 1993.
- Bogdanor, Vernon, *The New British Constitution*. Oxford: Hart Publishing, 2009.
- Chavan, Sheshrao, *The Makers of Indian Constitution*. Bharatiya Vidya Bhavan, 2000.
- Dahal, Ran Kumar, *Constitutional and Political Developments in Nepal*. Kathmandu: Ratna Pustak Bhandar, 2001.
- Dhavan, Rajeev & Thomas Paul, *Nehru and the Constitution*. India: National Book Trust, 1992.
- Dicey, A. V., *Law of the Constitution*. Universal Law Publishing Co., 2003.
- Johari, J. C., *The Constitution of India*. Sterling Publishers Private Ltd., 2004.
- Kashyap, S. C., *Our Constitution*. National Book Trust, 2007.
- Kulshreshtha, V. D., *Landmarks in Indian Legal and Constitutional History*. Eastern Book Company, 1995.
- Mehta, Pratap Bhanu, *The Inner Conflict of Constitutionalism: Judicial Review and the 'Basic Structure', India's living Constitution*. Pauls Press, 2006.
- Rao, B. Shiva, *The Framing of India's Constitution,* Vol. II, Universal Law Publishing Co., 2004.
- Singh, M. P., *The Constituion of India*. Eastern Book Company, 2003.
- ———, "Law in India since Independence", 『인도연구』, 제3권, 한국인도학회, 1998.

제 13 장

인도 판차야트의 헌법적 지위

I · N · D · I · A

1
들어가며

　인도는 세계 최대, 최고(最古)의 민주주의국가임을 자랑한다. 중국 다음으로 인구가 많은 나라가 1947년 독립 이래 의원내각제 형태의 다당제 민주주의를 60여 년 동안 중단 없이 유지해 왔기 때문에 세계 '최대' 민주주의국가임에 틀림없다. 다른 한편 인도가 가장 오래된 민주국가라 하는 주장은 판차야트(Panchayat)의 존재를 근거로 한다.

　• 판차야트는 마을 주민들로부터 선출된 5명으로 구성된 부락회의이다. 틸라크, 간디, 타고르, 네루 등 인도의 지도자들은 판차야트를 인도의 고유한 민주적 전통으로 언급하면서 근대 독립인도의 민주적 발전을 위해 이 제도의 적극적 도입이 절실함을 역설하였다. 판차야트는 베다시대(대략 BC 1200)부터 존재했다고 한다. 그러나 문헌연구에 의하면 판차야트란 이름의 회의체는 고대 문헌상 찾아볼 수는 없고, 사바(Sabha)와 사미티(Samiti) 등의 명칭을 가진 공화정치제, 의회제가 존재했다고 한다. 기원전 304년 찬드라굽타의 궁을 방문했던 그리스 대사 메가스테네스(Megasthenes)가 쓴 기행물 『인도지』(*Indica*)에도 인도의 마을공동체는 작은 자치공화사회를 이루고 있었으며, 당시의 도시 파탈리푸트라(Pataliputra)는 5인조로 구성된 6개의 위원회에 의해 운영되었다고 기록하고 있다. 10세기경의 정치학서인 『니티사라』에는 마을 판차야트가 행정과 사법에서 큰 힘을 행사했던 것 등 비교적 상세한 내용이 기록되고 있다(최종찬, "인도 지방자치제도의 기원", 『남아시아연구』 제14권 1호, 2008, 115쪽 이하).

　'작은 공화국'(little republic)으로 불렸고, 경제적 자립은 물론 입법·행정·사법권을 행사하는 자치조직으로 이해되는 판차야트는 인도에서 '자연법'과 동격의 존재라 할 수 있다. 인도사람이라면 그들의 오랜 역사에서 면면이 지속되어 온 이상사회로서의 자치공동체로 판차야트를 이해하고 있기 때문이다. 이 판차야트가 현대의 인도 헌법에도 규정화되었고 현실적으로 존재한다. 헌법의 대부분 규정이 서양헌법을 차용한 것인데 비하여 판차야트는 인도의 고유한 제도를 헌법에 반영한 것이라는 점이 매우 특징적이고 주목을 끌 만하다. 그럼에도 불구하고 민주주의나 입헌주의와 관련한 인도의 현실은 자신만의 독특한 방식을 성공적으로 보여 준 일정한 솔루션이나 결과물이 아직 없는 것이 사실이다.

• Robert Dahl의 "How Democratic is the American Constitution?" 부록 2 표 1에서는 1950년대 이래 안정적인 민주주의를 유지하고 있는 22개 국가를 들고 있는데, 인도는 여기에 포함되어 있지 않다. 저자는 인도를 엄청난 도전에 직면해서도 민주주의를 유지한 점을 인정하면서도 두 가지 이유를 근거로 특별히 인도를 제외시켰다고 설명하고 있다. 첫째는 1975~1977년까지 인디라 간디 총리가 비상사태를 선포하고 시민권을 일시 정지시킨 일이 있었다는 점이고, 둘째로 인도는 세계에서 가장 가난한 나라 중 하나이기 때문에 위의 부유한 국가들과의 비교는 적합하지 않기 때문이라는 것이다. 그렇지만 첫 번째 이유도 헌법상의 권한행사였고, 군부에 의한 외부적 쿠데타가 아닌 수평적 정변의 성격을 띠고 있었다는 점에서 무시할 만한 결점이라 한다면, 결국 Dahl은 여타의 민주국가와 비교할 수 없을 정도로 현저히 낙후된 사회환경을 가졌다는 이유로 인도를 안정적 민주국가 명단에서 제외시켰다는 것을 알 수 있다.

그렇지만 인도는 빈곤을 비롯한 열악한 조건에도 불구하고 BRICs, ICK 등으로 지칭될 만큼 중간대국(middle power) 대열까지 진입하였다. 그래서 만약 앞으로 인도가 선진국 혹은 강대국으로 성장해 여러 나라의 이목을 집중시키게 된다면, 인도의 헌법 중에서는 판차야트제가 독창적인 작품으로 평가를 받게 될 것이라고 본다.

인도는 10억의 인구를 가진 그것도 3분의 2 이상의 인구가 아직도 가난한 가운데 살고 있는 나라이다. 인도를 통합적인 국가로 이해하는 데 장애물이 되는 것은 가난뿐만이 아니다. 다양한 언어와 종교적 갈등, 열대의 자연환경, 카스트제도 등의 이유로 인해 아주 복잡하게 구성되어 있는 국가이기 때문에, 국가가 일정한 목표를 달성한다는 것은 결코 쉬운 문제가 아니다. 이것을 가장 확실하게 일거에 해결할 수 있는 방법으로 판차야트가 선택된 것이다.

• 간디와 그의 지지자의 입장에서 보면 인도가 진정한 자주독립(Swaraj)을 이루는 것은 '작은 공화국'의 기능을 가진 마을공동체인 판차야트의 성공을 통해서만 가능한 길이다. 진정한 스와라지란 이상에서 언급한 모든 사회적 장애물, 모순 등을 지양하는 그런 상태가 될 것이다.

그렇기에 인도인들에게 있어서 판차야트는 비록 그 가는 길이 지난할 정도로 어렵지만 반드시 그 목적을 달성해야 할 이유를 가지고 있다. 인도사회의 최저변에서부터 근본적인 변화를 꾀하는 판차야트는 헌법에 내재하면서도 사실상의 사회혁명을 의도하는 제도라 할 수 있다.

• 이런 점은 대한민국헌법 제4조와 같은 의미를 가진다. 제4조는 "대한민국은 통일을 지향하며 자유민주적 기본질서에 입각한 평화통일정책을 수립하고 이를 추진한다."는 것인데 통일은 헌법적 당위로 주어져 있지만, 통일이 이루어지는 경우 그것은 사실상 새로운 헌법의 탄생 즉 사회혁명을 의미하는 것이다.

이런 관점에서 판차야트의 개념과 이념을 헌법의 역사와 관련해서 살펴보고자 한다.

2
판차야트제 도입의 연혁

1. 영국지배 시기의 지방자치제도

유럽의 국가들이 인도로 진출한 17세기 이후 유럽의 인도 주재 행정관들이나 학자들은 인도의 마을공동체에 관심을 가졌다. 이들이 본 인도의 판차야트는 '자치적 의사 결정기구'이기는 하지만 현대적 의미의 지방자치기구는 아니었다. 무굴제국시대까지의 판차야트는 선거로 구성되는 것이 아니라 마을의 원로 혹은 지배카스트에 의해 운영되고 있었다. 주민선거로 선출하는 지방자치제도는 영국의 지배하에서 실시되었다.

영국이 인도에서 일정부분 지배권력을 갖기 시작한 것은 플라시 전투에서의 승리 이후이다. 이때부터 영국은 벵골 지역을 중심으로 인도북부지역에 대한 지배권을 확대해 나갔지만, 이때는 지배권의 확립시기 내지 중앙집권을 필요로 하던 시기였다고 볼 수 있다. 그런데 1857년의 세포이 항쟁 이후 동인도회사의 지배체제가 끝나고 영국정부가 직접 나서면서부터 영국은 자국의 통치방식을 인도통치에 도입하였다.

> • 영국의 식민지 지배방식은 초기부터 왕정에 의한 직접지배방식을 선택한 적이 없다. 사적 투자형태를 앞세운 왕정의 최소한 개입방식을 취했다. 그 결과 초기의 빈곤한 이민자들은 토지획득의 기회가 컸다. 또한 식민지 현지에서는 자치정부를 기조로 함으로써 현지인들과의 충돌이 비교적 덜했고 적응력을 키워 가면서 점차 지배영역을 넓혔다. 스페인의 강압적 · 무력적 정복에 의한 지배방식이나 프랑스의 광대한 지역에 대한 시장확대와 거래방식과는 차이가 난다(George B. Tindall & David E. Shi, *America*, W. W. Norton & Company, Inc, p. 58).

1870년 메이요(Mayo) 총독(1869~1872년 재임)은 3가지 방안을 제시하였다. 첫째, 지방정부에 집행권을 주어야 한다. 둘째, 지역의 자원을 최대한 지역사업을 위해 쓰이게 하고 왕실정부의 목적을 위해 자원을 확보할 수 있게 해야 한다. 셋째, 지역의 대중들이 그 지역의 인물을 자신들의 지도자로 삼게 해야 한다. 물론 메이요 총독의 이런 구상은 직접적으로는 세포이 항쟁 이후 중앙정부의 재정부담을 줄이기 위한 목적에서 나왔다고 한다. 1870년 벵골의 초키다리법(Bengal Chowkidari Act)은 군수에게 5명으로 구성된 마을 판차야트의 구성권을 부여했고, 마을 판차야트는 초키다리라는 마을 감시원을 임명하고, 그에 대한 봉급조달을 위한 약간의 세금부과권이 주어졌다. 이들 감시원을 통해 영국경찰은 마을의 사정을 낱낱이 알 수 있었다고 한다. 이 정도를 제외하고는 마을 판차야트는 행정체제로 편입되지 않은 채 마을의 자율적 의사결정기구의 역할을 미약하게나마 맡고 있었다.[1]

그 후 리폰(Rippon) 총독(1880~1984년 재임)은 좀 더 구체적인 개혁을 추진했다. 그의 '지방자치에 대한 결의'(1882. 5. 18)는 인도에서 근대적 의미의 지방자치제의 기원으로 보고 있다. 그 내용은 다음과 같다.

① 마을위원회는 도시위원회와 같은 형태로 설립된다.

② 위원회 위원은 3분의 2 이상을 비관리위원으로 구성하고, 비관리위원은 선거를 통해 선출하는 것이 바람직하다.

③ 선진적인 도시에서는 비관리위원의 선거가 즉시 도입되며, 그 외의 지역에서는 점진적으로 실험하고 실시한다.

④ 위원회의 의장은 비관리위원 가운데서 선출되어야 한다.

⑤ 각 지방 단체는 이 결의를 지방의 사정에 맞게 해석하여 시행한다.

리폰의 개혁 역시 수탈을 위한 것이었지만 지방자치제도의 외형적 발전의 측면을 본다면 높은 평가를 받을 만한 부분을 가지고 있었다. 리폰 총독은 2단계의 자치제를 골자로 하는 지방자치법을 벵골에서 통과시켰다(1885). 군(district)과 여타 지방이

---

1) Girish Kumar, *Local Democracy in India*, Sage Publications, 2006, p. 38; Manoji Rai(ed), *The State of Panchayats*, Samskriti, 2001, pp. 3~4.

라는 2단계만 설정하고, 마을 판차야트는 구성하지 않았는데, 그 결과 마을 판차야트는 현실에서 여전히 많은 사소한 분쟁에 관한 사법권을 가지고 있었기 때문에 법과 현실은 괴리되고 있었다. 카스트 상층 원로그룹의 비공식재판이 그대로 행해졌고, 이에 불만을 가지는 사람은 공식적인 근대적 사법부가 확대되면서 이를 이용하기도 했다.[2]

2. 1919년과 1935년의 「인도정부법」

이후 「1919년 인도정부법」에서는 3단계 지방자치제가 법제화되었다. 「인도정부법」은 쌍두정을 실시한 것이 특징이었다. 쌍두정이란 영국인 대표와 인도인 대표가 권력을 공유한다는 것을 의미하였다. 자치정부는 이제 지방(province)에게까지 확대되었다. 여기에서 이양원칙(principle of devolution)이 적용되었다. 이 원칙은 중앙집중주의와 연방주의의 중간 정도에 자리 잡은 것으로 지방정부에 보다 넓은 재량영역을 부여하고자 하였다. 지방자치가 도(道) 수준까지 확대된 것으로 이해할 수 있다.

> • 연방제는 「1935년 인도정부법」부터 실시되었으므로, 여기에서 지방은 주(州)로 부를 수는 없고 도(道)로 이해되어야 한다.

지방의 자치를 활성화하기 위해서는 관할사항을 분명히 해야 했다. 관할사항은 먼저 중앙과 지방으로 구분되었다. 전 인도의 이해관계를 가지며 인도 전체에 대하여 통일적 규율이 요구되는 사항은 중앙사항(central list)이었고, 이것은 47개 항목을 포함하였는데 국방, 외교, 특허권 및 저작권, 주조 및 통화, 통신, 통상 및 조선, 염세, 소득세, 공공부채 등이었다. 지방적 이해관계를 지닌 사항은 지방사항(provincial list)으로 분류되고, 이것은 지방자치, 공중보건, 의료행정, 교육, 공공사업, 수도 및 관개, 기아구제, 삼림, 치안 등 50개 사항을 포함하였다. 지방사항이지만 쌍두정이었기 때

---

2) 박금표, "영국지배시기의 지방자치제도와 판차야트", 『남아시아연구』 제14권 1호, 2008, 60쪽 이하.

문에 유보사항(reserved subjects)과 이전사항(transferred subjects)으로 나뉘어 이전사항만이 인도인들이 자유롭게 개입할 수 있는 부분이었다.[3] 이후 마을 판차야트의 중요성이 부각되어 3단계 지방자치제로 개정하게 되었다. 종전의 재판을 위한 임시적 기구보다 사업기능을 담당하는 기구로 자리 잡았다는 것이 중요하다. 동시에 1925년까지 8개의 도에서, 1926까지 6개의 토후국에서 「마을 판차야트법」(Village Panchayat Act)이 통과되었다.

• 벵골(1919), 비하르(1920), 봄베이(1920), 마드라스(1920), 유피(1920), 펀자브(1922), 아삼(1925)에서 마을 판차야트법이 제정되었다(박금표, 68쪽; Manoji Rai(ed), p. 4).

이와 동시에 자율적 의사결정기구인 마을 판차야트가 행정적 기구로 변화되어 지방행정체제로 편입되었다. 전통적 판차야트와 다를 것이 없어 보이지만, 지방장관의 승인을 얻어야 하는 마을 판차야트는 더 이상 전통적 의미의 촌락 자치기구가 아닌 지방행정조직의 한 단위로 변화된 것이다.

이어서 「1935년 인도정부법」은 연방제를 도입하고, 11개 주와 6개 고등판무관주(Chief Commissioner's Province) 및 연방에 가입을 원하는 토후국들로 구성되었다. 이 법은 관할사항이 세 종류로 구분되었다. 연방목록(federal list)은 59개, 주목록(provincial list)은 54개, 경합사항(concurrent list)은 36개였다. 관할사항에 관하여 비교적 세심하고 엄격하게 주의를 기울였다고 하지만 여전히 애매한 것들이 많았다. 이러한 잔여권한에 대해서 헌법은 총독의 판단으로 중앙 또는 주에 배정하도록 하였다. 새로운 헌법에 의해 주 차원에서의 쌍두정은 폐지되고 중앙정부에서의 쌍두정이 실시되었다. 주 단위까지의 자율성이 많이 확보된 셈이다.

이 법의 제정 당시 중앙주(central province)의 지방자치장관이었던 미슈라(D. P. Mishra)의 제안으로 현재의 판차야트제도와 같은 3단계 시스템이 도입되었다. 그는

---

3) C.Ilbert & Meston, *The new Constitution of India*, London, 1923, p. 189; M. P. Jain, *Outlines of Indian Legal History*, 5th. ed., Wadhwa & Company Nagpur, 1996, p. 549.

인도의 전통적인 판차야트제도를 활성화하기 위해 군(district) 단위를 중심으로 한 지방자치제도를 활성화시키려 하였다. 1940년대 마을 판차야트는 대개 5~11명으로 구성되어 있었는데 지명되거나 제한선거로 선출되었다. 1947년 우타르프라데시주의 경우 3만 5,700개의 마을 판차야트가 있었다고 한다.

> • 당시의 자치정부는 풀뿌리단계의 정부부터 무책임성을 드러내고 있었다. 그래서 이를 추진했던 미슈라조차 "우리 지방은 물론 전 지방에 걸쳐 지방자치활동은 비참할 정도인데, '비효율' 그 자체라 할 수 있다."고 푸념을 늘어놓았다고 한다(박금표, 69쪽; Manoji Rai(ed.), pp. 4~5).

이전부터 분권화에 대한 많은 위원회가 있었음에도 불구하고, 수직적 행정조직만이 나날이 발전을 거듭했다.

> • 왕립분권화위원회(Royal Commission on Decentralisation, 1907), 헌법개혁에 관한 몬터규-첼름스퍼드 보고서(1919), 인도정부법결의(1918) 등을 말한다.

마을 판차야트의 구성은 다른 한편 영국 식민지 당국의 영향력 확대를 의미하는 것이었기 때문에 민족주의자들은 영국의 통치방식과 항상 마찰을 빚을 수밖에 없었다. 국민회의는 간디의 영도하에 인도독립에 매진을 했기 때문에, 지방자치분야에 대해서는 소홀할 수밖에 없었다. 이런 즈음에 간디는 1931년에 그가 발행하던 『영 인디아』(Young India)에서 마을 판차야트의 부활을 중심으로 하는 인도의 자치를 구상하게 된다. 아직은 이런 구상이 국민회의 전체에 공감대를 형성한 것은 아니었다. 그래서 국민회의 내에서도 판차야트와 관련해서는 여러 의견이 나왔고, 제헌시기에도 타협적인 방식으로 풀어나갔다. 또한 암베드카르는 정면으로 간디의 생각에 반대를 하고 나섰다.

3. 판차야트와 간디

간디는 독립 이후 헌법제정과 정부수립에 관여하지 않았다. 그의 활동은 독립을 전후로 한 인도와 파키스탄의 분단을 저지하기 위해 노력하는 데까지였고, 정부수립 등의 구체적인 활동은 네루를 위시한 국민회의의 인물들에게 일임하였다. 그가 평소 외쳤던 진정한 스와라지와 헌법제정의 청사진은 남겨 놓았지만, 구체적인 제헌과정에 관여를 하지는 않았다. 그렇지만 단 한 가지 판차야트제도만큼은 헌법에 반영되기를 요구했다. 그 결과 판차야트제도가 현행 헌법규정으로 들어오게 된 것이다. 그렇기 때문에 판차야트제도의 역사를 논하기 위해서는 간디의 생각과 철학을 살펴보지 않을 수 없다.

(1) 이상사회로서의 판차야트제도(Panchayat Raj)

• 간디의 사회사상에 대한 소개서는 Nirmal Kumar Bose(ed.), *Selection from Gandhi*, Ahmedabad : Navajivan Publishing Housing, 1957. 또한 여기서는 이은주, "판차야트 정착에 미친 간디의 영향과 그의 정치이념, 그람 스와라지", 『남아시아연구』 제14권 1호, 2008, 81쪽 이하에서 압축 인용한다.

간디는 남아프리카에서 인도인들의 인권회복 운동에 성공을 거두고 1914년 인도로 돌아온 후 인도의 독립운동에 뛰어든다. 1915년부터 그는 농촌마을에서의 판차야트 재건과 농촌마을의 자치(Gram Swaraj)를 강조한다. 당시 농촌마을의 수는 약 70만 개, 농촌인구도 전 인구의 75%로 추정되었다. 간디가 보기에 인도의 농촌이 도시로 대체되는 것은 불가능하다고 보았다. 결국은 농촌마을의 부활, 농촌마을의 자치가 달성되어야 한다고 보았다. 농촌마을이 자주적 지배권을 행사하고, 마을주민의 필수품을 자급자족하며, 상호이익을 위해 평화적으로 협력하는 '작은 공화국'의 그물망을 형성하는 것을 꿈꾸었다.

여기서 스와라지(자급자족)와 스와데시(자주)의 개념이 중요하다. 스와데시를 위해 간디가 강조한 것은 육체노동의 신성함이다. 간디는 "일을 하지 않고 음식을 먹는 자는 도둑"이라는 말을 인용하면서 기계화에도 반대했다. 정확히 말해서 그가 원하는 것은 기계류를 '제거'하는 것이 아니라 '제한'하는 것이라고 말하였다. 간디가 원한 것은 농촌마을의 노동력을 지닌 모든 사람들의 완전고용이었다. 즉, 기계화는 극소수의 부자들이 수많은 사람들의 등을 밟고 올라서게 한다고 말하였다. 간디가 주창한 자치이념은 다르마(dharma)인데, 다르마는 모든 종교를 포함하면서 그것들을 넘어서는 것으로, 진리와 비폭력을 내용으로 하는 것이었다. 진리와 비폭력에 의해서만 농촌마을의 자치가 얻어지고 작동하고 유지된다는 확신을 가질 때 스와라지가 가능하다는 것이 간디의 생각이었다. 간디는 인도의 종교와 도덕의 기조 사상인 불살생을 의미하는 아힘사(ahimsa)의 사상을 비폭력, 즉 사랑이라는 적극적인 의미로 승화시켰다. 진리와 비폭력은 농촌생활의 단순함 속에서만 실현될 수 있으며 농촌생활의 단순함은 물레와 물레가 함축하는 모든 것들에서 발견된다고 하였다. 물레돌리기는 육체노동의 신성함, 개인의 자연친화적인 마음상태, 즉 '농심'(village mind)을 계발하는 것이라고 보았다.

간디는 18가지 사항을 포함한 농촌마을 개발 프로그램을 제시한다. 수공면직물(khadi)의 사용, 기초교육의 실시, 낙후된 계층의 개선과 여성의 복지 등인데, 여기에 판차야트가 절대적으로 필요하다고 주장하였다.

판차야트는 남녀 구별 없이 성인 마을주민들에 의해 매년 선출되는, 최소한의 자격조건을 갖춘 5명으로 이루어진다. 농촌마을의 자치는 카스트제도나 서로 다른 종교의 서로 다른 교의들 그리고 계급의 한계를 초월하는 이기심 없는 봉사와 사랑의 정신에 의해 가능한 것인데, 특히 농촌마을의 지도자 역할을 하는 판차야트 구성원들이 그러한 정신을 가지고 앞장설 때 가능한 것이다. 판차야트는 재임 1년 동안 입법부, 사법부, 행정부가 합쳐진 형태를 가진다. 정부가 농촌마을과 유일하게 효력 있는 관계를 갖는 것은 농촌마을의 세입을 징수하는 것 때문이다. 간디는 어느 농촌마을이든 정부로부터의 간섭 없이 그러한 공화체를 이룰 수 있다는 입장이었다.

농촌마을의 자치는 모든 면에서 판차야트에 의해 주도되는데, 마을의 자치를 위한 첫째 과제는 농작물의 수확과 의류를 위한 순면의 재배이다. 마을마다 곡식과 채소, 과일 그리고 수공면직물을 생산하는 것이다. 소를 비축해야 하고 성인들과 아이들의 레크레이션과 운동장을 위한 토지를 확보해야 하고, 남는 토지에는 담배, 아편 등을 제외한 재정적 도움이 되는 농작물을 재배해야 한다. 연극장, 학교, 공회당을 운영하고, 우물과 탱크시설을 통한 자체 급수시설을 보유한다. 불가촉천민을 차별하는 카스트제도는 찾아볼 수 없다. 분쟁이 발생하면 판차야트가 조정한다. 판차야트의 주된 역할은 마을 내의 분쟁을 해결하는 것이다.

간디는 정직과 근면성을 회복시키는 것이 판차야트의 기능이라고 보았다. 분쟁을 해결하는 길은 분쟁을 피하라고 가르쳐 주는 것이라고 하였다.

(2) 암베드카르와의 논쟁

인도에서 간디의 위치는 가히 신격화의 경지에 들어서 있다. 그만큼 그는 진실과 정의에 입각해서 카리스마를 갖춘 일생을 살았다. 누구 하나 간디에게 범접하기 힘든 그 상황에서 간디의 생각과 일에 번번이 대립하고 충돌한 인물이 있었다. 암베드카르(Ambedkar)였다. 그 자신이 불가촉천민 출신으로 미국과 영국에서 각각 경제학박사와 변호사자격을 다 갖춘 불세출의 인텔리로서, 귀국 후 불가촉천민의 해방을 위한 운동에 헌신하게 되었다. 그는 이미 불가촉천민의 차별시정과 관련하여 간디의 불철저성을 간파하고 이를 공공연히 비판하고 마침내 힌두교로부터 불교로 개종까지 한 바 있었다. 암베드카르는 1935년의 인도정부법 시행에 즈음하여 대표자 선거방법에서 불가촉천민에 대한 우대정책을 요구하였다. 별도의 선거구를 인정해 달라는 것이었다. 이미 이슬람교도나, 시크교도, 기독교도, 유럽인, 여성 등에 대해서는 선거구분리제도가 인정되고 있었는데, 추가로 불가촉천민에 대한 특별 선거구를 요구하고 나선 것이었다. 영국이 이를 수용하자, 간디는 금식결행으로 이를 막고 암베드카르는 석패했다.

• 간디와 암베드카르 간에 체결된 것이 1932년의 푸나 협약(Poona Pact)이다. 이 협약은 분리선거구제를 통합선거구에서의 법정유보의석제로 대체하는 것이었다. 불가촉천민이 분리선거구를 포기한 데 대한 보상으로 의석수 할당이 78석에서 148석으로 거의 두 배로 상향조정되었다. 그렇지만 유권자가 힌두의 유력자들이기 때문에 이 선거

는 더욱 카스트제도를 공고히 할 뿐이었다(게일 옴베르트 지음, 이상수 옮김, 『암베드카르평전』, 필맥, 2004, 84~100쪽, 258쪽 각주 22 참조).

이제 판차야트와 관련해서 두 사람은 다시 일전을 겨루게 된다. 이상적 농촌공동체의 실현을 위해 제시된 간디의 판차야트에 대해서 암베드카르는 이것이 카스트제도로 고착된 농촌의 고루함을 그대로 온존시킨다는 문제점을 지적하였다. 그는 도시화를 강조했다. 도시화·산업화가 그런 전통 속에 내재한 사회질곡을 해소시키는 데 유익하다고 보았다.

이후 암베드카르는 헌법제정회의 기간에 헌법기초위원장을 맡아 활약하였다. 헌법초안에는 판차야트가 없었다. 이에 간디가 처음 불만을 터뜨렸다. 그러자 국민회의 내의 간디 지지자들로부터 시작해서 재론이 되었고, 결국 판차야트가 헌법에 반영되었다. 하지만 누가 보아도 간디가 제기한 판차야트 이상론은 현대사회에서 실현 불가능한 것이었기 때문에, 그 타협점으로서 국가정책의 지도원리의 하나로 규정하여 장래적 과제로 삼기로 했다.

간디와 암베드카르의 입장은 아직까지도 계속되고 있다고 볼 수 있다. 불가촉천민, 즉 달리트(Dalit)의 폐지는 암베드카르의 주장으로 헌법 제17조에 규정되었다.

> • 제17조(불가촉천민의 폐지) '불가촉천민'은 폐지되며 그 시행은 어떤 형태로든 금지된다. '불가촉천민'에서 유래된 일체의 장애상태의 시행은 법에 따라 처벌한다.

이러한 헌법의 규정에도 불구하고 달리트는 아직도 인도사회에 깊이 뿌리를 박고 있다.

> • '달리트'는 불가촉천민을 뜻하는 말이다. 당시에 간디는 불가촉천민을 '신의 아들'이라는 뜻을 가진 '하리잔'(harijan)이라고 불렀다. 간디는 불가촉천민에게 힌두사원 입장을 허용해야 한다는 종교적 평등과 불가촉제라는 힌두교의 죄악을 종식시킴을 상징하는 이 말을 선택한 것이다. 그러나 암베드카르는 이 말이 달리트들에게 개인적으로 청결, 금주, 육식금지 등 브라만적 가치를 확산시킴으로써 배타적 카스트제도를 공고히 하는 데 불과한 것이라고 하여 거부하고 비판했다(게일 옴베르트 지음, 이상수

옮김, 94~95쪽).

간디와 암베드카르 중에서 누구의 생각이 더 선견지명이 있는지는 아직도 판가름할 수 없다. 하지만 현재 인도에서 추진하고 있는 판차야트는 지정카스트, 지정부족, 여성 등 소수자집단에 대한 법정유보제를 실시하는 것을 강제로 하고 있기 때문에 암베드카르의 우려를 씻어 내고 있다. 헌법의 규정에 따라 실행만 된다면 판차야트는 분명 가장 저변에서부터 혁명적인 변화를 초래할 수 있는 잠재력을 가지고 있음에 틀림없는 것이다. 또한 간디의 판차야트 구상은 오늘날 서구산업사회가 빚은 환경파괴와 생태계 변화에 대한 처방의 하나로서도 각광받고 있다. 상호 의사소통이 가능한 소단위 마을을 기초로 해서 자주·자치의 정신으로 경제활동과 정치적 공동체를 형성한다면 그것은 분명 녹색 공동체가 될 것이기 때문이다.

> • 간디의 생각은 오늘날 아나키즘(무정부주의)으로 분류되고 있다. 아나키즘은 사회주의의 일종으로 이해되는 동시에 개인의 자율성과 자주성의 강조라는 측면에서 사회주의와 구별된다. 아나키즘은 공동체를 지향한다는 공통점을 가진다(구승회, 김성국 외, 『아나키·환경·공동체』, 모색, 1996, 63~74쪽). 고드윈(William Godwin), 프루동(P. J. Proudhon), 바쿠닌(M. A. Bakunin), 크로포트킨(P. A. Kropotkin), 머레이 북친(Murray Bookchin)으로 이어지는 아나키즘은 개개인이 자유를 구가하는 가운데 서로 협력하여 지역을 자치적으로 운영하고, 호혜적 연대를 통해 연합기구가 국가를 대신하도록 함으로써 인간사회의 지배 및 서열화 구조를 청산하며, 그리고 인간이 자연으로부터 필요한 산물을 획득하여 사용하는 문화적 생활을 할 때 생태계의 여건을 감안하는 범위에서 이루어지도록 함으로써 인간이 제3자연(free nature)으로 향하는 진화과정에 동참해야 한다는 생태사회를 꿈꾼다(한면회, 『미래세대와 생태윤리』, 철학과 현실사, 2007, 270쪽 이하).

4. 헌법제정회의와 판차야트

인도헌법제정 당시 처음에는 간디의 이런 생각이 고려되지 않았다. 제1차 헌법초안에는 판차야트에 대한 내용이 포함되지 않았다. 1946년 12월 중순경부터 독립 이후의 헌법제정준비에 착수했던 제정회의는 1947년 8월 15일 독립된 지 불과 며칠 후 헌법제정회의에 그 초안을 상정하여 심의하도록 하였다. 7명으로 구성된 정독위원회(Scrutiny Committee)의 심의 후 1948년 11월에 정리된 초안이 나왔다. 이 15개월 동안의 정독심의기간 중 가장 열띤 논쟁이 벌어진 내용 중의 하나는 마을 판차야트였다고 한다.[4] 초안에서 판차야트 내용이 보이지 않자, 당시에 간디는 이에 대해 "내가 헌법제정회의의 심의에 관해 살펴보지 못한 것을 고백한다. 하지만 내가 전달받은 바에 의하면 현재 준비되고 있는 헌법안에 마을 판차야트나 권력분산에 관한 내용이 전혀 언급되지 않고 있다고 한다. 이것은 명백한 '누락'(omission)에 해당하며, 즉시 재고되어야 한다. 우리가 국민의 목소리를 반영하는 그런 독립을 이루려고 한다면 반드시 그렇게 되어야 한다. 판차야트의 힘이 강할수록 국민들에게는 더욱 좋은 것이다."라고 말했다.[5] 헌법제정회의의 다수가 분개와 실망을 표하면서 이렇게 된 주요 원인이 헌법기초위원회의 위원장이었던 암베드카르의 개인적 소신 때문이라고 들고 나오면서 그 후 타협안이 만들어지고, 그 결과 헌법 제40조에 국가정책 지침의 하나로 판차야트가 들어가게 되었다. 이런 타협안이 논의될 때에도 헌법제정회의의 분위기는 지금 이것을 헌법으로 하기에는 너무 어렵고 여기에 매달리다 보면 헌법심의기간이 지체되기 때문에 이것은 일반 입법으로 위임을 하는 것이 바람직하다는 의견이 지배적이었고, 그 결과 국가정책 지침의 내용으로 분류되기에 이른 것이다.

이렇게 된 것은 헌법기초위원회의 구성과 활동 특히 위원장이었던 암베드카르와 관련해서 보아야 한다. 1948년 11월 4~8일 간의 헌법초안 제2독회가 진행되는 동안 그는 "나는 마을공화국은 인도를 망치는 것이라고 생각한다. 나는 평소 지역주의와 종교집단주의를 비판하는 사람들이 이 마을공동체를 적극 지지하고 나서는 것을 보고 아연실색하지 않을 수 없다. 마을이란 것이 무엇인가? 지역주의요, 무지의 소굴이요, 좁은 소견과 종교집단주의로 뭉쳐진 곳이 아닌가? 그런 점에서 나는 헌법초안이

---

4) Girish Kumar, *Local Democracy in India*, Sage Publications, 2006, p. 39.
4) Girish Kumar, *Local Democracy in India*, Sage Publications, 2006, p. 39.
5) Harijan, 21 Dec. 1947.

마을 대신에 개인을 기본단위로 선택하고 있는 점에 만족하고 있다."고 말했다.

그리고 7명의 위원으로 구성된 헌법기초위원회의 활동을 볼 때, 당시 1명은 사의를 표명한 상태였고(물론 후임자가 교체되었지만), 또 1명의 위원은 사망했다. 그리고 다른 위원 1명은 미국에 갔고, 또 다른 위원은 다른 국정 사무에 매달려 있는 형편이었다. 또 다른 2명의 위원은 지방에 머물러 있었기 때문에 델리에서 함께 일을 하지 못했다. 당시 정독위원회의 위원이었던 크리슈나마차리(T. T. Krishnamachari)는 "결국 기초위원회의 일이란 위원장이었던 암베드카르에게 전적으로 맡겨져 있었다. 기초위원회의 구성과 활동이 불충분한 상태여서, 헌법의 일부 내용이 전문가의 충분한 협력을 얻지 못한 것이 아쉽다."고 표현했다. 그런데 1953년에 위원장을 지냈던 암베드카르가 "헌법에 대한 전면적 거부를 하고 싶다. 나는 사실상 실세가 전혀 아니었다. 나는 다수가 요청하는 것을 그대로 진행시켰을 뿐이다."라고 솔직히 고백한 것은 아이러니컬한 일이다.[6] 그는 1956년에도 같은 말을 되풀이했다.

3
국가정책의 지도원리로서의
판차야트

1950년 발효한 제헌 당시 '국가정책의 지도원리(Directive Principles of State Policy)' 편 제40조에는 '마을 판차야트의 조직'이 포함되었다.

---

6) 1953. 9. 3. *Hindu*.

• 헌법 제40조(마을 판차야트의 조직) : 국가는 마을 판차야트를 조직하고, 마을 판차야트가 자치단위로 기능할 수 있도록 하는 데 필요한 권한과 권위를 부여하는 조치를 취해야 한다.

인도헌법에는 기본권편 외에도 국가정책의 지도원리라는 편이 별도로 존재한다.

• '국가정책의 지도원리'가 헌법에 처음 나타난 것은 1931년 단명했던 스페인 공화국 헌법에서였다. 이것은 헌법에서 입법부와 행정부에 정책과제로 맡겨 놓되 법원의 소송대상이 되지 않는(unjusticiable) 사항이었다. 그런 점에서 구체적 권리성이 없는 프로그램적 규정에 흡사한 것이었다. 이후 독일민법학자로서 망명 중이던 레오 콘(Leo Kohn)을 통해 아일랜드 공화국 헌법에 도입되었다(1937년). 이때의 명칭은 '사회정책의 지도원리'(Directive Principles of Social Policy)였다. 이것이 인도 제헌의회 고문이었던 라우(Rau)에 의해서 받아들여진 것이다.

기본권 내용이 주로 자유권과 정치적 기본권을 규정하는 반면 국가정책의 지도원리에서는 사회권을 포함하여 장차 꼭 실시해야 할 국가적 과제들을 포함시키고 있다. 입법부와 행정부는 이들 사항을 적극적으로 정책수행에 반영할 것이 요구된다. 하지만 기본권이 아니라는 점에서 이들은 결코 사법심사의 대상이나 소송에 의한 법적 강제가 실현될 수 없다는 법 효력적 한계를 가진다.

• 헌법 제3부(기본권), 제4부(국가정책의 지도원리)는 편별로 분리되어 있지만 인권보장이라는 공통의 목적을 가진다. 기본권은 주관적 · 객관적 권리성을 가지나, 국가정책의 지도원리는 객관적 권리성만 보유하기 때문에 국가권력을 구속하게 된다. 양자가 규정하는 권리는 '근본적'(fundamental)이란 점에서는 같다. 서로 우열관계에 놓여 있지는 않으며, 양자가 서로 보완함으로써 인권이 완성된다. 그런 점에서 이 둘은 헌법의 양심이라고 불린다. 헌법발효 직후인 1951년의 한 판결에서 법원은 의과대학, 공과대학의 입학정원에 달리트와 일정집단에 대한 인원할당을 시행한 마드라스정부의 명령을 위헌무효로 판단하였다. 이유는 국가정책 지도원리는 법적 강제력이 없다는 점에서 기본권보다 하위, 후순위의 규정이라는 것이었다. 하지만 이 판결에 대해서는 즉각 비판적 견해들이 쏟아졌다. 지도원리와 기본권 양자는 모두 헌법의 일부로서 동등한 가치를 가지며, 양자는 우열의 관계가 아닌 상호 보완적 관계로 이해되어야 하며, 따라서 서

로 대립될 경우에는 조화적 해석이 필요하다는 것이었다. 법원은 이후 견해를 바꾸어 많은 판결을 통하여 양자의 조화와 균형 속에서 상호 보충과 보완적 해석을 기했다 (V. N. Shukla, *Constitution of India,* revised by M. P. Singh, 10th ed., Eastern Book Company, p. 19, pp. 298~302).

국가정책 지도원리의 구체적 내용은 헌법 제4장의 제36~51조까지 16개조에 걸쳐서 규정되고 있다.

• 그 주요 내용을 요약하면, 남녀에 대한 동등한 생활수단의 보장과 임금차별금지, 사회자원의 소유와 지배의 적정 배분, 부와 생산수단의 집중 방지, 아동에 대한 혹사 금지, 연령과 건강에 적정하지 않은 직업의 강요 금지(제39조), 근로의 권리와 교육권 보장, 실업과 노령, 질병, 장애, 빈곤에 대한 공공부조(제41조), 공정한 근로조건과 산모의 휴가보장(제42조), 농공산업에 종사하는 근로자에 대한 생활급여와 여가 및 문화생활조건의 확보(제43조), 통일민법전의 제정(제44조), 제헌 이후 10년 이내에 만 14세까지의 학령아동에 대한 무상의무교육의 실시(제45조), 지정카스트, 지정부족 등 사회적 약자에 대한 교육과 경제적 기회 증대(제46조), 영양과 생활수준, 국민보건의 향상(제47조), 영농과 축산업의 조직화(제48조), 환경과 수목, 야생동물들의 보호(제48조의 A), 문화재와 국가적 기념물의 보존(제49조), 집행부로부터 사법의 분리(제50조), 국제평화와 국제법규의 존중(제51조) 등이다.

주지하듯이 빈곤국가의 상징이었던 인도가 사회적 기본권들을 국민의 기본권으로 분류하지 않고 이렇게 국가정책의 지도원리로 별도로 삼은 것은 헌법의 규범력에 대한 책임감의 반영으로 받아들일 수 있다. 감당할 수도 없는 사회권적 기본권들을 헌법규정으로 두고 그들의 효력을 프로그램적 규정설, 추상적 규범설이라는 무책임한 방식으로 처리함으로써 헌법을 명목화시켰던 다른 나라들의 헌법(바이마르 독일헌법이나 한국헌법)과 비교해 볼 때 현실을 직시한 바람직한 한 방식이라고 여겨진다.

국가정책의 지도원리는 국민의 자유권보장을 골자로 한 현행 기본권 조항보다도 훨씬 도덕적 가치를 많이 포함하고 있다.

헌법 제38조(국민복지증진을 위한 사회질서를 확보해야만 할 국가)
1) 국가는 국가생활의 모든 제도들로 하여금 사회적·경제적·정치적 정의가 울려

퍼질 수 있는 사회질서를 최대한 효과적으로 확보함으로써 국민들의 복지향상을 위해 노력해야만 한다.

2) 국가는 특히 소득의 불평등을 최소화시키기 위해 진력해야 하며, 모든 지역과 직업에서 개인 혹은 집단 사이에 존재하는 지위나 편의시설, 기회의 불평등을 제거하기 위해 노력해야 한다.

라고 규정함으로써 헌법전문의 '사회·경제·정치적 정의'를 구체화시켰다.

　•제38조 제2항은 1978년 제44차 개헌법률에 의해 추가된 것으로, 집단들 간의 소득과 지위의 불평등을 최소화시키기 위한 규정이다.

이상의 설명을 통해 예상할 수 있듯이, 국가정책의 지도원리는 경제사회적 권리에 해당하는 것이기 때문에 복지국가적 요소가 강한 내용들이다. 따라서 인도사회가 일차적으로 국가권력을 합리적으로 제한통제함으로써 국민의 자유권보장에 주력하면서도, 동시에 국가재정의 확충과 평등실현정책을 통해서 실질적인 자유의 확대를 위해 노력해야만 하는 규정인 것이다. 헌법발효 후의 판차야트제를 바라보자.

4
독립 이후의 판차야트 발달과정

1. 개 관

국가정책의 지도원리는 사법적 집행력을 가지는 것이 아니기 때문에 주정부는 판

차야트에 대한 구성과 강화에 대한 책임감을 가지지 않았다. 이것의 실행에 대한 진지한 검토가 시작된 것은 독립 이후 약 10년이 지난 때 국가가 주도하던 '공동체개발'(Community Development)과 관련해서였다.

> • '공동체개발'이란 1952년 시작된 포괄적 마을개발계획으로, 농업은 물론, 가축 사육, 소규모 관개사업, 교육, 마을산업, 부녀와 아동, 낙후된 부족과 집단에 대한 특별한 계획, 마을 판차야트와 협동조합의 역할 등을 담고 있었다. 이런 계획은 우타르프라데시주에서 이미 에타와(Etawah)라는 이름의 마을이 포드기금 후원으로 개발되고 있었고, 펀자브에서도 닐로케리(Nilokheri)에서 실시되었던 것을 모델로 한 것이었다. 간디는 이미 마하슈트라에 있는 세바그람 아슈람(Sevagram Ashram)에서 마을개발의 실험을 한 적이 있었다. 타고르 역시 스리니케탄(Sriniketan)에서 농촌의 공동체를 만든 바 있었다(G. Kumar, *Local Democracy in India*, Sage Publications, 2006, p. 40).

발완트라이 메타(Balwantrai Mehta)를 위원장으로 하는 연구위원회가 활동하게 되었는데, 이 위원회는 주 차원에서 3개층의 대표체를 구성할 것을 권고하였다. 1957년의 보고서를 보면 "판차야트를 통해 전 마을 공동체가 책임성을 갖고 지도력을 확보할 수 있는 그런 동력장치가 절실하다. 이런 대표체제와 민주적 제도를 창조하고, 여기에 적절한 권한과 재정을 부여하지 않는다면, 우리는 지역의 이익을 위한 일을 할 수 없을 뿐만 아니라, 개발과정에서 지역적 창발성을 유도해 낼 수 없을 것이다."고 하였다.

2. 제1세대 판차야트

연구위원회는 3층의 판차야트라지(Panchayat Raj) 제도를 제안하였다. 3개의 층이란 마을(village), 구역(block), 군(distict)을 말하며, 이곳에 각각 판차야트를 설치하자는 것이었다. 1959년 10월 2일 라자스탄의 선도로 시작한 나가푸르에서의 판차야트 출범식과 1주일 뒤 안드라프라데시의 샤드나가르에서 네루 총리는 "분산화를 향한 이 운동은 바른 행보이며, 전국으로 확대될 것이다. 난관은 많겠지만, 농촌에 새로운 조직과 새로운 지도자들이 출현할 것이고 도시에 의한 농촌지배는 더 이상 지속되지 않을 것이다."라고 말했다. 네루의 지지에 힘입어 1950년대 후반, 1960년대 초반에 대부분의 주들이 판차야트법을 통과시키는 한편, 일부 주들은 선거까지 치렀다. 당시의 마드라스(지금의 타밀나두), 마이소르(지금의 카르나타카), 아삼, 오리사, 펀자브주가 적절한 입법을 해냈다. 그러나 이런 열기는 오래 가지 않았다. 열정의 부족과 그 결과로 나타난 판차야트의 후퇴에 대한 공식적 설명은 훨씬 뒤에야 나타났다. 하지만 인도헌법형성기와 초기 국가형성기에 대한 많은 학자들의 연구가 이 당시의 궁금한 점을 해결해 준다.

정부 초기였기 때문에 분권운동에 대한 강한 반대기류는 당연했다. 무엇보다 지나친 중앙집중이 문제였다. 독립 이후 네루정부는 헌법이 정한 중앙정부의 강화라는 분위기 위에서 지방자치를 소홀히 했다. 중앙중심적 정부의 단점은 첫째, 그들이 가장 잘 알고 있다는 착각(자만심), 둘째, 지나친 중앙중심의 업무추진, 셋째, 분권에 대한 무관심 혹은 방치(소홀)였다. 예컨대, 국가계획은 지나치게 중앙집중적인 것이어서, 단선적이고 획일적으로 진행되어 지방의 특성은 완전히 무시되었다. 그럼에도 불구하고 많은 사람들은 이미 간디 시절부터 일을 추진해 온 바가 있었기 때문에 지방자치에 대한 낙관적이고 상당한 정도의 일치감을 공유하고 있었다. 그들은 물론 당파주의로 가득 찬 농촌을 생각해 볼 때 국가계획과 지방자치와는 많은 알력이 일어날 것이라는 것도 인식하고 있었다. 농촌개발계획은 상당 정도 관 주도적인 것이었지 민주적인 것이라 할 수 없었다.

문제아는 관료만이 아니었다. 지방 정치인들도 통제권한을 상실할까 봐 자치제를 거부했다. 한마디로 아직도 인도의 농촌구조와 형태는 대중으로부터 나오는 창조적인 지도력을 발휘할 만큼 충분한 토양을 갖추지 못했던 것이다. 네루는 농촌을 전통과 구태로부터 탈피시키고자 하는 일꾼들을 길러 냈지만, 내각에서 그의 동조자들은 많지 않았다. 데이(S.K. Dey)는 테크노크라트이고, 샤스트리도 네루의 사후에 네루의 낙관론을 승계할 자신이 없었다고 했으며, 오히려 JP(Jayaprakash Narayan)가 상당 부분 신념을 가지고 있었다. 그는 판차야트에 헌법적 지위를 부여함으로써 더욱 강화시켜야 한다고 했다. 어쨌든 1964년 네루의 사후에 판차야트는 소멸되었고, JP도 공공연히 네루가 없는 이 마당에 판차야트의 미래는 참으로 걱정된다고 말했다. 구자라트와 마하라슈트라를 제외한 모든 주들의 판차야트는 쇠퇴했다.

3. 제2세대 판차야트

1978년 아소카 메타 위원회(Asoka Mehta Committee)의 권고에 따라 지방자치를 부활시키고자 하는 노력이 전개되었다. 아소카 메타는 당시 계획위원회의 부의장이었는데, 그는 판차야트의 쇠퇴 및 몰락의 원인을 찾는 일을 담당하였고, 그 후 그에 대한 치유책을 내놓았다. 이 위원회는 1977년 국민회의가 아닌 자나타당에 의해 설치된 것이다.

네루 사후, 샤스트리는 판차야트에 대해 큰 믿음이 없다는 것을 밝힌 바 있다. 그는 1966년 사망했다. 그 후 인디라 간디가 집권을 했다. 그러나 인디라 간디가 집권한 후에 국민회의는 1952년 이후 처음으로 몇 개의 주에서 패배를 했고, 정부구성에서도 연합정권을 취하기 시작했다. 이런 상황에서 인디라는 더욱 강력한 중앙집권을 취할 수밖에 없었다. 마침내 1975년 비상조치를 내리는 형국에까지 이르렀다. 이것은 오히려 이후의 선거나 정치가 민주주의, 인권, 민권, 중앙과 주의 관계 등을 다시 중시하는 방향으로 선회하는 계기를 마련했다. 판차야트 중심의 분권화라는 관심이 다시 떠오른 것도 이런 상황을 시대적 배경으로 하고 있다.

1978년 서벵골주에서 좌파전선 정부가 세워졌다. 이 해는 메타 보고서가 제출되기 전이었다. 1980년대 중반에는 카르나타카, 안드라프라데시, 케랄라 등지에서 비국민회의 정부가 들어섰다. 이 당시 다시 부활된 마을의 자치정부는 제2세대 판차야트였다. 제1세대와 제2세대 판차야트의 차이는 '개발'에서 '지방(자치)' 정부로의 의미변화이다. 발완트라이 메타(Balwantrai Mehta) 팀은 판차야트의 핵심을 개발에다 두었는데, 제2세대의 것은 자치정부의 핵심이 되는 전적인 정치제도의 틀에다 두었다.

1978년 3단계 판차야트의 모든 곳에서 직접선거를 치른 서벵골에서 목격되었듯이 사상 최초로 판차야트 선거에 정당참여가 허용되었다. 카르나타카는 한층 더 급진적이었는데, 여기에서는 판차야트에 관한 별도의 예산을 만들었을 뿐만 아니라, 질라 파리샤드의 집행관리를 책임비서로 임명하였다. 그 외에도 선출된 질라 파리샤드의 장에게 주장관의 지위를 부여했다. 그리고 판차야트 영역 내로 계획의 분권화를 도입했고, 지정카스트에 대한 할당제도 도입했다. 그리고 아소카 메타 위원회가 제안한 2단계의 판차야트제도를 채용했다. 무엇보다도 여성을 포함한 약자층을 위한 위원자리를 법정유보했다. 그러나 이런 대담한 시도들도 이런 것들을 도입했던 정당들이 다음 선거에서 패배함에 따라 다시 퇴조했다. 서벵골만큼은 예외였다. 거기에서는 좌파전선이 지속함에 따라 판차야트의 존속은 계속되었다.

과거의 판차야트들이 제한적인 성공을 가졌던 것은 모든 주들이 동일한 정치제도 하에서 기능할 때에도 각 주의 지도자들의 정책과 태도 여하에 따라 바뀌거나 혹은 같은 정당이라 하더라도 시기마다 정책기조가 자꾸 바뀌는 것이었다. 아소카 메타 위원회는 제1세대 판차야트를 조사대상으로 했고, 다음과 같은 문제점을 지적하였다. ① 관료들은 군 단위에서 선출 대표자들의 통치를 반기지 않으며, ② 상층의 국민 대표자들, 즉 주의회의원(MLA)들이나 연방의회의원(MP)들은 또 다른 권력의 탄생을 경계하였고, ③ 네루의 죽음으로 인해 큰 후원자를 상실하게 되었다는 것이었다.[7]

그러나 이 보고서는 마하라슈트라와 구자라트(1960년대 초반 이후)와 이후 서벵골(1978년 이후)에서의 판차야트의 지속에 대해서는 그 진단을 충분히 설명하지 못하고 있다. 마찬가지로, 비하르나 타밀나두와 같은 주들이 왜 그 이전부터 지지부진했고, 심지어 개헌 이후에도 오랫동안 그 시행을 지체했으며, 또한 마디아프라데시나 케랄라는 왜 개헌 후 국면에서 지방자치 민주주의를 확대하기 위한 일련의 조치를 취하게 되었는가 등과 같은 개별 주들의 상황을 설명하지 못하고 있다. 이런 예들은 아소카 메타 위원회가 밝혀낸 지적들 외에 어떤 요인들이 판차야트의 활성화에 기여한다는 것을 말해 주고 있었다.

현재의 판차야트가 되기까지 공통된 특징은 판차야트제가 상부로부터 일방적으로 부여되었다는 것이다. 독립 이후 50년이 지나는 동안에 어떤 곳에서도 민주적으

---

7) Girish Kumar, p. 22.

로 선출된 지방자치체에 권력이양을 요구하는 시민운동은 존재한 바 없었다. 따라서 연방이나 주 차원의 정권이 판차야트에 대해 어떤 정치적 의사를 가지느냐가 결정요 인이 되었다. 이것을 결정짓는 요인은 다음과 같다.

① 농촌지역을 관통시켜 당조직을 확장시키고자 하는 경우 판차야트를 창설하는 경향으로 나타난다.

② 직접민주정치에 의한 권력보유를 추구하는 정권은 정당조직의 신설이나 강화 에 대한 관심이 별로 없고, 따라서 판차야트제에 대해서도 반대하는 쪽으로 나 아간다.

③ 정당의 사회적 기반이 판차야트에 대한 태도결정에 중요한 역할을 하게 된다. 정권이 전통적 권력에서 이탈된 집단이라고 스스로 느낀다면 판차야트를 지지 하는 성향이 강하다. 물론 이 정권이 직접민주정치를 통한 권력창출에 연연해 하지 않을 때에 한한다.

④ 집권정당의 정강과 추구 이념이 친판차야트 입장을 취하는 경우 판차야트에 관 용하는 태도를 취한다.

⑤ 한 정권이 통치상의 위기에 직면하고, 그래서 주의 관료기구에 더욱 의존할 수 밖에 없는 경우에는 분권화를 반대하게 된다.[8]

분권화 지지자들은 판차야트제를 가장 확실하고 용이하게 실현하는 길은 헌법적 지위를 부여하는 것이라고 보았다. 아소카 메타 위원회는 이런 헌법적 승인의 필요 성을 최초로 요구한 집단이다. 이 위원회는 이를 위하여 보고서의 부록으로 모범법 안초안을 첨부하기까지 했다.[9] 위원 중의 한 사람이었던 남부디리파드(E. M. S. Namboodiripad)는 인도의 민주정체 전체를 송두리째 개편하는 방안까지 내놓을 정도 였다. 1978년의 일이었다.

　• 남부디리파드는 주가 판차야트에 대해 권력과 권위를 이양하기를 꺼리는 문제

---

8) Ghosh and Kumar, *State Politics and Panchayats in India*. New Delhi, 2003.
9) George Mathew, *Panchayati Raj: From Legislation to Movement*, New Delhi: Concept Publishing Company, 2002, pp. 31~36.

를 상세히 다룬 사람이다. 그는 아소카 메타 보고서 말미에 반대의견을 남겼다. "내가 보기에 헌법은 중앙과 주와 별개로 군과 그 이하 지역에서는 영속적 공무담당 선출직 기구를 두어 통합적 행정을 실시하는 데 실패한 것처럼 보인다. 중앙과 주 차원에서는 민주주의, 여타의 하부수준은 관료제—이것이 현행 인도헌법에 나타난 정치체의 핵심이다." 헌법운용에 있어서 중앙은 주의 특권을 지속적으로 간섭하고 있다. 인도헌법과 발완트리 메타 보고서에서 나타났듯이 판차야트가 중앙집중적인 행정의 하나로 자리잡고 있다. 인도에서는 민주주의가 필요한데, 특히 4개 기둥의 민주주의가 필요하다. 즉, 중앙, 주, 군, 하부단위의 민주화이다. 각 주의 기능을 '개발'과 '규제'로 나누고, 전자를 판차야트로, 후자를 행정기구로 해서 복지국가에서의 약자를 위한 행정을 포함한 규제기능, 법과 질서, 조세 등을 담당하게 한다는 발완트리 메타나 아소카 메타 위원회의 보고서와 달리 남부디리파드는 전 부분이 판차야트의 기능이 되어야 한다고 보았다. 그 이전에 왕년의 걸출한 사회주의 운동가였던 JP도 비슷한 생각을 가졌다. 그 후 내각 비서였던 Niram Mukarj도 1980년대 후반 '민주정부의 제3의 층'이라는 생각을 가지고 좁은 판차야트 개념을 반대하였다(Buddhadeb Ghosh, *Panchayat Raj*; *Evolution of the Concept*, *Kumar*, p. 44에서 재인용).

그 후 라지브 간디는 1989년 제64차 헌법개정안을 의회에 제출했고, 이는 양원에서 많은 토론을 유발했으나, 상원에서 부결되었다. 1980년대 중반이 판차야트에 결정적인 시기가 되었다. 두 개의 공식 위원회가 만들어졌다. 라오(G. V. K. Rao)와 싱비(L. M. Singhvi)가 지도하는 이들 위원회가 판차야트의 헌법규범화를 주장했다. 그리고 1986~1988년 사이에 라지브 간디는 지방으로 직접 여행을 하면서 시골의 실정을 파악하고자 했다. 지방책임관리들도 많이 만났다. 최종적으로 그가 내린 결론은 군의 행정은 '무대응과 비효율, 비동조, 완고, 때로는 표독이 넘치는' 실정으로 보았다. 그는 '민주주의가 풀뿌리단계에서는 가동하지 않는다는 것'을 알았다. 그리고 이런 폐단은 지방민주주의의 강화를 통해서만 제거가 가능하다고 보았다. 그리고 판차야트가 좋은 방법인데, 당시에 판차야트는 거의 쇠멸단계에 있었던 것이다. 또한 라지브 간디는 Heged-Nazir Sab 팀이 카르나타카에 도입한 판차야트제에 깊은 감동을 받고, 이것을 전국에 확대시키기 위해 개헌을 하겠다는 결심을 하게 되었다. 제64차 개헌안은 연방하원에서 효과적으로 토의되지 못했다. 당시 라지브의 군수물자구입과 관련한 부정 시비가 크게 번졌기 때문에 반대가 거세었던 것이다. 싱(V. P.

Singh)이 반대파의 지도자였는데(라지브 내각에 있다가 사임을 했다), 그는 정부가 진실을 호도하고 있다고 주장했다. 그리고 판차야트 법안에 대해서도, ① 중앙정부가 주정부를 생략하고 직접 판차야트와 접촉하는 경향이 커서 주의 역할을 파괴하게 될지 모른다는 우려감, ② 전국에 걸쳐 판차야트의 획일적 모델을 강요하고 있는 점, ③ 제안 당시의 사정이 총선거가 임박한 시기라는 점 등을 문제점으로 들었다. 이어 단명한 정권이었지만, 싱 정부도 제74차 개헌안으로 판차야트 관련법안을 제출하였다. 하지만 국민전선 정부(National Front Government)가 사임을 해야만 했기에 이를 충분히 토의할 수 없었다. 찬드라세카르(Chandrashekhar) 관리정부가 1991년 여름의 총선거까지 유지되었고, 라오(Narasimha Rao) 정권이 또 다른 법안(제72차 개헌안)을 제출했다. 법안은 합동의회위원회로 심의를 위해 넘겨졌다. 이 위원회의 권고가 1992년 7월 접수되었고, 내각에서도 이틀 더 토의했다. 마침내 몇 개를 제외하고는 대부분의 권고가 받아들여졌고, 그 수정법안이 1992년 12월 제73차 개헌안으로 제출되어 승인되었다. 이 법안은 양원에서 만장일치의 통과를 얻게 되어 오랜 숙원이 실현되었다. 다만, 유감스럽게도 그에 걸맞은 대중의 호응을 불러일으키지는 못했다.

• 국민회의 당원 아이야르(Mani Shankar Aiyar)는 이전 법안의 기초에 참여했는데, 그가 볼 때에 새로운 개헌안에 관한 토론도 덤덤했고, 또 참석률도 대단히 저조해서 그는 이렇게 헌법에서 중요한 제도적 변화가 행해지는데도 불구하고 이렇게 저조한 참석률을 보이는 것에 대해 개탄해 마지아니했다. 1년 뒤 약 6개 남짓의 주들이 자신들의 의회를 통해 판차야트법 제정을 서둘렀을 때, 이들이 그에 대해 전혀 토의의 시간도 허용하지 않았음에도 불구하고, 이처럼 중요한 법률을 이렇게 형식적으로 취급하는 것에 대해 항의 한 번 받지 않은 것도 이상했다. 이제 형식에 맞추어 법률이 제정되고, 그런 법적 기구가 정한 시간에 설치되었다. 그리고 과거에 늑장을 부렸던 일부 주들에서 판차야트 구성을 위한 선거가 실시되기도 했다(Kumar, p. 45. 참조).

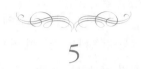

5

제73차 개헌법률의 내용

1992년 의회를 통과하고, 1993년 발효한 제73차 개헌으로 판차야트 규정은 헌법 본문(제9부 제243조의 A조부터 ZG조까지 상세한 내용으로 규정됨)으로 들어왔다. 그 내용을 본다.

1. 용 어

제243조(정의) 제9부에서는 문맥상 다른 것을 지칭하지 않는 한 다음과 같은 의미로 용어를 사용한다.

  1) '군'(district)은 각 주의 군을 의미한다.
  2) '그람 사바'(Gram Sabha)는 마을 단계의 판차야트 범위 내의 유권자로 구성되는 회의체를 말한다.
  3) '중간단계'는 마을과 군과 사이에 있는 단위로 주지사가 헌법의 취지에 맞게 공적으로 지정한다.
  4) '판차야트'는 헌법 제243-B조가 정하는 농촌지역에서의 자주정부제도를 지칭한다.
  5) '인구'란 최근 발간된 인구조사에 따른 수를 말한다.
  6) '마을'이란 주지사가 헌법의 취지에 맞게 공적으로 지정한 마을 혹은 일정한 범위의 집단을 말한다.

2. 그람 사바(Gram Sahha)

제243-A조(그람 사바) : 그람 사바는 주의회가 법률로써 정하는 바에 따라 마을에서 일정한 권한을 행사한다.

그람 사바는 가끔 집회를 하고 그 권고나 제안을 그람 판차야트에 한다. 그람 사바의 의장은 그람 판차야트의 의장이 한다. 대부분의 주에서 그람 사바는 그람 판차야트의 개발계획에 대한 연중 회계보고, 감사평가, 연중 행정보고서를 듣고 토의하고 권고와 제안을 한다. 어떤 주에서는 마을 전역의 단합과 조화를 촉진하며, 공동체 복지프로그램에 대한 현물의 자원봉사나 기부금을 장려한다. 개발정책의 시행에 따른 수혜자를 지정하고, 성인교육계획을 증진하는 등의 기능을 한다.

3. 판차야트의 조직, 권한, 활동 등

제243-B조(판차야트의 설치)
1) 모든 주는 헌법의 규정에 따라 마을, 중간단계, 군 단계의 판차야트를 구성해야 한다.
2) 전항의 규정에도 불구하고 인구 200만 명을 넘지 않는 주에서는 중간단계 판차야트를 구성하지 않을 수 있다.

제243-C조(판차야트의 구성)
1) 헌법의 규정에 따라 각 주의 의회는 법률로써 판차야트 구성에 관한 규정을 둘수 있다. 단, 각 단계별 판차야트에 속하는 인구수와 위원의 의석수의 비율은 동일하여야 한다.
2) 판차야트의 의석수는 판차야트 지역 유권자의 직접선거에 의해 선출된다. 이를 위하여 판차야트 지역은 선거구를 각 유권자수와 위원의 의석수 사이의 비율이 일치되도록 분구해야 한다.

3) 주의 의회는 법률로써 대표방식에 대해 규정해야 한다.

　가) 중간단계 혹은 중간단계가 없는 주의 경우에는 군내 마을 판차야트의 의장
　　선출

　나) 군내 중간단계 판차야트의 의장 선출

　다) 마을 단계 외의 판차야트의 전체 혹은 부분을 구성하는 선거구의 주하원
　　의원이 판차야트에 대표하는 방법

　라) a) 중간단계 판차야트 내에서 중간단계 판차야트 내의 유권자로 등록되어
　　　있는 해당 주의 상원의원이 판차야트에 대표하는 방법

　　　b) 군 단계 판차야트 내에서 군판차야트 내의 유권자로 등록되어 있는 해당
　　　주의 상원의원이 판차야트에 대표하는 방법

4) 판차야트의 의장과 모든 판차야트 위원들은 판차야트 지역 내의 선거구에서 직
접선거에 의한 선출 여부와 관계 없이 판차야트 회의에서 투표권을 가진다.

5) a) 마을 판차야트 의장은 각 주의회가 법률로써 정하는 방법에 따라 선출된다.

　b) 중간단계 혹은 군의 판차야트 의장은 이미 선출된 위원들 중에서 위원들이
　　선출한다.

모든 주는 3단계 구조의 판차야트를 두어야 한다(제243-A조 제1항). 3단계란 그람
판차야트(Gram Panchayat, Village Panchayat), 판차야트 사미티(Panchayat Samiti, Block
Panchayat), 질라 파리샤드(Zilla Parishad, District Panchayat)를 말한다.

각 단계 판차야트의 명칭은 다양하게 사용된다.

마을 판차야트의 경우, 그람 판차야트(안드라프라데시, 아삼, 비하르, 하리야나, 히마
찰프라데시, 카르나타카, 마디아프라데시 등 16곳), 마을 판차야트(구자라트, 케랄라 등 5
곳), 마을회의(마갈라야, 마조람, 나갈란드), 할카 판차야트(잠무, 카슈미르) 등이 있다.

중간단계 판차야트는 판차야트 사미티(비하르 등 9곳), 탈루카 판차야트(구자라트,
카르나타카), 안찰리크 판차야트(아삼), 만달 프리샤드(안드라프라데시), 블록 판차야트
(케랄라), 잔파드 판차야트(마디아프라데시), 판차야트 연합회의(타밀나두), 크셰트라
판차야트(우타르프라데시), 안찰 사미티(아루나찰프라데시), 블록 개발위원회(잠무, 카

슈미르), 블록 자문위원회(고아) 등이 있다.

　군 판차야트는 질라 파리샤드(안드라프라데시, 서벵골 등 13곳), 질라 판차야트(마디아프라데시, 마하라슈트라, 우타르프라데시 등 4곳), 지역 판차야트(구자라트 등 3곳), 군계획·개발위원회(잠무, 카슈미르), 군협의회(미조람 등 2곳) 등이 있다.

　판차야트제도의 기초단위는 그람 판차야트이다. 제73차 개헌은 이것을 다시 회복했다는 점에서 의미가 깊다. 각 주정부는 이의 출현으로 인해 자신의 권한이 크게 잠식당하자 이를 경계하고 견제하는 분위기가 완연했다. 당연히 판차야트법 제정초기부터 그 곡해가 심했다.

　마을 판차야트의 크기는 많은 차이가 있다. 어떤 주에서는 재정확충, 임무수행의 측면에서 볼 때 외형이 큰 것을 선호하는 경향이 있는가 하면, 규모가 작은 판차야트일수록 훨씬 알찬 성과를 낼 수 있다는 견해가 공존한다. 인구 200명 마을을 기준으로 하는 펀자브, 300명 이상의 마을을 기준으로 하는 아루나찰프라데시, 500명 이상의 마을(타밀나두), 1,000명 이상의 마을(아삼, 히마찰프라데시, 우타르프라데시), 2,000명 이상의 마을(오리사), 5,000명(카르나타카), 7,000명(비하르) 이상인 곳이 있고, 여타의 주들은 그 규모와 관계없이 현재의 마을을 단위로 하고 있다(9곳).

　　● 2006년 12월 1일 현재 전국 판차야트의 수는 239,539, 선출직 위원수는 2,828,779명, 그중 불가촉천민 위원수는 526,628명(18.6%), 지정부족의 위원수는 327,313명(11.6%), 여성은 1,038,989명(36.7%)이다(M. S. Aiyar, *Panchayati Raj in India*, 2006, pp. 28~29; 고홍근, "판차야트 라즈 : 그 과거와 현재", 『남아시아연구』, 제14권 1호, 2008, 27쪽에서 재인용).

4. 소수자에 대한 의석유보

제243-D조(의석유보)

1) 각 단계의 판차야트에서 의석은 a) 지정카스트와 b) 지정부족들에게 유보된다. 유보할 의석의 수는 해당 판차야트에서 직접선거에 의해 선출되어야 할 전체

의석수를 그 지역 판차야트 지역의 지정카스트 혹은 지정부족의 인구가 그 지역의 전체인구에 대한 비율에 따라 얻어지는 수가 된다. 이러한 의석수는 한 판차야트 내에서 여타의 선거구에도 윤번제로 할당할 수 있다.

2) 제1항의 유보 의석의 총수의 1/3 이상은 지정카스트 혹은 지정부족 소속의 여성에게 배분되어야 한다.

3) 모든 판차야트에서 직접선거에 의해 선출되어야 할 전체의석(지정카스트와 지정부족에 속하는 여성에 유보된 수를 포함하여)의 1/3 이상은 여성에 유보되어야 하며, 그 의석은 같은 판차야트 내의 다른 선거구에 윤번제로 할당할 수 있다.

4) 마을 판차야트 혹은 여타 단계의 판차야트 의장은 지정카스트, 지정부족, 여성에게도 유보되어야 하며, 이에 관해서는 주 의회가 법률로써 정한다. 다만, 각 주의 각 단계별 판차야트에서 지정카스트와 지정부족에 대한 의장의 수는 해당 주의 총인구 중 지정카스트와 지정부족이 차지하는 인구의 비율에 따른다. 또한 각 단계별 판차야트의 의장직 전체수의 1/3 이상은 여성에게 유보되어야 한다. 또한 이렇게 해서 유보되는 의장직수는 각 단계의 다른 판차야트에게 윤번제로 할당되어야 한다.

5) 제1항, 제2항에 의한 의석 유보와 제4항의 (여성에 대한 유보를 제외한) 의장직에 대한 유보는 제334조에서 명시한 기간이 지나면 만료된다.

6) 주 의회가 판차야트의 의석과, 의장직을 낙후된 시민계층을 위하여 유보하는 것을 헌법은 금하지 아니한다.

각 단계의 판차야트 의장직 중 일정 수는 지정카스트, 지정부족, 여성에게 유보되어야 하며, 이에 관해서는 주의회가 법률로써 정한다.

• 각 단계 판차야트 의장의 명칭이 지역마다 다양하다. 마을 판차야트의 의장은 Sarpanch(10곳), Pradhan(5곳), President, Adhyaksha, Mukhya, Sabhapati 등이고, 중간단계 판차야트의 의장은 Chairman(9곳), President(5곳), Adhyaksha, Pramukh, Pradhan, Sabhapati 등이고, 군 판차야트의 의장은 President(8곳), Chairman(5곳), Adhyaksha(3곳), Pramukh, Sabhapati 등이다(Manoi Rai, p. 25).

의장수의 할당은 각 단계 판차야트의 지역 전체 인구 중 지정카스트와 지정부족의 수에 비례해서 배정하도록 한다. 마찬가지로 전체 의장직 수 중에서 3분의 1 이상은 여성에게 할당되어야 한다. 물론 배정되는 판차야트는 윤번제로 해야만 한다(동조 제4항). 이 조문에서 정하는 법정유보제는 제334조가 정하는 기한이 도래할 때까지 계속된다(동조 제5항).

• 헌법 제334조 : 연방하원과 상원에서의 지정카스트, 지정부족에 대한 법정유보제는 헌법발효 후 60년까지 지속된다. 본래 이 규정은 헌법발효 후 '10년 후까지'로 잡았는데, 1959년 제8차 개헌으로 '20년까지'로 바뀌었다가, 1969년 제23차 개헌으로 '30년까지'로 고쳤고, 1980년 제45차 개헌으로 '40년까지'로 다시 고치고, 1989년 제62차 개헌에서는 '50년까지'로 바꾼 것을 1999년 제79차 개헌에서 현재의 것으로 연장한 것이다.

제6항은 낙후된 계급을 위한 규정이다. 낙후된 계급에 대한 의석과 의장직 배정에 관한 것은 주의회의 재량사항으로 되어 있다. 그 결과 각 주가 이 사안관련 결정을 내리는 일은 쉽지 않고 실제 예가 매우 다양하다.

• 우리나라에 소개된 것으로는 현재 몇 개의 지방사례연구가 나와 있다. 서벵골 바만가트 판차야트 사례연구로 김찬완, "자치단체로서의 판차야트", 『남아시아연구』 제14권 1호, 2008; 타밀나두 마을 판차야트의 사례연구로 이상수, "인도 제73차 개헌이 달리트의 정치적 지위변화에 미친 영향", 『민주법학』 제33호, 관악사, 2007; 이병진, "인도지방자치에 대한 일 고찰—펀자브 판차야트 사례를 중심으로", 경희대학교 대학원 정치학과 박사학위논문, 2009. 2; 박홍윤, "인도 지방정부에서 판차야트라지의 정치적 대표성에 대한 연구", 『인도』, 대외경재정책연구원 전략지역심층연구 논문집 I, 2011 등이 있다.

즉, 법정유보를 전혀 하지 않은 주(오리사, 타밀나두 , 서벵골 등 7곳), 명목적 배정에 그친 주(구자라트는 사회적·교육적 낙후계급에 전체 의석의 10분의 1 배정), 전체 의석의 3분의 1 배정(안드라프라데시, 카르나타카), 인구비례에 따른 배정[비하르, 히마찰프라데시, 라자스탄, 우타르프라데시(27% 이내에서만)], 전체 의석의 27%(마하라슈트라),

지정카스트, 지정부족에 대한 법정유보가 50% 이하인 경우 25%만 배정한 경우(마디아프라데시) 등이다. 마디아프라데시의 경우는 의장이 지정카스트, 지정부족, 여타 낙후계급에 속하지 않을 경우, 부의장을 이들 세 범주에 속하는 위원 중에서 선출하도록 하고 있다.[10]

5. 판차야트의 존속, 임기

제243-E조(판차야트의 존속기간)

1) 모든 판차야트는 어떤 특별법률에 의해 강제적으로 일시 해산되지 않는 한 제1차 회의부터 5년간 지속된다.

2) 일시적 효력을 가지는 어떤 법률개정에 의해서도 법률개정 이전부터 기능하고 있는 모든 단계의 판차야트에 대하여 제1항이 규정하는 기한까지는 해산을 명할 수 없다.

3) 판차야트를 설치하기 위한 선거는 다음 기간 중에 실시되어야 한다.

가) 제1항에 규정된 기한이 종료되기 전

나) 해산일부터 6개월이 지나기 전

단, 해산된 판차야트가 존속했을 경우라도 6개월 미만의 기간만 남아 있는 경우에는 이 항에 의한 판차야트 설치를 위한 선거를 실시하지 않아도 된다.

4) 기한 만료 전에 해산된 이유로 새로 설치된 판차야트는 해산된 판차야트가 존속했을 시 채워야 할 잔여기간만을 지속한다.

제243-F조(위원의 부적격)

1) 다음과 같은 경우 판차야트 위원이 될 수 없다.

가) 현행 법률에 의해 주의회선거 목적과 관련하여 자격을 갖추지 못한 경우

단, 연령이 21세 이상인 경우 25세 미만이라는 이유로 자격미달이 될 수는

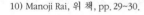

10) Manoji Rai, 위 책, pp. 29~30.

없다.

　나) 주의회가 정한 법률에 따라 자격이 부적합한 경우

2) 만약 어떤 판차야트 위원이 제1항이 정한 부적격 요건에 해당되는가의 여부가 문제가 될 경우에는 주의회가 법률에 의해 정하는 바에 따른 절차에 따라 결정한다.

6. 판차야트의 권한

제243-G조(판차야트의 권한, 권위, 책임)

헌법의 규정에 따라 주의회는 법률로써 판차야트로 하여금 자치정부제도로서 기능하는 데 필요한 권한과 권위를 부여할 수 있다. 그 법률은 단계별 판차야트의 다음 사항에 대한 권한과 책임이양에 관한 특별한 절차규정을 정할 수 있다.

　가) 경제개발과 사회정의에 관한 계획의 준비

　나) 부칙 제11조에 열거된 내용에 포함되고 그들에게 맡겨진 경제개발과 사회정의의 계획에 대한 시행

판차야트의 권한과 책임은 판차야트가 자치정부제도로서 기능을 잘 할 수 있도록 주의회가 헌법에 따라 법률로써 부여한다. 이 법률은 각 단계의 판차야트가 경제발전이나 사회정의를 위한 계획의 준비나 혹은 부칙 제11조에 열거된 사항을 포함하여 판차야트에 맡겨진 경제발전이나 사회정의의 실현을 위한 구체적 내용들이 될 것이다(제243-G조).

　• 헌법 부칙 제11조는 29개를 규정하고 있다. 1. 농업과 농업관계분야, 2. 토지개선, 토지개혁의 시행, 토지정리와 토양보존, 3. 소규모 관개시설, 수질관리와 수로개발, 4. 축산, 낙농, 양계, 5. 어업, 6. 삼림, 임업, 7. 소규모 임산물, 8. 음식처리업 등 소규모 산업, 9. 가내수공업, 10. 농촌주택, 11. 식수, 12. 연료와 사료, 13. 도로, 지하수로, 교량, 나룻배, 수로, 기타 교통수단, 14. 농촌의 전화(電化), 15. 에너지자원 개발, 16. 빈곤 타파계획, 17. 초중등교육, 18. 기술·직업 교육, 19. 성인교육, 비형식적 교육, 20. 도서

관, 21. 문화활동, 22. 각종 시장, 23. 보건 및 위생, 병원, 보건소 등, 24. 가정복지, 25. 여성과 아동개발, 26. 신체 및 정신장애인을 포함하는 사회복지, 27. 지정카스트, 지정부족 등 사회적 약자를 위한 복지사업, 28. 공공분배 시스템, 29. 공동체 자산관리.

7. 판차야트의 재정

제243-H조(판차야트의 세금, 기금에 대한 부과권)

주의회는 법률로써 다음을 정할 수 있다.

가) 판차야트에 대해 정해진 절차와 그 한계에 따라 세금, 부과금, 통행료, 각종 요금에 대한 징수권 부여

나) 주정부가 부과하고 징수한 세금, 부과금, 통행료, 각종 요금을 정해진 목적과 조건, 한계를 정해 판차야트에 부여하는 것

다) 주의 재정으로부터 판차야트에 일정 교부금을 부여하는 것

라) 판차야트와 관련하여 발생하는 일체의 재정관련사항을 규정화하는 것

제243-I조(재정상태 심의를 위한 재정위원회의 설치)

1) 주지사는 제73차 개헌법률(1992) 시행 1년 이내에 또한 그 이후에는 매 5년 임기만료 시마다 판차야트의 재정상태를 심의하여 주지사에게 보고하기 위한 재정위원회를 구성해야 한다. 주요 포함 내용은 다음과 같다.

　가) 다음과 같은 원칙에 관한 것이다.

　　a) 주와 판차야트 사이에 주가 부과할 수 있는 세금, 부과금, 통행료, 각종 요금의 배분과 이것들의 각 판차야트에 대한 할당

　　b) 판차야트에 할당되거나 혹은 직접 징수할 수 있는 각종 세금, 부과금, 통행료, 각종 요금에 대한 결정

　　c) 주의 재정으로부터 판차야트에 대한 교부금

　나) 판차야트의 재정상태를 개선하기 위한 필요한 조치

　다) 판차야트의 건전한 재정을 위해 주지사가 재정위원회에 부의한 사항

2) 주의회는 법률로써 위원회의 구성, 위원의 자격요건, 선임방법을 정할 수 있다.

3) 위원회는 그 절차를 결정해야 하고, 주의회가 법률로써 그들에게 부여한 기능을 수행하기 위한 권한을 가진다.

4) 주지사는 이 조문에 따른 위원회의 권고안을 처리방안서와 함께 주 의회에 제출해야 한다.

제243-J조(판차야트의 회계감사)

주 의회는 법률로써 판차야트의 회계 기록과 감사에 관한 규정을 제정할 수 있다.

8. 판차야트의 선거 등

제243-K조(판차야트의 선거)

1) 판차야트 선거에서의 감독, 지침, 선거인 명부준비, 선거의 실시 등을 위한 주 선거관리위원회를 설치하며, 이 위원회는 주지사가 임명하는 주 선거관리위원들로 구성된다.

2) 주지사는 주의회가 제정한 법률의 규정 아래서 주 선거관리위원의 근무조건과 임기를 정한다. 단, 주 선거관리위원은 고등법원법관과 같은 절차와 사유 이외의 이유에 의하여 면직되지 않으며, 근무조건은 취임 이후 불이익하게 변경되어서는 안 된다.

3) 주지사는 주 선거관리위원회의 요청이 있을 경우 이 조문 제1항의 임무를 수행할 수 있도록 인원을 충원시켜 주어야 한다.

4) 헌법의 규정에 따라서 주의회는 법률로써 판차야트의 선거와 관련된 사항을 제정할 수 있다.

제243-L조(연방직할지역에 대한 적용)

이 규정은 연방직할지역에도 적용한다.

6
개헌 이후의 상황

　인도에서 판차야트의 역사는 약 50년, 3번의 시도가 있었고, 제73차 개헌이 있기 직전에는 단지 3개 주에서만 존재하고 있었다. 개헌 이후에는 아주 다양한 형태로 판차야트가 전개되고 있다. 현재까지의 결과만 보고 그 기여한 점을 살피면 다음과 같다.

　① 많은 지도자의 자리가 만들어짐에 따라, 현장에서의 권력을 창출함으로써 권력 분산에 지대한 기여를 했다. 이것은 민주주의의 선결조건이다.

　② 시민의 참여조건을 가능하게 했고, 혁신적 사고의 실험을 제공하는 기회가 되었다.

　③ 집단적 결정기술을 발달시키고, 공적 토론을 통해 여론형성에 이바지하고 대중과 지도자 사이의 갭을 연결하였다.

　④ 사회주변부에 처해 있던 (특히 여성) 사람들을 권능화시켜 민주주의의 기반을 더욱 강화시켰다.

　⑤ 이제까지 정체되었던 농촌사회를 점차 변화시키는 계기가 되었다.

　개헌 이후 판차야트가 성공적 발전을 한 것은 아니다. 여전히 미흡한 점이 많다. 집권당과 야당 사이에, 혹은 중앙과 주정부 사이에 의견의 다툼이 왕왕 발생했다. 중앙정부는 보라는 듯 말을 듣지 않는 주에 대해 경고를 보내기도 했다. 또한 아직도 부족한 내용을 보다 확실히 하기 위해서 또 한 번의 헌법개정을 언급하는 사람도 있다. 현행 헌법이 판차야트의 기금, 기능, 공무원 등에서 순탄한 권한이양보장에 대해

미흡한 것은 사실이다. 그래서 이와 같이 위로부터의 정치적 조치가 필요하다는 것은 일리가 있다. 그렇지만 개헌에 의한 해결방식은 한계가 있음을 알아야 한다. 그와 같은 처방으로는 현실의 문제를 바로잡지 못한다. 사람들의 희망, 신조, 가치체계 등이 요긴하다. 이와 같은 인간의 내재적 성질들을 바로잡아 공공정신으로 가득 찬 시민들로 바꾸는 것도 필요하다. 거꾸로 전통적인 사고와 습관의 방식들은 사람들을 순치된, 굴종과 복종의 사람들로 만들고 무관심과 소홀의 인간으로 남게 한다. 단순한 개헌은 결코 '정치적 의사'를 형성할 수는 없으며, 그것은 판차야트의 성공에도 큰 계기부여가 되지 못함을 뜻한다.

7

끝내며

판차야트의 시작은 간디의 이상사회에 뿌리를 두고 있다.

• 현재의 판차야트는 간디가 생각했던 것과는 많이 다르다. 간디의 '작은 공화국'으로서의 판차야트는 입법, 행정, 사법의 권한을 모두 행사하는 자치체를 상정하였지만, 현재의 것은 사법권은 완전히 제외된 상태이다. 사법권을 행사하는 니아야 판차야트(Nyaya Panchayat)가 별도로 있었지만, 현대의 법원조직과 공존하지 못하고 사실상 사라졌다(Sunil Deshta, *Lok Adalats In India*, Deep & Deep Publications, 1995, pp. 64~95).

그렇기 때문에 개별적 국민들의 주권과 인권이 충분히 보장될 때까지 그 진행이 계속되어야 한다. 그러나 현실은 그렇지 못하다. 비록 난관이 많은 것이 현실이고, 특히 인도와 같이 복잡다단한 현실을 가진 나라에서는 더욱 힘들 것이라는 점도 예상된다. 인도국민들은 큰 장애에도 불구하고 판차야트에 대해서는 끝까지 포기하지 않고 성공을 거두고자 노력할 것이라고 본다.

판차야트의 존재의의를 드러내기 위해서는 기초단체에서의 성공이 꼭 필요하다. 그런 점에서 그람 사바와 그람 판차야트의 성공적 운영이 기대된다. 이를 위해서 다음과 같은 점이 필요하다.

① 그람 사바는 국민의 포럼이다. 이들은 아주 미세한 내용부터 아주 구체적인 계획을 할 수 있는 상향식 결정기구가 되어야 하며, 결코 발전행정의 제3의 단계로 전락되어서는 안 된다.

② 여성 등 취약세력의 적극적 참여와 결정이 강조되어야 한다.

③ 판차야트제도에 대한 간여나 강화책은 여성 등 소수자 대표에 대한 지도력을 향상시킬 수 있는 그런 향상책, 강화책 등에 초점이 맞추어져야 한다.

④ 주정부나 중앙정부가 할 수 있는 자연자원, 인적 자원, 발전 자원들에 관하여 판차야트제도 접근과 통제를 할 수 있는 권한이 있음을 주장해야 한다.

⑤ 판차야트제도의 강화는 그들의 역할, 지배구조, 책임성, 투명성, 상호 연관성 등을 밝혀야 한다.

⑥ 정부와 시민단체, 대학, 언론, 시장은 공히 판차야트의 구성과 강화에 대한 의식 제고, 주변부 집단의 참여를 촉진시키기 위한 그람 사바의 동력 강화, 그리고 이 조직의 기능에 대한 투명성, 책임성을 강화한다.

⑦ 판차야트 선거에서의 자유롭고, 공평하고, 평화롭고, 참여적인 선거의 활성화를 위한 교육을 실시한다. 그리고 당선된 대표자들의 능력배양을 위한 대책을 세운다.

⑧ 정책환경 등 모든 분야에서 지방자치 강화를 위한 지적 무장이 필요하다.

⑨ 중앙정부와 주정부는 특정한 발전책과 관련하여 판차야트를 지원하기 위한 진정한 노력을 기울여야 한다. 지역적인 관할권 외에도 판차야트가 자신의 기능

을 원활히 수행하기 위해 필요한 자연적·물리적·인간적 자원들을 분권화시켜야 한다. 주정부와 중앙정부에 평행적 기능을 수행하는 부서를 존치시키는 것은 판차야트를 붕괴시키는 것과 다를 바 없다.

참고문헌

- 게일 옴베르트 지음, 이상수 옮김, 『암베드카르평전』, 필맥, 2004.
- 고홍근, "판차야트 라즈 : 그 과거와 현재", 『남아시아연구』 제14권 1호, 2008.
- 구승회, 김성국 외, 『아나키·환경·공동체』, 모색, 1996.
- 김찬완, "자치단체로서의 판차야트", 『남아시아연구』 제14권 1호, 2008.
- 박금표, "영국지배시기의 지방자치제도와 판차야트", 『남아시아연구』 제14권 1호, 2008.
- 박홍윤, "인도 지방정부에서 판차야트라지의 정치적 대표성에 대한 연구", 『인도』, 대외경제정책연구원 전략지역심층연구 논문집 I, 2011.
- 이병진, "인도지방자치에 대한 일 고찰", 경희대 정치학과 박사학위논문, 2009.
- 이상수, "인도 제73차 개헌이 달리트의 정치적 지위변화에 미친 영향", 『민주법학』 제33호, 관악사, 2007.
- 이은주, "판차야트 정착에 미친 간디의 영향과 그의 정치이념, 그람 스와라지", 『남아시아연구』 제14권 1호, 2008.
- 최종찬, "인도 지방자치제도의 기원", 『남아시아연구』 제14권 1호, 2008.
- 한면희, 『미래세대와 생태윤리』, 철학과 현실사, 2007.
- C. Ilbert and Meston, *The new Constitution of India,* London, 1923.
- George B. Tindall and David E. Shi, *America,* W. W. Norton & Company, Inc, 2000.
- George Mathew, *Panchayati Raj: From Legislation to Movement,* New Delhi, 2002.
- Ghosh and Kumar, *State Politics and Panchayats in India.* New Delhi, 2003.
- G. Kumar, *Local Democracy in India,* Sage Publications, 2006.
- Manoji Rai(ed.), *The State of Panchayats, Samskriti,* Pria, 2001.
- M. P. Jain, *Outlines of Indian Legal History,* 5th.ed., Wadhwa & Company Nagpur, 1996.
- Sunil Deshta, *Lok Adalats In India,* Deep & Deep Publications, 1995.
- V. N. Shukla, *Constitution of India,* revised by M. P. Singh, 10th ed., 2003.

» 영어 문헌

- Adams, J. and Whitehead, P., *The Dynasty: The Nehru-Gandhi Story*, Penguin Books(BBC), 1997.

- Agarwal, R. C., *Constitutional Development and National Movement of India(Freedom Movement, Acts and Indian Constitution)*, S. Chand & Company Ltd., 1996.

- Agrawala, S. K., "Jawaharlal Nehru and The Language Problem", in *Nehru and the Constitution*, Indian Law Institute, New Delhi, 1992.

- Ahir, D. C., *Dr. Ambedkar and Indian Constitution*, Lucknow: Low Price Publications, 1997.

- Ambedkar, *Annihilation of Caste*(2nd.), B. R. Kadrekar, 1937.

- ——, "Buddhism and Communism", (edited V. Grover) in *Political Thinkers of Modern India*: B. R. Ambedkar, Deep & Deep Publications, 1993.

- ——, *Ranade, Gandhi and Jinnah*, Gautam Book Centre, 1943.

- ——, "Why Conversion?"(1935), (edited by V. Grover) in *Political Thinkers of Modern India*: B. R. Ambedkar, Deep & Deep Publications, 1993.

- Archbold, *Outlines of Indian Constitutional History*, P. S. King & Son, 1926.

- Austin, Granville, *History of Indian Constitution*, Oxford University Press, 1999.

- ——, *The Expected and the Unintended in Working a Democratic Constitution in India's Living Constitution*, Clarendon Press, 2006.

- ——, *The Indian Constitution*, Oxford Univ. Press, 1972.

- ——, *The Indian Constitution: Cornerstone of a Nation*, Delhi: Oxford University Press, 2004.

- ——, *Working A Democratic Constitution*, Oxford Univ Press, 2003.

- Azad, Maulana Abul Kalam, *India Wins Freedom*, Orient Longman, 1988.

- Bakshi, P. M., *The Constitution of India*, Universal Law Publishing Co., 2008.

- Banerjee, A. C., *Indian Constitutional Documents, 4 Vols.*,(Congress Presidential address), 1961.

- Basu, Durga Das, *Introduction to the Constitution of India*(17th ed.), Prentice Hall of India Private Ltd., 1995.

- ____, *Introduction to the Constitution of India*, Nagpur: Wadhwa, 2007.
- Baxi, Upendra, Dare Not Be Little, "J. Nehru's Constitutional Vision and Its Relevance in the Eighties and Beyond", in *Nehru and the Constitution*, Indian Law Institute, New Delhi, 1992.
- Bhandari, M. K., *Basic Structure of the Indian Constitution*, Deep & Deep Publications, 1993.
- Bhargava, R. N., *The Theory and Working of Union Finance in India*, George Allen & Unwin, London, 1962.
- Bhattacharya, N. C., *Gandhian Concept of State*(edited by B. B. Majumdar).
- Birch, A. H., *Federalism, Finance, and Social Legislation in Canada, Australia, and the United States*, Clarendon Press, 1955.
- Brecher, Michael, *Nehru—A Political Biography*, Oxford University Press, 1961.
- Brij Bhusan vs. State of Delhi (AIR 1950. SC 129).
- Chakrabarty & Bhattacharya, *Congress in Evolution*, The Book Co. Ltd., Calcutta, 1940.
- Chand, Phul, "Federalism and the Indian Political Parties", (edited by Verinder Grover), PSCI, Vol. 4, Deep & Deep, 1997.
- Chanda, Ashok, *Federalism in India*, George Allen & Unwin, 1965.
- Chandra, Bipan, *India after Independence*, Penguin Group, 1999.
- ____, *India's Struggle for Independence*, Penguin Books, 1989.
- Chaturvedi, Archna, *A Constitutional History of India*, Ajay Verma, 2009.
- Chavan, Sheshrao, *The Makers of Indian Constitution*, Bharatiya Vidya Bhavan, 2000.
- Chopra, Prabha(ed), *Sardar Patel and Administrative Services*, Konark Publishers, 2005.
- Constitutional Assembly Debates.
- Copland, I., *The Princes of India in the Endgame of Empire, 1917~1947*, Cambridge University Press, 1997.
- Coupland, R., *The Constitutional Problem in India*, Oxford University Press, 1945.
- Dahal, Ran Kumar, *Constitutional and Political Developments in Nepal*, Kathmandu: Ratna Pustak Bhandar, 2001.
- Desai, C. C., "Central-State Relations in India", (edited by Verinder Grover), PSCI, Vol. 4, Deep & Deep, 1997.
- Deshta, Sunil, *Lok Adalats In India*, Deep & Deep Publications, 1995.
- Deva, Indra(ed), *Sociology of Law*, Oxford Univ. Press, 2005.
- Devidas, Mallar and Kumar, *Cases and Materials on Constitutional Law: Centre-State*

Relations and Federalism, National Law School of India University, 1992.

- Dhavan, Rajeev/Paul, Thomas, *Nehru and the Constitution*, India: National Book Trust, 1992.
- Dicey, A. V., *Introduction to the Study of the Law of the Constitution*(10th ed.), Macmillan and Co., 1950.
- ——, *Law of the Constitution*, Universal Law Publishing Co., 2003.
- Fadia, Babulal, *State Politics in India*, Vol. 1, New Delhi, 1984.
- Fisher, Michael H., *Counterflows to Colonialism*, Pauls Press, 2004.
- Fred I. Greenstein and N. W. Polsby, *Governmental Institutions and Processes*, Addison-Wesley, 1975.
- French, Patrick, *India*, Penguin Group, 2011.
- Friedrich, C. J., *Trends of Federalism in Theory and Practice*, Praeger, 1968.
- Gandhi, M. K., *An Autobiography or The Story of My Experiments with Truth*, Navajivan Trust, 1995.
- ——, *Hind Swaraj*, Rajpal &Sons, 2010.
- ——, *Satyagraha in South Africa*, Navajivan Trust, 2006.
- ——, *The Bhagvadgita*, Navajivan Trust, 1996.
- ——, *The Law and the Lawyers*, Navajivan Trust, 1996.
- Gehlot, N. S., *Indian Government and Politics*, Rawat Publications, Jaipur and New Delhi, 1996.
- Ghai, Yash, "The Theory of the State in the Third World and The Problematics of Constitutionalism", in *Constitutionalism and Democracy*, Oxford University Press, 1993.
- Ghosal, A. K., "Federalism in the Indian Constitution", (edited by Verinder Grover), PSCI, Vol. 4, Deep & Deep, 1997.
- Ghosh and Kumar, *State Politics and Panchayats in India*, New Delhi, 2003.
- Ghosh, Durba(ed), *Decentring Empire*, Orient Longman, 2006.
- Goyal, Rajni, "The Governor: Constitutional Position and Political Reality", *The Indian Journal of Political Science*, 53(4), 1992.
- Greenberg, Douglas(ed), *Constitutionalism and Democracy*, Oxford University Press, 1993.
- Greenstein, F. I. & Polsby, N. W., *Governmental Institutions and Processes*, Addison-Wesley, 1975.
- Gregg, Richard B., *The Power of Non-Violence*, Navajivan Trust, 2005.
- Grover, Virendra, Political System and Constitution of India(10 vols.).

- ____, "The Indian Federalism Examined", (edited by Verinder Grover), PSCI, Vol. 4, Deep & Deep, 1997.
- Guha, Ramachandra, *Makers of Modern India*, Penguin Group, 2010.
- Gupta, Subhash Chandra, *Supreme Court of India*, Deep & Deep Publications, 1995.
- Gupta & Sarkar, *Overview of Indian Legal and Constitutional History*, Surjeet Publications, 1982.
- Gwyer, M. and Appadori, A., *Speeches and Documents on the Indian Constitution 1921~1947*, Vol. 1, Oxford University Press, 1957.
- Hasan, Zoya(ed), *India's Living Constitution*, Pauls Press, 2006.
- ____, *Politics and the State in India*, Sage Publications Inc., 2002.
- Ilbert, C., *Government of India*, Clarendon Press, 1915.
- Ilbert, C. and Meston, *The new Constitution of India*, University Press, London, 1923.
- Jack, Homer A., *The Gandhi Reader*, Samata Books, 1984.
- Jacob, Alice, "Nehru and the Judiciary", in *Nehru and The Constitution*, Indian Law Institute, New Delhi, 1992.
- Jain, M.P., *Outlines of Indian Legal History*, 5th ed., Wadhwa & Company Nagpur, 1996.
- Javata, *Social philosophy of B. R. Ambedkar*, Rawat Publications, 1997.
- Johari, J. C., *The Constitution of India*, Sterling Publishers Private Ltd., 2004.
- ____, *The Constitution of India: A Politico-Legal Study*, Sterling Publishers Private Limited, 1995.
- Jois, M. Rama, *Legal and Constitutional History of India*, Universal Law Publishing Co., 2012.
- Jones, W. H. Morris, *Parliament in India*, University of Pennsylvania Press, 1957.
- ____, *The Government and Politics of India*, Hutchinson and Co., 1964.
- Joshi, G. N., *The Constitution of India*, Macmillan, 1954.
- Kashyap, S. C., *Jawaharlal Nehru and the Constitution*, Metropolitan Book Co., 1982.
- ____, *Our Constitution*, National Book Trust, 1947.
- ____, *Our Constitution*, National Book Trust, 1994.
- ____, *Our Constitution*, National Book Trust, 2007.
- Kaye, *Administration of the East India Company*, London, R. Bentley, 1853.
- Keith, A. B., *A Constitutional History of India 1600~1935*, Methuen & Co., Ltd., 1937.
- Khan, Rasheeduddin, *Federalism in India: A Quest For New Identity, in Rethinking Indian*

Federalism, Indian Institute of Advanced Sciences, 1997.

• Kulshreshtha, V. D., *Landmarks in Indian Legal and Constitutional History*, Eastern Book Company, 1995.

• Kumar, G., *Local Democracy in India*, Sage Publications, 2006.

• Limaye, Madhu, *Will the Indian State Degenerate into a Coercive One, Times of India*, Bombay and New Lelhi, 1989.

• Lyon, Michael H., *Sardar Patel and Indian Independence*, Konark Publishers Pvt Ltd, 1996.

• Mathew, George, *Panchayati Raj: From Legislation to Movement*, ISS, New Delhi, 2002.

• Mehra, Ajay K.(ed), *Emerging Trends in Indian Politics*, Routledge, 2010.

• Mehrotra, S. R., *The Emergence of the Indian National Congress*, 1971.

• Mehta, Pratap Bhanu, *The Inner Conflict of Constitutionalism: Judicial Review and the 'Basic Structure'*, India's living Constitution, Pauls Press, 2006.

• Menon, V. P., *Integration of Indian States*, Orient Longman, 1956.

• ――, *Integration of the Indian States*, Orient Longman Ltd., 1985.

• Misra, R. K., "Nehru and Secularism", in *Nehru and the Constitution*, Indian Law Institute, New Delhi, 1992.

• Misra, R. P., *Hind Swaraj*, Vol.1, Concept, 2007.

• Moore, Robin J., *Imperial India, 1858~1914*, The Oxford History of the British Empire, Oxford, 1999.

• *Moti Lal vs. State of Uttar Pradesch* (AIR 1951. SC 257).

• Myrdal, Gunnar, *Asian Drama: An Inquiry into the Poverty of Nations*, Twentieth Century Fund, New York, 1968.

• Nehru, Jawaharlal, Letter to Gandhi, 1945. 10. 9.

• ――, *Discovery of India*, Penguin Books, 2004.

• ――, *Letters to Chief Ministers*, Vol. 2, 1986.

• ――, *Nehru's Speeches*, Vol. 1, New Delhi: Government of India Publications Divisions, 1949.

• ――, *The Discovery of India*(16th ed.), Oxford University Press, 1996.

• ――, *Unity of India*(2 ed.), John Day, 1948.

• Oxford University, *An Illustrated History of Modern India 1600~1947*, Oxford University Press, 1990.

• Panday, Manoj/Kedia, Onkar, *Essentials of the Indian Constitution*, Vikas Publishing House

Pvt Ltd., 1995.

- Pandey, J. N., *The Constitutional Law of India*, Allahabad, 1969.
- Philips, C. H., *The East India Company(1784~1834)*, Oxford University Press, 1961.
- Pylee, M. V., *An Inrtoduction to The Constitution of India*, South Asia Books, 1995,
- ——, *An Inrtoduction to The Constitution of India*, South Asia Books, 1995.
- Rai, Manoji(ed.), *The State of Panchayats, Samskriti*, Pria, 2001.
- Rai, S., *Indian Political System*, Sunrise Publications, 2007.
- Rajashekara, H. M., "Nehru and Indian Federalism", (edited by Verinder Grover), PSCI, Vol. 4, Deep & Deep, 1997.
- Rajkumar, N. V., *Development of the Congress Constitution*, All India Congress Committee, 1949.
- Rama, M. Jis, *Legal and Constitutional History of India*, Universal Law Publishing Co., 2012.
- Ramesch Thapar vs. State of Madras (AIR 1950. SC 124).
- Rao, P. Konanda, "Is India a Federation?", (edited by Verinder Grover), PSCI, Vol. 4, Deep & Deep, 1997.
- Raychaudri, T., "Constitutionalism and the National Discourse", in *Constitutionalism and Democracy*, Oxford Univ. Press, 1993.
- Robins, Nick, *The Corporation that Changed the World*, orient Longman, 2006.
- Robinson, Francis, *The Cambridge Encyclopedia of India*, Cambridge University Press, 1989.
- Ruskin, *Unto This Last(A Paraphrase by M.K. Gandhi)*, Navajivan Trust, 2007.
- Samaddar, Ranabir, *The Materiality of Politics*, Antham Press, 2007.
- Sanajaoba, Naorem, "Nehru's World View", in *Nehru and the Constitution*, Indian Law Institute, New Delhi, 1992.
- Sathe, S. P., "Nehru and Federalism: Vision and Prospects", in *Nehru and The Constitution*, Indian Law Institute, New Delhi, 1992.
- ——, *The Tribunal System in India*, Tripathi Private Limited, 1996.
- Secretariat, Lok Sabha, *The Constitution and the Constituent Assembly*, 1990.
- Sen, Sarbani, *The Constitution of India*, Oxford Univ. Press, 2007.
- Shandilya, Tapan Kumar, *Centre-State Financial Relations in India*, Southern Economist, 1992.
- Shiva Rao, B., *Framing of India's Constitution*, Vol. 6, Indian Institute of Public Adminis-

tration, 1967.

- Shukla, V. N., *Constitution of India*, revised by M. P. Singh, 10th ed., Eastern Book Company, 2003.
- Singh, M. P.(ed), *Indian Political System*, Manak, 2005.
- ——, *Outlines of Indian Legal and Constitutional History*, Universal Law Publishing Co., 1996.
- ——, *Shukla's Constitution of India*, 9th ed., Eastern Book Company, 2003.
- ——, *The Constituion of India*. Eastern Book Company, 2003.
- Smith, *The Oxford History of India*, Oxford University Press, 1958,
- Spear, Percival, *India*, Michigan, 1961.
- S. P. Sathe, "Nehru and Federalism: Vision and Prospects", in *Nehru and the Constitution*, Indian Law Institute, New Delhi, 1992.
- Thakur, Ramesh, *The Government and Politics of India*, Macmillan Press Ltd., 1995.
- The Hindustan Times, *Magazine Section*, 1947. 8. 17.
- Thomas, Raju G. C., *Democracy, Security, and Development in India*, Macmillan Press, 1996.
- Tigar, M. E., *Law and the Rise of Capitalism*, Aakar Books, 2005.
- Tillich, Paul, *Love, Power, and Justice*, Oxford Univ. Press, 1976.
- Tindall, George B. and Shi, David E., *America*, W. W. Norton & Company, Inc, 2000.
- Tripathi, P. K., "Perspectives on the American Constitutional Influence on the Constitution of India", in *Constitutionalism in Asia: Asian Views of the American Influence*(edited by Lawrence W. Beer), University of California Press, 1979.
- Ulyanovsky, Rostislav, *Three Leaders*, Progress Publishers, 1990.
- Unger, R. M., *Law in Modern Society*, The Free Press, 1976.
- Venkatarangaiya, M., "The Impact of Political Parties on Indian Federalism", (edited by Verinder Grover), PSCI, Vol. 4, Deep & Deep, 1997.
- Verghese, B. G., *Democratic Prospects in India, The Divine Peacock*, ICCR, New Delhi, 1995.
- Verma, S. K., *Fifty Years of the Supreme Court of India*, Oxford Univ Press, 2006.
- Vernon, Bogdanor, *The New British Constitution*, Oxford: Hart Publishing, 2009.
- Watts, R. L., *New Federations: Experiments in the Commonwealth*, Oxford University Press, 1966.
- Watts, Ronald L., "Contemporary Views on Federalism", in *Evaluating Federal Systems*,

(edited by Bertus De Villiers), Kluwer Law International, 1994.

• Wheare, K. C., *Federal Government*, Oxford University Press, 1956.

≫ 한국어 문헌

• 강경선, "네루와 인도헌법", 『방송대 논문집』 제35집, 2003.

• ────, "인도 판차야트의 헌법적 지위", 『방송대 논문집』 제47집, 한국방송통신대학교, 2009.

• ────, "인도의 국민인권위원회," 『민주법학』 제13호, 1997.

• ────, "인도헌법의 형성", 『인도연구』 제2권, 1997.

• ────, "인도헌법의 형성과정", 『방송대 논문집』 제26집. 한국방송통신대학교, 1998.

• 게일 옴베르트 지음, 이상수 옮김, 『암베드카르 평전』, 필맥, 2004.

• 고홍근, "판차야트 라즈 : 그 과거와 현재", 『남아시아연구』 제14권 1호, 2008.

• 구승회, 김성국 외, 『아나키 · 환경 · 공동체』, 모색, 1996.

• 김경학 외, 『인도와 인도사람들』, 서경문화사, 2009.

• ────, 『귀환의 신화』, 경인문화사, 2005.

• 김찬완, "자치단체로서의 판차야트", 『남아시아연구』 제14권 1호, 2008.

• 김호성, "바가바드기타를 읽는 간디의 다원적 독서법", 『인도연구』 제10권 2호, 2005. 11.

• ────, "바가바드기타에 보이는 지혜와 행위의 관련성 : 간디의 사티아그라하 개념을 중심으로", 『인도연구』 제11권 2호, 2006.

• Nehru, J. 지음, 이극찬 옮김, 『인도의 명상』, 삼성문화문고 49, 삼성문화재단, 1974.

• 달, 로버트 지음, 박상훈 · 박수형 옮김, 『미국헌법과 민주주의』, 후마니타스, 2004.

• 대법원, 『사법부의 어제와 오늘, 그리고 내일』(대한민국 사법60주년 기념 학술심포지엄), 2008. 9. 29.

• Ray, Aswini K., "Politics in India Since Independence", 『인도연구』 제3권, 한국인도학회, 1998.

• 로날드 드워킨 지음, 장영민 옮김, 『법의 제국』, 아카넷, 2004.

• 로맹 롤랑 지음, 최현 옮김, 『마하트마 간디』, 범우사, 2005.

• 리 호이나키 지음, 김종철 옮김, 『정의의 길로 비틀거리며 가다』, 녹색평론사, 2007.

• 마리 아네스 꽁브끄/귀 들뢰리 지음, 이재형 옮김, 『비폭력』, 삼인, 2004.

• 모한다스 K. 간디 지음, 김선근 옮김, 『힌두 스와라지』, 지만지 고전천줄, 2008.

• ────, 함석헌 옮김, 『간디 자서전(나의 진리실험 이야기)』, 한길사, 2002.

- 박경미, 『마몬의 시대, 생명의 논리』, 녹색평론사, 2010.
- 박금표, "영국지배시기의 지방자치제도와 판차야트", 『남아시아연구』 제14권 1호, 2008.
- 박홍규, "간디의 아나키즘 법사상", 『민주법학』 42호, 관악사, 2010.
- 박홍윤, "인도 지방정부에서 판차야트라지의 정치적 대표성에 대한 연구", 『인도』, 대외경제정책연구원 전략지역심층연구 논문집 I, 2011.
- 백좌흠, "인도헌법의 소유권 규정의 변천 : 토지개혁과 관련된 헌법수정을 중심으로", 『인도연구』 제5권, 2000.
- ───, 이광수, 김경학 지음, 『내가 알고 싶은 인도』, 한길사, 1997.
- 변종필, "형사소송에서 진실개념", 고려대학교 박사학위논문, 1996.
- 사이토 히데오 지음, 구병삭 옮김, "사법권의 독립", 『현대일본국헌법론』, 법문사, 1983.
- 신윤길, 『영국동인도회사연구』, 서원, 1996.
- Singh, M. P., "Law in India Since Independence", 『인도독립 50주년기념 국제학술대회 자료집』, 1998년 6월 13일.
- ───, "Law in India Since Independence", 『인도연구』 제3권, 한국인도학회, 1998.
- 아마르티아 센 지음, 이상환·김지현 옮김, 『정체성과 폭력』, 바이북스, 2009.
- ───, 이경남 옮김, 『살아 있는 인도』, 청림출판, 2008.
- 아사다 미노루 지음, 이하준 옮김, 『동인도회사』, 파피에, 2004.
- 아지트 다스굽타 지음, 강종원 옮김, 『무소유의 경제학』, 솔, 2000.
- 앙드레 모로아 지음, 신용석 옮김, 『영국사』, 기린원, 1997.
- 앨런 더쇼비츠 지음, 심현근 옮김, 『미래의 법률가에게』, 미래인, 2008.
- 앨버트 앨슐러 지음, 최봉철 옮김, 『미국법의 사이비 영웅, 홈즈 평전』, 청림출판, 2008.
- 요게시 차다 지음, 정영목 옮김, 『마하트마 간디』, 한길사, 2001.
- 이병진, "인도지방자치에 대한 일 고찰", 경희대 정치학과 박사학위논문, 2009.
- 이상수, "간디의 법철학사상연구 : 간디에게서 종교적인 것의 의미를 중심으로", 『인도연구』 제10권 1호 2005.
- ───, "간디의 시민불복종", 『민주법학』 제25호, 관악사, 2004.
- ───, "인도 제73차 개헌이 달리트의 정치적 지위변화에 미친 영향", 『민주법학』 제33호, 관악사, 2007.
- ───, 『법조윤리의 이론과 실제』, 서강대학교 출판부, 2009.
- 이완규, "변호인의 조력을 받을 권리의 내재적 한계", 『형사법과 헌법이념』, 공법연구회편, 박영사, 2010.
- 이은주, "판차야트 정착에 미친 간디의 영향과 그의 정치이념, 그람 스와라지", 『남아시아연

구』 제14권 1호, 2008.

- 조길태, 『영국의 인도통치정책』, 민음사, 2004.
- ──, 『인도사』, 민음사, 2003.
- ──, 『인도와 파키스탄』, 민음사, 2009.
- 최대권, 『헌법학 : 법사회학적 접근』, 박영사, 1989.
- 최종찬, "인도 지방자치제도의 기원", 『남아시아연구』 제14권 1호, 2008.
- 한국인도사회연구학회, 『인도』, 한스컨텐츠, 2012.
- 한면희, 『미래세대와 생태윤리』, 철학과 현실사, 2007.
- 헤세, 콘라드 지음, 계희열 옮김, 『통일독일헌법론』, 박영사, 2001.
- 헨리 데이비드 소로 지음, 강승영 옮김, 『시민의 불복종』, 이레, 2006.

≫ 일본어 문헌

- 岩崎美紀子, "分權と連邦制," 『地方自治』, 第565号, 地方自治制度硏究會, 1994.

ㄱ

간디(Mohandas Karamchand Gandhi) / 98,
100, 175, 185, 186, 187, 190, 244, 246,
292, 300, 311, 325, 490

간디-어윈 협약(Gandhi-Irwin Pact) / 104

경성헌법(rigid constitution) / 453, 455

경합목록 / 385, 405, 407, 409, 410, 418

고등법원(High Court) 44, 123, 357

고칼레(Gokhale) / 66, 67, 68

골라크 나트(Golak Nath) 판결 / 464, 465

공동체개발(Community Development) / 501

관구(presidency) / 61, 34, 38, 39, 42

관구지역 / 48

국가정책의 지도원리(Directive Principles of
State Policy) / 497, 359, 361, 473, 494, 499

국민전선 정부(National Front Government) /
507

국민회의 / 102, 139, 157, 160, 165, 211,
214, 217, 330, 403, 424, 439

국민회의 운영위원회(Congress Working
Committee) / 136, 157, 202, 212

국민회의 전문가위원회(Congress Experts
Committee) / 202, 282

규제법(the Regulationg Act) / 21, 22, 44, 60,
225

그람 사바(Gram Sabha) / 508, 520

그람 판차야트 / 511

그룹별 제헌의회(Group Constituent Assem-
blies) / 159

기본구조 / 364, 467, 474

기본권 / 359

ㄴ

나라인(Jai Prakash Narain) / 302

나오로지(Dadabhai Naoroji) / 67, 249

나와브(Nawab) / 32

나짐(Nazim) / 42

남부디리파드(E. M. S. Namboodiripad) / 425
505

남아시아지역협동체(SAARC) / 444

내각사절단(Cabinet Mission) / 157, 140,
154, 157, 203, 214, 216, 217, 281

네루(Jawaharlal Nehru) / 130, 141, 174, 197,
279, 288, 303, 325, 401, 409, 454, 465,
472, 475, 502

네루(Motilal Nehru) / 289

네루위원회 보고서(Nehru Committee
Report) / 95, 97, 232

네이봅(nabob) / 21

노동당(Labor Party) / 25, 102, 140, 108, 139,
154, 210, 211

노스(Lord North) / 21, 225

니아야 판차야트(Nyaya Panchayat) / 519

ㄷ

다다 압둘라 사건 / 252

다르마(dharma) / 492

다스(C. R. Das) / 91

달리트(Dalit) / 494

대법원 / 44, 99, 298, 360

대법원(Supreme Court) / 45, 357

대체적 분쟁해결절차(ADR) / 254

대통령 / 422

댈하우지(Dalhousie) / 225

동인도회사 / 18, 23, 60

디완(Diwan) / 33, 42

ㄹ

라다크리슈난(Radhakrishnan) / 183

라마스와미(J. Ramaswamy) / 465

라모한(Raja Ramohan) / 438

라오(Narasimha Rao) / 507

라우(B. N. Rau) / 175, 193, 409, 455, 498

라자고팔라차리(Rajagopalachari) / 141

라지브 간디 / 427, 506

랭카스터 선장 / 28

로버트 클라이브 / 21

롤럿법(Rowlatt Act) / 78, 230, 290

롤럿 법안 / 269

리마예(Madhu Limaye) / 436

리폰(Rippon) 총독 / 487

린리스고(Linlithgow) / 96, 216, 232

ㅁ

마운트배턴(Mountbatten) / 142, 144, 164

마을 판차야트 / 490, 496, 510, 511, 512

마을 판차야트법(Village Panchayat Act) / 489

마타이(John Mathai) 443

매콜리(Macaulay) / 46, 49

맥도널드(Ramsay Macdonald) / 102, 106, 127, 156, 210

메이요(Mayo) 총독 / 487

메타(Balwantrai Mehta) / 501

메타(Pherozeshah Mehta) / 68

메타(Sir Pherozeshah Mehta) / 249

메타 보고서 / 503

모타시브(mohtassib) / 33

모틸랄 네루(Motilal Nehru) / 91, 98, 100, 318

목적결의(Objectives Resolution) / 163, 203, 282, 287, 303, 400, 454, 473

몬터규(Montagu) / 79, 147, 149, 211, 396

몬터규-첼름스퍼드 보고서(Montagu-Chelmsford Report 또는 Montford Report) / 79, 230

몰레이-민토 개혁 / 77

몰레이-민토 개혁안(Morley-Minto Reforms) / 69, 72

무디먼 / 95

무케르지(Shyama Prasad Mookerjee) / 171

무프티(mufti) / 33

문시(K. M. Munshi) / 301, 409

미네르바 직물공장(Minerva Mills) 판결 / 467

민중법원(Lok Adalat) / 55

ㅂ

바라트(Bharat) / 380

배심제도 / 27

백서(White Paper) / 95, 108, 211, 232

법전편찬위원회(Law Commission) / 50, 54

법조윤리(legal ethics) / 263

베산트(Annie Besant) / 199, 210, 291, 396

벤팅크(Bentinck) / 46

보세(Subhas Chandra Bose) / 279, 280

보수당(Tory) / 25

복지국가 / 474

분리선거구(separate electorate) / 101

분리선거구제도 / 107

불가촉천민 / 192, 193, 197, 218, 494

브라이트(John Bright) / 395

비동맹(nonalignment) / 295

비상권한 / 412

비상사태 / 405, 411

비상사태 조항 / 411

비타협운동(Non-Cooperation Movement) /
　91, 211, 78

비폭력(아힘사) / 267, 273

비협력(non-cooperation) / 268

빅토리아 여왕 / 23, 60, 69, 227

ㅅ

사르카리아위원회(Sarkaria Commission) /
　332, 422, 428, 442

사법심사제 / 476

사예드 아메드 칸(Syed Ahmed Khan) / 73

사우라슈트라　237, 324

사이먼위원회(Simon Commission) / 95, 96,
　98, 231, 397

사티아그라하(Satyagraha) / 106, 200, 245,
　266, 267, 268, 270, 314

사회주의 / 472

산타남(Santhanam) / 183

샤(K. T. Shah) / 456

샤스트리 / 427, 465, 503

세속주의(Secularism) / 200, 303, 440

세입 / 413, 414

세탈바드 보고서(Setalvad Report) / 424

세포이 항쟁 / 23, 59, 73, 147, 227

소금 사티아그라하(Salt Satyagraha) / 103

소로(Henry David Thoreau) / 187, 269

수라트(Surat) / 19, 28, 29, 30

수바다르(Subahdar) / 42

수바스 보세 / 100

스와데시(Swadeshi) / 244, 291, 491

스와라지(Swaraj : 자주독립) / 155, 271, 491

스와라지당(Swaraj Party) / 89, 91, 231

스와탄트라당(the Swatantra) / 429

시민불복종(civil disobedience) / 187, 268

시민불복종운동 / 98, 104, 105

시장법원(Mayor's Court) / 34, 36, 40

쌍두정(dyarchy/ diarchy) / 80, 87, 97, 104,
　110, 123, 321, 397, 488

쌍두정체제 / 110

ㅇ

아가르왈(Shriman Narayan Agarwal) / 189,
　190

아나키즘(무정부주의) / 495

아달라트(Adalat) / 43

아소카 메타 위원회(Asoka Mehta Commit-
tee) / 503, 504

아야르 / 402

아양가르(Gopalaswami Ayyangar) / 301, 407

아우랑제브(Aurangzeb) / 38, 60, 223

아자드(Maulana Abdul Kalam Azad) / 100,
162, 174, 303, 304, 399

아칼리스(Akalis) / 426

아힘사(ahimsa) / 492

안사리(Ansari) / 396

암리차르 대학살(Amritsar Massacre) / 89

암베드카르(B. R. Ambedkar) / 104, 169,
174, 191, 194, 196, 206, 207, 402, 407,
410, 454, 455, 493, 496

애틀리 / 129, 154, 325

어윈(Lord Irwin) / 102

엘리자베스 1세 / 18

연방권한위원회 / 402, 406, 407

연방법원 / 111, 114, 121

연방정부 / 410, 422

연방제 / 114, 371, 374, 376, 377, 378, 381,
388, 389, 392, 398, 403, 423, 430, 433, 441

연방조세 / 413

연방주의(federalism) / 81, 372, 374, 394,
403, 424, 430, 478

연성국가(soft state) / 438

연성헌법(flexible constitution) / 453, 454,
459

영 인디아(Young India) / 490

오스틴(G. Austin) / 402

와츠(Watts) / 433

완전 자치의 날(Purna Swaraj Day) / 102,
156

외곽지역(mofussil) / 42, 48

우선적 처우(Mandalisation) / 442

원탁회의 / 103, 107, 148, 232

웨이벌(Wavell) / 139, 157, 216

웰슬리(Wellesley) / 225

위어(K. C. Wheare) / 369, 372

위헌법률심사제 / 475

유보사항(reserved subjects) / 82, 87, 110,
116, 489

의회사절단 / 157

의회주권(Parliamentary Sovereignty) / 464,
475

이슬람연맹(Muslim League) / 73, 101, 129,
136, 138, 139, 157, 160, 214, 216, 217,
282, 398, 439

이양원칙(principle of devolution) / 488

이전사항(transferred subjects) / 82, 87, 110,
117, 489

인도공산당(CPI(M)) / 425

인도공화국법(Commonwealth of India Bill) /
211

인도국무장관 / 62, 63

인도국민회의(Indian National Congress) / 66

인도국방군(Indian National Army) / 279

인도독립법(The Indian Independence Act) /
142, 143, 154, 164, 271

인도연합법안(The Commonwealth of India
Bill) / 156, 396

인도정부법(The Government of India Act) /
160

인도참사원법(Indian Councils Act) / 64, 160

인도철수(Quit India) / 138

인도철수운동(Quit India Movement) / 106

인도토후국(Princely States) / 100

인도토후보호법(The Princes Protection Act)
/ 231

인도형법전 / 47

인디라 간디 / 289, 332, 427, 436, 464, 503

임시정부 / 408

입법참사원(Legislative Council) / 73, 88

ㅈ

자나타당 / 427, 458

자민다르 / 32

자민다르 법원 / 39

자와할랄 네루 / 100

자유당(Whig) / 25, 102

자주독립(Swaraj) / 485

자치령(Dominion Status) / 98, 100, 104, 143

자한기르(Jahangir) / 19

잔 상당(the Jan Sangh) / 429

잔여권한 / 378, 385, 400, 401, 402, 406, 407

잘리안왈라 공원 / 290

재정위원회 / 432

재정조항 / 415

전인도국민회의위원회(AICC, All-India Con-
gress Committee) / 167

전인도제헌의회(All-India Assembly) / 159,
215, 281

전인도주인민회의(All-India States Peoples
Conference) / 163, 176, 279

제임스 1세 / 29, 30

제임스 2세 / 35

제임스 밀 / 49

제정당연석회의(All Parties Conference) /
98, 156, 211

제헌의회(Constituent Assembly) / 158, 160,
161, 162, 163, 165, 202, 203, 207, 208 209,

213, 281, 400, 407, 415

조세권 / 413, 431

종교공동체 / 104, 195, 216

종교공동체별 의석배분 결정서(Communal
Award) / 106, 127

종교공동체주의 / 185, 186, 303

주간위원회(Inter-State Council) / 442

주재조직법(The States Reorganisation Act) /
385

주재조직위원회(The States Reorganization
Committee) / 302

주지사 / 402, 412, 422, 423, 442

준연방(quasi-federal) / 205, 373

준연방적 / 369

준연방제 / 371

지정부족 / 512, 513

지정카스트 / 512, 513

지정카스트(불가촉천민)연맹 / 191, 192,
218

진나(Muhammad Ali Jinnah) / 73, 100, 101,
129, 158, 186, 214, 279, 303, 397

ㅊ

찰스 2세 / 26, 35

찰스 우드(Charles Wood) / 65

참사원 / 61, 62, 65

첼름스퍼드(Lord Chelmsford) / 79

초키다리법(Bengal Chowkidari Act) / 487

촐트리 법원(Choultry Court) / 34

추밀원(Privy Council) / 40, 99, 112, 122, 298

ㅋ

카지(kazi) / 31, 32

캐닝(Canning) / 147, 227

커즌(Lord Curzon) / 67, 69, 76

케사바난드(Kesavanand) 판결 / 466

코트왈(kotwal) / 33

콘월리스(Cornwallis) / 45, 47

쿠플랜드 계획(Coupland Plan) / 302

크롬웰 / 19

크립스 사절단 / 137, 138

클라이브(Lord Clive) / 20

킬라파트(Khilafat) 운동 / 303

ㅌ

탄돈(Purushottam Das Tandon) / 171, 304

토지개혁 / 298

토지개혁법(Land Reforms Law) / 338

토후국 / 106, 110, 116, 119, 121, 130, 131,
144, 160, 203, 224, 228, 235, 285, 324,
326, 405, 441

토후지위부인법(The Princes Derecognition
Act) / 238

통일민법전(Uniform Civil Code) / 31

특허법(The Charter Act) / 22, 61

특허장 / 26, 39, 46, 226

틸라크(Tilak) / 211

ㅍ

파키스탄 / 401, 402

파키스탄 결의(Pakistan Resolution) / 137, 158

파텔(Sardar Vallabhbhai J. Patel) / 105, 148,
174, 304, 309, 315, 330, 401

파티다르(Leva Patidar) / 312, 314

판매세 / 416

판차 실라(Pancha shila) / 295

판차야트(Panchayat) / 184, 32, 198, 203,
204, 259, 260, 357, 483, 484

판차야트라지(panchayat raj) / 501

판트 / 409

페이비언 사회주의자(Fabian socialist) / 454

포즈다르(fozdar) / 33

푸나 협약(Poona Pact) / 107, 127

프라사드(Rajendra Prasad) / 134, 141, 162,
174, 403

플라시(Plassey) 전투 / 20, 21

피트법(Pitt's India Act) / 22, 61, 225

ㅎ

하르탈(Haetal) 운동 / 269

하리잔(harijan) / 318, 494

할파티(halpati) / 318

해사법원 / 35

핵심사항(basic features) / 467, 474

헌법개정 / 456, 459

헌법관례(constitutional conventions) / 460

헌법기초위원회(Drafting Committee) / 191,
204, 206, 380, 409, 410, 416, 496, 497

헌법전문 / 353

헤이스팅스(Warren Hastings) / 20, 21, 43,
44, 45, 225

협력적 연방주의(cooperative federalism) /
332, 371, 391, 404, 428

흄(Allan Octavian Hume) / 66

힌두 마하사바 / 171
힌두스타니 / 300

기 타

1909년 인도참사원법 / 70, 78
1919년 인도정부법 / 78, 127, 229, 321,
　406, 488
1935년 법 / 175
1935년 인도정부법(Government of India

Act) / 96, 115, 127, 160, 164, 203, 204,
　218, 326, 384, 390, 406, 409, 410, 412, 489
1971년 토후지위부인법(The Princely
　Derecognition Act of 1971) / 145
8월제안(August Offer) / 136
BJP당 / 440
DMK / 425, 426, 429
RSS(Rashtriya Swayamsevak Sangh) / 171